TERRE D'EAU ET DE VIN

Avec 126 km de littoral et 400 km de voies navigables, 1 parc naturel régional, 6 routes du vin, 700 km de pistes cyclables dont 2 grands itinéraires vélo, 14 sites inscrits sur la liste du patrimoine mondial de l'UNESCO dont le Phare de Cordouan depuis le 24 juillet 2021, 4 Monuments nationaux, 2 communes labellisées « Ville ou Pays d'art et d'histoire », 3 voies jacquaires… La Gironde n'est pas seulement le plus grand département de France. Terre de vignes et de forêts entre mer et estuaire, la Gironde est un département aux multiples visages.

Sa célèbre dune du Pilat qui surplombe le banc d'Arguin, son prestigieux vignoble qui rayonne à travers le monde, son estuaire qui abrite une incroyable biodiversité, ses stations balnéaires qui racontent l'arrivée du chemin de fer, ses bastides qui font écho à l'Histoire de France… Quel panache !

La Gironde peut se vanter d'être une destination touristique dépaysante et renversante. Bien sûr, les conséquences de la crise sanitaire ont durement touché les professionnels du tourisme qui, à l'heure où nous avons imprimé ce guide, peuvent avoir modifié leurs activités, horaires, modalités de visites ou tarifs. Pour autant, la Gironde tire son épingle du jeu avec une part importante de visiteurs de proximité ou issue des pays européens voisins. L'élégante ville de Bordeaux et le bassin d'Arcachon ne cessent de faire chavirer les cœurs.

Avec son nouveau guide réactualisé dont le symbole est celui de la renaissance, le *Petit Futé* est au rendez-vous, cette année encore, pour vous accompagner sur les routes de la plus illustre des terres d'eau et de vin. À savourer sans modération.

PEFC
10-31-1510
Certifié PEFC
Ce produit est issu de forêts gérées durablement et de sources contrôlées.
pefc-france.org

Retrouvez cette offre en page 56

SOMMAIRE

Porte Cailhau. © FRED - FOTOLIA

Le vélo est un moyen agréable de découvrir la ville de Bordeaux. © GOODLUZ - STOCK.ADOBE.COM

6 INSPIRER

Collection de destinations et de sites remarquables, la Gironde en offre pour toutes les envies. Des immanquables aux incontournables, on vous dit tout.

21 DÉCOUVRIR

Avec plus de 6,8 millions de visites dans le vignoble bordelais, partez à la découverte d'une terre de vin à la richesse inégalée et d'un territoire d'une grande diversité.

57 BORDEAUX ET SES ENVIRONS

Capitale d'une région privilégiée, faites de Bordeaux un passage obligé lors de votre séjour en Gironde. Partez à la découverte de ses mille et une richesses.

131 BASSIN D'ARCACHON

Ports ostréicoles, plages de sable fin, forêts de pins… Été comme hiver, vivez une parenthèse enchantée les pieds dans l'eau et la tête dans les nuages.

Restaurant avec vue sur le Bassin d'Arcachon. © ERIC COWEZ

Surfeur à Lacanau-Océan. © DELPHOTOSTOCK - STOCK.ADOBE.COM

Saint-Emilion et son vignoble. © ESPERANZA33-ISTOCKPHOTO

Balade à vélo au bassin d'Arcachon. © ARCACHONPHOTO.COM - STOCK.ADOBE.COM

SOULAC-SUR-MER
LE VERDON-SUR-MER
Mortagne-sur-Gironde
Saint-Genis-de-Saintonge
SAINT-VIVIEN-DE-MÉDOC
JAU-DIGNAC-ET-LOIRAC
Bains
La Gironde
VENDAYS-MONTALIVET
LESPARRE-MÉDOC
Braud-et-Saint Louis
SAINT-ESTÈPHE
Étauliers
HOURTIN
PAUILLAC
SAINT-JULIEN-BEYCHEVELLE
SAINT-LAURENT-MÉDOC
BLAYE
CUSSAC-FORT-MÉDOC
Plassac
CARCANS
LISTRAC-MÉDOC
MOULIS-EN-MÉDOC
LACANAU OCÉAN
MARGAUX
Castelnau-de-Médoc
Arsac
Sainte-Hélène
LE PIAN-MÉDOC
Océan Atlantique
LE PORGE
Saint-Médard-en-Jalles
LÈGE-CAP-FERRET
Mérignac
Saint-Jean-d'Illac
Pessac
ARÈS
Toctoucau
Claouey
ANDERNOS-LES-BAINS
Le Petit Piquey
CAZAUX
Cassy
Le Canon
Marcheprime
AUDENGE
LA BRÈDE
Cap-Ferret
ARCACHON
BIGANOS
Saucats
LA TESTE-DE-BUCH
Pyla sur Mer
LE TEICH
Le Barp
GUJAN-MESTRAS
MIOS
SALLES
CAZAUX
HOSTENS
Lugos
BELIN-BÉLIET
Biscarrosse-Plage
BISCARROSSE
Parentis-en-Born
Gastes
LANDES
10 KM
Mimizan-Plage
MIMIZAN

Archiac
Barbezieux-Saint-Hilaire
Villebois-Lavalette
-Germain-Lusignan
Jonzac
CHARENTE-MARITIME
Ribérac
Montguyon
Saint-Aulaye
La Roche-Chalais
Saint-Astier
int-Savin
Neuvic
Cavignac
ugnac
Mussidan
GUÎTRES
COUTRAS
Montpon
SAINT-ANDRÉ-DE-CUBZAC
Galgon
Saint-Seurin-sur-l'Isle
POMEROL
FRONSAC
LIBOURNE
SAINT-ÉMILION
Le Fleix
Saint-Germain-du-Puch
SAINTE-FOY-LA-GRANDE
Prigonrieux
CASTILLON-LA-BATAILLE
Pineuilh
Bergerac
CRÉON
RAUZAN
dirac
LA SAUVE
PELLEGRUE
Targon
LANGOIRAN
PORTETS
Duras
SAUVETERRE-DE-GUYENNE
PODENSAC
Saint-
orillon
MONSÉGUR
CADILLAC
LOT-ET-GARONNE
SAINTE-CROIX-DU-MONT
VERDELAIS
LA RÉOLE
SAINT-MACAIRE
Gironde-sur-Dropt
LANGON
UTERNES
Sainte-Bazeille
Marmande
VILLANDRAUT
BAZAS
Fauillet
Castelmoron-sur-Lot
PRÉCHAC
Tonneins
Casteljaloux
P.N.R. des Landes de Gascogne
Damazan
Aiguillon

QUANDY ALLER

JANVIER

2° / 10°

FÉVRIER

3° / 12°

JUMPING INTERNATIONAL DE BORDEAUX
(BORDEAUX)
Cet événement sportif majeur réunit les meilleurs cavaliers du monde et offre un spectacle hors du commun et de haut niveau.

SALON DU BIEN ÊTRE, BIO ET THÉRAPIES
(BORDEAUX)
A Bordeaux, conférences, concerts zen, rencontre avec des spécialistes, méditation, débats et ateliers, sur le thème du bien-être.

MARS

6° / 15°

LES FOUS RIRES DE BORDEAUX
(BORDEAUX)
Ce festival bordelais met l'humour à l'honneur : sketches, arts plastiques, battles d'improvisation, entre autres, rythment l'événement.

JUILLET

15° / 27°

L'ÉTÉ MÉTROPOLITAIN
Bordeaux Métropole se mue en une véritable oasis artistique où chacun est invité à découvrir les différentes formes d'arts.

ANDERNOS JAZZ FESTIVAL
(ANDERNOS-LES-BAINS)
Pendant trois jours de musique jazz, se réunissent près de 30 000 spectateurs dans la jolie ville d'Andernos-les-Bains.

AOÛT

15° / 28°

FEST'ARTS
(LIBOURNE)
Théâtre, danse, cirque, poésie et grandes déambulations en musique réinventent l'espace urbain de la ville de Libourne.

REGGAE SUN SKA FESTIVAL
(VERTHEUIL)
Grand rendez-vous de la saison estivale, c'est le plus ancien festival de reggae en France. Il se joue souvent à guichets fermés.

SEPTEMBRE

13° / 24°

LES JOURNÉES DU PATRIMOINE
(BORDEAUX)
Les plus beaux monuments et musées sont accessibles librement à la visite tout comme certains lieux habituellement inaccessibles.

MARATHON DU MÉDOC
(PAUILLAC)
Les marathoniens viennent du monde entier pour parcourir les 42 km au cœur des grands châteaux et illustres vignobles médocains.

Jumping international, Bordeaux Fête le Fleuve, Bordeaux Fête le vin, Week-end des Grands Crus, Marathon des Châteaux du Médoc, Reggae Sun Ska, Bataille de Castillon, Fête de la Morue, Escale du Livre, Fest'Arts… De grands événements ponctuent l'agenda des manifestations en Gironde. Toute l'année et particulièrement pendant la saison estivale, il y a toujours quelque chose à faire, à voir, à écouter, à boire ou à manger. Demandez le programme auprès des professionnels du tourisme !

AVRIL

7° / 17°

PRINTEMPS DES VINS DE BLAYE CÔTES DE BORDEAUX
(BLAYE)
Dans la célèbre Citadelle Vauban, ateliers, animations et balades sont au programme pour le plaisir des amateurs de vins.

ESCALE DU LIVRE
(BORDEAUX)
Durant trois jours à Bordeaux, la littérature sous toutes ses formes est mise à l'honneur : débats, lectures et rencontres.

MAI

11° / 21°

RELÂCHE
(BORDEAUX)
Concerts gratuits dans divers endroits de la ville : Bacalan, Saint-Michel, les quais de la Garonne, le Rocher de Palmer…

FOIRE INTERNATIONALE DE BORDEAUX
(BORDEAUX)
Très attendue, la Foire Internationale de Bordeaux mettra cette année l'Egypte à l'honneur avec une exposition exceptionnelle.

JUIN

14° / 24°

BORDEAUX FÊTE LE VIN
(BORDEAUX)
Pour les amateurs de vins et de mets, Bordeaux Fête le Vin est devenue LA manifestation internationale incontournable de Bordeaux.

OCTOBRE

10° / 19°

FESTIVAL INTERNATIONAL DES ARTS
(BORDEAUX)
3 semaines d'effervescence artistique avec 32 spectacles sur scène et hors les murs, 10 concerts gratuits, entre autres…

LES MONTGOLFIADES
(SAINT-EMILION)
Plusieurs ballons survolent la cité de Saint-Emilion. Préparez-vous à embarquez ou admirez le spectacle depuis la terre ferme !

NOVEMBRE

6° / 14°

LA FOIRE AUX PLAISIRS
(BORDEAUX)
Deux fois par an sur la place des Quinconces de Bordeaux, plus de 200 manèges et attractions sont un appel aux distractions.

FOIRE INTERNATIONALE DE BORDEAUX
(BORDEAUX)
Très attendue, la Foire Internationale de Bordeaux mettra cette année l'Egypte à l'honneur avec une exposition exceptionnelle.

DÉCEMBRE

3° / 11°

MARCHÉ DE NOËL
(BORDEAUX)

© SOLSTOCK - ISTOCKPHOTO.COM

Artisans et commerçants s'installent dans les fameux petits chalets en bois. Une tradition familiale qui perdure au fil des années.

LES BONNES RAISONS D'Y ALLER

© MARCOCIANNAREL - FOTOLIA

BORDEAUX
Inscrite au patrimoine mondial de l'Unesco, avec son architecture, sa Cité du Vin...

LA GASTRONOMIE
Huîtres, bœuf bazadais, lamproie à la bordelaise, canelés, macarons de Saint-Emilion...

© FOXYS_FOREST_MANUFACTURE - ISTOCKPHOTO.COM

© AGROBACTER - ISTOCKPHOTO.COM

LES SPOTS DE SURF ET GLISSE
On ne les compte plus ! La pointe et le Truc Vert à Arcachon, le Grand-Crohot à Andernos...

LES MAISONS D'ÉCRIVAINS

Patrimoine littéraire et témoignage de la présence de Montesquieu, Lautrec ou encore François Mauriac.

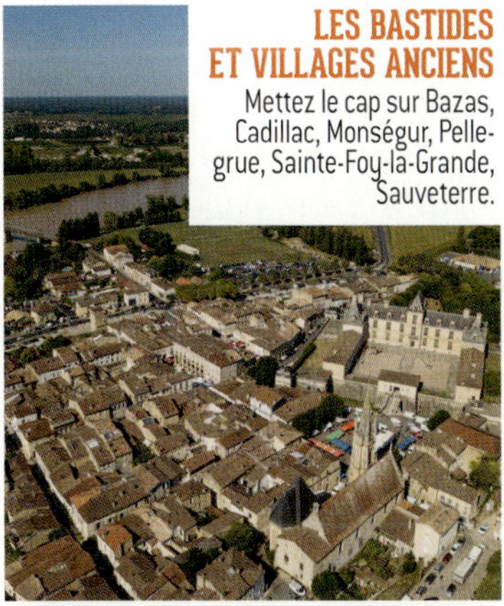

LES BASTIDES ET VILLAGES ANCIENS

Mettez le cap sur Bazas, Cadillac, Monségur, Pellegrue, Sainte-Foy-la-Grande, Sauveterre.

VIGNOBLES ET ROUTES DES VINS

110 800 hectares de vignes, 65 appellations, des grands crus... la Gironde est une terre de vin.

LES PHARES DE LÉGENDE

Autrefois gardiens du littoral, les phares de Cordouan, de Richard et du Cap Ferret.

LES BONNES RAISONS D'Y ALLER

LE BASSIN D'ARCACHON

Sa dune du Pilat, le banc d'Arguin, les cabanes tchanquées de l'île aux oiseaux...

© SHEN MAX - SHUTTERSTOCK.COM

© JENNY THOMPSON - STOCK.ADOBE.COM

LES SITES VAUBAN

Partez à l'aventure de La Citadelle de Blaye, du Fort Médoc et du Fort Pâté.

© PICTURES NEWS - STOCK.ADOBE.COM

L'HÉRITAGE DE COMPOSTELLE

Notre-Dame-de-la-Fin-des-Terres à Soulac-sur-Mer, abbaye de La-Sauve-Majeure à La Sauve...

LES 12 MOTS-CLÉS

#ANQUI

« Ho Anqui », c'est le « Oh là là » local dans sa version populaire, voire vulgaire. Jeunes et moins jeunes continuent à utiliser couramment cette injure avec plus ou moins de grossièreté. Et principalement en voiture à cause de tous les « branquignoles » qui s'y trouvent ! Dans le même esprit, il y a l'incontournable juron « Anfigueille ».

#BORDELUCHE

Parlez-vous le bordelais ? Dérivé du gascon, le bordeluche était d'un usage courant il y a quelques décennies. En réalité, c'est un savant mélange de patois bordelais associé à des expressions landaises et périgourdines, saupoudré de quelques mots dérivés de l'occitan. Alors vous entendrez peut-être : « J'ai gavé de chocolatines dans ma poche ».

#BOUCHON

Installé à Bordeaux depuis 1965, Jacques Pouquet, maître artisan pâtissier-chocolatier, était animé d'un fort désir de créer une spécialité qui évoque et valorise la région. Après de nombreuses expérimentations, voilà comment est né le fameux Bouchon, cette petite gourmandise aux amandes, parfumée de raisins macérés à la Fine de Bordeaux.

#CANELÉ

Croustillant à l'extérieur, fondant à l'intérieur, le canelé a un délicieux parfum sucré de vanille caramélisée. Les origines du canelé sont incertaines, mais la petite histoire voudrait qu'il soit né dans le couvent des Annonciades à Bordeaux. Qu'importe, c'est l'un des symboles culinaires de la ville de Bordeaux. À n'en faire qu'une bouchée !

© CHUCK - ISTOCKPHOTO.COM

#CHOCOLATINE

Chocolatine ou pain au chocolat ? C'est l'éternel débat ! En Gironde, on dit chocolatine, déformation linguistique de l'autrichien « Schokoladen ». Il apparaît donc probable que le premier terme pour désigner une viennoiserie fourrée au chocolat fut « chocolatine ». Et dire « pain au chocolat » pour désigner une viennoiserie, ça n'a aucun sens !

© WUNDERVISUALS - ISTOCKPHOTO.COM

#ECHOPPE

Initialement destinées à abriter une population ouvrière et modeste, les échoppes en pierres de taille sont très prisées. Construites entre le Second Empire et l'immédiat avant-guerre, elles font le charme de la région bordelaise. S'il y a un rideau devant les portes d'entrée, c'est pour créer un courant d'air en été, tout en préservant l'intimité.

© BOLETUS - STOCK.ADOBE.COM

#GAVÉ

« Gavé » est l'un des mots les plus répandus du Bordeluche. Ainsi dans les conversations, il ne sera pas rare très d'entendre souvent le fameux « Gavé bien », qui est à comprendre dans le sens de « très bien », « vraiment bien », « trop bien ». On ne compte plus les produits dérivés où s'écrit ce « Gavé » typique. Garanti facile à adopter !

LES 12 MOTS-CLÉS

#LAMPROIE

Grande spécialité, la lamproie à la bordelaise est préparée dans une sauce au vin rouge à la façon d'un civet. Plus délicate et plus raffinée que l'anguille, elle est un mets très apprécié des palais délicats. Sainte-Terre, capitale autoproclamée de la lamproie par son histoire et son lien avec la pêche, organise la célèbre Fête de la Lamproie.

#MASCARET

Le mascaret, c'est cette vague formée à l'embouchure de la Gironde et qui remonte le fleuve sur plus de 100 km. C'est un phénomène naturel unique en France ! De nombreux surfeurs se retrouvent pour espérer glisser sur cette vague déferlante pouvant atteindre 2 m de haut et se déplacer de 15 à 30 km/h. La bonne saison ? Entre juin et octobre.

#MASCARON

Souvent apposés sur la clef de voûte des arcs des fenêtres ou des portes et sur les linteaux, ou délivrant l'eau des fontaines, les mascarons s'invitent aux décors architecturaux. À Bordeaux, ils gardent en mémoire l'histoire de la ville. La reproduction des visages africains fait référence à la traite négrière entre les XVII et XIXe siècles.

#POCHE

Cette « poche » là n'a rien à voir avec celle de votre pantalon ou de votre veston. Chez nous, la poche est le sac en plastique du supermarché ! À la boulangerie, c'est la poche en papier où l'on glisse les chocolatines et autres briochées au moment de l'épiphanie. À ne pas confondre, bien entendu, avec le « sac » comme accessoire de mode !

#VIGNOBLE

Avec 110 800 hectares de vignes, 65 appellations, de prestigieux châteaux et grands crus, la Gironde s'impose incontestablement comme une terre de vin mondialement reconnue. Organisé autour des fleuves de la Garonne, de la Dordogne et de l'estuaire de la Gironde, le vignoble bordelais est la première destination œnotouristique de France.

VOUS ÊTES D'ICI, SI...

- **En société**, vous pouvez vous vanter de savoir que la guerre de 100 ans a pris fin le 17 juillet 1453 à Castillon-la-Bataille, vous savez quel grand chef fait partie du groupe de rock Chef & the Gang et que la rue Sainte-Catherine est la plus longue rue commerçante et piétonne d'Europe.
- **En œnologie**, Cheval Blanc ne vous fait pas spécialement penser à Henri IV, en revanche, et contrairement aux idées reçues, vous reconnaissez bien volontiers que vos connaissances en Grands Crus sont limitées.
- **En soirée**, le paquito est une tradition jamais oubliée. Par ailleurs, vous ne manquez aucune Fête du Vin à Bordeaux ni la Fête des Bœufs Gras à Bazas (le béret vissé sur la tête).
- **Sur le Bassin**, vous avez un coup de cœur pour la Ville d'Hiver à Arcachon et pour le village de l'herbe au Cap Ferret. Vous mangez vos huîtres avec une crépinette et vous savez que la Dune Blanche n'a rien à voir avec la Dune du Pilat. En aucun cas, vous ne confondez Bassin et Océan.

MA GIRONDE

Avec Laurène Delion, auteure du guide

© JESSICA CALVO

Interview

Journaliste pendant cinq ans à Bordeaux et rédactrice web, Laurène a rejoint les éditions du Petit Futé en 2018 pour les guides Bordeaux, Gironde et Côte Aquitaine. Sensible à la gastronomie, notamment aux spécialités de bistrot revisitées, Laurène est aussi passionnée de théâtre. Aimant voyager, elle a eu l'occasion de séjourner plusieurs mois à La Réunion et en Asie du Sud-Est.

TOP 5

SE RESTAURER

Parmi les plus belles tables de la Gironde, ces grandes maisons revisitent à merveille la gastronomie du sud-ouest tout en valorisant les vins produits sur nos terres. Au-delà, vous profiterez d'un cadre exceptionnel. Aussi beau que bon, découvrez la sélection coup de cœur du Petit Futé.

LA CABANE

Lacanau-Océan
Un voyage gustatif ! La Cabane est un restaurant au décor d'inspiration indonésienne offrant des plats exotiques et surprenants.

© LA CABANE

219

© LA FLEUR AU FUSIL

245

LA FLEUR AU FUSIL

Restaurant offrant une cuisine réalisée avec passion à Saint-Vivien-de-Médoc.

289

© RESTAURANT LUNE

LUNE

Une belle adresse au creux des vignes et en bord de Dordogne où le chef Pierre Rigothier vous régale dès le déjeuner.

CAFFE CUISINE

Avec sa terrasse sur la Dordogne, c'est le genre d'adresse que l'on voudrait garder secrète, mais qui affiche souvent complet.

© CAFFE CUISINE

277

© MARKUS BASSLER « CHEZ LUC »

232

NOMADE RESTAURANT

Restaurant offrant une cuisine inventive réalisée à partir de produits frais à Labarde.

TOP 5

SE LOGER

Aux quatre coins de la Gironde, le long du littoral ou dans les vignes, la sélection coup de cœur du Petit Futé est à la fois traditionnelle voire historique, contemporaine et insolite. À vous de choisir l'hébergement qui vous ressemble pour organiser votre séjour sur nos terres.

© CONCEPT APPART SAINT EMILION

CONCEPT APPART ST EMILION

De belles chambres climatisées et une cuisine équipée dans une belle adresse à Saint-Emilion.

© LES 12 DE LARROS

LES 12 DE LARROS

Appart'hôtel équipé et doté des belles terrasses privatives à Gujan-Mestras.

© L'ANDENERIS

L'ANDERENIS BOUTIQUE HÔTEL

Chambres avec terrasse et brunch dans un boutique-hôtel, les pieds dans l'eau, à Andernos-les-Bains.

© LE BASSIN DU TERTRE

LE BASSIN DU TERTRE**

Joli bassin, chambres d'hôtes et chalet 100 % en bois dans un bel endroit au cœur des vignes à Fronsac.

MAISON MOUTCHIC

Loin de la foule et du bruit, voilà une très belle et grande maison en bois, au bord du lac de Lacanau et en lisière d'une forêt de pins.

© MAISON MOUTCHIC

TOP 5

ACTIVITÉS / LOISIRS

Il y a mille et une façons de découvrir les paysages et les richesses de la Gironde. Le *Petit Futé* partage avec vous son top 5 activités. Balade en pinasse, exploration sous la terre, virée en tuk-tuk, escape game dans les cachots… À deux, en famille ou entre amis, vous n'allez pas le regretter.

LES BALADES DE ROBINSON

A bord d'une pinasse, partez à la découverte du lac de Lacanau et de ses richesses, avec sa faune locale et ses divers points d'intérêt.

214

© LES BALADES DE ROBINSON

339

© GROTTE CÉLESTINE

GROTTE CÉLESTINE

Datant de l'ère quaternaire, la Grotte Célestine a été creusée dans la roche calcaire par une rivière souterraine sous la ville de Rauzan.

198

© RÉSERVE ORNITHOLOGIQUE DU TEICH

RÉSERVE ORNITHOLOGIQUE DU TEICH

La Réserve ornithologique du Teich est un véritable lieu de prédilection pour l'accueil des oiseaux migrateurs ou sédentaires.

CITADELLE DE BLAYE

Construite entre 1680 et 1689, la Citadelle de Blaye, avec le fort Paté et le fort Médoc, fait partie du Verrou de Vauban.

260

© NORADOA - ADOBE STOCK

303

© TUK TUK TOUR

TUK-TUK TOUR

Embarquez pour une virée en tuk-tuk 100 % électriques pour découvrir la cité médiévale et les vignobles de Saint-Emilion.

IDÉES DE SÉJOUR

Prisée pour la douceur de son climat, la beauté de ses paysages et ses multiples activités, la Gironde est une destination de premier choix pour les adeptes du slow tourisme, les sportifs et les amoureux de bonne chère. Les familles s'y plaisent autant que les jeunes couples et les retraités. La région bordelaise étant l'une des plus belles régions du vignoble français, les routes des vins sont alors toutes indiquées pour découvrir ce que le territoire a de meilleur à offrir. Mais vous l'aurez compris, si la Gironde a tant à offrir, c'est qu'il y a aussi mille et une façons d'organiser son séjour selon vos envies. De l'embouchure de l'estuaire à la porte d'entrée des Landes, le littoral girondin avec ses plages océanes, ses Grands Lacs et le bassin d'Arcachon, se révèle déjà tout en contraste. Très agréable à parcourir à vélo, l'Entre-deux-Mers réserve encore de belles échappées sur ses routes tranquilles et au cœur des bastides.

DÉCOUVERTE DE L'ENTRE-DEUX-MERS À VÉLO EN 4 JOURS

L'arrière-pays bordelais est un territoire idéal pour les amoureux du cyclotourisme. Visite de la capitale girondine en passant par les vignes et les bastides, de belles promenades vous attendent.

› Jour 1 - De Bordeaux à La Sauve Majeure (30 km via la piste Lapébie)

Depuis les quais de **Bordeaux** ★★★★ (p.60), une piste cyclable vous permet de rejoindre une petite route serpentant le long de la Garonne qui vous conduira jusqu'à Latresne et à la jonction avec la piste cyclable Roger Lapébie. Carrefour entre les deux grands itinéraires du Canal des 2 Mers© et de la Scandibérique©, cette piste a été aménagée sur une ancienne voie ferrée. Dans les anciennes gares qui ont été réhabilitées, vous trouverez aujourd'hui des points d'information touristique et des haltes rafraîchissantes (cafés, bars-brocantes...). Au cours de cette journée, vous allez traverser la belle bastide de Créon avant de rallier l'abbaye de **La Sauve** (p.330) Majeure, chef d'œuvre de l'art roman, classée au Patrimoine mondial de l'Unesco. Vous pourrez également déguster les vins de l'Entre-deux-Mers à la Maison des vins. Pour les plus sportifs, il est possible d'ajouter la boucle n°16 (21 km) sur les petites routes tranquilles.

› Jour 2 - De La Sauve Majeure à Sauveterre (28 km via la piste cyclable)

Pour débuter cette journée le long de la voie verte Lapébie, sur l'itinéraire du Canal des 2 Mers© à vélo, vous allez vivre une expérience unique en empruntant le tunnel de **La Sauve** (p.330) (259 mètres). Bois, vignes... Les paysages bucoliques de l'arrière-pays bordelais vont s'offrir à vous avant d'entrer dans la petite ville de **Sauveterre-de-Guyenne** (p.344) qui présente toujours l'aspect caractéristique des bastides avec son plan géométrique, sa place carrée bordée d'arcades et ses quatre portes rectangulaires remarquablement conservées.

Vignoble près de Sauveterre-de-Guyenne.

› Jour 3 - De Sauveterre à Monségur (29 km)

Ce circuit vous emmène sur les petites routes de l'arrière-pays bordelais pour profiter des paysages de vignes et de polyculture. Au cours de cette journée, vous découvrirez le plus petit village de France : Castelmoron d'Albret. Construite sur un éperon rocheux, ce qui lui confère une allure très pittoresque, cette petite cité médiévale fortifiée est une véritable pépite ! Un arrêt s'impose pour flâner dans ses ruelles fleuries, admirer ses maisons anciennes, sa rue pavée et ses portes fortifiées. Et maintenant, direction Monségur ! Le long de la paisible et ombragée vallée du Dropt, les moulins fortifiés de Bagas et Loubens rappellent que l'Entre-deux-Mers était autrefois l'ancien grenier à blé du Bordelais. Enfin, vous voilà arrivés dans la bastide de Monségur, la seule bastide de hauteur de Gironde ★★★★. Fondée en 1265 par Éléonore de Provence, elle a conservé la trame d'origine de ces villes nouvelles du Moyen Âge : la place avec ses couverts, une halle de style Eiffel, les maisons à pans de bois et son chemin de ronde qui domine la vallée du Dropt, offrant une promenade ombragée en bord de rivière.

› Jour 4 - De Monségur à Fontet via La Réole – 35 km

Pour ce dernier jour, vous ferez une boucle autour de la bastide de Monségur en empruntant de petites routes avant de reprendre la véloroute de l'itinéraire du Canal des 2 Mers© pour rallier La Réole et Fontet. Le temps d'une visite, laissez reposer votre vélo pour parcourir les ruelles escarpées de la ville d'Art et d'Histoire de La Réole et apercevoir le prieuré bénédictin, le plus ancien hôtel de ville de France, les maisons à colombages... Vous rejoindrez ensuite le port de Fontet, le long du canal latéral à la Garonne. L'ancien chemin de halage emmènera les plus courageux vers Toulouse et même jusqu'à Sète !

LES LACS, LE BASSIN ET LES PLAGES OCÉANES EN 3 JOURS

Quoi de mieux qu'un séjour en Gironde ★★★★ pour profiter de son littoral exceptionnel ? Profitez des lacs et des plages avec, à la clé, de nombreuses activités.

› Jour 1 - Pointe du Médoc et spots de surf

Au nord du Médoc, **le Verdon-sur-Mer** ★★ (p.252) compte deux plages, trois phares et quatre ports, dont celui de la Pointe de Grave qui offre un large panorama sur l'embouchure du plus vaste estuaire d'Europe et sur la silhouette de style Renaissance du plus ancien phare de France encore en activité : le phare de Cordouan. Comptez 45 minutes de traversée pour rejoindre celui que l'on surnomme le Versailles de la mer. Et 301 marches pour atteindre le balcon de la lanterne... La vue est époustouflante ! Et si on se mettait en direction de **Soulac-sur-Mer** ★★ (p.246) et Montalivet pour profiter des plages et des vagues ? Car oui, le Médoc est une terre de surf ! Grâce à ses bancs de sable de qualité, la plage l'Amélie est un spot de repli accessible à tous les niveaux. Du côté des blockhaus, les vagues peuvent s'y révéler puissantes et creuses. Beaucoup plus fréquentée, la plage du Gurp à Grayan-et-l'Hôpital attire aussi les amateurs de bonnes vagues. On termine la journée à Montalivet en Californie bordelaise pour profiter de la soirée.

› Jour 2 - Hourtin-Carcans et Lacanau en eau douce

Pour prendre toute la mesure du plus grand lac d'eau douce de France, rendez-vous à la halte nautique d'**Hourtin** ★ (p.210) pour une balade le long de l'unique port du lac d'Hourtin/**Carcans** ★ (p.206). Avec des petits, un passage à l'île aux enfants s'impose. Pour la baignade, on change de cap. Située sur la rive ouest du lac, la plage de Piqueyrot est pour beaucoup la plus belle du lac. Catamaran, planche à voile, canoë, stand up paddle, pédalo... Profitez-en ! Avec des enfants, allez plutôt à Carcans-Maubuisson. Pour les marcheurs du dimanche qui aiment prendre un peu de hauteur, la boucle du sentier du lac (7 km) est une balade très agréable. N'oubliez pas de continuer jusqu'à la Pointe de Coben ! Passez la soirée à Lacanau ★★.

› Jour 3 - Le Bassin d'Arcachon

La journée commence par une très belle promenade à deux pas du port ostréicole d'**Andernos-les-Bains** ★★ (p.135). Protégée et inscrite au patrimoine pittoresque de la Gironde ★★★★, la pointe des Quinconces était l'une des promenades préférées de Sarah Bernhardt. Suivez le sentier du littoral jusqu'au pont traversant le Cirès jusqu'à la plage de Saint-Brice (Arès). Et maintenant, direction la plage centrale d'**Arcachon** ★★★★ (p.146). Depuis la jetée Thiers, embarquez pour une balade en bateau de plaisance, catamaran ou pinasse vers l'île aux Oiseaux et les Cabanes Tchanquées. Après avoir déambulé dans la Ville d'été, rejoignez la plage du Moulleau. D'ici, on voit la **dune du Pilat** (p.177), le banc d'Arguin et le **Cap Ferret** (p.190). Et pour finir en beauté, rendez-vous sur la plus haute dune d'Europe pour admirer le coucher du soleil.

PASSEPORT

DÉCOUVRIR

Entre châteaux historiques, bastides ou encore propriétés viticoles, les routes de Gironde serpentent à travers les vignes, ondulent à l'ombre des pins et vous mènent jusqu'aux plages et leurs dunes. Les Grands Lacs, le bassin d'Arcachon, l'Océan, la Garonne et ses affluents, sans oublier l'Estuaire, font de la Gironde une terre d'exception, riche d'une faune et d'une flore remarquable. La Gironde est la destination idéale pour tous les amoureux de nature, d'histoire et de patrimoine. Elle se révèle aussi à celles et ceux qui aiment avoir les pieds sur terre, prendre le large, surfer sur la vague, s'envoyer en l'air… Les activités sportives et de loisirs ne manquent pas, et une véritable effervescence artistique et culturelle est au rendez-vous. La Gironde est aussi, et bien sûr, pour les épicuriens : ici, la bonne chère et le bon vin réjouissent les palais et les cœurs ! Voici un concentré de ce que la Gironde a de meilleur à offrir.

ŒNOTOURISME

Nuit dans une barrique géante, escape game dans les propriétés viticoles, chasse au trésor, survol des vignobles en montgolfière, pique-nique au château, virée en side-car par monts et par vignes, atelier d'assemblage, promenade en calèche, dégustation gourmande, exposition dans les chais, restauration gastronomique, croisière, conquête de la Cité du vin… En Gironde, toutes les routes mènent à l'irrésistible vignoble bordelais. Avec plus de 6,8 millions de visites chaque année, le département s'impose comme la première destination œnotouristique de France. Traversée par 6 routes du vin labellisées Vignobles & Découvertes, la Gironde abrite le plus grand vignoble AOC de France avec 65 appellations réparties sur 111 400 hectares. Portes ouvertes dans les châteaux, fêtes du vin, salons des vignerons, ban des vendanges, visites thématiques par les offices de tourisme… L'agenda est bien rempli.

Bordeaux, porte du vignoble

Cité de gastronomie, capitale de la Gironde et du bien-vivre, Bordeaux est la porte d'entrée du prestigieux vignoble bordelais. Inscrite au Patrimoine mondial de l'UNESCO, la belle est aussi surprenante et effervescente que le Crémant de Bordeaux. Outre ses nombreuses terrasses et ses bars à vins dont le plus emblématique est certainement celui du CIVB au rez-de-chaussée de la Maison du Vin de Bordeaux, c'est à la Cité du Vin que commence le voyage initiatique au cœur de la culture du vin. Le parcours muséographique s'enroule à la façon d'un vin dont on voudrait libérer les arômes au moment de la dégustation. Avec son belvédère à 35 mètres au-dessus de la ville et du fleuve, la Cité du Vin est un site unique au monde. Néophyte, amateur ou connaisseur, embarquez pour une expérience immersive, ludique et multisensorielle ! Ne manquez pas non plus le Château Les Carmes Haut-Brion (Pessac-Léognan) et son vignoble de 10 hectares ceinturés par la ville. Inauguré en 2016, le nouveau chai conçu par Philippe Starck et Luc Arsène-Henry, émerge des eaux du Peugue. Au-dessus de quelque 300 barriques, la salle de dégustation offre un superbe panorama sur le vignoble. Également accessible en tramway, car situé en plein cœur du quartier de la Bastide à Bordeaux, le Clos des Queyries est une ancienne propriété viticole du XVIIIe siècle. Les chambres d'hôtes s'appellent Aquitaine, Dijeaux, Salinière et Cailhau. C'est à Bordeaux que se déroule aussi l'incontournable Fête du Vin, le Week-end des Grands Crus ou encore la Fête de la brocante et du vin nouveau.

Graves et Sauternes

Sur les terres de Bertrand de Goth, la Reine Margot, Montesquieu, Henri de Toulouse-Lautrec… Et des vins les plus prestigieux au monde ! Planté dès l'Antiquité par les Romains, le vignoble de Graves et Sauternes est le plus ancien des

La Cité du vin à Bordeaux.

© ANITA SANTACREU - SHUTTERSTOCK.COM

Le vignoble de Pessac-Leognan.

DÉCOUVRIR

vignobles bordelais. Grande appellation de Bordeaux traversée par le Ciron, le Sauternais abrite un des joyaux de la viticulture française : le Château d'Yquem, l'unique Premier Cru Supérieur de Bordeaux. Au Pays de l'Or jaune, sur les hauteurs du village de Bommes, le Château Lafaurie Peyraguey mérite également le détour. Vous pourrez alors admirer la seule et unique barrique en cristal Lalique et visiter la chapelle, entièrement décorée par Lalique. Pour les gourmets, la visite *Accords mets & vins* par le Chef étoilé Jérôme Schilling vous promet de belles émotions. Les Apéros Dorés du Château de la Tour Blanche sont encore une autre façon de déguster un verre de Sauternes. Au programme de l'été : musique, balade en calèche, cocktails au sauternes, planche de tapas… Et si on prenait un peu de hauteur avec un survol de l'appellation des Graves et du Sauternais depuis les vignes du Château Vénus ou une « Dégustation perchée » au Château de Rayne Vigneau ? Cru classé des Graves, le Château Smith-Haut-Lafitte réserve son lot de surprises à commencer par une magnifique tonnellerie où le Maître Tonnelier fabrique 3 à 4 barriques par jour. Ici, l'art, le vin, la gastronomie et le bien-être se rencontrent. Avec sa collection d'œufs en béton colorés ainsi que son Jardin Millésimé de 4 000 m², création contemporaine du paysage viticole, le Château Larrivet Haut-Brion s'impose également comme une terre d'art et de vin. Rythmée par de grands rendez-vous tels que la Foire aux Vins et aux Fromages de Langon, La Raisin d'Or ou les Nuits atypiques, la route des Vins de Bordeaux en Graves et Sauternes donne un bel aperçu de la richesse et de la diversité de l'offre œnotouristique en Gironde.

© FREEPROD33 - SHUTTERSTOCK.COM

Le château d'Yquem.

Médoc

Nichée entre l'estuaire et l'océan, la route des Châteaux qui traverse le Médoc est certainement l'une des plus belles routes des vins de France. Saint-Estèphe, Pauillac, Saint-Julien, Margaux… Les Appellations d'Origine Contrôlée sont mondialement connues. Les châteaux Lafite Rothschild, Latour, Margaux, Mouton-Rothschild ainsi que 56 autres grands domaines viticoles du Médoc figurent sur la liste des Grands Crus Classés en 1855. Ici, le vignoble est au cœur de tout. La Maison du Tourisme et du Vin de Pauillac est presque un passage obligé pour récupérer le précieux topoguide « architecture des châteaux ». Le circuit d'environ 52 km se fait en voiture pour une durée d'environ 3h. Surnommé le « Versailles du Médoc » avec ses jardins à la française, le château Beychevelle est un incontournable de la route des Vins. Le château Cos d'Estournel est sans aucun doute le plus « original » avec son architecture à l'orientale. Caves, visites et dégustations, promenades en calèche, restaurant gastronomique, brasserie années 30, atelier de vélos, école de cuisine, expositions d'art… Au sein de la propriété viticole de la Famille Cazes, le village de Bages à Pauillac est un lieu à part. Rendez-vous incontournable de tous les gourmets et épicuriens curieux de découvrir le savoir-vivre à la médocaine, le village de Bages est un enchantement. Château de contes et légendes, Agassac saura satisfaire la curiosité des plus jeunes, ainsi que la soif des plus grands, amateurs de vins de haute expression. Le château d'Agassac est, dit-on, le château de la Belle au bois dormant. Le Marathon des châteaux du Médoc et les autres grands rendez-vous tels que le Festival Jazz and Wine et le Festival International les Vendanges du 7ème Art sont autant de belles occasions pour découvrir la région.

Saint-Emilion, Pomerol, Fronsac

Des rives de la Dordogne aux confins du Périgord, les paysages viticoles de Saint-Émilion et les appellations voisines de Pomerol et Fronsac se dressent sur l'une des plus emblématiques routes du vin de Bordeaux. Angélus, Cheval Blanc… Les grands noms du vin résonnent à l'autre bout du monde. Saint-Émilion est ni plus ni moins le premier vignoble inscrit par l'UNESCO au Patrimoine mondial de l'Humanité. Cette inscription représente environ 5 000 hectares de vignes réparties sur les 8 communes de la Juridiction de Saint-Émilion : Saint-Émilion, Saint-Laurent-des-Combes, Saint-Christophe-des-Bardes, Saint-Pey-d'Armens, Saint-Étienne-de-Lisse, Saint-Sulpice-de-Faleyrens, Saint-Hippolyte et Vignonet. Pour l'UNESCO, Saint-Émilion est « *un exemple remarquable d'un paysage viticole historique qui a survécu intact* » et « *illustre de manière exceptionnelle la culture intensive de la vigne* ». Avec ses rues pavées, ses vieilles pierres et ses magnifiques points de vue, notamment depuis la place des Créneaux, la cité médiévale de Saint-Émilion saura user de ses charmes pour vous conter son histoire à travers ses vins et ses monuments classés. Les manifestations de la Jurade sont des moments hors du temps. À ces occasions, les Jurats défilent vêtus de la robe rouge traditionnelle. Ils proclament solennellement le Jugement du vin nouveau lors du troisième dimanche de juin ou le Ban des vendanges le troisième dimanche de septembre. Château de la Rivière, Château La

Saint-Emilion.

© LISASTRACHAN - ISTOCKPHOTO.COM

Dans les rues de la citadelle de Blaye.

Fleur de Boüard, Château Tour Saint-Christophe, Cloître des Cordeliers, Château La Dominique, Château Faugères… Aussi mythique soit-elle, la route des vins de Saint-Émilion, Pomerol et Fronsac est à la croisée de la tradition et la modernité.

Entre-deux-Mers

Terre de vins, d'art et d'histoire, l'Entre-deux-Mers s'impose comme la plus vaste des régions viticoles du Bordelais (7 000 hectares). De toutes les couleurs, les vins de l'Entre-deux-Mers ne peuvent plus alors se résumer à ce petit vin blanc sec que l'on déguste traditionnellement avec une belle douzaine d'huîtres du bassin d'Arcachon et du Cap Ferret. L'Entre-deux-Mers est autrement plus surprenant ! Bordeaux Supérieur, Bordeaux Haut Benauge, Côtes de Bordeaux Saint-Macaire, Entre-deux-Mers, Loupiac, Bordeaux Clairet, Bordeaux Moelleux, Cadillac, Sainte-Croix du Mont, Cadillac Côtes de Bordeaux, Premières Côtes de Bordeaux, Crémant de Bordeaux… Avec 17 Appellations d'Origine Contrôlée, la région est aussi et surtout la plus diversifiée. Et avec un patrimoine médiéval sans nul autre pareil, l'arrière-pays bordelais a beaucoup à offrir et plus particulièrement à tous les amoureux de la petite reine qui n'hésitent pas à suivre la piste Roger Lapébie entre vignes, forêts et bastides. Visite du patrimoine à bord d'une légendaire Citroën 2CV au Château de La Dauphine, dégustation estivale avec vue panoramique sur la vallée de la Garonne à la fraîcheur des grottes de Saint-Croix-du-Mont, wine-tour en Cadillac à Cadillac, visite chargée d'histoire au Château de Camarsac, spectacle son et lumière unique en son genre au Château Seguin, histoire de la vigne et visite des appartements d'Henri de Toulouse-Lautrec au Château Malromé, randonnée bucolique au Château de Ferrand, éveil des sens aux abords de la serre Gustave Eiffel dans le jardin des senteurs du Château de Reignac… Perpétuant une tradition de plus de huit siècles, le marché hebdomadaire de Cadillac, le plus important du Sud Gironde, réunit les producteurs de la région. Voilà une belle occasion de découvrir les vins de l'Entre-deux-Mers et les bons produits du terroir.

Blaye et Bourg

Patrimoine de l'estuaire, les coteaux de Bourg-sur-Gironde et de Blaye composent un terroir viticole atypique et discret à l'image du Clos de l'Échauguette niché au sein du « bastion des Pères » de la Citadelle de Blaye. Planté à 100 % en merlot, ce petit vignoble de 1 500 m^2 labouré à cheval et conduit en agriculture biologique profite d'une situation exceptionnelle, surplombant l'estuaire face au Médoc. Accessible par un tunnel creusé sous le rempart de terre, le Clos de l'Échauguette est un lieu chargé d'histoire. En Blaye et Bourg, les rouges sont majoritairement marqués par le cépage merlot alors que les blancs sont plutôt issus du cépage sauvignon blanc. Vous pourrez découvrir les AOC Blaye Côtes de Bordeaux et Côtes de Bourg de deux manières : par le fleuve avec les croisières œnotouristiques permettant de visiter les îles Margaux, Nouvelle et Patiras, ou par la route de la Corniche Fleurie qui longe la Dordogne sur 12 km de Bourg-sur-Gironde à Villeneuve. Le Printemps des vins de Blaye est un rendez-vous incontournable au cœur de la Citadelle. Visites et dégustations, arrêt impromptu, week-end Portes Ouvertes des Appellations… Vous l'aurez compris, toutes les occasions sont bonnes pour sillonner l'une des 6 routes des Vins de Bordeaux.

GÉOGRAPHIE

L'estuaire de la Gironde, ses rives et ses îles, les dunes littorales et les forêts de pins maritimes bordant la côte Atlantique, les coteaux plantés de vignes dans l'arrière-pays, les landes marécageuses, la vallée de la Leyre répondant à l'appellation « Petite Amazone », l'incroyable lagune aux eaux turquoise du Bassin d'Arcachon, le grand calme des lacs intérieurs… D'une richesse exceptionnelle, la Gironde est un territoire aux multiples facettes à l'origine d'une belle diversité de milieux et d'habitats naturels. Le plus grand département de France abrite également une partie de la plus grande forêt d'Europe. Dans l'Entre-deux-Mers, les rondeurs de la terre finissent de longs aplombs qui offrent de beaux points de vue sur la rive gauche de la Garonne, notamment à Sainte-Croix-du-Mont. Avec sa géographie hors norme et ses paysages variés étendus à l'infini, la Gironde est une destination unique en France.

La Côte d'Argent

De l'estuaire de la Gironde aux portes de la côte basque, la Côte d'Argent ou Côte aquitaine s'étire sur 90 km en Gironde. Face à l'océan Atlantique, le littoral est aussi une voie de migration pour les oiseaux. Interrompu à l'entrée du bassin d'Arcachon, le littoral girondin se caractérise par une succession infinie de larges plages de sable, d'un cordon dunaire plus ou moins épais, d'un ensemble de dunes fixées par la forêt et souvent, d'un lac isolé de l'océan. Soulac-sur-Mer, Vendays-Montalivet, Hourtin, Carcans, Lacanau, Le Porge, Lège-Cap-Ferret, Arcachon, Pyla-sur-Mer… En Gironde, les stations balnéaires de la Côte d'Argent ont tout pour plaire aux amateurs de surf et de farniente.

La Dune du Pilat

Particularité du littoral aquitain, la dune littorale s'inscrit dans le plus grand ensemble dunaire de la façade atlantique européenne. Culminant de 100 à 115 mètres de haut, la dune du Pilat s'illustre par ses dimensions exceptionnelles et son incroyable beauté. Constituée d'environ 60 millions de m^3 de sable, la plus haute dune d'Europe se déplace de 1 à 5 mètres par an sous l'influence des vents et des marées. Pour l'Agence de Développement Touristique Gironde Tourisme, c'est bien simple, la dune du Pilat est au bassin d'Arcachon ce que la tour Eiffel est à Paris. La Dune du Pilat est le site le plus visité du département.

L'estuaire de la Garonne

Phares, carrelets colorés, architecture militaire (Citadelle de Blaye, Fort-Médoc et Fort Pâté), châteaux et propriétés viticoles, sites archéologiques (port du Fâ et Villa gallo-romaine de Plassac), petits ports de pêche… Fruit de la rencontre de la Garonne avec la Dordogne au bec d'Ambès, l'estuaire de la Gironde est le plus vaste estuaire d'Europe. C'est aussi le plus préservé. Long de 75 kilomètres et large de 12 kilomètres à son embouchure sur une superficie de 635 km^2,

© DELPIXEL - SHUTTERSTOCK.COM

La dune et la plage de Lacanau.

ce réservoir de biodiversité ouvert sur l'océan Atlantique abrite de nombreuses îles, dont trois se visitent lors de croisières au départ de Bordeaux, Blaye, Bourg et Pauillac : l'île de Patiras, l'île Margaux et l'île Nouvelle. Avec sa forteresse de Vauban, aussi appelée Verrou de l'estuaire, Blaye est sa sentinelle. Au XIVe siècle, l'estuaire était la voie principale de transport du vin. Deux liaisons assurent le lien entre les rives de l'estuaire, de Blaye à Lamarque et de Royan au Verdon-sur-Mer.

Les grands lacs

Joyaux de la côte Atlantique, les Grands Lacs s'ajoutent aux belles collections de destinations que la Gironde a à offrir. Parmi eux se trouvent les deux plus grands lacs d'eau douce de France : le lac d'Hourtin-Carcans et le lac de Cazaux. Situé dans le Médoc, le lac d'Hourtin regorge de petits coins de paradis. Marais sauvages, dunes, forêt, sable blanc… Une partie du site est protégée par la réserve naturelle nationale des dunes et marais d'Hourtin. Relié par le Canal des Étangs, le lac de Lacanau se trouve à 6 km de la station balnéaire de Lacanau-Océan. Dans un écrin de pins maritimes, le lac de Lacanau dévoile de belles plages isolées. Le chenal du Porge permet de rejoindre le bassin d'Arcachon. Avec ses plages de sable fin et ses criques sauvages, le lac de Cazaux, second plus grand lac d'eau douce de France, se trouve à 10 km au sud du Bassin d'Arcachon, à La Teste-de-Buch. Voile, kitesurf, planche à voile, plongée, ski nautique, stand up paddle, canoë-kayak… De nombreuses activités sont proposées sur les Grands Lacs de Gironde.

Le massif forestier

La Gironde est un département forestier de premier plan. Privées à 90 % et majoritairement constituées de résineux, les forêts occupent quasiment la moitié du département, voire les trois quarts du territoire. Au débouché du Bassin aquitain sur l'océan Atlantique, sur les départements des Landes, de Gironde et sur la pointe occidentale du Lot-et-Garonne, le massif forestier des Landes de Gascogne (1,4 million d'hectares) est le plus emblématique. C'est aussi la plus grande forêt artificielle d'Europe occidentale. Son histoire est étroitement liée à celle de l'homme qui dès le XVIIIe siècle cherchait à stopper la progression des dunes poussées par le vent et assainir le sol. Près de 90 000 ha de dunes furent ainsi boisés en pins maritimes. Aujourd'hui, ils couvrent 950 000 ha environ. Les forêts dunaires sont des forêts à fort attrait touristique. De l'amont à l'aval, la filière forêt-bois joue un rôle important pour l'économie et l'emploi en région Aquitaine, Limousin et Poitou-Charentes.

Le vignoble de Bordeaux

En Gironde, le climat océanique tempéré et la grande variété de sols favorisent la culture de

© COWEZ ERIC - SHUTTERSTOCK.COM

Forêt au Cap Ferret.

la vigne. De référence mondiale, les terroirs du vignoble bordelais, premier vignoble AOC de France avec 65 appellations, appartiennent au bassin sédimentaire aquitain. Sable, graves, calcaire, argile, limon… Les principales formations géologiques composant le sous-sol du vignoble de Bordeaux remontent aux périodes du cénozoïque et du quaternaire. On distingue six régions viticoles : le Médoc, le Libournais, le Blayais-Bourgeais, les Graves, l'Entre-deux-Mers et le Sauternais. Représentant 90 % des terres de la rive gauche de la Garonne, la terre de Graves constituée d'argile, de glaise et de cailloux, abrite les plus grands noms de la planète viticole : Margaux, Saint-Estèphe, Saint-Julien, Pauillac, Pessac-Léognan… À découvrir sur les routes des vins.

Climat, températures et météo

La Gironde bénéficie d'un climat tempéré tout au long de l'année. Régulée par l'influence océanique, la température moyenne annuelle s'établit à 13,1 °C, avec 5 à 7 °C en hiver et 18 à 21 °C en été. Les mois les plus froids sont janvier et février. A la 21e position du classement des départements les plus ensoleillés de France, la Gironde enregistre plus de 2 200 heures de soleil, notamment sur le bassin d'Arcachon et le littoral. L'été indien est particulièrement agréable. Aussi, il n'est pas rare de se baigner et de passer des soirées dehors jusqu'à la fin du mois d'octobre. Avec une baisse marquée en été, la Gironde est un département plutôt sec cumulant 924 mm de pluie par an. L'hiver, une nappe de brume tenace vient souvent couvrir la vallée de la Garonne alors qu'il peut faire grand soleil au Cap Ferret. Inversement dans des situations anticycloniques hivernales, la brume s'installe sur la façade atlantique. Magique !

NATURE

Par l'étendue et la variété de ses milieux naturels, le département de la Gironde possède une très grande richesse d'habitats et d'espèces. Nombreuses et variées, les zones humides concentrent une biodiversité remarquable. Sur une voie majeure de migration de l'avifaune, le territoire présente également une grande richesse ornithologique (nidification, migration, hivernage). Au total, ce sont près de 80 espaces naturels où il est possible d'observer la faune et la flore. Véritable réservoir de biodiversité, l'Estuaire de la Gironde est un lieu de reproduction, de nourricerie et/ou de repos pour de nombreuses espèces aquatiques et d'oiseaux migrateurs. Sentiers pédestres, itinéraires cyclables, randonnées équestres, descentes en canoë... N'hésitez pas à vous laisser guider par les guides naturalistes pour approcher les écosystèmes préservés et mesurer les enjeux de biodiversité. En Gironde, la nature vous en mettra plein la vue.

DÉCOUVRIR

Les Parcs naturels régionaux

Sur les 54 Parcs naturels régionaux en France, la Gironde recense 2 des 5 Parcs naturels régionaux de Nouvelle-Aquitaine. Créé en 1970 sur 263 000 hectares autour des vallées de la Leyre, le **Parc naturel régional des Landes de Gascogne** (p.355) a pour mission la préservation et la mise en valeur des patrimoines naturels, culturels et paysagers. C'est un véritable paradis pour les amoureux de la nature. Il s'étend actuellement sur 41 communes, dont 20 en Gironde. La maison du parc se trouve à Belin-Béliet. Le Parc naturel régional des Landes de Gascogne est caractérisé par trois types de paysages : la forêt de pins pour 90 % du territoire, les paysages maritimes du bassin d'Arcachon et la vallée de la Leyre qui abrite un écosystème à part entière avec ses zones humides, ses forêts de feuillus et ses ripisylves aussi appelées forêts-galeries le long des cours d'eau. Propice à la présence d'une grande variété d'espèces, le delta de la Leyre, là où se rejoignent les eaux douces de la rivière et les eaux salées de l'océan, se trouve sur l'une des voies de migration les plus importantes d'Europe. Véritable terre d'oiseaux, ce sont près de trois cents espèces qui migrent ou nichent sur la **Réserve ornithologique du Teich** (p.198). Le delta de la Leyre se caractérise également par sa mosaïque de prés salés à découvrir le long du sentier du littoral et sur le Domaine de Certes et Graveyron. Vestiges de la lande originelle, nichées au cœur du massif forestier, les Lagunes du Gât Mort à Louchats, classé site naturel préservé, font partie des éléments forts du patrimoine naturel et humain des Landes de Gascogne. Bordé à l'est par l'Estuaire de la Gironde, dont il fait partie intégrante, et à l'ouest par l'océan Atlantique, le Parc naturel régional Médoc s'étend de la métropole bordelaise à la pointe de Grave. Entre réserves naturelles, zones humides, marais, dunes, lacs, forêts... le Parc naturel régional

La réserve ornithologique du Teich.

Médoc (240 000 hectares), classé par décret du 24 mai 2019, est marqué par une diversité paysagère remarquable.

Les Réserves naturelles nationales

La Gironde abrite 6 des 21 Réserves naturelles nationales. Dans le Parc naturel régional Médoc, la Réserve naturelle des Dunes et Marais d'Hourtin (p.211) représente une superficie de 2 150 hectares. Terrain de jeu du vison d'Europe et de la loutre, la faune et la flore y sont diversifiées, avec 9 espèces protégées au niveau national. Accolée au cordon de dunes du littoral, la Réserve naturelle de l'étang de Cousseau se trouve entre les Grands Lacs de Carcans-Hourtin et Lacanau. Au nord du bassin d'Arcachon, la Réserve naturelle des Prés Salés d'Arès et de Lège-Cap-Ferret est une zone importante pour la migration, l'hivernage et la reproduction de nombreux oiseaux de zones humides. Les milans noirs, les hérons et les aigrettes sont visibles en toutes saisons. Marquant l'entrée du bassin d'Arcachon, la Réserve naturelle du Banc d'Arguin (p.178) s'étend face à la dune du Pilat. Cet îlot sableux océanique se déplace et varie au gré des vents et des courants marins. Avec une flore typique des milieux côtiers du Sud-Ouest, le Banc d'Arguin est un haut lieu de nidification d'oiseaux protégés. Dans les terres, à une vingtaine de kilomètres de Bordeaux, la Réserve naturelle géologique de Saucats et La Brède se caractérise par ses affleurements de sables coquilliers solidifiés. On y rencontre fréquemment le martin-pêcheur d'Europe et de nombreuses libellules. Parcourue par trois rivières, la Réserve naturelle des Marais de Bruges vise à protéger ce qui reste des Grands marais de Bordeaux-Bruges. Là encore, le site est placé sur un axe migratoire important, notamment pour la cigogne blanche.

Les milieux forestiers

La Nouvelle-Aquitaine est la première région forestière française. Près de 90 % des surfaces forestières sont détenus par des propriétaires privés. La Gironde se place au deuxième rang des départements français pour sa superficie boisée (4 800 km²). Avec un taux de boisement avoisinant les 50 %, la Gironde est aussi l'un des départements les plus boisés de France. La forêt de pins maritimes domine sur le territoire, notamment dans les landes girondines. Le plateau landais constitue en effet le plus grand massif forestier européen. Le plateau de l'Entre-Deux-Mers se distingue par son morcellement et son peuplement à dominante feuillue comme le chêne pédonculé. Les forêts dunaires, le long du littoral vers les villes comme Arcachon et Lacanau, restent des forêts à fort attrait touristique. Derrière la dune du Pilat, les forêts domaniales de Lège-et-Garonne au Cap Ferret et de La Teste-de-Buch ont reçu en 2018 le label Forêt d'exception ; une distinction unique en Nouvelle-Aquitaine. Au cœur du massif forestier des Landes de Gascogne, la Forêt d'Art contemporain a la particularité de mêler art et nature. En Gironde, les milieux forestiers offrent un véritable terrain de jeu pour les familles et les sportifs.

La réserve naturelle d'Hourtin.

Les Parcs naturels marins

Sur les 9 parcs existants en France métropolitaine et en outre-mer, la Gironde recense 2 Parcs naturels marins. De nombreuses espèces viennent y trouver refuge. Le Parc naturel marin de l'Estuaire de la Gironde et de la mer des Pertuis est l'un des plus vastes en métropole. Créé en 2015, il s'étend de l'embouchure du Payré en Vendée au bec d'Ambès sur l'estuaire de la Gironde en passant par la Charente-Maritime. La diversité des milieux explique une richesse biologique d'intérêt européen et mondial. Générant une forte production planctonique, les apports en eau douce et en nutriments des fleuves permettent de nourrir l'ensemble des écosystèmes marins et estuariens du Parc. Une fois n'est pas coutume, c'est une zone majeure pour les espèces migratrices d'oiseaux et de poissons. Par ailleurs, l'Estuaire de la Gironde est le seul estuaire de l'ouest européen à héberger l'ensemble des 11 espèces de poissons-amphihalins de l'Atlantique, parmi lesquelles la dernière population naturelle d'esturgeon d'Europe. Situé plus au sud, le Parc naturel marin du bassin d'Arcachon possède un patrimoine naturel, paysager et culturel unique. Né de la rencontre du sable et de la houle océanique avec le delta de la Leyre, le Parc s'étend sur la totalité du bassin d'Arcachon et sur une partie de la façade atlantique entre Le Porge au nord et Biscarosse au sud. En ce sens, il présente un écosystème lagunaire et océanique très varié.

TOP 10

FAUNE

Traversée par le couloir principal de la migration de la grue cendrée, la Gironde est une terre d'observation des oiseaux. Marqueur du passage des saisons, la migration des oiseaux attire de nombreux curieux. Le littoral, la pointe de Grave et les zones humides (bassin d'Arcachon, étangs, marais d'arrière-dune, etc.) sont des sites d'hivernage majeurs.

L'HUÎTRIER PIE

Très bel oiseau. Ce robuste échassier fréquente essentiellement les bords de plage, les ports et les zones ostréicoles.

© PETER LLEWELLYN - ISTOCKPHOTO.COM

LA BARGE À QUEUE NOIRE

Un limicole des zones humides de la famille des scolopacidés. La Gironde abrite une partie conséquente de la population française.

© HENK BOGAARD - SHUTTERSTOCK.COM

LA CIGOGNE BLANCHE

Nicheuse et hivernante, la cigogne blanche est très présente en Gironde et très appréciée du grand public.

© RAFA RUIZ FOTO - SHUTTERSTOCK.COM

LE MILAN NOIR

Observable dans plusieurs milieux, le Milan noir appartient à la famille des Accipitridés. En vol, sa queue forme un V.

© CHRISHEPBURN - ISTOCKPHOTO.COM

L'AVOCETTE ÉLÉGANTE

Superbe oiseau des marais littoraux. C'est la seule espèce de la famille des *Recurvirostridea* vivant en Europe.

© SIMONAS MINKEVICIUS - SHUTTERSTOCK.COM

LA GORGEBLEUE À MIROIR

Très apprécié des passionnés d'ornithologie, ce passereau niche dans les marais et les zones humides.

© NON15 - SHUTTERSTOCK.COM

LE PETIT GRAVELOT

Ce petit échassier est présent sur les bords de la Garonne et dans les milieux artificiels des zones urbaines.

© JMROCEK - ISTOCKPHOTO.COM

LA BERNACHE CRAVANT

Une espèce d'oie migratrice à observer l'hiver sur les côtes girondines, notamment au bassin d'Arcachon.

© AURELIENPHOTOS66 - ISTOCKPHOTO.COM

LE HÉRON POURPRÉ

Migrateur et nicheur, cet échassier au long bec pointu jaune est présent dans les marais estuariens.

© DANNY YE - SHUTTERSTOCK.COM

LA PIE-GRIÈCHE ÉCORCHEUR

La Pie-grièche écorcheur est l'un des plus jolis passereaux. Il affectionne les buissons épineux des bocages.

© STEPHANE ETIENNE - ISTOCKPHOTO.COM

HISTOIRE

Aux confins de la langue d'Oc, la Gironde, et plus largement l'Aquitaine, a toujours été l'objet de convoitise. Terre d'étape traversée par les chemins de Saint-Jacques-de-Compostelle, le territoire est à la croisée de l'Atlantique et la Méditerranée. La Gironde est véritablement une terre d'aubaine. Bordeaux ou Burdigala naît dans une civilisation où le vin fait déjà et fera toujours partie de l'Histoire tout comme son port. Figure historique emblématique de la Gironde au XIIe siècle, Aliénor d'Aquitaine va jouer un rôle central dans les relations entre les royaumes de France et d'Angleterre. Son second mariage avec Henri II a en effet bouleversé l'histoire du duché d'Aquitaine. Héritage de la guerre de Cent Ans, la Gironde conserve huit bastides dans l'Entre-deux-Mers et le Libournais : Blasimon, Cadillac, Créon, Libourne, Monségur, Pellegrue, Sainte-Foy-la-Grande et Sauveterre-de-Guyenne. Et que dire de l'héritage du siècle des Lumières…

700 000 À 10 000 AV. J.-C.

Paléolithique

Le sud-ouest de la France renferme de nombreux vestiges préhistoriques. En Gironde, Pair-Non-Pair, classée au titre des Monuments historiques, est l'une des plus remarquables grottes ornées du début du Paléolithique.

80 000 AV. J.-C.

La grotte de Pair-Non-Pair à Prignac-et-Marcamps raconte plus de 60 000 ans de présence humaine, à commencer par l'homme de Néandertal. Découverte en 1881 par l'archéologue François Daleau, elle est le seul site préhistorique visitable dans le département. Son bestiaire gravé présente des chevaux, des bouquetins, des cervidés, des mammouths, mais aussi des bovinés et une exceptionnelle figuration de mégacéros. Plus de 15 000 outils en os et silex ont été découverts. La plupart des vestiges sont exposés au musée d'Aquitaine à Bordeaux.

6 000 À 800 AV. J.-C.

Néolithique et Âge du bronze

C'est l'apparition de l'agriculture en Aquitaine. Le développement de la poterie pour la nourriture et l'élevage sont deux autres avancées considérables. Dans le Médoc, carrefour entre l'Ibérie et l'Armorique, les hommes fabriquent en série des haches à bords droits.

3 500 À 500 AV. J.-C.

Entre le IIIe et le Ier siècle avant Jésus-Christ, les peuples celtes se sédentarisent sur le territoire girondin. Les Bituriges Vivisques s'installent à Bordeaux, les Vasates dans le Bazadais et les Boïates dans le pays de Buch. Le commerce, l'agriculture, l'artisanat du fer et du bronze ainsi que la poterie font partie du quotidien des populations. Au carrefour des voies de communication entre l'Atlantique et la Méditerranée, le port de Bordeaux connaît une belle activité.

IER SIÈCLE AV. J.-C.

Burdigala

Fondée par les Bituriges Vivisques sous l'Empire romain, Burdigala est le nom latin de l'actuelle ville de Bordeaux. Place forte, elle va progressivement devenir la capitale de la province d'Aquitaine. De nombreuses voies romaines vont voir le jour.

56 AV. J.-C.

Guerre des Gaules

Burdigala se soumet à Rome.

27 AV. J.-C.

Création de la Gaule aquitaine par l'Empereur Auguste

Les Gallo-Romains ont laissé derrière eux de multiples traces en Gironde, notamment la villa gallo-romaine de Plassac, le Palais Galien à Bordeaux, le site de Brion en Médoc ou encore la villa de Loupiac. Sur le littoral, le plus ancien site fouillé se trouve à Andernos.

270 AV. J.-C.

A la suite des invasions germaniques, Tetricus, gouverneur de Burdigala, accède à la tête de la Gaule. Il se maintient au pouvoir jusqu'en 274, année qui marque le retour de la Gaule dans l'Empire romain.

406

L'Aquitaine seconde et la Novempopulanie sont envahies par les Wisigoths. En 507, Clovis, roi des Francs, attaque le royaume wisigoth.

675

Constitution du duché d'Aquitaine

Au XIe siècle, l'Aquitaine était l'un des duchés les plus importants de France.

1122-1204

Aliénor d'Aquitaine

Seule héritière du duché en 1137, Aliénor est placée sous la protection du roi de France Louis VI. Désireux de récupérer le duché, il marie Aliénor à son fils Louis VII. A sa mort, Aliénor devient reine de France. Le divorce d'Aliénor et son remariage en 1152 avec Henri Plantagenêt, comte d'Anjou et héritier du roi d'Angleterre, rattache l'Aquitaine à la Couronne d'Angleterre jusqu'en 1453, à l'issue de la guerre de Cent Ans.

17 JUILLET 1453

Bataille de Castillon

Le royaume de France récupère le duché d'Aquitaine.

1462

La création du Parlement de Bordeaux est la conséquence directe du retour de l'Aquitaine à la Couronne de France, à la fin de la guerre de Cent Ans. Bordeaux devient une ville parlementaire.

20 OCTOBRE 1587

Pendant les guerres de Religion, Henri de Navarre bat l'armée royale du duc Anne de Joyeuse à Coutras.

1686-1689

De la Renaissance girondine, il ne reste que quelques demeures comme les châteaux de Vayres, de Cadillac ou de Malle. En revanche, c'est à cette période que Vauban fait construire le Verrou de l'estuaire (la citadelle de Blaye, fort Pathé et fort Médoc).

XVIIIE SIÈCLE

Siècle des Lumières

Bordeaux vit son « âge d'or ».

1716

Une lettre patente du Roi autorise le port de Bordeaux à pratiquer la traite négrière.

22 DÉCEMBRE 1789

Division de la France en département

Regroupant en partie les anciennes provinces de Guyenne et Gascogne, le département de la Gironde, qui prendra son nom définitif le 26 février 1790, est constitué.

1789 - 1799

La Révolution française

La Société des Amis de la Constitution, berceau du parti des Girondins, est créée le 16 avril 1790. Pierre Vergniaud y proclame la déchéance de Louis XVI le 10 août 1792. Dix jours plus tard, les Bordelais renversent la statue équestre de Louis XV sur l'actuelle place de la Bourse. Le monument aux Girondins, place des Quinconces, a été érigé à la mémoire des députés victimes de la Terreur.

XIXᴱ SIÈCLE

Le XIXᵉ siècle est, lui aussi, marqué par une période d'intense développement industriel. L'arrivée du chemin de fer va de pair avec la création des cités balnéaires d'Arcachon et de Soulac-sur-Mer. On construit d'importants équipements et plusieurs ouvrages d'art sont dessinés par Gustave Eiffel. La plupart des châteaux du Médoc voient le jour à cette époque.

1822

Premier pont sur la Garonne à Bordeaux, le pont de pierre est ouvert à la circulation.

1855

Classification des vins de Bordeaux

Cette référence est établie à la demande de l'empereur Napoléon III pour l'Exposition Universelle de Paris.

19 JUIN 1857

Loi relative à l'assainissement et à la mise en culture des Landes de Gascogne visant à drainer les landes humides, notamment par boisement en pins maritimes.

1914-1918

Première Guerre mondiale

Alors que les hommes sont engagés sur la ligne de front, les femmes assument les travaux des champs et de la vigne. En ville, elles travaillent dans les usines d'armement, de métallurgie, de poudrerie ainsi que dans les transports.

MARS 1930

La crue du siècle

Les inondations de 1930 submergent le Sud-Gironde. A Cadillac et Barsac, les eaux du fleuve atteignent jusqu'à 12 mètres de haut. Un record !

1939-1945

Deuxième Guerre mondiale

Après les épisodes de la Commune en 1870-1871 et du repli de septembre-décembre 1914, Bordeaux devient capitale de la France pour la troisième fois. Le 17 juin 1940, le maréchal Pétain, nommé à la présidence du Conseil, réclame un armistice à l'Allemagne tandis que le général de Gaulle s'envole de Bordeaux-Mérignac pour rejoindre l'Angleterre où il va constituer le gouvernement de la France Libre. Le 22 juin, la ligne de démarcation divise la région en deux zones. La Gironde est occupée le 28 juin.

13 MAI 1943

Transformée en centre d'art numérique – les Bassins de Lumière –, la base sous-marine de Bordeaux est l'une des cinq bases pour sous-marins construites par l'armée allemande sur la façade atlantique. Autre héritage de la Seconde Guerre mondiale sur nos plages : les blockhaus du Mur de l'Atlantique.

19 AU 25 AOÛT 1949

L'incendie de la forêt des Landes de 1949 consume 52 000 hectares et entraîne la mort de 82 personnes. Le 24 août est déclaré journée de Deuil national.

ANNÉES 60

La fin des années 1960 est marquée par une grande phase de transformation de la ville de Bordeaux. Symbole de modernité, le pont d'Aquitaine est inauguré le 6 mai 1967.

DÉCEMBRE 1999

Saint-Emilion

Le vignoble et les 8 villages de la Juridiction de Saint-Émilion sont inscrits au Patrimoine mondial de l'Humanité par l'UNESCO, au titre de « paysage culturel ». C'est une première mondiale.

La tempête du siècle

Dans la nuit du 27 au 28 décembre, l'ouragan Martin se déchaîne sur la France causant la mort de 27 victimes. Une grande partie du massif forestier de la Gironde est détruit.

JANVIER 2009

Dix ans après, la France et plus particulièrement neuf départements parmi lesquels la Gironde, sont durement frappés par la tempête Klaus. L'état de catastrophe naturelle est déclaré le 29 janvier.

1ER JANVIER 2016

Réforme territoriale

Née de la fusion des anciennes régions Aquitaine, Limousin et Poitou-Charentes, la Nouvelle-Aquitaine devient la plus vaste région de France. Bordeaux est la capitale régionale.

2 JUILLET 2017

Avec la mise en service de la Ligne à Grande Vitesse, Bordeaux est à 2h04 de Paris.

24 JUILLET 2021

La 44e session du Comité du patrimoine mondial et ses 21 États membres inscrivent le phare de Cordouan au patrimoine mondial de l'UNESCO au titre de « bien culturel ». Cette reconnaissance internationale est la plus belle des récompenses pour le gardien du plus grand estuaire d'Europe.

DE NOS JOURS

Préservé et valorisé, l'héritage historique de la Gironde inscrit ses lettres de noblesse à l'échelle du monde entier.

ARCHITECTURE

La Gironde présente un patrimoine monumental et paysager exceptionnel. Avec 14 sites inscrits sur la liste du patrimoine mondial par l'Unesco, 900 sites classés et inscrits, 4 monuments nationaux et 8 bastides, la Gironde profite d'un patrimoine d'exception. Le département recense 1 064 édifices comportant au moins une protection au titre des Monuments historiques. Porteuses d'histoires, reflets de l'Homme, les maisons de Gironde traduisent également la diversité et la richesse du territoire. De la traditionnelle échoppe en pierre de taille à la populaire (mais futuriste à sa création) Girolle en passant par l'élégante « soulacaise » avec sa façade de briques et ses menuiseries blanches, l'architecture des maisons de Gironde est aussi un fort marqueur d'époque. Témoin du temps qui passe, cette architecture se raconte à travers ses maisons du bord de l'océan jusqu'aux abords des villes. Pour vous en donner un bel aperçu, Le Petit Futé, avec l'aide du Conseil d'Architecture, d'Urbanisme et de l'Environnement de Gironde, vous convie à une visite guidée.

La célèbre échoppe bordelaise

Comme partout, la diversité typologique des maisons est principalement liée à leur histoire, l'agriculture et le niveau social des habitants. En Gironde, la « maison de maître », avec ses murs en pierres, sa façade ordonnée et sa toiture 2 ou 4 pans, porte aussi le nom de maison « Girondine ». À ne pas confondre avec l'échoppe ! Succédant à l'échoppe en bois des artisans et des commerçants à l'aube de la révolution industrielle, la traditionnelle échoppe bordelaise en pierre de taille devient alors un habitat social avec jardin, réservé à la population ouvrière. La pierre calcaire de Frontenac et Bourg a ainsi donné sa couleur blonde à Bordeaux. Au profit des façades de Tourny, les dernières échoppes verront le jour en 1939. Alignées les unes aux autres à fleur de rue, elles demeurent aujourd'hui un habitat de ville très couru.

Soulac, la Ville aux 500 villas

Celle que l'on finira par surnommer la « Ville aux 500 villas » devient à partir de la seconde moitié du XIXe siècle, une station balnéaire à la mode. À Soulac, le chantier de désensablement de la basilique Notre-Dame-de-la-fin-des-Terres, classée à l'UNESCO le 20 juillet 1891, va largement contribuer au développement de la ville à la façon d'une cité-jardin. La pierre calcaire étant rare en Médoc, la brique de production locale a été rapidement adoptée pour la construction de ces villas très ornementées, flanquées de pignons, galeries et vérandas. Typique de cette architecture de bord de mer, la « soulacaise » se décline dans les tons de blanc et rouge orangé, soutenus par le vert de la végétation.

Les perles du bassin d'Arcachon

Valeur paysagère incontestable du bassin d'Arcachon, pour la plupart inscrits à l'inventaire des sites classés, les villages ostréicoles avec leurs 500 cabanes en rangs serrés font l'histoire, le décor et le charme.

Villa à Soulac.

© TATJANA KABANOVA - SHUTTERSTOCK.COM

Cabanes à huîtres à Gujan-Mestras sur le bassin d'Arcachon.

Au XIXe siècle, pour éviter les pillages de leurs concessions situées au nord de l'Île aux Oiseaux, les ostréiculteurs, essentiellement originaires de Gujan-Mestras et de La Teste, aménagent des cabanes ou s'installent dans de vieilles embarcations échouées. Ainsi naissent les villages des Jacquets, du Canon, de Piraillan ou de l'Herbe au Cap Ferret. Alignées à 2 mètres les unes des autres, les cabanes ostréicoles sont traditionnellement construites avec le bois de la forêt usagère de La Teste.

Les arcachonnaises de le Ville d'hiver

Haut lieu de villégiature de la bourgeoisie de la IIIe République, Arcachon est d'abord une station de cure très prisée. Afin de rentabiliser l'arrivée de la ligne de chemin de fer en 1857, Émile Pereire, cousin du Docteur Pereira et proche de Napoléon III, lance le programme immobilier de la Ville d'hiver pour loger les malades, leurs familles et leurs domestiques. En charge du plan général, l'architecte Paul Regnault va s'entourer du jeune Gustave Eiffel. Protégée au titre des sites inscrits le 18 septembre 1985, la Ville d'Hiver est un véritable paradis d'architecture et de fantaisie. De style néo-classique, néogothique, mauresque ou inspirées du chalet suisse ou de la maison coloniale, les villas arcachonnaises des années 1870-1900 jouent plutôt la carte du monumentalisme. Plus ostentatoires les unes que les autres, leurs silhouettes se caractérisent par l'asymétrie et la verticalité.

Art nouveau ou Art déco ?

Mouvement artistique de la fin du XIXe siècle et du début du XXe siècle, s'appuyant sur l'esthétique des lignes courbes, l'Art nouveau s'est peu développé en Gironde. Inspiré du cubisme, en réaction à l'Art nouveau, le mouvement Art déco des années folles se manifeste davantage sur le décor des façades. À Bordeaux, les abords du parc Lescure constituent l'ensemble le plus homogène et le plus représentatif du style Art déco.

Le Corbusier en Gironde

Le 17 juillet 2016, l'œuvre architecturale de Charles-Edouard Jeanneret-Gris, dit Le Corbusier (1887-1965), a été inscrite par l'UNESCO sur la liste du patrimoine mondial au titre de « contribution exceptionnelle au mouvement Moderne ». La Gironde possède deux réalisations du célèbre architecte et urbaniste. Possédant une raffinerie de sucre à Bordeaux et une scierie à Lège Cap Ferret, l'industriel Henri Frugès commanda en 1923 à Le Corbusier, une cité ouvrière pour loger son personnel. Adoptant le plan libre et la fenêtre en longueur, deux fondements chers au cœur de l'architecte, Le Corbusier réalise à Lège, un ensemble de six maisons. La volumétrie simple, les murs blancs et les toits-terrasses concèdent à chaque bloc un aspect méditerranéen qui valut à la cité le nom de « quartier marocain ». Esquissé à Lège comme une cité-jardin, le programme des « Quartiers Modernes Frugès » à Pessac, est guidé par les principes de la construction industrielle. La Cité Frugès regroupe 51 maisons.

La Girolle, résidence de vacances nature

Signature de l'équipe d'architectes bordelais Salier-Courtois-Lajus-Sadirac, la Girolle voit le jour au milieu des années 60 ; une époque qui marque le nouvel essor des résidences secondaires sur le littoral et le bassin d'Arcachon. En synergie avec la nature, cette maison préfabriquée en ossature bois fait le bonheur des commanditaires aux budgets modestes. Largement ouverte sur l'extérieur, celle qui a été conçue pour être une résidence secondaire va finir par pousser sur le territoire comme une résidence principale. Pointé du doigt pour ses défauts d'isolation en 1974 au moment de la première crise énergétique, le concept de la Girolle perdure aujourd'hui.

Le paysage landais en Gironde

La forêt des Landes (appelée Landes de Gascogne et autrefois Landes de Bordeaux) couvrant une partie du territoire, la maison rurale du Sud Gironde est appelée « maison landaise ». Typiquement landais, l'airial – terrain couvert de pelouse et planté de quelques chênes ou pins parasols – conserve le témoignage d'une vie ancienne aujourd'hui disparue. Comme une clairière dans la forêt, l'airial est un petit domaine qui réunit un ensemble de constructions jadis utilisées pour l'activité agricole. De grande taille, la maison de maître profite du meilleur emplacement. Soutenue par un ou deux hauts poteaux, l'avancée de toiture en forme d'auvent est un des marqueurs de la maison landaise. On se laisse surprendre au fil des routes… Aussi, par les « maisons antillaises » qui ont fleuri le long du littoral. Fantaisie décorative ou héritage du passé, elles témoigneraient de la colonisation des Landes au milieu du XIXe siècle et se caractérisent par des auvents soutenus par des piliers en fonte.

BORDEAUX AU SIÈCLE DES LUMIÈRES

LA TRANSFORMATION DE LA VILLE PAR LES GRANDS INTENDANTS

Considérée comme l'une des capitales européennes des Lumières, Bordeaux, premier port du Royaume, est une place commerciale de premier ordre qui attise les convoitises et les riches marchands. Pratiquant majoritairement le commerce de droiture, la ville exporte ses productions locales, notamment ses tonneaux de vin, et assure en 1789, le quart du commerce extérieur de la France. Parallèlement en Europe, l'économie esclavagiste est en plein essor. Bien que le Parlement de Bordeaux se soit prononcé contre l'esclavage en 1571, une lettre patente du Roi, en 1716, autorise le Port de la Lune et d'autres ports en France, à pratiquer la traite négrière. À Bordeaux, le commerce triangulaire des esclaves représentait 5 % des expéditions contre 42 % à Nantes.

L'âge d'Or de Bordeaux et du Port de la Lune

Les effets des croissances économique et démographique encouragent les grands intendants-urbanistes de l'époque à transformer la cité médiévale en cité digne d'une capitale dans l'esprit de la philosophie des Lumières. Claude Boucher (1720-1743) commande ainsi à l'architecte Ange-Jacques Gabriel, la création de la place Royale au centre de laquelle s'élevait la statue équestre du roi Louis XV. Par crainte qu'elle ne devienne un sujet de trouble, la statue fut descendue en 1792. Œuvre de l'architecte du tombeau de Napoléon à l'Hôtel National des Invalides, la fontaine des Trois Grâces qui trône désormais sur l'actuelle place de la Bourse date de 1869. Se reflétant dans le miroir d'eau de jour comme de nuit, la place de la Bourse est l'endroit le plus photographié de la ville. L'architecture de la place Royale dicta la ligne des façades des quais où s'alignent les hôtels particuliers des riches négociants. De son côté, Louis-Urbain Aubert, marquis de Tourny (1743-1757) commande également à l'architecte Gabriel la création du Jardin public. Afin de faciliter le commerce, l'intendant Tourny fait tomber les remparts de la ville et les portes médiévales. Il perce des rues, dessine la courbe des quais et trace de grandes avenues. Encore visibles aujourd'hui, les portes d'Aquitaine, de Bourgogne, Dijeaux et de la Monnaie ont été élevées pour délimiter les contours de la ville, mais surtout comme symboles d'élégance et de richesse. L'âge d'Or de Bordeaux voit aussi apparaître la place de la Comédie, la place du Parlement ou encore les allées Tourny. Inauguré le 7 avril 1780 avec une représentation de Jean Racine, le Grand Théâtre de Bordeaux, commandé par le maréchal de Richelieu, Gouverneur de la province de Guyenne, a été édifié par l'architecte Victor Louis. La salle de spectacle demeure l'une des plus belles réalisations de ce genre au monde pour le XVIIIe siècle. Ange-Jacques Gabriel et Victor Louis sont les deux grands architectes qui ont contribué à l'embellissement de la ville de Bordeaux et son ouverture sur le fleuve au XVIIIe siècle.

Du XVIIIe au XIXe siècle

Les guerres napoléoniennes n'épargnant pas Bordeaux, la fin du XVIIIe siècle sonne le glas du rôle politique de la ville. Sur ordre de Napoléon 1er, Nicolas Dupré de Saint-Maur, intendant de Guyenne, entreprend le démantèlement du château Trompette en 1818 au profit de l'aménagement de la place des Quinconces. Après la Révolution française et le Premier Empire, la Restauration (1814-1830) et plus largement toute la seconde moitié du XIXe siècle furent pour Bordeaux une période de reprise économique, également empreinte d'un renouveau littéraire et artistique. L'industrie se développe, les infrastructures du port se modernisent… La ville poursuit son urbanisation vers l'ouest avec la construction des échoppes en pierre de taille. À cette même époque, Napoléon 1er ordonne la construction du pont de pierre (1810-1822), premier pont sur la Garonne, contribuant ainsi au développement de la rive droite.

L'héritage du siècle des Lumières

Exemplaire par l'unité de son expression urbanistique et architecturale, l'UNESCO a inscrit en 2007, Bordeaux et le Port de la Lune, sur la liste du patrimoine mondial au titre d'ensemble urbain d'exception. À l'échelle de l'Europe, Bordeaux constitue le plus vaste ensemble architectural du XVIIIe siècle. Depuis ses rues pavées, depuis ses quais ou depuis son fleuve, la pierre blonde de Bordeaux sculpte et modèle avec tant d'élégance cette architecture classique et néoclassique dont les plus beaux monuments s'affichent en carte postale. Héritage incontestable et incontesté du siècle des Lumières, la ville de Bordeaux attire chaque année de plus en plus de visiteurs. Porte d'entrée du vignoble bordelais, la ville est, toujours aujourd'hui, un passage obligé lors d'un séjour en Gironde.

TOP 10

MONUMENTS

Avec 13 sites inscrits sur la liste du patrimoine mondial par l'Unesco, 900 sites classés et inscrits, 4 monuments nationaux et 8 bastides, la Gironde profite d'un patrimoine d'exception. Le département recense 1 064 édifices comportant au moins une protection au titre des monuments historiques.

GROTTE DE PAIR-NON-PAIR

Une des plus remarquables grottes ornées appartenant au Paléolithique supérieur ancien.

ABBAYE DE LA SAUVE-MAJEURE

Un chef-d'œuvre de l'art roman édifié entre les XIe et XIIIe siècles, célèbre pour ses chapiteaux.

© VICTORPALYCH - SHUTTERSTOCK.COM

CHÂTEAU ROYAL DE CAZENEUVE

Sur les bords des gorges du Ciron, le joyau des ducs d'Albret fut autrefois propriété du roi Henri IV et de la reine Margot.

© SPIRITPROD33 - SHUTTERSTOCK.COM

ÉGLISE MONOLITHE DE SAINT-ÉMILION

La plus vaste église souterraine d'Europe, creusée dans un flanc de colline au début du XIIe siècle.

© STEPHANE BIDOUZE - SHUTTERSTOCK.CO

CHAPELLE SAINTE-MARIE-DU-CAP

La chapelle de la Villa Algérienne se dresse au centre de la presqu'île du Cap Ferret, au lieu-dit l'Herbe.

© DARIYA92300 - SHUTTERSTOCK.COM

CHÂTEAU FORT DE ROQUETAILLADE

Derrière ses façades austères médiévales, c'est tout l'univers de l'architecte Viollet-le-Duc qui vous attend.

© CORENTIN - SHUTTERSTOCK.COM

PALAIS DE LA BOURSE

Édifié entre 1742 et 1749, le palais de la Bourse fait partie de l'ensemble architectural de l'ancienne place Royale à Bordeaux.

© LEONID ANDRONOV - SHUTTERSTOCK.COM

CHÂTEAU DUCAL DE CADILLAC

Construit sous Henri IV puis Louis XIII, ce château allie faste et caractère militaire.

© GRANTIBO - SHUTTERSTOCK.COM

CITADELLE DE BLAYE

Un complexe militaire de Vauban à quatre bastions qui culmine sur un promontoire rocheux au-dessus de l'estuaire de la Gironde.

© SYLV1ROB1 - SHUTTERSTOCK.COM

TOUR PEY BERLAND

Dissocié de la cathédrale Saint-André à Bordeaux, ce campanile a été construit au milieu du XVe siècle.

© JAYC75 - SHUTTERSTOCK.COM

BEAUX-ARTS

Les façades bordelaises du XVIIIe siècle, les peintures d'Odile Redon, Albert Marquet et André Lhote exposées au Musée des Beaux-Arts de Bordeaux, la sculpture du Lion de Veilhan sur les rives de la Garonne, le monument à Léo Drouyn, les bibelots anciens dénichés chez les antiquaires, les décors urbains signés Jofo, les balades en forêt, les œuvres éphémères du M.U.R et les graffs du Mur de l'Atlantique… Témoignage du passé et reflet du présent, l'art s'invite partout sur le territoire dans les galeries, les monuments historiques, les friches urbaines, en pleine nature, en bord de plage ou encore dans les rues. Pôle artistique en devenir, le département de la Gironde à l'image de Bordeaux, est riche de collectifs d'artistes et de structures associatives engagés pour la création et la diffusion de l'art auprès de tous les publics. Week-end des galeries, week-end de l'art contemporain, saison street art, itinéraires des photographes voyageurs, Grand printemps des métiers d'Art… Prenez rendez-vous avec l'art !

Peinture

Célèbre pour ses marines, Joseph Vernet (1714-1789) est un peintre, dessinateur et graveur français. En 1753, le roi de France, Louis XV, lui commande des tableaux des plus grands ports du royaume. En 1758, Joseph Vernet peint une huile sur toile représentant « Le Port de Bordeaux » depuis le quartier des Salinières. Les marines de Vernet sont de véritables témoignages de la vie dans les ports à cette époque. Illustrant la plus emblématique des ressources économiques de Bordeaux et de sa région, l'œuvre monumentale de Jean Dupas, *La vigne et le vin*, est l'une des quatre grandes toiles réalisées pour orner la tour de Bordeaux lors de l'exposition internationale des Arts décoratifs de Paris en 1925. Les trois autres toiles, *L'agriculture* de Jean Despujols, *La Forêt Landaise* de François-Maurice Roganeau et *Les Colonies* de Marius de Buzon sont exposées au Musée d'Aquitaine à Bordeaux.

Galeries d'art et lieux d'exposition

Bordeaux totalise douze musées dont six municipaux dédiés aux beaux-arts, à l'art contemporain, aux arts décoratifs et au design ou encore à l'histoire naturelle, l'archéologie… Ainsi, le musée d'Aquitaine présente l'histoire de Bordeaux et sa région de la préhistoire à aujourd'hui. Labellisé Centre d'Art Contemporain d'Intérêt National, le CAPC a la vocation de sensibiliser à l'art sous toutes ses formes. Le Musée des Beaux-Arts réunit des œuvres essentielles du XVIe au XXe siècle. A Bordeaux, on pense encore au musée des Arts décoratifs et du Design, à la MÉCA – la Maison de l'économie créative et de la culture de la Région Nouvelle-Aquitaine –, aux Vivres de l'Art, à la Fabrique POLA ou encore à l'Institut culturel Bernard Magrez. Sans oublier les Bassins de Lumières qui se présentent comme le plus grand centre d'art numérique au monde. Le Musée des Beaux-Arts de Libourne mérite également le détour. Et aussi toutes les petites galeries d'art où l'on peut découvrir ou redécouvrir le travail des artistes locaux.

Street Art

La tendance aurait-elle contaminé la Gironde ? Plus que jamais ! Hors les murs, car sur les murs (le plus souvent), A-MO, Selor, Alber, Charles Foussard, Monsieur Poulet ou encore Jean Rooble, Zarb, Lüle, Môka 187… font eux aussi partie du paysage artistique. Mais qu'il serait trop simple de résumer le street art à des lieux comme Darwin, le M.U.R (Chartrons) ou les quartiers de Ravezies et Grand parc à Bordeaux. En réalité, le but du jeu est de vous laisser surprendre aux détours de vos déambulations. Alors, soyez curieux et ouvrez bien grand vos yeux, car leurs fresques explorant des univers allant de l'abstrait à l'humoristique en passant par le wildstyle (ensemble de lettres entremêlées) sont aussi durables qu'éphémères. À coup sûr, les petits comme les grands ne manqueront pas de s'émerveiller. Voilà une façon très originale de partir à la découverte d'une ville.

L'espace Darwin est un espace culturel où l'on peut admirer de nombreuses oeuvres de street-art.

DÉCOUVRIR

© JEANLUCICHARD - SHUTTERSTOCK.COM

La MÉCA de Bordeaux.

Sculpture

Si « Sanna », la sculpture de Jaume Plensa pourrait prochainement quitter la place de la Comédie à Bordeaux, la plus célèbre des baleines semble avoir élu domicile au large de la plage centrale d'Arcachon. Traditionnellement immergée au début du printemps entre les jetées Thiers et Eyrac pour marquer l'ouverture de la saison estivale, cette queue de baleine offerte par l'artiste belge Emmanuel Janssens Casteels change de couleur chaque année. Des œuvres d'art monumentales, la Gironde n'en manque pas ! Née après le passage de la tempête Klaus qui a ravagé une grande partie du massif des Landes de Gascogne, la Forêt d'Art Contemporain a été imaginée sous la forme d'un itinéraire régional. Depuis, et ce n'est pas fini, une vingtaine d'œuvres a poussé en Gironde et dans Les Landes. Chacune raconte le territoire.

« Un détail »

Né à Pessac en 1978, Benoît Maire a suivi un double cursus en art et en philosophie. Représenté par la galerie parisienne Cortex Athletico, c'est un artiste à la renommée internationale. L'histoire, la psychanalyse, mais aussi la mythologie et les mathématiques sont des sources fabuleuses d'inspiration pour cet ancien pensionnaire du Palais de Tokyo. Dans le cadre du « 1% artistique », l'œuvre « Un détail » a été sélectionnée puis installée sur le parvis extérieur de la MÉCA à Bordeaux. Réalisée par la fonderie artisanale des cyclopes à Mérignac, cette sculpture de plus de 3 mètres de haut représente une demi-tête d'Hermès. « Telle qu'elle est placée, la demi-tête semble être coupée par le bâtiment lui-même. [...] Ce miroir en bronze permet aussi de refléter l'extérieur et augmente les points de vue photogéniques de l'ensemble du site », explique l'artiste.

Zoom sur les refuges périurbains

Prouesses architecturales et artistiques, les refuges périurbains sont nés de l'imaginaire du collectif de création urbaine Bruit du frigo mené en collaboration avec l'association Zébra3 et Buy-Sellf. La station orbitale, neptunea, le hamac, les guetteurs, la belle étoile, le haut perché, le prisme, le nuage, le tronc creux, la vouivre et la nuit américaine sont installés aux quatre coins de la métropole bordelaise. Pour une nuit, les habitants et les visiteurs de passage sont invités à occuper gratuitement ces hébergements insolites. Unique en Gironde ! Le projet des Refuges a valu à l'association Bruit du frigo le prix 2016 de l'Innovation périurbaine dans la catégorie Vivre ensemble, cohésion sociale et culture.

Villes d'art et d'histoire

Inscrites dans une démarche de valorisation de l'architecture et de préservation des paysages, les villes de Bordeaux, en 2009, et La Réole, en 2013, ont été distinguées par le label « Ville d'art et d'histoire ». Attribué par le ministère de la Culture et de la Communication, ce label consacre les villes pourvues d'un riche héritage patrimonial. Dans le superbe écrin de la place de Bourse, le Centre d'interprétation de l'architecture et du patrimoine de Bordeaux, Bordeaux Patrimoine Mondial, vous permettra d'en apprendre davantage sur l'histoire de celle que l'on surnommait jadis « la Belle Endormie ». Et on profite des Balades urbaines pour découvrir la ville. Dans l'Entre-deux-Mers, La Réole est la plus petite « Ville d'art et d'histoire » de France. Véritable forteresse surplombant la Garonne, la « ville aux 9 festivals » vous embarque pour un voyage dans le temps à travers les ruelles étroites et sinueuses de sa vieille ville.

MUSIQUES ET SCÈNES

À l'image de Bordeaux où tous les genres musicaux sont représentés, la Gironde est un vaste territoire culturel qui profite d'une attractivité grandissante. Toute l'année, et encore plus en période estivale, les 200 lieux culturels permanents s'animent à la ferveur des pouvoirs publics, des professionnels du spectacle, mais aussi des publics de tout âge. De cette foisonnante effervescence culturelle, la métropole bordelaise se place en tête des festivités. Avec plus de 300 manifestations par an, la capitale girondine compte parmi les 10 villes françaises les plus riches en activités culturelles (classement établi par *L'Express* en 2018 et par *Holidu* en 2020) et comme seconde capitale française de la BD. De belles et grandes scènes fleurissent en Gironde à l'instar de l'Arkéa Arena. La Gironde se démarque encore par ses festivals de cinéma et par le plus grand spectacle vivant de Nouvelle-Aquitaine : La Bataille de Castillon.

Les scènes nationales

Parmi les scènes de la Gironde, 6 portent le label « scène nationale » et constituent le premier réseau de production et de diffusion du spectacle vivant sur le territoire. Les scènes nationales reflètent ainsi les principaux courants de la création actuelle française et internationale. Bordeaux accueille 4 scènes nationales : l'Opéra National de Bordeaux avec L'Orchestre National de Bordeaux-Aquitaine et l'ONBA, le TnBA (Théâtre national de Bordeaux Aquitaine), le Glob Théâtre et la Manufacture CDCN (un des 13 Centres de Développement Chorégraphique National). Proposant une programmation aussi prestigieuse qu'éclectique, les 118 musiciens, 37 choristes et 40 danseurs de ballet de l'Opéra National de Bordeaux se produisent soit dans l'une des plus belles salles de spectacle du XVIIIe siècle au monde, au Grand-Théâtre, soit à l'Auditorium. Issue du mariage du Carré à Saint-Médard-en-Jalles et des Colonnes à Blanquefort, la scène nationale Carré-Colonnes propose 300 représentations et accueille 100 000 spectateurs chaque année. Parallèlement, elle organise 2 festivals : Échappée Belle en juin et le FAB (Festival International des Arts de Bordeaux Métropole) en octobre. À Gradignan, le Théâtre des Quatre Saisons ou T4S porte une attention particulière à la création internationale.

L'Opéra national de Bordeaux.

DÉCOUVRIR

Théâtre, opéra, danse et cirque

Rencontrer, découvrir, partager... L'accessibilité et la transmission des pratiques artistiques culturelles sont deux axes forts en Gironde. Pour une soirée à deux, en famille ou entre amis, vous êtes plutôt du genre à vibrer à la ferveur d'un match d'improvisation théâtrale ou à voir une comédie dramatique ? Plutôt ballet d'opéra ou danse contemporaine ? Et les arts du cirque ? Si Paris s'impose comme l'une des plus prestigieuses villes d'art et de culture au monde, la Gironde n'a pas à rougir de son offre artistique tant sa diversité est à souligner. Première danseuse de l'Opéra National de Bordeaux, Vanessa Feuillatte est l'une des étoiles montantes de la danse en Gironde. À la tête de trois théâtres bordelais, Xavier Viton s'impose comme une figure du café-théâtre et de la comédie et Loïc Rojuan pour le Théâtre des Beaux-Arts a su imposer sa voix... Et il y a encore tant d'autres talents à découvrir dans l'intimité d'une petite salle ou sur les planches d'une grande scène.

Musique et concerts

Le Rocher de Palmer, le Krakatao, l'IBoat (associé au bateau parisien le Batofar), le Pin Galant... De la musique traditionnelle à l'électro en passant par le reggae, la Gironde vibre au rythme des accords. Organisé par la Rock School Barbey à Bordeaux, le Tremplin des 2 Rives est encore l'un des meilleurs rendez-vous musicaux pour découvrir les artistes de la nouvelle scène bordelaise. Offrant une salle de concert digne de ce nom à Bordeaux, le vaisseau amiral de l'Arkéa Arena ouvre la « voix » aux tournées d'artistes nationaux et internationaux tels que Depeche Mode pour l'inauguration le 24 janvier 2018, Sting, Guns'n'Roses, Eddy de Pretto, Grand Corps Malade ou encore Shakira. Avec plus de 480 000 spectateurs accueillis en 2019, l'Arkéa Arena est, pour la deuxième année consécutive, la première salle de spectacle de France (hors Paris) en ce qui concerne la fréquentation. À venir en 2022 : Orelsan, Clara Luciani, Julien Doré, Hoshi, Zucchero, Alicia Keys ... Sans oublier les grands humoristes parmi lesquels Inès Reg, Muriel Robin, les Chevaliers du Fiel, Jeff Panacloc ou encore Bun Haye Mean, le chinois marrant de Libourne et le fier représentant du Sud-Ouest, Maxime Gasteuil. Avec sa plus grande fosse d'orchestre d'Europe, l'Auditorium, pour les concerts de musique classique, vous offrira des sensations acoustiques exceptionnelles.

Manifestations culturelles et festivals

Fest'Arts, Jazz en liberté, Reggae Sun Ska Festival (le plus grand festival reggae de France), le Festival International du Film Indépendant de Bordeaux (FIFIB), Les Tropicales, le Festival ODP, les 24 heures du swing, Les Toiles Filantes, Chahuts, Ouvre la voix, Les arts mêlés, Les riches heures de La Réole, le Festival international des arts, 33/600 comedy, les Vibrations Urbaines, les Nuits atypiques, Dansons sur les quais... La Gironde ne manque pas de grands événements. Avec plus de 500 événements, dont plus de la moitié sont gratuits, les Scènes d'Été en Gironde et l'Été métropolitain qui investit en itinérance des lieux remarquables et singuliers dans toute la métropole bordelaise sont les deux temps forts de la saison estivale en Gironde. Au programme : musiques, danse, arts de la rue, théâtre, opéra, arts plastiques, etc. En juillet et août, l'exceptionnelle reconstitution historique de la bataille de Castillon met en son et lumière près de 600 bénévoles dont 450 comédiens et plus de 50 cavaliers. Un show grandiose à ne surtout pas manquer !

Le cinéma

Savez-vous que de nombreuses scènes ont été tournées en Gironde ? À Bordeaux : *Le Corniau*, *Les Misérables* de Robert Hossein, *La Reine Margot* de Patrice Chéreau avec Isabelle Adjani, Daniel Auteuil et Jean-Hugues Anglade, *À la folie... pas du tout* de Laetitia Colombani, *Se Souvenir des belles choses* de Zabou Breitman avec Bernard Campan et Isabelle Carré, *Les Fugitifs* de Francis Veber avec Gérard Depardieu, *Balzac* de Josée Dayan avec Jeanne Moreau, *le Grand Soir* de Benoît Delépine et Gustave Kervern... Et aussi : *La Fleur du mal* de Claude Chabrol à Arcachon et Cadillac, *Merci la vie* de Bertrand Blier à Lacanau, *Le Pacte des loups* au Château de Roquetaillade à Mazères, *J'ai épousé une ombre* à Pauillac, *Mauvaise passe* de Michel Blanc à Saint-Émilion, *Le salon de musique* au château Cos d'Estournel à Saint-Estèphe, *La bicyclette bleue* de Thierry Binisti, *A ce soir* à Uzeste, *Grand Appartement* avec Pierre Arditi et Laëtitia Casta au Mimbeau à Lège-Cap-Ferret, *Thérèse Desqueyroux*... Sans oublier, *Les Petits Mouchoirs* et *Nous finirons ensemble* de Guillaume Canet qui met à l'écran François Cluzet, Marion Cotillard, Benoît Magimel, Gilles Lellouche, Valérie Bonneton, Pascale Arbillot, Laurent Lafitte et Joël Dupuch le plus célèbre des ostréiculteurs du Cap-Ferret. Les films *Camping* avec l'humoriste Franck Dubosc et *Maman ou papa* avec Marina Foïs et Laurent Laffite ont également été tournés sur le bassin d'Arcachon. Et plus récemment, le film Eiffel avec Romain Duris et Emma Mackey qui raconte l'histoire de la tour Eiffel depuis la construction du pont de Cubzac. Du côté des séries télévisées, il faut citer *Section de Recherche* et *Famille d'accueil*. Voilà qui fait de La Gironde, la troisième région de tournage de longs métrages et fictions télévisées en France.

LITTÉRATURE

Dans l'histoire de la littérature française, singuliers sont les territoires qui peuvent s'enorgueillir d'avoir été le théâtre de la vie de très grands hommes. Issus de courants littéraires et historiques majeurs, les célèbres trois « M » de Bordeaux ont laissé des traces de leur passage en Gironde. Figures emblématiques du patrimoine intellectuel bordelais, Michel Eyquem de Montaigne (1533-1592), Charles-Louis de Secondat dit baron de Montesquieu (1689-1755) et François Mauriac (1885-1970) ont donné leur nom à des rues, des lycées, une université autour des formations et de la recherche en arts, langues, lettres, sciences humaines et sociales, mais aussi à des maisons d'écrivain, des centres culturels et littéraires. Territoire des hommes de lettres, laissez-vous entraîner à la mémoire de ces Illustres dont les œuvres et les engagements ont marqué l'histoire politique, sociale et culturelle de la France.

Dans l'ombre de Michel de Montaigne

Né le 28 février 1533 au château de Montaigne en Périgord, Michel Eyquem de Montaigne est issu d'une famille de négociants bordelais. Reconnu pour ses Essais et son rôle de magistrat au Parlement de Bordeaux où il a siégé pendant quinze ans, Michel de Montaigne est une des principales figures de l'Humanisme en France. Sans cesse cités, sans cesse interrogés, les pensées, les réflexions et les écrits de Michel de Montaigne ont un caractère universel, défendant un idéal humaniste de la Renaissance. « Qui se connaît, connaît aussi les autres, car chaque homme porte la forme entière de l'humaine condition ». Montaigne a toujours prôné le dialogue comme antidote à la violence et la réflexion comme préalable à l'action. À partir de 1558, Montaigne se lie d'une profonde amitié avec l'humaniste et poète Étienne de La Boétie, auteur du *Discours de la servitude volontaire*. Très affecté par sa disparition à l'âge de 32 ans, Montaigne lui rend un hommage posthume dans ses Essais ; « Parce que c'était lui, parce que c'était moi ». À Bordeaux, aux numéros 23-25 de la rue de la Rousselle et au numéro 20 de la rue des Ayres, vous pourrez voir la demeure familiale de ses parents et son logement de fonction durant ses mandats de maire, à la fin du XVIe siècle. Attribué aux sculpteurs bordelais Prieur et Guillermain, vers 1593, le musée d'Aquitaine conserve le cénotaphe de Michel de Montaigne. Il y est représenté en gisant, vêtu d'une armure sur le modèle médiéval. A la Bibliothèque Mériadeck, vous aurez surtout l'inestimable occasion de consulter l'édition numérique intégrale de l'exemplaire « de Bordeaux » des Essais (1588), annotée de la main de l'auteur.

Sur les terres de Montesquieu

Auteur des *Lettres persanes* et de *L'esprit des lois*, œuvre qui assurera son renom dans le monde entier, Charles Louis de Secondat, baron de La Brède et de Montesquieu est une figure incontournable du siècle des Lumières et un précurseur des sciences politiques modernes. Conseiller au Parlement de Bordeaux, il s'est très vite imposé comme un membre très influent. Ce philosophe des Lumières est né au château de La Brède en Sud Gironde. Labellisé « Maison des Illustres » par le ministère de la Culture, le Château de La Brède a été édifié à partir du XIIIe siècle sur les ruines d'une construction plus ancienne. Remaniée à la Renaissance, mais conservant son caractère de forteresse, sa forme polygonale se reflète dans l'eau des larges douves qui l'entourent. Fidèle à ses racines, Montesquieu y séjournait régulièrement. « Je me fais une fête de vous mener à ma campagne de La Brède [...] », Montesquieu à l'abbé Guasco, le 3 juillet 1744.

Montaigne.

© NBNSERGE - SHUTTERSTOCK.COM

Le château de la Brède, lieu de naissance de Montesquieu.

Transmis à ses descendants, le château et son domaine, classés au titre des Monuments historiques, ont gardé l'esprit de Montesquieu et le souvenir d'une histoire de huit siècles. « [...] le château de La Brède, que j'ai si fort embelli depuis que vous ne l'avez vu ? C'est le plus beau lieu champêtre que je connaisse [...] », Montesquieu à l'abbé Guasco, le 16 mars 1752. Un passage obligé pour tous les amoureux d'Histoire et de Littérature ! A Bordeaux, quatre sculptures et des plaques indiquent également certains de ses lieux de résidence, notamment là où se trouve la très célèbre librairie Mollat.

Dans les pas de François Mauriac

Le Sud Gironde fut encore la terre d'accueil du romancier, poète, dramaturge essayiste et journaliste François Mauriac. Ce fils de Bordeaux né au 86 rue du Pas-Saint-Georges, prix Nobel de littérature en 1952 et membre de l'Académie française pendant presque quarante ans, est peut-être l'un des plus grands romanciers français du XXe siècle. Passé maître dans l'art de décrire les passions qui tourmentent les hommes, l'auteur de *Thérèse Desqueyroux*, sa plus grande héroïne, trouve l'inspiration à Saint-Maixant au Domaine de Malagar, dans l'une de ses demeures familiales. Transformé depuis vingt ans en Centre François-Mauriac, le Domaine de Malagar perpétue la mémoire de ce grand écrivain. La visite guidée du rez-de-chaussée de la demeure girondine telle qu'il l'a connue dévoile l'univers de l'auteur. Labellisé « Maison des Illustres », Malagar propose une programmation culturelle pour tous les publics, ainsi que des balades littéraires et la découverte de son parc classé entouré de vignes. Comme Toulouse Lautrec, François Mauriac apprécie la cuisine délicate du Chapon Fin. Située à Bordeaux, au 5 rue Montesquieu, cette grande table est l'un des premiers restaurants gastronomiques triplement étoilés de l'histoire.

Lecture et vie littéraire

La Gironde est riche d'acteurs dans le domaine de la création et de la promotion éditoriale : auteurs de fictions, de documentaires, de bande dessinée, d'œuvres réflexives, pour la jeunesse, les adultes, mais aussi d'éditeurs dans de nombreux domaines et de librairies. Sans oublier les manifestations thématiques autour du livre comme L'Escale du livre (Bordeaux), Lire en poche (Gradignan), Livres en Citadelle (Blaye), le Festival Thrillers (Gujan-Mestras) et bien d'autres rendez-vous encore. Marquée par son passé littéraire, la Gironde s'écrit et se raconte depuis toujours en mots et en images. L'Estuaire de la Gironde est notamment le sujet de nombreux textes et ouvrages. « Nous apercevons tout à coup, sur la gauche de la rivière, huit à dix belles maisons à trois étages qui ont l'air d'opulentes maisons de campagne : c'est Pauillac. [...] Pauillac serait-il tout à fait nouveau ? On dirait que les trois quarts de la ville n'ont pas trente ans », Stendhal. Ainsi, la littérature est-elle aussi une façon de voyager...

Lire la Gironde

Afin d'aborder les différents aspects du département, nous vous invitons à découvrir un échantillon d'ouvrages.

- « Les petites comédies de l'eau, Gironde : chantiers d'écritures nomades en estuaire », aux éditions Script, vous embarqueront dans six pièces courtes du côté de l'estuaire ;
- Côté humour, « le petit dictionnaire absurde et impertinent de Bordeaux et de la Gironde » par Jean-Pierre Gauffre est à retrouver aux éditions Féret ;
- Plus insolite, « Les historiettes » par Bast et Matyo aux éditions Sangam, dans lesquelles les auteurs vous invitent à visiter la belle endormie à leur façon.

QUE RAPPORTER ?

Magnets, porte-clés, stylos, cartes postales, affiches régionalistes, tee-shirts et sweat-shirts « Gavé », mugs, tabliers et torchons, savons, parfums d'intérieur et bougies… À Bordeaux, dans le Médoc, en Haute-Gironde, dans le Libournais, en Entre-deux-Mers, en Sud Gironde ou au bassin d'Arcachon, les boutiques de souvenirs ne manquent pas. On y trouve les grands classiques et aussi tout un tas de produits d'épicerie fine faisant la part belle aux spécialités culinaires de la Région. Sans oublier les bières locales, les spiritueux et autres apéritifs. En cherchant bien, mais sans grande difficulté, on peut aussi dénicher du « made in Gironde » qui ne se mange pas. Pour sûr, vous repartirez au moins avec une bouteille de vin dont vous aurez apprécié la dégustation. Et si on jouait aussi la carte de l'original et l'insolite ? Tour d'horizon des produits dérivés de la vigne et du vin à rapporter dans ses valises.

Accessoires vin, œnologie & verrerie

On dit que le plaisir d'un bon vin commence dès l'ouverture de sa bouteille. Coupe-capsules, tire-bouchons du plus classique ou plus high tech, thermomètres à vin, aérateurs et carafes à décanter… Et les verres ! Saviez-vous que la forme d'un verre influence la perception du goût et des arômes d'un vin ? Servir un vin, c'est tout un art ! Becs verseurs, stop-gouttes et colliers de Bacchus, seaux à vin et rafraîchisseurs, marqueurs de verre… Il y a aussi toute une gamme d'accessoires permettant de conserver une bouteille ouverte : bouchons et taquets de bouteille, pompes à vide… Idéal pour les dégustations, le Coravin est l'accessoire ultime pour prélever le vin sans déboucher de bouteille.

Sucré & salé

Qui dit Gironde, dit canelés. Liés à l'histoire viticole de la région, on les aime bien aromatisés et croustillants. Hélas, ils ont tendance à ne pas trop supporter le voyage. Pour le clin d'œil, pourquoi ne pas rapporter son fameux moule en cuivre ? Le canelé se décline aussi en forme de sucre pour le café. À l'inverse, les bouchons bordelais se conservent très bien. Vous êtes plutôt chocolat ? Inspirés de l'univers de la vigne, les Sarments du Médoc sont très appréciés, car fins et craquants, avec des notes subtiles et variées. Si vous aimez les associations de raisin et chocolat, on craque pour les Perles du Médoc et/ou les Raisins au Sauternes, appelés encore les Raisins Dorés. Les Grands Crus, nos plus grands chocolatiers en Gironde aiment les associer à leurs Chocolats Grands Crus. Essayez-vous aux ateliers de dégustation « accords vins et chocolats » ! Autour du vin, vous pourrez encore rapporter des confitures aromatisées, des confits de vin, des gelées, des infusions et du thé, des vinaigres, des moutardes… Sans oublier le Sel de Vin ou Sel de Château ; un sel gastronomique dont l'origine remonte au début du XXe siècle.

Mode, beauté & bien-être

Le cuir de raisin, vous connaissez ? Véritable alternative végétale au cuir animal, le cuir de raisin se développe peu à peu en maroquinerie et prêt-à-porter. À Bordeaux, Laure Babin fabrique des baskets à partir des déchets de la production vinicole et de matériaux recyclés comme les bouchons en liège. Sacs à main, porte-monnaie, casquettes, ceintures… Clin d'œil à la viticulture, les accessoires en liège se déclinent quasiment à l'infini. Mariage subtil entre la beauté de la joaillerie et les innombrables reflets des plus grands vins et spiritueux, la maison ARVIN imagine quant à elle des créations uniques aux lignes contemporaines et élégantes. Et Caudalie ? Née au cœur du Château Smith Haut Lafitte à Martillac, la marque, précurseur dans le domaine de la vinothérapie, s'appuie sur les bienfaits antioxydants des pépins de raisin. Crèmes pour les mains, laits hydratants, sérums… De quoi faire plaisir et se faire plaisir !

© NATALIA VAN DONINCK - ISTOCKPHOTO.COM

Moules à canelés en cuivre.

SPORTS ET LOISIRS

Des initiations aux pratiques sportives plus intenses, la Gironde s'impose comme l'un des départements les plus sportifs de France. Étendues sur plus d'un million d'hectares avec un patrimoine naturel exceptionnel, les terres girondines offrent une multitude d'activités de plein air. Aux côtés des itinéraires de randonnée et des sites naturels préservés, les sites aménagés comme les deux domaines de loisirs d'Hostens et Blasimon sont souvent le terrain de jeu des grands événements sportifs. Jumping international de Bordeaux, Hostens Trails, Blasimon Crazy Race, Marathon du Médoc, la foulée béglaise, les 10 km de Saint-Médard-en-Jalles, la Ruée des fadas, Bordeaux Cata Raid, Hostens Swinrun… Les amoureux de sport de plein air trouveront à coup sûr tout un tas d'activités à pratiquer tout au long de l'année, et particulièrement en saison estivale. Canoë, surf, parcours d'accrobranche, golf, équitation, vélo, skateboard… Faites-vous plaisir en Gironde !

L'impossible match football-rugby

La Gironde est un pays à la croisée des influences culturelles sportives. Ainsi, le Football Club des Girondins de Bordeaux, fondé en 1881, tient une grande place dans le cœur des habitants. Depuis le 18 mai 2015, avec 42 115 places, le stade Matmut Atlantique ou Stade de Bordeaux est le nouveau terrain de jeu des Girondins. En plus des matchs réguliers des Girondins de Bordeaux et des compétitions d'envergure internationale comme l'Euro 2016, le stade Matmut Atlantique accueille occasionnellement les matchs de l'Union Bordeaux-Bègles. Le rugby est bien évidemment l'autre poids lourd du département. Et l'intérêt du public pour l'UBB ne date pas d'hier. Fondée en 1907, l'équipe de Bègles-Bordeaux, ancien champion de France 1991, reste le meilleur espoir de titre de l'ovalie départementale. Saison après saison depuis 2011 et sa montée en Top 14, l'UBB se qualifie, pour la première fois de son histoire, en European Rugby Champions Cup pour la saison 2015-2016.

Dans l'eau ou sur l'eau ?

Canoë, stand up paddle, surf, kitesurf, voile, ski nautique, wakeboard, pêche, baignade… Avec ses plages océanes, le bassin et ses grands

Survol de la Dune du Pilat en parapente.

lacs, la Gironde est le terrain de jeu idéal pour les sportifs, les familles en quête d'activités et les amateurs de farniente. Importé d'Hawaï en 1975 par quelques précurseurs basques, landais et girondins, le surf est particulièrement à l'honneur sur la côte girondine. Couleur locale, la discipline est accessible à tous dès 6 ans. Chaque année au mois d'août, la ville de Lacanau accueille d'ailleurs le Lacanau-Pro qui est une étape du Championnat du monde de surf. Le canoë-kayak est également une activité qui a le vent en poupe. Seul, en famille, y compris avec des enfants, ou entre amis, vous pourrez partir à la découvrir des rives sauvages du lac d'Hourtin et de Carcans ou naviguer sur la Leyre. Aussi appelée « la Petite Amazone », la Leyre est une rivière sauvage qui se jette dans le bassin d'Arcachon. Dépaysement garanti en osmose avec la nature !

Le tourisme fluvial

À 100 km de l'océan, le tourisme fluvial sur la Garonne est en plein essor. Quel spectacle incroyable que de voir accoster les paquebots de croisière maritime en plein cœur de Bordeaux ! À la belle saison, le Port de la lune voit en effet débarquer un flot important de touristes qui rejoignent en quelques minutes à pied le centre historique de la ville. De leur côté, les compagnies de croisières fluviales vous proposent de faire escale à Pauillac, Blaye, Libourne ou Cadillac lors de séjours itinérants. Pour un jour ou une heure, on se laisse encore bien volontiers tenter par une excursion sur le fleuve. Avec ou sans restauration, c'est l'occasion d'admirer les façades bordelaises classées au patrimoine mondial de l'UNESCO, de découvrir l'estuaire et ses îles. Au départ de Bordeaux, Blaye ou Cussac, vous pourrez ainsi mettre le cap sur l'île Nouvelle, un site majeur pour les oiseaux. L'île de Patiras est également accessible depuis Pauillac. Notez que les visites et les animations sont gratuites, seul le transport assuré par les bateliers privés est payant. Le Petit Futé a un petit faible pour les guinguettes et les restaurants dont les terrasses bordent le fleuve. Et vous ?

Balade à vélo, cyclotourisme et VTT

Vélodyssée©, Scandibétique©, Canal des 2 Mers©... Traversée par trois grands itinéraires vélo et plus de 700 km de pistes cyclables, la Gironde est un territoire cyclable facile à apprivoiser. Dans l'Entre-deux-Mers, la bastide de Créon a même été la première Station Vélo de France. On fait même du vélo sur l'eau dans le Libournais. Avec 90 % de son parcours en site propre, le Tour de Gironde à Vélo est une boucle cyclable de 480 km. Reprenant une partie des tracés de la Vélodyssée© et du Canal des 2 Mers©, le Tour de Gironde à Vélo permet de découvrir, par étapes et à votre rythme, pas moins de 10 sites patrimoniaux incontournables. Une immersion en terre girondine qui sent bon les parfums de résine, les arômes des vins et les effluves iodés. Et après 11 ans d'absence, le Tour de France 2021 a fait son retour en Gironde le vendredi 16 juillet avec l'arrivée à Libourne de la 19e étape. Le lendemain, les cyclistes se sont élancés pour un ultime contre-la-montre au départ de Saint-Émilion.

À pied ou à cheval

Avec plus de 4 000 kilomètres d'itinéraires pédestres, dont 230 kilomètres de sentiers balisés, vous avez de quoi faire de belles randonnées en Gironde ! Les GR® et GR de Pays pourront vous permettre, par exemple, de rejoindre le bassin d'Arcachon avec dégustation d'huîtres à la clé. Le GR de la Métropole est idéal pour découvrir Bordeaux et ses alentours de façon inédite. Et n'oubliez pas les trois voies des chemins de Saint-Jacques-de-Compostelle. Pour des promenades courtes et tranquilles, avec poussette, petit vélo ou en fauteuil roulant, vous trouverez votre bonheur en regardant du côté des Balades à roulettes®. Passionné d'Histoire ? Afin de marcher dans les pas des soldats de la Seconde Guerre mondiale, ne manquez surtout pas le chemin de mémoire Frankton qui traverse les départements de la Gironde, Charente-Maritime et Charente. À cheval, empruntez l'un des itinéraires équestres de la Route européenne de d'Artagnan qui traverse la Gironde sur les traces de Richelieu et de Mazarin.

Paré au décollage !

L'estuaire, la Dune du Pilat et le banc d'Arguin, les propriétés viticoles et les vignes qui ondulent sur les coteaux, les châteaux clémentins, les monuments historiques... Vue du ciel, la Gironde est encore plus belle ! De là-haut, croyez-nous, vous en prendrez plein les yeux. Survol en ULM, vol en hélicoptère, baptême de parapente, voyage en montgolfière, saut en parachute... Amateur(s) de sensations fortes ou non, vous prendrez toute la mesure des richesses du territoire, Faites confiance aux moniteurs diplômés d'État pour vous envoyer en l'air.

Et la pelote basque ?

Avec la course landaise, la pelote basque est certainement le sport traditionnel le plus emblématique du sud-ouest de la France. À main nue, avec une raquette, la chistera, la pala ou encore avec le gant en cuir ou en osier... La pelote basque est un sport convivial qui se pratique en famille ou entre amis. Marqué par les influences du Pays basque, il n'est pas rare de trouver en Gironde, un fronton place libre, un fronton mur à gauche ou un trinquet pour s'essayer à cette activité mythique dans la région. À vous de jouer !

En Gironde, la gastronomie, c'est sacré ! C'est même la plus vivace des traditions. Cuisine de terroir par excellence, nos spécialités culinaires font tourner la tête des gourmets, des gourmands et des épicuriens. « La bonne chère et le bon vin réjouissent le cœur du gastronome », écrivait Antonin Carême. Huîtres du bassin d'Arcachon, bœufs gras de Bazas, foies gras, poissons migrateurs de la Garonne, caviar d'Aquitaine, palombes, asperges du Blayais… À la bordelaise ? Nom de cette sauce à base de vin rouge et d'échalotes avec laquelle les produits locaux s'accommodent à merveille. La lamproie en est certainement le meilleur exemple. Côté sucré, on se régale tout autant avec les macarons de Saint-Émilion, les canelés, les sarments du Médoc… Est-il seulement possible de parler de la gastronomie du Sud-Ouest sans dire un mot sur les vins de ce terroir viticole d'exception ? Le vin pourrait écrire à lui seul les plus belles lettres de noblesse de la Gironde.

Le vin

Considéré comme le plus ancien et le plus prestigieux au monde, le vignoble bordelais est intimement lié à l'histoire de la Gironde. Plus de 850 millions de bouteilles sont commercialisées chaque année. Dégustation, accords mets et vins… En Gironde, le vin est un art de vivre. Le terroir, les cépages, les facteurs géographiques ou encore les styles de vins permettent de définir de grandes familles et parfois de dessiner le tracé des routes des vins. Bordé par l'Atlantique et l'estuaire à l'est, le Médoc se découpe en deux grandes AOC : Médoc et Haut-Médoc avec Margaux, Saint-Estèphe, Pauillac, Saint-Julien, Moulis en Médoc et Listrac-Médoc. La région des Graves est le plus ancien terroir viticole du Bordelais. Graves Supérieurs, Pessac-Léognan, Cérons… Les vins rouges se caractérisent par une couleur profonde. De son côté, le Sauternais est le pays de l'or jaune, regroupant les appellations Sauternes et Barsac. Entre la Garonne et la Dordogne, l'Entre-Deux-Mers est la plus grande région viticole du Bordelais. Dominant la rive droite de l'estuaire avec les Côtes de Bourg, le vignoble du Blayais englobe les appellations Blaye Côtes de Bordeaux et AOC Blaye. Saint-Émilion, Pomerol, Fronsac… Avec un grand nombre de crus classés prestigieux et de châteaux et domaines plus abordables, la réputation du Libournais n'est plus à prouver. Avec 7 Appellations d'Origine Contrôlée (Bordeaux Rouge, Bordeaux Rosé, Bordeaux Clairet, Bordeaux Blanc, Crémant de Bordeaux, etc.) et 4 couleurs, les Bordeaux et Bordeaux supérieurs représentent 55 % du vignoble girondin.

Bouteilles à la Cité du Vin de Bordeaux.

© MAKSYM FESENKO - SHUTTERSTOCK.COM

Dégustation d'huîtres sur le bassin d'Arcachon.

Boissons et spiritueux

Liqueur de vin, eau-de-vie de vin… La Gironde ne produit pas que du vin ! Aux côtés des grands crus, Le Lillet tire son épingle du jeu. Blanc, rouge, ou rosé, on doit son invention au foisonnement des denrées de l'activité historique du port de Bordeaux. On le consomme très frais avec une tranche de citron ou d'orange, et parfois en cocktail. Et la Garluche, vous connaissez ? Depuis 1990, la recette fait dans la tradition : vin blanc, macération de zestes d'oranges, rhum, sucre et caramel. À consommer avec un crémant de Bordeaux, un jus d'orange ou un tonic, et même dans le creux d'un melon. Autre apéritif couleur locale, le kir médocain à base de vin rosé. Produite sur le territoire des vins de Bordeaux, la Fine Bordeaux (AOC), dont l'origine remonterait au XIXe siècle, se caractérise par ses arômes fruités et floraux et sa discrète touche boisée. Persistante en bouche, la Fine Bordeaux a obtenu une IGP en 2013. Les Bordelais sont aussi de grands amateurs de whisky et Gin que l'on distille en plein cœur de Bordeaux. Et de bières ! Si plusieurs brasseries artisanales ont élu domicile à Bordeaux et un peu partout en Gironde, c'est au Bouscat à la Brasserie Mascaret que l'on produit l'une des meilleures bières blondes bio au monde (World Beer Award 2019). Au rayon du sans-alcool, la Gironde n'est pas en reste. Fondée en 1879, la Maison Meneau est une véritable institution. Engagée dans une logique bio et de commerce équitable, la maison familiale installée depuis toujours à Saint-Loubès a fait ses adieux à l'anisette pour concentrer ses efforts dans l'élaboration de 250 recettes de sirops, jus de fruits, smoothies et thés glacés. À la carte de la plupart des cafés et restaurants, on retrouve également l'eau minérale naturelle Abatilles dont la source jaillit à Arcachon. La saga Abatilles est étroitement liée à l'histoire de la création de la ville au XIXe siècle.

Poissons, fruits de mer et crustacés

Alose grillée aux sarments, fricassée d'anguilles, pibales ou civelles sautées, crevettes blanches à l'anis étoilé pour l'apéritif… L'estuaire de la Gironde fournit de nombreux poissons de rivière. Sous des allures peu alléchantes, la lamproie s'élève en reine de l'estuaire. Cuisinée avec une sauce au vin rouge et des poireaux à la façon d'un civet, la lamproie à la bordelaise est une recette traditionnelle et raffinée, très appréciée en Gironde. On la célèbre chaque année à Sainte-Terre. Autre trésor de l'estuaire : le caviar d'Aquitaine, ou plus exactement l'esturgeon sibérien (Acipenser Baeri). De haute renommée avec ses notes de beurre, de noisette et de noix fraîche, le caviar d'Aquitaine est le fruit d'un doux mélange : la patience et le savoir-faire. Cet or noir est produit dans les fermes aquacoles. Dans le bassin d'Arcachon, la star c'est l'huître ! Toujours avec un verre de vin blanc sec, les huîtres Arcachon Cap-Ferret peuvent être dégustées toute l'année. À la bordelaise, on les accompagne d'une tartine de pain beurré et de saucisses grillées. Direct producteur, sur les marchés et les places de villages, dans les poissonneries, les bistros et chez les restaurants, impossible de les louper. La Gironde étant située sur la façade Sud-Atlantique, les produits de la mer sont également à l'honneur. Événement majeur de la gastronomie, la Fête de la Morue à Bègles rappelle les liens indéfectibles qui existent entre l'histoire de la ville et le commerce de ce poisson.

Viandes, volailles et gibiers

De production confidentielle et traditionnelle en Gironde, l'agneau de Pauillac est élevé en bergerie sous la mère et nourri essentiellement au lait maternel. Reconnu par un label Rouge et une IGP, l'agneau de Pauillac arrive sur nos tables de Noël à la Pentecôte. Très tendre, sa viande blanche à rosée claire est très appréciée par les amateurs de viande. En boucherie traditionnelle exclusivement, le bœuf de Bazas répond à un cahier des charges très précis et bénéficie d'un label Rouge et d'une IGP. Rouge, tendre, savoureuse et persillée avec un subtil goût de noisette, la viande de bœuf de Bazas est excellente. La fête des bœufs gras de Bazas est un rendez-vous incontournable en Gironde. On n'oubliera pas non plus l'entrecôte préparée à la bordelaise et grillée sur des sarments de vigne ! Terre d'élevage du chapon depuis le Moyen Âge, c'est à Grignols qu'on engraisse au pain, au lait et au maïs, cette volaille d'excellence à la chair moelleuse. La foire aux chapons de Grignols est l'occasion de bien préparer les fêtes de fin d'année. Les paloumayres l'attendent toute l'année ! Plus qu'une tradition, la chasse et notamment la chasse à la palombe en automne, est un rite, voire une maladie bleue. Ce bel oiseau se déguste rôti en salmis (sorte de ragoût), à ration d'une palombe par personne.

Les spécialités de canard

Fleuron de la gastronomie française et du Sud-Ouest, c'est le canard. Dans tous ses états, il se retrouve à la table des grands chefs, mais aussi des authentiques brasseries et nombreux restaurants. Magrets, confits, aiguillettes, palets, côtes, rôtis, saucisses, abats, cous farcis, rillettes et terrines… Le canard est loin de se résumer uniquement au foie gras que l'on consomme traditionnellement froid en entrée. Dans la plus pure tradition du Sud-Ouest, les producteurs de volailles grasses n'hésitent pas à ouvrir les portes de leurs exploitations. C'est l'occasion de découvrir les nombreuses spécialités que l'on savoure toute l'année et surtout en fin d'année pour les fêtes. Ne quittez pas la région sans avoir dégusté un foie frais poêlé avec des pommes ou sans avoir fait le plein de bons produits. À retrouver sur les étals des marchés au gras, là où le terroir est roi.

Charcuteries

Panse de porc farcie, roulée, cousue puis cuite dans un bouillon plus ou moins parfumé, la spécialité charcutière du Médoc n'est autre que le grenier médocain. Ressemblant à l'andouille (non fumée), il était souvent servi pendant les vendanges. Généralement, on le mange froid et en tranches fines à l'apéritif ou en entrée. À base de jambon, d'épaule et de graisse de porc, les gratons de Lormont ou grattons bordelais font également figure de spécialité locale. On raconte que la recette est née dans la charcuterie fondée par Bernard Gaudin en 1875. Sa couleur grisâtre est gage de qualité. À l'approche des fêtes, les charcutiers girondins se lancent dans la fabrication des crépinettes, une sorte de

Fête des Boeufs Gras de Bazas.

© HANMON - SHUTTERSTOCK.COM

Cannelés.

saucisse plate enfermée dans une crépine. Pour respecter la tradition, la crépinette se déguste chaude avec des huîtres et du vin blanc. Tout un art ! Et la tricandille ? Tripes de porc nettoyées, ébouillantées, assaisonnées puis grillées sur des braises, c'est LA spécialité tripière de la Gironde ! Dans le Médoc, les tricandilles se dégustaient traditionnellement pour le casse-croûte. À retrouver dans les assiettes des meilleurs bistros bordelais.

Fruits et légumes

L'asperge, l'or blanc du Blayais ! Fondantes, délicates et savoureuses, les asperges du Blayais sont cultivées depuis le XVe siècle dans les sols de sable noir. D'ailleurs, on raconte que le Marquis de Vauban, qui construisit la Citadelle de Blaye, aurait lui-même introduit ce légume à la cour de Louis XIV. Produite dans de petites exploitations familiales au nord de la Gironde, cette asperge IGP à la tête blanche ou violette se récolte de fin février à fin mai. Près de 800 tonnes sont commercialisées chaque année, le plus souvent en vente directe et via des circuits courts. De grande qualité, l'asperge du Blayais représente même 50 % des ventes d'asperges. On la déguste de la pointe au talon sans modération ! Autres fiertés locales : la pomme de terre, la citrouille galeuse d'Eysines , la carotte de sable, l'huître végétale (plante au goût iodé), l'artichaut de Macau qui figure d'ailleurs sur le blason de la ville à côté des grappes de raisin ou encore le melon à confiture. Et n'oublions pas les cèpes de Bordeaux ; le roi des champignons à la saveur de noisette que l'on déguste en poêlée avec de l'ail et du persil.

Le sucré

Du canelé au macaron, chaque ville a sa spécialité ! À Bordeaux, le canelé s'élève en superstar. Sous ses airs croquants et caramélisés, il cache un cœur tendre, parfumé au rhum et à la vanille. On le déguste en fin de repas comme un dessert façon profiterole, ou pour accompagner le café. L'autre tradition de Bordeaux, ce sont les bouchons. Cette petite confiserie aux amandes mélangées à des raisins macérés dans de la Fine de Bordeaux a été brevetée en 1983. Un régal ! Craquez encore pour les guinettes (cerises macérées dans de l'alcool et enrobées de chocolat) ou pour les sarments du Médoc de la chocolaterie Margaux. Dans un autre genre (un chou croquant garni d'une crème légère), les Dunes Blanches de chez Pascal ont le chic pour mettre tout le monde d'accord. À Saint-Émilion, la spécialité sucrée ce sont les macarons dont la recette à base d'amandes douces et amères est tenue secrète depuis 1620. Mais la Gironde, ce sont aussi les puits d'amour de Captieux, les noisettines du Médoc, les pralines de Blaye, les pignes du Blayais (petits pains à l'anis vert), etc. Et la fameuse chocolatine ! À l'Épiphanie, oubliez la traditionnelle galette des rois à la frangipane, ici on mange le gâteau des Rois : une couronne dorée et briochée surmontée de cédrat confit et pépites de sucre.

AGENDA

Les quais de Bordeaux qui s'animent à la ferveur de *Bordeaux fête le vin*, le port ostréicole d'Andernos-les-Bains qui accueille l'un des plus grands rendez-vous de la gastronomie et de l'art de vivre du Sud-Ouest, les vignerons qui investissent la célèbre Citadelle Vauban à l'occasion du *Printemps des Vins de Blaye*, les amateurs de mode qui ne manquent aucune édition du Salon du Vintage, les meilleurs cavaliers du monde qui offrent un spectacle de haut niveau à tous les passionnés d'équitation lors du Jumping International, les artistes qui font vibrer le public et la scène du festival ODP au profit des orphelins des sapeurs-pompiers de France... Il se passe toujours quelque chose, quelque part, en Gironde ! Manifestations sportives, animations culturelles, évènements gourmands, concerts, expositions... Les idées de sortie ne manquent pas. Petits et grands s'accordent à dire qu'il y en a pour tous les goûts. Que de belles occasions !

CABANES EN FÊTE ET HUÎTRES ENTRE-DEUX-MERS

ANDERNOS-LES-BAINS

www.andernoslesbains.fr

Le premier samedi de décembre.

Les Cabanes en fête, Huîtres et Entre-Deux Mers est une manifestation organisée par le service culturel de la mairie d'Andernos-les-Bains, les ostréiculteurs du bassin et les viticulteurs de l'Entre-deux-Mers. Dans près de 45 cabanes ostréicoles, sur le port, on découvre les recettes de grands chefs du Sud-Ouest. Orchestres, bandas, chants marins, expositions de peintres, photos, défilé nautique... Une superbe fête au port ostréicole toute la journée et jusque tard dans la soirée !

SALON DU VINTAGE

Quai des Chartrons

BORDEAUX

www.salonduvintage.com

En mars. Entrée : 6 €. Gratuit pour les moins de 8 ans.

Après dix années de succès en France et au Luxembourg, le Salon du Vintage prend place à Bordeaux. Chaque édition est sous le signe de la mode. Ce salon réunit près de 150 exposants dans le Hangar 14, le long des quais des Chartrons et de la Garonne. Les amateurs de mode vintage et de décoration design pourront profiter de plus de 3 500 m² réservés au shopping : accessoires, fripes chic, street food, mobilier... La décoration vintage est aussi mise à l'honneur, avec notamment un grand choix de vinyles et de platines pour une ambiance rétro unique !

PRINTEMPS DES VINS DE BLAYE CÔTES DE BORDEAUX

BLAYE

✆ 05 57 42 91 19

www.printemps.vin-blaye.com

En avril. Animations et atelier sur réservation sur place le jour même, dans le Couvent des Minimes.

Déjà 28 ans que Blaye régale les visiteurs avec Le Printemps des Vins. C'est dans la célèbre Citadelle Vauban que se réunissent chaque mois d'avril près de 90 vignerons. Les amateurs se pressent à cet événement remarquable, qui ne manque pas de convivialité. En effet, pendant deux jours, ateliers, animations et balades sont au programme : visite guidée de la Citadelle, démonstrations de tonnellerie, course de garçons de café, initiation à la dégustation, atelier peinture au vin…

FESTIVAL INTERNATIONAL DU FILM INDÉPENDANT

BORDEAUX

✆ 05 56 37 93 25

https://fifib.com/

En octobre.

Afin de porter haut et fort les couleurs du cinéma, le Festival International du Film Indépendant de Bordeaux bénéficie de la présence de représentants prestigieux du cinéma, d'artistes et de musiciens venus défendre l'indépendance d'esprit et de création à Bordeaux. On peut citer, par exemple, Abdellatif Kechiche, Edouard Baer, Clémence Poésy, Valeria Bruni-Tedeschi, Julie Depardieu... Ce Festival fait aussi l'objet d'une compétition de courts et longs métrages.

FESTIVAL ODP

Parc Peixotto
TALENCE
www.festival-odp.com
En septembre.

Avant d'être une manifestation musicale, le festival ODP est une action solidaire organisée au profit des orphelins des pompiers via l'association l'Œuvre des Pupilles Orphelins et Fonds d'Entraide des Sapeurs-Pompiers de France ainsi que la Ville de Talence. Trois jours durant, ce festival en plein air accueille des artistes de renommée nationale. L'édition 2022 verra défiler des artistes tels que Clara Luciani, Calogero, Grand Corps Malade, Selah Sue, Jérémy Frérot… Un joli moment à la fois festif, ludique et utile qui rassemble des milliers de festivaliers.

BORDEAUX FÊTE LE VIN

BORDEAUX
www.bordeaux-fete-le-vin.com
En juin.

Organisée tous les deux ans sur les quais de la Garonne, Bordeaux Fête le Vin est devenue LA manifestation internationale incontournable de Bordeaux. Elle permet de venir y découvrir, sur un seul site, la diversité des vins des 80 appellations de Bordeaux et de l'Aquitaine. Pendant quatre jours, vous profiterez d'un programme exceptionnel pour les amateurs de mets et de vins comme pour les profanes, qui permet à tous de découvrir la beauté architecturale de la ville, les vignobles qui l'entourent et les multiples atouts du terroir régional.

JUMPING INTERNATIONAL DE BORDEAUX

Parc des Expositions de Bordeaux
BORDEAUX
www.jumping-bordeaux.com
En février 2023.

Cet événement majeur réunit les meilleurs cavaliers du monde et offre un spectacle de haut niveau qui comble un public de professionnels et de passionnés. Etape historique du circuit Coupe du Monde Longines FEI, il fait partie de ces concours où l'élite des cavaliers rêve d'inscrire son nom au palmarès. Riche en émotions et en performances, le Jumping réserve d'autres grands moments sportifs (Coupe du Monde d'attelage, Devoucoux Indoor Derby, etc.). Sans oublier le Salon du Cheval.

LA JURADE DE SAINT-EMILION

14, rue Guadet
SAINT-EMILION
✆ 05 57 55 50 52
www.vins-saint-emilion.com
3e dimanche de juin et 3e dimanche de septembre.

La Jurade, confrérie des vins de Saint-Emilion, trouve son origine en 1199. Tombée dans l'oubli, la confrérie est ressuscitée en 1948 par quelques viticulteurs et devint l'ambassadrice des vins de Saint-Emilion. Elle organise chaque année en septembre le Ban des vendanges du haut de la tour du Roy. La cité voit alors défiler les jurats dans leurs ancestrales robes rouges, et assiste à l'intronisation de personnalités dans l'église collégiale. Un grand moment de la vie de Saint-Emilion.

© EF - OT DU BAZADAIS

Lous de Bazats, pendant la fête des bœufs gras de Bazas.

FÊTE DES BŒUFS GRAS DE BAZAS

place de la Cathédrale
BAZAS
✆ 05 56 25 25 84
En février.

La fête des bœufs gras est une tradition vieille de 737 ans ! Et oui, depuis l'année 1283, la commune présente les plus belles bêtes de la race bazadaise. Les festivités ont lieu le jeudi précédent Mardi Gras. Les animations sont marquées par la traditionnelle pesée et le défilé des bœufs parés de rubans et de couronnes fleuries, puis par la bénédiction et bien sûr par le concours, place de la Cathédrale. Pour finir en beauté ? Un grand repas dansant animé (sur réservation).

BORDEAUX ET SES ENVIRONS

Préfecture du département de la Gironde, Bordeaux est aussi connue sous le nom du Port de la Lune, en raison de la Garonne qui traverse la ville et arbore une forme de croissant de lune. Terre d'eau et de vin, la Belle Endormie s'articule autour de son fleuve. C'est d'ailleurs sur ses rives que se tient la Cité du Vin, lieu emblématique et incontournable. Inscrite depuis 2007 sur la liste du patrimoine mondial de l'Unesco, la cité bordelaise est une destination touristique de choix. Avec près de 350 édifices classés, elle offre de nombreuses surprises architecturales, culturelles et bien sûr culinaires. Ici, le vin et la gastronomie font partie du patrimoine. Manger est un art de vivre à la bordelaise ! Enfin, profitez de la douceur de vivre de notre territoire et prenez le temps de flâner dans les ruelles historiques, les parcs arborés et les quais aménagés sous le soleil du Sud-Ouest. Suivez le guide !

Rue Turenne
Rue Docteur Albert Barraud
Rue Poitevin
Impasse Fenouil
Rue Fondaudège
Cours de
Rue Rodrigues Péreire
Rue Saint-Fort
BAUD ET MILLET - LA CAVERNE AUX 100 FROMAGES
Rue Lhote
Rue Huguerie
Allées de
Rue Lebrun
YNDO HOTEL
de la Prévôté
RÉGALLIEN
Rue Lafaurie de Monbadon
MAISON LAFITTE FOIE G
Rue Thiac
Darnal
Rue
Rue du Palais-Gallien
BASILIQUE SAINT-SEURIN
ET SITE ARCHÉOLOGIQUE
CROMAGNON
Rue de Lurbe
Rue Buffon
Pl. des Grands Homme
Cours Georges Clemenceau
Rue Abbé-de-l'Épée
Rue Condillac
Place des Martyrs
de la Résistance
Rue Rolland
Rue Castéja
OCTAVIE'S
ÔZÉ
Rue Montesquieu
Rue Franklin
Rue Voltaire
TOQUE CUIVRÉE – CANELÉS DE BORDEAUX
Cours de l'I
HASNAÂ CHOCOLATS
GRANDS CRUS
Rue Judaïque
Rue du Temple
Rue de Grassi
ENGRENAGE
Place Gambetta
Place Gambetta
DUNES BLANCHES
CHEZ PASCAL
Rue de la
Rue Castelnau d'Auros
Rue du Manège
Rue Fernand Marin
Rue du Château-d'Eau
Rue Pierre Charron
Rue Saint-Sernin
Rue Porte-Dij
Rue Valdec
CRÊPE D'ANGÈLE
Rue Georges Bonnac
Rue Edmond Michelet
Rue du Dr.-Charles Nancel-Pénard
BORDEAUX
BE BOAT
Rue Villeneuve
Rue Bouffard
Rue des Remparts
Rue de Ruat
Rue Poquelin Moli
Place Sa
Christo
es Jardins de
Gambetta
Rue Saint-Sernin
Rue de la Boétie
Rue Vital-Carles
Rue Beaubadat
Rue Père Dieuzaide
errasse de la 2ème D.B.
Rue du Château d'Eau
Rue
Bonnaffé
Place Colonel
Raynal
PIERRE OTEIZA
BE MY COOKIE
Rue Castelmoron
MUSÉE DES ARTS DÉCORATIFS
ET DU DESIGN
MELOBOWLS
Rue Boulan
Rue des Trois-Conils
AU CŒUR DE BORDEAUX
Rue Montbazon
Rue Claude Bonnier
PALAIS ROHAN
Rue de l'Hôtel de Ville
Place Pe
Berland
Esplanade Charles de Gaulle
Jardin de la
Mairie
Place
Rohan
CATHÉDRALE SAINT-ANDRÉ
Rue Pierlot
Rue Élisée Reclus
JUN
BISTRO DU MUSÉE
Rue de Belfort
Rue Dufau
Rue Cabirol
Rue des Palanques
Rue des Frères Bonies
HOSTEL 20
Cours d'Albret
Rue Maréchal Joffre
Rue du Commandant Arnould
Rue Ducru
Pass. d. l'Hôpital
100 M
Place de la République

Bordeaux
Esplanade des Quinconces
MONUMENT AUX GIRONDINS
Esplanade des Quinconces
Placette de Munich
La Garonne
Place des Quinconces
Cours du 30-Juillet
Allées de Tourny
Allée d'Orléans
Rue de Condé
Rue Lafayette
Quai Louis XVIII
Quai Louis XVIII
TBM
ROCKWOOD
BORDEAUX VISIOTOUR
HÔTEL DES 4 SŒURS
L'ENTRECÔTE
Rue Esprit des Lois
Pl. Jean Jaurès
Quai du Mar.-Lyautey
GRAND THÉÂTRE – OPÉRA DE BORDEAUX
HÔTEL DE L'OPÉRA
Rue Louis
Place Jean Jaurès
Place de la Comédie
Rue Mautrec
INTERCONTINENTAL BORDEAUX LE GRAND HÔTEL
Place Gabriel
COMPTOIR CUISINE
Cours du Chapeau-Rouge
AÉRO
CONTRAST
Rue du Pont-de-la-Mousque
TOQUE CUIVRÉE - CANELÉS DE BORDEAUX
Place Georges de Porto-Riche
GABRIEL GASTRONOMIQUE & BISTROT
Jardins des Lumières
BODEGA BODEGA
Rue Saige
CAFÉ BRUN
ATELIER DES PASTEIS
BOX OFFICE
Rue Saint-Rémi
Rue des Piliers-de-Tutelle
Place Puy Paulin
BISTROT VANZETTI
Rue Fernand Philippart
Place de la Bourse
EDOUARD
CAFÉ DES GOURMETS
MUSÉE NATIONAL DES DOUANES
Quai de la Douane
Quai de la Douane
CALLE OCHO
Place du Parlement
JOLLY
MIROIR D'EAU
Rue Margaux
MACHINE À LIRE
Rue Sainte-Catherine
CAFÉCITO
Rue Leupold
Promenade Sainte-Catherine
Rue de la Devise
L'EMPIRE BORDEAUX
Place Saint-Pierre
Rue du Cancera
Rue de la Cr. des Aides
Rue du Mulet
GLLM GUILLAUME
Quai Richelieu
Promenade
Rue Guiraude
Rue de Cheverus
Place Jacques Lemoîne
Rue du Pas-Saint-Georges
CINÉMA UTOPIA
COMPTOIR D'ETIENNE
Rue des Bahutiers
Rue des Argentiers
Rue du Chai des Farines
Rue du Quai Bourgeois
VINTAGE CAFE
Place Camille Jullian
Rue Arnaud Miqueu
BÔ-TANNIQUE
MAISON DE MARGOT
ANNEXE DU CAFÉ JAPONAIS
DOUCE PARENTHÈSE
AUBERGE ESPAGNOLE
Place des Basques
CHIOCCHIO
Quai Richelieu
MAGNUS
CENTRAL HOSTEL
Rue Corcelle
Pl. des Basques
Place du Palais
DIS LEUR
LOVELY CENTER
Rue du Loup
Rue du Cerf-Volant
TUTIAC LE BISTRO VIGNERONS
SWEENEY TODD'S
Rue Ausone
PIED DE BICHE
PEY-BERLAND
BULLES À FLOTTER
Cours d'Alsace et Lorraine
MAISON SERSK
RICHY'S
CAFÉ JOYEUX
Rue de la Rousselle
PERSONA
BOULANGERIE LOUIS LAMOUR
Rue Sainte-Colombe
Imp. Fauré
Rue du Muguet
Place Fernand Lafargue
Rue Buhan
Rue Neuve
Rue des Ayres
Rue Ravez
GROSSE CLOCHE
Rue Duffour Dubergier
Rue Saint-James
Rue Bouquière
Rue Paul Bert
BAR JEUX BARJO
CALVIN & LANE
Place de la Ferme de Richemont
Rue du Soleil
Rue Renière
ABEILLE GOURMANDE
BOOKS AND COFFEE
Rue de la Sau
Cours Pasteur
Rue des Étuves
VINTAGE BAR
TAMATEBAKO CAFE
COMPTOIR DES CHATS
MUSÉE D'AQUITAINE
Rue Teulère
ÉCHIQUIER BORDELAIS
Rue Pilet
Rue Huguerie
PETER COFFEE SHOP
Rue Saint-Éloi
Rue Leyteire
Cours Victor Hugo
Rue Dabadie
NEW YORK NEW YORK

BORDEAUX

© SHUTTERSTOCK.COM

Surnommée la Belle Endormie, Bordeaux se dresse fièrement des deux côtés de la Garonne. Ville historique de pierres et de vins, entre terre et mer, la capitale girondine est une des destinations mondiales préférées des touristes ! Et pour cause : sa situation géographique en fait un lieu de vacances idéal, à mi-chemin entre les vagues de la Côte Atlantique et les vignobles du terroir du Sud-Ouest. Sur place, vous tomberez rapidement sous le charme. Le patrimoine architectural est particulièrement mis en valeur, l'offre culturelle est riche, permettant de belles découvertes, et les propositions de restaurants, de bars et de terrasses ensoleillées sont nombreuses, dans la vieille ville ou sur les quais aménagés. D'ailleurs, toute l'année, le fleuve attire croisiéristes et promeneurs qui viennent profiter de la douceur de vivre. Très bien desservie par les transports, la ville de Bordeaux se visite en toutes saisons.

SE REPÉRER SE DÉPLACER

Avec près de 580 km² et plus de 800 000 habitants, la métropole de Bordeaux est l'une des plus dynamiques et attractives de l'hexagone. Pour se déplacer, touristes et habitants peuvent compter sur les transports de l'agglomération bordelaise : les tramways et bus, les vélos (les V3), le BatCub (le bateau qui relie une rive à l'autre de la Garonne) et le Mobibus dédié au transport des personnes à mobilité réduite. Le réseau TBM comporte 4 lignes de tramway et de 85 « lianes » de bus qui desservent les lieux touristiques ainsi que la gare et l'aéroport de Bordeaux. Au départ de la capitale girondine, vous pourrez vous envoler vers une centaine de destinations, principalement en Europe. Pour vous déplacer à Bordeaux et ses alentours, vous trouverez de nombreuses stations d'autopartage de voitures. Pour le centre-ville, préférez des services de location de trottinettes et de scooters électriques en libre-service. Pensez futé !

AÉROPORT DE BORDEAUX

MÉRIGNAC
✆ 05 56 34 50 50
www.bordeaux.aeroport.fr
Commerces et services. Parkings.

Avec près de 8 millions de passagers par an, l'aéroport de Bordeaux s'impose comme le 5e aéroport régional de France. Plus de 110 destinations directes, parmi lesquelles, Barcelone, Faro ou encore Amsterdam, sont desservies par 34 compagnies aériennes. L'aéroport comporte trois terminaux : le Hall A, le Hall B et billi pour les vols low cost. Des boutiques, un espace services (voiturier, bureau de change, distributeur de billets, etc.) et des espaces de restauration sont à la disposition des passagers. Prenez le bus 1 pour rejoindre directement le centre-ville.

NAVETTE 30' DIRECT

✆ 05 57 77 58 78
www.30direct.com
7j/7. Navette aéroport. Accessible aux personnes en fauteuil roulant sur réservation. Plein tarif (aller simple) : 8 €.

Très pratique et rapide, la Navette 30' Direct relie la gare Saint-Jean à l'aéroport de Bordeaux, et vice versa, en 30 minutes ! Elle roule tous les jours de la semaine, sans exception, même les jours fériés et pendant les vacances. Attention : les horaires des départs varient selon les jours de la semaine et les saisons. L'application Zenbus permet de localiser le bus en temps réel. Notez que les autocars sont climatisés et équipés de wifi gratuit. On peut réserver sa place en ligne – ce qui est recommandé – ou directement auprès du chauffeur.

GARE SAINT-JEAN

Rue Charles Domercq
✆ 3635
Du lundi au jeudi de 4h45 à 0h30 ; à 1h le vendredi ; à 0h le samedi ; le dimanche et les jours fériés de 6h à 1h.

A 2h04 de Paris-Montparnasse, la gare Saint-Jean est desservie par des TGV, TGV inOUI, Ouigo, Intercités et TER en provenance de nombreuses villes de France, parmi lesquelles Toulouse, Hendaye, Tarbes, Arcachon, Lille, Tourcoing ou encore Marseille. Sans oublier un Thalys qui effectue un aller-retour direct jusqu'à la gare de Bruxelles-Midi ! Au fil des rénovations, notamment de son emblématique et immense verrière métallique surplombant les voies, la gare a su garder son cachet d'antan, tout en se modernisant avec des commerces et des équipements publics.

SNCF TER NOUVELLE-AQUITAINE

✆ 0800 87 28 72
www.ter.sncf.com/nouvelle-aquitaine
Accueil téléphonique ouvert du lundi au samedi de 6h30 à 19h30, et le dimanche de 14h à 19h.

TER Nouvelle-Aquitaine permet d'adapter sa façon de voyager à son budget grâce à des abonnements à la semaine, au mois ou à l'année à tarifs préférentiels. La carte MODALIS (TER, tram et bus du réseau TBC) offre jusqu'à 75 % de réduction sur un trajet déterminé et des voyages illimités. Le Pass Jeune TER permet de bénéficier pendant un an de 50 % de réduction sur les billets TER les week-ends, les vacances scolaires et les jours fériés. Accueil téléphonique 7j/7.

AVIS

Rue Charles Domercq
✆ 05 40 01 24 76
www.avis.fr

Ouvert du lundi au jeudi de 8h à 21h ; le vendredi de 8h à 22h ; le samedi de 8h à 18h ; le dimanche de 10h à 21h.

L'agence Avis est un des principaux loueurs de voitures que vous trouverez à la gare de Bordeaux Saint-Jean. A la sortie du train, rendez-vous au guichet pour louer votre véhicule et profitez du professionnalisme des agents qui vous conseilleront et renseigneront sur les services proposés. De la simple réservation d'une journée à plus d'une semaine, Avis s'engage sur plusieurs critères importants : proposition d'assurance, large choix de véhicules (de l'économique au prestige) avec un système de réservation rapide et efficace, en ligne ou par téléphone.

CITIZ BORDEAUX

16, rue Ausone
✆ 05 56 31 10 66
www.bordeaux.citiz.coop

Voitures en libre-service. Avec ou sans abonnement. Tarifs à l'heure, journée ou semaine. Dès 2 €/h avec abonnement.

À Bordeaux, mieux vaut privilégier les transports en commun, la marche ou le vélo. Mais une voiture s'avère parfois nécessaire... La solution s'appelle Citiz. Implanté dans plusieurs grandes villes de France, ce service de location en libre-service 24h/24 permet de louer une voiture pour n'importe quelle durée. De la citadine au monospace, 100 voitures sont disponibles, dont une adaptée au transport de personnes à mobilité réduite. Pour en profiter, il faut s'inscrire en ligne ou en agence puis récupérer le véhicule réservé dans l'une des 40 stations de la ville.

EASYPARK

✆ 05 56 10 20 99
https://bordeaux.easypark.net

Application mobile (stationnement).

Où se garer ? Combien ça coûte ? Combien de temps puis-je stationner sur cette place ? Gagnez du temps et obtenez toutes les réponses à vos questions en consultant votre smartphone ! Gratuite, l'application EasyPark vous permet également de payer votre stationnement directement depuis votre mobile. En un clic, trouvez une place, démarrez, arrêtez ou prolongez la durée de votre stationnement. Plus besoin de monnaie ni de vous rendre à la borne, tout devient plus rapide et plus simple. Autre avantage : vous ne payez que la durée exacte de votre stationnement.

COOL BIKE

77, quai des Chartrons
✆ 05 33 48 13 86
www.cool-bike.fr

Ouvert du mardi au dimanche de 11h à 20h (de 10h à 19h en hiver). Location de vélo à partir de 10 €/jour. Réparations.

Qualifiée comme l'une des villes les plus « vélo friendly » de France, Bordeaux offre de beaux parcours à bicyclette. Pour vos balades en famille, on vous conseille *Cool Bike*, qui propose un large choix de vélos : enfant, adulte, tandem, remorque, vélo suiveur... Magasin de réparation et de personnalisation, *Cool Bike* propose aussi la location de vélos (y compris électriques) pour une journée, un week-end ou une semaine, ainsi que la vente d'accessoires. Côté atelier, vous pourrez bénéficier d'un service express et de différentes prestations à prix correct.

BORDEAUX SCOOTERS

47, rue de Tauzia
✆ 05 57 59 10 18
www.bordeauxscooters.com

Du mardi au samedi de 9h30 à 12h et de 14h à 18h (+ lundi en haute saison). Locations de vélos et scooters. Réparation.

A deux pas de la gare Saint-Jean, vous pouvez louer très facilement un vélo, un scooter/maxi scooter ou une moto pour la journée, un week-end ou une semaine. Chez *Bordeaux Scooters*, les enfants pourront également pédaler sur des vélos adaptés. L'équipe propose même de vous livrer pour vous éviter le déplacement. La bonne initiative : *Bordeaux Scooters* propose encore la location de scooter électrique médical. Voilà une solution idéale pour tous vos déplacements ! Faites aussi appel à eux pour la réparation et la révision de votre vélo (toutes marques).

TBM

Cours du 30 Juillet
www.infotbm.com

Ouvert du lundi au vendredi de 7h à 20h ; le samedi de 9h à 20h. Avec ou sans abonnement.

Vous souhaitez des renseignements pour vous déplacer dans Bordeaux et les communes aux alentours ? Vous avez besoin d'informations sur les titres de transport ? Trajets, horaires, trafic... Bordelais ou voyageur de passage, en venant dans une agence TBM, les tramways, les bus ou les vélos n'auront plus aucun secret pour vous ! Pour éviter de vous déplacer, sachez que le site internet est particulièrement intuitif. En quelques clics, faites la simulation de votre parcours, soyez informé sur l'état de circulation et trouvez tous les tarifs et formules d'abonnement.

TRANSPORTS EN NOUVELLE AQUITAINE

✆ 09 70 87 08 70

Ticket valable 2h : 2,30 € ; ticket aller-retour (valable dans la journée) : 4,10 €. Autres tarifs et abonnements.

En Gironde, le réseau est constitué de 48 lignes de cars interurbaines desservant 270 communes, et de 5 lignes touristiques s'organisant en intermodalité avec les réseaux urbains de transport TBM (Bordeaux Métropole), Calibus (Libournais), Baïa (Bassin d'Arcachon) et le éseau TER Nouvelle-Aquitaine. Les voyageurs bénéficient de véhicules confortables et climatisés, d'un service d'information en temps réel, et d'une tarification unique quels que soient le trajet ou la distance.

V3 TBM

✆ 09 69 39 03 03

www.infotbm.com

Ticket au voyage (1,70 €), à la journée (5 €), touristique et événementiel, abonnements mensuel ou annuel.

Bordeaux est l'une des villes les plus cyclables au monde ! Cumulées, les pistes et les bandes cyclables dépassent les 160 km dans Bordeaux intra-muros, soit près d'un tiers de l'agglomération ! Avec ses 184 stations, toutes situées à proximité d'un arrêt de bus, une station de tramway, une gare ou un secteur d'activité, le réseau TBM met à disposition plus de 2 000 vélos en libre-service dont 1 000 bénéficient d'une assistance électrique. Ils sont disponibles 7j/7 et 24h/24. Voilà de quoi ouvrir les portes d'une mobilité tout en douceur.

YEGO MOBILITY

www.rideyego.com/bordeaux

Prix : 0,23 €/min pour les trottinettes et les vélos, 0,29 €/min pour les scooters. Pack prépayé à partir de 10 €.

Circuler en voiture et se garer dans Bordeaux, ce n'est pas si simple ! Grâce à *Yego Mobility*, tout change ! Leur crédo : « *un scooter quand vous en avez besoin* ». Ils ont mis en location des scooters, des trottinettes et des vélos en libre-service. Chaque scooter est à votre disposition avec deux casques. Couleur vert d'eau, ils sont faciles à repérer et vous les avez sans doute déjà aperçus à Bordeaux. Pour enfourcher un Yego, il vous suffit de télécharger l'application sur votre mobile et suivre les instructions en quelques clics. Il n'y a ni bornes ni clés !

À VOIR / À FAIRE

Le saviez-vous ? En 2007, l'Unesco a inscrit la ville de Bordeaux sur la liste du patrimoine mondial pour son ensemble urbanistique et architectural exceptionnel. En effet, le département de la Gironde est reconnu pour avoir l'un des plus grands nombres de monuments historiques classés, dont plus d'un tiers est à Bordeaux ! Visiter celle que l'on surnomme la belle endormie, c'est partir à la découverte de plus de 350 édifices classés, de quartiers historiques habillés de vieilles pierres, de musées emblématiques et uniques au monde, à l'image de la Cité du Vin ou des bassins de lumières de la Base sous-marine. Pour ne rien louper du riche patrimoine et de l'art de vivre typiquement bordelais, de nombreuses agences touristiques rivalisent d'ingéniosité pour vous faire découvrir l'agglomération autrement : à pied, en bus, à vélo, en canoë, en bateau ou encore en petit train. Suivez le guide !

BORDEAUX CITY PASS

12, cours du 30 Juillet
✆ 05 56 00 66 00
www.bordeaux-tourisme.com
Tarifs : 24h : 31 €/pers., 48h : 41 €/pers., 72h : 46 €/pers.

Disponible en version 24h, 48h ou 72h consécutives, le Bordeaux City Pass est un indispensable pour profiter de Bordeaux et de ses environs. Il inclut la visite des musées, des monuments et de la ville, l'accès à plusieurs expositions, l'entrée à la Cité du Vin avant midi, les transports illimités (tram, bus, navette fluviale) et de nombreuses réductions. Avec le Pass 72 heures, bénéficiez de tarifs avantageux pour découvrir la région : visites guidées de Saint-Emilion, de la citadelle de Blaye ou encore du phare de Cordouan.

BIENVENUE À LA FERME

✆ 05 56 79 64 15
www.bienvenue-a-la-ferme.com/gironde

Soucieux de proposer une offre diversifiée autour de la vente directe de produits fermiers, de séjours, de loisirs et de restauration à la ferme, 9 000 agriculteurs s'engagent autour de valeurs et pratiques communes. La distinction « Bienvenue à la ferme » reconnaissable par le logo à la petite fleur est une garantie pour les consommateurs ! Consommer, séjourner et visiter le réseau Bienvenue à la ferme, c'est maintenir du lien social, soutenir l'économie locale, contribuer à la dynamisation de son lieu de vie et faire un geste pour la planète !

4 ROUES SOUS UN PARAPLUIE

✆ 0158592782
www.4roues-sous-1parapluie.com
Ouvert du mardi au samedi à partir de 9h ; dimanche et lundi sur demande. À partir de 30 € par personne (45 min).

Le principe de 4 roues sous un parapluie : faire découvrir Bordeaux à bord d'une mythique 2 CV pouvant accueillir trois personnes. Charme rétro et toit décapotable, l'ambiance est garantie ! Au volant un chauffeur cultivé, fort sympathique et élégant, coiffé d'une casquette et vêtu de la célèbre marinière Saint James vous narrera mille histoires... Au programme : Flânerie Bordeaux éternel avec dégustation de vin au château et visites privées de vignobles.

ATLANTIC DRIVER PRESTIGE

✆ 06 60 55 15 71
www.atlanticdriverprestige.com
Forfaits aéroport/gare à partir de 30 € ; forfaits villes à partir de 80 €.

Atlantic Driver Prestige est un service de chauffeur privé à la carte disponible 24h/24 et 7 jours/7 pour tout type de courses. Quel que soit votre trajet et aussi nombreuses que soient vos escales, *Atlantic Driver Prestige* met à votre disposition une voiture de luxe de la gamme Mercedes et un chauffeur expérimenté (minimum 1h) pour vous accompagner dans vos déplacements. Le truc en plus ? Une tarification fixe pour plus de transparence. Friandises, journaux, radio, chargeur... Les chauffeurs sont véritablement aux petits soins pour vous.

BORDEAUX BE BOAT

18, rue Edmond Michelet
✆ 05 47 74 41 25
www.bordeauxbeboat.fr

Location du bateau avec skipper 1h maxi 12 personnes : 15 €/pers. Petit déjeuner : 12 €. Restauration à partir de 25 €.

Vous avez envie de vivre un moment inédit sur la Garonne ? Be Boat Bordeaux propose des croisières sur mesure ! Inspiré du chaland ostréicole du bassin, l'*Aglaé Bordeaux* est idéal pour accoster afin de découvrir les richesses de l'estuaire, ses nombreux châteaux, les fameux carrelets et bien d'autres lieux au charme sauvage. Au programme : croisières-promenades, croisière pirate pour les enfants, apéro'boat, petit déjeuner et brunch, repas à bord, golf sur l'eau, visites de propriétés viticoles, découverte du caviar d'Aquitaine, dégustations, etc.

BORDEAUX CANOË

21, Parc d'Activités des Queyries
✆ 06 50 46 10 23
www.bordeauxcanoe.com

Ouvert du 1er avril au 30 octobre. 30 €/personne, sur réservation. À partir de 10 ans.

Et si vous visitiez la ville autrement ? Spécialisé dans les sports nautiques, Bordeaux Canoë vous propose des excursions uniques sur la Garonne, à bord d'un canoë, d'un kayak, d'une pirogue ou sur un paddle. La balade l'Etale, uniquement en fin de marée montante, offre une boucle de 1h30 au départ de Bordeaux. Ces balades guidées à la fois insolites, conviviales et ludiques sont parfaitement adaptées à toute la famille, y compris aux enfants dès l'âge de 10 ans ! Une activité de plein air familiale, surprenante et amusante, à faire à la belle saison.

BORDEAUX RIVER CRUISE

24, quai des Chartrons
✆ 05 56 39 27 66
www.croisiere-bordeaux.com

Bateau promenade à partir de 15 € par personne, croisière restaurant à partir de 55 € et œnologique à partir de 21 €.

L'équipe du Bordeaux River Cruise, accosté en plein centre sur les quais, propose un superbe concept de croisières touristiques originales et de qualité ! Le choix des formules est vaste entre les croisières-restaurants pour partager un déjeuner ou un dîner, les croisières promenades au fil du fleuve, les croisières œnologiques pour allier découverte du patrimoine et dégustation de vin, et les croisières événements (Nouvel An, Fête du vin, etc.). Une délicieuse façon de découvrir la ville, en bateau sur la Garonne ! Enfants bienvenus.

BORDEAUX SUR L'EAU

1, port Garonne
BÈGLES
✆ 07 68 93 39 22
www.bordeauxsurleau.fr

Visite guidée. Restauration. Balade à partir de 15 €/ personne, 12 personnes maximum.

Bordeaux sur l'eau propose une activité insolite et intimiste : des balades sur mesure le long des berges de la Garonne pour découvrir la ville autrement. Pierre André a remonté un chaland (les barques dont se servent les ostréiculteurs) depuis le bassin d'Arcachon et l'a entièrement réaménagé avec un plancher en bois ainsi que de confortables fauteuils et tables pour en faire une embarcation cosy et atypique. Durant certaines balades, vous pourrez choisir de savourer un menu local : apéritif, plateaux de fruits de mer, plancha, ou même brunch...

BORDEAUX VISIOTOUR

10, cours du 30 juillet
✆ 05 56 02 11 50
www.bordeaux-citytours.com

Horaires sur le site. Départs plusieurs fois par jour de février à décembre. Adulte : 14 € (tarif réduit 12 €).

Quelle bonne idée que de découvrir Bordeaux à bord de ces grands bus rouges à impériale. À 4 mètres de haut, on profite d'une vue imprenable. Pendant un peu plus d'une heure, vous profiterez des incontournables de la ville, le tout ponctué d'histoires et d'anecdotes. La visite guidée se fait à l'aide d'écouteurs et est disponible en 10 langues. Le bus climatisé est accessible aux personnes à mobilité réduite. Les billets sont vendus en ligne ou directement au Kiosque à proximité, situé à côté du manège. Un mini canelé Baillardran est offert à la fin de la visite.

CROISIÈRES BURDIGALA

✆ 05 56 49 36 88
www.croisieresburdigala.fr

Horaires et jours sur site. Croisière Bordeaux au Fil de l'Eau : 15 € par adulte, 5 € par enfant de 4 à 12 ans.

Avec leurs trois bateaux (*Burdigala*, *Burdigala II* et *Aquitania*), dont un de 200 places, accessibles aux personnes à mobilité réduite, les Croisières Burdigala offrent plusieurs options. Découvrez la croisière Bordeaux au fil de l'eau – Croisière Unesco (1h30 de navigation commentée le long des façades des quais et des ponts de Bordeaux dans le port de la Lune), ainsi qu'une croisière très nature, au rythme des marées, avec une escale à l'Ile nouvelle ou à Blaye, sans oublier une croisière en amont de Bordeaux avec une escale à la jolie bastide de Cadillac.

LA GARONNAISE

1, Quai des champs
✆ 06 64 03 87 18
Ouvert tous les jours de 9h à 23h. Fermeture de novembre à mars. Croisière à partir de 15 € par personne.

Une histoire de frères : Aymeric, marin, et Amaury, dans la communication, ont eu la bonne idée de faire redécouvrir la Garonne aux locaux et d'émerveiller les touristes. À bord de leur vedette en bois prévue pour 12 personnes maximum et équipée d'une plancha et d'un frigo pour un pique-nique sur l'eau, ils nous embarquent sur les rives bordelaises ou remontent vers Cadillac pour un voyage au cœur des terres girondines. La balade s'assortit d'un moment gastronomique concocté par un chef, pour une croisière sur mesure. Une expérience riche en découvertes !

MUSÉE DE L'HISTOIRE MARITIME

31, rue Borie
✆ 05 54 51 06 39
www.museehistoiremaritimedebordeaux.fr
Ouvert le mardi, le mercredi et le vendredi de 10h à 12h et de 13h à 18h et le week-end de 13h à 18h. Adulte : 5 €.

Installé dans le quartier des Chartrons, le musée de l'Histoire maritime de Bordeaux fait revivre le passé maritime, portuaire et fluvial de la ville. Ici, l'histoire du Port de la Lune, surnom donné au port de Bordeaux en raison de sa forme, est retracée grâce à de nombreux trésors exposés au public. Reproductions, maquettes, instruments de navigation... : autant de traces du passé qui témoignent de l'extraordinaire aventure maritime de Bordeaux. À découvrir !

LE GR MÉTROPOLITAIN

12, cours du 30 Juillet
✆ 05 56 00 66 00
Topo-guide des balades de la Boucle Verte, en mairies et offices de tourisme et sur le site de Bordeaux Métropole.

Bordeaux Métropole a mis en place des itinéraires de promenades pédestres pour toute la famille, afin de découvrir les richesses naturelles et patrimoniales de la zone. Sur plus de 140 kilomètres et à travers vingt communes, douze itinéraires s'offrent à vous : vallée de l'Eau Bourde, coteaux de Garonne, parc des Jalles, forêts de l'Ouest, marais de la presqu'île, rives de Garonne et bien d'autres, à retrouver dans ce guide... Bon à savoir : il est possible de se loger de façon originale dans les refuges périurbains en réservant à l'avance !

LES VISITES D'HUBERT

✆ 06 83 50 08 67
https://hubert-visites.com
Ouverture sur le site. Adulte : 13 €, enfant + 10 ans : 8 €, - de 10 ans : gratuit. Réservation par mail ou téléphone.

Que vous soyez de passage à Bordeaux ou fraîchement installé dans la capitale girondine, Hubert vous dévoilera tous les mystères de la ville. Féru d'histoire, ce guide passionné et passionnant vous baladera à travers les rues et les siècles : l'Antiquité romaine, le Moyen Âge, la Révolution française, les différentes guerres... Autant de pans de notre histoire que l'on redécouvre sous un nouveau jour dans des lieux emblématiques ! Hubert propose également de belles immersions en Gironde : Saint-Émllion, Arcachon ou la célèbre dune du Pilat.

MIAM BORDEAUX

69, quai des Chartrons
✆ 06 21 80 06 80
www.miam-bordeaux.fr
Balades gastronomiques à partir de 29 €.

Quand tourisme rime avec gastronomie : Miam Bordeaux propose des balades gourmandes pour découvrir la ville par les papilles. Partez à la rencontre des artisans du coin et goûtez aux spécialités qui font la renommée de la région : foie gras, cannelés, dunes blanches... sans oublier le vin ! Vous aurez le choix entre quatre formules, dont « L'épicurienne » qui vous emmène déguster produits régionaux et pâtisseries locales dans la vieille ville ou « La Balade des marchés » qui vous entraîne au cœur de deux halles emblématiques pour une dégustation d'exception.

WINE TOUR BOOKING

65, avenue Charles de Gaulle
www.winetourbooking.com
Dès 10 €/pers pour une visite traditionnelle. Tarifs et résa en ligne pour visite personnalisée/dégustation/gourmande.

Envie de vivre une expérience d'œnotourisme ? Découvrez Wine Tour Booking ! Au cours de réceptions sur rendez-vous dans un domaine viticole, un caveau ou un château, profitez d'un cours de dégustation et savourez des produits régionaux à travers des ateliers accords mets et vins... Cette plate-forme unique de réservation pour l'ensemble du vignoble bordelais a une expertise particulière en ce qui concerne la région viticole de Bordeaux ! Son but : aider les propriétaires à accueillir les visiteurs et les aiguiller vers les propriétés.

ABBATIALE SAINTE-CROIX ★

Place Pierre Renaudel
✆ 05 56 94 30 50
www.bordeaux.fr/l3273

L'abbatiale de l'ancien monastère bénédictin, fondée au VIIe siècle, est un arrêt touristique obligé ! À l'intérieur, des ex-voto représentent des scènes de sauvetage en mer. Vous pourrez également admirer le grand orgue Dom Bedos, très réputé, notamment grâce à sa reconstitution à la fin du siècle dernier. Le clocher à droite du portail remonte au XIIe siècle, le porche au XIe tandis que le clocher de gauche a été ajouté au XIXe siècle par l'architecte Abadie. L'ancien couvent bénédictin, d'abord réhabilité en hospice, abrite l'École des Beaux-Arts.

BASSINS DES LUMIÈRES

Base sous-marine ✆ 05 35 00 00 90
https://www.bassins-lumieres.com

Horaires variables selon la saison. Tarif plein/réduit : 13,50 €/11 € ; enfant (de 5 à 25 ans) : 9 €.

Créée en 1940, la base militaire sous-marine de Bordeaux est devenue les Bassins des Lumières, plus grand centre d'art numérique au monde ! Les quatre bassins ont ainsi été transformés et réaménagés pour voir projeter sur leurs murs, sols et plafonds des œuvres d'artistes incontournables... L'ensemble se divise en plusieurs espaces, parmi lesquels le Cube, un espace insonorisé de 220 m² et 8 mètres de haut dédié aux artistes contemporains de l'art immersif. La Citerne, sur 155 m² et 7 mètres de haut, fait quant à elle le lien entre musées et œuvres d'origine.

BASILIQUE SAINT-MICHEL ★

Place Canteloup
✆ 05 56 94 30 50

Gratuit jusqu'à 12 ans. Adulte : 5 €. Tarif réduit : 3,50 €.

Au cœur du quartier Saint-Michel se trouve une basilique gothique érigée à la fin du XIVe siècle. Quatorze chapelles latérales bordent ses bas-côtés et représentent les différentes corporations ayant financé sa construction (couvreurs, charpentiers, merciers, marins, mesureurs de sel, marchands, pèlerins de Saint-Jacques-de-Compostelle). Le monument possède une crypte – à visiter absolument. La basilique est inscrite sur la liste du patrimoine mondial par l'UNESCO au titre des Chemins de Saint-Jacques-de-Compostelle, tout comme Saint-Seurin et Saint-André.

BORDEAUX MÉTROPOLE

Esplanade Charles-de-Gaulle
✆ 05 56 99 84 84
www.bordeaux-metropole.fr

La métropole bordelaise est urbaine... Dans ce territoire de 57 000 ha, l'équilibre est parfait entre ville et nature. Ici, tout est fait pour le conserver : circuits courts du producteur au consommateur, préservation des écosystèmes et de la biodiversité... Mais le plus étonnant réside dans la variété des paysages. Pour s'en convaincre, il suffit de parcourir une partie des 160 km d'itinéraires balisés, de se balader dans quelques-uns des 130 parcs et jardins de l'agglomération ou de passer la nuit dans un refuge périurbain : gratuit et insolite !

BASILIQUE SAINT-SEURIN ET SITE ARCHÉOLOGIQUE ★

Place des Martyrs de la Résistance
✆ 05 56 48 04 24

Ouvert du 1er juin au 30 septembre de 13h à 18h et 21h30 en HS. Adulte : 5 € visite guidée. Gratuit jusqu'à 12 ans.

Présentons la basilique en quelques mots : le porche et la crypte datent au XIe siècle, le chevet et le transept du XIIe, la chapelle Notre-Dame-de-la-Rose du XVe siècle de même que la chaire épiscopale, de très beaux albâtres et les stalles sculptées. Des fouilles ont mis au jour une vaste nécropole chrétienne ainsi que des traces de construction d'un édifice religieux. Riches vestiges de l'Antiquité, tombeaux décorés de fresques, sarcophages et amphores sont à découvrir.

CAP SCIENCES ★

Quai de Bacalan
✆ 05 56 01 07 07
www.cap-sciences.net

Ouvert du mardi au vendredi de 14h à 18h ; le week-end de 14h à 19h. Tarifs suivant exposition. Animations.

Musée ludique et familial, Cap Sciences est installé face à la Garonne, au pied du pont Chaban. C'est le rendez-vous pour tous ceux qui veulent comprendre la science, la vie, la terre, l'espace... Ici, on a les réponses à toutes nos questions ! Dans ce hangar entièrement réaménagé, les expositions sont interactives, amusantes et pédagogiques. Dès l'âge de 3 ans, des animations sont proposées (sur réservation). Des ateliers variés sont programmés toute l'année, selon l'âge et la thématique désirée (chimie, archéologie, astronomie...). Incontournable !

LA CITÉ DU VIN ★

1, esplanade de Pontac
✆ 05 56 16 20 20 - www.laciteduvin.com
Horaires sur le site. Adulte : 21 € (billet Parcours permanent + accès au belvédère, dégustation d'un verre de vin).

Musée nouvelle génération à l'architecture audacieuse et emblématique, la Cité du Vin entraîne un voyage immersif et sensoriel unique à la découverte des multiples facettes du vin en France et dans le monde. Avec une scénographie innovante, le parcours permanent constitue le cœur de la visite. Le belvédère à 35 mètres du sol offre aux visiteurs une vue panoramique sur Bordeaux et la Garonne, et les invite à déguster un verre de vin du monde. Expositions temporaires, conférences, spectacles et ateliers de dégustation rythment la vie de la Cité du Vin !

CAPC - MUSÉE D'ART CONTEMPORAIN DE BORDEAUX ★★

7, rue Ferrère ✆ 05 56 00 81 50
www.capc-bordeaux.fr
Ouvert le mardi et du jeudi au dimanche de 11h à 18h, le mercredi de 11h à 20h. Gratuit jusqu'à 18 ans. Adulte : 7 €.

Le CAPC musée d'Art contemporain de Bordeaux propose toute l'année un programme d'expositions temporaires. Il est installé dans l'ancien Entrepôt douanier des denrées coloniales. Dans cet espace gigantesque, les artistes s'approprient les lieux : une salle aménagée de voûtes et de colonnes en pierre, des escaliers dans lesquels on se perd... Sans oublier le centre d'architecture Arc en Rêve, dédié à l'urbanisme. Montez sur la terrasse du Café du Musée pour boire un verre.

CATHÉDRALE SAINT-ANDRÉ ★★

Place Pey-Berland
✆ 05 56 52 68 10
www.cathedrale-bordeaux.fr
Ouvert tous les jours du mardi au dimanche de 10h à 13h et de 15h à 19h30. Le lundi, de 15h à 19h30. Visite trésor 2 €.

© JAVARMAN - FOTOLIA

L'imposante cathédrale Saint-André de Bordeaux se dresse fièrement sur la place Pey Berland. Cette cathédrale gothique du XIe siècle est l'un des plus somptueux monuments de la ville. Son histoire est riche, de son édification, à son incendie au XVIIIe siècle, jusqu'à sa restauration un siècle plus tard. Aujourd'hui inscrite au patrimoine mondial de l'Unesco, elle figure parmi les étapes du chemin de Saint-Jacques-de-Compostelle, avec deux autres lieux de culte bordelais : la basilique Saint-Michel et la basilique Saint-Seurin.

LA CITÉ MONDIALE

20, quai des Chartrons
Centre d'affaires. Accueil et organisation d'événements.

Située à mi-chemin entre les quais et la place du Marché des Chartrons, la Cité Mondiale est un bâtiment conçu par Michel Pétuaud-Letang, lors de la réhabilitation du quartier. Initialement construit pour abriter la Cité du Vin, il est finalement devenu un centre d'affaires. Près de cinquante sociétés sont installées, dont la banque CIC qui a racheté la Cité Mondiale, ainsi que le Club Pernod. L'hôtel Mercure domine l'ensemble avec son hôtel tout confort et son restaurant dont une annexe ouvre l'été sur la terrasse panoramique.

DARWIN - CASERNE NIEL

87, quai de Queyries
✆ 05 56 77 52 06
www.darwin-ecosysteme.fr
Ouvert du lundi au dimanche, voir les horaires sur le site. Restauration, activités, animations...

Darwin, c'est l'écosystème alternatif de la rive droite : un lieu dédié à l'innovation, la création et aux initiatives éco-créatives, implanté dans l'ancienne caserne Niel. Lancé en 2008 avec la réhabilitation écologique des anciens bâtiments militaires, il accueille de nombreuses entreprises et associations mais aussi un skatepark, une ferme urbaine, une épicerie bio, un bar-restaurant, un espace bien-être... Terrain de jeu favori des street artistes, de nombreuses activités et événements y sont perpétuellement organisés (notamment le festival Climax). On adore !

DISTILLERIE MOON HARBOUR

492, boulevard Alfred Daney
✆ 05 56 29 86 60
www.moonharbour.fr

Ouvert mardi à samedi 10h-13h et 14h-18h. Horaires des visites : 11h / 14h30 / 16h30 sauf mercredi. 15 € par personne.

Produire un whisky 100 % bordelais dans la capitale du vin, il fallait oser ! C'est dans un ancien bunker que la distillerie prend forme en 2017. Yves et Jean-Philippe créent la marque Moon Harbour, clin d'œil au port de la Lune. Cette belle entreprise a d'abord donné naissance au Pier 1, Premium Blended à 45,8°distillé à partir d'un assemblage des meilleurs whiskies finis en France, puis au Pier 2, Blended Malt tourbé fini en fûts de Grands vins de Bordeaux. Aujourd'hui, la distillerie produit même du gin et du rhum, ainsi qu'un whisky 100 % made in Bordeaux !

GROSSE CLOCHE ★

1, rue Saint-James
✆ 05 56 00 66 00
www.bordeaux-tourisme.com

Visites guidées de 30 min : tous les jours de juin à septembre, le samedi sur réservation d'octobre à mai. Adulte : 5 €.

Au Moyen Âge, la Grosse Cloche faisait partie des remparts de la ville, avant de subir de nombreuses modifications. Rare monument de cette époque que Bordeaux a conservé, le lieu fut transformé en prison – on peut d'ailleurs voir aujourd'hui des dessins et inscriptions des détenus qui décomptaient leurs jours d'enfermement – avant de devenir l'un des beffrois les plus touristiques de France. Si vous aimez voyager dans le temps, optez pour une visite guidée. Préférez venir à la nuit tombée, quand la Grosse Cloche est éclairée de lumières bleues !

GRAND THÉÂTRE - OPÉRA DE BORDEAUX ★★★

Place de la Comédie ✆ 05 56 00 85 95
www.opera-bordeaux.com

Ouverture 45 min avant le début des spectacles. Visite commentée de 50 min sur réservation, tarif : 10 € par personne.

Monument emblématique et chef-d'œuvre architectural, le Grand Théâtre occupe une place de choix. Point de départ de la rue Sainte-Catherine et des allées de Tourny, cet édifice est l'œuvre de l'architecte Victor Louis. À l'extérieur, observez la façade et ses douze colonnes corinthiennes surplombées de statues antiques. Dans la salle, levez les yeux : la coupole est l'œuvre de l'artiste Robin et le lustre est constitué de cristaux de Bohème. Splendide ! Visites guidées sur réservation.

GR® BORDEAUX MÉTROPOLE

La Boucle Verte, un itinéraire de grande randonnée de 160 km, balisé en rouge et blanc, est le premier GR métropolitain de France. Le projet a été engagé en partenariat avec la Fédération Française de Randonnée Pédestre. Il traverse 17 communes dont Bègles, Bordeaux, Gradignan, Mérignac ou encore Saint-Médard-en-Jalles, et relie les principaux espaces naturels et parcs urbains de la métropole. Il passe de plaines douces en coteaux panoramiques, de berges réhabilitées en marais préservés et offre de magnifiques points de vue uniques sur l'agglomération.

Grand Théâtre de Bordeaux.

© MOON HARBOUR DIS

© MOON HARBOUR DIS

© MOON HARBOUR DIS

DISTILLERIE MOON HARBOUR

492, boulevard Alfred Daney
✆ 05 56 29 86 60
www.moonharbour.fr

Visites sur réservation du mardi au samedi (sauf le mercredi) à 11h, 14h30 et 16h30 : 20 € (gratuit - 18 ans).

Yves Medina et Jean-Philippe Ballanger ont créé la marque Moon Harbour Bordeaux, un whisky 100 % bordelais : les céréales sont issues de la région bordelaise, les alambics en cuivre sont confectionnés par un artisan bordelais et les barriques de vieillissement proviennent de châteaux bordelais (sauternes ou grands crus de vins rouges). On découvre la zone de stockage des matières premières, la cuverie, les alambics et un bunker réhabilité en chai de vieillissement. On termine par une dégustation de whiskies, de rhum et de gin également distillés sur place.

© MOON HARBOUR DIS

© MOON HARBOUR DIS

HOTEL FRUGÈS

63, place des Martyrs de la Résistance
✆ 05 56 00 66 00
www.visiter-bordeaux.com/
Ouvert à la visite lors des Journées du Patrimoine.

L'hôtel Frugès a été construit entre 1912 et 1927 par Pierre Ferret pour Henry Frugès. Passionné d'art et d'architecture, cet industriel sucrier, amoureux de l'Orient, souhaite faire de son hôtel « un petit musée des arts et des techniques du début du XXe siècle ». Dans cet hôtel particulier se mêlent des influences Art nouveau, Art déco, orientalisme… C'est une œuvre unique à laquelle vont contribuer de nombreux artistes de l'époque. Très attaché aux thèmes naturalistes pour sa demeure, on suppose qu'il a aussi imaginé le décor de son jardin.

JARDIN BOTANIQUE DE BORDEAUX ★

Accès tramway ligne A arrêt Jardin-Botanique.
✆ 05 56 52 18 77
www.jardin-botanique-bordeaux.fr
Ouvert de 7h à 18h en hiver et jusqu'à 20h en été. Accès aux serres et aux salles d'expositions : 4 €. Animations.

Le Jardin botanique de la Bastide est riche de 1 700 plantes et reconstitue plusieurs paysages naturels du bassin aquitain. Le chemin proposé répond à une certaine logique chronologique et ludique. Vous découvrirez notamment le jardin aquatique, les champs de culture, le jardin vertical, conçu comme une promenade parmi les plantes grimpantes, le verger, les serres, qui s'étendent sur 750 m², et également des parcelles pédagogiques pour tous ceux qui souhaitent s'initier au jardinage.

JARDIN PUBLIC ★★

Cours de Verdun
Ouvert toute l'année, tous les jours à partir de 7h. Horaires de fermeture de 18h à 21h selon la saison.

Les dix hectares de verdure du Jardin Public en font un lieu de promenade et de détente incontournable. D'autant plus qu'il abrite le théâtre de Guignol, animé par la famille Guérin depuis 1853 ! Le carrousel à l'ancienne séduit aussi bien les petits que les grands enfants, et une réplique historique de la célèbre embarcation Le Petit Mousse vogue sur le plan d'eau. Le café-restaurant, l'Orangerie, offre un joli cadre pour déjeuner, goûter, ou boire un café. Le Jardin Public abrite aussi un arboretum, une bibliothèque et le Muséum d'Histoire naturelle.

MECA

quai de Paludate ✆ 05 47 30 34 67
https://www.la-meca.com
Ouvert du mardi au samedi de 13h à 18h30 et le premier dimanche du mois. Tarif libre (1 € minimum).

La Maison de l'économie créative et culturelle (MECA) se remarque par son architecture audacieuse de 14 000 m², 120 mètres de long et 37 mètres de haut. Elle réunit le FRAC, les agences culturelles OARA/ALCA et une résidence d'artistes avec 1 200 m² d'espace d'expositions et 900 m² de réserves. Cet ensemble permet de faire une pause-café ou de s'attabler au café-restaurant Le Crem, d'assister à un spectacle, d'écouter une conférence ou d'assister à une projection. Les visiteurs profitent d'un superbe point de vue depuis une immense terrasse à 25 mètres de hauteur.

MIROIR D'EAU ★★★

Quai de la Douane
Le miroir d'eau fonctionne tous les jours de 10h à 22h (sauf de novembre à avril pour cause de maintenance).

Le Miroir d'eau est un lieu incontournable le long des quais. A sec, c'est une immense ardoise. Dès les beaux jours, le pavage est recouvert de 2 centimètres d'eau qui transforment la dalle en un immense miroir dans lequel la place de la Bourse se reflète. Il se remplit en 3 minutes et les brumisateurs se mettent en route… L'eau est traitée et recyclée. Petits et grands enfants ont vite pris l'habitude de jouer avec les volutes ou les reflets ! Le soir venu, le spectacle continue avec l'illumination de la façade de la Bourse. Tout simplement magique !

MONUMENT AUX GIRONDINS

Place des Quinconces

A la fin du XIXe siècle, Bordeaux souhaitait édifier un monument en hommage aux députés girondins victimes de la Terreur. De style pompier, l'ensemble est constitué de deux fontaines en bronze qui célèbrent la Concorde, la Fraternité, la Force et la République, et bannissent les Mensonges, le Vice et l'Ignorance, mêlées à des chevaux marins crachant des jets d'eau. Quant à la colonne de 43 mètres de haut, surmontée de la Liberté brisant ses chaînes d'une main et tenant dans l'autre les palmes de la liberté, elle veille toujours sur la place, face au fleuve.

MUSÉE MER MARINE

89, rue des Étrangers
✆ 05 57 19 77 73
www.mmmbordeaux.com
Jours et horaires sur le site. Fermé le lundi. Tarif plein : 14 €.

Découvrez un lieu unique : le Musée Mer Marine, un voyage artistique à travers l'histoire du monde marin ! Dans une scénographie moderne et épurée, une exceptionnelle collection privée d'œuvres d'art, de bateaux et de pièces iconiques de l'univers maritime vous raconte les grandes batailles, les aventures des explorateurs et des pirates, les croyances et les légendes de la mer, mais aussi la vie de la faune et de la flore dans ce qu'elle a de plus beau et de plus fragile. Ce Musée est situé au cœur de Bordeaux, dans le quartier des Bassins à flot.

MUSÉE D'AQUITAINE ★★

20, cours Pasteur ✆ 05 56 01 51 00
www.musee-aquitaine-bordeaux.fr
Ouvert du mardi au dimanche de 11h à 18h. Gratuit jusqu'à 18 ans. Adulte : 5 €. Tarif réduit : 3 €. Audioguide : 2,50 €

Le Musée d'Aquitaine abrite des collections permanentes qui réunissent environ 700 000 pièces, d'archéologie, d'histoire et d'ethnographie régionale et extra-européenne retraçant l'histoire de Bordeaux et de sa région. Elles sont présentées selon un parcours chronologique et thématique. A découvrir particulièrement les espaces consacrés au XVIIIe siècle « Bordeaux, le commerce atlantique et l'esclavage », et au XIXe siècle et à l'entre-deux-guerres « Bordeaux, port(e) du monde 1800-1939 ». Parallèlement le musée propose aussi de grandes expositions temporaires.

MUSÉE NATIONAL DES DOUANES ★★

1, place de la Bourse
✆ 09 70 27 57 66
www.musee-douanes.fr
Ouvert du mardi au dimanche de 10h à 18h sauf 25 décembre et 1er janvier. Gratuit jusqu'à 18 ans. Adulte : 4 €.

Sous de magnifiques voûtes défilent les grandes étapes historiques de l'administration douanière française. Documents d'archives, uniformes et armes, maquettes, instruments de travail (dont la grande balance de l'Hôtel des Fermes datant de 1783) et œuvres d'art acquises, dont un Claude Monet, sont ainsi présentés. Depuis 1984, le musée a enrichi ses collections et rassemblé plus de 13 000 objets ainsi qu'une photothèque regroupant plus de 20 000 clichés !

MUSÉE D'ETHNOGRAPHIE DE L'UNIVERSITÉ DE BORDEAUX

3, place de la Victoire
✆ 05 57 57 18 97
https://meb.u-bordeaux.fr
Ouvert du lundi au jeudi de 14h à 18h ; le vendredi de 10h à 12h. Gratuit.

Le Musée d'ethnographie de l'Université de Bordeaux propose 250 m² d'espace d'expositions, renouvelées tous les six mois et qui permettent de faire découvrir une petite partie des collections entreposées dans les sous-sols. Elles se composent d'objets ethnographiques datant de la seconde moitié du XIXe siècle, d'iconographies et de 12 000 photographies en partie consultables en ligne. Le fonds du musée est constitué d'objets d'Asie, d'Afrique, d'Arctique, d'Amérique et d'Océanie.

MUSEUM DE BORDEAUX - SCIENCES ET NATURE

5, place Bardineau
✆ 05 24 57 65 30
https://www.museum-bordeaux.fr
Ouvert du mardi au dimanche de 10h30 à 17h30. Adulte : 7 € / 5 €. Gratuit avec la Carte Jeune.

Le Muséum de Bordeaux a rouvert ses portes en 2019, après d'importants travaux. Situé dans le Jardin public, l'Hôtel de Lisleferme, qui abrite les collections, a été agrandi pour accueillir plus d'expositions et faciliter l'accessibilité au public. Expositions temporaires et semi-permanentes côtoient le parcours muséographique très ludique avec des dispositifs interactifs, un spectacle multimédia, ainsi qu'un « Musée des Tout-petits » pour l'éveil des moins de six ans.

MUSÉE DES ARTS DECORATIFS ET DU DESIGN ★

39, rue Bouffard ✆ 05 56 10 14 00
www.madd-bordeaux.fr
Ouvert du mercredi au lundi de 11h à 18h. Gratuit jusqu'à 18 ans. Adulte : 5 €. Visite guidée. Restauration.

Ce musée est installé dans l'hôtel de Lalande construit en 1779. Les collections mobilier, meubles portuaires, céramique, verrerie, orfèvrerie, instruments de musique et de mesure, miniatures, arts de la table ou objets de l'intime sont mis en scène dans des pièces décorées comme aux XVIIIe et XIXe siècles. C'est un témoignage sur l'histoire de Bordeaux, ville des Lumières et grand port de négoce au XVIIIe siècle. Le musée présente aussi des expositions temporaires.

PALAIS ROHAN ★★

Place Pey-Berland
Visite guidée le vendredi à 10h et 11h. Adulte : 8 €. Pas de billetterie sur place. Réservation obligatoire.

Juste à côté de la Cathédrale Saint-André se trouve le Palais Rohan. Une visite commentée permet de découvrir ce monument construit en 1772 sous l'initiative de l'archevêque Mériadec de Rohan. Archevêché jusqu'à la Révolution, Hôtel du département, siège du tribunal révolutionnaire en 1791, Hôtel de la préfecture en 1802, Palais impérial de Napoléon Ier en 1808, Château royal en 1815 sous Louis XVIII, il devient enfin l'Hôtel de Ville de Bordeaux en 1837. Pendant la visite, n'oubliez pas de remarquer le monumental escalier d'honneur : il vaut le coup d'œil !

INTERVIEW

RENCONTRE AVEC BRIGITTE BLOCH

PRÉSIDENTE DE L'OFFICE DE TOURISME ET DES CONGRÈS

Bordeaux Métropole a lancé en 2020 un plan de soutien visant à créer des opérations de relance pour dynamiser le tourisme et les rencontres d'affaires, tout en faisant de Bordeaux une destination durable reconnue !

Contexte inédit, baisse de fréquentation… le bilan touristique est-il si mauvais ?

Les indicateurs touristiques 2021 de Bordeaux Métropole n'ont pas résisté à la baisse générale. Mais c'était sans compter sur la résilience et l'adaptation de nos professionnels. Je leur tire mon chapeau ! Les hôtels n'ont jamais fermé leurs portes, des guinguettes ont ouvert dans les propriétés viticoles… Il y a eu beaucoup de créativité.

Justement, pouvez-vous nous parler de *Bordeaux nous envoie balader* ?

C'est une initiative en soutien aux guides-conférenciers lancée en 2021 avec 1 000 visites-découvertes de Bordeaux et de sa Métropole sous des angles inattendus et originaux. Forte de deux éditions réussies, *Bordeaux nous envoie balader* revient du 16 au 24 avril 2022.

Il paraît que Bordeaux a été sacrée capitale européenne du Smart Tourism 2022 ?

Oui ! Le prix European Capital of Smart Tourism récompense la ville pour ses réalisations exemplaires en matière de tourisme dans 4 catégories : accessibilité, développement durable, numérisation, patrimoine culturel et créativité. Nous sommes fiers de cette reconnaissance du travail déjà accompli.

Coupe du monde de rugby 2023, matchs de football pour les Jeux olympiques 2024… mais encore ?

De grands événements sont attendus, comme l'exposition « Picasso, l'effervescence des formes » à la Cité du Vin ou la Bordeaux Wine Week, une manifestation inédite dans toute la ville avec le retour de la Fête du Vin qui est un événement écoresponsable !

© TS-MAIRE DE BORDEAUX

© VINCENT BENGOLD

© ARNAUD BRUKHNOFF

Le Palais Rohan.

PARC BORDELAIS

Rue du Bocage

Ouvert tous les jours à partir de 7h. Fermeture entre 18h et 21h selon les saisons.

Parc historique situé dans le quartier de Caudéran, le Parc Bordelais est né à l'initiative de Camille Godard qui légua sa fortune à la ville pour créer cet espace destiné à être « la campagne de ceux qui n'en ont pas ». Le parc voit ainsi le jour en 1885. Sur une superficie de 28 hectares, les végétaux, les bosquets, un bois en étoile et une rivière d'un hectare enchanteront les promeneurs. De nombreuses attractions sont pour la famille : petit parc animalier, balades nautiques, petit train, manèges, attelages mécaniques et théâtre de Guignol.

PASSAGE SARGET

19, cours de l'Intendance

Ouvert de 8h à 20h.

La remontée du cours de l'Intendance permet d'admirer plusieurs hôtels particuliers : l'hôtel Pichon au n° 4 et dont le premier étage date du XVIIe siècle, Acquart au n° 5 qui fut érigé au XVIIIe siècle par Emile Combes. Le passage Sarget, passage couvert, a été emprunté par de nombreux princes, rois et chefs d'Etat : Louis XIII, Louis XIV, Marie et Catherine de Médicis, le général de Gaulle et Elisabeth II d'Angleterre. De nos jours, des boutiques ont pris possession des lieux. À la sortie, vous rejoignez l'église Notre-Dame, place du Chapelet.

PARC FLORAL DE BORDEAUX ★

Avenue de Pernon

www.bordeaux-tourisme.com

Ouvert toute l'année à partir de 8h30. Heures de fermeture variables en fonction des saisons.

En cumulant les superficies du parc floral, du bois de Bordeaux et du lac, ce sont plus de 150 hectares de nature et de verdure ouverts aux amoureux du grand air. De plus, des installations sportives permettent de pratiquer des activités à prix intéressants. Vous y verrez un torrent montagnard constitué de galets et rochers directement prélevés dans le Gave des Pyrénées, de superbes espèces d'iris, de pivoines, de camélias... et surtout une remarquable roseraie de 5 000 m² illustrant l'histoire de la rose de l'Antiquité à nos jours.

TOUR PEY-BERLAND ★

Place Pey-Berland

✆ 05 56 81 26 25

www.pey-berland.fr

Ouvert tous les jours. Octobre à mai : 10h-12h30 et 14h-17h30. Juin à septembre : 10h-13h15 et 14h-18h. Adulte : 6 €.

La Tour Pey-Berland est le clocher de la cathédrale, érigé entre 1440 et 1466. C'est au XVe siècle que fut bâti cet édifice gothique flamboyant, qui doit son nom à l'archevêque Pey-Berland (vers 1370-1458), artisan du renouveau de l'Eglise en Aquitaine alors sous la domination anglaise. La visite est superbe, mais nécessite d'être en forme car il faut tout de même gravir les 229 marches d'un escalier à vis pour découvrir la charpente du beffroi, les quatre cloches et la vue exceptionnelle sur Bordeaux et ses monuments. A découvrir !

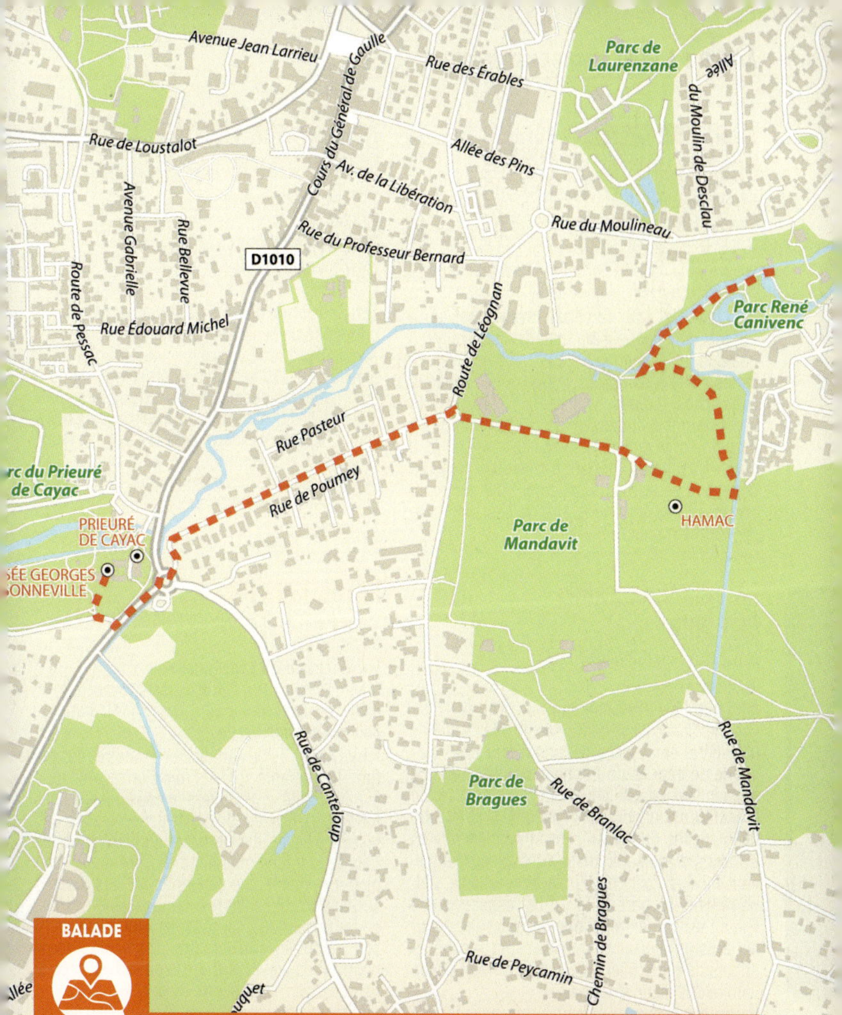

BALADE FAMILIALE À GRADIGNAN

En fin de matinée, rejoignez le Parc René Canivenc à la rencontre des espèces qui y cohabitent. Puis, visitez l'aquarium et l'exposition du moment à La maison de la nature.

Pour pique-niquer, des tables sont prévues sous l'ombre des arbres. Craquerez-vous pour une gaufre vendue au kiosque de Magui ? Pendant que les parents se reposent, les enfants s'amusent dans la grande aire de jeux. La tyrolienne a toujours du succès !

Après un tour de manège, traversez le petit bois direction Mandavit, où l'on croise joggeurs, promeneurs, et d'autres familles profitant du calme et de la nature. Pour les plus motivés, des structures sportives sont installées. Découvrez au passage l'étonnant Hamac, l'un des onze refuges périurbains de la métropole, ainsi que la dynamique médiathèque de la ville, avant la sortie débouchant sur le Prieuré de Cayac devant lequel trône l'emblématique statue du Pèlerin (vous êtes sur le chemin de Compostelle !) réalisée par l'artiste bordelaise Danielle Bigata.

Ensuite, deux options : une échappée culturelle au musée de Sonneville ou un goûter ludique au bar à jeux La Triche. S'il est l'heure de dîner, installez-vous au Domaine des Tentations dont la terrasse surplombe l'Eau Bourde…

PARC ANIMALIER RENÉ CANIVENC

53, rue du Moulineau
GRADIGNAN
✆ 05 56 89 51 74
Ouvert toute l'année, horaires variables selon la saison. Entrée libre. Aire de jeux.

Un chouette parc familial traversé par l'Eau Bourde, dans lequel sont installés, bien au vert, quelque 250 animaux... Des plus classiques (ânes, lapins, canards...) aux plus exotiques (perruches, émeus, wallabies...), les enfants apprécieront la dimension de ce mini zoo à taille humaine et la proximité avec ces congénères à poils et à plumes. Le parc à chèvres a toujours beaucoup de succès ! Egalement sur place, un aquarium et une grande aire de jeux avec manège et petit snack.

LA FERME URBAINE DES IRIS

8, rue Sourbes - **LORMONT**
✆ 05 57 77 63 40
Basse saison ouvert tous les jours de 8h30 à 19h. Haute saison tous les jours de 8h30 à 20h. Gratuit.

Sur les hauteurs de Lormont petits et grands peuvent se balader librement dans un parc de 5 hectares pour voir ânes gascons, poneys, brebis blanches du Massif central, lapins, chèvres et boucs pyrénéens, mais aussi plusieurs gallinacés, des cochons d'Inde et une truie vietnamienne. Le parc offre un bel espace vert à l'heure du goûter, ainsi que quelques jeux pour les enfants. Certains animaux sont récupérés auprès de particuliers ou confiés par le Conservatoire des races d'Aquitaine.

PARC DE L'ERMITAGE SAINTE-CATHERINE

Chemin du Rouquey
LORMONT
✆ 05 57 77 63 27
Ouvert toute l'année, tous les jours. Accès libre et gratuit. Ferme des Iris : de 8h à 20h.

Le parc de l'Ermitage, implanté sur une ancienne friche industrielle, est classé en zone naturelle d'intérêt écologique, floristique et faunistique. Les promeneurs découvrent des sentiers offrant un dépaysement assuré. Depuis le belvédère, on admire la vue panoramique sur la Garonne et le pont d'Aquitaine. On est aussi agréablement surpris par les occupants de la ferme des Iris où paissent tranquillement chèvres, ânes et poneys, pour le plus grand bonheur des enfants.

ASSOCIATION ÉCOSITE DU BOURGAILH

179, avenue de Beutre
PESSAC
✆ 05 56 15 32 11
www.bourgailh-pessac.fr
Animations.

Cette structure dédiée à l'environnement et à la protection de la nature propose des animations dans la Forêt du Bourgailh – un Espace Naturel Sensible de 110 hectares – lors d'interventions techniques et pédagogiques extérieures, ainsi que lors de formations professionnelles. L'association aborde la biodiversité, le jardin, la faune et la flore, le bien-être, ou encore l'astronomie par des ateliers, des événements, des balades naturalistes, des initiations…

ROYAL KIDS PESSAC

6, rue Henri de Châtelier - **PESSAC**
✆ 05 56 08 70 18
www.royalkids.fr/parcs/pessac
Ouvert 7/7 de 10h à 19h durant les vacances scolaires. Tarifs de 7 à 10 € (selon âge). Gratuit pour les accompagnateurs.

Royal Kids, c'est le paradis des grands et des petits ! Les enfants sont les rois d'un gigantesque espace fermé, entièrement pensé pour eux : des toboggans, des jeux de construction géants, une piscine à balles, des parcours gonflables, un terrain de foot, une mini piste de karting, un tourniquet et même une discothèque ! Les parents sirotent un café, dans le brouhaha général, mais en toute quiétude, car tous les jeux sont sécurisés… Pour les anniversaires, les petits fêtards pourront danser et prendre la pose avec Léon le gentil dragon, la mascotte du parc.

ZOO DE BORDEAUX PESSAC ★★

3, chemin du Transvaal - **PESSAC**
✆ 05 57 89 28 10
www.zoo-bordeaux-pessac.com
Haute saison ouvert tous les jours de 9h30 à 19h. Adulte : 17,50 €. Enfant de 3 à 11 ans : 12 €.

Aux portes de Bordeaux, découvrez la magie de la faune sauvage et partez pour un grand voyage au cœur des 5 continents. De la brousse africaine à l'Asie en passant par l'Amérique du Sud, venez découvrir tour à tour autruches, lions, wallabies, tigres, makis, pandas roux, tapirs, girafes, servals, chats pêcheurs, loutres d'Asie ou les Lions Blancs du Kruger ! Pour Pâques, Halloween ou Noël ne manquez pas les spectacles et les animations. Grâce à deux lodges situés au cœur des enclos des tigres et des jaguars, vous vivrez l'expérience unique d'une nuit au *zoo*.

SE LOGER

Pour un week-end ou pour une semaine, le choix du logement est stratégique. Chaque année, la ville de Bordeaux accueille de plus en plus de touristes, attirés par son patrimoine et sa douceur de vivre. Le choix d'hébergement est donc vaste et dans chaque quartier vous trouverez des solutions adaptées à vos besoins et à votre budget. Passer la nuit dans le centre historique de Bordeaux est une excellente idée si l'on veut profiter au mieux de l'ambiance particulière de la vieille ville. Attention tout de même, c'est ici que les tarifs seront les plus élevés, particulièrement dans le Triangle d'Or entouré des plus beaux monuments. Pour un séjour typique et plein de charme, nous vous conseillons de dormir dans le quartier des Chartrons, réputé pour son esprit bohème et son ambiance de village. Néanmoins, dans toute la ville se nichent de séduisantes petites adresses dont nous avons fait une sélection.

GREET HOTEL BORDEAUX AEROPORT €

99, avenue JF Kennedy
MÉRIGNAC
✆ 05 56 55 93 66

86 chambres à partir de 52 €. Petit déjeuner : 8,90 €. 3 salles de réunions.

Bien pratique pour les voyageurs en provenance ou à destination de Bordeaux, car situé à seulement 800 mètres de l'aéroport et 3,6 km du centre-ville de Mérignac, cet hôtel du groupe Accor dispose de 86 chambres simples, mais confortables (dont certaines pouvant accueillir jusqu'à 5 personnes), et d'un sympathique restaurant avec terrasse, où vous pourrez prendre un petit déjeuner composé de produits frais et locaux. Rapport qualité-prix très raisonnable.

AU CŒUR DE BORDEAUX €€

28, rue de Boulan ✆ 06 89 65 84 21
www.aucoeurdebordeaux.fr

Chambre simple à partir de 98 €, chambre double à partir de 117 €, suite à partir de 162 €. Petit déjeuner inclus.

Au cœur de Bordeaux, situées dans le centre historique du quartier Pey-Berland, les chambres d'hôtes de Grabriella et de Gilles ne manquent pas de charme. Lovées dans un ancien hôtel du XIXe siècle, à la belle façade de pierres blanches, les 3 chambres et les 2 suites parentales, qui accueillent volontiers les familles, sont spacieuses et lumineuses. La décoration est raffinée, de style baroque et de meubles chinés chez les antiquaires. Cavistes agréés, les propriétaires proposent des dégustations de grands vins avec tapas régionales (foie gras, fromage...).

HOSTEL 20 €

20, rue Bonie
✆ 06 65 52 16 80
www.hostel20-bordeaux.com

A partir de 32 € la nuit par personne en dortoir. Chambre double à 65 €. Petit déjeuner : 3 €. Dîner familial à 5 €.

Cette auberge de jeunesse est nichée dans une jolie maison. La décoration contemporaine est colorée. Quelques tables ont été aménagées dans un petit patio pour prendre un verre ou le petit déjeuner. L'hébergement est composé de dortoirs de 3 à 8 lits fournis avec liseuse, oreiller, drap, couette, serviette et casier, des chambres doubles et triples, en revanche pas de toilettes ni de sanitaires privés. Hostel 20 propose tous les soirs un dîner familial et organise des soirées dégustation, des tournées des bars et des excursions.

LES CABANES DE LA ROMANINGUE €€

Chemin de Bon Ange - **POMPIGNAC**
✆ 05 35 54 62 95
http://cabanes.laromaningue.fr

A partir de 59 € la nuit pour 2 avec petits déjeuners. Panier-repas de 30 à 35 €/pers.

Au cœur du parc du Château La Romaningue, une ancienne commanderie des templiers devenue propriété viticole, 15 hébergements atypiques sont proposés : bulles, tentes suspendues, cabanes perchées dans les arbres avec possibilité de tyroliennes, roulotte et cabane barrique. La Bulle Spa Ambrée conjugue une bulle où dormir et un bain nordique installé sur sa terrasse en mélèze. Un petit déjeuner copieux est déposé discrètement le matin, pour un réveil en douceur.

CENTRAL HOSTEL €€

2, place Saint-Projet
✆ 05 57 59 97 28
www.centralhostel.fr
Ouvert 24h/24. Chambre double dès 125 €. Lit dans un dortoir (6 à 8 lits) à partir de 32 €. Menu à partir 4 €.

Situé en plein centre-ville, proche de la rue Sainte-Catherine, Le Central Hostel vous accueille avec sa belle terrasse ombragée. L'auberge offre un joli intérieur contemporain et des espaces confortables : lit sur mesure avec veilleuse, store individuel, prise USB, matelas de luxe... Côté restauration, le petit déjeuner est complet (boissons chaudes, jus de fruits frais, viennoiseries, pain chaud) et est ouvert à tous. Des assiettes à partager sont proposées également pour le soir, à déguster lors de leurs événements (blindtest, soirées foot, karaoké...).

LE CHALET LYRIQUE*** €€

169, cours du Général de Gaulle - **GRADIGNAN**
✆ 05 56 89 11 59
www.chalet-lyrique.fr
7/7J. Chambre double dès 96 €. Petit déj 9 €. Lundi-vendredi midi et soir, samedi soir. Menu 25-32 €. Formule midi 16 €.

À quelques minutes de Bordeaux, le Chalet Lyrique offre tous les atouts d'une maison de renom. Les chambres sont uniques dans leur décoration, possédant chacune leur style, un meuble spécifique, une touche de couleur... Côté confort, elles sont équipées de télévision à écran plat, porte-bagage, téléphone et salle de bains. L'hôtel dispose également d'un restaurant de cuisine traditionnelle et propose des spécialités du Sud-Ouest. Aux beaux jours, vous profiterez d'une agréable terrasse avec sa fontaine et ses oliviers centenaires.

LE CLOS DES QUEYRIES €€

38, rue André Degain
✆ 07 66 31 64 66
www.leclosdesqueyries.com
4 chambres. Suite à partir de 195 €. Petit déjeuner inclus. Parking inclus. Séminaires. Wifi gratuit.

Le Clos des Queyries est une maison d'hôtes de caractère située dans un parc arboré de 1 200 m², agrémenté d'un bassin d'ornement naturel. Le décor de cet ancien château du XVIIIe siècle est charmant, atypique et réalisé avec beaucoup de goût. Une salle de séminaire de 60 m² au décor design et bois ouvre sur un comptoir-bar. C'est aussi la salle utilisée pour le copieux et délicieux petit déjeuner qui peut être servi en chambre ou sur une belle terrasse de 100 m² : pain frais, confiture maison, jus d'orange pressé, mini viennoiseries...

HILTON GARDEN INN**** €€

17, allée de Rio ✆ 05 64 37 15 10
www.hiltonhotels.com
Chambre double à partir de 95 €, triple à partir de 125 € et suite à partir de 154 €. Petit déjeuner buffet : 18 €.

Installé dans l'ancienne Halle Debat-Ponsan, cet hôtel 4 étoiles très design, présente de nombreux avantages : il est à 5 minutes de la gare de Bordeaux Saint-Jean et des transports en commun. Les chambres contemporaines sont décorées avec goût et les suites disposent d'une superbe vue sur la ville. Babette concept store est à la fois un restaurant, un bar à vin, un corner de vêtements et une galerie d'art... Il est accessible directement de l'hôtel et tout au long de la journée, et propose différents services de restauration. À découvrir !

HÔTEL DE L'OPÉRA €€

35, rue Esprit des Lois
✆ 05 56 81 41 27
www.opera.hotel-bordeaux-centre.com
Accueil 24h/24. 28 chambres. Chambre simple à partir de 56 € ; chambre double à partir de 60 €. Petit déjeuner : 9 €

Coup de cœur pour ce charmant hôtel situé en plein cœur de la ville dans un bel immeuble en pierre de taille, caractéristique de tous les monuments de Bordeaux. Les chambres lumineuses sont simples, mais elles possèdent toutes un coin bureau et une salle de bain privative. Même si certaines ont une vue imprenable sur le Grand-Théâtre, demandez plutôt une chambre côté cour pour éviter les bruits de la ville malgré une bonne insonorisation. De là, vous pourrez profiter de la ville et de ses trésors culturels très facilement à pied.

HÔTEL DES 4 SŒURS*** €€

6, cours du 30 Juillet
✆ 05 57 81 19 20
Ouvert toute l'année. 34 chambres. Chambre simple à partir de 70 €. Pension complète : 138 €. Petit déjeuner : 9 €.

Comment faire plus central entre la place des Quinconces et les Allées de Tourny, à deux pas de l'Opéra et de la rue Sainte-Catherine ? L'Hôtel des 4 Sœurs offre un emplacement idéal pour visiter Bordeaux tout en alliant charme et élégance. C'est une véritable institution bordelaise datant de 1841. Les chambres, décorées avec goût, sont sobres et élégantes, confortables et lumineuses, insonorisées, équipées d'un coin bureau et de belles salles de bain. Certaines donnent sur la rue et ont une vue superbe sur la ville, d'autres sur la cour intérieure, au calme.

MERCURE CITÉ MONDIALE**** €€

18, parvis des Chartrons ✆ 05 56 01 79 79
www.mercure.com

Chambre simple à partir de 99 € ; chambre double à partir de 131 €. Petit déjeuner : 17 €. Parking : 19 €.

Très bien situé dans le quartier historique des Chartrons, l'hôtel Mercure Cité Mondiale est idéal pour séjourner en centre-ville. Les chambres et les suites sont spacieuses, confortables et bien équipées. Vous serez séduit par l'une des plus belles vues panoramiques de Bordeaux, offertes depuis le septième étage de l'hôtel. L'hôtel se transforme en un centre de congrès pour organiser vos réunions, séminaires et conventions, avec deux vastes salons de restauration panoramiques.

DOMAINE DE LARCHEY*** €€€

28, route de Larchey - **SAINT-MÉDARD-D'EYRANS**
✆ 05 56 72 19 59
www.domainedelarchey.com
Ouvert toute l'année. Accueil 7j/7 de 7h à 21h. Chambre à partir de 99 €. Petit déjeuner buffet à 15 €.

Aux portes de Bordeaux, le Domaine de Larchey, ancien airial du XVIe, est une superbe adresse où séjourner et se rafraîchir grâce à sa piscine extérieure. Les 15 chambres sont uniques, toutes décorées avec soin. Quelques aménagements mettent en valeur la bâtisse, notamment la charpente bois qu'il est possible d'apercevoir à travers un plafond vitré dans certaines salles de bain. Du côté du « 1930 », le restaurant du domaine où vous prendrez votre petit-déjeuner, l'équipe propose des produits frais, de saison et faits maison. Un établissement de charme à tester.

MAISON PAVLOV***** €€€

199, Av. de la Libération Charles de Gaulle
LE BOUSCAT ✆ 05 56 01 05 00
www.maisonpavlov.com
Chambre double : 180 € ; chambre deluxe : 220 €. Petit déjeuner : 25 €. Piscine, Spa, fitness. Excursions sur mesure.

Offrez-vous une expérience fabuleuse dans le cadre enchanteur de cette sublime chartreuse du XVIIe : 8 chambres spacieuses et lumineuses vous y attendent, toutes parfaitement équipées et décorées avec goût et originalité, comme en témoignent les superbes têtes de lit d'inspiration ethnique réalisées par la maîtresse de maison. Dans ce lieu hors du temps, véritable havre de paix avec son grand jardin aménagé, sa piscine, son Spa, et son restaurant gastronomique, l'équipe sera aux petits soins pour vous proposer un séjour personnalisé dont vous vous souviendrez....

LE SAINT-JAMES**** €€€

3, place Camille Hostein - **BOULIAC**
✆ 05 57 97 06 00
www.saintjames-bouliac.com
Relais & Châteaux. 15 chambres et 3 suites. Chambre double à partir de 175 € ; offres sur le site internet.

Au faîte de la colline de Bouliac, dominant Bordeaux et son fleuve, toutes les chambres du Relais & Châteaux Saint-James offrent une vue imprenable sur le parc, les vignes et la ville depuis son lit. Côté design, les tonalités apaisantes et l'ameublement épuré amènent simplicité, douceur et luxe, signature de l'architecte Jean Nouvel qui rénova l'hôtel en 1989. De grandes baies vitrées laissent la lumière envahir l'espace, ainsi se mêlent design et nature pour une parenthèse enchantée. À compléter par la découverte gustative de l'excellent restaurant Saint-James.

INTERCONTINENTAL BORDEAUX LE GRAND HÔTEL***** €€€

2-5, place de la Comédie ✆ 05 57 30 44 44
https://bordeaux.intercontinental.com/
Chambre double à partir de 225 €, suite à partir de 324 €. Petit déjeuner : 38 €. Parking : 39 € par jour.

Le palace de Bordeaux ! Dans une ambiance XVIIIe siècle, Jacques Garcia a décliné une élégante décoration pour ces 130 chambres et suites, des moquettes aux tissus en passant par les marbres des salles de bains. Dans un cadre privilégié, lors des belles et douces soirées, la terrasse panoramique de 130 m² au septième étage permet aux touristes et aux Bordelais de déguster un verre en profitant d'une vue imprenable à 360° sur les toits de la ville. Magique.

YNDO HOTEL***** €€€

108, rue Abbé de l'Épée
✆ 05 56 23 88 88
www.yndohotelbordeaux.fr
Chambre simple à partir de 225 €, double à partir de 360 €, suite à partir de 550 €. Petit déjeuner continental : 20 €.

Cet établissement est niché dans un hôtel particulier du XIXe siècle. Le nom, inventé par la propriétaire des lieux, intrigue. Cet hôtel est à la fois contemporain, intimiste et chic. Les chambres et suites sont décorées avec un grand soin ; les pièces communes ont conservé les superbes moulures et les grandes portes anciennes qui se marient avec le mobilier design. Pleine de charme, la cour intérieure est un havre de paix. Le petit déjeuner, continental ou gourmand, et les repas sont composés d'une sélection de produits régionaux et de saison du marché.

SE RÉGALER

Bordeaux et la gastronomie, c'est une histoire d'amour ! Dans toute la ville, des restaurateurs, fiers de leur terroir entre terre et mer, proposent de savoureux plats du Sud-Ouest et subliment les spécialités culinaires avec passion. La plus emblématique de ces spécialités est sans aucun doute le cannelé, un délicieux gâteau au cœur moelleux très parfumé et à la croûte croustillante et caramélisée. Et il y a bien d'autres mets incontournables à découvrir : la lamproie à la bordelaise, le grenier médocain, l'entrecôte de bœuf de Bazas à savourer avec un bon verre de bordeaux, ou encore les fameuses huîtres du bassin d'Arcachon. Avant le repas, goûtez au Lillet, l'apéritif local ! Le centre historique et les autres quartiers fourmillent de bonnes adresses pour découvrir ce fameux patrimoine culinaire, ou au contraire, pour s'envoler vers des cuisines du monde entier. C'est là toute la richesse de Bordeaux !

Vin et gastronomie bordelaise.

L'ABEILLE GOURMANDE €

30, place de la ferme Richemont
✆ 06 15 71 37 64

Ouvert du lundi au vendredi de 9h30 à 17h. Plat à 9,50 €, dessert à 3,50 €.

L'Abeille Gourmande c'est une cuisine bio, zéro déchet et entièrement végétarienne. Le chef s'entoure de fournisseurs qui jouent le jeu, parmi lesquels par exemple Louis Lamour pour la boulangerie, Maison Meneau pour les jus ou encore Vents et Marées pour les produits de la mer. Seuls les produits laitiers font exception à la règle. Et ne tordez pas le nez quand on vous dit cuisine végétarienne car ici les plats et les desserts, tous délicieux, sont dignes d'une table semi-gastronomique. En plus, les prix sont plus que doux. La terrasse est appréciée.

L'AÉRO €

12, cours du Chapeau-Rouge
✆ 05 56 44 80 90

Ouvert du lundi au vendredi de 8h à 18h. Plat du jour : 10 €. Vin au verre. Dessert du jour à 5 €.

L'Aéro a des allures de petite brasserie parisienne avec ses banquettes rouges et son ambiance conviviale. À l'intérieur ou sur la terrasse sur le cours du Chapeau Rouge, on se régale. La carte et les prix attractifs font de ce lieu un repaire pour les habitués du quartier. Ici, on déguste des plats à la plancha : bavette d'aloyau, magret de canard, pavé de saumon ; des tartares de bœuf traditionnel ou à l'italienne et de belles salades complètes. L'Aéro propose également un plat du jour, selon les envies du chef, et un dessert à l'ardoise.

ALEGRIA €

12, place Pey Berland
✆ 05 57 34 88 24
www.alegriabordeaux.com

Ouvert mercredi au samedi le midi et le soir et le dimanche midi. Carte : 28 € environ.

Ici, tout se partage ! Le menu du midi est traditionnel, mais à la carte, ce sont des assiettes à partager, aussi bien salées que sucrées. Le *fuet* catalan au pata negra côtoie ainsi la burrata crémeuse, un délicieux chien chaud ou un mezze à tartiner. L'idée ? Se faire plaisir avec des plats simples, frais et rythmés par les produits de saison. En dessert, difficile de choisir entre le brie truffé Maison Balme ou les Dunes Blanches et sauce au chocolat. Le dimanche, brunch d'hiver... L'accueil, le service, la terrasse avec vue... On adore !

L'ANNEXE DU CAFÉ JAPONAIS €€

13, rue Saint-Siméon ✆ 05 56 48 68 48
www.cafe-japonais.com

Ouvert tous les jours de 12h à 23h. Menu enfant : 12,50 €. Formule du midi : 13,60 €. À emporter : réduction de 15%.

Installée en face de son grand frère le Café Japonais, l'Annexe a su tout autant séduire la clientèle grâce à sa cuisine savoureuse. Sont ici mis à l'honneur les plats chauds en bento et donburis, les soupes de nouilles et les incontournables sushis-makis-sashimis, à déguster toute la journée ! Options véganes proposées. On apprécie aussi le côté salon de thé, pour savourer dans l'après-midi thé vert et délicieuses pâtisseries. Lieu agréable avec vue sur la place Camille Jullian.

L'AUBERGE ESPAGNOLE €€

7, rue de la tour de Gassies
✆ 05 47 79 25 37
http://auberge-espagnole-bdx.fr

Ouvert du lundi au samedi de 19h à 23h30. Carte : 28 € environ.

Vous aimez les tapas et l'ambiance ibérique ? À deux pas de la place Saint-Pierre se trouve ce bar à vin et tapas. Ici, vous l'aurez compris, on savoure des tapas, faites maison, à choisir parmi une jolie liste qui sent bon le Sud. À la carte, vous trouverez des tortillas de patatas, du pan con tomate, des croquetas et un plat signature : les mini-burgers pulled pork. Pour accompagner les tapas, une cinquantaine de références en vin. Tous les produits dans l'assiette sont issus de fournisseurs locaux : charcuteries ibériques et fromages fermiers.

LE BISTRO DU MUSÉE €€

37, place Pey-Berland ✆ 05 56 52 99 69
www.lebistrodumusee.com

Ouvert du lundi au jeudi de 12h à 22h ; le vendredi de 8h à 22h30 ; le samedi de 12h à 14h30 et de 19h à 22h30.

Cette brasserie *so chic* habillée de pierres apparentes est située face à la cathédrale en plein cœur de Bordeaux. Aux beaux jours, vous apprécierez vous installer en terrasse dont la vue donne sur la place Pey Berland. A chaque saison, la carte change et vous offre à découvrir des plats qui sentent bon la cuisine du marché : œuf mollet et crème de cèpes, ris de veau braisé aux petits oignons, pavé de maigre rôti et sa purée de panais. Finissez le repas par une gourmandise : crème brûlée à la vanille Bourbon ou fondant au chocolat et son cœur caramel beurre salé.

BISTROT NIEL €

7, avenue Abadie

✆ 05 56 67 52 30

Ouvert le lundi de 7h à 21h et du mardi au vendredi de 7h à 0h ; le samedi de 15h à 0h. Formule du midi : 17 €.

L'intérieur est plein charme avec pierres apparentes et bistrot d'époque. Très spacieuses, les salles du fond sont idéales pour organiser des repas de groupe. Le midi, la cuisine est simple et généreuse, faisant la part belle aux produits locaux et de saison : salade de gésiers, burger végétarien, tartare de bœuf, tiramisu… Le soir, changement d'ambiance : le bistrot se transforme en bar à tapas dans une ambiance chaleureuse. Sur l'agréable terrasse face à l'église Sainte-Marie-de-la-Bastide, sirotez un verre de vin avec quelques amuse-bouches.

BISTROT VANZETTI €€

6, rue des Lauriers

✆ 05 56 44 42 84

Ouvert du mardi au samedi midi et/ou soir. Carte : 25 € environ.

Chez Vanzetti, l'Italie est partout : dans la décoration, en musique, et dans l'assiette bien sûr ! Ici, la cuisine est familiale : simple et généreuse ! Et faite maison avec des produits locaux de qualité. À la carte, vous trouverez de délicieuses pizzas, ainsi que de nombreuses spécialités : la fameuse burrata, les pâtes carbonara traditionnelles et en dessert, l'incontournable tiramisu. Vous pourrez accompagner votre repas de bons vins de Bordeaux, d'Italie ou du monde, ou de boissons rafraîchissantes comme les jus de fruits bio de la maison Meneau.

BÔ-TANNIQUE €€

2, rue Tustal ✆ 05 56 81 34 92

www.bo-tannique.com

Ouvert du mardi au samedi de 10h à 22h30. Carte : 52 € environ. Formule du midi : 21 € et 24 €.

Quel bel espace proposé par les trois compères de Bô-Tannique ! Dans une salle à manger spacieuse, les tables dressées sont bien espacées les unes des autres. Quitte à savourer un bon repas, autant le faire en toute intimité… La carte est inventive avec des soupçons d'exotisme, à l'image de l'épaule d'agneau confite aux épices orientales et coco de Paimpol. Passés par les meilleures tables, Florent, Romain et Guillaume proposent une cuisine raffinée, gourmande et accessible, ainsi qu'une sélection de vins, issus de la culture biodynamique. Une adresse à tester !

LA BOCA FOODCOURT €€

Quai de Paludate,

✆ 07 87 27 10 82

www.labocafoodcourt.eu

Ouvert le lundi et le mardi de 11h30 à 14h30 ; du mercredi au dimanche de 11h30 à 14h30 et de 18h30 à 22h30. Terrasse.

Premier foodcourt de France, la Boca Foodcourt est un lieu animé et vivant où l'on se retrouve entre amis ou en famille pour manger ou boire un verre. Fruits de mer, mets asiatiques, tapas, pizzas napolitaines, spécialités corses, délices sucrés... Avec une dizaine de corners, il y a de quoi faire ! Une petite soif ? Dirigez-vous vers le bar pour commander un cocktail ou un verre de vin, ou directement vers le mur à bières où 8 tireuses vous attendent. Réglez en un seul geste en utilisant votre smartphone ou une carte Cashless disponible aux caisses de la Boca.

BODEGA BODEGA €€

4, rue des Piliers-de-Tutelle

✆ 05 56 01 24 24

www.bodega-bodega.fr

Ouvert du lundi au samedi de 9h à 15h et de 17h à 2h. Menu enfant : 11 €. Formule du midi : 13,50 €. Vin au verre.

Chipirons farcis à la basquaise, salade pipirrana (avec olives vertes, poivrons et thon), moules à la crème de chorizo, pulpe à l'escabèche, risotto de gamba, churros au nutella... Chez Bodega Bodega, toute l'Espagne est dans votre assiette ! Dans cette bodega bordelaise, les *tapas*, le jambon ibérique et les verres de *mojito* et de *sangria* sont à l'honneur. Le tout sur une musique dansante et une ambiance estivale. Le lieu attire autant les clients qui veulent leur café du matin que ceux qui viennent prendre un verre entre amis.

BODEGON €€

14, place de la Victoire

✆ 05 56 94 74 02

www.bodegon.fr

Du lundi au dimanche de 7h à 2h. Carte : 45 € environ. Brunch de 15 à 22 €. Retransmissions sportives.

Le Bodegon est le lieu idéal des gourmets, curieux, et sportifs. Ouvert tôt le matin jusque tard le soir, on peut y prendre son petit déjeuner et bruncher, déjeuner pour pas cher, assister à des retransmissions de matchs, boire un verre en terrasse en partageant planches et tapas, et profiter tranquillement de la soirée. Ce bar emblématique de la place de la Victoire, bien connu des étudiants, a radicalement changé de look et d'ambiance et pourtant, à l'intérieur comme en terrasse, ça ne désemplit pas. Un lieu de rendez-vous incontournable !

BRASSERIE P'TIT QUÉBEC CAFÉ €

93, rue Eugène Jacquet
✆ 05 56 96 90 57
www.quebecafe.com

Ouvert 7 jrs/7. Service continu de 11h30 à 22h/22h30. Happy hour (17h-20h). Brunch le dimanche. À emporter. Terrasse.

Dans le quartier Saint-Augustin, le P'tit Québec Café est la brasserie québécoise de référence. Le propriétaire a ce petit accent reconnaissable entre tous. À toute heure de la journée, craquez pour la fameuse poutine (frites avec du fromage en grains et la sauce qui va bien) et l'un des alléchants burgers. On mange aussi des club-sandwichs, des bagels, des salades et même du bison. Et sucrez-vous l'bec avec une tarte sirop d'érable-noix de pécan ou un brownie bien chocolaté.

LE CAFÉ DU PORT €€

1, quai Deschamps
✆ 05 56 77 81 18
www.lecafeduport.com

Ouvert tous les jours de 12h à 14h30 et de 19h30 à 22h30. Formule du midi : 15,50 € à 19,50 €. Voiturier gratuit.

Situé sur les berges de la Garonne, la vue panoramique sur le pont de Pierre, les quais et la flèche de Saint-Michel est tout simplement époustouflante. À l'intérieur, on se croirait dans une immense cabane de pêcheurs, agrémentée de magnifiques luminaires qui apportent une belle clarté aux lieux. La carte change tous les trois mois et la cuisine est un mélange de spécialités provençales, du Sud-Ouest et de Charente. Au gré des saisons, goûtez au filet de bar portion en portefeuille, au filet mignon de veau ou encore à la déclinaison autour de l'abricot.

CAFÉ DES GOURMETS €€

7, rue Fernand-Philippart
✆ 05 56 81 96 50
www.bordeaux-restaurant-gourmets.fr

Du mardi au samedi le midi et le soir. Carte : 38 € environ. Accueil des groupes sur réservation.

L'établissement propose une cuisine traditionnelle du Sud-Ouest faite maison préparée avec des produits frais. Les saveurs de la région sont à la carte : marbré de foie gras au magret fumé et son chutney de mangue au piment d'Espelette, tournedos de canard et foie gras frais poêlé, glace aux pruneaux arrosé d'armagnac… Fraîcheur et goût sont au rendez-vous ! La carte des vins est bien fournie et variée. Chaque mois, le restaurant propose une nouvelle suggestion pour découvrir de nouveaux vignerons, parfois même de grands châteaux à prix attractif !

CARNAVAL CAFÉ & BOULANGE €€

14, rue Duffour-Dubergier
✆ 09 67 59 24 74
https://www.carnavalcafe-bordeaux.fr

Ouvert tous les jours. Du lundi au samedi : 7h-2h ; dimanche : 8h-2h. Happy Hour : 17h-19h. Terrasse.

A quelques pas de l'Hôtel de Ville, découvrez ce joyeux café un brin décalé, ou règnent bienveillance et convivialité. L'équipe, toujours très sympathique, vous servira à toute heure de la journée : petits déjeuners à la française en matinée, bons plats de brasserie au super rapport qualité-prix le midi, boissons et petites choses à grignoter l'après-midi... Et quand arrive l'heure de l'apéro, on se jette sur la belle carte des cocktails, bières, vins, planches et tapas à partager autour d'une partie de baby-foot ou sur la terrasse ensoleillée l'été.

LE CAFÉ DU LEVANT €€

24-25, rue Charles Domercq
✆ 05 57 80 26 22
http://cafedulevant.fr/

Ouvert tous les jours le midi et le soir. Petit déjeuner et salon de thé dès 8h. Menus de 18,90 € à 29,90 €. Terrasse.

Réputé pour sa célèbre façade, Le Café du Levant est une véritable institution bordelaise. Dans un décor typique des plus grandes brasseries, vous goûterez à une cuisine généreuse et savoureuse. Il y a en plus à la carte les spécialités de brasserie : œufs mayonnaise, hareng pommes de terre à l'huile, croque-monsieur, tartare de bœuf, salade César, filet de saumon beurre blanc... La carte de vins est composée de très belles références du Sud-Ouest. Aux beaux jours, n'hésitez pas à investir la grande terrasse dès le petit déjeuner !

CENT33 €€

133, rue du Jardin Public
✆ 05 56 15 90 40
www.cent33.com

Ouvert tous les jours le midi et le soir. Réservation recommandée. Menu à partir de 80 €.

Le réputé chef grenoblois Fabien Beaufour a pris ses marques dans cet espace lumineux, contemporain et aéré. Son concept : partage et convivialité. Pour le *Menu Dégustation* en 6 services, les plats sont posés au centre de la table en portions « dégustation ». La carte, qui suit le rythme des saisons, est courte, inventive et pleine de saveurs. La pièce originale de cette cuisine ? La robotayaki ou Robota, un foyer de feu de bois utilisé au Japon pour cuire, mais aussi pour chauffer les pêcheurs sur leur bateau. Le chef y cuit les poissons à la perfection...

© JESSICA CALVO

© BAUD ET MILLET

© BAUD ET MILLET

BAUD ET MILLET - LA CAVERNE AUX 100 FROMAGES €€

19, rue Huguerie ✆ 05 56 79 05 77
www.baudetmillet.com

Ouvert du lundi au samedi de 10h à 23h. Carte : 42 € environ. Découverte de la caverne au 100 fromages : 35 €.

Dans ce petit restaurant à la déco façon ancien bistrot de village ou ferme de montagne, on déguste du fromage, on teste des vins et on savoure de bons plats dans une ambiance chaleureuse. Dans une cave, joliment mise en scène, se trouve une collection impressionnante d'une centaine de fromages de toute la France et de certains pays d'Europe. La carte propose aussi des tapas et de nombreux plats, tous à base de fromages. Et pour boire un verre, plus de 300 bouteilles de vin...

© JESSICA CALVO

© JESSICA CALVO

CHAI LES COPAINS €€

1, quai de Bacalan
✆ 05 56 04 55 27
Ouvert du lundi au vendredi le midi et le soir. Formule du midi : 12,90 € (à 16,90 €). Plat du jour à 9,50 €.

Victor suit les traces de son père, Bertrand Machenaud, bien connu dans le monde de la gastronomie bordelaise. Ici, les maîtres-mots sont cuisine maison, produits frais, et surtout convivialité. À la carte, de bons plats bistrot bien réalisés, classiques mais toujours efficaces : grande salade César, tartare de bœuf au couteau, poulpe grillé… Le burger des Copains mérite une mention spéciale. En dessert, on craque sur la brioche perdue, moelleuse et savoureuse. Le service assuré est rapide et souriant, que ce soit à l'intérieur ou sur la terrasse ensoleillée.

CHIOCCHIO €€

20, place du Palais
✆ 05 57 99 21 12
Ouvert tous les jours de 12h à 15h et de 19h à 23h30. Prix moyen à la carte : 35 €. Plat du jour : 13,50 €.

Décoré avec goût et disposant d'une belle et agréable terrasse avec vue sur la porte Cailhau, le Chiocchio séduit aussi dans l'assiette grâce à une cuisine italienne ultra généreuse et gourmande. Le menu change régulièrement et le chef propose un plat différent chaque jour. Si les pâtes sont la spécialité de la maison, la carte propose également des recettes aux accents du Sud. En dessert, ne passez surtout pas à côté du délicieux tiramisu à la cuillère ! Et pour accompagner tout ça, une très belle sélection de vins d'Italie…

COMPTOIR CUISINE €€

2, place de la Comédie
✆ 05 56 56 22 33
www.comptoircuisine.com
Tous les jours le midi et le soir. Carte : 50 € environ. Formule du midi : 20,40 €. Menu du soir : 42 €.

Au Comptoir Cuisine, installé en face du Grand Théâtre, Laurent Mougenot et sa brigade préparent sous vos yeux les plats d'une carte bistrot de qualité qui varie au fil des saisons non sans une petite touche d'exotisme. À découvrir à table ou au comptoir ! L'une des spécificités est de proposer le midi en semaine une formule maligne et rapide : le 3-en-1, un plateau composé d'une entrée, d'un plat et d'un dessert servis en une seule fois. La décoration est chic, décontractée et la terrasse avec vue est toujours prise d'assaut.

LE COMPTOIR D'ETIENNE €€

21, rue Maucoudinat
✆ 09 81 62 63 63
Lundi-vendredi 11h30-14h30 et 19h30-23h30. Carte 40 € environ. Formule midi 25 €, plat du jour 19,50 €, accueil groupes.

C'est dans un bâtiment sublime que vous accueille l'équipe du Comptoir d'Étienne. L'espace immense et tout en pierres a été aménagé avec goût. Les peintures contemporaines et les bouteilles de vin exposées au mur contrastent avec les arches et les poutres d'antan. Au fond, la cuisine ouverte, à côté de l'étal présentant les viandes et les poissons du jour, apporte de la modernité à ce lieu unique. Dans l'assiette, des produits d'exception sont sublimés par des recettes gourmandes et copieuses. Allez-y les yeux fermés : c'est un établissement d'exception !

CONTRAST €

16, cours du Chapeau Rouge
www.contrast-brunch.com
Ouvert le lundi, jeudi et vendredi de 9h30 à 22h30 et le week-end de 10h30 à 22h30. Sans réservation. Brunch à 22 €.

Un brunch gourmand et sain tous les jours ? C'est la proposition de Contrast, fraîchement installé près de la place de la Bourse. La formule brunch est composée d'un jus frais, d'une boisson chaude, de toasts aux choix, de pancakes et d'un *smoothie bowl* ou granola de fromage blanc au choix. Il se décline également pour les végans ou les *gluten free*. Les différents toasts salés (à l'avocat, au chèvre miel et au houmous betterave) sont savoureux et copieux et les jus frais valent le détour. Contrast est un cocon très chaleureux !

LA CRÊPE D'ANGÈLE €

20, rue Georges Bonnac
✆ 05 56 51 02 33
www.creperiedangele.fr
Ouvert tous les jours de 11h30 à 23h. Galettes de sarrasin à partir de 7,50 €. Carte : 15 € environ.

Installée en face de l'UGC Ciné Cité, rue Georges Bonnac, cette petite crêperie est un lieu sympathique. Ici, le service est d'une grande rapidité et la qualité correcte. Le chef propose de nombreuses recettes de galettes de sarrasin des plus classiques (complète, forestière, montagnarde, quatre fromages, landaise) aux plus élaborées (comme la galette Triskel flambée à base d'andouille). L'avantage du lieu est son service non-stop qui permet de savourer une galette salée ou une crêpe sucrée à n'importe quelle heure de la journée, pourquoi pas en sortant du cinéma.

© CABANE CENT UN

© CABANE CENT UN

© CABANE CENT UN

LA CABANE CENT UN €€

7, rue Rode

✆ 06 50 78 62 82

Ouvert du lundi au vendredi à partir de 17h, le samedi et le dimanche à partir de 11h. Huîtres à partir de 10 € les 6.

Une cabane à huîtres en plein Bordeaux, voilà une excellente idée. La Cabane, tout en longueur, est décorée façon bistrot de bord de mer et la terrasse est bien agréable. On y fait des after sous le soleil dans une ambiance décontractée et bon enfant. L'iode est dans les assiettes avec les huîtres de chez Agathe, des crevettes, des bulots, avec de la mayonnaise faite maison, des poissons bien frais. On partage également des planches et en dessert on ne résiste pas aux Bulles Blanches... Grâce à cette Cabane, un petit air du Cap Ferret souffle aux Chartrons.

© CABANE CENT UN

© CABANE CENT UN

CROMAGNON €€

48, rue du Palais Gallien ✆ 05 56 81 17 52

www.lecromagnon.fr

Ouvert du mardi et jeudi le soir, vendredi et samedi le midi et le soir. Menu Dégustation : 75 €. Business Lunch : 35 €.

On se sent tout de suite à son aise dans ce restaurant à la décoration chaleureuse et lumineuse. Et quand les assiettes arrivent, on est aux anges ! Le menu Dégustation propose un service en 8 temps : amuse-bouches, entrées, plats, dessert. Tout est superbement présenté, parsemé de fleurs et cette délicatesse se retrouve dans le service, disponible et attentionné. Enorme coup de cœur pour les coquillages, shiitakés et citron osbeck, ainsi que pour la meringue vapeur, marmelade de citron rose et glace sarrasin. La cheffe Oxana Cretu a décidément du talent !

DELI BRETZEL €

9, rue des Augustins

✆ 05 57 96 74 27

https://delibretzel.com

Ouvert du mardi au samedi, sur place ou à emporter. Spécialités alsaciennes. Formule brunch tous les jours.

Un peu d'Alsace à Bordeaux : ouvert par un jeune couple originaire de là-bas, ce coffee shop propose des bretzels salés et sucrés toute la journée. Sur place ou à emporter, pour le déjeuner ou le goûter, on se régale de leur fameuse spécialité ou d'autres délicieux snacks revisités à la sauce alsacienne. Evidemment, tout est frais et fait-maison, avec des options véganes. Et comme l'accueil est aussi chaleureux que les bretzels sont moelleux, on y revient même sans faim ! A tester sans hésiter, la formule brunch servie tous les jours.

DIS LEUR €€

45, rue du Loup

✆ 05 57 14 96 91

www.bistrot-disleur.fr

Ouvert du lundi au samedi de 12h à 14h et du jeudi au samedi de 19h30 à 21h30. Formule du midi 19 €.

Mettre en avant une délicieuse cuisine 100 % végétale, c'est le pari réussi de ce joli bistrot végétalien. Le chef Nicolas, passé par Comptoir Cuisine, propose des plats originaux et savoureux, sans aucun produit d'origine animale. Tout est frais, de saison, majoritairement local et bio. Le midi, à la carte, vous aurez le choix entre deux entrées, deux plats et trois desserts (dont une assiette de fromages végétaux). Le soir, l'ambiance devient festive avec des tapas à partager, ainsi qu'une sélection de bières artisanales et locales.

LA DUCHESSE €

273, cours de l'Argonne ✆ 09 73 88 06 69

http://laduchesse-bordeaux.fr

Ouvert du lundi au vendredi de 11h à 18h30. Sandwichs et salades à partir de 12 € (formule boisson + dessert : + 4 €).

Petit restaurant de quartier qui propose des sandwichs gourmets réalisés à base de produits frais en circuit court. Dans un pain ciabatta artisanal, choisissez entre le bœuf (aubergines grillées et scamorza), le saumon (en gravlax, cream cheese et betteraves chiogga) le porc confit aux épices (sur sa mousseline de patate douce) ou le veggie (légumes marinés et pesto de noisettes). A la carte également, des salades et plats chauds tout aussi appétissants, ainsi qu'une offre salon de thé avec crêpes et gourmandises l'après-midi. Tout bon et tout fait maison !

EDOUARD €€

16, place du Parlement

✆ 05 56 81 48 87

www.edouard-bordeaux.com

Ouvert tous les jours de 7h à 2h. Carte : 40 € environ.

Edouard épate par son cadre : pierres apparentes avec casiers de vin au mur, parquet massif, immense comptoir et belle table centrale pouvant accueillir jusqu'à 10 personnes. Difficile de passer à côté de ce joli bistrot qui jouit d'une grande terrasse face à la fontaine de la place du Parlement. La carte respecte l'esprit traditionnel du lieu proposant des plats du Sud-Ouest, des planches apéritives et un large choix de boissons, le tout à des prix abordables mais la qualité n'est pas toujours au rendez-vous et en plus le service peut être parfois long.

LA FABRIQUE BY OLIVER €

70, rue Fondaudège

✆ 07 86 87 90 35

https://www.by-oliver.fr/fabrique/

Ouvert tous les jours le midi, et le dimanche midi et soir. Galette à partir de 8,60 €.

A La Fabrique, Oliver et Arnaud réalisent devant nous leurs sandwiches signature, « les ferré », à déguster sur place au comptoir ou à emporter : un pain à la pâte fine et croustillante, qui se roule facilement, généreusement garni de produits frais, locaux et souvent végétariens. La Duchesse est royale avec sa duxelles de champignons et truffes, ses noisettes grillées et poires fraîches, et sa gremolata, et le hot dog se revisite de façon originale. À la carte également, soupes et salades du jour, délicieuses pâtisseries et desserts bien gourmands.

LE GABRIEL GASTRONOMIQUE & BISTROT €€€

10, place de la Bourse ✆ 05 56 30 00 80
www.bordeaux-gabriel.fr

Ouvert tous les jours midi et soir. Réservation recommandée. Formule midi du Bistrot : 29 € ; de confiance : 55 €.

Adresse emblématique sur la place de la Bourse, le Gabriel offre un panorama exceptionnel sur la ville. Dans ce luxueux écrin du XVIIIe siècle, trois espaces vous accueillent : un bar à cocktails avec terrasse ouverte, un restaurant gastronomique à la carte inventive et raffinée nommé L'Observatoire, et le Bistrot du Gabriel où la cuisine régionale est à l'honneur. Au menu, palet de butternut rôti, mulet du bassin, canard fumé... Gardez un peu de place pour le chariot de desserts !

GANACHE €€

41-43, rue Saint-Rémi ✆ 05 57 83 99 02
https://www.ganache-bordeaux.fr

Ouvert tous les jours, le midi et le soir. Formules midi. Tapas : 12 €. Cocktails : 12 €. Boutique : de 11h à 2h.

Dès son ouverture, ce lieu hybride a fait parler de lui : pensez donc, un restaurant doublé d'une chocolaterie ! Concept novateur et gourmand, l'établissement mise dès la porte franchie sur un incroyable décor : verrières, couleurs et fleurs partout, graff du street artist A-Mo, grandes cages végétalisées suspendues... Somptueux ! Le menu suit, avec ses assiettes de tapas et de plats bistronomiques plutôt copieux et délicieux, et la carte des cocktails laisse rêveur. Les desserts aussi raffinés visuellement que gustativement signent le clou de ce beau spectacle...

HORTUS €€

114, cours de Verdun
www.hortus-restaurant.fr

Ouvert le lundi midi et du mardi au samedi le midi et le soir. Carte : 50 € environ. Formule du midi : 21 €.

Près du Jardin public et du quartier des Chartrons, Hortus revisite les classiques de la cuisine française avec parfois quelques notes exotiques. Le chef, Nicolas Nadau, réalise toutes ses recettes avec des produits frais, locaux et bio. Parmi la carte des plats, renouvelée tous les trois mois pour suivre les saisons, l'une des spécialités est la délicieuse pastilla de civet. Dans ce bistrot tendance, la salle, décorée de plantes (Hortus qui signifie jardin en latin), est aérée mais un peu bruyante quand il y a beaucoup de monde.

HANZŌ €€

33, rue du Cancera
✆ 09 88 43 59 24

Ouvert du mercredi au dimanche de 18h30 à 0h. Cocktails : 12 €.

© HANZO

Cuisine excellente et cocktails incroyables, c'est la recette gagnante de ce nouveau restaurant ouvert durant le confinement et qui mérite clairement d'être mis en avant. Derrière le comptoir, Quentin fait chauffer les casseroles pour concocter de jolis plats aux saveurs et au dressage délicats. A ses côtés, Wes (gagnant des Trophées du Bar 2019, tout de même !) fait danser ses shakers pour réaliser ses créations originales et élaborées. Le tout est servi par la souriante Audrey, et vous n'avez plus qu'à savourer et profiter de la belle ambiance qui règne ici...

I FRATELLI €

280, boulevard Alfred Daney
✆ 05 56 04 00 04

Ouvert tous les jours le midi et le soir. Carte : 20 € environ. Menu enfant : 11,90 € (accès au parc et repas compris).

Pendant que les parents sont attablés pour se restaurer les enfants profitent de l'aire de jeux Kidooland sous la surveillance d'un animateur. Et s'ils ont 4 ans et plus, ils peuvent même avoir leur propre table et se faire servir comme les grands. La cuisine, totalement italienne, est composée de tous les grands classiques. En plus de l'aire de jeux des terrains de foot en salle, des ateliers créatifs et des formules anniversaires. Derrière ce concept Franck Jurietti et Jérôme Lepère, qui se sont surnommés I Fratelli (les deux frères).

L' EMPIRE BORDEAUX €€

14, rue de la Devise
✆ 05 56 48 80 00
https://empirebordeaux.fr

Ouvert du mercredi au dimanche de 19h à 2h. Réservation recommandée. Vin au verre. Accueil des groupes (menu à 35 €).

En plein cœur de Bordeaux, L'Empire est installé dans un lieu d'exception niché dans les anciennes écuries napoléoniennes de la ville. Dès l'entrée, on est époustouflés par le magnifique bar en mosaïque, sur lequel on déguste une des nombreuses créations de cocktails. Côté restauration, il est possible de composer soi-même sa planche en choisissant à la carte de délicieuses bouchées. Options végétariennes proposées. Dans ce bel espace, l'ambiance est festive et le lieu est propice à la danse ! L'Empire est d'ailleurs privatisable pour tous vos événements.

L'ENTRECÔTE €

4, cours du 30-Juillet
✆ 05 56 81 76 10
www.entrecote.fr

Ouvert tous les jours et les jours fériés le midi et le soir. Sans réservation. Formule : 20 €.

Paul Gineste de Saurs a lancé ce restaurant en 1959 à Paris avant de s'installer à Bordeaux. La formule est simple : une salade de noix en entrée puis une tranche de contre-filet de 170 grammes finement coupée avec ses pommes allumettes maison et sa célèbre sauce. À l'intérieur, retrouvez le décor mural écossais et noir et le jaune citron qui égaye les nappes, les menus et les tenues des serveuses. S'il vous reste encore un peu d'appétit, goûtez aux desserts... Mais armez-vous de patience, car il y a toujours du monde qui attend bien avant l'ouverture.

L'HÉDONIQUE €€

12, Rue Sicard
✆ 05 54 51 13 46

Ouvert du mardi au samedi le midi et le soir (jusqu'à 1h). Formule du midi : 22 €. Carte : 30 € environ.

Installé aux Chartrons, L'Hédonique est à la fois un restaurant et un bar à cocktails intimiste et convivial, agrémenté d'une terrasse abritée idéale pour boire un verre. A la carte, des tapas gourmandes à partager et des plats raffinés, issus de diverses inspirations glanées aux quatre coins de la planète. On y retrouve notamment les produits truffés de la fameuse Maison Balme. Le bar propose une belle sélection de cocktails. Le soir l'ambiance se fait musicale et festive : les clients apprécient les DJ sets et s'adonnent volontiers à quelques pas de danse...

LA MAISON DE MARGOT €€

27, rue Arnaud Miqueu
✆ 06 14 29 75 06
www.lamaisondemargot.fr

Ouvert du mercredi au samedi le midi et le soir. Carte : 35 € environ. Formule du midi : 18 € et 21 €. Boutique.

Quel sublime endroit chez Margot ! Dans l'ancien Couvent de la Merci se tient ce bar à vin, salon de thé et restaurant. Décorées avec goût, les deux salles sont élégantes et confortables. Pour le déjeuner, Margot mitonne de délicieux plats de saison. Le soir, les planches de charcuterie et fromages affinés viennent remplacer les douceurs du goûter. Margot a sélectionné avec soin des vins bio que l'on peut déguster sur place ou prendre à emporter. Avant de partir, jetez un œil au petit coin épicerie. Ici, vous trouverez la crème de la gastronomie !

MELOBOWLS €

67, rue des Remparts
✆ 09 81 01 30 65

Ouvert du lundi au vendredi midi et soir ; samedi toute la journée ; dimanche soir. Sur place ou à emporter.

Le poké bowl, tendance culinaire venue d'Hawaï, a tout pour plaire. Un plat diététique et équilibré composé de légumes frais sur une base de riz, on dit oui ! Le concept a en tout cas séduit Lauriane et Mélissa qui ont ouvert leur petit restaurant dans la rue des Remparts. On s'y installe volontiers pour déguster l'un de ces bowls préparés selon son envie : on choisit sa protéine, son fruit, sa sauce et ses toppings. L'enseigne a ouvert deux autres adresses, l'une rue Notre-Dame aux Chartrons (avec brunch le dimanche) et l'autre à Talence centre.

LE MIRABELLE BRASSERIE €

31, rue Camille Godard Bordeaux
✆ 05 57 82 62 36
www.lemirabellebrasserie.fr

Ouvert 7/7jours. 7/7 de 11h à 2h. Plat du jour 12 € Carte : 35 € environ.

Le Mirabelle est une vraie brasserie moderne. Ici, les produits sont frais et les recettes simples, mais travaillées. La cuisine se veut traditionnelle, mais résolument punchy : une brasserie typique, oui, mais typique d'aujourd'hui. De l'entrée au dessert, tous les plats, copieux, donnent envie d'être dégustés. Au Mirabelle, les assiettes sont colorées et appétissantes avec un service impeccable et attentionné. Les prix sont attractifs, la carte du midi change tous les jours et la grande terrasse est l'une des plus ensoleillées de Bordeaux !

MOELLEUSES ET PERSILLEES €€

65, quai des Chartrons

✆ 05 57 87 60 82

www.moelleuses-et-persillees.fr

Ouvert du mardi au dimanche, midi et soir. Viande affinée à partir de 11 €/100 g.

Le restaurant Moelleuses & Persillées est exclusivement dédié à la viande. Inspiré des steak houses, un concept typiquement londonien, cet établissement met à l'honneur le bœuf dont chaque pièce a été soigneusement sélectionnée parmi les meilleures races à travers le monde. Les viandes sont exposées dans une cave, qui permet leur maturation afin d'obtenir un produit de meilleure qualité, en goût comme en tendreté. N'hésitez pas à demander conseil, car chaque viande a son caractère... L'équipe vous répondra avec précision et gentillesse.

NEW YORK NEW YORK €

4, cours Pasteur

✆ 05 57 99 82 07

Ouvert tous les jours de 10h à 1h. Carte : 30 € environ. Vin au verre. Happy Hour du jeudi au samedi de 22h30 à 1h.

Quel établissement de charme ! Depuis que le New York New York s'est refait une beauté à l'été 2021, on craque pour ce restaurant branché et convivial. La décoration est sublime avec notamment une belle fresque signée de l'artiste Madi. Entre l'Hôtel de Ville et le Musée d'Aquitaine, l'équipe vous accueille dès 10h pour le café du matin, le midi pour un déjeuner à petit prix, dans la journée pour une boisson chaude ou fraîche, et le soir pour dîner ou découvrir un cocktail signature. Les plus de l'établissement ? Une grande terrasse ensoleillée !

OSTERIA PALATINO €€

8, rue de la Merci

Ouvert tous les jours le midi et le soir. Réservation recommandée. Plats de 11 € à 19 €. A emporter.

Ah Big Mamma, tu es enfin à Bordeaux ! D'ailleurs, tu as fait grand bruit quand tu es arrivée et depuis, il est quand même plus prudent d'anticiper et de réserver pour avoir une de tes nombreuses tables. Et pourtant, qu'est-ce que c'est grand où tu as posé tes valises pleines de sauce de tomates San Marzano. Quel endroit incroyable avec ce balcon aux airs de théâtre à l'italienne ! C'est bien simple, venir manger ici, c'est un spectacle qui se mérite. Les carafes, le va-et-vient des plats, le parmesan frais que l'ont vient râper sur nos pâtes, les desserts XXL...

ÔZÉ €€

20, rue du Palais Gallien

✆ 05 56 52 36 34

www.oze-restaurant.fr

Ouvert du mardi au samedi le soir ; jeudi et vendredi le midi et le soir.

Eric Satger et Eric Giraud, deux épicuriens, ont voulu partager leur amour pour la cuisine du Sud-Ouest de façon originale. Le chef imagine donc une cuisine régionale revisitée façon bistronomie, relevée de notes subtiles venues d'Asie, et servie sous forme de plats à partager comme les nems de canard ou les chipirons frits au piment d'Espelette présentés dans un sabot en bois. La convivialité se retrouve aussi dans la salle avec quelques tables d'hôtes, et grâce à la cuisine ouverte où l'on voit le chef et son équipe en train de s'affairer pour nous régaler...

PAULETTE €

84, Rue du Loup

www.paulettebordeaux.fr

Ouvert du mardi au vendredi de 12h à 18h ; le samedi de 11h à 18h. Plats de 8,90 à 12,90 €. Brunch le samedi : 24 €.

Paulette a ouvert au mois d'octobre dans la rue du Loup, à la place d'une bijouterie. Première bonne nouvelle : on est accueillis avec le sourire. Ensuite, la carte ! On y trouve de quoi se régaler le midi, des cookies et des pâtisseries pour les petits creux et le goûter, sans oublier les jus et autres boissons chaudes. Paulette est en fait un café-cantine proposant une cuisine végétarienne, maison, bio et écoresponsable. Le samedi, on vient pour le brunch (uniquement sur place et jusqu'à 15h). Paulette est une adresse sympa pour faire une pause shopping.

PETER COFFEE SHOP €€

3, rue de Guienne

✆ 07 85 91 87 27

www.petercoffeeshop.com

Ouvert tous les jours à partir de 9h. Brunch : 24 € ; servi tous les jours. Lunch : à partir de 14 €.

Hommage à Peter Pan, ce joyeux café spécialisé dans les brunchs envoie des bonnes ondes ! Déco fleurie et colorée et accueil adorable enchantent dès l'entrée, et devant la vitrine des pâtisseries on est définitivement conquis. Les cookies sont exquis et le brunch dangereux : vous ne voudrez plus vous en passer... Ça tombe bien, il est servi tous les jours ! Vous pouvez aussi piocher à la carte des lunchs ou siroter un café torréfié juste à côté. Car en plus d'être beaux, tous les plats sont 100 % faits maison et par des artisans locaux. Bravo Peter !

POKA CABANA €

1, place Duburg
✆ 05 47 47 79 75
https://pokacabana.fr
Ouvert 7j/7, midi et soir, sur place (uniquement le midi), à emporter, en livraison.

Les restaurants de poké ont du succès depuis quelques années, mais celui-ci se distingue par sa démarche écoresponsable. Ce spot à la belle éthique se fournit chez des producteurs locaux et privilégie les produits issus de l'agriculture biologique, de la pêche durable et de l'élevage responsable. Cette qualité se retrouve largement dans leurs bowls (au packaging évidemment recyclable ou biodégradable), hyper-frais, copieux et savoureux. Peu de tables pour déjeuner sur place, mais de bonnes *vibes*, ambiance cabane de surfeurs ! Un coup de cœur.

LE RÉGALLIEN €

77, rue du Palais Gallien ✆ 05 56 44 70 93
www.regallien.com
Ouvert du mardi au samedi le midi et le soir. Carte : 38 € environ. Formules du midi de 16,50 € à 19 €.

Voilà bien un nom tout indiqué, car vous allez vous régaler ! Dans ce cadre très agréable, la magie opère avant même le début du repas... L'amuse-bouche donne ensuite le ton : les saveurs explosent en bouche et promettent une suite prometteuse... Le chef maîtrise les cuissons autant que les assaisonnements, et agrémente ses recettes d'herbes fraîches dont il a le secret, pour réveiller les saveurs d'un velouté, d'une viande ou d'un poisson. Bref, le genre de petits détails qui font toute la différence. Un sans-faute également pour l'accueil et le service.

RESTAURANT METS MOTS €€

98, rue Fondaudège
✆ 05 57 83 38 24
www.metsmots.fr
Du lundi au vendredi le midi, du mardi au vendredi le soir. Menus : 39 € à 62 €. Menu midi : 20 € à 25 €.

Léo Forget a travaillé, entre autres, chez Pierre Gagnaire, Bernard Bach et Régis Marcon. Un prestigieux CV pour ce jeune chef, qui est désormais enfin chez lui. Sa cuisine bistronomique, exclusivement basée sur des produits frais et locaux, est élaborée et inventive. Tout est juste et superbement présenté. Ajoutez à ces délicats mets quelques verres de vins bio, et c'est parfait ! Le cadre contemporain avec tables en bois et ribambelles d'ampoules laisse apercevoir le chef œuvrer derrière une grande verrière... Une belle expérience !

LA TUPINA €€€

6, rue Porte de la Monnaie
✆ 05 56 91 56 37
www.latupina.com
Ouvert le lundi soir ; du mardi au dimanche le midi et le soir. Réservation recommandée. Menu « classique » : 64 €.

Vous souhaitez découvrir les saveurs du patrimoine gastronomique du Sud-Ouest ? Depuis 1968, le chef cuisine les meilleurs produits du terroir dans des plats simples qui rappellent ceux de nos grands-mères. Dans les assiettes, on savoure les œufs cocotte au foie gras, la lamproie à la bordelaise, la macaronade aux cèpes et au foie gras, le poulet rôti avec farce et croûtons... Les frites sont bien évidemment maison, cuites à la graisse de canard. Quant aux desserts, ils nous plongent dans nos souvenirs d'enfance. Une institution !

LE TXISTU €€

14, place de la Liberté
✆ 05 56 70 02 46
www.le-decanteur.fr
Ouvert du mardi au dimanche de 12h à 14h30, le vendredi et le samedi de 19h à 22h30. Carte : 28 € environ.

Le Txistu met la cuisine basque à l'honneur sur les quais bordelais. Installez-vous en terrasse de ce joli restaurant pour admirer la vue sur la Garonne. Ce lieu est souvent pris d'assaut, en raison de ses petits prix, de sa cuisine simple et gourmande et de sa situation imprenable. A la carte, vous trouverez des incontournables (salade landaise, tartare basque, steak de thon grillé à la plancha...). Laissez-vous tenter par des tapas à l'heure de l'apéro ! Le choix est large : txistorra (charcuterie basque), crevettes à l'ail, croquettes de chorizo...

ZEPHIRINE €€

62, rue Abbé de l'Épée
✆ 09 72 45 55 36
https://zephirine.fr
Ouvert du mardi au samedi de 10h à 22h. Menu du midi : 24 € / 29 €. Menu du soir : 49 €. A emporter.

Le nouvel établissement du chef doublement étoilé Romain Corbière a tout pour plaire. Accompagné de sa sœur et de son beau-frère en salle, il propose un nouveau concept de restaurant et comptoir gourmand où la convivialité règne en maître : les entrées se partagent avant de passer aux plats gourmets et aux desserts du chef pâtissier de la maison. Tout est tellement bon ! Vous pouvez également emporter une sélection de ces délicieux mets pour vous régaler à domicile. Il se murmure que les terrines et rillettes maison sont parmi les meilleures de la région...

SIMAN €€

7, quai des Queyries ✆ 05 56 67 49 90
www.siman-bordeaux.com

Ouvert tous les jours le midi et le soir. Réservation recommandée. Carte : 50 € environ. Brunch à 34 €.

Situé rive droite, le Siman est un lieu d'exception qui allie restaurant, brasserie et bar. Au rez-de-chaussée, la brasserie est idéale pour partager des tapas entre amis dans une ambiance décontractée. A l'étage, dans le restaurant panoramique, le chef et sa brigade nous invitent au voyage avec une cuisine moderne et audacieuse, parfaitement exécutée. Le repas terminé, on se dirige vers le bar extérieur pour profiter d'un dernier cocktail ou prolonger la soirée autour des DJ sets. Sur le roof top, profitez d'une superbe vue sur la rive gauche et ses monuments.

LE CHIOPOT €€€

281, rue des Quatre Castéra - **BÈGLES**
✆ 05 56 85 62 41
www.lechiopot.fr
Ouvert du lundi au vendredi le midi et le soir ; le samedi le soir. Menus de 20,50 € à 24,50 € (hors week-end). Jardin.

Derrière ses portes, dans une ambiance sobre et design, se cache une histoire vieille de 94 ans. Le chef travaille les spécialités ancestrales de la Maison comme les rognons de veau poêlés, le magret de canard entier grillé ou le pigeonneau cuit à la broche. Les amateurs de viandes et grillades seront comblés avec les pièces nobles de races Aubrac, Charolaise, Limousine, Blonde d'Aquitaine ou Salers. Pour finir, les gourmands se régaleront avec la spécialité : le moelleux chocolat noir guanaja. Côté cave, ce sont plus de 500 références de vins.

MANCICIDOR €

69, rue Ferdinand Buisson - **BÈGLES**
✆ 05 56 89 87 28
www.mancicidor.fr
Ouvert jeudi et vendredi midi et soir ; lundi, mardi et samedi le midi. Formule du midi (sauf samedi) : 17 € à 20 €.

Benjamin, Jérôme et Martin ont redonné vie à ce traditionnel bistrot des années 30, et ont gardé le nom du célèbre coureur cycliste béglais : Pierre Mancicidor. Le midi, le restaurant affiche complet tant la cuisine de Martin est simple mais goûteuse. Le menu change tous les jours, mettant à l'honneur des produits de saison issus essentiellement de l'agriculture biologique et locale. Le soir, on profite du bar pour découvrir la sélection de vins nature et bios, les spiritueux et bières artisanales à accompagner de quelques tapas et assiettes à partager…

MERCI €€

10, rue Louis Blériot - **BÈGLES**
✆ 05 56 49 29 29
www.restaurant-merci.com
Ouvert tous les jours le midi et le soir. Formule fruits de mer à volonté : 34 € le midi ; 37 € le soir. Terrasse.

Restaurant sur pilotis, tout de verre et de métal vêtu, en surplomb de la Garonne… On adore cette adresse, y compris pour la formule fruits de mer composée de six huîtres sélectionnées par Sébastien Degrave, d'un buffet de fruits de mer à volonté, d'un poisson au choix cuit (ou d'une côte de bœuf, mais avec supplément) et d'un dessert. Qu'on se le dise, nombreux sont ceux qui calent avant la douceur sucrée. Et il faut voir la beauté du banc de l'écailler ! Amateurs de fruits de mer, ne cherchez plus, c'est l'adresse qui, à coup sûr, vous régalera !

RESTÔ&CIE €€

17-19, rue Robert Schuman
BÈGLES
✆ 06 26 39 55 28
Ouvert du lundi au vendredi de 12h à 17h30.

Vous connaissez ChapitÔ ? Ce lieu de partage où l'on peut flâner, participer à des ateliers, découvrir des spectacles… et manger ! Chez RestÔ&Cie, Magali et Nicolas proposent un buffet chaque midi. Au choix, un poisson, une viande, un plat végétarien… La particularité ? On paie au poids, à raison de 2,40 € les 100 grammes. L'établissement se veut également engagé, partageant une manière de vivre éco-responsable et locale. Une épicerie et un marché de fruits et légumes de saison sont également sur place, avec des cagettes de producteurs à emporter.

CHEZ VINCENT €€

38, rue Vincent Gonzales - **BÈGLES**
✆ 05 56 49 01 45
www.restaurantchezvincent.fr
Du lundi au vendredi le midi et le soir ; le samedi le soir. Menus de 24 à 40 €. Formule du midi : 14,50 €. Traiteur.

Qu'on se le dise, « Chez Vincent », les assiettes sont aussi gourmandes que copieuses, concoctées à partir de produits frais et régionaux. Plusieurs fois primé lors de la Fête de la Morue pour la qualité et l'originalité de ses recettes, Vincent s'impose comme le pro de la morue. Les grillades faites en salle font aussi la réputation de cette adresse ! On apprécie le buffet de hors-d'œuvre à volonté, les nombreux desserts et les 200 références de la cave. L'ambiance est conviviale sans chichis. Vincent propose aussi un service traiteur.

LA CANTINE Ô SAVEURS €

6, rue Gambetta - **BLANQUEFORT**
✆ 05 56 57 96 89
www.lacantineosaveurs.com
Ouvert du mardi au vendredi le midi et du mercredi au samedi le soir. Carte : 22 € environ. Le midi : 15 € à 19 €.

Virginie et David vous accueillent dans une ambiance conviviale ! Originaire de La Réunion, David a fait ses classes dans des restaurants étoilés et en restauration collective. Des expériences qui ont forgé son esprit créatif et méticuleux. Passionnée d'œnologie, Virginie officie en salle et conseille les clients afin d'accorder vins et plats. Au menu : pâtes, pizzas, salades, tartines et plats réunionnais bien relevés. L'Assiette réunionnaise (mélange de salades, tartine de bouchons gratinée, samoussas, accras et bonbon au piment) est une réussite !

LA TABLE DE CAYCHAC €€

2, rue Edmond Blanc - **BLANQUEFORT**
✆ 05 57 65 08 72
www.latabledecaychac.eatbu.com
Ouvert le mardi midi et du mercredi au samedi le midi et le soir. Carte : 45 € environ. Formule du midi : 21 € et 24 €.

La table de Caychac vaut vraiment le détour. La salle de restaurant, ouverte sur la cuisine, est sobre et chaleureuse. On voit le chef Yann Serra, et sa petite équipe, s'affairer derrière les fourneaux. Il élabore une cuisine originale, savoureuse où il imprime sa signature élégante et raffinée sur des produits frais et de très grande qualité. La formule pour le déjeuner change chaque semaine et celle du dîner varie toutes les trois semaines. Les formules du soir peuvent s'accompagner d'accords mets et vins et commencent toujours par un amuse-bouche.

LE CAFÉ DE L'ESPÉRANCE €€

10, rue de l'Esplanade
BOULIAC
✆ 05 56 20 52 16
www.saintjames-bouliac.com
Ouvert tous les jours le midi et le soir. Carte : 38 € environ. Formule du midi : 19 €.

Annexe du restaurant étoilé le Saint-James, le Café de l'Espérance séduit par sa cuisine gourmande et son ambiance chaleureuse. Dans ce bistrot gastronomique plein de charme, les recettes de brasserie et les produits du terroir sont à l'honneur : andouillette grillée, bavette d'aloyau, pieds de cochons caramélisés, poulet fermier rôti... Pour les entrées et les desserts, le chef mise sur la convivialité avec un buffet à volonté. On craque pour le vacherin aux fraises et la tarte au citron meringuée. Après le repas, profitez de la vue panoramique sur Bordeaux !

LE SAINT-JAMES €€€

3, place Camille Hostein - **BOULIAC**
✆ 05 57 97 06 00
www.saintjames-bouliac.com
Ouvert le mardi soir ; du mercredi au samedi le midi et le soir. Menus de 80 € à 160 €. Formule du midi : 52 €.

Sur les hauteurs de Bouliac, cette somptueuse maison dont une partie a été créée par l'architecte Jean Nouvel offre une vue panoramique sur la ville de Bordeaux. Le chef de cuisine Mathieu Martin et le chef pâtissier Sébastien Bertin s'inspirent du terroir aquitain pour proposer une cuisine inventive. La carte met à l'honneur les produits du Sud-Ouest et ses producteurs : foie gras de la Maison Biraben, pigeon de Madame Leguen, turbot de la Cotinière, caviar de la Maison Sturia... Sans hésiter une des plus grandioses tables du département.

L'HEGOA €€

6, rue Jean Pommiès - **BRUGES** ✆ 09 81 81 91 10
www.lhegoarestaurant.fr
Ouvert le lundi soir et du mardi au vendredi le midi et le soir. Carte : 32 € environ. Formule du midi : 18 €.

Thibault Basque est à la tête de L'Hegoa, un restaurant situé juste à côté de Caliceo. La décoration est design, l'ambiance dynamique le midi avec une clientèle de bureau et plus lounge le soir. La terrasse, avec vue sur le lac, est très demandée aux beaux jours. La carte colle au rythme des saisons avec une suggestion quotidienne. Chacun peut combler ses envies entre les planches à partager, les produits cuisinés à la plancha, les grandes salades, les burgers et les entrecôtes avec leurs frites maison. La formule du midi est d'un excellent rapport qualité-prix.

LA MAISON DU FLEUVE €€

20, chemin Seguin - **CAMBLANES-ET-MEYNAC**
✆ 05 56 20 06 40
https://maisondufleuve.com/
Ouvert toute l'année. Du mardi au dimanche le midi et le soir en haute saison. Menu à 43 €. Formule du midi : 21 €.

Un lieu de charme au bord de la Garonne et des plats raffinés d'inspiration régionale : bienvenue à la Maison du fleuve. Le chef Yohan Alias, originaire de Bordeaux, régale les papilles à travers une carte moderne et créative. Toute la gastronomie de la région est réunie dans ce restaurant à travers des plats généreux du terroir comme cette joue de porc ibérique confite, boudin basque, pommes de terre et sauce au verjus. Pour accompagner, le restaurant propose une carte de vins témoignant de la richesse de notre patrimoine viticole. Une adresse remarquable !

MAKIONE €

123, avenue René Cassagne
CENON
✆ 05 56 40 88 65
www.makione.fr
Ouvert tous les jours le midi et le soir. Plat à partir de 9,90 €. Terrasse. Vente à emporter.

MakiOne, c'est l'adresse de référence rive droite pour savourer des plateaux de sushis-makis-sashimis. Depuis la rentrée 2020, le restaurant s'est refait une beauté et surprise... il s'est agrandi ! Le petit frère s'appelle Kinori. Dans ce nouveau restaurant (installé à la même adresse), vous pourrez déguster des plats sautés au wok, comme le bo bún vietnamien ou le pad thai thaïlandais. On apprécie le « mix tapas » : un assortiment de tapas asiatiques (nems poulet, tempuras crevette, gyosas...) à savourer sur place ou à se faire livrer chez soi !

L'AMARYLLIS €

146, avenue Saint-Médard - **EYSINES**
✆ 05 56 12 33 09
www.restaurant-lamaryllis.fr
Ouvert du mardi au samedi de 12h à 14h et de 20h à 22h. Réservation. Formule du midi : 15 €. Menu du soir à 20 €.

Le restaurant est souvent complet : c'est bien un signe qui ne trompe pas ! D'où vient un tel succès ? Des produits frais sublimés dans les recettes du chef ! Midi et soir, il propose un menu changeant au fil des saisons. Une cuisine traditionnelle, simple et goûteuse : brochette de cœurs de canard, filets de cabillaud crevettes sautées tomate champignons chorizo... Chaque plat est accompagné de ses légumes en gratin et de ses frites maison. En dessert, des incontournables : petits babas au rhum, chocolat liégeois, coupe amarena...

LE DOMAINE DES TENTATIONS €€

4, chemin des Moulins
GRADIGNAN
✆ 05 56 89 53 53
www.le-domaine-des-tentations.fr
Ouvert du mardi au samedi le midi et le soir. Menus de 30,90 € à 43,90 €. Formule du midi : 20,90 €. Terrasse.

L'établissement s'inscrit dans le charme à la française. Baignée de lumière, la salle de restaurant offre une bien jolie vue sur le Prieuré de Cayac. Autre point fort : sa terrasse sous laquelle coule l'Eau Bourde, un affluent de la Garonne. Cadre réellement idyllique ! La cuisine fine de Tatiana Pérot s'exprime à la perfection dans l'assiette : pétales de légumes oubliés, pot-au-feu de canard et foie gras, entremets aux épices, glace amandes et chutney du verger...

LA TERRASSE DU VIGEAN €€

21, avenue du Médoc
EYSINES
✆ 05 56 93 23 22
https://www.la-terrasse-du-vigean.fr
Ouvert du lundi au samedi de 10h à 23h. Formule du midi : 16 € à 18,50 €. Menus de 23 € à 28 €.

La Terrasse du Vigean est sans nul doute une adresse à découvrir. Même si l'établissement est installé tout près d'une route passante, le lieu vaut le détour ne serait-ce que pour la carte aux multiples influences. Les recettes proposées sont des valeurs sûres que l'on aime savourer : tartare de bœuf à la sauce italienne, magret de canard entier… L'ambiance est vraiment chaleureuse, les gérants des lieux n'hésitant pas à faire le tour des tables pour récolter les impressions de leurs clients. Le petit plus : les brumisateurs l'été sur la terrasse !

O'COMPTOIR DES FILLES €€

1, rue des Lauriers - **GRADIGNAN**
✆ 09 70 90 09 22
www.ocomptoirdesfilles.com
Ouvert du mardi au samedi le midi et le soir ; le samedi midi. Menus de 18,40 € à 19,80 €. Plat du jour : 14,70 €.

Une petite brasserie qui mérite d'être découverte ! Installez-vous et laissez-vous guider par Fabienne et ses plats concoctés selon ses envies et les produits de saison. La carte, loin d'être surchargée, donne très envie de se laisser tenter. Mathilde, quant à elle, s'occupera de vous régaler de ses meilleurs vins de France et de partout dans le monde. O'Comptoir des Filles est aussi une cave où il est possible de venir acheter une bonne bouteille de vin parmi 400 références. Les filles vous proposent aussi une sélection de bières artisanales et des tapas.

LE CHALET LYRIQUE €€

169, cours du Général de Gaulle - **GRADIGNAN**
✆ 05 56 89 11 59
www.chalet-lyrique.fr
Ouvert toute l'année. Du lundi au vendredi midi et soir ; le samedi soir. Menus de 25 à 32 €. Formule du midi : 16 €.

Avec son agréable terrasse, sa fontaine et ses oliviers centenaires, le Chalet Lyrique ne manque pas d'arguments. La clientèle apprécie les excellentes viandes, les poissons grillés à la plancha et les produits frais de saison. En plus de la formule Brasserie servie le midi, le chef propose un menu gourmand. Selon la saison, vous pourrez savourer un ceviche de daurade, un dos de cabillaud aux épices, un palet breton Namelaka au chocolat noir. L'accueil est aimable et le personnel ne manque pas de petites attentions ! Le bar est ouvert tous les jours.

CALIX €€

64, avenue de la Libération - **LE BOUSCAT**
✆ 09 86 28 34 05
www.calix-epicerie.fr
Ouvert du mardi au samedi le midi et le soir. Carte : 35 € environ. Formule du midi : 15 €. Plat du jour : 12 €.

Chez Calix, à la fois restaurant, épicerie fine et cave à vins, la décoration façon bistrot en bois s'harmonise parfaitement avec le bar en zinc : le lieu est lumineux. Côté assiettes, le traditionnel se pimente d'influences italiennes et asiatiques. À la carte, des plats brasserie, quelques salades (dont une excellente thaïe au bœuf mariné), des planches et des tapas à partager. Côté boissons, plus de 200 références sont présentées dans des casiers : des bordeaux, des côtes du Rhône, des languedoc... Le service traiteur est lui aussi de qualité.

O P'TIT JARDIN €€

52, avenue de la Libération Charles de Gaulle
LE BOUSCAT
✆ 05 56 08 63 06
www.optit-jardin.fr
Ouvert du lundi au mercredi le midi et le jeudi et le vendredi midi et soir. Carte : 30 € environ.

Ce petit restaurant installé dans l'enceinte d'une ancienne maison bourgeoise est un vrai havre de paix et de fraîcheur. Son charmant jardin très arboré, à la décoration dans l'esprit brocante, est vraiment agréable en été : on s'y installe au milieu des énormes bambous pour un dépaysement assuré ! La cuisine, d'inspiration *street* et *pub food* raffinée, laisse la part belle aux fruits et légumes frais. Mais O P'tit Jardin, c'est aussi un « comptoir » avec toute une gamme de vins du monde, de cocktails, de bières artisanales et de spiritueux bien choisis...

QU'ON SE LE DISE €€

214 bis, avenue Pasteur
LE HAILLAN
✆ 05 56 34 01 78
Ouvert du mardi au samedi le midi et le soir. Menus de 19 € à 24 €. Carte : 30 € environ.

Il faut vraiment qu'on se le dise, car cette adresse mérite qu'on aille jusqu'au Haillan. Quelques tables en terrasse et une décoration intérieure style bistrot, revue cette année. A la tête de cet établissement deux garçons, l'un en cuisine et l'autre en salle. Deux pros qui connaissent leur métier et cela se ressent aussi bien dans l'accueil, très souriant et chaleureux, que dans les assiettes. La cuisine de qualité est faite maison, les produits sont frais, bien travaillés avec originalité, la présentation des plats est soignée et l'assiette copieuse.

WHEELS' N' CURL CAFÉ €€

31, avenue de Magudas
LE HAILLAN
✆ 05 56 93 89 69
Ouvert du lundi au mercredi le midi et du jeudi au samedi le midi et le soir. Carte : 32 € environ.

Ne vous fiez pas à la devanture, car ce restaurant est une belle surprise. On adore la déco plutôt atelier loft vintage et sa grande terrasse arborée et ombragée. Ici, on revisite les recettes de nos régions qui nous emportent souvent vers le sud et son soleil, plus particulièrement en Corse d'où Stéphane, le patron, est originaire. Le chef a su donner du relief à ses produits, frais et de saisons, qui rendent cette cuisine du monde savoureuse, généreuse et haute en couleur. Le plus : les lieux s'animent régulièrement avec des concerts et des soirées à thème.

CANOPÉE CAFÉ €€

1, chemin de Pouchon - **MÉRIGNAC**
✆ 05 56 51 70 00
https://canopeecafe.com
Ouvert du lundi au samedi midi et soir. Service tardif les vendredi et samedi jusqu'à 23h30. Carte : 40 € environ.

Le Canopée Café, perché à 10 mètres de haut, est un lieu unique à découvrir près de Bordeaux. Dans un décor contemporain de bois et d'acier, très « nature », on y savoure une cuisine bistronomique, inventive et ensoleillée par Sébastien Sevelec, ancien chef étoilé de l'île de Beauté, qui propose une carte variant au fil des saisons et en fonction du marché. Tous les plats sont réussis que ce soit dans les saveurs ou la présentation. Parmi les incontournables : la côte de bœuf pour deux. La chef pâtissière fait elle aussi des petites merveilles.

LA CRÊPERIE DU PARVIS €

17, avenue du Maréchal-Leclerc
MÉRIGNAC
✆ 05 33 51 20 25
Ouvert du mardi au samedi le midi et soir et le dimanche midi. Formule Express : 13,90 €. Menu Cinéma à 16,90 €.

Une crêperie à ne pas manquer, car c'est la seule à Mérignac et on s'y régale ! Ici, tout est fait maison : la pâte à crêpe à la main selon la tradition, le caramel au beurre salé, le chocolat, la vinaigrette... La carte se renouvelle régulièrement et toutes les galettes (une trentaine) sont servies avec une salade verte. Pour le dessert, en plus des crêpes, les glaces ou le café gourmand composé d'une boule de glace et de trois mini-crêpes sont là pour le bonheur de tous. Les enfants ont même leur petit coin à eux avec jeux.

LULU DANS LA PRAIRIE €€

53, avenue Marcel Dassault - **MÉRIGNAC**
✆ 05 56 34 86 02
www.luludanslaprairie.com
Du lundi au vendredi de 10h à 15h et de 19h à 0h ; du mercredi au vendredi de 18h à 2h. Réservation recommandée.

Dans cette petite maison style campagne aux volets rouges, la décoration est un mélange de références à des films très connus (et populaires !) mais aussi aux sports collectifs et à de grandes marques d'alcools et spiritueux... Ce qu'on adore aussi chez Lulu, c'est l'extérieur avec ses lampions, ses tables hautes, son sable, ses transats. À la carte, quatre formules en fonction des envies de chacun. Grosses salades, plateaux de charcuteries, de fromages ou de légumes, fruits de mer, tapas chaudes, froides, ou sucrées... Bref de quoi se régaler.

LE PETIT VESTIAIRE - BISTROT GIRONDIN €€

107, avenue Marcel Dassault
MÉRIGNAC
✆ 05 56 34 18 75
www.maisonlascombes.fr

Ouvert tous les jours le midi. Carte : 40 € environ. Formule du midi : 22 € à 25 €, plat du jour à 16 €.

Le Bistrot des Girondins a été repris par Nicolas Lascombes, un restaurateur bien connu à Bordeaux pour ses nombreux établissements. On mange en extérieur sur une grande terrasse toute en herbe ou à l'intérieur, dans une ambiance bistrot, sur de grandes tables ou dans des coins plus intimes. Sur la carte on reconnaît la signature bistronomique. Le menu du midi est servi en petite quantité sauf le dessert, les affamés piocheront plutôt dans la carte.

LE VISCONTI €

9, avenue du Bourgailh - **PESSAC**
✆ 05 56 36 28 49
www.pizzeria-levisconti-pessac.fr

Ouvert du mardi au samedi le midi et le soir. Pizzas et pâtes fraîches à partir de 10 €. Terrasse.

Sur place ou à emporter, le Visconti met les saveurs de l'Italie dans l'assiette. Installé à l'intérieur ou en terrasse, venez déguster les spécialités de Monsieur Mano. La carte offre un large choix de plats copieux : pâtes fraîches, viandes et pizzas bien sûr. Pour les pâtes fraîches maison, elles sont *al dente* s'il vous plaît ! Les *Saltimbocca* royales (escalope de veau, jambon de Parme, emmental, crème champignon) régaleront les plus gourmands, ainsi que le tiramisu. N'en déplaise, l'équipe est charmante et s'adapte à vos contraintes horaires.

TONTON PIZZA €€

81, avenue du Truc
MÉRIGNAC
✆ 05 57 00 10 27
www.tonton-pizza-merignac.fr

Ouvert du lundi au vendredi le midi et le soir. Menus de 21 € à 25 €. Pizza à partir de 9,60 €.

Avec sa jolie pergola fleurie en été et couverte et chauffée en hiver, Tonton Pizza est une des adresses les plus agréables de Mérignac ! Dans l'assiette, de belles spécialités françaises comme la tête de veau sauce gribiche mais les reines ce sont surtout les pizzas ! Elles se déclinent en trois tailles et en 25 recettes copieuses et croustillantes.Tout est fait maison à partir de produits frais et sans conservateur. Une jolie brasserie où le service est accueillant et convivial. Tonton Pizza c'est aussi une livraison disponible 7j/7 sur commande.

C.GARONNE €

1, rue Louis Monteau
SAINT-LOUIS-DE-MONTFERRAND
✆ 05 56 92 63 22

Ouvert du lundi au jeudi le midi ; vendredi midi et soir. Menus de 15 € à 17 €. Terrasse.

Etablie dans une maison d'angle aux pierres apparentes, cette brasserie a sa clientèle d'habitués... On le comprend, vu ses atouts : une décoration discrète et soignée, une terrasse pour profiter du soleil aux beaux jours, un service rapide et efficace même en cas d'affluence, et surtout une bonne cuisine française traditionnelle réalisée à base de produits simples et de saison, toujours bien travaillés. Les menus du midi ont un excellent rapport qualité-prix et offrent le choix entre quatre entrées, quatre plats et quatre desserts. Il fait bon y déjeuner !

QUÉBEC MUSIC CAFÉ €€

263, avenue Pasteur - **PESSAC**
✆ 05 57 89 24 24
www.quebecafe.com

Ouvert du mardi au samedi de 12h à 14h30 et de 17h à 23h30. Restauration sur place et à emporter. Happy Hour. Boutique.

Dans une ambiance « chalet de bois », cette véritable brasserie québécoise propose une escale gourmande chez nos cousins d'Amérique. Découvrez les saveurs de là-bas le temps d'un repas ou d'une bonne *broue*, « bière ben mousseuse ». Ici, tout est fait maison, des gros burgers au pain bio à la fameuse poutine traditionnelle. Et pour « vous sucrer l'bec », cheesecake, crumble, brownie ou tarte au sirop d'érable... Dès 17h, on s'y retrouve en Happy Hour pour boire un verre entre amis et partager des tapas en terrasse. ÔTabarnak que ça nous a plu !

LE 1930 €€

28, Route de Larchey
SAINT-MÉDARD-D'EYRANS
✆ 05 56 72 19 59
www.domainedelarchey.com

Ouvert du lundi au vendredi midi et soir. Réservation recommandée. Menu enfant : 12 €.

Après de belles années au sein de prestigieuses maisons, le chef Guillaume Germanaz a investi les cuisines du Domaine de Larchey. Son leitmotiv : redonner tout leur goût aux produits et aux saveurs du terroir : risotto en croûte de brebis et champignons du Médoc, côte de veau de race bazadaise rôtie au thym, tartelette aux pommes caramélisées et beurre salé... Dans un décor inspiré des années 1930, le maître d'hôtel vous accompagnera tout le long du repas. Et faites confiance au chef pâtissier Jérémie Grondin pour finir en beauté !

LES BRUYERES €

16, avenue Louis de Broglie
PESSAC
✆ 05 56 89 18 56

Ouvert du lundi au vendredi de 11h45 à 14h. Plat du jour : 9,30 €.

C'est dans la zone d'affaires de Pessac que Stéphane a installé son restaurant. Les Bruyères a des airs de cantine « comme à la maison » et pour cause, tout est fait maison ! L'adresse attire tous les professionnels et travailleurs du quartier, le temps d'un déjeuner simple, efficace et à prix attractif. En cuisine, le Chef Christophe et sa brigade proposent des plats gourmands avec des produits frais et de saison. Pour bien commencer et finir le repas, des buffets de hors-d'œuvre et de desserts à volonté sont à disposition !

LE TOURNEBRIDE €€

55, rue Alexis-Puyo - **SAINT-MÉDARD-EN-JALLES**
✆ 05 56 05 09 08
www.restaurantletournebride.com

Ouvert du mardi au samedi midi et soir et le dimanche midi. Carte : 46 € environ. Formule du midi à partir de 14,50 €.

Sur la route vers Le Porge, cette table dispose d'atouts de choix, à commencer par sa grande salle ! Côté déco, la mer domine et la fresque représentant un village de pêcheurs du bassin est remarquable. Pour manger, choisissez entre la terrasse, les différentes salles, mais aussi les salons privés. La cuisine mêle océan et terroir et est toujours précédée de biscuits apéritifs et d'une mise en bouche. Terrine de foie gras maison, agneau de lait, filets de rouget... Tout est succulent. L'accueil est charmant, le service professionnel et attentionné.

LA VAGUE GOURMANDE €€

38, avenue de Martignas
SAINT-MÉDARD-EN-JALLES
✆ 05 56 14 31 18

Ouvert tous les jours le midi et du mercredi au samedi le soir. Plat du jour : 10 €.

La Vague Gourmande nous emporte l'espace d'un moment dans un océan de bons petits plats tout frais, cuisinés de façon inventive. Le menu varie en fonction du marché et de l'inspiration du chef, car tout est fait maison… Laissez-vous tenter par les suggestions : c'est toujours réussi et bien servi. Le plat du jour est d'un excellent rapport qualité-prix ! Le cadre contemporain nous laisse le choix entre la première salle, qui donne sur le bar, ou la seconde salle, aux airs de bord de mer… Le service est efficace et l'équipe souriante. Une bonne adresse.

L'ALCALA €€

Place Alcala de Henares
TALENCE
✆ 05 56 50 03 53
www.lalcala.com

Ouvert 7j/7 midi et soir. Sur place ou à emporter. Terrasse. Menu enfant.

Sympathique restaurant italien sur la place centrale de Talence, avec une grande terrasse agréable. Dans l'assiette, que des bons produits très bien travaillés. La pâte à pizza est fine et croustillante, la cuisson des risotto et des pâtes est al dente. Le kir à l'italienne (à base de prosecco) ou le Spritz accompagnent parfaitement les antipasti. Le mardi soir, le patron cuisine devant vous la *Pasta flambé,* des linguine sauce marsala aux champignons et au guanciale, directement flambées à la grappa dans la meule de parmesan. Mamma Mia, quel délice !

LA CUISINE DE VIVIEN €

Place Alcala de Henares
TALENCE
✆ 07 56 38 41 06

Mercredi, jeudi et dimanche midi ; vendredi et samedi midi et soir. Brunch du dimanche : 25 €.

Le chef étoilé Vivien Durand a ouvert son stand de cuisine aux halles de Talence. A ses côtés, le chef Antton Lesobre l'accompagne dans cette petite échoppe authentique, où la cuisine de bistrot « canaille » est à l'honneur. La particularité ? Tous les produits cuisinés sont issus des commerçants des halles : fruits et légumes du primeur, viandes bio du boucher, poissons et crustacés directement venus du stand d'en face, fromages fermiers... Que des bons produits régionaux, sublimés dans des recettes gourmandes à déguster sur place ou dans des bocaux à emporter.

HARU HARU €

93, cours Gambetta - **TALENCE** ✆ 05 33 57 62 34
www.haruharu.fr

Ouvert du mardi au dimanche de 10h à 22h30. Sur place ou à emporter. Menu midi : 9,90 € ; menu soir : 15 €.

Une immersion culinaire en Corée, c'est la promesse du restaurant Haru Haru. En plus de cuisiner toute l'année les recettes typiques du pays, le chef propose tous les mois un plat coréen inédit. A la carte, on retrouve évidemment l'incontournable et très populaire bibimbap, servi dans un bol sur une base de riz, avec légumes marinés, crudités et viande au choix (option tofu possible). Mais aussi d'autres spécialités comme le dak (poulet frit assaisonné de différentes façons) et tout un tas d'accompagnements. Délicieuse crème brûlée au sésame noir en dessert !

LES PIEDS SOUS LA TABLE €€

58, avenue de Branne
TRESSES
✆ 05 56 68 34 35
www.les-piedssouslatable.fr

Ouvert le lundi et le mardi le midi et du mercredi au samedi le midi et le soir. Carte : 35 € environ.

Si vous cherchez une bonne table à prix raisonnable et avec un accueil chaleureux, n'hésitez pas à quitter le centre de Bordeaux et prenez la route de Bergerac. Un charmant restaurant avec terrasse vous attend. Vous trouverez un buffet de hors-d'œuvre, de fromages et de desserts, mais aussi des viandes grillées et des parilladas de poissons, qui raviront vos papilles. Le service est particulièrement attentionné et efficace. Attention : le restaurant est pris d'assaut le midi, il convient de réserver. Les belles surprises ne sont pas toujours où on les attend !

FAIRE UNE PAUSE

Pause café, pause gourmande, pause détente, pause apéritive… Vous prendrez bien une pause bordelaise ? Le jour, Bordeaux est animée par les nombreux salons de thé, cafés et bars où l'on vient se poser avec plaisir. Une petite envie sucrée entre deux visites ? Petit Futé vous a sélectionné les meilleures adresses de boulangerie, pâtisserie et chocolaterie. Les gourmands apprécieront les dunes blanches, ces petits choux fourrés à la crème et saupoudrés de sucre glace qui font sensation ! En fin de journée, après une belle et longue balade, c'est l'heure de l'apéritif. Une soirée bordelaise typique commence forcément par un Lillet, cocktail local, ou par un verre de bordeaux dans l'un des nombreux bars à vin de la ville. Le tout accompagné d'une planche de charcuterie et de fromage ! Dans le centre, privilégiez l'animation du quartier Saint-Pierre, charmant et dynamique, ou celle du quartier Saint-Michel, plus populaire et cosmopolite.

L'ATELIER DES PASTÉIS

10, rue Saint-Rémi
✆ 09 86 21 95 09
www.latelierdespasteis.fr
Ouvert du mardi au samedi de 11h à 19h et le dimanche de 14h à 18h. 2,30 € l'unité.

Nelson Alvès est designer de mobilier et fabricant de pastéis de nata, ces petits flans fondants à la pâte feuilletée très fine et à la garniture crémeuse, spécialités de Lisbonne. Il a appris à les confectionner de façon artisanale chez un pâtissier lisboète et il les fabrique devant nous dans sa boutique. Tous les ingrédients et même le four viennent du Portugal, sa terre familiale. Ici, trois tables sont installées le long du mur pour déguster les gâteaux accompagnés d'une boisson et, sur des étagères, au fond du magasin, quelques produits portugais.

BAILLARDRAN

✆ 05 56 79 05 89
www.baillardran.com
Ouvert du lundi au samedi de 8h30 à 19h30. Expédition. Vente en ligne.

Bordeaux rime avec canelé ! Vous connaissez sans doute ce petit gâteau à la robe caramélisée et au cœur moelleux, aux doux parfums de rhum et de vanille. Ici, vous assisterez à travers la vitrine à leur fabrication en direct, dans ces fameux petits moules en cuivre « canelé » qui leur donnent leur nom. Depuis 2019, Baillardran s'est agrandi avec un bar à canelés rue Sainte-Catherine, qui propose des desserts à l'assiette confectionnés sous vos yeux par les pâtissiers. La troisième génération de la Maison Baillardran vient de prendre la relève…

BALTHAZAR

8, rue des Augustins
www.balthazar-bar.fr
Ouvert du lundi au samedi de 16h à 2h ; le dimanche de 17h à 0h. Terrasse. Animations. Happy hours 16h-19h30.

Une grande terrasse chauffée, une ambiance festive… Bienvenue chez Balthazar. Dans ce pub installé à la Victoire vous trouverez à la carte 18 bières de spécialités à la pression, plus de 50 bières bouteilles, une sélection de vins, quelques cocktails et un très joli choix de spiritueux. Pour les petites faims, Balthazar propose des planches apéritives avec saucisson sec, fromage basque, terrine périgourdine… Du côté des animations, ambiance assurée toute la semaine : tournoi de baby-foot le lundi, *happy hour* en continu le mardi, quizz le dimanche…

BATCH COOKIES

61, rue des Ayres
Ouvert du lundi au vendredi de 13h à 17h30 ; le samedi de 11h à 18h.

Avez-vous déjà mangé le cookie parfait ? Celui qui n'est pas trop sucré, qui a un cœur moelleux tout en étant croquant et craquant ? A l'affût, le Petit Futé a pointé son museau devant la vitrine de chez Batch cookies. Là, dans cette toute petite adresse, difficile de ne pas succomber à la tentation tant les cookies sont appétissants. Victimes de leur succès, il faudra parfois patienter quelques instants pour que la dernière fournée toute chaude sorte du four. Sans conteste, notre préféré est celui aux pépites de chocolat et aux noix. Amis gourmands, allez-y !

CHRIS'TEAS

192, avenue de Saint-Médard
EYSINES
✆ 05 56 52 19 79
https://christeas.fr
Ouvert du lundi au vendredi de 10h à 19h.

Chez Christel, le thé est une histoire de famille. Son grand-père était importateur de thés, cafés et chocolats au Havre. La jeune femme a ouvert un premier salon de thé il y a 20 ans passage Sarget puis une boutique aux Grands Hommes. Elle a quitté le Triangle d'or pour s'installer à Eysines, dans un lieu plus spacieux où elle pourra organiser des dégustations. Elle propose plus de 150 thés différents grands crus ou bio, des matés, des rooibos, des eaux de fleurs et de fruits à infuser, des idées de cadeaux, des mugs, des théières, des bouilloires, etc.

© HELLO

© HELLO

BE MY COOKIE

55, rue des Remparts ✆ 05 57 34 67 90
www.bemycookie.fr
Ouvert du mardi au samedi de 11h30 à 19h.
14 variétés de cookies, à partir de 2,60 € l'unité.
Options sans gluten.

Le premier bar à cookies de Bordeaux ! Derrière le comptoir, Zoé, Alexandra et Laure confectionnent une quinzaine de recettes de cookies gourmands, croquants à l'extérieur et bien moelleux au cœur, réalisés à base de produits majoritairement bio et sélectionnés avec soin : beurre en motte, œufs et farine des producteurs, noix AOC du Périgord... Dans une démarche éco-responsable, l'enseigne privilégie l'énergie verte, les emballages compostables et les circuits courts. Une seconde adresse a ouvert quartier Nansouty, où tous les cookies artisanaux sont fabriqués.

BOOKS AND COFFEE

26, rue Saint-James
✆ 05 56 81 47 41
www.booksandcoffee.fr
Ouvert le lundi de 14h à 19h ; du mercredi au samedi de 9h à 19h ; le dimanche de 11h à 19h.
Formule Tea Time à 11,90 €.

On se sent bien chez Books and Coffee ! Installé rue Saint-James, ce coffee shop dispose d'un bel espace intérieur et d'une jolie terrasse ensoleillée avec vue sur la Grosse Cloche. On vient à toute heure de la journée pour manger ou prendre un verre : petit déjeuner, encas, brunch, déjeuner, goûter, afterwork... Pour l'heure du thé, on apprécie la formule *tea time* composée d'une boisson chaude au choix accompagnée de 6 mini pâtisseries. Le midi, Books and Coffee propose des salades et des sandwichs toastés à savourer seuls ou en formule.

BOULANGERIE HONORE BACALAN

4, quai Lawton G1
✆ 05 56 84 99 67
Ouvert tous les jours de 4h à 21h.

Jean-François Bardet est propriétaire de deux boulangeries, à Pessac où se situe son laboratoire et dans le quartier de Bacalan. La qualité des produits et l'accueil agréable ont vite fait la réputation de cette enseigne à l'offre complète : multiples variétés de pains artisanaux, pâtisseries, viennoiseries... L'enseigne propose aussi un large choix de salades fraîches du jour, sandwiches, quiches ou tartes salées pour se régaler à l'heure du déjeuner.

© JESSICA CALVO

© JESSICA CALVO

© JESSICA CALVO

BAILLARDRAN

Quai de Bacalan
✆ 05 56 10 71 28
https://www.baillardran.com/fr/
Coffrets de 12, 21 ou 40 canelés salés : à partir de 18 €. Sur place ou à emporter.

Dans leur nouvelle boutique des quais, les rois historiques du canelé proposent désormais une offre salée, avec des mini-canelés délicieusement gourmands aux cinq recettes variées : ventrèche, olive, piquillos/fêta, chorizo/comté, et piperade (notre préféré !). De quoi contenter tout le monde, végétariens inclus. Idéals à partager à l'apéro, ces canelés originaux dont on ne fait qu'une bouchée peuvent aussi bien être dégustés à tout moment de la journée face à la Garonne, sous le soleil bordelais, pour une expérience 100 % locale…

© JESSICA CALVO

© JESSICA CALVO

BOULANGERIE HONORÉ PESSAC

755, Cours de la libération
PESSAC
✆ 05 56 84 99 67
www.artisan-honore.fr
Ouvert tous les jours de 4h à 21h.

Jean-François Bardet est propriétaire de deux boulangeries, celle-ci qui sert également de laboratoire de fabrication, et une seconde dans le quartier de Bacalan. La qualité des produits et l'accueil agréable ont vite fait la réputation de l'enseigne qui propose chaque jour de multiples variétés de pains artisanaux, de pâtisseries et de viennoiseries, ainsi qu'une large sélection de produits de snacking comme des salades fraîches, sandwiches, quiches et tartes salées variées.

BOULANGERIE LOUIS LAMOUR

7, rue Ravez
✆ 05 57 30 25 43
www.bouloulam.fr
Ouvert du lundi au samedi de 7h30 à 19h30.

Bouloulam, ou l'amour du bon pain... Passionnés par leur métier, les membres de l'équipe préparent chaque jour à partir de farines sélectionnées une dizaine de pains uniques et différents, des plus classiques (tradition, campagne...) aux plus originaux (pains au levain garnis, pains de mie zébrés...). Une belle gamme de viennoiseries gourmandes et faites maison complète l'offre, avec quelques excellentes créations comme les croissants pistache ou fourrés au chocolat. Essayez donc leurs cookies, parmi les meilleurs de la ville ! À déguster sur place ou à emporter.

BOULANGERIE TALMEUNIER MONDESIR

307, avenue de la République
✆ 05 56 02 38 87
Ouvert tous les jours et les jours fériés de 6h à 20h30.

Mathilde et son équipe réalisent des pâtisseries généreuses et de qualité. Ici, tout est fait maison à l'exception du croissant. En rayon, une quinzaine de variétés de pains à la croûte craquante et à la mie bien alvéolée, fabriqués avec des farines labellisées agri-éthique. Le midi, un grand choix de sandwiches, croque-monsieur, quiches, plats chauds, salades et desserts est proposé. L'enseigne s'est également engagée dans une démarche éco-responsable et anti-gaspillage.

BOUTIQUE DARDENNE BORDEAUX

62, rue des Remparts
✆ 06 74 42 52 16
www.chocolatdardenne.com
Ouvert du mardi au samedi de 11h à 18h30.

Maître Chocolatier depuis 1897, la maison Dardenne a choisi de s'installer en plein cœur de Bordeaux. Ici, le chocolat est à l'honneur, fabriqué dans les Pyrénées françaises, 100 % bio et Fairtrade. Il se décline sous plusieurs recettes et plusieurs formes (tablettes, pâte à tartiner, confiseries...), et est même proposé dans une gamme sans sucre et une gamme végane. Avis aux gourmands : fondue au chocolat, glaces, chocolat chaud et crêpes sont disponibles également en boutique.

BOUTIQUE MAISON JOCK

190, quai de Brazza
✆ 05 57 77 02 59
www.boutique-jock.fr
Ouvert du lundi au vendredi de 9h à 17h30.

Tous les Bordelais connaissent la crème Jock, imaginée en 1938 par Raymond Boulesque. Aujourd'hui la marque décline toute une gamme de pâtes à gâteaux pur beurre (nature, citron, chocolat, caramel) et de préparations pour desserts (fondants et cookies bio, flans sans gluten, petits déjeuners instantanés), sans oublier la fameuse crème qui a fait son succès. On trouve également sur place ou sur la boutique en ligne des aides à la pâtisserie ou des paniers gourmands pour des cadeaux *made in* Bordeaux ! Animations et concours régulièrement organisés sur les réseaux.

DUNES BLANCHES CHEZ PASCAL

7, rue de la Vieille Tour
✆ 09 83 97 78 78
Ouvert du lundi au jeudi de 10h à 19h, le vendredi et le samedi de 9h à 19h et le dimanche de 9h à 13h.

Les Dunes Blanches sont une invention de Pascal Lucas, boulanger-pâtissier à Grand Piquey. Ses fameux choux croquants fourrés à la crème légère et aérienne sont presque aussi connus des Bordelais que les canelés. On ne résiste jamais à s'en offrir un ou deux – voire plus – par pure gourmandise. On peut les acheter à Arcachon, Bordeaux et même Paris dans le quartier du Marais. La recette reste secrète et pour diversifier les goûts Pascal Lucas propose parfois des créations éphémères...

CAFÉ JOYEUX

31, rue Sainte-Colombe
✆ 05 57 35 39 80
www.cafejoyeux.com
Ouvert le mardi de 11h à 18h et du mercredi au samedi de 11h à 22h. Formule midi à 15 €.

Le Café Joyeux est une famille de coffee-shops à travers la France. En 2020, la franchise s'est installée à Bordeaux, rue Sainte-Colombe. Le concept ? Ces cafés forment et emploient des personnes en situation de handicap mental et cognitif. L'objectif est de redonner confiance aux personnes handicapées, qui cuisinent et font le service. Ici, dans ce bel espace avec une grande terrasse ensoleillée, le service est souriant et l'équipe très amicale. À la carte, chai latte, citronnade, jus frais, cookies, brownies, et même du salé avec des soupes, tartes et salades.

CAFÉCITO

5, place Saint-Pierre
✆ 05 56 44 43 89
Ouvert tous les jours de 10h à 2h. Tapas de midi à minuit à partir de 7,90 €. Happy hours de 17h à 19h. Terrasse.

Au cœur du quartier historique de Bordeaux se trouve le Cafécito, un restaurant-bar à tapas très agréable. On profite de la terrasse ensoleillée avec vue sur l'église Saint-Pierre pour prendre le temps autour d'un verre et quelques grignotages entre amis. L'endroit est idéal pour siroter un apéritif. On pourrait rester au Cafécito toute la journée : un café le matin, une tartine le midi (cinq tartines au choix : saumon, jambon serrano, trois fromages...), une pâtisserie et un thé au goûter et un cocktail la nuit tombée… En plus, la terrasse est chauffée !

CAFEINCUP INTENDANCE

3, rue Louis Combes
✆ 09 87 52 33 78
Ouvert 7j/7, du lundi au samedi de 8h à 18h30 et le dimanche de 10h à 18h. Formule lunch : 11,90 €. Brunch : 19,90 €.

L'une des trois adresses, avec celles du quartier Saint-Pierre et du Bouscat, de ce coffee shop qui compte parmi les plus réputés de la ville. Comme le nom de l'enseigne le laisse présager, on y déguste forcément d'excellents cafés de spécialité, qu'on accompagne volontiers d'un bowl de saison, d'un club sandwich gourmand ou d'une délicieuse pâtisserie maison. Mais la spécialité ici, c'est le brunch, copieux et servi tous les jours dans la bonne humeur. Idéalement placé dans le centre à deux pas du tram, l'endroit est parfait pour une pause salée ou sucrée...

LE CARRELET BAR

64 bis, rue Lucien Faure
✆ 06 37 88 02 88
Ouvert le lundi de 11h à 16h30, du mardi au vendredi de 11h à 2h et le samedi de 20h30 à 2h.

Nouveau venu dans le quartier des Bassins à flot : le Carrelet ! Les spécialités de ce bar à ambiance, ce sont les cocktails : classiques, signatures, mocktails... Vins et bières artisanales complètent la carte des boissons. Du côté des grignotages, le chef Maxime Roussarie concocte une cuisine gourmande sous forme de bocaux à déguster sur place ou à emporter. Toutes les semaines, l'équipe organise des soirées thématiques et propose des ateliers cocktails sur réservation. Pour les beaux jours, l'ambiance se prolonge sur la terrasse !

LE COMPTOIR DES CHATS

8, rue Pierre de Coubertin
www.lecomptoirdeschats.com
Ouvert du jeudi au dimanche de 12h à 18h30 à partir de 10 ans. Entrée avec consommation 1 €, sans consommation 3 €.

Au Comptoir des Chats, neuf matous vous attendent, tous adorables et adaptés à ce genre de lieu. L'établissement dispose d'une cour intérieure, idéale pour ces petits compagnons ! On s'y installe avec un thé Mariage Frères ou une tisane bio, servie avec de l'eau de source (la carte est fournie), une boisson fraîche ou quelques gourmandises sucrées pour le goûter. Le midi, dès 12h15, vous pouvez venir déjeuner en compagnie des chats. Tout en profitant de votre plat, vous aurez le plaisir de voir vagabonder Mignon, Ben, Garfield (notre préféré !) et toute la bande.

LA DOUCE PARENTHÈSE

8, rue Maucoudinat ✆ 06 46 14 46 59
www.ladouceparenthesesalondethe.fr
Ouvert lundi et mercredi de 10h30 à 15h, mardi et du jeudi au samedi de 10h30 à 18h. Menu 11 €, brunch 21 €. Livraison.

La Douce Parenthèse est un lieu chaleureux et convivial qui porte bien son nom : on s'y sent comme à la maison, grâce à l'accueil souriant et attentionné de Virginie. Dans ce salon de thé hyper cosy, on déguste les bonnes tartes maison, les soupes bio et les douceurs sucrées cuisinées chaque matin. Au goûter, on se régale d'un thé de la Maison Bourgeon accompagné d'une part de namandier, la spécialité. Le dimanche, on vient bruncher entre amis ou en famille. Des ateliers pour enfants et adultes sont régulièrement organisés. Une de nos adresses coup de cœur !

CAFÉ BRUN

45, rue Saint-Rémi
✆ 05 56 52 20 49
www.cafebrun.fr
Ouvert du lundi au samedi de 9h à 1h45.

En plein cœur du centre-ville se tient le célèbre Café Brun. Ce bar pub atypique vous accueille dans une ambiance authentique et conviviale qui fait le succès du lieu. La particularité du Café Brun ? Une belle carte avec un large panel de bières, de whiskys, de rhums et d'autres spiritueux. Le café est aussi connu pour ses soirées festives et animées, rythmées au son d'une musique éclectique et de qualité. Confirmant son goût pour la musique, le bar accueille chaque semaine des artistes en concert. Vous trouverez la programmation musicale détaillée sur internet.

OCTAVIE'S

24, rue du Palais Gallien
✆ 06 19 36 04 28
www.octavies.com
Ouvert le mardi et le mercredi de 10h à 18h30 ; du jeudi au samedi de 10h à 22h. Tea time à 19 € sur réservation.

Octavie's est un petit boudoir chic et féminin. L'ambiance est feutrée tout en délicatesse. Parmi les pâtisseries, deux spécialités sont à relever, la délicieuse pavlova et le mouhallabié, une crème de lait parfumée à la fleur d'oranger et au sirop de rose. Pour le goûter, on vous conseille le *tea time,* rendez-vous incontournable sur réservation. Côté boisson, les thés de la marque Nina's Paris sont délicieux. On vous conseille le thé Marie-Antoinette, dont les fruits et les fleurs sont cultivés et cueillis au sein du potager du château de Versailles.

L'EXCEPTION CABARET

24, avenue Descartes
SAINT-MÉDARD-EN-JALLES ✆ 05 56 13 13 31
www.lexceptioncabaret.com
Ouvert les vendredi et samedi dès 19h. A 23h, Dj set. Spectacle seul : 35 €, dîner-spectacle : 60 € hors boissons.

Pas besoin d'aller dans un cabaret parisien pour assister à un grand spectacle. La troupe de l'Exception Cabaret est composée de professionnels de très haut niveau du chant, de la danse et du cirque, placés sous la houlette d'Aurélien Alberge, le créateur de ce lieu chic et festif. Le spectacle *Chimères* transporte dans un monde onirique, glamour, sexy, hors du temps. Le dîner est concocté en partenariat avec le restaurant Les Frangins. En plus de la revue cabaret, l'Exception est aussi un Comedy Club, un bar clubbing, une salle de concert et un brunch-spectacle.

GLLM GUILLAUME

11, rue des Bahutiers
✆ 05 47 74 47 97
www.boulangeriepatisserieguillaume.fr
Ouvert tous les jours de 8h à 20h.

Guillaume est pâtissier-glacier de formation. Après des expériences formatrices au sein de la maison Lenôtre puis aux États-Unis, le jeune homme lance son établissement rue du Palais Gallien en 2013. Quelques années plus tard, un nouveau lieu ouvre quartier Saint-Pierre. Ici, vous trouverez une jolie sélection de pains, dont une gamme biologique, une offre snacking et des glaces artisanales. Mais le point fort de Guillaume ce sont ses exquises pâtisseries faites maison : comment résister au Tentation, ce biscuit chocolat et praliné qui porte bien son nom ?

JOLLY

7, place du Parlement
✆ 05 57 34 75 95
Ouvert du mardi au samedi de 12h à 23h. Vegan friendly.

Les accrocs au chocolat vont être séduits par cette boutique ouverte par deux gourmandes, Ophélia et Alice. Ce glacier se distingue des autres en mettant à l'honneur le chocolat sous toutes ses formes : il se décline en noir, blanc, au lait et rubis, et se transforme en glaces, sorbets, mousses (dont une au piment d'Espelette) et tablettes grand cru. Pour compléter, on trouve de très bonnes viennoiseries, ainsi que des gaufres ou crêpes à napper de l'excellent caramel au beurre salé maison pour des goûters gourmands à souhait ! Nombreuses options véganes.

LIBRAIRIE GEORGES

300, cours de la Libération
TALENCE
✆ 05 56 04 68 00
www.librairiegeorges.com
Ouvert le lundi de 14h à 19h ; du mardi au samedi de 9h30 à 19h30.

C'est en 1904 que Georges Bory ouvre cette librairie indépendante au cœur de Talence. Plus d'un siècle plus tard, la quatrième génération est toujours à la tête de l'établissement et continue de transmettre sa passion. Installée au sein du Forum des Arts et de la Culture, cette grande librairie générale sur deux étages est également un lieu d'échange et de partage, disposant d'un espace café où l'on vient pour rencontrer des auteurs, discuter de sujets d'actualités, ou bouquiner les derniers ouvrages conseillés autour d'un thé : moment de détente assuré.

LA LOUPIOTE

1bis, rue Louis Blériot
BÈGLES
✆ 06 28 94 80 57
Ouvert du mardi au samedi de 11h30 à 15h et de 17h30 à 0h30.

Après des années au service des restaurateurs, Julien Rolland a ouvert sa propre affaire : « un comptoir convivial où l'on mange et où l'on boit et joue à la pétanque ». C'est une guinguette avec luminaires et cinq terrains de pétanque. On s'installe sur la terrasse en bois et on grignote des tapas façon pique-nique raffiné avec des produits de qualité. La sélection de vins régionaux et étrangers vient animer cette carte. Raclette, côte de bœuf… Ne manquez pas les soirées thématiques organisées par la maison une fois par mois. Un bon repaire à copains !

LE LUCIFER

35, rue de Pessac
✆ 05 56 99 09 02
Ouvert tous les jours de 18h à 2h. Happy hours (18h-21h). Restauration. Animations. Concerts.

Le Lucifer est le paradis des buveurs de bières : plus de 250 bières bouteilles et 18 tirages pression. Le comptoir est assez grand pour s'y installer, à moins que vous ne préfériez une banquette près des fléchettes. Une fois installé, vous n'aurez plus qu'à choisir une des délicieuses blondes ou rousses : la bière d'abbaye mûrie en fûts de chêne ou l'incontournable « flamme de bière » flambée. Au Lucifer, les animations sont nombreuses : jeux de société, théâtre d'impro, concerts… Un petit creux ? Le chef propose une cuisine traditionnelle à la bière.

MAGNUS

32, rue Cheverus
✆ 09 81 18 69 55
Ouvert du lundi au samedi de 8h à 2h ; le dimanche de 15h à 2h. Happy hours (17h-21h).

C'est à deux pas de la place Pey Berland que l'équipe de Magnus a pris ses quartiers. Ce premier pub scandinave bordelais ne manque pas de charme ! La spécialité ? Ce sont les bières bien sûr. La carte est diversifiée : vous avez le choix entre la bière noire Polar Night, la blonde IPA Nordkapp ou encore la blanche IPA Kong Magnus. Dans l'assiette, on se régale avec des spécialités scandinaves, à commencer par le pølse, l'authentique hot dog norvégien ou le kylling, une tortilla garnie de poulet pané, salade et oignons frits.

LA MANUFACTURE LE BAYON

23, rue de Frères Bonie
✆ 06 74 47 98 90
www.lamanufacturelebayon.com
Ouvert du mardi au vendredi de 9h à 15h et de 16h30 à 20h ; le samedi de 9h à 19h. Apéro Box à emporter à 24 € pour 2.

Quel lieu de charme ! Chez Clotilde et Loïc, la gourmandise est à l'honneur. Ici, tout est de fabrication maison et peut se savourer sur place ou à emporter. Côté salé, vous trouverez du pâté en croûte, des rillettes de porc, mais également des saucissons et fromages de producteurs. Le duo propose des box apéros commandables en click&collect avec pâté en croûte, salaison, terrine, houmous, tarama, fromage et pickles. Côté Sucré, Clotilde prépare chaque jour de délicieuses pâtisseries : scones, pavlova à la pêche, charlotte aux mirabelles… A tester.

LA TOQUE CUIVRÉE - CANELÉS DE BORDEAUX

5, rue Sainte-Catherine
✆ 05 57 83 17 93
https://www.la-toque-cuivree.fr
Ouvert tous les jours de 8h à 20h. Canelé de 0,40 € à 0,70 € (selon la taille).

© LA TOQUE CUIVRÉE

Véritable emblème de la ville, le canelé est une petite pâtisserie du XVIe siècle à base de farine, œufs, lait, vanille et rhum. Pour déguster cette fameuse spécialité, rendez-vous dans l'une des nombreuses boutiques de l'enseigne, où l'accueil est toujours chaleureux. Vous aurez alors le choix entre trois tailles de canelés et vous pourrez découvrir d'autres douceurs comme la tourtière aux pommes ou aux pruneaux, ou encore le bordelais amande ou chocolat.

VINTAGE CAFE

19, quai Richelieu
www.vintage-cafe-bordeaux.fr
Ouvert tous les jours de 16h à 2h. Happy hours de 16 h à 19h30. Terrasse chauffée.

Au fil du temps, le Vintage Café a gagné en notoriété, jusqu'à devenir un bar incontournable de Bordeaux. On y vient boire des cafés l'après-midi, se poser après une balade le long des quais, et à l'heure de l'apéritif pour déguster une bière artisanale brassée non loin de la capitale girondine. Pour accompagner la carte des boissons, on opte pour une assiette de charcuterie à partager ou une tartine aussi gourmande que copieuse, concoctée à partir de produits frais et locaux. Ici, la convivialité et la bonne humeur sont de rigueur... À tester entre amis !

ROCKWOOD

4, quai Louis XVIII
www.rockwood.fr
Ouvert tous les jours de 16h à 2h. Happy hours (16h à 19h30 sauf le dimanche). Terrasse. Animations.

Face à la Garonne et installé sur les quais de Bordeaux, le Rockwood est un des pubs incontournables de la ville depuis 2015. La superbe terrasse chauffée offrant une vue imprenable sur la rive gauche. L'atmosphère festive est également un des points forts de ce spot. Ici, l'ambiance est « playground » (comprendre « ambiance cour de récréation ») grâce à son baby-foot et ses fléchettes. À la carte sont proposés de nombreux cocktails, bières pression, gin, rhum et whiskies. Laissez-vous tenter par l'Happy Hour sur les quais toutes les fins de journée !

L'ENGRENAGE

8, rue Castelnau d'Auros
www.lengrenage-bar.fr
Ouvert du lundi au samedi de 16h à 2h ; le dimanche de 16h à 0h30. Happy hours (16h à 19h30). Tapas de 4 € à 12,50 €.

À l'Engrenage, on ne compte pas moins de 20 bières pression, allant des plus légères aux plus fortes, et des cocktails travaillés à base de fruits de saison et fleurs fraîches ! Près de la place Gambetta, ce nouveau spot branché dispose d'une belle terrasse avec de superbes chaises en bois et cannage. À l'intérieur, l'ambiance est plus sombre, rehaussée par un jeu de néons. Et surprise : le sous-sol abrite un billard et un jeu d'arcade. L'Engrenage s'impose déjà comme une adresse élégante dont le secret est la convivialité !

LE SINGE VERT

14, quai de la Monnaie
www.lesingevert.fr
Ouvert du lundi au samedi de 16h30 à 2h ; le dimanche de 16h30 à 0h. Happy hours (16h à 19h30). Terrasse. Animations.

Situé non loin de la place Saint-Michel, le Singe Vert s'est imposé comme un lieu convivial, avec sa belle et grande terrasse. Ici, les spécialités ce sont les bières à la pression (il y en a 14) et les cocktails de qualité. Si les tables extérieures sont prises d'assaut, notamment pendant l'happy hour, le décor à l'intérieur mérite qu'on s'y installe même aux beaux jours. Superbe comptoir, fauteuils anglais, baby-foot, jeux de fléchettes… Pour la retransmission de match, ça se passe sur 3 écrans ou plus afin de contenter tout le monde.

VINTAGE BAR

45, rue Saint-James
www.vintage-bar.fr
Ouvert du lundi au samedi de 16h à 2h ; le dimanche de 17h à 22h. Happy hours de 16h à 19h30.

Installé dans la très agréable rue Saint-James, le Vintage Bar jouit d'une belle terrasse avec vue sur la Grosse Cloche. Vous préférez vous poser à l'intérieur ? Ce n'est pas l'espace qui manque ! Dans ce pub tamisé et animé, vous trouverez une ambiance chaleureuse mais intime, idéale pour un cocktail à deux ou une bière pression entre amis. Lieu très prisé par la jeunesse bordelaise, ce bar-rhumerie organise régulièrement des soirées et propose des *happy hours* intéressantes pour les fins de journée. Retrouvez toute l'actualité du pub sur la page Facebook !

LE SWEENEY TODD'S

2, cours Alsace-et-Lorraine
© 05 56 48 21 13
Tous les jours 17h-2h et WE 12h-2h. Fermeture 0h dimanche. Happy hours (16h-19h).

Vous connaissez le barbier sanguinaire Sweeney Todd's ? Lance et Margot ont choisi de baptiser leur pub bordelais du même nom. Mais ici, pas de danger ! C'est dans une atmosphère conviviale qu'on savoure de bonnes bières et de bons burgers. Sans oublier les fameuses tourtes ! L'ambiance est au rendez-vous à toutes les heures de la journée : pour le *breakfast* anglais, l'*happy hour* et le soir pour les retransmissions des grands matchs... À midi, ne passez pas à côté du *fry-up*, le vrai déjeuner british avec, entre autres, saucisses, bacon, œufs.

INTERVIEW

LE VINTAGE GROUPE

RENCONTRE AVEC MATTHIEU GERVEREAU, LE GÉRANT

Le Vintage Café, le Rockwood, le Vintage Bar, Balthazar, Simone… À Bordeaux, l'esprit « Vintage » est au goût du jour !

Quelle est l'histoire du Vintage Group ?

Tout est parti d'une idée forte : imaginer un nouveau lieu de vie convivial à Bordeaux, puis d'autres ! De projets en opportunités, le Vintage Café a ouvert en 2012. Depuis sont nés le Vintage Bar avec sa sélection de rhums, le Rockwood et le Balthazar avec leurs bières à la pression, le Simone, une cocktailerie où l'on sert de vrais plats le soir, le Singe Vert avec sa terrasse sur les quais et l'Engrenage vers Gambetta.

Que trouve-t-on à la carte du Vintage Bar ?

Un rhum de 1929 de la distillerie Bally en Martinique ! Le Vintage Bar est une adresse que les amateurs de rhums connaissent bien à Bordeaux et dans la région. Nous avons plus de 140 références du monde entier. Pour une dégustation plus accessible, je vous propose de venir apprécier un rhum de République dominicaine avec des notes vanillées, de miel et d'épices.

Parlez-nous du « 1% for the Planet » ?

Il s'agit d'un collectif mixte d'entreprises, d'associations et d'individus engagés pour une planète saine. Le Vintage Group a rejoint le mouvement début 2020. Concrètement, nous reversons tous les mois, 1 % de notre chiffre d'affaires. Les fonds sont ensuite redistribués à des associations environnementales agréées en France pour augmenter leur impact terrain.

VINTAGE CAFE
19, quai Richelieu

VINTAGE BAR
45, rue Saint-James

ROCKWOOD
4, quai Louis XVIII

SIMONE
3, quai Louis XVIII

BALTHAZAR
8, rue des Augustins

LE SINGE VERT
14, quai de la Monnaie

L'ENGRENAGE
8 rue, Castelnau d'Auros

© JESSICA CALVO

© JESSICA CALVO

© JESSICA CALVO

TAMATEBAKO CAFE

32, rue Saint-James
✆ 06 64 92 55 36
Ouvert du mercredi au vendredi de 14h à 19h ; le week-end de 11h à 19h.

Quelle diversité de cafés et de thés ! Pour la pause du goûter, difficile de ne pas y trouver son bonheur... Ici, le café se décline sous mille et une façons (espresso, décaféiné, bio...). À la carte, les cafés Grands Crus cohabitent avec les cafés d'exception, les Café Latté, les Viennois ou encore les Latté Macchiato. Dans ce salon de thé et café Barista, la carte des thés est aussi très fournie : plus de 200 variétés de thés, tisanes et rooibos. De quoi plaire aux amateurs ! Accompagnez votre boisson d'une part de gâteau maison et régalez-vous !

TUTIAC LE BISTRO VIGNERONS

10, place du Palais
✆ 05 57 88 22 42
www.lebistrovignerons.com
Ouvert le mardi de 18h30 à 23h ; du mercredi au samedi de 12h à 14h30 et de 18h30 à 23h ; le dimanche de 12h30 à 15h.

Créée en 1974, la coopérative des Vignerons de Tutiac rassemble 700 vignerons de la région sur 15 appellations bordelaises. Producteurs passionnés, ils partagent les valeurs de transparence et de partage. C'est dans cette optique qu'a ouvert Tutiac, leur premier bar à vins ! À la table, le chef propose quelques plats typiques, comme la côte de bœuf charolaise maturée ou les rillettes de manchons de canard. On apprécie également la planche apéritive gasconne à partager.

THE IRISH LANE

7, rue Jacques Brel
LE HAILLAN
✆ 06 76 77 53 27
www.theirishlane.fr
Ouvert du mardi au samedi de 16h à 21h30.

The Irish Lane est un lieu unique en son genre : le seul point de vente de bière irlandaise ! Thierry, le fondateur, choisit lui-même les micro-brasseries irlandaises qu'il met en avant avec passion et propose des bières spéciales vieillies en fût de vin, des bières millésimées à la pression ainsi que des bières bouteilles. À consommer sur place autour de bonnes planches de charcuterie artisanale, ou à emporter. L'ambiance conviviale et sympathique qui règne là est la promesse de passer une bonne soirée sous le symbole du drapeau irlandais !

MOLLY MALONE'S

83, quai des Chartrons
✆ 05 57 87 06 72
www.molly-pub.com
Ouvert tous les jours de 10h30 à 2h. Service de restauration en continu le week-end. Happy hours. Terrasse. Concerts.

En Irlande, les pubs sont des lieux de partage et de convivialité. Une bière, de la musique... Cette âme festive et joyeuse se retrouve au cœur de Bordeaux, dans cet établissement irlandais authentique installé sur les quais des Chartrons depuis 2004. À toute heure de la journée, on y savoure une bonne bière : la Molly Malone's (une blonde tendre de caractère), la Guinness (une brune Stout) ou encore la O'Haras Irish Red, la O'Haras IPA, la Carlsberg ou encore la Grimbergen blanche. Et tous les dimanches soir, ou presque, on se réunit le temps d'un concert !

LA TOQUE CUIVRÉE - CANELÉS DE BORDEAUX

41, place Gambetta
✆ 05 57 83 61 67
www.la-toque-cuivree.fr
Ouvert tous les jours de 8h à 20h. A la pièce : canelé Gros à 0,70 €, canelé Lunch à 0,50 € et canelé bouchée à 0,40 €.

Véritable emblème bordelais, le canelé, délice qui date du XVIe siècle, est une pâtisserie à base de farine, d'œufs, de lait, de vanille et de rhum... C'est un vrai challenge de les préparer soi-même afin d'obtenir un canelé moelleux à l'intérieur et croustillant à l'extérieur. Rendez-vous dans l'un des 20 magasins où vous aurez le choix entre trois tailles de canelés et vous laisser tenter par d'autres spécialités : tourtières aux pruneaux, Bordelais amande ou chocolat...

WOOD BLOCK

49, avenue Henri Vigneau - **MÉRIGNAC**
✆ 05 56 47 78 66
www.woodblockmerignac.com
Ouvert du lundi au vendredi, midi et soir. Happy Hours de 17h à 19h. Concerts et retransmissions sportives.

Le décor de ce grand pub chaleureux offre plusieurs ambiances : on s'installe au comptoir, à table ou on sirote son cocktail à un mange-debout. Des concerts live et des retransmissions de match sont régulièrement organisés. Pour accompagner sa bière pression, on commande une planche apéritive ou un bon plat de brasserie réalisé à base de poisson frais ou de viande française : mi-cuit d'espadon, chipirons, entrecôte, tartare de bœuf... Ou encore une salade ou une recette typique du pub comme le fish and chips, le burger ou le pulled pork. Végétariens bienvenus.

(SE) FAIRE PLAISIR

L'artère principale de Bordeaux est la fameuse rue Sainte-Catherine. Sur près de 1,2 km, elle rejoint le Grand Théâtre à la place de la Victoire et propose plus de 200 boutiques. Elle est la plus longue artère piétonne et commerçante d'Europe et donc le lieu idéal pour faire du shopping ! Boutiques gourmandes, grandes enseignes de prêt-à-porter et de sport, commerces indépendants… La rue est à l'image de la ville et de ses nombreuses artères : abondante et riche ! Que de choix à Bordeaux pour (se) faire plaisir. Les touristes gourmands ramèneront sans aucun doute quelques spécialités dans leur valise : canelés, macarons, confit de canard, bouteilles de vin… tandis que d'autres trouveront leur bonheur dans les nombreuses boutiques de cadeaux et de décoration. Que vous soyez fin gourmet, mélomane, lecteur, fashion victim ou passionné de high-tech, nous avons sélectionné pour vous les meilleures adresses bordelaises.

LOOPITA

15, rue du Palais de l'Ombriere
✆ 05 58 07 17 17
https://loopita.fr
Ouvert le mardi et du jeudi au samedi de 10h à 13h et de 14h à 19h ; le mercredi de 9h à 13h et de 14h à 19h.

De la décoration, des accessoires informatiques, des cadeaux pour les *kids*… La nouvelle boutique Loopita, installée à deux pas de la Place du Palais, regorge de pépites. En visite dans la ville et à la recherche de souvenirs à emporter dans la valise ? Ici, vous trouverez de nombreux objets à l'effigie de Bordeaux : affiches, stickers et autres magnets illustrés des plus beaux monuments de la région ! Loopita est une boutique bien pensée avec de nombreux kits déjà tout prêts : kit à partir pour les voyages, pour les enfants... À découvrir !

PERSONA

4, rue Duffour-Dubergier
✆ 05 57 99 27 97
Concept store et café design. Objets déco et art de vivre. Petite restauration et salon de thé en journée. Expositions.

Envie de vous offrir de la nouvelle déco, des bijoux originaux ou de dénicher des cadeaux uniques et des œuvres artisanales d'artistes et créateurs (majoritairement) européens ? Foncez chez Persona, tout nouveau concept store cosy et élégant. Profitez-en pour déguster boissons chaudes et délicieuses pâtisseries maison cuisinées par la patronne suédoise, Viveka, qui a déjà tenu deux restaurants auparavant. Et si vous craquez sur le mobilier ou votre jolie tasse de thé, repartez avec : tout est à la vente dans ce café design et lieu de vie hyper inspirant !

AG VINS

4, rue Roger-Touton
✆ 05 56 50 08 00
www.agvins.fr
Ouvert du lundi au vendredi de 9h à 12h30 et de 14h à 18h. Vente en ligne.

Ce négociant en vin fournit principalement les professionnels. Un large choix de vins français et étrangers, des exclusivités ainsi qu'une gamme bio sont proposés au meilleur rapport qualité-prix. AG vins propose 500 vins dans sa boutique en ligne et dispose de plus de 700 références en magasin. La maison propose également un grand choix de bag in box et de vins à petits prix. Au plus près de sa clientèle, AG vins propose des services très intéressants : prêt de tireuses pour vos réceptions, livraison en 24h sur toute la Gironde.

BAUD ET MILLET - LA CAVERNE AUX 100 FROMAGES

19, rue Huguerie ✆ 05 56 79 05 77
www.baudetmillet.com
Restaurant de vins et de fromages. Service traiteur. Vente à emporter. Vente en ligne, livraison à Bordeaux et Libourne.

Xavier Brung a pris la suite de ce restaurant mythique créé par Gérard Baud. Découvrez la caverne aux merveilles : une cave d'affinage de plus de 100 fromages ! Difficile de choisir… En plus de la restauration, Baud et Millet propose un service de privatisation, de formules apéritives, d'animations et de dégustations autour des vins et des fromages, ainsi qu'un service traiteur pour accompagner chacun de vos événements. Vente à emporter et en ligne avec livraison sur rdv.

DESTINATION GRAND COMPTOIR

30, rue Yves-Glotin
✆ 05 56 32 65 38
www.destinationgrandcomptoir.com
Ouvert du lundi au samedi de 8h30 à 18h. Vente en ligne sur le site internet.

© SOPHIET

Destination Grand Comptoir c'est faire le choix de la qualité, de la saveur et d'une torréfaction artisanale. Cafés, infusions, thés, cacaos, mais également sucres bio, miels bio, confitures, ainsi que sirops bio, jus de fruits ou *smoothies* bio... Ces professionnels, qui remplissent les tasses de toute la France, parcourent le monde entier pour dénicher et sélectionner les meilleurs producteurs. Ils élaborent ensuite dans leurs ateliers bordelais des produits d'exception.

BOUTIQUE DARDENNE BORDEAUX

62, rue des Remparts
✆ 06 74 42 52 16
www.chocolatdardenne.com
Ouvert du mardi au samedi de 11h à 18h30.

Maître Chocolatier depuis 1897, la maison Dardenne a choisi de s'installer en plein cœur de Bordeaux. Ici, le chocolat est à l'honneur, fabriqué dans les Pyrénées françaises, 100 % bio et Fairtrade. Il se décline sous plusieurs recettes et plusieurs formes (tablettes, pâte à tartiner, confiseries...), et est même proposé dans une gamme sans sucre et une gamme végane. Avis aux gourmands : fondue au chocolat, glaces, chocolat chaud et crêpes sont disponibles également en boutique.

CHOCOLATERIE SEGONZAC

303, avenue du Médoc
EYSINES
✆ 05 56 28 34 33
Ouvert du mardi au samedi de 9h à 13h et de 15h à 19h.

La chocolaterie Segonzac est une jolie boutique avec mille et un trésors au chocolat. Elle met en valeur une tradition chocolatée transmise de père en fils. On retrouve, bien sûr, la spécialité de la maison, les Guinettes au vieil armagnac, mais surtout le chocolat sous toutes ses formes et de toutes les couleurs : poissons, grenouilles, dinosaures, cœurs et même des Pères Noël, des sucettes qui raviront les petits ! Les chocolats fins en ballotins, les Bouchons du Médoc et autres gourmandises en chocolat séduiront les palais les plus délicats et les plus experts.

CONSEIL DES VINS DU MÉDOC

1, cours du 30 Juillet
✆ 05 56 48 18 62
www.medoc-bordeaux.com
Ouvert du lundi au vendredi de 9h30 à 12h30 et de 13h30 à 18h.

Une balade dans le Médoc permet de découvrir 8 appellations prestigieuses, dont 2 sous-régionales (Médoc et Haut-Médoc) et 6 communales (Saint-Estèphe, Pauillac, Saint-Julien, Moulis-en-Médoc, Listrac-Médoc, Margaux). 16 000 ha de vignes sont travaillés par près de 600 viticulteurs, 80 millions de bouteilles voyagent dans le monde entier. 60 grands crus classés, 249 crus bourgeois, 36 crus artisans, 6 caves coopératives, sans oublier les nombreuses propriétés indépendantes.

GANACHE

41-43, rue Saint-Rémi ✆ 05 57 83 99 02
https://www.ganache-bordeaux.fr
Ouvert tous les jours de 11 h à 2h. Horaires du restaurant : 12h-14h (14h30 le w-e) et 19h-22h (22h30 le w-e).

Nouveau lieu de référence des gourmands, Ganache est à la fois une chocolaterie et un restaurant ! Aux commandes de la chocolaterie, Marie s'est entourée des meilleurs artisans chocolatiers pour réaliser ces délicieuses tablettes, ganaches et pralinés. Originalité des créations et grande finesse à la dégustation, le chocolat (on est tout de même là pour ça !) ne déçoit pas. Mais quelques confiseries très tentantes sont aussi proposées : pâtes de fruits, guimauves et oursons trop mignons. Profitez-en pour rester déjeuner ou dîner et profiter du décor incroyable...

GASTRONOMIE DES PYRÉNÉES

12, cours Portal
✆ 05 56 52 87 59
www.gastronomie-pyrenees.fr
Ouvert du lundi au samedi de 8h30 à 13h30 et de 15h30 à 20h.

Cette jolie boutique est un temple de la gastronomie pyrénéenne. Ici, les étagères foisonnent de conserves et de bocaux gourmands : foies gras mi-cuit Raymond d'Artigues à Pomares, axoa de veau du Pays basque, miels bio des Pyrénées... Le rayon frais rassemble quelques incontournables : bœuf de race charolaise, agneau du Pays basque, volaille de la Ferme du Rivet, jambon Bellota. Vous pourrez aussi découvrir un large éventail de vins, de champagnes, d'apéritifs, d'armagnacs... À noter : des produits en promotion tous les mois.

LES ÉLEVEURS GIRONDINS

3, avenue du Maréchal-Leclerc
MÉRIGNAC ✆ 05 56 71 14 45
www.eleveursgirondins.fr
Ouvert du mardi au samedi de 7h30 à 13h et de 16h à 19h30.

Le Groupement des Éleveurs Girondins (GEG) compte aujourd'hui 150 adhérents, dont 120 éleveurs de bovins et 30 éleveurs d'ovins. Il a plusieurs cordes à son arc : la sauvegarde, ainsi que la promotion de produits de qualité du terroir girondin, la mise en marché de la production des exploitations de ses adhérents. « De la fourche à la fourchette » tel est l'objectif du GEG. La coopérative a ses propres points de vente, dont cinq boucheries en Gironde. Les clients peuvent y trouver des viandes de bœuf certifié Sous Signature Gironde.

LA HALLE BOCA

208, quai de Paludate
www.halleboca.com
Ouvert lundi et mardi de 10h à 16h ; du mercredi au vendredi de 10h à 0h ; samedi de 10h à 1h ; dimanche de 11h à 23h.

La Halle Boca se tient sur les quais de Paludate. Ce concept gastronomique et lieu de vie unique réunit dans les anciens abattoirs de Bordeaux, entièrement rénovés, un hôtel, des restaurants, ainsi qu'un *foodcourt* proposant 14 corners de restauration (fruits de mer, spécialités asiatiques, tapas, pizzas napolitaines, cuisine gastronomique, cuisine corse, etc.), un mur à bières en libre-service, une cave à vin et un grand bar central. En tout, sont réunis dans une seule et même salle, 350 sièges autour de grandes tablées conviviales.

LES HALLES DE BACALAN

10, quai de Bacalan
✆ 05 35 54 44 82
www.biltoki.com/hallesbacalan
Fermé le dimanche soir et le lundi toute la journée. Voir les horaires sur le site internet.

Avis aux épicuriens ! Les Halles de Bacalan ont su attirer un large public dans un espace exclusivement dédié à la gastronomie du Sud-Ouest. Initiées par la société Biltoki, ces Halles installées à proximité de la Cité du Vin présentent une vingtaine de stands animés par des artisans producteurs locaux sélectionnés pour la qualité de leurs produits. Des points de restauration permettent de prolonger le plaisir gourmand en grignotant sur place. Des temps forts sont régulièrement organisés dans les Halles ou sur le parvis : dégustations, ateliers, concerts...

HASNAÂ CHOCOLATS GRANDS CRUS

4, rue de la Vieille Tour
✆ 05 56 81 11 40
www.hasnaa-chocolats.fr
Ouvert du lundi au samedi à partir de 10h et jusqu´à 19h30.

Cette ancienne candidate de « Master chef » sélectionne elle-même chez les producteurs des cacaos d'exception et confectionne des chocolats grands crus dans son laboratoire ouvert au public. Sans conservateurs ni arômes artificiels, ils sont composés uniquement de fèves (souvent bio) et du sucre de canne bio, sans ajout de lécithine ni de beurre de cacao autre que celui présent dans la fève. Les chocolats sont subtils, comme un praliné à la coriandre ou une ganache au poivre timut.

LAITERIE BURDIGALA

4, rue des Douves
✆ 06 59 85 83 38
Basse saison mardi au dimanche de 9h30 à 19h sauf entre 14h30 et 16h30. Haute saison jeudi, vendredi midi et week-end.

Implanter une laiterie avec atelier sur place en plein centre-ville, il fallait y penser... et Chloé et Claire l'ont fait. Elles ont inventé un lieu convivial et n'ont pas eu à aller chercher très loin le mobilier chiné pour accueillir une vingtaine de personnes. L'adresse se dote aussi d'une grande terrasse. Les deux milk-entrepreneuses produisent surtout des fromages à pâtes filées mais aussi des fromages frais, des yaourts et du lait en bouteille qu'il faut commander. Les jeudis soir « Do It Yourself » pour confectionner sa propre mozzarella.

MAISON LAFITTE FOIE GRAS

26 bis, rue Mably
✆ 05 56 48 01 05
www.lafitte.fr
Ouvert du mardi au samedi de 10h à 13h et de 14h à 19h.

Depuis plus de 100 ans, la Maison Lafitte entretient l'excellence et le savoir-faire de la gastronomie landaise. Partenaire exclusif du Club des Chefs cuisiniers des Chefs d'Etat à travers le monde, Lafitte est reconnue pour la qualité supérieure de ses produits. Les canards gras traditionnels sont élevés 102 jours minimum et engraissés au maïs grain entier, selon les cahiers des charges Label Rouge et IGP Landes. Venez découvrir l'univers gastronomique du foie gras, confit, magret des Landes, et toute une gamme de produits autour du canard...

LA MANUFACTURE LE BAYON

23, rue de Frères Bonie
✆ 06 74 47 98 90
www.lamanufacturelebayon.com
Ouvert du mardi au vendredi de 9h à 15h et de 16h30 à 20h ; le samedi de 9h à 19h. Apéro Box à emporter à 24 € pour 2.

Quel lieu de charme ! Chez Clotilde et Loïc, la gourmandise est à l'honneur. Ici, tout est de fabrication maison et peut se savourer sur place ou à emporter. Côté salé, vous trouverez du pâté en croûte, des rillettes de porc, mais également des saucissons et fromages de producteurs. Le duo propose des box apéros commandables en click&collect avec pâté en croûte, salaison, terrine, houmous, tarama, fromage et pickles. Côté Sucré, Clotilde prépare chaque jour de délicieuses pâtisseries : scones, pavlova à la pêche, charlotte aux mirabelles... A tester.

MARCHÉ DES CAPUCINS

Place des Capucins
www.marchedescapucins.com
Du mardi au vendredi de 6h à 14h, week-end de 5h30 à 14h30.

Un marché qui existe depuis le XVIIIe siècle ! Aujourd'hui le plus grand marché de Bordeaux vit toute l'année dans une ambiance décontractée, conviviale, unique en son genre. On y vient faire ses courses, se restaurer, prendre un café, boire un verre, acheter des fleurs, déguster des huîtres ou encore des spécialités asiatiques et même dénicher quelques vêtements à l'extérieur. La viande, les charcuteries françaises ou espagnoles et les fromages sont magnifiques, quant aux prix (notamment les fruits et les légumes) ils restent très abordables. On y court !

MATTHIEU ROUFFINEAU - HUÎTRES SPÉCIALES PAPIN

Marché des Capucins
✆ 06 77 06 53 44
www.huitres-matthieu-rouffineau.fr
Ouvert toute l'année du mercredi au dimanche de 8h à 13h.

Les huîtres Spéciale Papin sont des produits d'exception, de grande qualité à la saveur unique et racée, grâce à un long et patient travail d'affineur. Ces huîtres-là, maintes fois médaillées et récompensées, sont appréciées pour leur finesse, leur petit goût de noisette unique. Produites à La Tremblade, elles sont reconnaissables à leur belle couleur verte. Matthieu Rouffineau, amoureux et fier de son produit, est issu d'une famille d'ostréiculteur depuis quatre générations.

NOISETTINES DU MÉDOC

34, rue des Remparts
✆ 09 53 92 55 05
www.noisettines.fr
Ouvert du lundi au samedi de 11h à 19h. Livraison possible (vente en ligne via la boutique).

Quand Edith et Michel Noyez créèrent la Noisettine du Médoc dans les années 1970, ils étaient loin de se douter qu'on la retrouverait bientôt dans de nombreux étals de la région, à Paris et en Belgique ! Rien d'étonnant pourtant, car tout le monde craque pour cette gourmandise dont la recette daterait de 1649. Il s'agit d'une généreuse noisette cuite dans un sirop maison et enrobée d'un caramel soufflé. Pour goûter cette spécialité, rendez-vous au magasin rue des Remparts à Bordeaux ou à Blaignan, la boutique-musée qui organise des visites avec dégustation.

THE NUTS SHOP

98, rue Victor Hugo
✆ 06 43 15 28 32
https://thenutsshop.fr
Ouvert du lundi au samedi de 10h à 20h ; le dimanche de 10h à 18h.

Fruits secs, fruits séchés, chocolats, nougats, loukoums… Comme chez les confiseurs d'antan, les gourmandises sont présentées dans de jolies bonbonnières et pots en verre. Chez Hamdi et Rama, les douceurs sont à la pelle… On apprécie les fruits secs, fraîchement grillés sur place, sans matières grasses, ni additif, ni conservateur. Côté sucré, notre préférence va vers les noix de pécan croquantes enrobées de chocolat façon truffe. Côté salé, testez absolument les amandes fumées qui se marieront à merveille avec une bière pour l'apéritif.

LOVELY CENTER

61, rue du Loup
✆ 09 66 98 78 40
www.lovelycenter.fr
Ouvert du lundi au samedi de 11h à 19h30.

Lovely Center est une boutique du « plaisir ». Ses 110 m² sont entièrement dédiés à l'érotisme de bon goût et comme l'accueil est agréable et très professionnel, on se sent tout de suite bien. De belles collections de lingerie, du prêt-à-porter sexy, des accessoires et quelques bijoux, occupent une bonne place. Parmi les autres articles, il y a des huiles de massage, des cosmétiques intimes et lubrifiants, des compléments alimentaires aphrodisiaques, des produits d'ambiance érotique pour la maison, des livres et jeux coquins et bien sûr toutes sortes de sex-toys.

PIERRE OTEIZA

52, rue des Remparts
✆ 05 56 52 38 76
www.pierreoteiza.com
Ouvert du mardi au samedi de 10h à 14h et de 15h à 19h.. Livraison possible (via site Internet seulement).

L'odeur est inimitable et perceptible dès l'entrée de cette jolie boutique de salaisons et de plats préparés du Pays basque. Difficile de choisir entre les jambons, saucissons, chorizos, foies gras ou entre les plats cuisinés : axoa de veau, cassoulet (porc, canard ou mouton), chipirons à la basquaise, salmis de palombe, poulet à la basquaise, piperade, confits et magrets. Accompagnez le tout d'un fromage artisanal : d'un bon Irouléguy, de patxaran ou de manzana. Pour la douceur, succombez aux confitures et aux gelées ou à l'excellent beurre des Aldudes.

© PIERRE OTEIZA

© PIERRE OTEIZA

BORDEAUX

LA TABLE DE DON QUICHOTTE

✆ 06 60 48 49 64
www.latablededonquichotte.com
Ouvert du mercredi au dimanche de 7h à 14h.

C'est au cœur du Marché des Capucins, sur l'étal de La Table de Don Quichotte, que vous trouverez le meilleur de la gastronomie basque et espagnole grâce à des produits d'exception : superbes jambons ibériques, salaisons de multiples façons [saucissons, ventrèche roulée au poivre], généreux chorizos, *lomo embuchado* et spécialités basques [axoa, piment d'Espelette]. Les plateaux de charcuteries et salaisons basques s'emportent également pour vos apéritifs festifs !

© JESSICA CALVO

© JESSICA CALVO

PIED DE BICHE

80, rue du Pas Saint Georges
✆ 09 50 48 59 81
Ouvert du lundi au vendredi de 11h à 19h, le samedi de 10h30 à 19h30, le dimanche de 14h à 19h.

Après deux boutiques à Paris, Pied de Biche a posé ses jolis souliers à Bordeaux, à deux pas du quartier Saint-Pierre. Reconnue pour son savoir-faire, la marque propose des intemporels de qualité haut de gamme à prix maîtrisé. Les modèles sont pensés au cœur de l'atelier parisien, puis assemblés à la main dans la région de Porto avec des cuirs italiens. Le modèle phare ? Les Chelsea Boots, qui se déclinent en plusieurs couleurs, matières et formes. Une jolie sélection de maroquinerie et d'accessoires pour hommes et femmes vient compléter l'offre.

RICHY'S

73-77, rue du Pas-Saint-Georges
✆ 05 56 52 33 81
Ouvert le lundi de 14h à 19h, du mardi au samedi de 10h à 12h30 et de 13h30 à 19h et le dimanche de 11h à 18h.

Derrière cette grande façade bleue se tient un concept-store branché et pointu. À peine entré dans la boutique, vous serez accueilli avec chaleur par l'équipe pendant que du bon son viendra égayer vos oreilles. Les marques de créateurs sont à l'honneur et les collections sont rétro et colorées. Vous trouverez des incontournables comme les baskets Superga, les Dr Martens ou encore les sacs à dos Fjallraven. Dans la dernière salle, Richy's vous présente StepArt, un concept original qui met en collaboration des artistes pour des pièces au design unique.

MAISON SERSK

84-86, cours d'Alsace-et-Lorraine
✆ 05 57 34 97 11
www.maisonsersk.com
Ouvert le lundi de 14h à 19h ; du mardi au jeudi de 11h à 13h30 et de 14h30 à 19h ; samedi et vendredi de 11h à 19h.

Concept store installé cours d'Alsace-Lorraine, Maison Sersk éblouit par sa sublime sélection de décoration et de mobilier qui invite au voyage et au dépaysement. Ici, que des matières premières nobles et des créations délicates mises à l'honneur… Comme par exemple les bougies parfumées de la marque Baobab à la fabrication artisanale à partir de matériaux d'exception : verre soufflé en Pologne, cire minérale d'Allemagne, mèche en coton égyptien… Le choix est pointu et l'accueil adorable. Une boutique de décoration coup de cœur !

MARC POSTULKA

7, rue Duffour Dubergier
✆ 05 56 44 00 31
www.postulka.fr
Ouvert du lundi au samedi de 8h30 à 19h30 ; le dimanche de 8h30 à 13h. Commandes par téléphone. Livraison possible.

Le fleuriste Marc Postulka est connu à Bordeaux : il y a installé deux jardineries pépinières. On y trouve des fleurs, des plantes d'intérieur et d'extérieur et un service de livraison par coursier. L'accueil est chaleureux et lors de dates spéciales avec forte affluence, comme la fête des Mères ou la Saint-Valentin, un accordéoniste vient jouer dans la boutique pour que l'attente se fasse en musique ! Une délicate attention qui distingue l'établissement de ses concurrents... Pour les grandes occasions, la jardinerie propose également des fleurs en gros.

LES SUCCULENTES DE LA MALICE

39, rue Huguerie
✆ 05 56 38 45 58
Ouvert du mardi au samedi de 10h30 à 19h.

Dans ce concept store végétal original, vous trouverez aussi bien des plantes et fleurs séchées que des meubles anciens et de la vaisselle dépareillée. Maria, la mère, chine les brocantes et rempote, pendant qu'Amandine, la fille, tient la boutique et dispense ses bons conseils à ceux qui n'ont pas la main verte. On craque complètement pour ces petites succulentes plantées dans des vieilles tasses à thé : parfait pour décorer son intérieur ou faire un cadeau qui sort de l'ordinaire !

COMPTINES

5, rue Duffour Dubergier
✆ 05 56 44 55 56
librairiecomptines.hautetfort.com
Ouvert du mardi au vendredi de 10h30 à 19h ; le samedi de 10h à 19h. Animations gratuites.

Tenue par une équipe de passionnées toujours souriantes et d'excellent conseil, cette librairie dédiée à la littérature jeunesse propose un large choix d'albums, BD et romans sélectionnés pour leur qualité, ainsi qu'un joli rayon papeterie, coffrets créatifs et jeux de société. Des expositions, dédicaces et ateliers gratuits y sont régulièrement organisés les week-ends et durant les vacances scolaires, pour le plus grand bonheur de tous les petits lecteurs... Attention, il est quasiment impossible de ressortir de là les mains vides !

LIBRAIRIE GEORGES

300, cours de la Libération - **TALENCE**
✆ 05 56 04 68 00
www.librairiegeorges.com
Ouvert le lundi de 14h à 19h ; du mardi au samedi de 9h30 à 19h30. En été, du mardi au samedi de 10h à 19h.

C'est en 1904 que Georges Bory a créé cette librairie générale indépendante à Bordeaux. Installée à Talence depuis 1973, la quatrième génération est à la tête de l'établissement et continue de transmettre l'amour du livre et du débat. Installée au sein du Forum des Arts et de la Culture, la librairie est avant tout un lieu d'échanges et de partage. Dans l'espace café de la librairie, on vient pour rencontrer des auteurs, débattre sur la science, littérature ou encore les arts. Après vos achats, vous pourrez y bouquiner avec un bon thé : moment de détente assuré.

LA MACHINE À LIRE

8, place du Parlement
✆ 05 56 48 03 87
www.lamachinealire.com
Ouvert le lundi de 14h à 20h ; du mardi au samedi de 10h à 20h.

Cette librairie indépendante ne manque pas d'atouts : installée sur la jolie place du Parlement, elle est devenue un lieu de rencontres incontournable. Dans une grande salle voûtée, des centaines d'ouvrages sont présentées par thématiques : coups de cœur, nouveautés, meilleures ventes et classiques. Au fond du magasin, un espace est proposé pour les enfants, avec une belle sélection d'albums et de romans jeunesse. Ici, les libraires sont à l'écoute et de très bon conseil. Une passion clairement communicative, qui fait tout le charme du lieu...

TIMARA PHOTOGRAPHE

56, avenue Thiers
✆ 05 56 32 65 13
www.timara.com
Ouvert du lundi au vendredi : 9h-18h ; samedi matin : 9h-12h30 (après-midi sur rdv). Forfaits à partir de 650 €.

Pour immortaliser chaque minute de votre belle cérémonie, faites confiance à Timara ! Photographe de mariage, elle réalise aussi des photos d'identité, des photos de book et des séances en famille ou entre amis. Son point fort ? Mettre tout de suite à l'aise pour capter votre personnalité et vos envies, comme en témoignent ses reportages de mariage qui mêlent spontanéité, créativité et sincérité ! Plusieurs forfaits sont proposés, avec un reportage photos (en illimité), une galerie sur Internet et, au choix, un DVD libre de droits, un album ou un livre luxe.

BOUGER & BULLER

Sport, loisirs, détente, bien-être, activités artistiques… Chez Petit Futé, on aime autant bouger que buller ! Pour cette raison, nous vous avons sélectionné nos meilleures adresses bordelaises. Lors de votre séjour à Bordeaux, vous allez beaucoup marcher et vous serez peut-être même tenté de courir sur les quais au bord de la Garonne, ou au cœur du Parc Bordelais. Une activité très prisée par les habitants ! La ville offre également d'autres possibilités de loisirs sportifs comme le golf, le surf ou l'escalade dans des lieux aussi charmants que surprenants. Pour vous baigner sans quitter la ville, le Lac de Bordeaux avec sa plage offre une alternative agréable pour un moment en famille. Vous y trouverez centre de voile, club d'aviron, pistes cyclables et terrains de sports collectifs. Et pourquoi pas finir le séjour avec une escapade beauté dans un centre spa sauna hammam ? L'heure est à la détente !

ARKOSE BORDEAUX

170, Cours du Médoc
✆ 05 56 80 57 46
https://bordeaux.arkose.com
Ouvert tous les jours de 7h à 0h. Session bloc : 16 € adulte, 8 € enfant. Forfait 10 sessions : 135 €. Restauration.

Véritable lieu de vie locale, Arkose invite les débutants et les confirmés à venir s'amuser dans cet ancien chai, pour s'entraîner dans une ambiance conviviale. Petits et grands peuvent ainsi évoluer en toute liberté sur la surface grimpable de 850 m². En tout, ce sont 180 blocs de tous niveaux et 5 000 prises. Les plus jeunes pourront découvrir les joies de l'escalade dans la « kids friendly » zone. Arkose Bordeaux propose aussi un espace fitness et une zone étirement, un sauna, un espace *chill* et une cantine où l'on sert une cuisine saine et savoureuse.

GOLF BLUE GREEN DE BORDEAUX-LAC

Avenue de Pernon ✆ 05 56 50 92 72
https://bluegreen.fr/bordeaux-lac/
Ouvert toute l'année. Parcours 18 trous : à partir de 35,70 €. Stages. Abonnements. Bar et restauration.

Situé à quelques kilomètres du centre au nord de Bordeaux, le Blue Green Bordeaux-Lac propose deux parcours de 18 trous : La Jalle (6 156 m), parcours totalement plat situé dans un environnement naturel, et Les Etangs (6 162 m), parcours plus vallonné avec de nombreux obstacles d'eau qui le rendent moins accessible aux golfeurs néophytes. Un autre parcours 9 trous Pitch & Putt permet aux débutants de faire leurs premiers pas sur les greens en toute tranquillité.

LES MARINS DE LA LUNE

21, quai des Queyries
www.lesmarinsdelalune.fr
Club nautique.

Aussi incroyable que cela puisse paraître, il est possible de faire du canoë, du kayak, de la pirogue, du surf, du stand up paddle et de la voile sur la Garonne ! En journée, habités par ce club nautique associatif, les Chantiers de la Garonne proposent des initiations. Avec son ponton et sa cale de mise à l'eau, les avirons de mer, petits voiliers et autres paddle boards n'auront plus de secrets pour vous. Depuis le club-house, profitez également d'une vue imprenable sur la Garonne pour venir boire un verre à la Brasserie de la Lune qui partage les lieux.

PISCINE JUDAÏQUE

164, rue Judaïque
✆ 05 56 51 48 31
Fermeture hebdomadaire : lundi et jours fériés. Plein tarif résident bordelais : 3,50 €. Autres tarifs et abonnements.

Le bâtiment qui abrite la piscine Judaïque date de 1936. Restructuré et rénové en 1996 puis en 2011, il est classé Monument historique. Son architecture mêle intelligemment modernité et décor d'entre-deux-guerres avec ses grandes baies vitrées et ses vestiaires d'origine. Le nageur accompli appréciera de faire ses longueurs dans l'une des 8 lignes d'eau du bassin olympique. La piscine dispose également d'une seconde, plus petite, de 25 mètres. Le toit s'ouvre dès l'arrivée des beaux jours, ce qui permet de nager sous les rayons du soleil.

PLAGE DU LAC

Boulevard Jacques Chaban Delmas
BRUGES
✆ 05 56 69 98 58
www.bordeaux.fr

Baignade surveillée en haute saison. Tables de pique-nique ombragées.

Sur la plage du Lac, la baignade est surveillée jusqu'en septembre. Il y a un petit et un grand bain, mais aussi une pataugeoire. Sur place : casiers, sanitaires, activités culturelles et sportives... On y passe volontiers des journées entières, car la prairie qui borde le lac est ombragée et la pinède aménagée avec des tables de pique-nique. Les personnes à mobilité réduite apprécieront le sentier adapté et les moyens pour faciliter la mise à l'eau (tiralo, fauteuil amphibie) durant les horaires de surveillance. En revanche, les animaux ne sont pas autorisés.

SQUASHBAD33

23, rue René Magne
✆ 05 56 07 09 96
www.squashbad33.fr

Ouvert du lundi au vendredi de 10h30 à 22h30 ; le week-end de 10h à 19h. Squash et badminton à partir de 8 €/joueur.

Squashbad33 vous accueille pour des séances de squash, badminton ou padel. Quel que soit le sport choisi, vous pouvez réserver l'un des 26 terrains de squash, 11 de badminton et 8 de padel répartis sur trois clubs à Bordeaux, Gradignan et Mérignac. Les clubs disposent d'une brasserie ouverte à tous du lundi au vendredi le midi. Côté bar, on vous propose des planches de tapas et un large choix de bières à la pression et en bouteille. Les cartes (10 ou 20 parties) sont valables 1 an dans les trois clubs. Pensez aussi aux abonnements.

STADE MATMUT ATLANTIQUE

Cours Jules Ladoumègue
www.matmut-atlantique.com

Événements sportifs. Concerts. Visite. Billetterie en ligne.

Le stade Matmut Atlantique accueille chaque saison les matchs de football des Girondins de Bordeaux, mais également d'autres événements sportifs d'importance comme certains matchs du Top 14. Savez-vous qu'il est possible de visite l'antre de votre stade préféré ? Au programme : la vue panoramique depuis les tribunes hautes, le parcours compétition, le bord pelouse et bien d'autres espaces habituellement fermés au grand public. Pendant 1h30, votre guide vous racontera l'histoire de ce lieu emblématique. Le stade est accessible en bus et tram.

BERNARD FERREIRA

Avenue de bourranville
MÉRIGNAC
✆ 05 56 55 11 80

Du mardi au jeudi de 9h à 19h ; vendredi de 8h à 19h ; samedi de 8h à 18h. Avec ou sans rendez-vous. Forfait mariage.

Coiffeur depuis l'âge de 15 ans, Bernard Ferreira a ouvert son premier salon en 1993. Aujourd'hui il se consacre uniquement au salon du centre commercial du Clos Montesquieu. Ce grand professionnel vous accueille pour vos coupes de cheveux, brushings, couleurs et autres prestations (permanente, balayage, tye and die, etc.). Spécialiste des beaux lissages, des coiffures et des beaux chignons, Bernard Ferreira s'occupe à la perfection des futures mariées. Les enfants de moins de 10 ans bénéficient de tarifs adaptés et les messieurs sont les bienvenus.

BIOETHNIQUE

48, rue Maurice ✆ 07 77 88 03 93
www.bioethnique.fr

Massages du monde à 45 € les 30mn, soins visage de 60 € à 110 €, soins spa de 30 € à 45 €. Produits bio ou naturels.

La Maison Bioethnique est un endroit de douceur et de détente installée dans une adorable maison en pierre typique. L'ambiance est intimiste, propice au bien-être et au massage. Le lieu est divisé en plusieurs espaces, chacun invitant au voyage de nos sens : deux salles de soin, l'une pour les prestations en solo et l'autre pour celles en duo, ainsi qu'un espace balnéo. Parmi les prestations, massage ayurvédique, massage antistress, enveloppement, bain hydromassant et soins du visage sont proposés. Tous les produits utilisés sont disponibles en boutique !

© WAVE SURF CAFÉ

© STEVE LAURENS

WAVE SURF CAFÉ

174, cours du Médoc
✆ 09 83 29 67 74
https://bordeaux.wave-surf-cafe.fr
Tous les jours de 11h à 20h pendant les vacances scolaires et week-ends, de 12h à 17h hors vacances scolaires. 28 €.

Faire du surf en ville, une idée farfelue ? C'est possible au Wave Surf Café grâce à une vague artificielle qui déferle pour le plus grand plaisir des amateurs. Débutants ou confirmés goûtent aux joies de la glisse dans une eau à 25 °C. Ceux qui ne souhaitent pas grimper sur la planche, peuvent admirer le spectacle en sirotant une boisson, en grignotant un bagel, un burger ou une pizza. Le Wave Surf Café organise l'anniversaire des enfant de 8 à 14 ans ou un enterrement de vie de garçon ou jeune fille. Profitez aussi de soirées les jeudis et vendredis.

© WAVE SURF CAFÉ

© WAV

© WAV

BLUSH

30, rue du Maréchal Joffre
✆ 06 61 70 11 86
https://blush.kalendes.com
Ouvert du lundi au samedi de 10h à 19h. Beauté des mains et des pieds. Cartes cadeaux.

Envie de trouver un nail lounge intimiste au cœur de Bordeaux ? Ce joli boudoir à la décoration épurée a déjà une clientèle de fidèles. Ici, on s'occupe à merveille de vos ongles de mains et de pieds à prix tout doux. Comptez par exemple 15 euros pour une beauté des mains de 25 minutes (nettoyage de l'ongle, limage, préparation des cuticules, polissage) avec pose de vernis classique au choix, huile de soin et modelage. French, vernis semi-permanent, décoration, gainage sur ongle naturel, démaquillage, dépose... Faites-vous plaisir !

CALVIN & LANE

12, cours Pasteur
✆ 09 82 35 59 55
www.calvinandlane.fr
Le lundi de 10h à 19h ; du mardi au vendredi de 9h30 à 19h30 ; le samedi de 9h30 à 19h. Coiffure. Soins esthétiques.

Un salon de coiffure, centre de beauté et de massage en plein cœur de Bordeaux, c'est le concept tout en un de Calvin & Lane. Ici, la détente et la relaxation sont au rendez-vous ! Coiffure, barbier, soins visage et corps, beauté des sourcils, massage, manucure, pédicure, épilations... L'équipe vous écoute et vous conseille dans un lieu cosy et intimiste, entièrement modernisé. Pendant votre coupe ou votre soin, profitez d'une boisson chaude ou d'un bon verre de vin du domaine de Bassac, tout en dégustant un cannelé bordelais... Eh oui, pourquoi se priver ?

LES BULLES À FLOTTER

113, cours Alsace Lorraine
✆ 09 53 19 44 49
www.lesbullesaflotter.fr
Ouvert du lundi au vendredi de 9h à 22h30 ; le week-end de 10h à 22h30. Tarif Découverte : 60 €.

Libérez-vous du stress avec les bulles à flotter ! Immergé(e) dans une grande bulle (baignoire) remplie d'eau salée et complètement isolée du monde extérieur grâce à une sorte de couvercle, vous allez pouvoir libérer votre esprit, améliorer votre sommeil et pourquoi pas, faire une séance de méditation. Le principe a de nombreux bienfaits : déconnexion totale, récupération physique grâce à la flottaison, récupération musculaire et articulaire grâce au sel de magnésium présent dans l'eau. L'établissement propose des séances découverte à tester !

ESPACE COIFFURE

Esplanade Charles de Gaulle
PESSAC
✆ 05 56 45 59 72
Du mardi au vendredi 9h-19h ; samedi jusqu'à 18h30. Coupe à partir de : femme 35 €, homme 21 €, enfant -10 ans 14,50 €.

C'est à Pessac que le Petit Futé s'est rendu pour pousser les portes de ce salon de coiffure ! Ouvert en 2005, ce salon de quartier coiffe toute la famille et ne manque pas de clients fidèles dans le quartier. Et pour cause, il y a pas mal d'avantages ! D'abord pour les prix, car ici, les prestations sont remisées 3 jours par semaine. Ensuite, parce que les coiffeuses utilisent des produits L'Oréal Paris et Kérastase. Et enfin, parce que le salon récolte vos cheveux pour Capillum, la première filière de recyclage des cheveux.

CALICÉO

8, rue Jean Pommiès - **BRUGES**
✆ 08 26 30 32 33
https://bordeaux.caliceo.com
Espace de remise en forme aquatique ouvert 7j/7 de 10h à 21h. Pass 2h : 18 € ; pass journée : 30 €. Autres tarifs.

Eau à 33 °C, bains bouillonnants, jets à forte pression et cols de cygne pour un massage décontractant, sauna, hammam aux essences naturelles d'eucalyptus... A Calicéo, tout a été pensé pour vous offrir un véritable moment de détente aquatique. Pour vous remettre en forme, ce centre de bien-être propose aussi des offres « vitalité » dans un bassin dédié avec des séances d'aquagym, d'aquabike et d'aquatraining sur abonnement. Toute l'année, profitez du bassin extérieur chauffé et s'il fait beau, de la terrasse et ses nombreux bains de soleil.

SALON DANIEL D.

8, allée Roland Dorgelès - **MÉRIGNAC**
✆ 05 56 47 45 83
https://salondanield.fr
Du mardi au vendredi de 8h30 à 19h ; le samedi de 8h à 18h30. Coupe femme dès 36,50 €, homme 24 €, enfant de 16 à 22 €.

Daniel Dubedout n'a pas eu grand-chose à refaire dans ce salon de coiffure historique que certaines fidèles clientes fréquentent depuis l'ouverture il y a près de 30 ans. Un changement de nom (mais pas d'équipe !) plus tard et une touche de décoration en plus, le Salon Daniel D. ouvre ses portes en janvier 2021. Coupes courtes, mèches et balayage, pose d'extension Great Lenghts, lissage brésilien, coiffure de fêtes... Ici, on coiffe hommes, femmes et enfants à des tarifs très attrayants. Pratique : le vaste parking qui borde l'aile gauche du bâtiment.

PLANÈTE BORDEAUX

BEYCHAC-ET-CAILLAU

✆ 05 57 97 19 22 - www.planete-bordeaux.fr

Ouvert du lundi au vendredi de 9h à 12h30 et de 14h à 18h30. Ouvert le samedi en juillet et août, de 10h à 18h30.

Plonger au cœur des appellations Bordeaux et Bordeaux Supérieur, partir à la découverte du vignoble et déguster de Grands Crus… C'est là la promesse de ce lieu situé à seulement vingt minutes de la capitale girondine. Ludiques, les expositions et projections éclaireront les novices et permettront aux fins amateurs d'approfondir leurs connaissances. Le clou du spectacle est l'espace de dégustation où vous pourrez découvrir des vins et vous faire conseiller par des passionnés. Ici, vous trouverez d'excellents crus à prix abordable.

BORDEAUX ACCUEILLE MÉTROPOLE

6, rue du Vélodrome

✆ 05 56 81 68 26

www.bordeaux-accueille.com

Ouvert du lundi au vendredi de 14h à 17h. Hors vacances scolaires. Adhésion annuelle : 45 €.

Quand on arrive dans une nouvelle ville, ce n'est pas toujours simple de faire des rencontres chaleureuses. Bordeaux Accueille Métropole (BAM) a pour mission d'accueillir les nouveaux arrivants à Bordeaux et dans la région bordelaise afin de partager des moments de découvertes, de convivialité et de créer des liens amicaux. Les 6 antennes locales : Bordeaux-maritime, Bordeaux-centre, Le Bouscat-Caudéran, Mérignac, Pessac, Gradignan, organisent chaque mois de nombreuses activités.

LA VAGUE ET LA PLUME

116, rue de la République - **TALENCE**

✆ 06 79 59 47 60

http://vagueplume.com/

Ouvert du jeudi au lundi de 10h à 18h30 sur RDV. Modelage à partir de 45 €. Tarif réduit pour les moins de 18 ans.

Trop pressés, trop tendus, trop fatigués… Stop ! *La Vague et la Plume* se propose de défaire tous ces nœuds et toutes ces tensions ! Ici, le temps s'arrête pour laisser place au bien-être. Tête, dos, bras, pieds… Les modelages sont basés sur l'énergétique traditionnelle chinoise. Par exemple, le « Gua Sha » est recommandé pour le stress et les nuits difficiles. Il y a aussi le « Huo Guan » pour trouver un équilibre sang/énergie. Placées sur les points de méridiens, les ventouses peuvent décongestionner des zones de blocage d'énergie.

ÉCHIQUIER BORDELAIS

36, rue Buhan

✆ 06 72 89 00 35

www.echiquier-bordelais.blogspot.com

Ouvert du lundi au samedi de 14h30 à 19h30. Entrée : 2 € (journée). Tarif pour la compétition sur le site internet.

Depuis 2004, les amateurs se retrouvent au cœur de Bordeaux, rue Buhan, dans ce lieu dédié à la pratique et à l'enseignement du jeu d'échecs. Ouvert en semaine, ce club souhaite offrir à tous un cadre de jeu agréable, que vous soyez amateur ou compétiteur. Ici, vous trouverez trois salles de jeu en pierre dans lesquelles vous pourrez vous exercer. Des cours sont également organisés par un animateur diplômé pour tous les niveaux, à partir de 6 ans : initiation pour les joueurs débutants, perfectionnement et compétition pour les amateurs chevronnés.

ASTRONOMIE ESPACE OPTIQUE

253, rue de Pessac

✆ 05 56 98 55 58

www.astronomieespaceoptique.com

Ouvert du lundi au samedi de 9h à 19h.

Dans cette boutique spécialisée dans la vente de matériels et d'instruments d'astronomie, vous pourrez compter sur les conseils avisés de Laurent et de Joël. Ces passionnés officient dans le domaine depuis 30 ans et vous guident dans vos recherches. Ici, vous trouverez de quoi observer (jumelles, longues-vues, lunettes astronomiques, télescopes), sans oublier des équipements pour faciliter les travaux minutieux. Un beau *showroom* de 90 m² accueille tout le matériel volumineux.

EDEN GARDEN

456, avenue de Verdun

MÉRIGNAC

✆ 07 87 39 62 52

www.furyroombordeaux.fr

Formule à partir de 15 €/ pers. Groupe jusqu'à 80 personnes.

A Mérignac centre, L'Eden Garden est un bar à cocktails qui rassemble en fin de journée toutes les générations pour boire un verre, partager une copieuse planche de charcuterie, de fromages ou des tapas mais aussi faire une partie de billard, jouer aux fléchettes, assister à des soirées à thèmes (quiz, dégustations, blind-test, disco, DJ, Saint Patrick, etc.) ou à des retransmissions de matches. L'endroit est très apprécié pour son jardin aménagé de façon tropicale avec des bancs en palettes recouverts de coussins, des plantes luxuriantes et des barriques.

SORTIR

Après une belle balade sur les quais de la Garonne et dans le vieux Bordeaux, accordez-vous une soirée festive ! Surnommée la belle endormie, la capitale girondine vit pourtant aussi la nuit. Flânez dans les rues pavées du quartier Saint-Pierre et laissez-vous emporter par l'animation des nombreuses terrasses de cafés et bars à vins. Du côté des boîtes de nuit, le quai de la Paludate et le quartier des Bassins à flot proposent les meilleurs endroits pour danser jusqu'au petit matin. Amateurs de spectacles vivants ? L'agenda culturel de la ville est particulièrement riche, éclectique et divertissant. Au programme, concerts, opéras, dîners-spectacles, improvisations théâtrales, cinéma… De quoi satisfaire le plus grand nombre ! Si vous visitez Bordeaux à la belle saison, les propositions sont encore plus nombreuses avec notamment des concerts gratuits pendant les incontournables événements : Bordeaux fête le fleuve et Bordeaux fête le vin.

RTL2 BORDEAUX

9, rue Louis Maydieu
© 05 40 25 33 11
www.rtl2.fr/sujet/bordeaux

RTL2 est la première radio musicale adulte à Bordeaux ! La station diffuse du son pop rock comme on l'aime ! Les matins, entre 6h30 et 9h, réveillez-vous avec les infos en Gironde données par le journaliste Mattis Weber. L'après-midi, Lorraine est aux commandes de 12h à 16h avec du son pop rock non-stop. Des jeux-concours sont organisés pour gagner de nombreux lots : séances de cinéma, entrées pour la Cité du Vin ou le zoo de Pessac, et bien sûr des places pour les meilleurs concerts de la région. *RTL2* diffuse également des sessions live privées en acoustique.

CALLE OCHO

24, rue des Piliers de Tutelle
© 05 56 81 89 99
Ouvert tous les jours de 17h à 2h. Animations. Concerts.

Voilà plus de 20 ans que la Calle Ocho fait danser les Bordelais au rythme chaud de la musique latine. Ici, les soirées sont endiablées, sur des pas de salsa, merengue, reggaeton ou bachata… L'ambiance est toujours assurée, avec différents groupes de musique et des DJ invités régulièrement. La carte des apéros (très beau choix de rhums) et des cocktails (Cuba Libre, Mojito, Daiquiri, Piña Colada...) prend également des saveurs exotiques, en accord avec la programmation musicale du lieu. Ce bar salsa est un incontournable des folles nuits bordelaises !

CLUBS ET CONCERTS

© 06 77 02 18 85
www.clubsetconcerts.com
Mensuel. Pour annoncer vos concerts et autres événements : agenda.clubs@gmail.com.

Clubs et Concerts est un incontournable de la presse événementielle à Bordeaux. Voilà déjà plus de trente ans que ce petit agenda gratuit informe les habitants de l'actualité des spectacles ! La rédaction, professionnelle et indépendante, est remplie de passionnés qui ont à cœur de vous faire découvrir les meilleurs spectacles de la ville et de ses environs : concerts, théâtre, opéra... Chaque mois, plus d'une trentaine de rendez-vous y sont répertoriés, avec toutes les infos nécessaires. Cette bible des fêtards est distribuée dans plus de 400 points de vente.

IBOAT

1, quai Armand-Lalande
✆ 05 56 10 48 35
www.iboat.eu

Ouvert du lundi au samedi. Restauration : du lundi au vendredi le midi, du mercredi au samedi le soir. Soirées.

Depuis plus de 10 ans, l'Iboat est une institution bordelaise ! Ce lieu atypique est situé sur un ferry de trois niveaux. Chaque soir ou presque, l'Iboat vous invite aux « aperoboat » dans une ambiance conviviale autour d'une thématique différente : scène ouverte, cours de salsa, soirée 90's vs 2000's… Dans la cale du bateau, la salle de concert et de l'espace *clubbing* : DJ pointus et musique électronique sont au programme. Vous préférez discuter, boire ou manger ? Au premier se dresse l'espace bar-restaurant et au second une salle d'expos et d'événements..

ARKÉA ARENA

48-50, avenue Jean Alfonséa
FLOIRAC

Buvette et restauration sur place. Restaurant ouvert les soirs de spectacles. Parking. Bus. Navette. Privatisation.

Pouvant accueillir jusqu'à 11 300 personnes, l'Arkéa Arena a été inaugurée en 2018 avec le groupe Dépêche Mode. Depuis, elle est devenue la première salle de province en termes de fréquentation. Toute l'année, elle accueille les grands noms de la chanson et du spectacle. Avant ou pendant le concert, huit bars sont ouverts pour vous désaltérer. L'Arkéa Arena propose également une offre restauration avec la Brasserie Le Tourne Disque, où vous pourrez savourer des spécialités de la région au bord de la Garonne ! Un lieu à découvrir.

BOX OFFICE

24, galerie Bordelaise
✆ 05 56 48 26 26
www.box.fr

Ouvert du lundi au vendredi : 10h à 19h, le samedi : 10h à 18h. En été du lundi au samedi : 10h à 13h et 14h à 18h.

Tout le monde connaît Box Office ! C'est le principal fournisseur de places pour des événements culturels et sportifs. On y trouve tous les renseignements utiles sur les dates et lieux des concerts, événements sportifs, spectacles et autres manifestations culturelles, les modes de réservation, les informations sur les artistes en tournées et les autres événements festifs de la France entière. L'accueil est sympathique et même si l'on ne peut pas se déplacer il est possible de réserver ses places via le site Internet ou par téléphone.

CAFÉ-THÉÂTRE DES CHARTRONS

170, cours du Médoc
✆ 05 56 37 63 44
www.theatredeschartrons.fr

Tarifs de 10 €/enfant à 22 €/adulte. Autres tarifs réduits. Bar/restaurant. Billetterie en ligne. Parking gratuit.

Au sein de la très jolie Galerie Tatry, vous trouverez ce théâtre atypique qui fleure bon la bonne humeur ! Avant le spectacle, le restaurant propose une carte avec des assortiments de tapas, des planches à partager et des plats faits maison. La terrasse couverte sous la halle permet de s'aérer un peu. La salle au style néo-baroque qui accueille les représentations comprend 150 places. La programmation bien que variée est axée sur l'humour et la détente (comédies, *one man shows*…).

CASINO BARRIÈRE BORDEAUX

Rue Cardinal Richaud
✆ 05 56 69 49 00

Ouvert tous les jours et les jours fériés de 10h à 4h. Billetterie en ligne. 1 restaurant. 2 bars.

En plein cœur de Bordeaux-Lac, ce casino ne propose pas seulement des jeux de table, machines à sous, jackpots ou autre *poker room* ! Il dispose également d'une superbe salle de spectacle de plus de 700 places, avec parterre et balcon, dont 16 places pour les personnes handicapées. Où que l'on soit placé, on profite de la scène. Concerts de variété, chanteurs à succès et one man shows donc, mais aussi des soirées caritatives et des ciné-concerts. Alors, prenez place en réservant directement en ligne ! L'établissement est ouvert tous les jours de 10h à 4h.

CINÉMA UTOPIA

5, place Camille Jullian
✆ 05 56 52 00 03
www.cinemas-utopia.org/bordeaux

Ouvert tous les jours. Entrée : 7 €. Abonnement : 50 € les 10 places. La première séance de la journée est à 4,50 €.

L'Utopia n'est pas un cinéma comme les autres ! C'est dans les vestiges de l'église Saint-Siméon, construite au XVIe siècle, que les Bordelais se pressent dans les salles obscures. Chargée d'histoire, cette sublime bâtisse, ornée de vitraux, de statues et de peintures, accueille en son sein un cinéma. Ici, la programmation est en version originale et très variée. L'Utopia est avant tout un lieu pour les amateurs d'art et pour les curieux qui voudraient se divertir et se cultiver. Projections en présence des réalisateurs, ciné-conférences, soirées-débats…

DRÔLE DE SCÈNE

39, rue Paul Verlaine ✆ 06 80 28 02 40
www.drole-de-scene.fr
Ouvert du jeudi au samedi de 20h30 à 23h. Comedy Club le jeudi. Spectacles enfant durant les vacances scolaires.

Vous aimez rire ? Bienvenue au café-théâtre Drôle de Scène ! Cette association de passionnés partage avec le public son goût pour les spectacles d'humour dans une salle intimiste à l'ambiance chaleureuse. Le jeudi soir, c'est la soirée « Gavé Stylé », aussi connue sous le nom du Comedy Club de Bordeaux. Pendant deux heures, les comédiens se succèdent sur scène pour présenter leurs sketches. Après chaque représentation, vous pourrez échanger avec ces artistes prometteurs à l'espace bar. Durant les vacances scolaires, une programmation pour les enfants est prévue.

KIOSQUE BORDEAUX CULTURE

Allée de Tourny
✆ 05 56 79 39 56
www.bordeaux.fr/o3899
Ouvert du lundi au samedi de 11h à 18h30.

Le Kiosque Bordeaux Culture a vu le jour en novembre 2003 et accueille plus de 5 000 visiteurs par mois. Il propose, suivant les disponibilités, des places de dernière minute à tarifs réduits (jusqu'à -50 %) pour les représentations le soir même de l'achat dans les salles suivantes : Opéra de Bordeaux, TNBA, Compagnie Présence, Théâtre du Pont Tournant, Théâtre Trianon, Café-théâtre des Beaux-Arts, La Boîte à Jouer, OCET (Talence), et Casino Barrière. Le kiosque est également un outil d'information, de diffusion et de promotion de la vie culturelle bordelaise.

LE PIN GALANT

34, avenue du Maréchal de Lattre de Tassigny
MÉRIGNAC ✆ 05 56 97 82 82
www.lepingalant.com
Billetterie du lundi au samedi de 11h à 18h. Restauration le midi du lundi au samedi et les soirs de spectacle.

Deuxième scène culturelle d'Aquitaine, Le Pin Galant a une programmation culturelle riche de 130 représentations par an : opéra et opérette, musique et danse de tous styles, théâtre, humour, cirque, spectacles pour enfants et matinées scolaires... C'est également un lieu privilégié pour vos grands événements, avec son auditorium de 1 410 places, son restaurant et son Pavillon, une salle de 1 300 m² modulable à souhait et adaptable à vos projets (réunions, concours, showroom, salons professionnels...) pour une capacité d'accueil de 100 à 1 000 personnes.

BAM KARAOKÉ BOX

36, rue Cornac
✆ 05 35 54 03 32
Ouvert du mardi au vendredi de 18h à 2h ; le samedi de 14h à 2h. Tarif pour 1 personne (1h) de 4 € à 8,50 €.

BAM Karaoke Box réinvente le karaoké en s'inspirant du concept des pays asiatiques. Là-bas, le karaoké c'est tellement sacré qu'ils ont créé les box, où chacun peut, en compagnie de ses amis, s'en donner à cœur joie ou plutôt à voix haute. Les salons BAM, pouvant accueillir jusqu'à 15 mélomanes, ont été pensés pour vous offrir la meilleure expérience possible : comme à la maison, mais en mieux ! Pour les petites faims et pour vous rafraîchir, la maison signe une carte de snacking et de cocktails servie directement dans votre salle. Super soirée assurée !

BAR JEUX BARJO

12, rue Saint-James
✆ 05 56 51 00 21
www.jeuxbarjo.com
Ouvert le mardi et le mercredi de 14h à 0h ; du jeudi au samedi de 14h à 2h ; le dimanche de 14h à 22h.

Jeux Barjo est à la fois le nom d'un bar à jeux et une boutique. Ici, on profite ainsi des jeux de société ou de stratégie, tout en sirotant un verre. Avec plusieurs centaines de références, vous trouverez à coup sûr le jeu qui vous fera plaisir. La formule est simple puisque vous profiterez d'un accès illimité à la ludothèque durant 2h. Côté boutique, les vendeurs sauront vous conseiller, car ils s'y connaissent ! Ils ont tout testé et évalué sur différents critères : complexité, part de chance, interaction, durée, mécanisme, profil du joueur...

BOWLING MERIADECK

Terrasse du Général Koenig
✆ 05 57 81 43 81
www.axelvega.com/bowling
Ouvert tous les jours dès 14h. Tarif à partir de 4,70 € (tarif réduit : 4,10 €). Forfait 3 parties à partir de 10,50 €.

Le bowling entre amis ou en famille est toujours la promesse d'une soirée réussie ! Cet établissement-là fait figure d'institution pour les passionnés. Seize pistes avec comptage électronique vous attendent ici, ainsi que des jeux virtuels et des tables de billard. Pour accompagner votre partie, des cocktails avec ou sans alcool, sandwichs et snacks sont proposés au bar. Si vous voulez manger et jouer en même temps, mieux vaut choisir la formule pizza, sur réservation ! Formule anniversaire le mercredi ou le week-end, accessible à partir de 7 ans.

CASINO BARRIÈRE BORDEAUX

Rue Cardinal Richaud

✆ 05 56 69 49 00

Ouvert tous les jours de 10h à 4h. Jeux de table de 21h à 4h. Bar et restaurant.

Au cœur du centre d'affaires de Bordeaux-Lac, le Casino Barrière Bordeaux est un espace multi-loisirs qui combine plaisir et festivités, avec ses 340 machines à sous et ses 40 tables de jeux traditionnels et électroniques. C'est aussi un espace business avec une offre de restauration, un théâtre de 718 places et un espace de réception pouvant accueillir jusqu'à 550 personnes. Le casino dispose d'un restaurant, le Café Barrière, et de deux bars. Facilement accessible en tramway ou en voiture et à quelques minutes seulement du centre-ville de Bordeaux !

ECHAPPE-TOI BORDEAUX

2, place de la Ferme Richemont

✆ 05 56 23 95 97

https://bordeaux.echappetoi.com

Ouvert tous les jours. De 2 à 6 joueurs. Tarif adulte : 25 € ; tarif étudiant : 20 €. Chèque cadeau.

Réveillez le Sherlock Holmes qui sommeille en vous ! La Malédiction de la grosse cloche, Le Fantôme du Grand Théâtre, Le Complot bordelais, Les disparus du Château-Trompette… Chez Echappe-Toi, tous les scénarios des escape games sont basés sur l'histoire de la ville. Même les enfants de 5 à 9 ans pourront jouer comme les grands ! Leur mission ? Retrouver le coffre d'un trésor perdu et prendre le large en compagnie de leur nouvel ami, le pirate Pier Palaboul. De quoi amuser toute la famille ! Et il se murmure qu'un 6e scénario verra bientôt le jour…

EVENTYR

16, avenue Louis de Broglie - **PESSAC**

✆ 05 56 04 59 67

https://eventyr-game.fr

Ouvert du mardi au dimanche de 9h à 23h. Jeu d'évasion à partir de 24,50 €/joueur. Eventyr Kids à partir de 13 €/enfant.

Eventyr est un jeu d'immersion inspiré de plusieurs univers fantastiques dont celui d'un célèbre sorcier. Le concept va au-delà de l'espace game traditionnel où vous devez sortir d'une pièce en moins d'une heure en résolvant des énigmes. Ici, vous allez pénétrer dans un véritable manoir et parcourir jusqu'à 12 salles pour vivre une aventure hors du commun. Vous croiserez certainement sur la route de mystérieux personnages… Les enfants sont les bienvenus. Pour vous rafraîchir et prolonger l'expérience, arrêtez-vous à la taverne !

LASER GAME EVOLUTION BORDEAUX

9001, rue du professeur Georges Jeanneney

✆ 05 56 04 95 12

Voir les horaires sur le site. 9 €/pers/20 min, tarifs de groupes.

Laser Game Evolution attire petits et grands toujours sur réservation. L'établissement de Bordeaux bénéficie de trois salles de jeu réparties sur 700 m² et du dernier équipement en V3. Dans ce jeu de simulation de tirs, les joueurs s'affrontent en individuels ou jusqu'à 3 équipes dans un labyrinthe obscur fait de cloisons, zones réfléchissantes et obstacles. Vous pourrez aussi vous affronter lors de tournois. Privatisation d'une salle possible à partir de 8 participants.

LE PASSAGE

37, rue des Menuts ✆ 09 52 81 45 54

www.lepassage-escape.fr

À partir de 23 €/joueur (-2 € pour les étudiants). Ouvert le lundi de 16h45 à 23h ; du mardi au dimanche dès 10h45.

On raconte qu'un coup de masse mal placé aurait ouvert une brèche vers de mystérieuses galeries où Stéphane et Quentin, les deux inventeurs de cet escape game, ont découvert une étrange machine. Votre mission : réussir à la démarrer pour remonter le temps et changer le cours de l'histoire… *La lettre d'Einstein* n'est pas une salle à proprement parler puisque vous allez réellement pénétrer dans cette incroyable machine. Les amateurs reconnaissent que Le Passage a mis la barre haute pour offrir aux joueurs la meilleure des expériences de jeu possible !

VORTEX EXPÉRIENCE VR

170, cours du Médoc

✆ 05 33 09 71 55

www.vortex-experience.com

Jours et horaires d'ouverture variables selon période (infos sur le site internet). Tarif : 30 €/joueur. Team Building.

Entrez dans le Vortex et découvrez l'hyper réalité virtuelle ! De 2 à 6 joueurs, vous évoluerez en immersion totale et en déplacement libre sur un plateau de 500 m². L'expérience de jeu dure 30 minutes, mais comptez 1h sur place, pour la préparation, l'équipement et le débriefing. Prévoyez une tenue adaptée et confortable, car affronter des hordes de zombies risque de vous donner des sueurs froides… Vous aurez le choix entre deux scénarios : éviter la propagation d'un virus ou décoller pour un voyage temporel. On compte sur vous pour sauver l'humanité !

La presqu'île du Cap Ferret.

BASSIN D'ARCACHON

Le Bassin d'Arcachon est une vaste et jolie baie de 174 kilomètres carrés, presque fermée par la presqu'île du Cap Ferret. La Leyre, rivière landaise et girondine, s'y jette dans un beau delta préservé et protégé. De nombreux chenaux drainent le vaste bassin offert aux jeux des marées. L'Ile aux oiseaux trône au milieu de ce paysage magique et changeant, avec ses deux célèbres cabanes tchanquées, sentinelles symboliques de ce lieu d'exception. Sans oublier les villages ostréicoles aux cabanes typiques en bois colorés. La Petite Mer de Buch, son ancien nom avant la création d'Arcachon il y a plus de 100 ans, s'ouvre sur l'Océan au niveau des redoutées Passes du Bassin. Dangereuses à franchir, elles protègent néanmoins deux trésors naturels le banc d'Arguin et la dune du Pilat. Le Bassin est à découvrir en toutes saisons à pied, à vélo, au gré des dunes, des forêts, des prés salés, d'un banc de sable à l'autre ou d'une plage à une autre.

Bassin d'Arcachon
Vers LÈGE-CAP-FERRET
D106
ARÈS
Réserve Naturelle des Prés Salés d'Arès et de Lège-Cap-Ferret
Claouey
D106
Le Four
Le Petit Piquey
Les Jacquets
Grand-Piquey
Piraillan
D106
ÎLE AUX OISEAUX
Le Canon
L'herbe
D106
La Vigne
Mar Cantábrico
Océan Atlantique
ARCACHON
D650
Cap-Ferret
Pyla sur Mer
LA TESTE-DE-BUCH
D259
Réserve Naturelle du Banc d'Arguin
5 KM
Forêt Domaniale de la Teste
D218
CAZAUX
Étang de Cazaux et de Sanguinet

Blagon
D106
D106
D5
D3 E9
ANDERNOS-LES-BAINS
D3 E10
Taussat
Cassy
D3
D5 E5
AUDENGE
sin
chon
Vigneau
P.N.R. des Landes de Gascogne
D1250
Réserve Ornithologique du Teich
BIGANOS
GUJAN-MESTRAS
LE TEICH
A660
MIOS
D3
D216 E2
D216
D652
D108
Caplanne

PAGES

Cyclistes à Andernos-les-Bains.

ANDERNOS-LES-BAINS ★★

Andernos-les-Bains était une importante bourgade à l'époque gallo-romaine et de nombreux vestiges sont exposés à la Maison Louis David comme ceux d'une villa du IVe siècle. La saison estivale est particulièrement animée, avec par exemple le célèbre festival de jazz, des feux d'artifice, des concerts et spectacles, mais la basse saison n'est pas délaissée. Tout début décembre « Cabanes en Fête » est une manifestation conviviale qui mettent les papilles en émoi. La nature est très présente et la réserve naturelle abrite une faune et une flore préservées, avec notamment des pins centenaires isolés dans une belle chênaie, des tamaris en bord de plage.

MAISON LOUIS-DAVID

14, avenue Pasteur
✆ 05 56 82 02 95
https://andernos-tourisme.fr/
Ouvert de mars à octobre 2022. Accès libre.

La Maison Louis David construite entre 1895 et 1908 était la demeure de Louis Théodore David, maire de la station balnéaire de 1900 à 1929 dont on peut voir le tombeau sculpté dans le magnifique jardin. Le musée de la Ville y a désormais élu domicile. On y découvre toutes les collections permanentes d'une part (préhistoire, antiquité et moyen-âge) et temporaires d'autre part (expositions de peinture ou d'arts plastiques d'artistes locaux et régionaux, photographie). L'art sous toutes ses formes est donc en accès libre de mars à octobre.

MORGAN VIGNON

7, rue Joseph Jacquard
✆ 09 54 92 41 70
Ouvert du mardi au samedi de 9h30 à 12h30 et de 14h à 18h30.

Ce que l'on aime dans cette chocolaterie ? C'est la créativité de Morgan Vignon, ce jeune originaire du Cap Ferret et au parcours atypique. Pour la fête des Mères ? Des roses gourmandes. Pour la fête des Pères ? Des Cigares (ganache rhum cubain). Le 1er mai ? Du muguet gourmand garni d'un praliné aux éclats amandes-noisettes. Et pour Noël ? Un joli calendrier de l'Avent, des boules transparentes et bien garnies, etc. Parmi les spécialités : une ganache au miel de forêt ou une pâte de fruits mangue passion accompagnée d'un praliné noix ce coco.

LE PETIT MUSÉE DE L'HUÎTRE

Port ostréicole
✆ 05 56 82 59 53
Visite guidée (sur réservation), le jeudi pendant les vacances scolaires et du 15 juin au 15 septembre de 10h30 à 11h30.

Le Petit Musée de l'huître se niche dans la cabane n° 68. Des passionnés du comité de la Fête de l'Huître d'Andernos, dévoilent les 1001 secrets de la perle du Bassin : son historique, son origine à nos jours, les techniques d'élevage, de consommation, de commercialisation... Ainsi, on retrouve toute la tradition ostréicole du bassin d'Arcachon avec ses 44 cabanes, ses pinasses typiques et les bassins dégorgeoirs où sont immergées les huîtres qui arrivent des parcs.

OFFICE DE TOURISME DE ANDERNOS-LES-BAINS

Esplanade du Broustic
✆ 05 56 82 02 95
https://andernos-tourisme.fr
Accueil vélo. Ouvert toute l'année. Jours et horaires d'ouverture variables selon la saison.

L'Office de tourisme propose de nombreuses activités pour organiser votre séjour. Pour les enfants ? Pêche aux crabes, initiation au surf, CAP33 et clubs de plage... Pour les amoureux de la nature en quête de dépaysement et de détente ? Sorties nature, balade en paddle, découverte du site des Quinconces... Pour les férus de culture et d'histoire ? Découverte du patrimoine, à pied ou à vélo, sortie à la marée... Sans oublier les nombreuses manifestations.

LE PASSE MARÉE

15, avenue du Général de Gaulle
✆ 06 45 03 37 09
Ouvert du 1er avril au 31 octobre. Entre Andernos et Arcachon à partir de 4 € aller et 5 € pour le Cap Ferret.

Avec le Passe Marée, David, un marin touche-à-tout, vous propose plusieurs allers-retours dans la journée afin de rejoindre Arcachon depuis Andernos, mais un seul aller-retour pour le Cap Ferret. Les tarifs sont tout à fait corrects avec des réductions pour les familles avec un enfant mineur ou les groupes. Le bateau est innovant, économe en carburant et recyclable à plus de 90 %. Nouveauté 2022 : le bateau assure la liaison de la jetée du Canon à Bélisaire. La Passe Marée complète l'offre assurée une fois par jour en été par l'Union des Bateliers Arcachonnais.

CAMPING LE COQ HARDI*** €€

3, avenue de la République
LANTON © 05 56 82 01 80
www.campingcoq-hardi.com
Fermé du 1er novembre au 31 mars. Emplacement de 17 € à 32 €. Chalets à partir de 240 €, mobil-homes à partir de 300 €.

© CAMPING LE COQ HARDI

Idéalement situé en bordure du Bassin d'Arcachon, le Coq Hardi est un camping familial qui a élu domicile dans un cadre exceptionnel avec ses deux accès directs à la plage. Entre pins et chênes, vous aurez le choix de votre emplacement, vous pourrez préférer la proximité des piscines, de l'entrée et de ses animations, ou de la plage ou du calme des arbres centenaires. Vous aurez également le choix entre caravane, chalet, mobil-home ou encore camping en tente ou camping-car. De nombreuses animations, des sorties organisées et des soirées conviviales.

TI'BASSIN

Port ostréicole (1ère darse) © 06 62 82 42 17
www.tibassin-andernos.com
Calendrier des sorties en ligne en fonction des horaires des marées. De 35 à 68 €/adulte pour 2h30. Autres tarifs.

Didier Meynard, un ancien ostréiculteur, s'est reconverti en skipper professionnel titulaire d'un diplôme qualifiant. Enfant du pays, il connaît le Bassin et le milieu marin comme sa poche. Ainsi, il nous embarque à bord de son catamaran de 11 mètres qui peut accueillir dans son espace couvert jusqu'à 17 personnes. En fonction de vos envies et de votre porte-monnaie, mettez le cap sur l'Ile aux oiseaux, le banc d'Arguin ou la Dune du Pyla avec en bonus dégustation d'huîtres et vin blanc. Possibilité de privatiser pour des événements personnels ou professionnels.

CAMPING FONTAINE VIEILLE*** €€

4, boulevard du Colonel-Wurtz © 05 56 82 01 67
www.fontainevieille.fr
Emplacement à partir de 19 €. Mobil-home (4 pers.) à partir de 420 €/sem. Vélo/randonneurs : 10 €/nuit (4 pers. max).

Ce camping propose des emplacements de tentes, un espace spécial camping-cars, des mobil-homes, des bungalows toilés, des cabanes « nature » et des lodges premium dont certains avec vue sur le bassin. Le camping est calme, mais de nombreuses animations sont régulièrement proposées. Par ailleurs, vous avez accès direct à la plage et à de nombreux services. Quasiment les pieds dans l'eau, le camping permet de laisser de côté la voiture au profit du vélo ou de la marche à pied.

L'ANDERENIS BOUTIQUE HÔTEL €€

9, boulevard de la Plage
© 05 24 18 00 49
landerenis.com
15 chambres de 120 € à 450 €. Petit déjeuner : 15 €. Parking. Piscine.

Ce boutique-hôtel de 15 chambres a quasiment les pieds dans l'eau. Toutes les chambres ont une terrasse, certaines avec vue sur le Bassin, d'autres sur le jardin et d'autres encore sur les deux. Elles ont toutes leur propre personnalité, mais leurs points communs c'est la pureté de leur décoration et leur raffinement. Le salon est aménagé dans une salle lumineuse, ouverte sur l'extérieur. Le brunch du dimanche, uniquement sur réservation, est ouvert aux personnes de l'extérieur.

VILLA LA TOSCA**** €€

10, allée du Bassin
© 05 56 60 29 86
www.villalatosca.com
Chambre double à partir de 199 €, suite à partir de 309 €. Petit déjeuner : 15 €.

La Villa La Tosca est une magnifique maison construite en 1903. C'est l'exemple type d'une villa arcachonnaise d'influence italienne. A l'époque de sa construction, une source naturelle approvisionnait les propriétaires. Aujourd'hui, elle alimente la piscine écologique. Les chambres et suites sont décorées de façon luxueuse et elles ont toute une originalité. Certaines ouvrent sur l'océan, d'autres sur la forêt de pins, une autre possède une cheminée. L'été sur la terrasse ou l'hiver au coin du feu, des dîners privés sont organisés à la demande avec un chef.

LA VILLA SAINTE-CATHERINE €€

30, avenue de Taluque
✆ 06 47 30 46 97
www.villasaintecatherine.com
Ouvert toute l'année. Chambre double à partir de 99 €. Petit déjeuner inclus.

Une maison typique du Bassin, trois chambres d'hôtes entièrement rénovées, de nouveaux propriétaires... Les chambres *Sarah Bernhardt* et *Toulouse-Lautrec* sont situées dans l'Arcachonnaise bâtie en 1920. Chacune possède sa propre terrasse. *La Grange* a quant à elle été aménagée comme son nom l'indique dans une grange datant de 1905. Elle s'ouvre sur la verdure. Parmi les services : petit déjeuner sucré et salé, réfrigérateur, machine à café, salon de détente, bibliothèque et buanderie.

VILLA TERANGA €€

20, avenue Thiers
✆ 05 57 17 50 30
www.villaterangahotel.com
Chambre double à partir de 85 €, triple à partir de 115 € ; suite (4 pers.) à partir de 125 €. Petit déjeuner : 11 €.

A quelques minutes à pied de la plage et situé le long d'une piste cyclable, cet hôtel présente l'avantage d'être au calme. Il affiche une décoration contemporaine où la mer et le voyage tiennent une belle place. Les chambres doubles, triples ou familiales (suite) sont toutes personnalisées et confortables. Il n'y a pas de jardin, mais une grande terrasse pour profiter du soleil, prendre un verre ou le petit déjeuner continental. Mais Teranga, c'est quoi ? Issu du wolof (dialecte africain), ce mot illustre l'hospitalité, l'accueil et le plaisir de recevoir.

LA QUEBRADA €€

15, avenue Louis-Lamothe ✆ 06 95 05 72 20
www.la-quebrada.com
Ouvert tous les jours (19h-2h) en juillet/août ; vendredi et samedi (22h-2h) le reste de l'année. Tapas à partir de 6 €.

On vient à La Quebrada pour partager quelques verres et tapas entre copains dans une ambiance de bar de nuit et de fiesta. Les barmen concoctent chaque semaine des cocktails bien à eux sur des airs de salsa cubaine ou de zouk qui entraînent très vite les danseurs au milieu du bar ou sur la terrasse à l'extérieur. La Quebrada retransmet aussi des matches. L'établissement est toujours ouvert la veille des jours fériés et propose désormais quelques burgers que les gourmands prendront en menu (frites et soft). On peut également finir la nuit au Chinch juste à côté.

LE TAMARIOU €€

Quai Lahillon
✆ 06 68 58 20 81
Tous les jours (11h-15h et 18h30-22h) en haute saison ; le week-end (11h-18h) en basse saison. Réservation conseillée.

Au bord de l'eau, vous pouvez venir déguster des huîtres du producteur, des fruits de mer, du pâté artisanal et du vin blanc. Un classique ? Peut-être, mais dès l'arrivée des beaux jours ou ne serait-ce que par une journée ensoleillée en hiver, la terrasse sur pilotis affiche complet. Depuis 3 ans, cette grande terrasse en bois offre aux plus chanceux une vue panoramique sur le bassin d'Arcachon. Alors, on y vient pour les huîtres et le verre de vin blanc, mais aussi pour ce cadre si privilégié. Pour emporter ou se faire livrer, rendez-vous au marché municipal.

L'OCEANA** €€

7, avenue Guy Célerier - **LANTON**
✆ 05 56 82 06 20
Logis. Qualité Tourisme. Ouvert toute l'année. Chambres de 69 € à 135 €. Appartements (4 à 6 pers.) à partir de 120 €.

© L'OCÉANA

L'Océana est un petit havre de paix à 200 m de la plage. Les chambres (jusqu'à 5 personnes) sont décorées de manière épurée dans un style plutôt marin et disposent de tout le confort nécessaire pour passer un excellent séjour. Vous aurez également la possibilité de séjourner dans l'un des deux appartements en duplex avec terrasse et balcon. L'un permet d'accueillir 4 personnes et l'autre 6 ! Profitez de la véranda ou de la terrasse ombragée devant une belle assiette proposée par le chef dont la cuisine est savoureuse et locale ! L'accueil est très chaleureux.

LE FISH HEAD €€

Promenade de la Piscine
✆ 05 56 82 32 24
www.fish-head.fr
Ouvert tous les jours et les jours fériés le midi et le soir. Carte : 35 € environ. Menu enfant : 10,50 €.

© FISH HEAD

Le Fish Head a quasiment les pieds dans l'eau. On adore la terrasse que ce soit pour prendre un repas ou pour un apéro « tapas » dans une ambiance jeune et décontractée. En hiver on est bien au chaud dans les deux jolies salles avec vue imprenable sur le Bassin. La cuisine est réalisée à base de produits 100 % frais et tout est fait maison. Les spécialités sont bien sûr les produits de l'océan. On n'oublie pas les petits plus de la maison : impatience pour attendre l'entrée, la baguette mise entière sur la table, le thé Dammann Frères et le service impeccable.

LA CABANE DU MAURET €€

7, place de l'Etoile ✆ 09 53 30 82 84
www.lacabanedumauret.fr
Ouvert toute l'année. Du jeudi au mardi le midi et le soir en haute saison. Formule du midi : 23 € ; le soir : 25,50 €.

Une cabane blanche et bleu qui vaut le détour ! Dans un cadre bucolique, le Cabane du Mauret offre un décor contemporain dans une ambiance familiale et très conviviale. La cuisine met à l'honneur les produits régionaux, frais, de saison et toujours bien présentés : huîtres, moules, coquillages et poissons, mais pas que ! Le Mixed Grill du Sud-Ouest (côtelette d'agneau, magret de canard, pièce de bœuf, sauce au piment d'Espelette) a aussi toute sa place dans la carte. En dessert ? Du grand classique ou la tarte du jour tiède avec boule de glace et chocolat chaud.

LA CAOUENNE €€

5, place Louis David
✆ 05 56 26 04 92
Ouvert toute l'année, tous les jours le midi et le soir en haute saison. Plat du jour à partir 15 €.

On s'attable à La Caouenne, face au Bassin, surtout pour les huîtres qui arrivent directement du producteur au consommateur et pour les plateaux de fruits de mer très complets dans leur composition, bien garnis et d'une fraîcheur remarquable. Pour contenter tout le monde, des suggestions du jour à l'ardoise et une carte bistrot complètent l'offre avec des entrées classiques, quelques viandes et des poissons qui varient en fonction du marché du moment, des moules marinières, des desserts gourmands, des crêpes et des gaufres. L'accueil en plus, c'est excellent.

LA CHULETA €€

127, boulevard de la République
✆ 06 65 35 00 10
Du mardi au dimanche de 11h à 14h et de 19h à 23h. Formule du midi : 14,90 € ; le soir de 19,90 à 24,50 €.

La Chuleta est un endroit festif où l'on se restaure au rythme des karaokés (le jeudi), des guitares ou en écoutant des concerts qui vont du jazz à Brassens en passant par de la pop latina, du flamenco et bien d'autres en fin de semaine. On peut même finir la soirée en dansant. Patrick Callendreau et Christian Moreno reçoivent les clients sans chichis autour de tapas, pizzas et plats espagnols : paella fruits de mer et poulet, cochon de lait à la broche, seiches à la plancha, etc. Une invitation au voyage dans une ambiance conviviale, chaleureuse et décontractée.

LE COCHON VOLANT €€

136, boulevard de la République
✆ 05 56 03 42 01
Ouvert tous les jours le midi et le soir (sauf lundi et dimanche le soir en basse saison). Formule du midi : 17 €.

Vous connaissez Le Cochon Volant à Bordeaux ? Celui d'Andernos est son petit frère. On aime s'y attabler pour l'ambiance et les plats copieux affichés à des prix raisonnables. La cuisine reste classique, mais il est bon parfois de revenir aux fondamentaux qui attirent toujours une certaine clientèle. A l'ardoise, deux plats du jour (en principe un poisson et une viande) et un seul dessert. Selon la saison, les amateurs de viande en ont pour leur argent avec la côte de bœuf (400 grammes) accompagnée d'une belle poêlée de cèpes. Simple et efficace comme le service.

BASSIN D'ARCACHON

LE COLONY €€

7, avenue Guy Célérier - **LANTON**
✆ 07 87 04 50 01

Ouvert du lundi au samedi le soir ; du mardi au dimanche le midi en haute saison. Menu à 37 €. Formule midi : 14,90 €.

Hôtel familial de 25 chambres et 2 appartements conçus pour accueillir de 4 à 6 personnes, l'Océana vous ouvre également les portes de son nouveau restaurant avec terrasse. Le Colony vous accueille ainsi du lundi soir au dimanche midi de 9h à 15h et de 18h30 à 23h. Vous y côtoierez certainement les clients de l'hôtel en demi-pension. Feuilleté aux deux saumons, œufs à la mayonnaise, pièce du boucher, burger maison, poisson du jour, mousse au chocolat, crème brûlée... Classique, mais toujours efficace. On peut aussi venir grignoter des planches mix et des huîtres.

COQUILLAGES & CRUSTACÉS €€

9, avenue du général de Gaulle ✆ 06 62 39 46 98

Haute saison : ouvert tous les jours. Basse saison : ouvert le soir sur réservation. Plateaux à partir de 15 €.

Si vous n'aimez pas les fruits de mer ou les poissons pas la peine de vous poser dans ce restaurant, car ici on fait uniquement le plein d'iode. A la carte, des plateaux très frais composés en fonction de vos envies et de votre appétit. Si le premier plateau et le moins cher ressemble plutôt à une assiette de fruits de mer, les autres propositions plutôt sont bien garnies même si quelques huîtres de plus dans le plateau à 45 euros auraient été les bienvenues. Les moules, crevettes et bulots sont excellents sans oublier les sardines et le homard...

CHEZ HUGUETTE €€

3, avenue du Commandant David Allegré
✆ 05 56 82 11 07

Ouvert tous les jours le midi et le soir (sauf mercredi et jeudi en dehors des vacances scolaires). Terrasse.

On vient Chez Huguette pour la situation au port ostréicole et pour les fruits de mer. La cabane possède une belle terrasse face au Bassin. A l'intérieur la déco est toute simple. Les produits de la mer ont fait la réputation de la maison et les plateaux à consommer sur place ou à emporter sont d'une fraîcheur extrême. A la carte également : quelques plats chauds, des poissons grillés à la plancha en fonction des arrivages, nappés d'un beurre blanc et agrémentés d'une délicieuse pomme de terre au four en papillote. La majorité des desserts est réalisée sur place.

CHEZ L'ONCLE PHIL €€

5, avenue du Général de Gaulle
✆ 05 57 76 07 70

Ouvert tous les jours en haute saison ; du vendredi au mardi de 9h à 20h en basse saison. Formule du midi : 12,70 €.

Chez l'Oncle Phil, le sous-titre *La cantine gourmande* porte bien son nom. Une belle terrasse vous tend les bras, mais l'intérieur est tout aussi agréable avec sa déco contemporaine. La carte se partage entre des tapas pour la convivialité et des plats classiques de brasserie. C'est une cuisine simple et efficace. L'Assiette du midi est une bonne affaire avec des crudités du moment, deux plats au choix et un dessert. Toute la journée, l'Oncle Phil prépare des jus de fruits frais maison et des douceurs : crêpes, gaufres, glaces artisanales, chocolat chaud maison...

L'OSTRA €€

15, avenue Pasteur
✆ 05 57 17 28 43

Ouvert toute l'année. Du mardi au dimanche le midi et le soir en haute saison. Formules du midi de 12,90 à 16,90 €.

© L'OSTRA

De La Gourmandine à L'Ostra, Céline et Loïc ont tout changé à commencer par la déco qu'ils ont dépoussiérée. L'endroit est beaucoup plus contemporain et c'est agréable de s'y attabler en famille comme entre amis. Au menu (selon la saison, c'est évident) : farandole asiatique à partager, huîtres du Banc d'Arguin de chez Roux (Andernos), profiterole de chèvre et chlorophylle au basilic, poke bowl au saumon, magret de canard au cidre et pommes caramélisées, fondant au chocolat... Sans être trop longue, la carte est plutôt variée avec des propositions végétariennes.

LE PASSAGE €€

21, rue Pasteur
✆ 05 56 82 59 90
www.lepassageandernos.fr
Haute saison : ouvert du vendredi au mercredi le midi et le soir. Carte : 35 € environ.

A proximité de la rue piétonne principale, dans le passage du Vieux-Marché, Le Passage de Barbara Graciano, patronne et chef, est une petite adresse qui ne fait pas de bruit et pourtant elle mérite qu'on s'y arrête. Accueil charmant, décor simple et contemporain ouvert sur la cuisine. La carte et les menus sont réalisés à partir de produits de qualité qui oscillent entre terre et mer et combinent parfois les deux. Le peu de plats, traditionnels ou plus exotiques, sont d'une fraîcheur absolue dans le respect total des produits de saison.

LES TAMARIS €€

2, place Louis-David
✆ 05 56 26 74 77
www.restaurant-tamaris-andernos.fr
Ouvert toute l'année 7j/7, midi et soir. Menu à 36 €. Carte : 42 € environ. Formule du midi : 21 €.

Face à la jetée et à quelques pas à peine de la plage, le restaurant Les Tamaris offre un cadre et une vue exceptionnels sur le Bassin pour un repas en terrasse, presque les pieds dans l'eau, ou à l'intérieur dans une salle climatisée. Les amoureux de fruits de mer seront ravis c'est certain, mais laissez-vous tenter par le poisson du jour grillé à la plancha, des viandes grillées ou encore par les belles suggestions à l'ardoise. C'est une cuisine de saison, savoureuse, faite 100 % maison par un maître restaurateur avec des produits frais. Service pro et agréable.

CAFÉ LE BARYTON

8, avenue Paul-Gauguin - **LANTON**
✆ 06 43 51 95 84
www.cafelebaryton.com
Ouvert le vendredi et le samedi à partir de 17h30/18h. Repas sur réservation à 20h. Concert à 21h30. Terrasse.

Le Baryton est un café associatif au dynamisme incroyable. Tous les week-ends, concerts et représentations aux styles très variés sont à découvrir : jazz, rock, reggae, blues ou encore tango et théâtre... La programmation est diversifiée et permet aux artistes locaux et/ou amateurs de se produire dans de très bonnes conditions. Les murs du café Baryton se transforment également en galerie d'art pour des expositions (photos ou peintures). Réservation indispensable pour dîner. Les prix sont imbattables et le repas, savoureux, est préparé et servi par des bénévoles.

LES CHOCOLATS D'ANDERNOS

8, avenue Jean Sacchetti
✆ 05 57 76 10 37
Ouvert du mardi au samedi de 9h30 à 12h30 et de 14h30 à 19h.

Votre maman rêve d'un sac Vuitton, mais vous ne pouvez pas lui offrir ? Contentez-la avec une copie en chocolat noir 70 % de cacao. Et si vous voulez surprendre vos amis, présentez-leur un assortiment de cannelés en chocolat blanc, noir et lait, fourrés de caramel fondant, rhum et vanille. Ils sont croquants à l'extérieur et fondants à l'intérieur, c'est original et surtout délicieux. Toutes ces gourmandises sont des exemples du talent de Sébastien Audevard, chocolatier de profession et sculpteur de chocolat. C'est non seulement beau, mais aussi de grande qualité.

LA MOUSSE DES SABLES

13, rue Nicéphore Niépce

L'histoire de deux amis... Quentin et Pierre qui ont grandi dans le milieu viticole médocain. Et pourtant, ils ont une préférence pour la bière ! Pour en avoir le cœur net, ils ont pris la direction du Jura où, pendant deux mois, ils ont appris le métier de brasseur. L'aventure pouvait commencer... et se poursuivre sur la Bassin d'Arcachon où ils ont décidé de larguer les amarres. Voilà comment ils ont créé, fin 2020, la brasserie artisanale La Mousse des Sables après une campagne de financement Kiss Kiss Bank Bank qui a eu les effets escomptés.

LE NEW PUB ANDERNOS

2, place Louis-David
✆ 05 56 82 16 16
Ouvert toute l'année. Tous les jours de 11h à 2h. Happy hours. Terrasse. Restauration. Animations. Concerts.

Envie de passer une soirée entre amis ou en famille dans une ambiance chaleureuse et animée, autour d'un verre accompagné de quelques bricoles style tapas à grignoter ou de plats très classiques ? Le New Pub est sans aucun doute la bonne adresse à Andernos. A la carte, vous avez le choix entre plus de 80 bières du monde entier ! Même en basse saison, toute l'équipe du New Pub vous attend pour des soirées à thème avec DJ, retransmissions de matchs de foot, de rugby, happy hour... Le plus ? La vue depuis la terrasse sur le Bassin.

VILLA RAD'O

2, avenue du Général de Gaulle ✆ 05 56 82 45 13
https://villarado.com/

Ouvert toute l'année, tous les jours en haute saison. Terrasse. Restauration. Bar. Brunch. Glaces artisanales.

Eté comme hiver, la Villa Rad'O fait le plein de gourmands qui viennent manger à toutes heures, prendre le goûter ou boire un verre. Quand elles ne sont pas ouvertes sur la terrasse, les grandes baies vitrées permettent de garder un œil sur le Bassin tout en s'amusant du va-et-vient des passants sur l'esplanade de la Jetée. Certains pourront trouver l'endroit trop touristique ou trop bruyant, mais sachez qu'on y boit un excellent chocolat viennois. Le thé glacé est maison lui aussi et c'est pareil pour les crêpes ! L'équipe est jeune, dynamique et très sympa.

LA CABANE DU PÊCHEUR

12, quai Courbey

Vente directe le mardi, vendredi, samedi et dimanche de 9h30 à 12h30. Dégustation fermée depuis le 9 août 2021.

François Delage propose à la vente directe et à la dégustation sa pêche du moment : dorades, soles, bars et autres. Avec sa devise : du bateau à l'assiette, il n'y a pas d'intermédiaires. La carte est très courte avec uniquement du poisson ultra frais cuisiné à la perfection, mais le plus simplement du monde, à la plancha ou découpé en carpaccio. Tous les plats sont accompagnés d'une pomme de terre cuite au four, garnie d'une crème fouettée aux herbes et de salade verte. La cabane de dégustation est située sur le port avec une jolie vue sur ce coin du Bassin.

LES CHOCOLATS D'ANDERNOS

8, avenue Jean Sacchetti
✆ 05 57 76 10 37

Ouvert du mardi au samedi de 9h30 à 12h30 et de 14h30 à 19h.

Votre maman rêve d'un sac Vuitton, mais vous ne pouvez pas lui offrir ? Contentez-la avec une copie en chocolat noir 70 % de cacao. Et si vous voulez surprendre vos amis, présentez-leur un assortiment de cannelés en chocolat blanc, noir et lait, fourrés de caramel fondant, rhum et vanille. Ils sont croquants à l'extérieur et fondants à l'intérieur, c'est original et surtout délicieux. Toutes ces gourmandises sont des exemples du talent de Sébastien Audevard, chocolatier de profession et sculpteur de chocolat. C'est non seulement beau, mais aussi de grande qualité.

LE PIC GOURMAND €€

9, avenue du Général de Gaulle
✆ 06 44 13 93 45

Ouvert du mercredi au dimanche le midi et le soir (+ le lundi et les jours fériés en juillet/août. Carte : 25 € environ.

Le Pic Gourmand n'a d'autres ambitions que celle de proposer une cuisine sincère, ancrée dans les saisons, joyeuse et généreuse, aux inspirations larges, le tout, arrosait de bons vins. De la formule du midi en passant par la carte, majoritairement composée de viandes, les produits sont souvent locaux et sélectionnés avec soin. Dans une ambiance décontractée, simple et bon enfant, que vous ayez trente minutes ou deux heures, peu importe. Venez franchir la porte du restaurant ! L'équipe mettra tout en œuvre pour que ce moment vous donne l'envie de revenir.

© PIC GOURMAND

© PIC GOURMAND

AU GRÉ DES VINS/LA BOUTEILLE À LA PLAGE

12, avenue Pasteur
✆ 05 56 82 35 98
Ouvert du lundi au samedi de 9h30 à 12h30 et de 15h à 19h ; le dimanche de 9h30 à 12h30.

Au gré des vins, c'est avant tout un accueil chaleureux et plus de 450 références, dont des Bordeaux, Languedoc, et Champagne, sans oublier les spiritueux. Mais vous les trouverez aussi à la Bouteille à la Plage à Arès, car c'est le même propriétaire. Ces deux boutiques sont dédiées aux fins palais et aux gourmands. Régulièrement, Philippe propose des ateliers « découvertes » et dégustations pour faire connaissance avec de nouveaux produits ainsi que des accords mets et vins.

SAVON DE BORDEAUX

✆ 06 82 39 89 47
https://savon-de-bordeaux.com/
Boutique en ligne. Autres points de vente sur le site internet. Actualités sur la page Facebook.

Jean-Yves, un ancien assureur, et Anne-Sylvie, une amie, s'associent en 2008 pour fabriquer un savon artisanal et original, car les fragrances sont inspirées de la région : vigne rouge, raisin blanc, algues du Ferret, pêche de vigne, fleur du Pyla, verveine-citron, etc. Ainsi naît le Savon de Bordeaux®. Delphine pérennise aujourd'hui la marque familiale. Savons, shampooings solides, gels douche, lait pour le corps, parfums d'ambiance... tout est réalisé à base d'huiles essentielles. Les coffrets cadeaux rappellent les caisses en bois des grands millésimes.

LA P'TITE PÂTISSERIE

19, avenue du Général de Gaulle
✆ 05 56 82 10 57
https://lapignotte.com/
Fermeture temporaire.

Jean-Luc Lazaro, artisan pâtissier et maître chocolatier, a toujours eu une passion pour le chocolat. Ses nombreux voyages sur les cacaoyers d'Amérique du Sud ont accentué cette passion. Il a aussi un amour pour le Bassin. Les deux conjugués lui ont donné envie de créer un chocolat original qui ferait la fierté de la région : la Pignotte du Bassin (du nom du fruit de la pomme de pin), car le pin est l'ingrédient principal de cette gourmandise au goût unique composée de pignons de pin, de riz soufflé, d'amandes torréfiées et de chocolat Valrhona (66 % cacao).

VINIFLORE

1bis, boulevard de la République
✆ 05 57 17 24 29
Du lundi au samedi de 9h30 à 12h30 et de 15h30 à 19h30 ; le dimanche de 10h à 13h (fermé le lundi en basse saison).

Dans cette cave, les bordeaux sont en première ligne, mais ils cohabitent avec des bourgognes, des vins d'Alsace, des côtes du Rhône ou encore des vins étrangers. Certains sont vendus au détail ou en fontaine (Bag in Box). Cette cave est aussi l'antre d'une grande variété de whiskies, spiritueux, champagnes, bières dont la Mira brassée à la Teste-de-Buch, thés, cafés dont le fameux Tchanqué du Bassin d'Arcachon et produits régionaux. Une seconde cave devrait fleurir au Cap Ferret. Une petite soif ? Dites qu'il y a toujours quelques références au frais.

PÂTISSERIE YANN

8, avenue de Bordeaux
✆ 06 37 55 57 50
www.patisserieyann.fr
Ouvert du mardi au samedi de 7h à 13h et de 15h30 à 19h ; le dimanche de 7h à 13h.

Qui est Yann Adingra ? Artisan pâtissier, mais aussi enseignant en lycée privé professionnel, Yann Adingra a aussi été meilleur apprenti de France en 2016 et champion du monde de pâtisserie Abylimpics en 2016. Et si on poussait les portes de sa jolie pâtisserie ? Fraisier, mille-feuille, vacherin aux noisettes, tartelette aux fraises, éclair Bueno, flan à la vanille, guimauves, bonbons faits maison... Si vous ne savez pas choisir, faites comme nous et demandez une Andernoise, car c'est la spécialité du chef. On peut déguster cette savoureuse pâtisserie sur place.

ESCALAD'PARC

Allée Pierre-de-Coubertin
✆ 06 87 84 90 47
www.escalad-parc.fr
Ouvert du 9 avril au 7 novembre 2022. Parcours aventure de 13 € à 20 €. Disc Golf à l'unité : 6 €. Snack-bar.

Au cœur de la forêt, ce superbe site propose des parcours pour toute la famille. Jeunes ou moins jeunes (des parcours baby sont proposés à partir de 3 ans), intrépides ou prudents, tous adoreront se prendre pour Tarzan et sauter de branche en branche à travers la forêt. Les plus jeunes se testeront sur le parcours rose du jeune aventurier, tandis que les Aventuriers se prêteront avec plaisir à un exercice de traversée sur des filets et des ponts. Les plus téméraires s'essayeront au parcours de l'Explorateur : une succession de ponts et de rondins en équilibre.

OZENSPA

10, rue Bernard Palissy
✆ 05 56 03 33 03
www.ozenspa-andernos.fr
Ouvert du lundi au samedi de 9h à 13h et de 14h à 19h. Dimanche : sur privatisation. Tarifs complets sur le site.

Dans ce havre de paix, vous ferez du bien à votre corps grâce au spa avec sa piscine chauffée à 32 °C, son bain à remous et son hammam-sauna dans un cadre idyllique bordé par une forêt d'eucalyptus. Les soins du corps, du visage et les massages sont des instants de pure relaxation. Les sports aquatiques (aquagym, aquabike, aquatonic, aquatraining, bébés nageurs...) et les sports zen (Pilates, fitness et gymnastique holistique) sont animés par des enseignants diplômés. Le plus ? Une équipe de thérapeutes qui élabore des programmes selon vos besoins.

SPORT NAUTIQUE ANDERNOS

1, rue Louis Lamothe
✆ 05 56 82 07 03
www.snandernos.com
Stage de voile pendant les vacances scolaires à partir de 133 €/semaine. Initiation (1h) : 42 €. Autres tarifs.

Amateurs de voile, bienvenue au Sport Nautique d'Andernos ! La gentillesse des moniteurs, les virées autour de l'Ile aux Oiseaux sont des d'arguments pour oser se frotter à la voile. Des randonnées nautiques et des stages pendant les vacances scolaires sont proposés sur optimist dès 6 ans, dériveur à partir de 8 ans, catamaran dès 10 ans ou planche à voile dès 11 ans. Le stage comprend 5 séances de 3 heures du lundi au vendredi selon les marées. Les cours particuliers et en groupes sont dispensés par des moniteurs disposant d'un Brevet d'Etat.

CASINO MIAMI D'ANDERNOS

Avenue de Bordeaux
✆ 05 56 82 00 65
https://casino-andernos.partouche.com
Ouvert toute l'année. Tous les jours et les jours fériés de 12h à 2h/3h. Restauration. Bar. Parking.

Envie de prendre un verre ou de tenter votre chance ? Le Casino Partouche vous attend. Machines à sous, jeux traditionnels, restaurant, bar... il y a de quoi vous divertir dans une ambiance conviviale où le hasard règne en maître avec pas moins de 75 machines à sous, 16 postes de roulette anglaise électronique, roulette anglaise et blackjack. Sans oublier le Megapot ! Pour vous restaurer, vous profitez d'un service de snacking à toute heure et d'un service restauration du jeudi au lundi soir de 19h à 23h. Grand parking avec bornes de recharge électriques.

LA DOLCE VITA

32, avenue de Bordeaux
✆ 05 56 26 04 30
De 5,90 € à 8,80 € (plein tarif) la séance. Enfant (-14 ans) : 4,50 €. Autres tarifs et abonnements. Chèques Vacances.

Implanté sur l'emplacement de l'ancien stade Jean-Marcel Despagne, ce complexe comprend 4 salles de projection en gradins qui offrent quelle que soit leur taille, la même qualité de son, une excellente visibilité de l'écran, des rangées de 1,20 m et de larges fauteuils très confortables. La plus grande salle est dédiée au spectacle vivant 16 jours par an avec des retransmissions d'opéras. Le reste du temps, elle sert à la projection de films. La programmation est de qualité toute l'année : films grand public, cinéma d'auteur, cinéma jeune public...

AUDENGE

Située dans le parc naturel régional des Landes de Gascogne, Audenge est une petite ville qui regorge de curiosités à dénicher au détour des chemins et des ruelles. Elle a son port ostréicole typique avec des cabanes de pêcheurs, un port de plaisance, trois piscines d'eau de mer pour se baigner quand l'eau du bassin se retire et une petite plage sauvage aux abords du Domaine de Graveyron. Audenge c'est aussi une immense forêt de pins maritimes et des domaines protégés : Certes et Graveyron. Classés espace naturel sensible, propriété du Conservatoire du Littoral, les deux sites s'étendent sur une surface de 545 ha mitoyens par le chenal de Certes.

DOMAINES DE CERTES-GRAVEYRON

Accueil situé contre le parking du château.
✆ 05 57 70 67 56
www.tourisme-coeurdubassin.com
Accès libre toute l'année. Espace d'accueil ouvert tous les jours (horaires variables). Visite guidée. Animations.

Les domaines de Certes-Graveyron s'étendent sur 545 hectares. Ils présentent des prés salés endigués, des marais salants, des bassins d'élevage de poissons, des prairies humides et bien évidemment, une faune et une flore incroyables de diversité. Eau douce et eau salée se mêlent et les paysages changent reliés par de superbes plages. Deux circuits aux choix : celui de Certes sur 14 km au départ du bassin de baignade de Lanton ou celui de Graveyron sur 5 km au départ du port d'Audenge.

L'ATELIER DES TREYS

9, allées des Treys
✆ 06 51 52 96 76
www.atelierdestreys.com
Cours particulier : 50 € en solo ; 90 € en duo. Carte cadeau.

Cécile Daulan est potière depuis 25 ans, mais il y a à peine plus d'un an, elle a voulu rouvrir un atelier-boutique là où elle s'est installée à Audenge près d'Arcachon. L'atelier des Treys est ouvert de 10h à 12h et de 14h à 16h. En tout cas, ce sont les horaires sur lesquels il est possible de venir prendre un cours particulier de poterie en solo ou jusqu'à 3 personnes. Vous réaliserez plusieurs pièces émaillées. Des stages devraient peut-être voir le jour. Pour venir jeter un coup d'œil, le mieux est encore de lui téléphoner. Cécile possède également un gîte.

PORT OSTRÉICOLE

Vivant et plein de charme, le port d'Audenge est un lieu prisé des touristes et des locaux avec les cabanes en bois des ostréiculteurs aux superbes couleurs, les pinasses traditionnelles, les terrasses ensoleillées, les pêcheurs attelés au travail… Prolongez le plaisir : installez-vous en terrasse et laissez-vous tenter par une dégustation d'huîtres du bassin. Envie d'une petite sortie en mer ? Les ports de plaisance sont situés de chaque côté du port ostréicole. Le port est également un point de départ pour une balade dans les domaines de Certes et Graveyron.

CŒUR TOURISME DU BASSIN D'ARCACHON

20, allées Ernest de Boissière ✆ 05 57 70 67 56
www.tourisme-coeurdubassin.com
Qualité Tourisme. Accueil vélo. Ouvert toute l'année. Jours et horaires d'ouverture variables selon la saison.

L'office de tourisme d'Audenge se situe en centre-ville. Parmi les prestations disponibles : la location de vélos, des activités nautiques telles que le canoë-kayak et un service billetterie. Notez que la commune abrite les Domaines de Certes et Graveyron qui représentent un espace naturel remarquable. La présence de ces sites permet à l'office de tourisme de proposer des animations de qualité, notamment des visites guidées et commentées par un guide naturaliste en saison estivale.

LE SENTIER DU LITTORAL

✆ 05 56 26 95 97
Ouvert toute l'année. Gratuit. Visite guidée se renseigner auprès de l'office de tourisme.

Sur le Bassin d'Arcachon, il existe 4 sentiers du littoral, dont celui d'Audenge qui est le plus long avec ses 14 km. Ce parcours contourne le domaine de Certes par une digue qui permettait la création des marais salants au XVIIIe siècle. On découvre les secrets de l'architecture d'un marais créé d'abord pour le sel puis pour la pisciculture. On observe des oiseaux tels que des cormorans, des goélands ou des milans noirs. Les chemins sont larges et la balade ne présente pas de difficultés. Prévoir 3 heures et de quoi se désaltérer, car l'ombre y est rare.

Le Port d'Audenge.

CAMPING LE BRAOU*** €€

26, route de Bordeaux ✆ 05 56 26 49 98
www.campingaudenge.com
Du 8 avril au 25 septembre 2022. Emplacement de 16 € à 28 €/nuit. Locations de 210 € à 994 €/semaine. Club enfants.

Le *Braou* est un camping municipal qui respire la tranquillité par sa situation privilégiée entre forêt et océan dans un parc arboré de 5 hectares. A 1 km du village d'Audenge, les commerces nécessaires pour le quotidien ne sont pas bien loin. Que vous décidiez de loger en toile de tente, en mobil-home ou encore en chalet avec terrasse en bois, tente Coco Sweet... vous apprécierez le farniente et les services offerts par le camping : barbecue commun, pétanque, piscine chauffée, terrain de volley, ping-pong, aire de jeux pour les petits, club enfants en saison...

GÎTE [ATELIER DES TREYS] €€

9, allée des Treys ✆ 06 51 52 96 76
Pour 3 personnes. A partir de 870 €/semaine en juillet et août. De 80 € à 100 €/nuit le reste de l'année.

« Gîte cosy au cœur du Bassin d'Arcachon », voilà comment Cécile, potière à l'Atelier des Treys, appelle son gîte sur Airbnb. Il s'agit d'un T2 attenant à sa maison avec tout le confort que l'on pourrait attendre d'une habitation principale. Chauffage au sol, lit *king-size*, cuisine équipée... L'intérieur est aussi agréable que l'extérieur à la fois calme et verdoyant. Le gîte conserve son charme d'antan et le bois et la pierre qui habillent les murs se marient à merveille. On y séjourne à partir d'une nuit, sauf en juillet/août [location à la semaine].

L'HAUTE EN COULEUR €€

1706, route des Trois Villages
✆ 06 77 44 55 38
http://lhauteencouleur.com
Ouvert toute l'année. 3 cabanes de standing à partir de 180 € et 240 €/nuit. Petit déjeuner inclus. Spa privatif.

Les cabanes sur pilotis de 30 m² [Toulouse, Lily et Jack] sont construites en pins des Landes au cœur d'un jardin arboré. Elles sont équipées de salles de bains avec douche à l'italienne et de toilettes séparées. Le lit king size et le mini frigo sont très appréciés. Le spa [4 places] installé sur la terrasse sous une pergola est un plus. Les petits déjeuners, sucrés et salés, servis sur la terrasse ou dans la cabane, sont très copieux. L'Escale des Saveurs – un traiteur à domicile – peut même vous livrer un repas chaud. La cabane Toulouse est plus haut de gamme.

CHEZ BALESTE €

✆ 05 56 60 33 30
Ouvert toute l'année. Ouvert le lundi et du jeudi au samedi de 9h30 à 19h ; le dimanche de 9h30 à 14h.

La famille Baleste est l'une des plus anciennes familles ostréicoles de Lège Cap-Ferret. Corinne et Jean-Robert ouvrent leur cabane toute l'année pour inviter à une dégustation ou à la vente au détail d'huîtres du Banc d'Arguin. Sur le petit port d'Audenge, venez savourer des produits du terroir [terrine maison piment ou nature] et de bons produits frais [crevettes roses et grises, bulots], le tout arrosé d'un entre-deux-mers ou d'un rosé. On s'attable sur la terrasse couverte ou au bord du port, les pieds dans le sable. Une belle adresse à partager avec ses amis.

LE BISTROT D'AUDENGE €€

4, avenue du Vieux Bourg
✆ 06 30 65 12 60
Ouvert toute l'année. Du mardi au dimanche midi et soir en haute saison. Menus de 20 à 28 €. Formule midi : 13,50 €.

Le Bistrot d'Audenge est un restaurant, mais c'est aussi un lieu de vie où l'on boit un verre en écoutant un concert. Côté salle : une ambiance bistrot de village sans chichis où l'on vient autant en famille qu'entre amis. Sur la table : des produits frais, de grande qualité, et bien travaillés aussi bien le midi que le soir. La cuisine reste traditionnelle et les portions sont idéales. Olivier, le maître des lieux, vous reçoit presque en ami avec beaucoup de chaleur, de gentillesse, de bonne humeur et de professionnalisme. Rapport qualité-prix imbattable.

MAGIC CHOCOLATE & CO

9, boulevard de la plage
ARCACHON
https://magic-chocolate.com/
Ouvert du lundi au samedi de 10h30 à 19h. Boutique en ligne.

Anne-Sophie Martin a d'abord créé sa ligne de maillots de bain écoresponsable en filet de pêche et bouteilles plastiques sous la marque Magic Chocolate Swimwear. Puis des T-shirts et des accessoires... Ce n'est qu'après, en juillet 2021 que la boutique du même nom ou presque [Magic Chocolate & Co] a ouvert ses portes à Arcachon. Là, on y retrouve les pièces de prêt-à-porter, mais aussi une vingtaine de petits créateurs qui partagent ses valeurs en matière d'environnement. Anne-Sophie est d'ailleurs engagée aux côtés des équipes de la Fondation *Tara Océan*.

PISCINE D'EAU DE MER

Port d'Audenge
✆ 05 56 26 95 12

Accès gratuit. Surveillée en juillet et août par un maître nageur sauveteur. Animations pour enfants.

Fini les soucis de marées ! Le bassin de baignade d'Audenge est un lieu de trempette relativement insolite. Il s'agit d'une retenue d'eau de mer qui forme une grande piscine extérieure. On y trouve trois bassins aux niveaux différents, pour petits et grands. L'eau est chauffée par le soleil... Ici pas de chlore, c'est le sel qui pique les yeux, mais aussi pas de filtre ! Sur place une aire de jeux pour les enfants, des espaces de sable, de caillebotis et d'herbe le long des bassins ainsi que de fréquentes animations pour les plus jeunes.

ARCACHON ★★★★

Avec ses 2 000 hectares, Arcachon est l'une des communes les plus étendues de France. Ses premiers succès reviennent aussi aux bains de mer, très prisés dès le début du XIXe siècle. Les structures d'accueil se réduisent au départ à quelques cabanes de résiniers quand un navigateur normand, le capitaine François Legallais, ouvre en août 1823 le premier hôtel-établissement de bains de la région. Mais la ville doit, en partie, son envol à Napoléon III. L'Empereur fut charmé par l'endroit qui jouxte La Teste-de-Buch. L'arrivée du chemin de fer en 1857 a fait le reste. Le patrimoine architectural d'Arcachon se dote de superbes villas dans la Ville d'Hiver créée par les Frères Pereire en 1862. Ils achètent sur les hauteurs de la ville 400 hectares de dunes boisées qu'ils décident de lotir. On dénombrera jusqu'à 300 villas aux styles différents : mauresques, demeures coloniales et manoirs, néogothiques. Elles sont ornées de corniches, encorbellements, bow-windows, fenêtres en demi-lune, lucarnes, balcons aux ajours de bois, etc. Dans les années 1960, la ville se dote d'un port de plaisance, le deuxième de la façade Atlantique. Il compte 2 600 anneaux et plus de 750 corps morts. Aujourd'hui, la ville vit toute l'année. Le front de mer, sur près de 3 kilomètres, est très passant. Il est animé par de nombreux bars et restaurants et la longue jetée est l'un des endroits incontournables. La place du marché a été entièrement rénovée et toutes les rues adjacentes sont très commerçantes. Arcachon offre aussi de nombreuses balades sur le Bassin, sur les plages sud et surtout sur la Dune du Pilat.

ABATILLES

157, boulevard de la Côte-d'Argent
✆ 05 56 22 38 50
http://sourcedesabatilles.com

Ouvert toute l'année. Visite le mardi et le jeudi de 10h à 11h30 sur réservation. Gratuit jusqu'à 12 ans. Adulte : 7 €.

En 1923, Louis Lemarié cherche du pétrole et trouve… de l'eau ! L'eau des Abatilles est captée à une profondeur de 472 mètres et à une température de 25 °C, ce qui en fait la source la plus profonde de France. La visite permet de découvrir les différentes étapes de production depuis le forage jusqu'à l'embouteillage. Au Petit musée, on vous racontera la fabuleuse histoire de la Source des Abatilles, de sa découverte à nos jours. A la fin, dégustation directement à la Source où l'eau sort à son émergence à 25 °C. Deux gammes : la Bordelaise et la Pétillante.

ASCENSEUR DU PARC MAURESQUE

Place du 8 mai

Ouvert toute l'année, tous les jours et les jours fériés (horaires variables en fonction des saison). Gratuit.

Afin de rejoindre le parc Mauresque dans la Ville d'hiver, vous pouvez emprunter l'ascenseur situé tout au bout de la rue du Maréchal-de-Lattre-de-Tassigny, derrière la superbe fontaine. Après un long couloir au plafond très coloré puis la montée en ascenseur, vous arriverez au cœur de l'arboretum, face à une belle vue sur le bassin et la Ville d'été d'Arcachon. Auparavant, la liaison entre la Ville d'Eté et la Ville d'Hiver se faisait à pied en empruntant un petit chemin à lacets.

BASILIQUE NOTRE-DAME ★

21, allée Mentque

Ouvert tous les jours de 9h à 18h (fermé certains lundis). Offices le mardi et le vendredi à 9h15 ; le dimanche à 11h15.

Dominant la ville, cette superbe basilique néogothique abrite la très belle chapelle des Marins érigée en 1722, une magnifique peinture dans la nef et une statue en albâtre de la Vierge à l'Enfant. De nombreuses histoires entourent le mythe du père Thomas Illyricus qui aurait sauvé des bateaux de la tempête en priant et aurait reçu cette statue en albâtre directement des eaux. Deux chapelles ont précédé l'actuelle, mais l'une a été détruite par une tempête et l'autre a été ensevelie par les sables. Du parvis, face à la mer, on aperçoit la Croix des Marins.

LE BÉLVÉDÈRE

Ouvert tous les jours de 7h à 22h. Gratuit. Renseignements auprès de l'office de tourisme.

Ce belvédère, également appelé observatoire Sainte-Cécile, est situé sur la dune du même nom, sur la ville d'Hiver. Point de vue privilégié, il domine la ville de ses 15 mètres de haut. Cette tour métallique réalisée en 1863 par l'architecte ingénieur Paul Régnauld (qui eut comme assistant un certain Gustave Eiffel) offre l'une des plus belles vues du bassin. L'accès, impressionnant, est limité à 8 personnes. L'escalier en colimaçon ne tenant que par des cordes et des câbles, on tremble en montant, mais le jeu en vaut la chandelle.

ÉGLISE NOTRE-DAME-DES-PASSES

Le Moulleau

Ouvert toute l'année. Gratuit.

Surplombant la ville d'Arcachon, l'église, un ancien couvent dominicain, est remarquable par son style grec orthodoxe rappelant les églises byzantines. Construite en 1863 au sommet d'une dune, elle fut agrandie en 1928 pour devenir une église paroissiale en 1993. Le chœur et la nef sont ornés de superbes fresques représentant surtout des anges. La particularité, c'est une statue, quasi unique en France, représentant la Vierge en état de grossesse nommée : « La Vierge de l'Avent ».

LE PARC MAURESQUE ★★

Avenue Victor-Hugo

www.arcachon.com

Ouvert toute l'année. Tous les jours de 7h à 22h. Gratuit. Visite guidée de la ville d'Hiver avec le parc : 14 €/adulte.

Le parc Mauresque domine la ville et permet de se balader tout en profitant du panorama, on aperçoit même un bout de bassin. Situé dans la ville d'hiver, il est dessiné à la façon des jardins anglais, tout en sinuosité. On y flâne, on s'y promène, on admire les statues et les arbres centenaires. C'est aussi l'occasion d'y voir l'ancien site du casino aujourd'hui disparu ainsi que sa maquette. Vous trouverez aussi des aires de jeux et des animations pour les enfants, un théâtre de verdure, une roseraie ainsi que de nombreux bancs pour se détendre ou pique-niquer.

LA VILLE D'AUTOMNE ★

Principalement composée du quartier de l'Aiguillon, quartier pittoresque à vocation maritime, la Ville d'Automne s'étend du château Deganne (Casino de la Plage) au bassin de La Teste. Elle est typique avec ses maisons basses aux toits de tuiles rouges et aux volets de couleurs vives. Second port de plaisance de la côte ouest, le port d'Arcachon est aujourd'hui un grand complexe. A l'extrémité de celui-ci, l'œuvre de l'artiste arcachonnais Claude Bouscau, nommée le monument des Péris en mer, prend, suivant l'angle de vue, la forme d'une ancre ou d'une croix.

La ville d'Arcachon.

LA VILLE D'ÉTÉ ★★

Principalement concentrée sur le centre-ville et le front de mer, la Ville d'Eté est le quartier le plus ancien et le plus fréquenté d'Arcachon. Construit aux alentours de 1845, il est composé de trois jetées : la jetée Thiers, la jetée Eyrac (et son carrousel) et la jetée Legallais qui ponctuent la promenade du front de mer. Du Casino jusqu'à l'allée de la Chapelle se situe le cœur de la ville avec son marché rénové, sa place des Marquises près de la mairie, son centre administratif, ses rues piétonnes, ses boutiques originales et ses magasins plutôt chics.

LA VILLE D'HIVER ★★

✆ 05 57 52 97 97

www.arcachon.com

Visite guidée (1h30) : 14 €/adulte (réservation auprès de l'Office de tourisme).

Située sur les hauteurs d'Arcachon, la Ville d'Hiver fut un haut lieu de villégiature de la Belle Epoque. Ses villas extravagantes ont d'ailleurs presque toutes été construites à la fin du XIXe siècle. Extravagante n'est d'ailleurs pas un vain mot pour qualifier ses architectures inspirées du néo-gothique, néo-classique et même du style mauresque ou encore colonial. Parmi les 73 demeures à découvrir : la villa Toledo et ses inspirations hispaniques, la villa Brémontier réinterprétant le chalet suisse, mais aussi les villas Alexandre Dumas, Bayard et Athena.

LA VILLE DE PRINTEMPS ★

Témoin de la naissance d'Arcachon au XVIe siècle, ce quartier s'étend de la basilique Notre-Dame Des Passes au parc Pereire, incluant les Abatilles et le Moulleau, la Croix des marins, la jetée de la Chapelle, mais aussi les belles villas qui bordent l'avenue Sainte-Marie et le boulevard de l'Océan. La Ville de Printemps associe sites naturels et superbes demeures. La plage Pereire est bordée d'une longue promenade piétonne et d'un jardin maritime. Le très chic quartier du Moulleau a gardé un habitat dispersé où chaque villa possède son jardin ou son parc.

LA CRIÉE

✆ 05 57 52 97 97

www.arcachon.com

Ouvert le lundi et le jeudi de 6h30 à 8h15. Sur réservation à l'Office de tourisme. Adulte : 7 €.

Il faut se lever aux aurores, mais le sacrifice vaut le coup. Jean Lannes, un guide passionné, dévoile tous les secrets de la vente de la criée deux matinées par semaine, les lundis et jeudis matin. On pénètre dans les coulisses de ce milieu très fermé et on rencontre des professionnels de la pêche. En sortant, on connaît tout ou presque sur la filière pêche, sur le circuit du poisson, depuis son débarquement jusqu'à sa vente informatisée depuis 1958... C'est un endroit unique. Seul hic : les particuliers ne peuvent pas acheter de poissons.

SPIRIT OF BASSIN

Jetée d'embarquement n°2 - Petit Port

✆ 06 77 00 05 46

www.spirit-of-bassin.com

Croisières toute l'année selon la météo. De 30 à 25 €/adulte et de 21 à 25 €/enfant. Apéritif au soleil couchant : 49 €.

Le *Carpe Diem* est un bateau neuf à taille humaine d'à peine 13 mètres de long qui peut accueillir jusqu'à 14 personnes à bord. A son bord, partez à la découverte des cabanes tchanquées, de l'Ile aux Oiseaux, du phare du Cap-Ferret et de la Dune du Pilat. Les commentaires instructifs, mais toujours agrémentés d'une pointe d'humour, vous révèleront tous les secrets du Bassin. La compagnie maritime propose bien d'autres promenades sur l'eau dont une à l'heure de l'apéritif au couchant du soleil. Magnifique ! Privatisation possible.

UNION DES BATELIERS ARCACHONNAIS

76, boulevard de la Plage

✆ 05 57 72 28 28

www.bateliers-arcachon.com

Navettes et excursions. Tarifs variables selon la distance.

Les navettes qui relient villes et sites remarquables et les excursions menées par les fiers marins sont un moyen original de découvrir les richesses du Bassin. Et il y en a de toute durée et pour tous les goûts : grand tour de l'Ile aux oiseaux, croisière océan, tour du littoral de l'île à l'océan, cabanes tchanquées, coucher du soleil, feu d'artifice, etc. L'UBA vous emmène aussi faire des parties de pêche, une balade en pinasse, en catamaran ou en greenboat que l'on peut privatiser.

LE GRILLON €

33, cours Tartas
© 05 56 83 01 51
www.legrillon33.com

Ouvert toute l'année. Appartements meublés à partir de 280 €/semaine. Parking inclus. Service de ménage.

La localisation de cette résidence est remarquable, car elle est à 300 mètres seulement de la plage et du centre-ville. Il faut franchir un porche pour accéder à la cour intérieure puis aux 22 appartements et studios meublés à louer tout au long de l'année. Les logements pouvant accueillir de 2 à 5 personnes sont agencés de manière fonctionnelle. La décoration reste simple, mais peu importe, car il ne s'agit que d'un point de chute pour dormir et se restaurer. L'offre est complète et le rapport qualité-prix sans mauvaise surprise.

HÔTEL VILLA-LAMARTINE*** €

28, avenue Lamartine © 05 56 83 95 77
www.hotelvillalamartine.com

Ouvert toute l'année. Chambre double à partir de 110 €, suite à partir de 160 €. Petit déjeuner : 14 €. Parking : 25 €.

L'hôtel Villa-Lamartine a conservé l'esprit si particulier du bâtiment propre à l'architecture du bassin d'Arcachon tout en le modernisant. La décoration est ainsi équilibrée et de bon goût avec une touche orientale. C'est un bel hôtel 3 étoiles qui offre des prestations de qualité avec professionnalisme et gentillesse. Certaines chambres ont vue sur le bassin, quand d'autres ont vue sur la ville d'hiver. L'*Eaton's Spa by Cinq Mondes* est parfait pour déconnecter, même le temps d'un week-end. Au programme : douceur, calme et volupté...

ARC HÔTEL SUR MER*** €€

89, boulevard de la Plage
© 05 56 83 06 85
www.arc-hotel-sur-mer.com

Ouvert toute l'année. Chambre double à partir de 98 € ; chambre triple à partir de 158 €. Petit déjeuner : 13 €.

Si vous recherchez un hôtel « les pieds dans l'eau », vous l'avez trouvé ! Dès votre arrivée, vous pourrez apercevoir devant vous la plage et le bassin d'Arcachon. Vous traverserez le hall de la réception au décor mélangeant baroque et art contemporain. Le cadre est idyllique et apaisant, les petits déjeuners sont servis au bord de la piscine, dans les salons ou en chambre. Les chambres sont spacieuses, lumineuses et décorées sobrement. Elles ont toutes une terrasse privative, certaines ont une vue panoramique sur la mer, les autres donnent sur le jardin.

LE B D'ARCACHON*** €€

4, rue du Professeur Jolyet
© 05 56 83 99 91
www.hotel-b-arcachon.com

Ouvert toute l'année. Chambre double à partir de 102 € ; suite à partir de 192 €. Petit déjeuner : 15 €. Parking : 17 €.

Au pied du front de mer de la cité balnéaire, le B d'Arcachon allie confort et élégance. Les chambres et les suites sont modernes, chaleureuses, spacieuses et colorées. Certaines ont vue sur le bassin. Le room service, à la carte, est exécuté par des restaurateurs extérieurs ainsi que les petits déjeuners sous forme de buffet chaud et froid. Souriante et dynamique, l'équipe multiplie les petites attentions pour vous permettre de passer un séjour idyllique. Le B d'Arcachon propose également des salles de réunion au Palais des Congrès qui jouxte l'hôtel.

HÔTEL ORANGE MARINE** €€

35-37, boulevard Chanzy
© 05 57 52 00 80

Ouvert toute l'année. Chambre double de 69 € à 169 € ; triple de 109 € à 209 €. Demi-pension. Petit déjeuner : 12 €.

© ORANGE MARINE

C'est à deux pas du port de plaisance, à 1 kilomètre environ du centre-ville et à 50 mètres de la plage qu'il faut venir dénicher ce charmant hôtel à l'esprit familial, dont la façade de briques rouges anciennes est joliment rehaussée d'une frise de carreaux de faïence. Derrière les murs se cache un patio luxuriant, avec une fontaine et un jardin, qui permet d'accéder aux chambres très agréables décorées sobrement, mais avec goût. Certaines offrent même une vue sur le Bassin. La cuisine du restaurant marie simplicité et saveurs méridionales.

HÔTEL DE LA PLAGE*** €€

10, avenue Nelly Deganne ✆ 05 56 83 06 23
www.hotelarcachon.com

Ouvert toute l'année. Chambre double à partir de 89 €. Petit déjeuner buffet : 15 €. Parking inclus. Séminaires.

A l'Hôtel de la Plage vous êtes face au casino, à deux pas du front de mer et de la plage. L'architecture est contemporaine, l'ambiance est agréable et feutrée. Les chambres sont décorées sobrement dans l'esprit des cabanes du Bassin. Elles invitent au repos et à la tranquillité. Le confort y est total et les commodités irréprochables. Pour les services, les clients ont accès gratuitement à la salle de sport très bien équipée. Autres atouts : l'excellent buffet pour un petit déjeuner sucré et/ou salé et les 3 bornes de recharge pour véhicule électrique (payant).

HÔTEL LE DAUPHIN*** €€

7, avenue Gounod
✆ 05 56 83 02 89
www.dauphin-arcachon.com

Accueil vélo. Ouvert toute l'année. Accueil 24h/24. Chambre double à partir de 86 €. Petit déjeuner : 11 €.

Le Dauphin est situé au cœur de la ville, dans une authentique et magnifique villa arcachonnaise du XIXe siècle. Cet hôtel à la façade atypique, de briques couleur rouille et blanc, est doté d'une superbe piscine extérieure. A peine à 300 mètres du centre-ville et de la plage, vous trouverez ici confort et accueil irréprochables. Les chambres sont climatisées et donnent sur le jardin fleuri de l'hôtel ou sur la cour. Leur décoration est sobre et cosy à la fois, fraîche et reposante. L'hôtel met à disposition des serviettes de plage en location.

HÔTEL LES BAINS D'ARGUIN BY THALAZUR**** €€

9, avenue du Parc ✆ 05 57 72 06 72
www.thalazur.fr

Ouvert toute l'année. Double à partir de 153 € ; suite à partir de 297 €. Petit déjeuner : 21 €. Thalassothérapie. Spa.

L'hôtel Les Bains d'Arguin est aussi un centre de thalassothérapie et spa. Dans une nature bien préservée, c'est un endroit parfait pour se détendre. Les grandes chambres sont confortables et décorées dans l'esprit du Bassin avec des matériaux et des couleurs naturels. La plupart disposent d'un balcon. Elles sont toutes modernes et lumineuses. Le restaurant propose une cuisine diététique avec des produits frais et de saison. Il est possible d'accéder au spa sans hébergement.

HÔTEL POINT FRANCE**** €€

1, rue Grenier ✆ 05 56 83 46 74
www.hotelpointfrance.com

Fermé du 10 nov. au 15 mars. Chambre double à partir de 99 €. Petit déjeuner buffet ou en chambre : 18 €. Séminaires.

Bénéficiant d'une excellente situation, face à la plage centrale d'Arcachon, cet établissement, presque les pieds dans l'eau, est à deux pas du front de mer et du casino. Agréables et bien conçues, les chambres à la décoration cosy et contemporaine, sont équipées d'un coin bureau, de toilettes séparées de la salle de bains, d'un dressing et d'une terrasse où vous apprécierez sûrement de prendre votre petit déjeuner complet à base de fruits frais, yaourts, pain et viennoiseries. L'accueil est souriant et toujours à votre service pour passer un merveilleux séjour.

VILLA SAINT-GEORGES €€

135 bis, boulevard de la Plage
✆ 05 56 83 99 75

Ouvert toute l'année. Suite de 65 m² pour 4 personnes à partir de 130 €/nuit. Petit déjeuner inclus. Parking inclus.

Dans une superbe villa de prestige, époque Napoléon III située face au Bassin, une suite de 65 m² a été aménagée au premier étage. C'est un endroit paisible à seulement 300 mètres du centre-ville. En scrutant bien l'horizon, vous apercevrez sans doute les très célèbres cabanes tchanquées. L'appartement se compose d'une entrée, d'un WC, d'une salle de bains, d'une cuisine, d'une chambre avec 2 lits de 120, d'un séjour/véranda équipé d'un canapé 2 places. Aménagée avec des chaises longues et un salon de jardin, la terrasse accède directement à la plage.

VILLA VARINKA €€

8, avenue Saint-François-Xavier
✆ 05 56 54 03 54
www.arcachonplage.fr

Ouvert toute l'année. A partir de 1 400 € la semaine. 4 chambres.

Située à 50 mètres de la plage, non loin de la jetée du Moulleau, la Villa Varinka, lumineuse et spacieuse, est un petit coin de paradis avec son espace verdoyant baigné de soleil. Elle est parfaitement équipée et dotée de tout le nécessaire pour profiter de votre séjour en parfaite autonomie (cuisine moderne avec tous les appareils ménagers, cave avec réfrigérateur, congélateur et machine à laver le linge, barbecue à l'extérieur, etc.). Au rez-de-chaussée vous apprécierez le grand salon de 30 m², ainsi qu'à l'étage, les quatre chambres joliment décorées.

LE GAVROCHE FOOD-TRUCK €€

17, avenue Peyjean
✆ 06 83 00 76 75
www.legavrochefoodtruck.com
En été ouvert tous les jours de 11h30 à 15h. Burger à partir de 8 €, plat à partir de 7,50 €, desserts à partir de 3 €.

À bord de son fourgon rouge des années 80, le chef Yoann cuisine des entrecôtes bordelaises, des magrets et de délicieux burgers. Des recettes savoureuses et authentiques préparées dans cette estafette vintage des plus atypiques. Restaurateur et traiteur ambulant, Yoann et son Gavroche food-truck se déplacent dans tout le bassin d'Arcachon pour vos événements privés et professionnels. Ambiance champêtre assurée ! En plus de la préparation des plats, le Gavroche propose la location de vaisselle, de décoration et d'autres installations (tireuse à bière...).

LE PIQUE-NIQUE DU BASSIN €

41, rue du Maréchal de Lattre de Tassigny
✆ 06 16 42 56 35
www.lepiqueniquedubassin.fr
Boutique ouverte tous les jours de 10h à 13h et de 15 à 19h en juillet/août. Commande/livraison de 10h à 22h.

Plus besoin d'aller faire les courses et de porter la glacière sur la plage... Deux petits malins, Valentin et Benoît, ont frappé à la porte de producteurs locaux pour lancer le Pique-nique du Bassin. Pour se faire livrer à Arcachon, à La Teste-de-Buch ou au Pyla, il suffit de leur téléphoner et ils débarquent en un rien de temps sur leur scooter électrique. Dans leur top case isotherme, ils peuvent mettre des huîtres, du caviar, du foie gras, des pizzas, un assortiment de charcuterie, des Dunes blanches, des canelés, etc., mais aussi des vins ou de la bière.

LES HALLES D'ARCACHON €

Place des Marquises
Du mardi au dimanche de 7h30 à 13h (tous les jours, le vendredi et samedi de 17h à 20h pendant les vacances scolaires).

Le marché municipal avait été rasé en 1970, mais il a réinvesti la place en 2012 avec des halles conçues sur le modèle des anciennes Halles Baltard. Les Halles abritent une trentaine d'étals : primeurs, poissonniers, bouchers, cavistes, bancs d'huîtres... Et deux restaurants : Le Bouchon pour une cuisine bistrotière et l'Oyster Bar pour déguster les huîtres d'Olivier Laban, ostréiculteur, producteur et éleveur de l'huître Arcachon - Cap Ferret. A la carte également, des crevettes bio, bulots, terrine de campagne... A l'heure de l'apéro, les places sont chères.

LE JARDIN €

23, rue Notre Dame des Passes
✆ 05 56 54 23 61
www.restaurantlejardin.com
Ouvert toute l'année. Réservation recommandée. Plats de 16 à 22 €. Formule déjeuner de 18 à 20 €. Jardin. Terrasse.

© SOPHIET

Ce restaurant-terrasse est un nid d'amoureux avec sa végétation luxuriante et sa cabane en bois qui fait office de bar. A l'intérieur, la belle salle est décorée de façon bucolique dans l'esprit jardin. A la carte, on trouve une grande variété de salades, mais aussi des tartares et des plats chauds cuisinés avec des notes créatives à base de produits frais et locaux. Ce jardin est vraiment un petit paradis à l'extérieur de la zone très touristique. L'établissement est ouvert tous les jours le midi et le soir (du jeudi au lundi le midi et le soir en basse saison).

LA RÉSERVE €

8, rue du Professeur-Joylet
✆ 05 56 83 97 70
Haute saison : ouvert tous les jours et les jours fériés le midi et le soir. Menu unique à 18,90 €. Menu enfant : 10 €.

Ce restaurant situé à deux pas de la plage est une histoire de famille ; celle du couple Roulet et de leur fille Tracy ainsi que de Kevin, le chef en cuisine... L'établissement reçoit les gourmands sur les deux terrasses, dans un décor moderne au style lounge très soigné. La première impression, très agréable, est confirmée par l'accueil qui se révèle absolument adorable. La cuisine ne gâche rien, bien au contraire puisque chaque jour le chef propose des plats alléchants confectionnés exclusivement à partir de produits frais. De quoi régaler les papilles !

LA TABLE DU BOUCHER €€

16, rue du Maréchal-de-Lattre-de-Tassigny
✆ 05 56 54 06 28
http://la-table-du-boucher.com
Ouvert toute l'année. Tous les jours le midi et le soir en haute saison. Carte : 20 € environ. Formule midi : 19,90 €.

© TRANSAT

En pleine rue piétonne du centre-ville et à deux pas de la plage, La Table du Boucher vaut vraiment le détour. Elle reprend les codes de la brasserie traditionnelle : un bar immense, de petites tables, des banquettes rouges, de grands miroirs et une carte des vins savamment élaborée. De la cuisine du Boucher sortent de bons plats. La viande est à l'honneur bien sûr, mais les huîtres du Bassin sont incontournables. Le chef saura vous proposer chaque jour une suggestion de poisson frais. Il est toujours agréable de profiter des cocktails du barman en terrasse.

LE BASSANO €€

18, boulevard de la Plage
✆ 05 56 54 89 52
http://le-bassano.com/
Ouvert toute l'année. Tous les jours le midi et le soir (sauf lundi et mardi en basse saison). Pizzas de 8,50 € à 15 €.

Le Bassano est un restaurant italien, un vrai. Le charme de l'établissement est authentique. Avant même de passer la porte, vous serez attiré par ses petits luminaires rouges et verts. A l'intérieur, vous découvrirez un espace pas grand, mais tout à fait charmant, rustique juste ce qu'il faut. Et la gentillesse de la serveuse devrait finir de vous convaincre. Si la carte change régulièrement, notamment au gré des envies du chef, elle vous proposera à chaque fois de savourer le meilleur de la cuisine d'inspiration italienne, fine, raffinée et originale.

LE BISTRO'CHON €€

29, rue du Maréchal de Tassigny
✆ 05 56 83 08 44
Ouvert toute l'année. Tous les jours le midi et le soir en haute saison. Carte : 20 € environ le midi ; 28 € le soir.

Le Bistro'chon est sans chichis ! Son succès vient de son accueil, sa belle terrasse, sa déco bistro cosy, sa cuisine simple et familiale faite maison à base de produits frais. Sans oublier son bon rapport qualité-prix. Ici, pas de menu, mais on recommande aux amateurs le hamburger sauce aux poivres avec un bon pain aux céréales, accompagné d'une belle salade et de délicieuses frites coupées au couteau ou les délicieux encornets poêlés au chorizo et persillade XL. Si la mousse au chocolat est à la carte, sachez qu'elle est tout simplement fabuleuse.

LES TERRASSES DU PORT €

Quai de Goslar
✆ 05 56 83 08 41
Horaires basse saison sur le site. Haute saison tous les jours midi et le soir. Carte : 42 € environ.

Depuis l'immense terrasse, on a une vue panoramique à 360° sur le port et le bassin. Nino, le maître des lieux, adapte la carte aux saisons et la cuisine correspond bien à cet endroit assez magique. Les huîtres, fruits de mer et poissons frais font partie des spécialités. A la belle saison le bar et la cuisine d'été ouvrent sur la terrasse c'est ambiance tapas, entrecôte, etc. La soirée, animée par un DJ, se prolonge très souvent en musique jusqu'à 2 heures du matin. Les Terrasses sont privatisables que ce soit pour des événements familiaux ou professionnels.

LE BISTROT DU PORT €€

5, rue du Port
✆ 05 56 83 20 49
http://bistrot-arcachon.fr
Ouvert de mars à octobre. Du lundi au samedi midi et soir en juillet/août. Plats de 13 à 22 €. Formule du midi : 18 €.

Les nouveaux propriétaires de ce bistrot sont fort sympathiques. De très bons conseils pour le vin, ils parlent également des plats avec passion. Terrine de foies de volaille au porto, couteaux de la mer à la plancha, magret de canard, tartare de duo de thon et bar... Pour apercevoir le bassin d'Arcachon et son port au bout de la rue, vous pourrez profiter de la terrasse sur la rue piétonne. Envie de soleil, mais la terrasse affiche complet ? Dites-vous qu'il y a un patio à l'intérieur. Pour les locaux, le Bistrot du Port, c'est un peu la bonne cantine du coin.

LE BORDEAUX ARCACHON €€

39-41, boulevard du Général Leclerc
✆ 05 56 83 46 41
www.lebordeauxarcachon.com
Ouvert tous les jours et les jours fériés de 8h à 23h. Formule du midi : 20 €. Menu week-end : 25 €. Terrasse. Bar.

Situé juste en face de la gare, cet établissement est une adresse plus que recommandable : une terrasse agréable, un intérieur contemporain, une équipe jeune, souriante et efficace, une cuisine aux accents bistronomiques où l'on ne trouve rien à redire. Tout est frais, fait maison à base de produits de qualité. La carte est créative et les plats sont bien présentés. La formule déjeuner est une excellente affaire. Elle présente deux entrées, deux plats et deux desserts. Certes, on n'a pas la vue le Bassin, mais on se régale... Belle carte des vins.

BOULEVARD 88 €€

88, boulevard de la Plage
✆ 05 56 83 82 41
www.bd-88.fr
Ouvert du mardi au dimanche le midi ; du mardi au samedi le soir. Menu à 29 €. Formule du midi : 19 €.

Ils sont trois, Isabelle et Christophe en salle, et Rémi en cuisine pour vous accueillir dans leur établissement à la décoration de bistrot contemporain pour la salle et de bord de mer pour la terrasse couverte. A la carte ? Rien que des produits frais et de saison, tous issus du terroir (ou presque), pour une cuisine savoureuse. Les suggestions changent quasiment toutes les semaines, au gré du marché. Les huîtres Laban viennent bien sûr du Bassin d'Arcachon, notamment du Grand banc et du Banc d'Arguin. Cette adresse est vraiment une table bistronomique.

BRASSERIE DES MARQUISES €€

Rue Roger Expert
✆ 05 56 83 80 06
www.brasserie-des-marquises.com
Ouvert tous les jours de 7h à 1h30. Restauration de 12h à 23h. Menu à 26,60 €. Assiettes à partager de 12h à 21h.

La Brasserie des Marquises est idéalement placée en centre-ville et à deux pas du marché couvert. A l'intérieur, les codes décoratifs des brasseries ont été conservés : comptoir boisé, banquettes matelassées rouges... L'équipe ne manque pas de petites attentions pour vous satisfaire que ce soit pour un verre en terrasse, un petit déjeuner, un déjeuner ou un dîner. L'ambiance, excellente, monte d'un cran lors de soirées concerts ou d'événements sportifs retransmis sur un écran géant. Les plats sont très copieux et toujours concoctés à partir de produits frais.

LE CABESTAN €€

6 bis, avenue du Général-de-Gaulle
✆ 05 56 83 18 62
www.restaurant-lecabestan.com
Ouvert toute l'année. Du mercredi au dimanche le midi et le soir. Menu du Marché : 28 € le midi ; 36 € le soir.

A deux pas du Casino, vous ne manquerez pas la devanture bleue du Cabestan, ni sa belle porte en fer forgé. Le chef Jimmy Marie renouvelle sa carte régulièrement. Elle fait la part belle à de très bons produits de la criée, cuisinés avec finesse. Toutes les spécialités sont à déguster les yeux fermés. Le service est impeccable et attentionné, l'ambiance est conviviale et on compte pas mal d'habitués parmi les clients. La carte des vins et le menu du marché offrent un excellent rapport qualité-prix. Notez que le pain est fait maison. Réservation recommandée.

LA PIZZERIA €€

19, rue Jehenne
✆ 05 56 83 20 46
www.pizzeria-jehenne.com
Ouvert du mardi au dimanche le midi et le soir. Spécialités italiennes à partir de 10,90 €. Terrasse. A emporter.

© SOPHIET

Située juste à côté du quartier du marché municipal, la *Pizzeria Jehenne* est une institution fondée en 1978. L'été, la terrasse, assez grande et très agréable, est très prisée. L'hiver, on s'installe dans des salles décorées de détails italiens, à l'ambiance familiale et chaleureuse. Dans les assiettes, c'est aussi l'Italie : les pizzas à la pâte fine sont bonnes et le choix est varié ! Et aussi des salades, des antipasti, des plats de pâtes, des pâtes farcies, des gnocchis et un grand choix de veau cuisinés de différentes façons. Et un excellent tartare !

CAFÉ DE LA PLAGE - RESTAURANT CHEZ PIERRE €€

1, boulevard Veyrier-Montagnères
✆ 05 56 22 52 94
www.cafedelaplage.com
Ouvert tous les jours et les jours fériés le midi de 9h30 à 23h. Réservation recommandée. Carte : 35 € environ.

Le Café de la Plage est incontournable. Sa terrasse située face à la plage est un atout de taille, certes, mais la qualité de la carte et du service fait en premier lieu le succès de cet établissement. L'équipe dynamique et chaleureuse accueille avec enthousiasme. A la table de Chez Pierre, la déco est chic et moderne. Le chef réalise une cuisine gastronomique, raffinée et créative, à base de produits régionaux. Le coin brasserie est idéal pour une salade, coquillages, etc.

GRAND CAFÉ VICTORIA €€

26, boulevard Veyrier-Montagnères
✆ 05 56 83 07 75
Ouvert toute l'année. Tous les jours de 9h30 à 22h. Carte : 32 € environ. Menu enfant : 13 €.

Face à la mer, à deux pas du lit de sable, Le Grand Café Victoria est une adresse raffinée et chic : des tables recouvertes d'une nappe blanche, des lustres anciens, du mobilier en bois, etc. Le personnel est tout aussi élégant et bienveillant, ce qui ne gâche rien. Côté gastronomie le chef joue sur l'air marin : huîtres, coquillages et crustacés à gogo, plateaux de fruits de mer bien garnis, poissons, pâtes et risottos aux palourdes ou langoustines. Il varie avec quelques notes terriennes, très italiennes, dont un superbe osso buco.

LA CALYPSO €€

84, boulevard de la Plage
✆ 05 56 83 65 08
Tous les jours le midi et le soir (sauf mercredi/jeudi en basse saison). Menu : 25 €. Moules-frites à partir de 9,50 €.

Pour une ambiance tropicale au cœur d'Arcachon rendez-vous au restaurant La Calypso. Dans un décor exotique et coloré, la carte met les produits de la mer à l'honneur. Assiettes de fruits de mer et ses succulentes huîtres du bassin, salades bien garnies ou encore moules à toutes les sauces, vous n'aurez qu'à faire votre choix. Côté plats ? De la bouillabaisse maison, des moules-frites, des entrecôtes, des magrets ou du confit de canard. L'accueil et le service sont très agréables. La capacité et l'organisation de La Calypso permettent de recevoir les groupes.

KRAKEN €€

55, boulevard de la Plage
✆ 05 56 22 66 18
www.kraken-arcachon.fr
Le lundi et du mercredi au samedi midi et soir (sauf samedi midi en basse saison). Menu à 44 €. Formule du midi : 24 €.

Laetitia et Samuel ont investi les cuisines de ce restaurant installé le long du boulevard de la plage, non loin du port d'Arcachon. Leur savoir-faire d'une justesse impeccable met à l'honneur la cuisine française traditionnelle avec beaucoup de créativité. Le respect des saisons est primordial, aussi la carte change régulièrement afin que les chefs puissent travailler avec des produits frais et locaux. Vous apprécierez également la décoration de ce restaurant qui ne s'est pas privé de quelques excentricités, à vous de les observer. Réservation recommandée.

DIEGO PLAGE €€

2, boulevard Veyrier Montagnères
✆ 05 56 83 84 46
www.diegoplage.com
Ouvert toute l'année. Tous les jours le midi et le soir. Service continu en été. Menus de 29,50 € à 45,90 €. A emporter.

Parmi la myriade de restaurants installés sur le front de mer, difficile d'éviter les pièges à touristes. Au bord de l'eau, non loin de la jetée d'Eyrac et de son superbe carrousel, vous trouverez l'un des meilleurs écaillers d'Arcachon. Fraîcheur garantie ! Assiette de l'ostréiculteur, huîtres de chez Gillardeau, parillada, poke bowl au poisson, noix de Saint-Jacques... Le cadre est chic et sobre avec ses nappes blanches et ses grandes baies vitrées. La terrasse ombragée est très agréable. Côté carte, les prix sont raisonnables au vu de la qualité des produits.

LE PITT €€

2, avenue du Général de Gaulle
✆ 05 57 16 22 40
Du mercredi au lundi le midi et le soir (de 12h à 22h sans interruption en juillet/août). Carte : 30 € environ.

Neuf copains et copines sont à la tête de ce bistrot à l'ambiance bon enfant et sans chichis. La spécialité ? Ce sont les huîtres qu'ils élèvent eux-mêmes sur le Bassin, mais aussi les fruits de mer. En revanche, pas de viande à part de la charcuterie. On ne réserve pas, du coup les places sont chères, surtout en hiver, car la salle de restaurant n'est pas très grande et l'adresse connaît pas mal de succès vu son excellent rapport qualité-prix et le service efficace et décontracté. Aux beaux jours, la terrasse permet d'ajouter un certain nombre de couverts.

LE CHIPIRON €€

11, rue de la Pêcherie ✆ 05 57 52 06 33
www.lechipiron.com/1133/

Ouvert toute l'année (sauf janvier). Du jeudi au mardi midi et soir en haute saison. Poissons à la plancha de 15 à 32 €.

Idéalement située dans le sympathique quartier de l'Aiguillon, cette excellente adresse tenue par Christian Bonnet, et son équipe, propose un véritable voyage gustatif. Confortablement installé dans la salle au décor moderne et chaleureux ou en terrasse au soleil, on passe ici un moment délicieux, grâce à des produits frais, cuisinés avec cœur et un service souriant et impeccable. On vient déguster les huîtres du bassin, des poissons à la plancha qui varient tous les jours en fonction des arrivages, mais aussi découvrir un défilé de tapas fraîches et gourmandes.

RESTAURANT L'AIGUILLON €€

52, boulevard Mestrezat
✆ 05 56 83 03 36
Ouvert toute l'année. Tous les jours le midi et le soir. Menus de 23 € à 30 €. Plats de 14,50 à 24,50 €. Terrasse.

Repris en mars 2020, l'établissement qui profite de l'occasion pour changer de nom se trouve dans le quartier de l'Aiguillon à l'entrée d'Arcachon. À deux pas du port, la grande terrasse se prête volontiers à un déjeuner ou un dîner. Bœuf bourguignon, os à moelle, tête de veau... Ici, on travaille en famille dans la tradition de la cuisine française. Thomas, le chef, et sa femme Ludivine se sont associés à David pour vous proposer des recettes à base de produits frais et de saison. Les menus laissent le choix entre trois entrées, trois plats et trois desserts.

LE ROYAL MOULLEAU €€

2, rue du Débarcadère
✆ 05 56 54 57 45
www.le-royal-moulleau.com
Ouvert toute l'année. Tous les jours et les jours fériés le midi et le soir. Pizzas de 13 € à 17 €. A emporter.

Les pieds dans l'eau, enfin presque ! C'est dans un décor unique que vous accueilleront le Royal Moulleau et sa pizzeria-trattoria. L'atout charme du lieu est sans aucun doute sa terrasse qui offre une vue imprenable sur le bassin d'Arcachon et le phare du Cap-Ferret. Professionnalisme et sourire sont les maîtres mots du restaurant, tout comme la qualité des plats proposés. A la carte, des plateaux de fruits de mer, des poissons, de la belle viande et des desserts gourmands. La trattoria régale avec ses pizzas, ses pâtes fraîches ou ses spécialités italiennes.

WINE NOT €€

46, boulevard Mestrezat
✆ 05 57 15 37 78
www.winenot-arcachon.com
Tous les jours le midi et le soir (fermé dim. midi et le jeudi en hors saison). Menu : 29,80 €. Plat du jour : 12,90 €.

Quel plaisir de pousser les portes de cette belle bâtisse au style typiquement arcachonnais. À l'intérieur ou en terrasse, vous rencontrerez Esther, mais aussi Patrice pour vous conseiller sur le choix d'une appellation ou d'un millésime. Et en cuisine, c'est David. Derrière les fourneaux depuis plus de 20 ans pour faire partager les meilleurs produits de sa région, il vous propose de découvrir sa carte, son menu ou sa formule déjeuner (entrée, plat et dessert). Couscous maison le mercredi et paella sur commande le jeudi ! Alors, *Wine not* ?

LE BAR DE L'OUBLI

234, boulevard de la Côte-d'Argent
✆ 05 57 72 00 45
Ouvert toute l'année. Basse saison : du jeudi au lundi (9h à 2h). Haute saison : tous les jours (8h à 2h). Restauration.

Le Bar de l'Oubli est tenu par Philippe Berbizier, bien connu dans le monde de l'ovalie pour avoir joué entre autres à Lourdes et à Agen. Ce café est un repaire de copains, mais pas que... Tous ceux qui aiment la convivialité, la bonne humeur, les tapas et les plats de bistrot s'y retrouvent. Du coup, *l'Oubli* est devenu l'un des territoires des plus emblématiques d'Arcachon, fréquenté par une clientèle hétéroclite allant des locaux aux Parisiens branchés ou des gens de tous âges. On s'y installe du petit déj' à l'apéro en passant par le déjeuner.

Ô DOM'P

173, boulevard de la Plage
✆ 09 72 84 58 48
Ouvert toute l'année, du lundi au samedi de 17h30/18h à 2h (fermé le lundi en basse saison). Restauration. Tapas.

Fabrice Brignard, le maître des lieux, a l'art de la fête et ça se voit. Cet endroit est un peu *the place to be*... Mais attention, rien de branché ou de snob ! On est ici boulevard de la Plage et la grande terrasse avec son mobilier en bois ne désemplit pas, surtout l'été. La raison : les excellents cocktails à base de rhum, dont un mojito à se damner et tout pour se restaurer avec les tapas, les huîtres, les planches de charcuteries ou de fromages, les bruschettas, les hamburgers du chef ou les cafés gourmands. Le tout servi sur fond musical des années 80/90.

PÂTISSERIE GUIGNARD

11, avenue Notre Dame des Passes
✆ 05 56 54 50 92
www.patisserie-guignard.fr
Ouvert toute l'année (sauf en janvier et jusqu'à mi-février). Tous les jours de 7h30 à 20h en juillet/août.

La Maison Guignard est une institution au Mouleau depuis 1909 ! Pâtissier, chocolatier et glacier, c'est sans doute une des meilleures adresses de la région. La crème pâtissière est un délice, mais ce sont surtout les cannelés qui font sa réputation. Les éclairs de la Maison Guignard seraient aussi les meilleurs du Bassin, et au-delà, et les tartes aux fraises se vendent au mètre... La boutique est victime de son succès : une file d'attente déborde souvent de plusieurs mètres sur la rue, mais l'équipe efficace vous sert avec le sourire dans les meilleurs délais.

TRANSAT RESTAURANT €€

Quai Goslar ✆ 09 63 67 74 42
http://transat-arcachon.com/
Tous les jours en été et du mercredi au dimanche en hiver. Menu à partir de 25 €. Plats de 18 à 29 €. Bar. Salon de thé.

Au port de plaisance d'Arcachon, face aux cabanes tchanquées, le Transat offre une vue splendide. Que ce soit sur la terrasse panoramique ou dans la salle bordée de grandes baies vitrées, on admire le paysage sans se lasser. Ici, notamment le midi, on croise ceux qui s'accordent une pause déjeuner gourmande entre collaborateurs, mais aussi des touristes qui se félicitent d'avoir longé le port pour découvrir cet endroit sympathique. L'équipage de ce restaurant aux allures de bateau s'adapte avec aisance à votre timing. Une adresse privilégiée du bassin d'Arcachon !

MERRYL FROMAGERIE

5, boulevard de la plage
✆ 05 56 22 25 66
www.merryl-fromagerie.fr
Ouvert du mardi au samedi de 9h à 19h30 ; le dimanche de 9h à 13h.

© MERRYL

Nul besoin d'en faire tout un fromage ! La fromagerie de Reynald a cédé la place à la fromagerie Merryl. Les gourmands continueront de découvrir une belle sélection de fromages affinés issus de nos terroirs français, mais aussi des petits producteurs. Brebis, chèvre au Jurançon, bleu de vache... Faites-vous conseiller, mais aussi pour épater vos convives lors d'une fondue savoyarde. Merryl vous propose également de vous régaler à la maison avec ses plateaux de fromages pour vos soirées raclette. Et aussi ? Charcuterie, vins et des produits d'épicerie fine.

PÂTISSERIE MARQUET

11, avenue Gambetta
✆ 05 56 83 64 33
www.patisserie-marquet.fr
Ouvert toute l'année. Tous les jours de 8h à 20h en été.

A la fois pâtissier, chocolatier, glacier et traiteur, la pâtisserie Marquet est très prisée par ceux qui ont goûté à ses délices sucrées. Déjà, la vitrine ne vous laisse pas indemne. Un cannelé, c'est divin pour le goûter, mais les pâtisseries, en petit ou grand module, sont fondantes à souhait. N'oublions pas les spécialités régionales que sont la dune du Pyla, la Pinasse glacée ou les dunettes ; des petits biscuits en pâte d'amandes parfumés à la fine de Bordeaux, aux pignons de pins et au chocolat. L'enseigne propose également un service traiteur de qualité.

LA TOQUE CUIVRÉE

4-6, boulevard Mestrezat
✆ 05 56 54 74 90
www.la-toque-cuivree.fr
Ouvert du lundi au samedi de 8h à 19h ; le dimanche de 8h à 13h. Livraison. Retrait en magasin.

Véritable emblème bordelais, le canelé est un délice qui date du XVIe siècle. C'est une pâtisserie à base de farine, d'œufs, de lait, de vanille et de rhum. Et c'est un vrai challenge d'obtenir un canelé moelleux à l'intérieur et croustillant à l'extérieur. La Toque Cuivrée le réalise parfaitement. Dans l'un des magasins, où vous bénéficierez d'un accueil toujours très chaleureux, vous aurez le choix entre trois tailles de canelés. Vous pourrez aussi vous laisser tenter par les tourtières aux pommes ou aux pruneaux, le Bordelais amande, les pâtes à tartiner...

L'AMOUR DU VIN

2, boulevard de la plage
✆ 09 75 59 40 51
www.amourduvin.com
Ouvert du mardi au samedi de 10h à 13h et de 16h à 19h30 ; le dimanche de 10h à 13h. Boutique en ligne.

Un peu comme Obélix avec la potion magique, Mélodie Boileau et Thibault Dussert connaissent (très) bien l'univers du vin. C'est d'ailleurs dans la famille que l'on édite chaque année le guide des Vins Dussert-Gerber depuis 1972. Frère et sœur dirigeaient déjà la boutique de Gradignan. Ils sont désormais aussi à Arcachon à la place du marchand de journaux. Et quand on s'appelle l'Amour du vin, on le rend bien. Ici, on vend au même prix qu'à la propriété. Pour accompagner les dégustations, les plateaux de fromages préparés par Merryl n'ont qu'à traverser la rue.

LE BONENDROI

48, avenue Lamartine
✆ 05 56 54 61 72
www.bonendroi.com
Ouvert toute l'année. Tous les jours de 10h à 19h en été. Boutique en ligne.

Ce véritable bazar des temps modernes affiche son univers décalé et poétique. Vous découvrirez aussi bien de la droguerie, de la quincaillerie, des arts de la table, de la papeterie, des jouets, des accessoires de mode que des objets multimédias branchés tout comme une multitude d'objets du quotidien revisités. Au gré de leurs voyages et de leurs découvertes, Sylvie et Myriam proposent des luminaires, des produits de bien-être, mais aussi des meubles, de la décoration et des souvenirs. Voilà qui en fait une boutique hors norme où chacun trouvera son bonheur.

CABANE DE L'AIGUILLON

54, boulevard Pierre Loti
✆ 05 56 54 88 20
lacabanedelaiguillon.com

Dégustation d'huîtres d'avril à fin septembre du mardi au dimanche de 11h à 16h ; tlj de 11h à 21h en juillet/août.

La famille Aloir élève et distribue ses propres huîtres depuis 1967. Si la vente directe est possible toute l'année, la dégustation d'huîtres au bord de l'eau est réservée aux beaux jours. Sous la tonnelle, vous découvrirez leurs huîtres n° 2, 3, 4 ou encore leurs huîtres plates. Les fruits de mer comme les palourdes, bigorneaux et bulots accompagnés de pain et de beurre ne sont pas en reste ! Les huîtres de la famille Aloir ont été plusieurs fois récompensées par le grand Prix d'Excellence au Concours général Agricole de Paris.

LE COMPTOIR ARCACHONNAIS

15, avenue Gambetta
✆ 05 56 22 50 60

Basse saison : ouvert tous les jours de 10h à 19h. Haute saison : tous les jours de 9h à 20h. Livraison possible.

En pleine ville, cette épicerie fine est une institution ! Toutes les spécialités régionales sont à disposition pour le plus grand plaisir de vos papilles. Des produits rares, traditionnels et artisanaux que l'on peut même déguster. L'épicerie avec son petit côté boutique d'antan propose du véritable pastis landais (650 g) qui vient directement de Saint-Sever, des bouchons bordelais, des foies gras, des terrines, des soupes de poisson du Bassin, des apéritifs régionaux tels le Lillet, La Belle Sandrine (armagnac, fruits de la passion) ou le Tariquet.

CONSERVERIE LA BELLE-ILOISE

19, avenue Gambetta
✆ 05 56 83 68 50
www.labelleiloise.fr

Ouvert toute l'année, tous les jours (sauf le lundi en janvier). Horaires variables selon la saison. Boutique en ligne.

Certes, ces produits ne viennent pas de notre région, mais la boutique est tellement belle et haute en couleur qu'on s'y arrête obligatoirement. La Belle-Iloise est une conserverie bretonne de produits de la mer préparés à l'ancienne. Depuis 3 générations, les Hilliet s'attachent à mettre en boîte des produits archi-frais, à Quiberon. On aime les boîtes de conserve colorées qui déclinent des sardines, thons et maquereaux à partir de différentes recettes originales.

L'EPICERIE DE L'AIGUILLON

51, boulevard Mestrezat
✆ 06 52 96 70 53
www.poissonneriedelaiguillon.fr

Ouvert du lundi au samedi de 9h30 à 12h30 et de 15h30 à 19h ; le dimanche de 9h30 à 12h30.

En face de la Poissonnerie de l'Aiguillon, vous trouverez L'Epicerie de l'Aiguillon. Misant sur la qualité, on découvre une belle sélection de produits artisanaux du Bassin (rillettes d'huîtres, miel des dunes océanes, confiture de fraises à la vodka du Pyla...), de la région (caviar d'Aquitaine, Bouchons de Bordeaux, lamproie à la bordelaise...) ou italiens. Sur les étagères également : des vins, champagnes, bières, jus de fruits, huiles, vinaigres, sels, épices, thés, cafés...

© JESSICA CALVO

© JESSICA CALVO

POISSONNERIE DE L'AIGUILLON

51, boulevard Mestrezat
© 05 56 83 70 53
www.poissonneriedelaiguillon.fr

Ouvert toutes l'année. Tous les jours (horaires variables selon la saison). Plateaux de fruits de mer de 24 € à 42 €.

La Poissonnerie de l'Aiguillon est une institution ! Ici, les maîtres-mots sont savoir-faire, passion du métier, fraîcheur, exigence dans le choix de produits achetés au quotidien sur toutes les criées de la côte et surtout pas de poissons d'élevage ! En compagnie des produits phares, les huîtres du Bassin, il y a les langoustes, les homards de Bretagne et surtout les plateaux de fruits de mer. À côté, le chef élabore quelques plats traiteurs. On adore !

© JESSICA CALVO

© JESSICA CALVO

HONORIS CAUSA

37, avenue Lamartine © 09 67 14 17 66
www.honoriscausa.fr

Basse saison : ouvert du mardi au samedi de 10h à 12h30 et de 14h30 à 18h30. Haute saison : tous les jours de 10h à 19h.

Pourquoi se rendre chez Benoît Van Brabandt pour acheter du thé ? Tout simplement parce que ce nordiste, maître infuseur et herbaliste, achète du thé, le goûte, l'assemble et le vend sous sa marque. Il a 400 variétés de thés à son actif en provenance d'une vingtaine de pays. Pour faire honneur à sa ville d'adoption il a donné des noms évocateurs à des thés aux mélanges parfumés et des infusions à base de plantes typiques comme le pin maritime ou le mimosa : Le Pyla thé vert, le Earl Grey d'Arcachon, Arcachon breakfast, Jardin d'hiver ou Le Ferret infusion, etc.

LA MAISON DU GLACIER

226, boulevard de la Côte d'Argent
© 05 24 19 60 76

Basse saison : ouvert tous les jours de 13h à 19h. Haute saison : tous les jours de 9h à 0h.

Carmen et son fils Anthony ont ouvert une première boutique place Saint-Pierre à Bordeaux, puis une seconde adresse au Moulleau à Arcachon. La devanture, toute blanche, est chic et sobre avec ses moulures à l'ancienne. Les glaces et sorbets sont élaborés de façon artisanale et exigeante par les maîtres glaciers de Terre Adélice. Tout est 100 % bio, sans colorants, sans arômes chimiques ni conservateurs et sur 104 parfums, 52 sont végans. Le choix est vaste et certaines saveurs sont surprenantes. L'accueil est tout sourire même quand il y a foule.

SEN NO SEN

230, boulevard de la Côte d'Argent
© 05 57 52 34 12
https://sennosen.com

Du mardi au samedi de 10h à 18h (+ dimanche durant les vacances) ; tous les jours de 10h à 20h l'été. Boutique en ligne.

La marque Sen No Sen est née en décembre 1999 et le premier magasin a vu le jour en 2005. L'idée de Mathieu Desaphie était de créer une marque inspirée du Sud-Ouest, de présenter les collections, de raconter l'histoire et la conception de chaque produit ou simplement de discuter et d'échanger autour des sports de glisse. La collection comprend des T-shirts, des polos, des sweats, des pantalons, des shorts, des maillots de bain, des casquettes, des combinaisons de surf, des palmes... Les prix sont raisonnables et les marques sélectionnées sont de qualité.

ZIG ET PUCES II

250, boulevard de la Côte d'Argent
© 05 57 72 01 72
https://zigetpuces.com/
Ouvert tous les jours (sauf mercredi hors vacances scolaires) de 10h à 13h et de 14h30 à 19h/19h30. Boutique en ligne.

La boutique d'Eric et Laurence est un grenier à trouvailles avec toujours plein de nouveautés. On en repart souvent avec quelque chose pour soi ou à offrir : objets de cuisine, cadre en bois, linge, maquette de gabares, vases, produits cosmétiques, mobilier en bois, sac à main en voile recyclée... Tout ce qui a un rapport avec la mer se trouve ici. Le magasin héberge les œuvres de plusieurs artistes du Bassin. On aime beaucoup la digigraphie à l'entrée. Cette superposition de photos nous donne droit à une cabane tchanquée devant Manhattan.

ARCAJETMARINE

4, quai du Capitaine Allègre
© 05 57 15 35 04 - www.arcajetmarine.fr
Ouvert tous les jours. Randonnées jet ski à partir de 70 €. Chèque Vacances. Accueil des groupes et CE.

Cette base nautique incontournable située à Arcachon propose de découvrir le Bassin en randonnées jet ski. Les jeunes de 8-16 ans pourront faire des baptêmes dédiés de 30 minutes. Vous avez le permis côtier ? Dans ce cas, n'hésitez pas à louer directement votre jet pour partir à l'aventure vers les cabanes tchanquées, l'île aux oiseaux, la presqu'île du Cap Ferret, le banc d'Arguin ou encore l'unique dune du Pilat. Vous êtes plutôt un ou une adepte de fun et de sensations fortes entre amis ? Les bouées tractées sont faites pour vous !

CATABAS

37, rue Georges Méran
© 05 40 25 15 90
www.catabas.fr
Toute l'année sur réservation. Croisières privatisées (1 à 28 personnes) à partir de 400 €.

Spécialiste de la location de bateaux à Arcachon, Catabas propose des catamarans à voile ou à moteur à la location pour la journée, le week-end ou plusieurs jours avec ou sans skipper pour ceux qui maîtrisent la navigation sur un catamaran habitable et qui connaissent bien le Bassin d'Arcachon. Les bateaux peuvent accueillir de 1 à 28 personnes. Catabas vous offre également l'opportunité d'organiser une croisière privée pour 2h30 ou plus, y compris pour la nuit. Romantique pour les uns, plus festive pour les autres à l'occasion d'un EVG/EVJF par exemple...

CASINO

163, boulevard de la Plage
© 05 56 83 41 44
https://casino-arcachon.partouche.com/
Ouvert toute l'année. Tous les jours et les jours fériés de 11h à 2h. Restauration. Animations. Bar. Parking disponible.

Installé depuis 1903 dans le somptueux château Deganne, le Casino fait vibrer la station balnéaire. Cette belle bâtisse abrite la fièvre des joueurs qui disposent ici de 75 machines à sous pour s'adonner à leur passion, d'une table de Black-Jack, d'une de boule et de 12 postes de roulette anglaise électronique. Il existe aussi le Megapot ; un jackpot progressif reliant en simultané 175 machines réparties dans 39 casinos Partouche. Le restaurant « *O'Deganne* » est un endroit agréable, très clair et très spacieux, pour passer un bon moment gourmand.

THALAZUR

9, avenue du Parc © 05 57 72 06 66
www.thalazur.fr
Ouvert toute l'année. Institut de thalassothérapie. Espace détente. Espace beauté. Espace fitness. Devis sur demande.

En choisissant le parcours marin de Thalazur, on profite du centre de thalassothérapie sans forcément prendre un soin ou séjourner sur place. L'entrée donne accès pour quelques heures au bassin de 250 m² d'eau de mer et à l'espace fitness. Bains bouillonnants, jets d'eau plus ou moins puissants, sauna, hammam et salle de repos pour un pur moment de détente. Ceux qui souhaitent un programme plus complet profiteront de massages, algothérapie, soins à l'eau de mer, gommages, liftings naturels, etc. La maison suggère également des soins déclinés sur plusieurs jours.

LA CAVE DES DARONS

30, boulevard de la Plage
© 05 56 54 82 60
www.lacavedesdarons.com
Ouvert du lundi au samedi de 9h à 13h et de 15h à 19h30 ; le dimanche de 9h à 13h. Wifi.

La Cave des Darons ? On y boit et on y mange. C'est Yannick qui a repris cette ancienne cave, déjà existante depuis 25 ans. On aime particulièrement le patio (privatisable) où l'on profite de la terrasse. Le bar à vin est ouvert du mardi au samedi jusqu'à 21h en juillet et août, sinon du jeudi au samedi. Souvent on accompagne sa dégustation d'une planche composée de produits du terroir. Mais revenons-en à la cave... Ouverte toute l'année, elle n'abrite pas moins de 1 000 références. Des animations et rencontres avec les producteurs viennent animer ce bel endroit.

ARÈS ★★

Arès comptait au XIXe siècle cinq moulins. Aujourd'hui, on peut voir les restes de l'un d'entre eux, face à l'esplanade Georges-Dartiguelongue. Sa tour ronde crénelée semble veiller sur la petite station balnéaire. La jetée de la commune, datant du XVIIIe siècle, est la plus ancienne du bassin. Côté port ostréicole, il est très agréable de s'installer dans des petites cabanes en bois colorées de bleu, de jaune et de vert pour déguster huîtres, crevettes bigorneaux, etc. Mais l'un des atouts les plus précieux de la ville d'Arès est sans conteste sa nature. La faune et la flore évoluent dans la réserve des prés salés ou encore sur le site des Quinconces.

LA FEMME OCÉANE

Au bout de la digue du port ostréicole.

Avez-vous déjà vu cette œuvre de Dominique Piot, un artisan arésien ? Elle est située face au bassin, au bout de la digue à l'entrée du port ostréicole. Cette sculpture en bois exotique du Cameroun de 4,30 mètres de haut, nécessitant 600 heures de travail, a été installée en 1997. Avec ses formes arrondies, La Femme Océane, Célia, symbolise l'ondulation de la houle et plus largement l'eau. Elle veille sur les marins. Le sculpteur, dont l'atelier est installé au bord du bassin d'Arcachon, a entrepris la réalisation d'autres œuvres tout aussi monumentales.

LA CONCHE DE SAINT-BRICE

Baignade surveillée de juin à septembre. Aire de pique-nique. Toilettes publiques. Parking gratuit.

Entre terre et mer, ce petit paradis de 97 hectares abrite une forêt de pins et trois plans d'eau successifs qui s'étendent jusqu'aux rives du Bassin d'Arcachon. En été, l'un d'eux devient un lieu de baignade apprécié qui, phénomène unique sur le Bassin, est indépendant des marées puisqu'il est toujours pourvu en eau. Le domaine est un espace naturel remarquable. En effet, les ambiances paysagères y sont très variées : étangs d'eau douce, réservoirs à poissons, pinède profonde, roselières (zones lacustres où poussent principalement des roseaux), rivière, estey...

LE SENTIER DU LITTORAL ★

Le sentier du littoral est une promenade nature doublée d'un grand bol d'air iodé. Partez du port ostréicole et empruntez ce sentier jusqu'à la plage des Quinconces. Les plus courageux peuvent également se rendre jusqu'au village du Claouey sur la presqu'île du Cap Ferret. Le sentier mène à travers d'anciens réservoirs à poissons, dans les prés salés aux multiples paysages protégés. Ouvrez l'œil, car il y a tant à découvrir entre la faune et la flore. Pour plus d'informations, n'hésitez pas et contactez l'office de tourisme ou la mairie d'Arès.

Site naturel de Saint-Brice.

OFFICE DE TOURISME D'ARES

Place Weiss
✆ 05 56 60 18 07
www.ares-tourisme.com
Qualité Tourisme. Ouvert toute l'année. Jours/horaires d'ouverture variables selon la saison. Label Tourisme & Handicap.

L'office de tourisme d'Arès est à votre disposition toute l'année pour vous aider à passer un agréable séjour dans le cadre typique du Bassin d'Arcachon : activités, hébergement, restauration, bons plans, conseils... Venez découvrir l'incroyable patrimoine naturel de la commune grâce à des randonnées, des visites guidées et commentées. Que vous soyez plutôt balade, surf, canoë, vélo, ou encore ULM, vous trouverez toutes les informations nécessaires auprès des équipes.

VISITE « SUCRÉ SALÉ » D'ARÈS

Rue du Port Ostréicole
✆ 05 56 60 18 07
www.ares-tourisme.com
Visite guidée de mi-juin à mi-septembre. Adulte : 10 €. Enfant (de 5 à 12 ans) : 2 €.

Sur le Bassin, des vacances sans une dégustation d'huîtres sont difficilement envisageables ! La visite *Sucré Salé* d'Arès est une façon sympathique de découvrir le Bassin et ses richesses ! Vous partez pendant 2h30 avec un guide qui vous dévoilera tout ce qu'il y a à savoir sur les huîtres et leur culture sur le Bassin. La visite s'achève avec une dégustation d'huîtres, évidemment, mais également de vin blanc et de chocolat. Inscription à l'office de tourisme ou www.ares-tourisme.com

LA PETITE AUBERGE** €

21 bis, avenue du Port
✆ 05 56 60 37 81
www.hotel-petite-auberge.com
Ouvert toute l'année. Chambre double de 67 € à 95 €. Petit déjeuner : 10 €. Parking inclus.

Nicolas et Anne-Sophie vous accueillent avec le sourire dans leur établissement comprenant six chambres équipées de tout le confort nécessaire et au décor maritime avec des panneaux de bois. L'ambiance est très reposante et le petit déjeuner est de qualité. Dans la salle, peut-être aurez-vous l'occasion de bavarder avec vos hôtes et de récolter leurs bons conseils sur les activités du coin. La Petite Auberge vous propose ainsi un hébergement de qualité à un prix raisonnable, même en haute saison. Frigo, micro-ondes, assiettes et couverts sont à votre disposition.

LE BOÏATE*** €€

11, boulevard de l'Aérium
✆ 05 56 60 20 46
www.leboiate.fr
Chambre double de 59 à 112 €. Petit déjeuner en chambre de 5 à 10,50 €. Parking gratuit à proximité. Animaux acceptés.

Dans un quartier résidentiel d'Arès, calme, arboré, au charme indéniable, à deux pas des plages du bassin, le Boïate est un petit hôtel de charme. Avec une décoration typique du Bassin, dans les tons doux et chauds de sable, les chambres portent des noms évocateurs : Ile aux Oiseaux, Côté Bassin, l'Océan, les Dunes, le Cap Ferret, le Phare, Entre Terre et Mer et Promenade en Pinasse. Deux d'entre elles possèdent leur terrasse privative. Le restaurant de l'hôtel est fermé jusqu'à nouvel ordre. Le Boïate accepte désormais les animaux.

CAMPING LES GOÉLANDS*** €€

64, avenue de la Libération ✆ 05 56 82 55 64
www.goelands.com
Ouvert d'avril à fin octobre. Emplacement de 16,50 à 37 €. Mobil-homes (4 pers.) de 300 à 1050 €/semaine. Autres tarifs.

© CAMPING LES GOÉLANDS

Le camping est en plein cœur d'une magnifique forêt de grands pins maritimes. Et aussi entre deux réserves naturelles : les prés salés et le domaine de Saint-Brice. Alors une chose est sûre, vous ferez le plein de nature, à pied ou à vélo. A quelques mètres des plages du Bassin ou quelques kilomètres des plages océanes, de la dune du Pilat, d'Arcachon et du Cap Ferret, vous êtes idéalement situé pour vivre des vacances 100 % Bassin ! Nouveautés 2022 : aire de jeux aquatique, aire de fitness en plein air, nouveaux hébergements, wifi gratuit dans tout le camping...

ÉLIANE MALEYRAN €€

4, lotissement des Dunes-Vertes
✆ 05 56 60 12 64

Ouvert d'avril à fin septembre. Chambre double : 77 €/nuit et 510 €/semaine. Petit déjeuner inclus. Prêt de vélos.

La charmante chambre d'hôte d'Eliane Maleyran est située au cœur d'un petit lotissement au nom évocateur des *Dunes vertes*. C'est en toute liberté que vous pourrez y séjourner puisqu'elle est indépendante de la maison principale. Entièrement équipée et avec tout le confort nécessaire (salon de jardin, kitchenette, parking privé...), votre séjour se fera en toute décontraction, à votre rythme. Comme vous êtes à quelques mètres de la piste cyclable, deux vélos sont ainsi à votre disposition pour de belles balades en perspective. Un véritable havre de paix.

CHEZ PÉPÉ - ESTANQUET €

Rue du Port ostréicole
✆ 05 57 70 95 68

Haute saison : ouvert tous les jours le midi et le soir. Réservation recommandée. Carte : 25 € environ.

Un cadre de rêve sur le port ostréicole, des concerts très jazzy, une ambiance de bons copains... Voilà, la recette de ce restaurant. Côté cuisine, on se laisse tenter par des produits de qualité : assiettes d'huîtres, locales bien sûr, des poissons grillés, tartare de saumon, sole et divers fruits de mer à la dégustation... L'endroit est idéal pour boire un verre sur la terrasse avec une bonne assiette de tapas qui fleure bon l'été et la fête. Le petit truc en plus, c'est que l'on peut s'y rendre en bateau en accostant directement sur la première darse.

SÈME €

41, route du Temple
✆ 05 57 18 87 58
https://onseme.bio/

Service du lundi au vendredi le midi. Menu à partir de 15 €. A emporter. Boutique et cave à vins et bières.

Nicolas Rey ne s'est pas contenté d'ouvrir un magasin bio. Il a également implanté dans ce même espace de vie, un restaurant 100 % bio, en libre-service, dans une ambiance conviviale, végétale, musicale et originale. Les burgers (végan ou à base de viande) ainsi que les poke bowls varient chaque semaine. La carte est courte, mais offre la possibilité de manger sur place ou d'emporter des plats. Il y a toujours aussi la « popote » du jour ; un plat inspiré par les envies de créations du chef et très joliment présenté. Tout est fait maison, c'est frais et bon.

B COMME BISTROT €€

3, avenue de la Libération
✆ 05 24 18 65 88
www.bcommebistrot-ares.fr

Ouvert du mardi au samedi de 10h30 à 23h. Menu : 36 €. Plats de 15,80 € à 24 €. Formule du midi : 15,50 €.

Anne-Sophie et Guillaume sont à la tête de ce bistrot. Côté déco, un mélange de bois et de matériaux contemporains qui confère à la salle un style design très chaleureux. A l'extérieur, une belle et grande terrasse est aménagée sous les arbres. La cuisine est bien troussée et tout est fait maison à base de produits frais de qualité (Label Rouge, viande limousine d'une boucherie locale, etc.). La carte Mer favorise le poisson du moment de la criée d'Arcachon. La carte Terre met l'accent sur le bœuf. Les « Vég » ont aussi leurs plats. Service et accueil conviviaux.

LA CABANE DU BOUT €€

Cabane 1 et 2
✆ 05 56 60 92 29
www.lacabanedubout.com

Ouvert toute l'année. Du mercredi au lundi le midi et le soir en haute saison. Formule du midi : 19,90 €. A emporter.

Cette cabane porte bien son nom, car elle est située les pieds dans l'eau, au bout du port d'Arès. Ainsi, on y admire les couchers de soleil sur le Bassin et on respire l'air du large à plein poumon sur la terrasse. C'est à la fois un restaurant et un bar à tapas, très animé en saison lors de soirées apéros musicales. La carte est 100 % marine et tant pis pour les viandards... Les produits sont frais et les plats sont bien cuisinés. On vous recommande aussi les sushis et les plateaux de fruits de mer. L'ambiance est jeune et le personnel très à l'écoute.

LA FILLE DU BARBU €€

20, place de l'Église
✆ 05 56 26 85 33
www.restaurantlafilledubarbu-33.com

Ouvert du lundi au vendredi le midi et le soir (+ le samedi soir en haute saison). Menu : 32 €. Formule du midi : 17 €.

Le Barbu, c'est Nicolas Desvignes, patron et chef de ce petit restaurant qui a fait plus que son trou à Arès et au-delà. Sa fille existe réellement et il l'aime tendrement. Nous, ce qu'on aime, c'est sa cuisine, faite maison à partir de produits frais agrémentés de sa touche personnelle et travaillés avec passion. Au service ? La compagne du chef, souriante et professionnelle. Nicolas Desvignes organise des soirées live et des soirées à thème pour des événements comme la Saint-Valentin. Le restaurant est privatisable pour les groupes hors saison.

L'INCONTOURNABLE €€

1, avenue des Tourterelles
✆ 05 56 60 27 09
www.emporter-ares.fr

Ouvert tous les jours le midi et le soir. Pizzas de 10,50 € à 15,50 €. Formule du midi : 15,50 €. Terrasse. A emporter.

Passez la porte et laissez-vous séduire par la décoration où la marine est omniprésente : scaphandre, gouvernail, costumes, photos... Et maintenant, installez-vous confortablement avant de chavirer vers la carte. Au menu, il y a des pizzas base tomate cuisinée maison ou crème, des salades composées, des moules frites, des pâtes fraîches et même des burgers. Sans oublier le menu du jour bien sûr ! L'équipage est aux petits soins pour vous et fera en sorte que votre croisière soit des plus agréables. Aux beaux jours, la terrasse est très agréable.

BECALOU CANOË-KAYAK

Port Ostréicole ✆ 06 81 77 20 37
www.becalou.com

D'avril à novembre en fonction des marées. Sorties encadrées à partir de 30 €/adulte et 20 €/enfant. Autres tarifs.

Becalou Canoë Kayak a été créé par Sophie Bégin, ancienne athlète de haut niveau en kayak polo. On loue ainsi un kayak à l'heure pour un parcours dans les prés salés. Pour une expérience plus longue, vous pourrez embarquer avec votre pique-nique et naviguer jusqu'au Bassin d'Arcachon ! Et si vous souhaitez être encadré par un professionnel des sorties à thèmes sont proposées : coucher de soleil dans les prés salés, kayak et astronomie, ornithologie, botanique, ou ostréiculture. Sans oublier la randonnée jusqu'à l'Ile aux Oiseaux. On peut aussi pratiquer le paddle.

BIGANOS ★

Située sur le delta de la Leyre, Biganos est une commune du Parc naturel régional des Landes de Gascogne. Elle est traversée par de nombreux cours d'eau dont la Leyre, la Leyrote, le Lacanau ou le Ponteils. La richesse du patrimoine transparaît à travers différents sites remarquables tels que les deux ports : le port de Biganos, en zone protégée, et le port des Tuiles, protégé par le Conservatoire du Littoral mais aussi l'île de Malprat et le site archéologique situé entre la Leyre et l'Eyga, témoin d'un passé chargé d'histoire. Ces paysages forestiers, agrestes et aquatiques, sont à découvrir à pied, à vélo ou sur l'eau en canoë-kayak par exemple.

AU PETIT BONHEUR €€

27, avenue de la Plage
✆ 05 57 70 06 24

Du mardi au dimanche le midi ; du mardi au samedi le soir. Formules à 15,90 € le midi et à 25,90 € le soir. A emporter.

Cassolette de moules au roquefort, brandade de cabillaud, saucisse de Toulouse et purée de courgettes... Et des galettes le mercredi et le jeudi pour le dîner ! La très sympathique Cathy a ouvert à l'aube du premier confinement. Au Petit Bonheur... Mais elle tient bon. Situé en face de l'office de tourisme son établissement mérite qu'on s'y attarde. D'abord pour ses petits prix, notamment la formule du midi et ensuite pour l'ambiance très agréable. Et comme un petit bonheur ne vient jamais seul, il faudra pousser la porte pour découvrir la jolie terrasse.

LE MOULIN DE LA CASSADOTTE ★

Route de la Cassadotte ✆ 05 56 82 64 42
www.caviardefrance.com

Visite guidée sur rdv d'avril à fin septembre (en semaine uniquement). Adulte : 25 €. Boutique ouverte toute l'année.

Le Moulin de la Cassadotte est le berceau du caviar d'élevage en France. La marque Caviar de Gironde est déposée en 1993. Au cours d'une visite guidée de 1h30, on aborde d'abord l'histoire de cet ancien moulin à farine reconverti en élevage d'esturgeons. On découvre le métier minutieux qu'est l'élevage d'esturgeons ; une espèce aux allures de créature préhistorique... Au terme de la visite ? La dégustation tant attendue et le détour par la boutique pour acheter un caviar d'exception.

BASSIN D'ARCACHON

LES RESTES D'UNE ÉGLISE MÉDIÉVALE

Le saviez-vous ? Une ville romaine est enfouie entre les rivières Eyre et Eygat. Au Ve siècle, un évêque siégeait à Boii. Son église se trouvait là, mais il possédait une résidence à Andernos dont on voit les ruines près de l'église sur la plage. Cette église ancienne a vécu quelque temps puis a été remplacée par une nouvelle église qui a fonctionné comme église paroissiale avec son cimetière associé jusqu'en 1971. L'office de tourisme n'organise plus de visite du site, mais allez-y.

CAMPING LE MARACHE**** €€

25, rue Gambetta
✆ 05 57 70 61 19
www.marachevacances.com
Ouvert du 1er avril au 30 septembre 2022. Emplacement de 16 à 36 €. Locations de 195 € à 1 245 €/semaine. Bain à bulles.

Le Marache est un joli camping familial situé entre Arcachon et le Cap-Ferret. Côté hébergements, on a le choix : emplacements pour tentes et camping-cars, bungalows toilés, mobil-homes, chalets et cabanes sur pilotis dans un environnement plutôt exotique. En séjournant au camping le Marache, vous ferez d'ailleurs le plein de nature d'autant que l'on vous propose des sorties et excursions : vélo, canoë, balades, accrobranches. Les soirées terminées, plus un bruit sur les emplacements... Les enfants apprécieront la piscine chauffée et les parents, le bain à bulles.

OFFICE DE TOURISME

1, rue Jean-Zay
✆ 05 57 70 67 56
www.tourisme-coeurdubassin.com
Ouvert d'avril à fin octobre (jours et horaires d'ouverture variables).

Biganos est idéalement placé puisqu'à mi-chemin entre Arcachon et le Cap Ferret. L'antenne locale de l'office de tourisme Cœur du Bassin d'Arcachon est la mieux placée pour vous donner toutes les informations concernant les lieux à ne pas manquer, les activités, les visites… Que vous soyez nature, culture, sport, flânerie, les activités ne manquent pas. Baladez-vous dans les marais salants, sur l'île de Malprat, visitez les deux ports ou encore le Moulin de la Cassadote, lieu de production du caviar de la Gironde. L'office propose aussi des séjours tout organisés.

BCHEF €

31, rue des Fonderies
✆ 05 57 17 32 85
https://bchef.fr/
Ouvert tous les jours de 9h30 à 21h30. Burgers de 6,90 € à 14,90 €. Menu enfant : 6,90 €.

Fondée en 2015, cette enseigne de restauration rapide est arrivée à Biganos en avril 2019 avec ses délicieux burgers et ses frites ondulées emblématiques : les crinckle. Elles sont parfaites pour les sauces ! Steaks hachés d'origine France issus d'un élevage responsable, café équitable torréfié en France, pâtisseries préparées sur place, politique de réduction des emballages à usage unique... Tout au long de l'année, les burgers du moment viennent animer la carte et rendre le choix entre plus difficile. Bchef est aussi à Bouliac et Biganos !

Cabanes du port de Biganos.

LE DOUZE 14 €

21, rue des Fonderies
✆ 07 60 28 06 87
http://ledouze14.fr/

Ouvert du mardi au samedi le midi ; du jeudi au samedi le soir. Plats de 10,50 € à 17 €. Plat du jour : 9 €. A emporter.

Le Douze 14 est le lieu idéal pour s'accorder une pause déjeuner, que ce soit en semaine, entre deux réunions ou le samedi lors d'une séance shopping dans la zone commerciale de Biganos. Les plus pressés pourront même emporter leur hamburger qu'il soit classique ou savoyard, entre autres exemples. Pour ceux qui ont la possibilité de prendre leur temps, Le Douze 14 propose des salades, des plats faits maison généreux et traditionnels élaborés à partir de produits frais. L'accueil est chaleureux et bienveillant. Petits prix pour les plats des enfants.

A CASA CORSA €€

557, rue Joseph Marie Jacquard
✆ 05 57 18 63 08
www.acasacorsa33.fr

Ouvert du lundi au mercredi de 10h à 19h ; du jeudi au samedi de 10h à 22h30. Menu de la semaine : 17 €. A emporter.

Un petit tour sur l'Ile de Beauté ? Pourquoi pas même si l'on reste au bord de l'Océan... A Casa Corsa est un établissement 100 % corse. Tous les produits viennent donc de « là-bas » ou presque. La cuisine est authentique et elle nous entraîne vers un voyage gustatif très dépaysant autour du boudin corse, du poulet au muscat du Cap Corse ou du carré d'agneau aux herbes du maquis. Avant de repartir, faites le plein de produits corses à l'épicerie. Il y a aussi une boutique en ligne. Quelques concerts sont organisés et les privatisations sont possibles.

LE MILLÉSIME €€

30, avenue de la Côté d'Argent
✆ 05 56 82 94 84

Ouvert du mardi au dimanche le midi ; le mercredi (en été), le mardi et du jeudi au samedi le soir. Menu à 25 €.

On peut passer devant ce restaurant sans vraiment le remarquer tant la devanture est loin d'attirer l'œil. C'est dommage, car il faut pousser la porte pour découvrir un lieu original où la décoration sur les murs et sur les tables est réalisée avec des caisses de vin de Bordeaux. La salle est assez vaste et contemporaine. La carte ne comporte pas beaucoup de plats, car ici tout est fait maison. Le chef apporte aux produits sa touche personnelle et c'est réussi. Il va sans dire que la carte des vins est bien pensée. N'hésitez pas à vous faire conseiller.

LA TOQUE CUIVRÉE

Rue Louis Braille
✆ 05 57 18 30 22
www.la-toque-cuivree.fr

Ouvert du lundi au samedi de 8h à 19h ; le dimanche de 8h à 13h. Livraison. Retrait en boutique.

Véritable emblème bordelais, et au-delà, le canelé est un délice qui date du XVIe siècle. C'est une pâtisserie à base de farine, d'œufs, de lait, de vanille et de rhum. Et quel challenge d'obtenir un canelé moelleux à l'intérieur et croustillant à l'extérieur ! La Toque Cuivrée le réalise parfaitement. Dans l'un des magasins, où vous bénéficierez d'un accueil toujours très chaleureux, vous aurez le choix entre trois tailles de canelés. Vous pourrez aussi vous laisser tenter par les tourtières aux pommes, le bordelais amande, la pâte à tartiner aux canelés...

COURANT D'EYRE

88bis, rue du Port
✆ 06 85 49 72 53
www.courantdeyre.com

Ouverture si les conditions le permettent le 1er mai. De 13,50 € à 19,50 € par personne, selon parcours et embarcation.

La Leyre est un véritable conservatoire biologique grâce qui abrite une faune et une flore originales. Courant d'Eyre propose de belles activités sur la petite Amazone avec plusieurs parcours en canoë-kayak à la journée, la p'tite journée, la matinée, l'après-midi. Le temps de navigation (hors navette et temps de pause) est d'environ 4h30 pour la journée et de 2h pour la demi-journée. Courant d'Eyre loue aussi des paddles. C'est également une bonne idée d'activité pour un anniversaire ou un enterrement de vie de jeune fille ou de garçon.

LOU BATEL'EYRE

Port de Biganos ✆ 06 42 24 80 97
https://loubateleyre.jimdofree.com/

Promenades en barque traditionnelle de 12 € à 18 €. Balade insolite (2h) de 18 € à 29 €. Uniquement sur réservation.

On peut découvrir la Leyre et son delta sans se fatiguer sur une embarcation appelée Galupe. Cette barque à fond plat, autrefois utilisée pour le transport fluvial des marchandises dans les Landes, est dirigée par un batelier à la rame et au palot pour préserver la nature. Cette escapade commentée, interprétée et encadrée par Guillaume et Yannick est ouverte à tous. Au gré des marées, elle permet d'accéder à des zones sauvages. On observe la faune et la flore de cette rivière que l'on surnomme la Petite Amazone pour sa couleur ambrée due à l'hydroxyde de fer.

GUJAN-MESTRAS ★

Capitale de l'ostréiculture du bassin d'Arcachon, ici à Gujan-Mestras on respire, on vit et on mange huître. Plus qu'une tradition, c'est pour beaucoup une passion bien vivante. Sept ports se succèdent en enfilade, chacun avec un charme et une atmosphère différente, mais empreints d'authenticité. Les professionnels proposent de découvrir leur métier, de l'observer et évidemment de goûter le fruit de leur labeur. Il paraît que leur saveur dans les cabanes de Gujan-Mestras est unique. Que vous soyez nature, sport, divertissement, plage, tradition ou un peu de tout à la fois, vous trouverez votre bonheur dans cette commune au charme indéniable.

KID PARC

131, route des Lacs
✆ 05 56 66 06 90
www.kidparc.com

Ouvert du 9 avril au 6 novembre 2022 de 10h/10h30 à 18h/19h (jours et horaires variables). Tarif unique : 14,50 €.

Vos moussaillons et intrépides pirates vont pouvoir s'en donner à cœur joie ! Dans ce parc d'attractions conçu comme une île, les enfants sont rois. Près d'une trentaine d'attractions, manèges et spectacles sont au programme. Et toujours des nouveautés : pirat'express, tir pompier, vaisseau fantôme, jungle mystérieuse, piscines à balles, tour de chute, gare en délire, île rebondissante, kid circus… Un paradis ! Une aire de pique-nique est à votre disposition et le parc propose également un snack pour vous restaurer et vous rafraîchir. Cap vers l'aventure !

LA COCCINELLE

La Hume ✆ 05 56 66 30 41
www.la-coccinelle.fr

Haute saison ouvert tous les jours et jours fériés de 10h à 19h. Adulte : 14,50 €. Enfant de 2 à 11 ans : 13 €.

Consacré à l'animal domestique et aux jeux, ce parc propose de nombreuses activités. On commence par la mini-ferme où lapins, poules, poussins, chèvres naines, cochons d'Inde, canards et compagnie attendent caresses et graines. Les parents et les enfants saluent les espèces connues et découvrent d'autres plus atypiques comme mouflons, lamas, paon. On peut même assister au biberonnage. Côté loisirs une dizaine d'attractions, jeux gonflables, manèges adaptés aux plus petits, train de la mine, jeux d'eau, circuits, trottinettes, vélos et spectacles de magie.

MAISON DE L'HUÎTRE ★

Port de Larros
✆ 05 56 66 23 71
www.maison-huitre.fr

Ouvert toute l'année. Jours/horaires variables selon la saison. Adulte : 5,90 € ; enfant (5-14 ans) : 3,90 €. Boutique.

Gujan-Mestras produit tous les ans 50 % des huîtres du Bassin. Située sur le port de Larros, la Maison de l'huître a été créée par des ostréiculteurs pour faire connaître leur métier et promouvoir le Bassin ; important centre naisseur pour les huîtres. La visite (1h) se déroule en trois étapes : un film (anglais/espagnol/allemand) sur le travail de l'huître aujourd'hui, une visite guidée des différentes salles (travail de l'ostréiculteur, techniques d'élevage et histoire de l'huître à travers les siècles) et la découverte du parcours extérieur (Port de Larros).

GUJAN-MESTRAS BASSIN DES LOISIRS

La Hume
✆ 05 56 66 06 90

Le parc Aqualand est ouvert de juin à septembre. Certaines attractions sont ouvertes toute l'année, comme le Casino.

A Gujan-Mestras il est impossible de passer des vacances sans s'amuser, parce qu'il y a des activités pour toute la famille, tous les âges et toutes les envies ! Avec ses 3 parcs d'attractions, ses 5 activités de loisirs (Laser Lander, Bassin aventures, Max Golf, piscine, golf de 27 trous), son bowling, son casino, sa discothèque, ses deux restaurants et ses nombreux hébergements, Gujan-Mestras Bassin des Loisirs est vraiment un site unique en Aquitaine dédié à tous les plaisirs.

LES SEPT PORTS

La Hume, Meyran, Gujan, Larros, Le Canal, La Barbotière, La Mole.

Quelle commune peut se vanter d'avoir pas moins de sept ports différents, avec chacun un caractère et une identité propre ? Le port de la Hume et sa plage avoisinante vous détendront et vous mettront d'humeur badine. Le port de Larros a été un lieu important de la pêche à la sardine. A ce jour, c'est un site de construction navale important, mais ce sont les cabanes ostréicoles et la Maison de l'Huître qui vous mettront l'eau à la bouche. Un patrimoine chargé d'histoire qui ne demande qu'à être découvert. Enfourchez votre bicyclette ou chaussez vos baskets...

OFFICE DE TOURISME DE GUJAN-MESTRAS

37, avenue de Lattre-de-Tassigny - La Hume
✆ 05 56 66 12 65
www.gujanmestras.com
Ouvert toute l'année. Jours et horaires d'ouverture variables selon la saison.

Retrouvez l'office de tourisme de Gujan-Mestras à la Hume. Sur place, l'accueil y est chaleureux et on vous informera volontiers sur tout ce qu'il est possible de faire dans la région : des visites guidées proposées et commentées par l'office de tourisme si vous voulez être accompagnés ou bien équipés d'un audioguide et de plans si vous êtes plutôt d'âme solitaire. Bon à savoir : la billetterie de l'office de tourisme dispose de tarifs préférentiels pour les parcs d'attractions.

PROMENADE EN CHALAND

55 C, rue Chante Cigale
✆ 07 60 24 60 93
https://promenade-en-chaland.com
La journée : 700 € ; la 1/2 journée (4h) : 500 € ; sortie de 3h : 400 € ; sortie de 2h : 300 € ; sortie de 1h : 150 €.

Le chaland est un bateau typique ostréicole capable de naviguer partout même dans les endroits inaccessibles pour d'autres embarcations. Teddy, votre capitaine, vous propose différents circuits : la découverte de l'Ile aux Oiseaux avec ses cabanes tchanquées, la Dune du Pilat avec le Parc naturel du Banc d'Arguin ou encore la presqu'île du Cap Ferret avec ses villages typiques. A cela, ils ajoutent des formules dégustation à bord ou les pieds dans l'eau. Les départs se font à partir des jetées : Le Canon, Piquey, Jetée de Bélisaire et ports d'Arcachon.

TRÉSORS DE L'ESTRAN À MARÉE BASSE

✆ 05 56 66 12 65
www.gujanmestras.com
Adulte : 5,80 €. Enfant (5 à 11 ans) : 4 €. Réservation auprès de l'Office de tourisme (uniquement en juillet et août).

Enfilez de vieilles chaussures ou des bottes et partez à la découverte d'un espace entre terre et mer. L'estran n'aura plus de secret pour vous : la constitution de son sol si particulier, ses cours d'eau nommés « estey », ses habitants, ses crabes, ses vers de vase et vous découvrirez des plantes comestibles appelées salicornes. Le guide vous livre toutes les réponses devant un paysage sublime où les reflets du soleil jouent avec l'eau. Une balade enrichissante qui respecte la nature.

LES 12 DE LARROS €€

✆ 06 99 75 94 74
www.les12delarros.com
Cabanes (4 pers.) à partir de 126 €. Petit déjeuner : 12 €. Séjour à partir de 2 nuitées, puis 7 nuitées en été.

Au cœur du Bassin, dans un environnement authentique et sauvage, Les 12 de Larros longent le sentier du littoral. L'architecture de ces appart'hôtels rappelle celle des cabanes ostréicoles avec leur bardage en bois. Chaque logement, parfaitement équipé pour 2 ou 4 personnes, semble suspendu au-dessus de l'eau grâce à de belles terrasses privatives ouvertes sur le Bassin. La décoration, confiée à des créateurs d'art urbain, est unique et très originale. Leurs réalisations, mobiliers et œuvres d'art sont disponibles à la vente. Un bel endroit !

Bateaux de pêche et de plaisance à Gujan-Mestras.

AQUALAND

145, route des Grands-Lacs
✆ 05 56 66 39 39 - www.aqualand.fr
Ouvert du 22 juin au 4 septembre 2022. Adulte : 29 €. Tarifs réduits pour les enfants de -10 ans et les + de 65 ans.

Séjourner si près d'Aqualand et ne pas y passer une journée de folie ? Quel dommage, surtout si vous avez des enfants ! On y trouve des attractions pour tous les âges, un personnel de surveillance diplômé, des consignes claires et visibles pour préserver le bien-être et la sécurité de chacun. Les attractions : le Black Hole, une descente infernale dans le noir, le Boomerang, le Tornado, dont vous sortirez déboussolé… Les moins téméraires apprécieront les espaces solarium et les aires ombragées au milieu d'une végétation luxuriante. Un nouveau toboggan en 2022 !

CAMPING DE VERDALLE** €€

2, allée de l'Infante
✆ 05 56 66 12 62
www.campingdeverdalle.com
Ouvert du 8 avril au 30 octobre 2022. Emplacement de 15 à 26 €. Bungalows toilés (5 pers.) de 250 € à 850 €/semaine.

Le camping municipal de Verdalle est littéralement « les pieds dans l'eau ». Alors certes, il faut attendre la marée haute, mais c'est ainsi quand on est hébergé au plus près de la nature, il faut vivre à son rythme. Les hébergements se répartissent entre emplacements pour tentes, caravanes et camping-cars ou location en bungalows toilés ou en tentes bivouac (2 nuits et plus). Les services proposés sont minimums, mais il y a quand même une petite épicerie. Animations pour les enfants, balades à pied ou à vélo… tout commence sur la plage.

LES ANTHEMIS €€

89, route des Lacs
✆ 05 56 66 28 95
Ouvert toute l'année. 2 chambres. Chambres à partir de 85 €. CB non acceptée. Animaux acceptés.

Cette maison contemporaine est nichée au cœur d'un parc clos de 5 000 m² arboré de chênes. Elle se situe à environ 500 m du bourg de la Hume. Vos hôtes mettent leurs salon et salle à manger à disposition. Un petit couloir dessert deux chambres Les Genêts, et les Jonquilles, ainsi qu'une petite salle d'eau. Cette suite peut-être louée à 4 personnes voyageant ensemble. Les 2 chambres ont un lit de 140 cm, et donnent sur le jardin. L'autre chambre indépendante a vue sur le jardin et donne sur une belle terrasse privative couverte.

LA MATELLE €€

10, rue Maréchal Juin
✆ 06 43 34 75 72
Ouvert toute l'année. Pour 2 pers (jusqu'à 4 sur demande). Séjour de 3 nuits minimum. Premier petit déjeuner offert.

La Matelle est en fait un appartement climatisé prévu pour 2 personnes, voire 4 avec le canapé-lit (sur demande auprès des propriétaires). L'entrée est indépendante et le logement profite d'une cour aménagée avec un salon de jardin et des transats. Idéalement situé, ce logement se trouve dans le centre de Gujan, à 500 mètres du Port de Larros et 200 mètres du marché de plein air. Propriétaires du Routioutiou, Géraldine et Fabrice sont très accueillants et offrent le premier petit déjeuner. C'est un chouette lieu de vacances pour trois nuits, mais surtout plus.

LES CABANES DE GUJAN €€

72, allée du Haurat
✆ 06 65 11 80 67
Ouvert toute l'année. Cabanes en bois (2 pers.) avec terrasse à partir de 90 € et à partir de 100 €.

Frédéric, le mari de Nathalie, a d'abord fait pousser une cabane en bois dans le jardin calme et arboré de leur maison, puis une seconde. Typiques du bassin d'Arcachon, les cabanes climatisées sont entièrement indépendantes avec places de parking réservées sur la propriété. La piscine est partagée, mais les cabanes offrent toutes l'intimité nécessaire, même à l'extérieur. L'une est équipée d'un lave-vaisselle, une machine à laver et un barbecue tandis que l'autre profite d'un couchage 160x200 et d'une plus grande terrasse. Le linge de maison est fourni.

Ô BOIS PLAGE €€

2, allée Giacomo Puccini
✆ 06 58 75 89 92
Ouvert toute l'année. Chambre double de 129 € à 169 €. Petit déjeuner inclus. Wifi gratuit.

La maison d'hôtes Ô Bois Plage est le lieu idéal pour s'accorder une pause tout au long de l'année. Trois chambres, chacune joliment décorée et bien équipée, sont proposées aux visiteurs qui pourront profiter de la piscine, même lorsque les journées se font plus fraîches puisqu'elle est chauffée de début juin à fin octobre. Chaque chambre possède également son propre jardin privatif où l'on profite en toute quiétude d'un petit déjeuner en terrasse à la belle saison. L'accueil chaleureux ne gâche en rien le plaisir de découvrir cette belle adresse au goût du jour.

NOUVELLE ATTRACTION
EN 2022
L'EAU DANS LA PEAU !
AQUALAND
BASSIN D'ARCACHON
13 TOBOGGANS ET ATTRACTIONS

LA MARINE €€

91, rue du Marechal Joffre
✆ 05 56 66 40 00
www.lamarine-gujan.com
Ouvert toute l'année, tous les jours le midi et le soir en juillet/août. Menus de 28 à 31 €. Formule du midi : 15,90 €.

© RESTAURANT LA MARINE

Cathy et Jean-Claude ont à cœur de vous accueillir dans un cadre convivial et chaleureux de bistrot de port. Vous avez le choix entre la terrasse de devant et sa vue partielle sur le Port de Larros, la salle aux murs recouverts de bois cérusé ou encore une deuxième terrasse verdoyante avec sa vue panoramique sur le bassin ostréicole. Les serveurs, charmants et peu avares de bons conseils tant sur les plats que sur les vins. Tout est fait maison avec des produits locaux. Pianiste en haute saison. On vient aussi en terrasse pour le petit déjeuner, quelques tapas...

LES RICHESSES D'ARGUIN €€

12, port de la hume
✆ 05 56 22 19 82
www.lesrichessesdarguin.com
Ouvert des vacances de février aux vacances de la Toussaint (tous les jours midi et soir sauf le mardi jusqu'en avril).

Cette cabane ostréicole du Port de La Hume vous accueille de mi-février à début novembre et propose de délicieuses huîtres du producteur. Fraîches, iodées, charnues, au goût fin et tirant vers la noisette, les huîtres des Richesses d'Arguin sont une valeur sûre. La douzaine d'huîtres est des plus abordables et les crevettes, bulots, bigorneaux, palourdes et coques (vendus séparément ou en plateau à déguster sur place ou à emporter) mettent tout le monde d'accord. Mais les moules « façon du chef » comptent aussi parmi les spécialités de la maison. On adore !

CREPERIE LE TEGALET €

Place de la Claire
✆ 05 56 54 05 77
www.letegalet.com
Ouvert du mardi au dimanche le midi ; du mardi au samedi le soir. Galettes de 6,40 € à 17,50 €. A emporter. Terrasse.

Le Tegalet est une crêperie à l'ambiance fort conviviale et à l'accueil tout autant agréable que chaleureux. Ici, un savoir-faire qui ne trompe pas, une cuisine de qualité appréciée par ses habitués. La carte suggère un large choix de crêpes et galettes, fines et délicieuses et très copieuses. Il y en a pour tous les goûts et on ne peut résister aux crêpes sucrées originales et délicieuses. Lorsque la saison le permet, n'hésitez pas à vous installer en terrasse pour profiter d'une coupe de glace artisanale rafraichissante ou d'un de leurs fameux cocktails !

LOU TOTEM €

243, route des Grands Lacs
✆ 05 56 54 66 72
https://loutotem.eatbu.com/
Ouvert du jeudi au lundi le midi et le soir. Réservation recommandée. Menu-carte à 28 €. Formule du midi : 15 €.

Route de Sanguinet, face de l'aérodrome de la Teste-de-Buch et tout près du golf, Lou Totem a tout d'un bistrot de campagne. Sylvie et Christophe vous reçoivent au coin d'une cheminée (très romantique) ou en terrasse dans un environnement paysager et dépaysant dès les premiers rayons du soleil. Dans cette belle escale, on retrouve toutes les saveurs du Sud-Ouest dans une cuisine de terroir alliée à la tradition. Rapport qualité-prix ? Rien à dire pour du frais ! Le restaurant est ouvert toute l'année, y compris le dimanche et le lundi.

L'OSTERIA €€

4, avenue du Marechal Leclerc
✆ 05 57 52 45 33
www.pizzeria-losteria.fr
Tous les jours le midi ; du lundi (sauf en hiver) au samedi le soir. Plats 9,90 € à 21,90 €. Formule du midi : 15,50 €.

Une superbe adresse pour les amateurs de cuisine italienne ! Depuis la grande salle de cette trattoria, on aperçoit le pizzaïolo s'activer derrière son four. De quoi mettre en appétit. Pour les journées d'hiver ensoleillées, on opte pour une table sous la belle véranda, quand on s'installe plutôt en terrasse en été. Ce jour-là ? Une pizza à la pâte fine cuite parfaitement avec une belle et généreuse garniture, mais aussi un risotto onctueux et très copieux. Soirée thématique, close up avec un magicien, chanteur live ou musicien(s)... il y a de belles animations.

PIZZA HUME €

25, avenue de Lattre de Tassigny
✆ 05 56 66 25 68
www.pizza-hume.com
Tous les jours sauf le mercredi de 18h/18h30 à 22h/23h. Pizzas de 9 € à 14 €. A emporter. Distributeur automatique.

Envie de déguster une savoureuse pizza ? Direction la pizzeria Pizza Hume. Exit les produits congelés ou surgelés, ici, tout est frais. La pâte à pizza est fabriquée tous les jours au pétrin avec des farines italiennes de premier choix et laissée à maturation minimum 24 heures. Sur la carte, elles sont classées par genre : classiques, végétariennes, calzones, fromages, chorizo, poissons, bœuf et poulet. Il est aussi possible de demander des suppléments pour compléter votre pizza. La Pizza Hume propose aussi sa pizza du mois. Sur place ou à emporter ?

L'ESCALUMADE €€

8, boulevard Pierre-Dignac
✆ 05 56 66 02 30
www.escalumade.com
Mardi et du jeudi au dimanche le midi ; mardi au samedi le soir. Assiette de l'écailler : 26,50 €. Formule midi : 18 €.

Mario, Anaïs, Fanny et Vincent sont à la tête de ce restaurant à la vue imprenable sur le vivier ostréicole et plus loin le Bassin. Cet établissement au décor moderne, élégant et lumineux, offre un bon prélude à une partie de plaisir gustatif. Le lieu spacieux donne à voir la cuisine et le banc de l'écailler. Le chef allie spécialités de la mer et cuisine traditionnelle régionale avec soin. Vous aurez le choix entre le menu du midi qui change tous les jours, un menu plus gastronomique ou la carte composée des meilleurs produits de la région.

LES PAVOIS €€

113, Port de Larros
✆ 05 56 66 38 71
www.restaurant-lespavois.com
Ouvert tous les jours le midi et le soir (sauf dimanche soir en basse saison). Menu à 33,90 €. Formule midi : 20,90 €.

Perché sur pilotis, ce restaurant offre une belle vue sur le port et permet de profiter de la longue terrasse les pieds dans l'eau. Enfin, presque ! Sans surprise, le poisson et les fruits de mer sont à l'honneur, à commencer par les huîtres du Bassin bien sûr. Et aussi : fritures d'éperlans, soupe blanche montée à l'aïoli, tartare de thon (vinaigrette huître, menthe et cacahuète), mille-feuille de la mer (sauce au lard fumé), bar entier (sauce vierge), poêlée de Saint-Jacques... En semaine, le menu Petit Pavois est toujours très tentant. Réservation recommandée.

LA CABANE DU ROUTIOUTIOU €

154, esplanade des Ostréiculteurs
✆ 05 56 66 97 40
www.le-routioutiou.com
Ouvert tous les jours de 9h à 18h et jusqu'à 22h selon la météo et la saison. Formules de 11 € à 20 €. A emporter.

Le Routioutiou est une cabane de pêcheur typique qui a traversé les générations. Elle est gérée par un couple d'ostréiculteurs passionnés, ayant pris la suite des grands-parents. En terrasse ou dans un intérieur pittoresque, vous pourrez déguster leurs huîtres, accompagnées d'un petit verre de vin blanc sec ou rosé, de pain, de beurre demi-sel, de citron et de vinaigre à l'échalote, et pour certaines formules une portion de pâté traditionnel en plus. Les hôtes proposent également divers fruits de mer selon arrivage (bulots, crevettes, bigorneaux...).

© LE ROUTIOUTIOU

© LE ROUTIOUTIOU

LE BELLIS

11, cours de la République
✆ 05 58 07 12 92
www.lebellis.com
Ouvert du lundi au samedi de 6h45 à 20h et le dimanche de 6h45 à 13h.

© LE BELLIS

Il y a des talents bien agréables à suivre et à encourager. Celui de Gaëtan Cossoul est à souligner. Parmi les spécialités, les gâteaux basques, le pastis landais, les canelés, les éclairs au chocolat sans glaçage... Le Bellis vise la qualité (moins de sucre, moins de mauvaises matières grasses) ! Gaëtan fait du pain réalisé avec des farines label rouge du Sud-Ouest. Baguettes, pains, tourte 100 % seigle... sont à tester. Et tout est cuit dans un vrai fournil. Encore une bonne raison de pousser la porte du Bellis surtout que l'équipe est souriante et accueillante.

HUÎTRES FRÉDÉRIC PAILLÈRE

Port de la Barbotière
✆ 05 56 83 50 75
Banc d'huîtres tous les dimanches de 9h à 13h devant le bar la Gaîté à Lacanau ville. CB non acceptée.

Ostréiculteur passionné installé sur le petit port de la Barbotière à Gujan-Mestras et travaillant de façon traditionnelle, Frédéric Paillère, un ancien ingénieur agricole et conseiller en production, capte le naissain, élève ses huîtres, les vend au détail, en gros et expédie dans toute la France. Ses huîtres sont douces et charnues, un véritable plaisir pour les papilles des amateurs. Vous retrouvez Frédéric Paillère et ses bonnes huîtres tous les dimanches à Lacanau ville.

MARCHÉ DE PLEIN AIR

Le mercredi matin de 8h à 13h.

En période estivale bien sûr c'est plus agréable, mais ce marché de plein air s'installe toute l'année sur la place de la gare de Gujan-Mestras. Ici, une quarantaine de commerçants ambulants sont présents pour faire découvrir des produits de qualité. Ce marché permet de privilégier le contact entre les producteurs et les consommateurs. Il est toujours autant apprécié par les Gujanais ainsi que les touristes et visiteurs de passage. Laissez votre véhicule sur le parking relais allée René Fourgs et empruntez la navette gratuite pour vous y rendre.

COMPTOIR DE LA MER

Port de Larros
✆ 05 56 66 41 90
www.comptoirdelamer.fr
Ouvert du lundi au samedi de 8h30 à 12h et de 14h à 18h30.

Le Comptoir de la Mer vend, comme son nom l'indique, tout ce qui concerne la mer. C'est une petite caverne d'Ali Baba idéale pour rapporter des souvenirs du Bassin, moins chers que dans les boutiques spécialisées. On peut acheter des vêtements du quotidien (pulls, cabans, chemisiers, etc.), des vêtements techniques pour la pêche ou le nautisme, des sacs étanches, des objets de décoration, du matériel de professionnel pour ouvrir et présenter huîtres et fruits de mer sans oublier des conserves alimentaires et des produits de beauté.

GOLF BLUE GREEN GUJAN

Route de Sanguinet
✆ 05 57 52 73 73
www.bluegreen.fr/gujan
Ouvert toute l'année. Jours et horaires d'ouverture variables selon la saison. Green fee (18 trous) à partir de 43 €.

Bordé de pins, de grands lacs et de bunkers de sable blanc, ce golf se destine aux parties alliant détente, dépaysement et performances. Ici, les parcours 9 et 18 trous s'adaptent à l'environnement dans un décor à couper le souffle. A vous de choisir selon votre niveau et vos objectifs. Cours individuels ou collectifs, évaluations, cours à thème, initiation gratuite de 2 heures en septembre et octobre… tout est réuni pour votre apprentissage ou votre perfectionnement. Le cosy Club House vous recevra pour vous informer et répondre à vos attentes.

© LA FERIA

© LA FERIA

© LA FERIA

LA FERIA €€

1, chemin du Loup © 05 57 52 48 41
www.alaferia.fr

Maître Restaurateur. Du mardi au samedi le midi et le soir. Menus de 19,90 € à 38 €. Formule du midi : 14,90 €. Bar.

Nous ne saurions que trop vous conseiller de vous diriger vers La Feria tant pour sa bonne ambiance côté du bar à l'extérieur pour une dégustation de tapas, accoudé à un tonneau design ou en salle, assis à une table face au lac. La qualité est là et la diversité des plats affichés à la carte est à des prix abordables. Amateurs affamés ? On vous recommande la parillada de viandes Don Popeye, la parillada de poissons selon les arrivages de la criée d'Arcachon ou la paella catalane maison du chef. Plus classiques : les entrecôtes, burgers, tartares ou magrets.

© LA FERIA

© LA FERIA

CHEZ MIMI

Port de Larros
✆ 06 85 31 32 15
www.chezmimi.eu
Ouvert tous les jours et les jours fériés (10h à 22h). Fermé de début janvier jusqu'aux vacances de février.

© CHEZ MIMI

Après plusieurs années passées sur le marché de La Teste, Cyril a retapé la cabane d'un copain au Port de Larros. *Chez Mimi* est tout ce qu'il y a de plus traditionnel. Cyril propose des crevettes, des bulots, du pâté basque et bien sûr ses huîtres. Mais il se démarque, car si sur sa carte les huîtres du Bassin sont bien présentes, il fait néanmoins connaître celles de son exploitation à Cancale en Bretagne. Cerise sur le gâteau : la seconde terrasse offre une vue imprenable sur les prés salés où les couchers de soleil sont tout simplement incroyables.

MAX'GOLF

Avenue des Loisirs
✆ 06 82 60 38 32
www.maxgolf.fr
Ouvert de mars à fin novembre et pendant les vacances scolaires (jours et horaires variables). De 9 € à 13 €.

Difficile de qualifier le Max'Golf de mini-golf tant il est immense ! 18 pistes et 7 000 m² de superficie dans un cadre 100 % nature... L'autre point intéressant, c'est son ancrage territorial. Tout au long du parcours, des éléments du bassin d'Arcachon vous attendent. Faites passer votre petite balle à côté du phare du Cap-Ferret de 10 mètres de haut, des cabanes tchanquées ou encore de la dune de Pilat... Chaque élément est accompagné d'un petit panneau pédagogique. Voilà de quoi découvrir ou redécouvrir l'histoire, les traditions et le patrimoine du Bassin.

MINI-PORT PIRATE

Lac de la Magdeleine
✆ 06 50 99 72 48
Ouvert du 12 février au 6 novembre 2022. Tarif (session de 15 minutes) : 8 €/bateau (4 personnes maximum). Snack-bar.

Envie de vous prendre pour de vrais pirates (à partir d'avril) ? Venez naviguer sur le redoutable lac de la Magdeleine et devenez capitaine comme le célèbre Barbe Noire. De petits bateaux électriques insubmersibles au pavillon noir vous guident sur les flots. Ils peuvent accueillir trois moussaillons et un capitaine. Les petits pirates en herbe de plus de 9 ans pourront même piloter leur navire ! Les gilets de sauvetage sont évidemment prévus sur place. Après la chasse au trésor, la taverne pirate propose des gaufres, glaces et boissons chaudes ou froides.

OCEANIC THERAPY

149, allée du Haurat
✆ 06 64 95 57 31
Ouvert tous les jours sur rendez-vous (le lundi et le mercredi jusqu'à 18h30). Soins à partir de 50 €.

Aboutissement d'un projet mené par Anne Sophie Doat, hydrothérapeute, son mari Mathieu, ostéopathe et sa belle-sœur, coach sportive, Vitalitude est un centre de remise en forme. Chez Oceanic Therapy, Anne Sophie travaille avec les argiles thermales sur les douleurs inflammatoires et pour relancer l'énergie avec des séances de drainage. Parmi les soins phares : l'enveloppement d'argile sous couverture chauffante et le massage balancing ; une alliance du massage ayurvédique et balinais sur matelas d'eau. Elle propose aussi de délicieux massages aux pierres chaudes.

PISCINE & SPA

9, avenue des Loisirs ✆ 05 57 16 31 60
www.piscinescobas.fr/gujanmestras
Ouvert tous les jours (horaires variables selon la saison). Enfant à partir de 3,30 € ; adulte à partir de 5 €.

La commune de Gujan-Mestras est dotée d'un superbe espace aquatique destiné aux nageurs comme aux non-nageurs. Bassin ludique, jets d'eau et pataugeoires enchanteront les plus petits tandis que les plus grands profiteront du bassin sportif, du bain bouillonnant et du hammam de l'espace détente. Le centre propose aussi des activités variées pour se ressourcer ou se dépenser (aquadouce et aquabike). Profitez des bienfaits de l'eau et des conseils de professionnels pour vous faire du bien. L'établissement est ouvert tous les jours, mais les horaires sont variables.

BOWLINGSTAR ARCACHON

Impasse des Loisirs
✆ 05 57 15 39 45
www.bowlingstar.fr

Ouvert toute l'année. Jours/horaires d'ouverture variables selon saison. De 6 € à 8 €. Tarif réduit pour les étudiants.

Situé à Gujan-Mestras, le Bowling Star Arcachon comporte 16 pistes et 2 mini-pistes pour les plus petits ainsi qu'un espace de jeux avec trampoline. Retrouvez aussi un bar et les incontournables billards : les pools anglais et les billards américains. Treize tables sont à votre disposition, de quoi passer une soirée sympathique en famille ou entre amis ! Le lieu peut accueillir les séminaires et autres événements privés ou professionnels. Vous pouvez aussi vous y rendre pour une soirée karaoké, des cours de danse ou encore organiser l'anniversaire des enfants.

CASINO JOA DE GUJAN-MESTRAS

2, avenue des Loisirs
✆ 05 57 73 00 78
www.joa.fr/casinos/gujan-mestras

Ouvert toute l'année. Du dimanche au jeudi et les jours fériés de 10h à 3h ; le vendredi et le samedi de 10h à 4h.

Le casino de Gujan est une longue maison coloniale alanguie entre roseaux et palmiers. Inspirée de la Louisiane, la bâtisse de bois blanc se trouve à deux pas de lieux authentiques, comme les très typiques petits ports et les belles plages du Bassin d'Arcachon. Pour jouer, des machines à sous à haute fréquence de jackpots, roulette anglaise électronique. Pour déjeuner ou dîner : Le Bistro Régent, une brasserie contemporaine qui offre une cuisine simple et savoureuse.

LA TESTE-DE-BUCH

Avec ses 26 000 hectares de superficie, La Teste-de-Buch est l'une des plus grandes communes de France. Elle possède le patrimoine emblématique du bassin d'Arcachon : la dune du Pilat – la plus haute dune d'Europe –, l'île aux Oiseaux et ses célèbres cabanes tchanquées, le banc d'Arguin, le lac de Cazaux – second plus grand lac d'eau douce français – et une immense forêt de pins maritimes, chênes, acacias et arbousiers. Il y en a pour tous les goûts, des eaux rassurantes du lac de Cazaux aux longues plages océanes du Pyla-sur-Mer pour la pratique du surf, en passant par la découverte à pied ou à vélo de l'environnement maritime et forestier.

LA DUNE DU PILAT ★★★★

✆ 05 56 22 12 85
www.ladunedupilat.com

Accessible toute l'année. Stationnement de 1 à 12 € selon le type de véhicule et la saison (30 minutes gratuites).

Faut-il encore présenter la plus haute dune d'Europe située à l'entrée du bassin d'Arcachon ? Et saviez-vous que « Pilat » signifie tas ou monticule en gascon ? À pied, à vélo, en bus et même en bateau, les possibilités sont multiples pour accéder à la Dune du Pilat. Mais surtout, il faut oser grimper sur cette montagne de sable pour profiter de la vue sur l'océan, la forêt, le bassin d'Arcachon, la presqu'île du Cap-Ferret, mais aussi le banc d'Arguin. Devant vous s'entassent 60 millions de m^3 de sable, témoins de 4 000 ans d'histoire. Ce chef-d'œuvre de la nature à la fois fragile et mobile se déplace sur la forêt de façon irrégulière de 1 à 5 mètres par an. Grain de sable après grain de sable, la dune du Pilat avance, ensevelissant tout sur son passage... Lorsque la marée est basse, on y voit de superbes bancs de sable aux couleurs paradisiaques. D'avril à octobre, un escalier est installé pour faciliter et protéger la montée de la dune. Quelques commerces prennent place à ses pieds pour vous restaurer ou profiter d'activités. L'été, préférez une visite tôt le matin (au lever du soleil) ou plus tard le soir (balade au coucher du soleil). Une visite guidée ludique, ponctuée de jeux, est organisée dès le début du mois d'avril pour les enfants sur le thème « Raconte-moi la dune » (30 minutes). Autre immanquable : la balade au coucher du soleil accompagné d'un guide qui a lieu le vendredi en juin et en septembre ainsi que le lundi et le jeudi en juillet août. Comptez encore 1 heure. Le petit plus ? C'est encore l'exposition permanente à ciel ouvert intitulé « La face cachée de la dune ». Mais aussi : des randonnées, des balades contées, un jeu de piste... Les recettes du stationnement sont intégralement reversées dans la gestion du site : ramassage des déchets sur les espaces naturels, suivis naturalistes, outils gratuits d'éducation à l'environnement... Pour gravir la dune, pensez à prendre de l'eau, un chapeau, des lunettes de soleil et de la crème solaire. La dune du Pilat est membre du Réseau des Grands Sites de France comme les falaises d'Etretat, le Puy de Dôme, le Marais Poitevin... Durant les travaux de réhabilitation de l'espace accueil, l'accessibilité pour les fauteuils roulants et poussettes est possible jusqu'au village éphémère où vous trouverez un point accueil et informations et des sanitaires. En revanche, le chemin menant jusqu'à la dune est impraticable pour les personnes à mobilité réduite. Des accès secondaires permettent d'accéder au pied de la dune via les escaliers de l'établissement la Corniche.

BANC D'ARGUIN ★★★

C'est un des joyaux naturels du bassin d'Arcachon ! Avez-vous déjà vu ce vaste banc de sable blond qui se trouve à l'entrée du bassin d'Arcachon face à la Pointe du Cap Ferret et au pied de la majestueuse dune du Pilat ; la plus haute d'Europe qui culmine de 100 à 115 mètres de haut ? Bordé d'eaux claires, voire cristallines, comme on les imagine dans les Caraïbes, le banc d'Arguin n'a jamais deux fois le même aspect et change de visage constamment. Il se forme et se déforme au gré des vents, des vagues et des courants marins. À marée basse, il s'étend sur 4 km de long et 2 km de large. C'est le plus vaste du littoral girondin. Véritable lieu d'exception à la frontière entre les eaux calmes du Bassin d'Arcachon et l'océan sauvage, cet îlot sableux océanique a été classé réserve naturelle depuis 1972 et est reconnu d'importance internationale dans le cadre de la préservation du patrimoine naturel. Ses archipels sont émergés et colonisés par une faune et une flore typiques des milieux côtiers du Sud-Ouest avec la présence d'espèces protégées. C'est le cas des oiseaux qui y font leur nid et passent l'hiver. Les sternes caugek, oiseaux rares (petites mouettes à la tête de couleur noire) raffolent de ce lieu et y pondent leurs œufs, tout comme plusieurs espèces d'oiseaux migrateurs (l'huîtrier-pie, le gravelot à collier interrompu, etc.) qui se nourrissent dans les eaux poissonneuses. On peut même observer les oiseaux avec une longue-vue à la cabane d'exposition. Mais les oiseaux migratoires qui trouvent refuge ne sont pas les seuls, les plaisanciers et autres amoureux de la nature investissent les lieux en été, tout comme les ostréiculteurs qui y trouvent un abri pour leurs parcs à huîtres. Jouxtant le golfe de Gascogne, le banc d'Arguin est un site privilégié pour l'observation du grand dauphin, du phoque gris ou encore de la tortue luth. La découverte de la réserve naturelle du banc d'Arguin peut se faire tout au long de l'année avec des visites et des animations adaptées aux quatre saisons. On y accède évidemment à bord d'une pinasse, d'un chaland, d'une navette maritime ou d'un bateau-taxi à l'issue d'une courte navigation à l'intérieur du Bassin. Et en dehors d'un périmètre de protection balisé, le Banc d'Arguin est accessible librement toute l'année. Les chiens, la chasse, la destruction et la cueillette des végétaux, le bivouac, le dépôt d'ordures et le stationnement des bateaux du coucher au lever du soleil sont interdits. L'endroit est exceptionnel, grandiose autant qu'il est magique. Un conseil : allez-y !

L'ÎLE AUX OISEAUX ★★

https://tourisme-latestedebuch.com/

L'île aux Oiseaux, est un des sites incontournables de la région. Cette bande de terre au nom enchanteur se dresse au centre du Bassin. Elle est soumise au rythme des marées et peut, par moment, faire 16 km de circonférence ou seulement 5 km. Elle doit son nom aux 300 espèces d'oiseaux qui y vivent ou y passent lors de leur migration. Toutes aussi célèbres que les oiseaux, les cabanes tchanquées se dressent sur leurs pilotis, défiant les éléments. Elles regorgent d'histoire et d'anecdotes, peut-être trouverez-vous des locaux bavards qui vous les conteront.

AIRE D'ACCUEIL DE LA DUNE

Route de Biscarrosse

✆ 05 56 22 12 85

www.tourisme-latestedebuch.fr

D'avril à mi-septembre et pendant les vacances de la Toussaint.

La plus grande dune d'Europe, avec 104 mètres de haut, 2,7 kilomètres de long et 500 mètres de large, la Dune du Pilat, joyau du patrimoine testerin, mérite amplement sont titre de site classé, accessible toute l'année. C'est le plus visité d'Aquitaine. En profitant des visites accompagnées vous découvrirez les merveilles de ce coin de nature hors norme. Le point d'information donne tous les renseignements nécessaires à votre visite et même une astuce pour éviter le retour difficile…

PLAGES

Deux plages à Pyla-sur-Mer : au centre, la plage Daniel-Meller, idéale pour la famille et les amateurs de voile. Au pied de la dune, la plage de la Corniche et sa sublime vue face au Banc d'Arguin. Le Petit Nice : label Handicap, stationnements réservés, pente douce jusqu'à la plage et Tiralo. La Lagune est une plage espace naturiste. La Salie nord est plutôt réservée aux sports de glisse. La Salie sud accueille les animaux bienvenus. Les plages de Cazaux, au nombre de deux, sont tranquilles sur le lac et surveillées en saison 7j/7 de 11h à 13h et de 14h à 19h.

OFFICE DE TOURISME DE LA TESTE-DE-BUCH

13 bis, rue Victor-Hugo ✆ 05 56 54 63 14

https://tourisme-latestedebuch.com/

Accueil vélo. Qualité Tourisme. Ouvert toute l'année (jours/horaires d'ouverture variables). Label Tourisme & Handicap.

Le patrimoine naturel de La Teste-de-Buch est exceptionnel et pour ne pas en rater une miette, mieux vaut se renseigner auprès des professionnels de l'office ! Vous y trouverez des dépliants, cartes, idées balades, renseignements pratiques et bons conseils. Partez ainsi à la découverte de l'île aux Oiseaux, de la dune du Pilat, du banc d'Arguin, des prés salés… Vous trouverez également des idées d'activités. Par exemple ? De la voile à l'ULM, en passant par la randonnée ou le vélo.

ZOO DU BASSIN D'ARCACHON ★

Route de Cazaux ✆ 05 56 54 71 44

www.zoodubassindarcachon.com

Haute saison ouvert tous les jours de 10h à 19h. Adulte : 23,90 €. Enfant de 3 à 11 ans : 16,90 €.

Faites le plein de nature et d'exotisme au zoo d'Arcachon qui est né en 1989 de la passion de Bernard Couturier, un homme qui rêvait de vivre parmi les fauves. Ils sont aujourd'hui une centaine : lions, tigres, pumas… que l'on découvre de manière inattendue, en franchissant un pont suspendu. Frissons garantis ! Retrouvez les classiques éléphants, singes, ours, rhinocéros ou girafes mais également des hippopotames nains, si si ça existe ! Ou encore des buffles nains, des hyènes rayées… dans de beaux décors. La volière africaine s'étend sur 3 000 m².

BASSIN SCOOT

679, avenue du Parc des Expostions

✆ 05 57 15 30 30

www.bassin-scoot.com

Ouvert du mardi au samedi de 9h à 12h30 et de 14h à 18h30.

Bassin Scoot est le plus grand espace de vente de scooters à Arcachon. Quatre grandes marques (Piaggio, Vespa, Gilera et Aprilia) sont représentées et de nombreux modèles de scooters sont visibles en magasin, qu'ils soient neufs ou d'occasion ainsi que des accessoires, de l'équipement pour le pilote et son passager. Le magasin propose régulièrement des promotions et des possibilités de Location de longue durée (LLD). Un atelier est également dédié à l'entretien des deux-roues. L'équipe compétente et passionnée saura répondre à toutes vos demandes.

Le port ostréicole de La Teste de Buch.

ALL SUITES APPART HOTEL LA TESTE DE BUCH*** €€

1246, avenue Gustave-Eiffel
© 05 56 22 05 00
www.allsuites-apparthotel.com

Ouvert toute l'année. Studio (1-2 pers.) à partir de 54 € ; appartement (1-4 pers.) à partir de 79 €. Autres tarifs.

Edifié sur les rives d'un plan d'eau très agréable, All Suites Appart Hôtel offre 195 appartements du studio à la suite familiale. Mobilier contemporain et cuisine équipée confèrent aux appartements raffinement et chaleur. La résidence propose de nombreux services (petit déjeuner, salle de séminaire, réception, laverie, ménage, tennis...) et offre des prestations de standing (parking privé sécurisé, accès géré par carte magnétique, ascenseurs, piscine extérieure...).

BEST WESTERN PLUS**** €€

960, avenue de l'Europe
© 05 57 15 22 22
www.hotels.com

Chambre double à partir de 70 €, suite à partir de 150 €. Petit déjeuner buffet : 13 € et 16 € en chambre.

Cet hôtel est situé à 4 km de la gare de La Teste et à 5 kilomètres d'Arcachon dans le parc d'affaires de La Teste-de-Buch. Il possède une piscine extérieure, une salle de sport et un spa de 1 000 m^2, l'un des plus grands d'Aquitaine. Les chambres, vastes et futuristes, où le miroir coloré de la tête de lit reflète le mur thermoformé. La décoration contemporaine est aux couleurs vives et la plupart ont un balcon. Le restaurant propose un menu différent chaque jour pour le dîner et un petit déjeuner buffet à prendre dans la salle très claire ou sur la terrasse.

LA GUITOUNE €€

95, boulevard de l'Océan © 05 56 83 00 00
www.laguitoune-pyla.com

Ouvert toute l'année. Chambre double de 140 € à 600 €. Petit déjeuner : 18 €. Lit supplémentaire : 50 €. Restauration.

Cet hôtel-restaurant est mythique au Pyla. La décoration est inspirée des années 50 à 70 avec des couleurs flashy. Le bar de 12 mètres de long est habillé de mosaïque où sirènes et hippocampes se promènent. Le homard en bleu et rouge se balade sur les moquettes et les papiers peints des parties communes, quant aux poissons rouges, ils sont perchés sur les luminaires. Dans les chambres, les murs blancs sont rehaussés par des rideaux et des têtes de lit imprimés et colorés. Au restaurant, des menus simples style bistrot, et au bar, une belle carte de tapas.

HOTEL HA (A) ITZA €€

1, avenue Louis Gaume - **PYLA-SUR-MER**
© 05 56 22 06 06
http://haaitza.com

Ouvert toute l'année. Chambre double à partir de 195 € ; suite à partir de 355 € ; appartement à partir de 2 500 €.

L'hôtel Ha (a) ïtza – *le roc* en basque – date de 1930. Aujourd'hui, la toute dernière rénovation est signée Philippe Starck. Sophie et William souhaitaient insuffler une seconde jeunesse aux lieux. L'architecte a su allier simplicité, raffinement et élégance. Mélange de boiseries claires, de tons blancs chauds et de touches en acier dans les chambres. Dans le Grand Salon, photos et objets de famille côtoient des souvenirs d'Afrique, la réception est illuminée par des vitraux colorés. Dans un univers de yacht-club, le restaurant Skiff Club est doublement étoilé.

LE PETIT NICE**** €€

Route de Biscarrosse
✆ 05 56 22 74 03
www.petitnice.com
Ouvert du d'avril à fin septembre. Emplacement : 406 €/semaine en haute saison ; bungalows à partir de 1 027 €/semaine.

Le Petit Nice, c'est avant tout une ambiance... L'impression d'être au bout du monde, dans un lieu privilégié. Ensuite, c'est un coup de cœur : comment résister au point de vue sur l'océan et le banc d'Arguin ? Enfin, c'est aussi l'assurance d'un séjour de qualité avec des services de qualité. Emplacements pour votre tente, locations dans des tentes sahariennes, des cottages et mobil-homes qui se marient dans le paysage... Vous avez le choix. Au cœur de la forêt et au bord de l'océan, vous vous prendrez vite pour Robinson, alors autant avoir tout sur place.

MAZETTE BORDEAUX

340, avenue Denis Papin
✆ 07 86 30 92 57

Mazette Bordeaux, c'est quoi ? C'est un traiteur ! Aussi beau que bon, *Mazette Bordeaux* livre (pour le moment) entre Bordeaux Métropole et le bassin d'Arcachon. Au menu : plateaux de pintxos, de fromages et/ou de charcuterie. Envie d'une mise en bouche ? Il suffirait presque de jeter un bref coup d'œil à leur page Instagram. Généralement, les plateaux de Mazette font sensation ! On les imagine très bien pour un mariage, un anniversaire ou encore un événement professionnel. Le secret ? Des fleurs comestibles, de la couleur, des découpes graphiques et du goût.

LE PESTACLE €

3, boulevard de Curepipe
✆ 05 24 19 68 45
www.lepestacle.com
Ouvert toute l'année. Tous les jours le midi et le soir en haute saison. Animations (concerts, ateliers autour du vin).

Vous connaissez tous le chanteur Jérémy Frérot (ex du duo Fréro Delavega) ? Originaire de Bruges et amoureux du Bassin d'Arcachon, il a décidé d'ouvrir, avec deux associés Igor et Théo Sonnier, un bar, vinothèque, restaurant et « plus si affinités » en lieu et place de l'ancienne pizzeria Borsalino. On y vient pour découvrir de jolis flacons bien sélectionnés, partager des tapas autour d'un verre, déguster quelques pizzas cuites au feu de bois aux noms évocateurs notamment la Dune du Pyla ou une viande, écouter de la musique et pourquoi pas danser...

L'AILLET €

16, place Gambetta
✆ 05 40 70 23 98
Ouvert du lundi au samedi le midi et le soir. Carte : 22 € environ. Formule du midi : 17 € (et 19 €).

L'Aillet devait ouvrir en mars 2020, mais confinement oblige, l'équipe a dû attendre quelques mois pour accueillir sa clientèle et la régaler de ses bons petits plats dans une ambiance de bistrot décontracté, sans oublier la belle terrasse bien ombragée avec sur une fontaine. Le chef Rémi s'attelle à réaliser une cuisine traditionnelle à laquelle il ajoute quelques petites notes personnelles. Il accompagne les moules marinières de poireaux grillés, le cabillaud est cuit à la flamme avec une crème de safran, un fenouil craquant et des câpres à queue.

BIG BARBECUE €

2, avenue de Binghamton ✆ 05 56 66 07 09
www.big-barbecue.fr
Tous les jours midi et soir. Carte : 38 € environ. Menu enfant : 9,90 €. Formule du midi : 14,90 € et 17,90 €.

Ne vous fiez pas à son emplacement, ce restaurant a tout d'une bonne adresse. Amoureux de la viande, vous serez rapidement conquis, les viandards n'ont qu'à bien se tenir avec les « grosses pièces ». Ici, on propose de la viande grillée au charbon de bois (filet sur os de Galice, magret de canard, *Beef cut* de black Angus, andouillette...) sans oublier les burgers. Le Big Barbecue c'est aussi du poisson grillé, des tartares de saumon ou thon servis avec frites - ou moins classique avec un assortiment de légumes (choux persillés ou courgettes rôties un délice !).

LA KANTINE DES COPINES €

171, rue Marcel Dassault
✆ 06 31 39 62 30
www.lakantinedescopines.com
Ouvert du mardi au samedi de 18h à 2h. Carte : 20 € environ. Formule du midi : 14,90 € à 16,90 €, plat à 12,90 €.

La Kantine des Copines semble être faite de bric et de broc, mais il n'en est rien. Tout est calculé pour vous accueillir dans un lieu champêtre animé d'une ambiance conviviale. L'été, du côté de la terrasse, vous apprécierez de boire un verre et de déguster quelques planches, tartines, burgers avant ou après, pourquoi pas, une partie de pétanque sur le boulodrome. La Kantine des Copines organise des soirées à thèmes, des concerts et des brunches le dimanche. L'adresse se décline aussi dans deux autres lieux : L'Annexe des Copines et Chez Maman.

ROBINSON CRUSOE €

6, avenue de Binghamton
✆ 05 56 54 77 27
www.crusoe.fr

Ouvert tous les jours le midi et le soir. Menus de 12,90 € à 19,90 €. Menu enfant : 8,50 € et 4 € - de 5 ans.

Ne vous fiez pas à l'aspect extérieur du restaurant, poussez plutôt la porte pour rentrer dans le monde de Robinson Crusoé. La salle est spacieuse et la terrasse ombragée. La décoration peut sembler kitch à certains, disons qu'elle est originale avec son côté exotique et surtout elle plaît beaucoup aux enfants. La carte variée est celle d'une brasserie avec un buffet d'entrées, des desserts à volonté, des plats traditionnels, des fruits de mer de la région et deux spécialités : une daurade rôtie à l'huile de truffes ou un désossé de carré de bœuf de 350 grammes.

LA CANTINA DI DON CAMILLO €€

5, avenue de Binghamton ✆ 05 56 66 32 14
https://lacantinadidoncamillo.fr/

Ouvert tous les jours le soir ; du lundi au samedi le midi. Formule du midi : 16,90 €. Pizza de 7 € à 16 €.

Dans cette pizzeria, la salle de restaurant du rez-de-chaussée côtoie un terrain de pétanque *indoor* tandis. Sur les télévision, y compris à l'étage de vieux films avec Fernandel passent en boucle. Les nostalgiques de Don Camillo et de Pepone se réjouiront tandis que les plus jeunes découvriront ce qui a enchanté leurs grands-parents et arrière-grands-parents. Dans les assiettes : des pizzas cuites au feu de bois, des pâtes, des viandes cuisinées à l'italienne et d'excellents desserts.

LE BISTROT DU CENTRE €€

3, 3 avenue du Général de Gaulle
✆ 05 57 15 11 11
https://bistrotducentre.wordpress.com/

Ouvert tous les jours de 9h à 18h. Formule du midi : 15 €. Terrasse. Vente à emporter.

Nappes à carreaux, chaises et tables en bois... aucun doute, le Bistrot du centre est un restaurant traditionnel proposant une cuisine familiale et gourmande à base de produits frais et faits maison. En salle, on se sent comme à la maison, mais avec l'arrivée des beaux jours et en été, bien sûr, c'est à l'extérieur que l'on veut être. Mais attention à l'affluence, car ici, la formule déjeuner est à moins de 20 euros ! En plus, à ce prix-là, on a le choix entre deux entrées, deux plats (viande ou poisson) et deux desserts. Burgers, wraps et croques s'emportent.

LA CO (O) RNICHE €€€

46, avenue Louis Gaume - **PYLA-SUR-MER**
✆ 05 56 22 72 11
www.lacoorniche-pyla.com

Ouvert tous les jours le midi et le soir. Réservation recommandée. Menus de 78 à 83 €. Voiturier. Bar. Hôtel. Boutique.

Waouh ! La plus belle vue du Bassin d'Arcachon se trouve sans aucun doute à La Co (o) rniche. Cet hôtel-bar-restaurant de grand standing offre un panorama composé de la Dune du Pilat, de l'océan Atlantique, du banc d'Arguin, de la pointe du Cap Ferret et de la forêt de pins. Les points phares du Bassin se sont réunis pour créer un tableau de toute beauté, visibles depuis la terrasse à ciel ouvert où loge la piscine à débordement réservée à la clientèle de l'hôtel et du restaurant. C'est Philippe Starck qui s'est chargé de la déco. L'ambiance est chic.

BRASSERIE OH' MARCHÉ €€

2, rue François Legallais
✆ 05 56 22 97 56
www.ohmarche.fr

Ouvert toute l'année, du jeudi au dimanche (horaires variables selon la saison). Formule du midi : 19 €. Animations.

Jean-Marc Hetzel et Philippe Alonso assurent la direction de la Brasserie Oh'Marché, un lieu convivial où on se régale de bons petits plats préparés à base de produits frais et locaux. En terrasse, face à la place du marché ou dans la salle dans un environnement boisé, vous goûterez à une cuisine savoureuse et raffinée avec des pointes d'exotisme. Autour d'un verre, la carte propose tapas et planches à partager. Et parce que cette brasserie se veut être un lieu de gourmandise, mais également de fête, des soirées à thème y sont régulièrement organisées.

AUX DEUX CHÊNES €€

56, boulevard de l'Océan - **PYLA-SUR-MER**
✆ 05 57 72 00 68
www.restaurantaux2chenes.fr

Du mardi au dimanche le midi ; tous les jours le midi en juillet/août. Menu à 19,90 €. Terrasse. A emporter.

Aux Deux Chênes s'est taillé une belle réputation au Pyla grâce à sa charmante terrasse ombragée à l'abri des regards et à sa cuisine basée sur des produits frais régionaux. Les huîtres sont incontournables tout comme les crevettes roses, le pâté maison et le verre de vin blanc qui les accompagne. Vous trouverez aussi des burgers à la carte et l'été, le chef concocte des *poké bowls*. Le chef propose aussi des menus de saisons qu'il décline, par exemple, en hiver, autour de la truffe du Périgord. Service tardif en été jusqu'à 15h30 voire 16h.

LE CABANON €€

136, avenue du Général-de-Gaulle
✆ 05 56 66 93 05
www.lecabanon-arcachon.fr

Ouvert toute l'année, du mardi soir au dimanche soir en haute saison. Menu : 29,50 € le midi et le soir. Terrasse. Bar.

La réputation du Cabanon n'est plus à faire. D'abord, le cadre... Ici, le bois a repris ses droits et donne au lieu une ambiance chaleureuse très appréciable en période hivernale. La terrasse ombragée et fleurie accueille des groupes musicaux. Un verre de vin, une assiette de bonnes tapas, quelques amis, un peu de musique, en faudrait-il plus pour être heureux ? La décontraction est de rigueur et elle est d'ailleurs revendiquée par l'équipe du Cabanon. Côté assiettes, vous goûterez à une cuisine au bon goût régional tant du côté mer que du côté terre.

LE FER À CHEVAL €€

785, route de Cazaux ✆ 05 56 54 10 27
www.restaurant-leferacheval.fr
Ouvert du lundi au vendredi le midi et les jours de courses. Brunch le dimanche sur réservation. Formule du midi : 18 €.

Le Fer à Cheval est le restaurant panoramique de l'hippodrome de La Teste-de-Buch. Dans un cadre verdoyant donc, avec vue directe sur les pistes, vous goûterez à une cuisine généreuse et traditionnelle agrémentée toutefois de quelques touches d'originalité, car le chef Philippe Gaudou donne libre cours à son imagination. Par conséquent, il peut changer la carte du jour au lendemain en fonction de ses trouvailles au marché et de ses inspirations. Les prix, tout à fait raisonnables, finiront de vous convaincre. Le Fer à Cheval ouvre un vendredi sur deux le soir.

LA PETITE MARÉE €€

25, rue Victor Hugo
✆ 06 76 41 15 41
www.la-petite-maree.com
Ouvert toute l'année, tous les jours le midi et le soir en haute saison. Formule du midi : 21 € ; le soir : 23 €.

Une envie de produits de la mer ? Pas de problème ! La Petite Marée vous accueille avec gentillesse et bienveillance. Sur place, assis à la terrasse aménagée sous une tonnelle blanche, face au marché municipal, chez vous ou même le midi au bureau, faites-vous plaisir. A la carte ? Des produits ultras frais, tout juste arrivés de la criée d'Arcachon. Et les desserts sont faits maison. Pour vos soirées, la Petite Marée assure un service traiteur. Epatez et régalez vos convives sans rien avoir à faire, à part passer commande ! Réservation recommandée.

LE PLAY-OFF €€

35, boulevard d'Arcachon
✆ 05 57 52 68 00
http://le-playoff.com/
Ouvert tous les jours et les jours fériés de 9h à 18h. Carte : 40 € environ. Formule du midi : 14 € et 17,50 €.

Le Play-Off est situé au cœur du golf d'Arcachon et de ses greens entourés de pins, sur les hauteurs de La Teste avec vue sur le Bassin d'Arcachon. C'est l'endroit idéal pour boire un verre ou pour une pause déjeuner en terrasse. A l'intérieur, quelques fauteuils club et une salle de restaurant style bistrot chic vous accueillent même en hiver. À la carte des suggestions, des ardoises quotidiennes qui garantissent la fraîcheur des produits de saison cuisinés maison, des tapas, des pizzas, des omelettes, etc. Le service est à la hauteur de la qualité des plats.

LA SUITE 257 €€

257, boulevard de l'Océan
✆ 05 56 22 13 34
www.lasuite257.com
Ouvert toute l'année du jeudi au dimanche (19h à 2h) ; tous les jours en juillet/août et pendant les vacances scolaires.

La Suite 257 allie gourmandise et convivialité ! Dans un cadre travaillé comprenant une salle intérieure, deux terrasses et trois bars, les soirées débutent avec l'apéritif et s'étirent jusque tard dans la nuit. Les menus sont régulièrement renouvelés et les assiettes gourmandes, préparées et présentées avec soin, ravissent épicuriennes et épicuriens. L'établissement propose de nombreuses soirées à thèmes tels que les petits dîners du jeudi entre filles où l'on s'amuse beaucoup autour d'un menu spécialement composé. Ambiance festive garantie !

AU HANGAR

340, avenue Denis Papin
✆ 09 88 09 04 04
www.au-hangar.fr
Ouvert toute l'année. Le mardi, le mercredi et le dimanche de 17h à 0h et du jeudi au samedi de 17h à 2h.

Au Hangar est le food-court/bar d'ambiance du Bassin. On vient ici pour manger, boire, s'amuser ou se retrouver entre amis autour d'une grande table dans une ambiance à la fois conviviale et industrielle. De l'entrée au dessert, le Hangar offre une diversité de produits : sushis personnalisés, pizzas et charcuteries/fromages sont proposés par les commerçants locaux. Si vous avez peur de vous ennuyer, l'animation est prévue : diffusion de matchs sur écrans géants et surtout place à la fiesta lors de concerts, soirées à thèmes et DJ en seconde partie de soirée.

LE VIN D'ORGE

101, avenue André-Ampère
✆ 07 82 62 18 28
www.levindorge.com
Ouvert du lundi au samedi de 16h à 21h. Terrasse.

Ne vous laissez pas décourager par l'environnement peu engageant et poussez la porte du Vin d'Orge. Cet établissement est le fruit du travail de deux épicuriens, Adrien et Julien, qui sont sans cesse à la recherche de nouveautés afin de surprendre et séduire la clientèle en faisant découvrir plus de 500 références de bières issues de micro-brasseries, de vins biodynamiques, des rhums et whiskies du monde entier. Un espace est dédié à la dégustation de produits locaux rigoureusement sélectionnés. Retrouvez le Vin d'orge (mais pas uniquement) à Andernos et Biganos.

© CAÑAS Y TAPAS

© CAÑAS Y TAPAS

© CAÑAS Y TAPAS

CAÑAS Y TAPAS €€

1060, avenue de l'Europe
✆ 05 56 54 87 06 - https://canasytapas.net

Du lundi au samedi (9h-22h). Service en continu de 11h45 à 21h30 (22h le week-end et en saison). Formule midi : 13,95 €.

Cañas Y Tapas suggère la culture culinaire et festive de l'Espagne ! Dans un cadre élégant ou en terrasse, on partage d'excellentes tapas authentiques. Pas loin d'une vingtaine au choix, mais aussi des planches de charcuteries (le jambon est fabuleux) et de fromages ibériques, des tartines délicatement toastées, des salades, des plats copieux et des paëllas bien sûr. Les ingrédients sont frais et de grande qualité. Une carte de bières et de vins bien fournie permet d'accompagner les plats. Ambiance décontractée, musique agréable et personnel accueillant.

© CAÑAS Y TAPAS

© CAÑAS Y TAPAS

WHITE MOUSTACHE

18, rue Lagrua ✆ 05 56 66 55 72
www.whitemoustache.fr

Ouvert du lundi au samedi de 16h à 22h ; le dimanche et les jours fériés de 18h à 22h. Happy hour. Tapas. Animations.

Le White Moustache est un vrai palais de la bière. La qualité des animations et des soirées ainsi que celle du service ont fait, bien sûr, sa bonne réputation, tout autant que le nombre de références en bières, whiskies, rhums, de vins, de champagne et de cocktails accompagnés de planches de grignotage. Le plus, ce sont les tireuses à bières à la disposition des clients pour goûter à la bière maison, la White Moustache, à la Mira (bière du bassin d'Arcachon) ou encore à la Vitus. Tous les mois, des bières pression ou en bouteilles sont soigneusement sélectionnées.

PUB - BRASSERIE MIRA

370, avenue Vulcain
✆ 05 64 52 01 12
https://brasseriemira.fr

Ouvert du lundi au samedi de 10h à 0h. Formule le midi à 15,90 € le midi. Tapas à partager. Boutique. Animations.

Le Pub de la brasserie Mira est devenu un incontournable des soirées branchées sur le bassin d'Arcachon. Mira, on connaissait déjà le nom et même la bière de la brasserie créée par Jacques et Aurélien, deux enfants du pays, passionnés de houblon. Ils ont pensé et réalisé une première gamme de bières inédites, brassées à l'eau de source du Bassin et identifiées sur les bouteilles par une chimère. Les bières Mira n'ont cessé de séduire les amateurs et il était donc logique que les brasseurs-malteurs aillent jusqu'au bout de leur ambition en créant un pub.

LA CABANE DU PALIQUEY

115, avenue Ovide Rousset ✆ 05 56 66 73 91
http://lacabanedupaliquey.fr

Basse saison : du jeudi au mardi de 9h30 à 19h. Haute saison : tous les jours de 9h30 à 21h30. A emporter. Dégustation.

Située à deux pas du port de La Teste-de-Buch, la Cabane du Paliquey est devenue en quelques années le lieu incontournable des amateurs d'huîtres du bassin d'Arcachon. Charnues et goûteuses, elles se dégustent toute l'année sur place. Et pourquoi pas dans la pinasse installée en terrasse aux beaux jours ou à la maison ? Outre les huîtres, l'équipe sympathique de la Cabane du Paliquey propose des bulots, des bigorneaux, des crevettes ou encore du pâté. Pour accompagner le tout le très célèbre Blanc des Cabanes, un vin immergé six mois dans le Bassin d'Arcachon.

LES SOURIS FROMAGÈRES

32, rue Victor Hugo ✆ 05 57 52 12 50
www.lessourisfromageres.fr

Mardi au samedi de 9h à 13h et de 15h30 à 19h ; dimanche de 9h à 13h. Plateaux de fromages, pièce montée. Epicerie fine.

Elles sont gourmandes ces souris et elles ont dégoté pour vous le meilleur du fromage français, bien sûr, mais aussi étranger. Passionnée par les fromages, Anna vous reçoit et vous conseille avec gentillesse. Sûre de ces fournisseurs (des producteurs fermiers qui cultivent le goût avec passion), elle compose le plateau qui fera frémir de plaisir les papilles de vos convives. Vous trouverez également de la charcuterie et de l'épicerie fine, souvent régionale, soigneusement sélectionnées avec le même amour du goût. Amateurs de fromages, cette adresse est pour vous !

COPAINS DES CHAMPS

341, avenue Vulcain ✆ 05 57 16 66 04
https://copainsdeschamps.fr/

Ouvert du mardi au jeudi de 9h30 à 13h et de 14h30 à 19h ; le vendredi et le samedi de 9h30 à 19h.

Copains des champs, c'est avant tout la rencontre de producteurs devenus des copains et qui souhaitaient mettre en avant les produits principalement de leur région, 100 % responsables, 100 % authentiques et au juste prix. Pas d'intermédiaires, les agriculteurs laissent leur production en dépôt-vente. Ce sont plus de 1 000 produits bio ou issus d'une agriculture raisonnée, allant du sec au frais, sans oublier les vins, jus de fruits naturels, huiles d'olive, miels... Le magasin accueille ses producteurs le samedi, organise des dégustations et des jeux-concours.

TCHANQUÉ GOURMET

26, rue des Maraîchers
✆ 05 56 54 14 52
https://tchanque-gourmet.com

Ouvert du lundi au vendredi de 9h à 12h30 et de 13h30 à 17h30. Achats en boutique ou en ligne.

Mélanie Badets, une ingénieure agronome au nez et palais fin, a repris Cafés Tchanqué – du nom des fameuses cabanes tchanquées – et leur a donné le nom de Tchanqué Gourmet. Elle aussi connaît bien le café et la torréfaction. Ses cafés viennent des montagnes d'Inde, d'Afrique et d'Amérique latine. Elle les sélectionne avec soin et privilégie des petits producteurs passionnés par leur métier. Deux collections se déclinent en sachets de 250 g ou 1 kg et en capsules : Café Tchanqué en hommage au Bassin et Cabane 53. On peut commander sur Internet.

GOLF INTERNATIONAL D'ARCACHON

35, boulevard d'Arcachon ✆ 05 56 54 44 00
www.golfarcachon.org
Ouvert toute l'année. Jours et horaires d'ouverture variables selon la saison. Restauration. Boutique. Ecole de golf.

Le cadre exceptionnel contribue à l'intérêt du parcours. Dans un premier temps, il est vallonné. Plus plat sur la deuxième moitié, vous serez confronté à des obstacles d'eau. Débutants ou chevronnés, vous apprécierez forcément les senteurs qui se dégagent des pins, mimosas et arbousiers. Il s'agit d'un parcours de 18 trous sur plus de 5 700 m avec un par de 72. Le *Numéro 19*, non non pas le trou, mais le Club House vous accueillera dans un cadre convivial pour un moment de détente.

O BEAUTY & SPA

960, avenue de l'Europe
✆ 05 24 19 02 30
www.spa-arcachon.com
Ouvert du lundi au vendredi de 10h à 19h ; le samedi de 10h à 20h. Parcours IceSpa sur réservation : 18 € (1h).

Ce spa, l'un des plus grands de la Nouvelle-Aquitaine, présente une inspiration polaire avec des silhouettes d'iceberg et un halo de lumière bleue un peu glaçant alors que l'eau est à 30 °C. Sur place : bassin hydrojets, hammams, sauna, bain bouillonnant, fontaine à glace, sauna finlandais, salles de repos et tisanerie. Les plus : un espace privatif de 60 m² au cœur du spa, une balnéothérapie pouvant accueillir 2 personnes et 2 fauteuils massants et une petite salle de fitness. La carte de soins du corps et du visage est élaborée par Sothys et Equatoria.

WAGGAS SCHOOL

Route de Biscarosse
PYLA-SUR-MER
✆ 06 32 04 32 07
www.waggaschool.com
Vols « découverte » de 60 € (10 min) à 90 € (20 min). Stages. Bon cadeaux.

Découvrir le Bassin d'Arcachon et la Dune du Pilat vus du ciel et admirer ce paysage unique avec les bancs de sable et les parcs à huîtres du banc d'Arguin ou la presqu'île du Cap Ferret, c'est possible en parapente. Accompagné par un moniteur brevet d'Etat, vous volez en toute sécurité. Les phases de décollage et d'atterrissage sont douces, il suffit de se laisser guider par le moniteur. Deux types de vols : un vol « découverte » très calme ou un vol plus à sensation qui mélange le vol calme avec des passages près du sol et des manœuvres plus dynamiques.

YAK'OCEAN

✆ 06 11 92 05 83
www.yakocean.com
Balades environnementales à thématique en kayak ou en stand-up paddle à partir de 35 €. Randonnée en pirogue : 50 €.

Yak'Ocean vous propose de multiples activités pour découvrir le Bassin d'Arcachon en toute intimité, notamment l'Ile aux Oiseaux, les cabanes tchanquées, la dune du Pilat, le banc d'Arguin et le lac de Cazaux-Sanguinet. Les plus initiés pourront simplement louer le matériel, mais les amateurs pourront s'initier à la randonnée en pirogue ou choisir une des balades environnementales accompagnées par un professionnel. Yak'Ocean met un point d'honneur à aborder le sujet de la préservation de notre environnement et de son équilibre fragile. Uniquement sur réservation.

LE BALAP

242, boulevard de l'Océan
✆ 06 81 50 36 75
http://lebalap.com
Ouvert tous les jours de 17h à 2h en juillet/août. Terrasse. Restauration.

Si tu ne connais pas Le Balap à La Teste, tu ne connais rien... A sa tête ? Zézette qui ne zozote pas, Papa le bien nommé et le fiston, Tony. Toute cette petite famille attire tous les fêtards du coin, mais pas n'importe lesquels, ceux qui aiment leur « zique » c'est-à-dire les rythmes des années 80's et qui adorent l'ambiance bon enfant dans un décor inspiré de la Thaïlande avec sa terrasse bois. Quand vous aurez testé Le Balap, sûr que vous y reviendrez, car les soirées sont inoubliables. On y croise parfois quelques VIP qui passent leurs vacances sur le Bassin.

HIPPODROME BÉQUET

785, route de Cazaux
✆ 05 56 54 74 26
www.hippodrome-lateste.com
Ouvert de mars à septembre. Entrée : 2 €. Gratuit pour les mineurs et détenteurs de la carte PMU. Restauration. Parking.

Géré par la Société des Courses de la Teste, l'hippodrome de La Teste-de-Buch fait partie des quatre plus beaux de France. Installé sur 80 hectares de verdure, il accueille du mois de mars au mois de septembre pas moins de 18 journées de courses au galop exclusivement. Développé et modernisé au fil des années, il est doté de 600 places assises et d'un centre d'entraînement. Le Fer à Cheval, restaurant panoramique de 120 couverts, offre une vue exceptionnelle sur les pistes. Des visites sont parfois organisées par l'Office de tourisme de La Teste-de-Buch.

CAZAUX

Le village de Cazaux est rattaché à la commune de La Teste-de-Buch. Le lac de Cazaux-Sanguinet est le deuxième plus grand lac d'eau douce de France. Le village est aussi doté d'un superbe port de plaisance et d'un patrimoine naturel particulièrement riche. La forêt invite à la balade. Un charmant canal relie le lac au bassin d'Arcachon. Dans le paysage, deux sites importants : une base aérienne militaire présente depuis 1914 et des puits de pétrole découverts en 1959. Autre curiosité : l'église. Implantée au bord du lac entre le XIe et le XIIe siècle, elle a été démolie, transportée puis reconstruite par la population à son emplacement actuel.

LAC DE CAZAUX

© 05 57 52 99 60

Restauration. Aires de pique-nique, parkings.

Deuxième lac d'eau douce de France, lac de Cazaux se niche au cœur d'une magnifique forêt luxuriante et sauvage et s'étend sur 55 km². C'est un lieu privilégié pour des vacances en famille : amateur de farniente, de nage, de voile, de canoë, de kitesurf, de pêche, de balade, de randonnée, de nature… Les plages sont sûres, loin de l'agitation de la côte Atlantique, avec la beauté et le confort d'un beau sable fin et blond. Les aires de jeux sont nombreuses tout comme les aires de pique-nique. Le lac est accessible par la piste cyclable depuis La Teste-de-Buch.

LE BÔ SITE €€

23, rue Osmin-Dupuy

© 05 56 22 52 25

www.lebosite.fr

Ouvert de mi-mars à mi-novembre (tous les jours le midi et le soir en haute saison). Menus de 28 à 33 €. Terrasse. Bar.

Le Bô Site porte très bien son nom. En effet, ce restaurant bénéficie d'un des plus beaux spots de Cazaux. Les pieds dans l'eau, sur la plage du lac, les saveurs défilent au rythme des saisons et de l'inspiration du chef avec les incontournables huîtres de Cyril Hardouin ou la fricassée d'anguilles de mai à octobre. Si par ailleurs vous n'avez qu'une petite faim, l'établissement propose également des snacks (sur place ou à emporter). Les amateurs de tapas pourront déguster les nombreuses propositions gourmandes et créatives. Soirées musicales en été.

LÈGE-CAP-FERRET ★★★

Le Cap Ferret (dit le Férè pour les intimes) est situé à l'extrémité sud de la presqu'île de Lège Cap-Ferret. Ce cordon littoral d'une vingtaine de kilomètres sépare le bassin d'Arcachon de l'océan Atlantique. Cette situation est unique, car on peut profiter d'un côté des paysages du Bassin, de l'autre des vagues et de l'immensité de la Côte d'Argent sans oublier la forêt des Landes de Gascogne. A la pointe du Cap Ferret on observe, au milieu des passes, le banc d'Arguin et, au-delà, la fameuse dune du Pilat. Cette partie du bassin, devenue emblématique, a longtemps été occupée uniquement par des pêcheurs et des chasseurs saisonniers.

Tourisme

A partir des années 1860, l'essor de la culture ostréicole entraîne la création de nombreuses cabanes ostréicoles pour répondre à la demande d'huîtres grandissante. En 1908, le quartier des 44-Hectares est vendu aux enchères et voit l'arrivée des premiers habitants du Cap Ferret. Depuis le tourisme n'a pas cessé de se développer. Les cabanes de pêcheurs ont vu leur prix flamber et le Ferret est devenu en quelques années une destination très prisée par de nombreuses personnalités de tous horizons : cinéma, politique, showbiz... Vous profiterez des nombreuses plages de sable fin : une quinzaine côté Bassin, idéales pour la baignade, ou six côté océan.

© BERTRAND BOUCHEZ

L'Herbe.

OFFICE DE TOURISME DE LÈGE-CAP FERRET

1, avenue du Général-de-Gaulle
✆ 05 56 03 94 49
www.lege-capferret.com

Qualité Tourisme. Ouvert toute l'année. Jours et horaires d'ouverture variables selon la saison.

Un séjour dans l'une des plus belles presqu'îles de France, ça peut s'improviser, mais vous risquez de passer à côté de petites merveilles. L'Office de tourisme est donc là pour vous renseigner et vous donner toutes les informations nécessaires au bon déroulement de votre séjour sur les 10 communes de la presqu'île : hébergement, activités, sorties, lieux à ne pas manquer, etc. Et en haute saison, de nombreuses visites guidées : nature, culture, ostréiculture, avec des enfants…

LE CAP FERRET ★★

Entre plages, nature et authenticité, son nom fait rêver... Ce dernier village de la Presqu'île est le plus connu et il lui a d'ailleurs donné son nom. Forêt, dunes et plages, voilà comment on pourrait résumer le paysage du Cap Ferret. Mais ce lieu est surtout enchanteur grâce à la vue unique qu'il offre sur la dune du Pilat et la rencontre entre le Bassin et l'Océan. Rendez-vous sans faute à la pointe ! Certes, il faut faire quelques kilomètres de plus, mais c'est promis, vous ne le regretterez pas ! Le tableau est sublime, les couleurs sont envoûtantes et différentes à chaque visite. Le phare donne également une belle vue d'ensemble sur le Bassin, de l'île aux Oiseaux à la dune du Pilat en passant par le village de pêcheurs du Mimbeau. Le quartier Bélisaire est l'un des plus animés et des plus fréquentés du Cap Ferret et de nombreux restaurants jalonnent la promenade piétonne. Vous adorerez vous perdre dans les petites rues bordées de pins et de maisons en bois toutes plus sublimes les unes que les autres. Le débarcadère (et ses restaurants) est également très prisé par les promeneurs et les pêcheurs à la ligne. Il constitue toujours le point de départ des navettes vers Arcachon. Le Cap Ferret est apprécié des grandes fortunes du CAC 40, des people du cinéma et de la chanson qui ont acheté des maisons bien cachées, souvent dans le quartier dit des 44 hectares. Vous les rencontrerez parfois Chez Pierre, Chez Hortense, au Pinasse Café ou au Wharfzazate. Le Cap Ferret a d'ailleurs servi de lieu de tournage pour divers films.

CLAOUEY

Son port ostréicole, ses deux plages, sa croix de pierre... Autant de charme et de nature. Le village de Claouey ne démérite pas face à ses petits voisins. Le petit port ostréicole enchantera les amateurs d'huîtres, tandis que les plages s'étirent dans des paysages magnifiques. Enfin, ne partez pas de Claouey sans être passé voir la vieille croix de pierre du XVIe siècle, installée à la sortie du village depuis les années 1960 après avoir été retrouvée à moitié enfouie sur la plage. L'histoire raconte qu'elle proviendrait d'un ancien cimetière du coin.

L'HERBE ★★

Avec ses cabanes colorées centenaires et ses plages, L'Herbe incite à la balade et à la découverte. Le village abritait la Villa algérienne, vaste bâtiment de style mauresque, édifié par Léon Lesca, entrepreneur qui fit fortune en Algérie, en construisant notamment le port d'Alger. De cette villa, il ne reste qu'une ancienne grille. En revanche, la chapelle Sainte-Marie-du-Cap, dite algérienne, mélange d'inspiration islamique et chrétienne, est intacte. Arrivez par l'avenue Muscla afin d'avoir un magnifique point de vue sur le Bassin et sur ce village typique.

RÉSERVE NATURELLE DES PRÉS SALÉS

RD106

www.reserve-naturelle-pres-sales.org

Ouvert toute l'année. Gratuit. visites thématiques.

Elle se partage entre l'eau douce des petits ruisseaux et l'eau de mer amenée par le large, les prés salés d'Arès et de Lège sont des marais salants sauvages. Renommée non seulement en France, mais aussi dans toute l'Europe, pour la richesse de son patrimoine, s'étendant aujourd'hui sur une superficie de 496 hectares. Elle se compose de dunes, de vasières, d'anciens réservoirs à poissons, de prairies et de boisement humide, ainsi que plus de 200 espèces de plantes, du chêne-liège au tamaris, en passant par la gracieuse orchidée. Contemplez de majestueux hérons cendrés ainsi que les rapaces, depuis le point d'observation. Soyez attentif, car selon la sagesse populaire, si leur migration a lieu avant le 15 août, l'hiver sera particulièrement précoce et rigoureux. Pour y accéder, vous avez le choix entre deux options, soit en passant par le port ostréicole d'Arès ou alors opter pour le chemin partant de la cabane du Résinier à Lège-Cap-Ferret. Attention, la passerelle des étangs est fermée. Quel que soit le chemin choisi, vous pourrez sillonner à pied ce magnifique domaine naturel préservé. Ne vous éloignez pas des sentiers balisés afin d'éviter le piétinement et de créer des dégradations irréversibles. Les passionnés apprécieront la visite guidée accompagnée par un guide nature sachant répondre à toutes vos questions et vous communiquer sa passion. Observez bien, il vous montrera les tortues cistudes se fondant parmi le bois flotté, ou les lézards verts se cachant en lisière.

L'ENTRE DEUX

10, allée des Sirènes
© 05 64 28 43 09
www.entre-deux-events.com
Ouvert toute l'année. Tous les jours. Balade privatisée Bassin d'Arcachon : 275 € les 2h.

L'Entre Deux est un créateur d'événements personnalisés et insolites pour 10 à 200 personnes dans un esprit écocitoyen. Activités sportives, balades et découvertes, réceptions ou hébergements l'entreprise s'occupe de tout. Elle a sélectionné trois belles destinations : le Bassin d'Arcachon, Bordeaux et la Côte catalane pour des moments exceptionnels comme une balade en pinasse ou un mariage au fil de l'eau sur le Bassin, une chasse au trésor à Saint-Emilion ou à Arcachon, un rallye en 2 CV dans les vignobles bordelais ou encore un rallye promenade à Bordeaux.

LES BICLOUS DU BASSIN

37, allée Jeanty d'Armagnac
© 06 52 35 48 19
www.lesbiclousdubassin.com
Ouvert tous les jours en haute saison. Excursions à partir de 42 €/adulte et 32 €/enfant (vélo compris).

Les Biclous du Bassin ont une seule ambition : faire découvrir des endroits authentiques, dénicher des pépites, mais aussi raconter les grandes et petites histoires qui font la vie de la presqu'île. Et toujours dans la bonne humeur. L'ensemble des circuits de 4 heures, réparti sur environ 15 km, comprend une dizaine d'escales avec, pour certaines, des expériences inattendues et une escale « Miam » de 45 minutes où l'on goûte aux spécialités du Bassin. Munis d'un quizz top secret, les enfants sont invités à des missions spéciales à partir de 10 ans.

CAMPING LES PASTOURELLES*** €€

Route des Pastourelles © 05 56 60 70 61
www.campinglespastourelles.fr
Du 8 avril au 6 novembre 2022. Emplacement de 16 € à 31 €. Location de 280 € à 1 230 €/semaine. Accueil vélo.

Un cadre de rêve pour ce camping qui bénéficie d'un accès direct à la plage ! Les Pastourelles proposent des emplacements tentes, caravanes et camping-cars ainsi que des mobil-homes récents avec une capacité maximale de 6 personnes ou des tentes lodges. La plupart ont une vue imprenable sur le bassin. Vous profitez de la pinède et du bassin dans un camping très bien équipé à proximité d'une école de voile, du club nautique, de locations de bateaux, de restaurants, de commerces…

CAMPING LES VIVIERS - SIBLU VILLAGE**** €€

1, avenue Léon-Lesca © 05 56 60 70 04
www.siblu.fr/camping-les-viviers
Du 2 avril au 5 novembre 2022. Emplacement de 20 à 50 €. Mobil-homes (4 pers.) à partir de 354 €/semaine. Autres tarifs.

Ce camping Siblu est situé au cœur d'une immense pinède. Côté hébergement, on a le choix entre planter sa tente, poser sa caravane, garer son camping-car ou louer un mobil-home, une cabane ou un Coco Sweet. Le camping s'articule autour d'espaces de jeux et d'un superbe complexe aquatique surveillé. La mer chatouille les estivants côté bassin sur une plage quasiment privée. Parmi les autres activités : location de vélos, canoë-pédalo, mini-golf, clubs enfants gratuits, animations…

HÔTEL DES PINS €€

23, rue des Fauvettes
© 05 56 60 60 11
www.hoteldespins.eu
De mars à novembre. Chambre double de 70 à 155 € ; suite (4 pers.) de 145 à 190 €. Petit déjeuner : 13 € (obligatoire).

Situé à la Pointe du Cap Ferret, l'hôtel des Pins est un ancien théâtre. Même s'il a été rénové, il conserve tout son charme des années 30. L'atmosphère est hors du temps et l'établissement au style colonial baigne dans une nature luxuriante. Les chambres, à la décoration personnalisée, sont confortables, propres et calmes. On se sent vraiment très bien dans cet hôtel à taille humaine et à l'ambiance familiale. Si le petit déjeuner est obligatoire, la demi-pension l'est aussi en juillet et août. Vous pourrez aussi séjourner dans un chalet ou une roulotte gitane.

VILLA MOGADOR €€

22, allée Calypso
© 06 79 00 96 68
www.lavillamogadorcapferret.com
Ouvert toute l'année. Chambre double à partir de 150 € ; suite à partir de 180 €. Petit déjeuner inclus.

La Villa Mogador est idéalement située sur les Dunes du Piquey entre le Bassin d'Arcachon et l'Océan. Son architecture design, son confort, son intimité et sa discrétion en font un endroit idyllique. Elle comporte trois chambres et deux suites superbes qui ont une vue directe sur la piscine depuis le lit ou la douche ! Leur décoration est contemporaine et originale. Buller sur un transat, flâner au milieu des pins, rêvasser dans le gazebo, se faire masser, ou coiffer (sur place et sur demande), autant de plaisirs que proposent les hôtes de cette Villa de rêve.

DOMAINE DU FERRET - BALNÉO & SPA**** €€€

40, avenue de Caperan ✆ 05 57 17 71 77
www.domaineduferret.com

Chambre double à partir de 105 € ; cottages (4 pers.) à partir de 140 €. Autres tarifs. Pdj : 16 €. Centre de bien-être.

Une résidence 4 étoiles entre le bassin d'Arcachon et l'Océan, lové dans une pinède de 9 hectares adossés à la forêt domaniale... Ce complexe dispose de belles chambres et suites contemporaines équipées de terrasses, ainsi que des lodges et cottages climatisés, décorés dans le pur style ferret-capien. Le restaurant et sa terrasse panoramique surplombent la forêt. Vous pourrez apprécier les bienfaits de la balnéothérapie au cours d'une journée, d'un séjour de 2 ou 3 jours ou de 6 jours.

HOTEL DES DUNES*** €€€

119, avenue de Bordeaux ✆ 05 56 60 61 81
www.hoteldesdunes.com

Fermé du 15 novembre au 15 février. Chambre double 165 €, 155 € la nuit ; suite 320 €. Petit déjeuner : 14 €.

Cet hôtel de charme recouvert de bois, de pin maritime forcément, bénéficie d'un cadre magique entre sable et océan à quelques pas des dunes. Disposant de 14 chambres de grand standing aux coloris apaisantes, de la chambre standard à la suite de 50 m2, c'est le lieu idéal pour un week-end ferret-capien en amoureux, qui commence par le petit déjeuner sur la terrasse. L'hôtel à la décoration chic et boisée, dispose désormais de belles nouveautés pour se ressourcer et profiter agréablement de son temps : sauna. En résumé : détente, confort et nature au rendez-vous.

LA VILLA FLOTTANTE €€€

Embarcadère du Grand Piquey ✆ 06 11 99 66 72
www.lavillaflottanteduferret.com

Pour 6 personnes (3 chambres). De 3 800 € à 4 900 € la semaine selon saison. Prix à la journée : 950 €. Autres tarifs.

Un peu chère, mais exceptionnelle cette Villa Flottante... Marc-Antoine Calonne, un grand bourlingueur, a tout prévu pour que le séjour soit dépaysant. On embarque sur un bateau ancré dans le Bassin. Il se compose d'un grand salon équipé d'une cheminée et d'une large porte-fenêtre, d'une kitchenette, d'une salle de bains, de trois cabines et d'un espace de rangement. Deux terrasses situées aux extrémités du bateau, l'une attenante au salon et l'autre sur le toit permettent de profiter du soleil et des vues imprenables sur les villages ostréicoles. Unique !

L'AUBERGE DU BASSIN €€

38, avenue du Général de Gaulle
✆ 05 56 60 70 22
www.laubergedubassin.com

Haute saison : ouvert tous les jours le midi et le soir. Menu unique à 30 €. Carte : 32 € environ.

La vue panoramique sur le Bassin et la terrasse les pieds dans l'eau donnent envie de se poser dans cette adresse de rêve. A l'intérieur, une belle déco version exotique, plutôt chic, et surtout la cuisine basée sur les produits de la mer font le reste. A la carte, des produits locaux qui viennent directement du Bassin ou de l'océan : poissons de ligne et huîtres sont les faire-valoir d'une cuisine simple, mais d'une fraîcheur absolue. Alexandre Lepage, le chef, étant pâtissier de formation, apporte aussi un soin tout particulier aux desserts.

LE BOUCHON DU FERRET €€

2, rue des Palmiers
✆ 05 56 60 67 51
www.bouchonduferret.fr

Ouvert toute l'année. Tous les jours et les jours fériés de 12h à 15h et de 19h à 22h30. Carte : 40 € environ.

Le Bouchon du Ferret accueille gourmands et gourmets dans l'ancienne poissonnerie du Ferret revisitée aujourd'hui en restaurant. La carte est composée principalement de poissons et de fruits de mer pêchés du jour. Jonathan Gomez, le propriétaire, dirige cet endroit magnifique et authentique, au cœur du village traditionnel ostréicole, avec vue sur la dune du Pilat. Le Bouchon est aussi un lieu d'échange et de partage autour non seulement des bons produits de la mer ou de la terre, mais aussi de belles bouteilles qui garnissent les étagères en bois.

L'ESCALE €€

2, avenue de l'Océan ✆ 05 56 60 68 17
www.lescale-restaurant.com

Ouvert tous les jours (8h30-22h). Service en continu. Sans réservation. Menu : 36 €. Formule du midi jusqu'à 15h : 21 €.

Voici un petit coin de paradis, les pieds dans l'eau ! Au bord du bassin d'Arcachon, L'Escale offre une des plus belles vues. On peut commencer par prendre l'apéritif en dégustant quelques tapas à la Bodega de Marcel (du 1er juin au 30 septembre) avant de rejoindre le décor chaleureux et authentique du restaurant. Sous la pergola ou en terrasse, on se laisse bercer par le rythme des marées et l'on profite d'une cuisine aux petits oignons. La carte fait honneur aux produits de la mer, sans oublier pour autant les viandes, avec notamment la cuisse de canard confite.

© RED STORE

© RED STORE

© ... STORE

RED STORE €€

Domaine du Four
✆ 05 57 17 68 80
www.leredstore.com

Ouvert tous les jours le midi et le soir. Formules déjeuner de 16,90 € à 18,90 €. Carte : 39 € environ. Concerts. Bar.

Le Red Store, c'est avant tout la rencontre avec un lieu atypique de 1925 et le restaurant bistronomique du golf qui est ouvert à tous. Les tables sont abritées du soleil par des voilures colorées. On s'installe et on attend tranquillement la carte avec la possibilité de choisir la formule déjeuner. Les plats varient en fonction des saisons, les produits du Bassin sont bien présents et le chef a toujours des idées créatives. La carte des vins privilégie aussi de petits vignerons. L'été, les grillades et tartares ont un énorme succès. Service efficace et avenant.

© CAP G...

© RED STORE

CHEZ HORTENSE €€€

26, avenue du Sémaphore
✆ 05 56 60 62 56
www.chez-hortense.fr
Ouvert tous les jours le midi et le soir en haute saison. Réservation recommandée. Carte : 50 € environ. Terrasse.

© SOPHIE

Chez Hortense est une institution incontournable au Ferret. Le cadre bucolique, les pieds dans l'eau… c'est l'endroit idéal pour se restaurer ou pour boire un verre, face à la Dune du Pilat, sans oublier la jolie terrasse couverte. Les assiettes sont simples, mais savoureuses. La cuisson des poissons frais de la pêche du jour est toujours parfaite et l'accueil est irréprochable. Découvrez la recette spéciale des moules au jambon qui fait la renommée de l'établissement, relevées à point, à base de pain de mie et d'un petit secret de famille. On en redemande !

PINASSE CAFÉ €€

2 bis, avenue de l'Océan
✆ 05 56 03 77 87
www.pinasse-cafe.com
Ouvert toute l'année. Tous les jours de 9h30 à 23h. Menus de 36 € à 43,50 €. Carte : 45 € environ.

Incontournable, le Pinasse Café, bénéficie d'une des plus belles vues du Cap Ferret, face à la dune du Pilat, avec sa terrasse qui domine la plage. L'endroit est tout simplement magique. Jean-François Tastet, le patron, est un pro, car il est déjà à la tête de bien d'autres établissements sur le Bassin et du côté de Bordeaux. Le chef, Juberti Maroni, excelle dans une cuisine bistronomique où les produits du Sud-Ouest sont sublimés sans oublier les fruits de mer et poissons. La cave affiche pas mal de vins de bordeaux et de bonnes bouteilles venues d'ailleurs.

ROC SEVEN CAP-FERRET €€

17, rue des Goélands
✆ 05 56 03 75 74
Ouvert de fin mai à la Toussaint. Réservation recommandée. Carte : 40 € environ. Terrasse. Animations.

A l'heure où nous écrivons ces lignes, Le Mascaret a fermé ses portes depuis quelques mois pour se refaire une beauté. Le nouveau restaurant vous accueillera dès le début de la saison estivale afin de profiter de sa vue imprenable sur le phare, son *rooftop* unique au Cap-Ferret, son changement de décoration, son changement de carte et d'équipe ! Et de nom ! Le Roc Seven Cap-Ferret devrait continuer de s'imposer comme un endroit sympa dans un cadre tout simplement magique. Nous avons hâte de découvrir ce que le chef nous réserve et à quoi ressemblera l'ambiance…

SAIL FISH €€

38, rue des Bernaches
✆ 05 56 60 44 84
www.ferretfamily.fr
Ouvert le week-end d'avril à fin septembre et tous les jours en juillet et août de 20h à 2h. Carte : 50 € environ.

Le Sail Fish est le restaurant festif des vacances où l'on se régale de bonnes grillades au feu de bois. C'est d'ailleurs la spécialité de la maison. L'endroit est superbe, à la fois élégant et dans l'esprit du Cap Ferret avec une déco' blanche et bois faite de voiles avec un esprit bateau. Si vous montez à bord pour dîner ou boire un verre, sachez que l'ambiance est très conviviale et décontractée, vous risquez même de finir la soirée en dansant au Sun. Le Sail Fish se décline aussi en Sail Fish Café pour une *beach food* servie toute la journée.

FUMETTE

13, avenue du Grand Crohot
✆ 06 99 83 34 16
www.fumette-capferret.com
Lundi et mardi de 10h à 13h ; du mercredi au samedi de 10h à 13h et de 16h à 19h. Points de vente en ligne. E-shop.

Pêche durable, sélection d'espèces abondantes, approvisionnement local, savoir-faire artisanal, recettes gourmandes… De quoi se régaler ! Fumette est le fruit de la reconversion d'une responsable marketing, Bénédicte Baggio, et d'un directeur commercial, Julien Marcotte. Et les voilà artisans fumeurs de poissons locaux ! Mieux encore, cette Rochelaise et ce Breton ont fondé le premier fumoir artisanal de poissons du Bassin d'Arcachon. C'est si prometteur qu'en 2021, ils ont été récompensés par la 17e édition du Challenge DEBA (Clubs d'entreprises).

CAP GOLF

Domaine du Four
✆ 05 57 70 49 92
www.capgolf.fr

Ouvert toute l'année. Jours/horaires d'ouverture variables selon la saison. Green fee : 20 € ; practice 1 seau : 3,50 €.

Au milieu des pins, Cap Golf est unique. C'est un endroit sportif, convivial, familial et festif. Il comprend un parcours de 9 trous Pitch & Putt, un laser game, un practice, un putting green et du footgolf joué avec élégance sur un terrain de golf et selon les règles du golf... Cap Golf, c'est aussi un club house, trois bars, une restauration le soir, mais aussi un boulodrome, des soirées DJ et des concerts, des retransmissions sportives et de beaux espaces pour vos événements. Sans oublier : piscine, espace bien-être et concept store.

LA BARAQUE À HUÎTRES

98, avenue de l'Herbe
✆ 06 13 12 09 86
www.labaraqueahuitres.com

Haute saison : ouvert tous les jours de 11h à 22h. De 10 à 13 € les 6 huîtres, de 13 à 17 € les 12.

Peut-on trouver des huîtres plus fraîches que dans cette Baraque ? Non, c'est impossible, me direz-vous et vous avez raison, alors dégustez et admirez les couleurs changeantes du paysage, l'île aux Oiseaux et la Pointe aux Chevaux… Laurent et Ingrid vous conseillent et vous guident pour la dégustation des huîtres charnues ou les plus fines ou encore sur les quatre saisons. Des bulots, crevettes, pâté du Ferret enrichiront votre assiette et le must, un petit verre d'un vin blanc ou rosé gris complétera cette sensation d'être dans le plus bel endroit du monde.

© BARAQUE À HUÎTRES

© BARAQUE À HUÎTRES

CHEZ PASCAL

46, route du Cap-Ferret
✆ 05 56 60 96 90

Ouvert tous les jours et les jours fériés de 6h30 à 20h (de 7h à 19h30 en basse saison).

Connu dans toute la France, découvrez toute une déclinaison de Dunes Blanches comme les Dunes de Piquey avec toute une gamme de parfums : framboise-chocolat blanc, caramel beurre salé, nougatine au sésame, Nutella et chocolat noir. Autres spécialités : les sacristains (une viennoiserie faite de pâte feuilletée torsadée, recouverte de glace royale et parsemée d'amandes effilées, le tout saupoudré de sucre), la tourte de seigle aux fruits, la baguette du pêcheur avec son fromage fondu, ses noix, ses lardons, et la ficelle aux olives ou la ficelle au chorizo.

CHEZ PIERRETTE

6, allée des Cupressus
✆ 06 67 92 60 11

Ouvert de mai à octobre, le week-end de 19h à 1h et tous les jours en juillet et août.

Située au rez-de-chaussée d'une maison typique du Bassin, Chez Pierrette a des allures de guinguette. On y vient en sortant d'une journée de plage ou en revenant d'une balade en bateau pour passer du bon temps autour d'un verre de vin. Arthur, derrière le comptoir, vous accueille avec un large sourire et il est toujours prêt à vous concocter un délicieux cocktail accompagné de quelques tapas ou petits plats. Les soirées sont très festives et se déroulent dans une ambiance jeune et décontractée sous des lampions lumineux. Chez Pierrette est un peu *The place to be*.

LA BOUTIQUE DU PHARE

4, promenade du Tour-du-Phare ✆ 05 57 70 33 30
https://phareducapferret.com/

Jours et horaires d'ouverture variables selon la saison. Fermeture annuelle de mi-novembre à mi-décembre.

Adossée au Phare, la boutique peut à elle seule faire l'objet d'une visite. Dans un cadre design et lumineux, vous trouverez des idées déco pour vos intérieurs, de jolis tissus *made in* France, une sélection de bougies, parfums d'ambiance, savons, mais aussi une belle gamme de papeterie, des gourmandises du bassin d'Arcachon, un espace enfant avec des articles sur le thème marin et une librairie avec des livres de référence et originaux sur les phares. Pour les amoureux des phares et du bassin d'Arcachon, la boutique du Phare est devenue un incontournable !

LA CONCHE À HUÎTRES

Impasse de la Conche
✆ 05 57 76 30 63
Ouvert tous les jours de 11h30 à 15h et jusqu'à 22h en haute saison.

Déguster des fruits de mer les pieds dans l'eau, c'est le plaisir idyllique qu'offre La Conche avec ses trois terrasses dont l'une est fermée par des bâches transparentes. Côté déco : tables et chaises de bistrot et banquettes garnies de coussins très confortables. À la carte ? Des huîtres ultras fraîches, des bulots, des bigorneaux et plusieurs préparations de crevettes. Sans oublier, le fameux pâté de campagne ou au piment d'Espelette, le vin blanc, le beurre demi-sel ou la mayonnaise. Côté service, un *dress code* : tee-shirt marin pour tout le monde.

MÊME PAS CAP

49, route de Bordeaux
✆ 05 57 05 13 70
Ouvert tous les jours de 10h à 13h et de 15h à 19h en haute saison. Jours et horaires variables en basse saison.

Même pas cap... mais pas cap de quoi ? Tout simplement « pas cap » de ressortir de cette boutique les mains vides quand on a des bambins de 1 mois et des ados de 16 ans. Car Emma et Christophe ont tout prévu pour eux dans une jolie et authentique maison en bois. Le couple, très branché charte écologique et éthique, privilégie des matières bios ou organiques. Dans ce concept store, on trouve une belle collection de vêtements mode, des bottes, des tongs originales, des tennis tendance, des accessoires, des doudous, des livres, des jeux et des jouets.

VILLA NOVA

2, boulevard de la Plage
✆ 06 13 23 18 01
Ouvert tous les jours et les jours fériés de 9h30 à 19h30 (du jeudi au samedi en basse saison).

Deux amies, Nathalie Rodriguez et Sophie Basque, ont uni leur envie de partager leurs coups de cœur au sein de la même boutique. Leur choix est avant tout centré sur la vaisselle et le linge de maison, mais elles ont ajouté quelques suspensions en osiers, raphia, paniers, mini tapis et une ligne de mobilier en toile army recyclée. La vaisselle est en faïence avec de belles couleurs qui rappellent parfois l'océan ou en bambou (parfait pour pique-niquer). Le linge de maison, souvent à base de lin, se décline dans des bleus, jaunes, orange ou fuchsia bien acidulés.

CLUB LA VIGNE

Allée du sauvignon
✆ 07 88 60 94 60
www.clublavigne-capferret.net
Ouvert en juillet et août du lundi au samedi de 9h30 à 12h30 et de 15h30 à 18h30. Club de plage pour les enfants.

Initier les plus petits à la natation et les distraire sur la plage, telle est la mission du Club la Vigne qui propose cours et jeux encadrés, y compris jusqu'à 18 ans. Ils sont assurés sur la plage, moyennant un ticket par demi-journée. Les enfants qui nagent comme des poissons dans l'eau peuvent se perfectionner, passer des brevets, alors que les plus petits suivent les cours d'initiation à la natation. Veillées, sorties en vélo, tournois sportifs... Et pour les adultes ? Des sorties en bateau vers la Dune du Pilat, du CrossFit ou encore de la gym.

DOLPHIN JET

47, route du Cap-Ferret
✆ 05 56 03 64 23
www.dolphinjet.com
Ouvert d'avril à fin octobre. Tarifs complets en ligne.

Découvrir le bassin d'Arcachon autrement, c'est possible ! En plus si vous aimez les sensations fortes, vous allez être servis. Dolphin Jet vous propose la location de jet ski sans permis dès 16 ans, des randonnées en jet ski avec un moniteur diplômé, mais aussi des scooters des mers Sea Doo dernière génération équipés de moteurs 4 temps silencieux et certifiés « Very Low Emission », des bouées, des wakeboards ou des bateaux avec permis côtier obligatoire, des randonnées en jet ski (Découverte du Bassin, Tour de l'île aux Oiseaux ou 100 % Bassin).

LE TEICH

Les premiers habitants du bassin d'Arcachon, les Bituriges Vivisques, quelques siècles avant notre ère, s'installèrent au Teich et à Biganos. La commune est avant tout remarquable par son capital nature : près de 80 % des 8 700 hectares sont recouverts par la forêt. Les Techois sont gâtés. Le delta de la Leyre, véritable Camargue miniature, offre des paysages uniques depuis les prairies du delta jusqu'à la sombre forêt-galerie, ainsi qu'une faune ornithologique unique. A découvrir sur les sentiers de randonnées et lors de la visite du fameux parc ornithologique qui accueille plus de 260 espèces d'oiseaux sauvages sédentaires et migrateurs.

RÉSERVE ORNITHOLOGIQUE DU TEICH ★★★

Rue du Port
✆ 05 56 22 80 93

Haute saison ouvert tous les jours et jours fériés de 10h à 20h. Adulte : 9,60 €. Enfant de 5 à 14 ans : 7,40 €.

La superbe Réserve Ornithologique du Teich est un lieu de prédilection pour l'accueil des oiseaux migrateurs ou sédentaires. Elle est constituée de rosières, marais, prairies, lagunes, et chaque année 300 000 oiseaux y transitent. Elle est accessible en journée, dans le respect de la tranquillité des oiseaux. Il est impératif d'être discret et silencieux. Les permanents sont, selon leurs compétences, à votre disposition pour obtenir des informations pratiques ou pour vous dévoiler les meilleures opportunités ornithologiques du moment. Le parcours (6 km) est également ponctué de nombreux panneaux d'informations renforçant la compréhension des phénomènes naturels. Il est strictement interdit de s'en écarter. Vingt cabanes d'observation fermées jalonnent le sentier aux endroits les plus favorables pour voir les oiseaux. Réparties environ tous les 300 mètres, elles permettent une visite confortable, quel que soit le temps. Six points de vue extérieurs dont deux surélevés proposent une vision sur les paysages de la Réserve ou de ses abords. Ce sont par ailleurs d'excellents postes pour observer la migration active. Le cheminement est très accessible, même en chaussures de ville. Prévoyez un minimum de trois à quatre heures pour faire le tour du site. Un raccourci est possible pour les personnes se déplaçant avec difficulté ou avec des enfants en bas âge. Pour les personnes à mobilité réduite, un itinéraire adapté est proposé, évitant les observatoires dotés d'escaliers ou les trop fortes pentes du sentier. Des visites privilégiées ont lieu le soir en été, permettant de découvrir le marais au crépuscule, puis l'arrivée de la nuit bouleversant le comportement des oiseaux. La Maison de la Nature du Bassin d'Arcachon est chargée des interventions pédagogiques sur la Réserve. Chaque mercredi sont proposées deux formations payantes, limitées à 15 personnes. La première est une initiation privilégiant l'observation sur la Réserve. La seconde est un perfectionnement permettant d'aiguiser son regard. Les thèmes sont l'hivernage des oiseaux, la reproduction et les oiseaux chanteurs, les limicoles permettant le décryptage des plumages, les laridés (goélands et mouettes). Vous avez aussi la version week-ends de formations à effectuer sur quatre périodes précises, en fonction du rythme de la vie des oiseaux. L'heure de fermeture est toujours respectée, vous êtes donc tenu de respecter scrupuleusement l'horaire de sortie du site prévue suivant les saisons.

ALL SUITES APPART HOTEL LE TEICH €€

7, rue Copernic ✆ 05 56 22 08 08
www.allsuites-apparthotel.com

Ouvert toute l'année. Chambre double à partir de 54,90 € ; suite à partir de 88,50 €. Petit déjeuner : 10,50 €. Sauna.

Au cœur de la forêt, cet hôtel atypique, tout de bois vêtu, conjugue les atouts de l'enseigne aux trésors naturels de l'environnement. La décoration sobre et moderne se retrouve jusque dans les chambres. Les suites familiales combleront les tribus avides de repos et de détente tout en profitant de leurs proches. Les plages océanes et les centres-villes des communes du Teich et de Gujan-Mestras sont à quelques minutes. La salle de sport et le sauna sont des incontournables.

RÉSIDENCE LES RIVES MARINES*** €€

Rue du Port ✆ 05 56 66 06 33
www.madamevacances.com

Ouvert toute l'année. Studio (2 pers.) à partir de 144 €/semaine ; appartement (4/5 pers.) à partir de 201 €/semaine.

La Résidence Madame Vacances est dans un environnement exceptionnel. Depuis le vaste parking, on devine déjà les façades colorées d'un petit village. Tous les appartements profitent d'une terrasse ou d'une loggia avec mobilier de jardin. Le séjour est ouvert avec un coin-cuisine tout équipé (plaques de cuisson, micro-ondes, réfrigérateur et lave-vaisselle). Au bout de la rue du Port, vous accéderez à une plage en bord de rivière. Le bord de mer est facilement accessible en vélo (4 km).

LA BRASSERIE DU DELTA €

1, rue du Port
✆ 05 40 51 00 21

Ouvert toute l'année. Du mardi au dimanche de 10h30 à 16h et de 9h30 à 22h en juillet/août. Menu à 25,90 €. A emporter.

Après une belle promenade dans le parc ornithologique du Teich, la Brasserie du Delta, installée à l'entrée du parc ornithologique, est un endroit bien sympathique pour se détendre, boire un verre et manger sur le pouce. Marion et Maxime préparent tous les jours une cuisine traditionnelle de qualité. De bons petits plats (tous faits maison) vous attendent. Menu du jour, salades, burgers, poissons crus (sauf à emporter) et desserts sont proposés avec le sourire. La terrasse est très agréable pour profiter du soleil et admirer les oiseaux de passage.

CAVIAR PERLITA

Route de Mios-Balanos
✆ 05 56 22 69 50
www.caviar-perlita.com
Visite de l'exploitation (1h30) sur rendez-vous. De 20 €/enfant (8-12 ans) à 28 €/adulte. Boutique et épicerie fine.

Cette esturgeonnière s'est développée au cœur de la forêt des Landes, dans une clairière qui se découvre au bout d'une petite route. Les esturgeons sibériens (espèce *Acipenser Baeri*) sont élevés pour donner le caviar d'Aquitaine qui répond au doux nom de Perlita. Il est distribué autour du Bassin d'Arcachon et à Bordeaux, notamment par la société Lafitte foie gras, l'Epicerie à Bordeaux, le Comptoir Arcachonnais, l'épicerie du cap Ferret, la poissonnerie Lucine... Et aussi en ligne. Comptez environ 1h30 de visite suivie d'une dégustation de différents affinages.

MARCHÉ MUNICIPAL DU TEICH

Place du Souvenir
Ouvert le samedi de 7h30 à 13h30.

Le rendez-vous des Teichois se déroule le samedi matin à partir de 7h30 jusqu'à 13h30, place du Souvenir, en centre-ville, entre l'église et la mairie. Retrouvez chaque week-end une vingtaine de commerçants pour vos produits locaux, fruits et légumes frais, viandes, poissons, plats cuisinés ou encore pour votre pain. Mais vous trouverez également quelques stands de fleurs, de plantes et même de vêtements. De quoi passer une matinée agréable et conviviale.

CAMPING KER HELEN**** €€

Avenue de la Côte d'Argent
✆ 05 56 66 03 79
www.kerhelen.com
Ouvert d'avril à mi-octobre. Emplacement de 18,60 à 32,50 €. Mobil-homes (2 à 4 pers.) de 309 à 580 €. Prêt de vélos.

© CAMPING KER HELEN

Ici, l'ambiance est 100 % famille, sports et loisirs. Situé à 5 minutes du parc ornithologique et du village ostréicole, à 15 minutes des plages et bordé par la L'Eyre dans un environnement fleuri, le camping Ker Helen offre dépaysement, repos et détente pour petits et grands. Louez un emplacement tout confort pour camper ou préférez chalets, cottages, mobil-homes et bungalows toilés. En journée, il est possible de profiter de l'aire de jeux, de l'espace fitness et de la piscine chauffée. On y organise des tournois de volley, de pétanque, des sorties VTT, etc.

AMAZONE CANOË

17, allée de la Fontaine Saint-Jean
✆ 06 72 76 34 58
www.amazonecanoe.com
Parcours à partir de 15 €/adulte et 26 €/adulte en randonnée encadrée. Demi-tarif pour les enfants de -10 ans.

Quoi de plus agréable qu'une balade sur les flots ? La Leyre qu'on appelle parfois la « petite Amazone » se prête merveilleusement bien à ce type d'activité. Amazone Canoë vous propose des circuits à la journée ou à la demi-journée. Nathaniel vous fera remonter la rivière jusqu'à son delta. Découvrez la flore et la faune sauvages du lieu et laissez-vous glisser au fil de l'eau. Autre balade : le canal des Landes jusqu'au lac de Cazaux et le Bassin. Possibilité de balade sur plusieurs jours, de deux à cinq jours, depuis Sabre jusqu'au Teich, soit 90 kilomètres.

VILLETORTE LOISIRS

30, rue du Pont-Neuf
✆ 05 56 22 66 80
https://villetorteloisirs.com/
Fermeture annuelle en hiver. Canoë/kayak. Location de vélos. Balades à cheval (uniquement en juillet et août).

En dehors des balades en barque ou canoë proposées par la Maison de la Nature du Bassin d'Arcachon, située à l'entrée du Parc ornithologique, il existe un autre espace dédié aux loisirs de nature et à la famille. Cette base de loisirs a plus de 20 ans d'expérience dans l'accueil du public. Ici (presque) tout est possible : la location de kayak ou de canoë avec deux parcours au choix de 10 ou 20 km, la location de vélos pour partir à la découverte des sentiers du bassin ainsi que des promenades guidées à cheval en forêt et sur le bord de la rivière (compte 1h).

MIOS

La commune de Mios est implantée en plein cœur de la forêt des Landes de Gascogne. Elle est donc située dans le Parc naturel régional des Landes de Gascogne et également sur la Leyre. Très étendue, la commune compte près de 6 900 Miossais. A noter : la cloche de la chapelle Saint-Brice, datée du XVIIIe siècle et classée monument historique. L'église Saint-Martin a quant à elle été agrandie au XIXe siècle, mais semble dater du XVIe. Mios est une commune au patrimoine naturel exceptionnel, propice à la randonnée et à la balade. Une guinguette est ouverte l'été sur les bords de la Leyre. C'est un espace de détente privilégié au cœur du parc Birabeille.

LO'BERGE €€

27, avenue du Val de l'Eyre
✆ 05 56 26 67 47

Ouvert le lundi au samedi. Service le midi et le soir. Formule du midi : 13,50 €. Menu du soir : 21 €. A emporter. Bar.

LO'berge est un hôtel-bar-restaurant marqué par sa simplicité. A l'extérieur, les propriétaires ont fait le choix d'une façade habillée de lames boisées. A l'intérieur, la décoration est moderne avec une belle cheminée qui crépite en hiver et les murs sont ornés d'œuvres contemporaines. Côté cuisine, tout est fait maison. Au menu : terrine de foie gras, andouillette grillée, gambas flambées, blanquette de dinde, brioche façon pain perdu... Les chambres, doubles ou triples, sont très épurées, mais elles ont le confort nécessaire. Réservation recommandée.

LA TONNELLE €

8, avenue des Landes de Gascogne
✆ 05 56 26 46 66
www.restolatonnelle.com

Ouvert toute l'année. 11 chambres de 46 à 72 € (4 personnes). Petit déjeuner : 6 €. Restauration.

Situé à Mios, sur la route qui mène à Salles, l'hôtel-restaurant La Tonnelle est peu rustique. Pour certains, cela fait tout son charme. Néanmoins, Martine, Jean-Jacques et John ont à cœur de vous recevoir en toute convivialité. Les chambres ont toute une salle de bains privée. De plus, le service restauration est de qualité. Concoctés à partir de produits frais, les plats traditionnels sont principalement inspirés du Sud-Ouest : foie gras mi-cuit, cuisse de canard confite, filet de bar sauce pineau des Charentes. C'est une très bonne adresse aux portes du Bassin.

JAMBONS 10 VINS

12, avenue de la Libération
✆ 05 56 26 36 47
www.jambons10vins.com

Ouvert du mardi au samedi de 10h à 22h ; le dimanche de 10h à 14h. Ateliers de dégustations. Restauration. Traiteur.

L'épicerie de Fabio Iaconelli est un commerce coquet, chaleureux et accueillant. On y vend bien sûr des produits italiens : des pâtes fraîches, de la charcuterie ou encore des fromages, mais pas seulement... Bonne nouvelle, vous pourrez les déguster chez vous ou sur place, car Fabio et Armelle réalisent des plats savoureux concoctés à partir des produits issus de leur propre boutique. Vous trouverez aussi des vins, des bières du monde et des rhums arrangés. Parce qu'il aime partager, Fabio Iaconelli organise des ateliers de dégustations sensorielles.

L'EYRA €€

70, avenue de la République
✆ 05 40 12 18 44
http://restaurant-leyra.com

Ouvert du mercredi au dimanche le midi et le soir. Plats de 14 € à 20 €. Formule du midi : 15 €. Animations.

Le patron des lieux, Vincent Bianchi, a toujours cette volonté féroce de régaler ses convives et de leur faire plaisir. Et ils sont nombreux à s'être passé le mot, car ce restaurant affiche régulièrement complet. Il faut dire que la carte alléchante met à l'honneur des produits frais et travaillés avec pas mal d'originalité et d'audace dans les goûts et les mélanges. Pour accompagner votre repas, L'Eyra affiche une carte des vins raisonnable. L'accueil est chaleureux, attentionné et le service dynamique et très professionnel. Et aussi ? Des concerts et soirées.

LAKE CITY

108, route du Barp ✆ 06 40 65 11 71
www.lakecity.fr

D'avril à fin octobre. Jours et horaires d'ouverture variables selon la saison. Tarifs en ligne. Snack/bar/restaurant.

Lake City est une base de loisirs sur la route du Barp, mais c'est surtout le 1er Wakepark équipé en France. Lake City, c'est 100 % glisse : wakeboard, ski nautique, paddle... une découverte dès l'âge de 4 ans, apprentissage, perfectionnement avec du matériel adapté et encadré par des moniteurs diplômés d'Etat. Une Cabane zen située au-dessus de l'eau propose un spa ainsi que des soins du corps et du visage. C'est aussi un Aquapark pour s'amuser en famille ou entre amis avec des structures gonflables et une catapulte géante ! Possibilité de restauration sur place.

MÉDOC / HAUTE GIRONDE

Sur la rive gauche de la Gironde, où le fleuve se perd déjà dans l'océan, le Médoc est connu pour ses prestigieux vignobles situés principalement dans le Haut-Médoc mais c'est aussi l'océan, les immenses plages de sable fin, les pinèdes, les marais, les étangs, les lacs parsemés au milieu d'un territoire de caractère, au patrimoine historique et architectural très riche. Gambas et huîtres de l'estuaire réjouiront les gastronomes. Les surfers trouveront leur bonheur grâce aux 15 des meilleurs spots de Gironde. Les amateurs de randonnées pédestres pourront parcourir des kilomètres de sentiers balisés et arpenter les réserves naturelles comme l'exceptionnelle Réserve naturelle nationale des dunes et marais d'Hourtin. Le Médoc se visite aussi à vélo grâce à plus de 400 kilomètres de pistes cyclables. Des croisières vont conduiront sur le plus vaste estuaire d'Europe pour découvrir notamment le superbe phare de Cordouan.

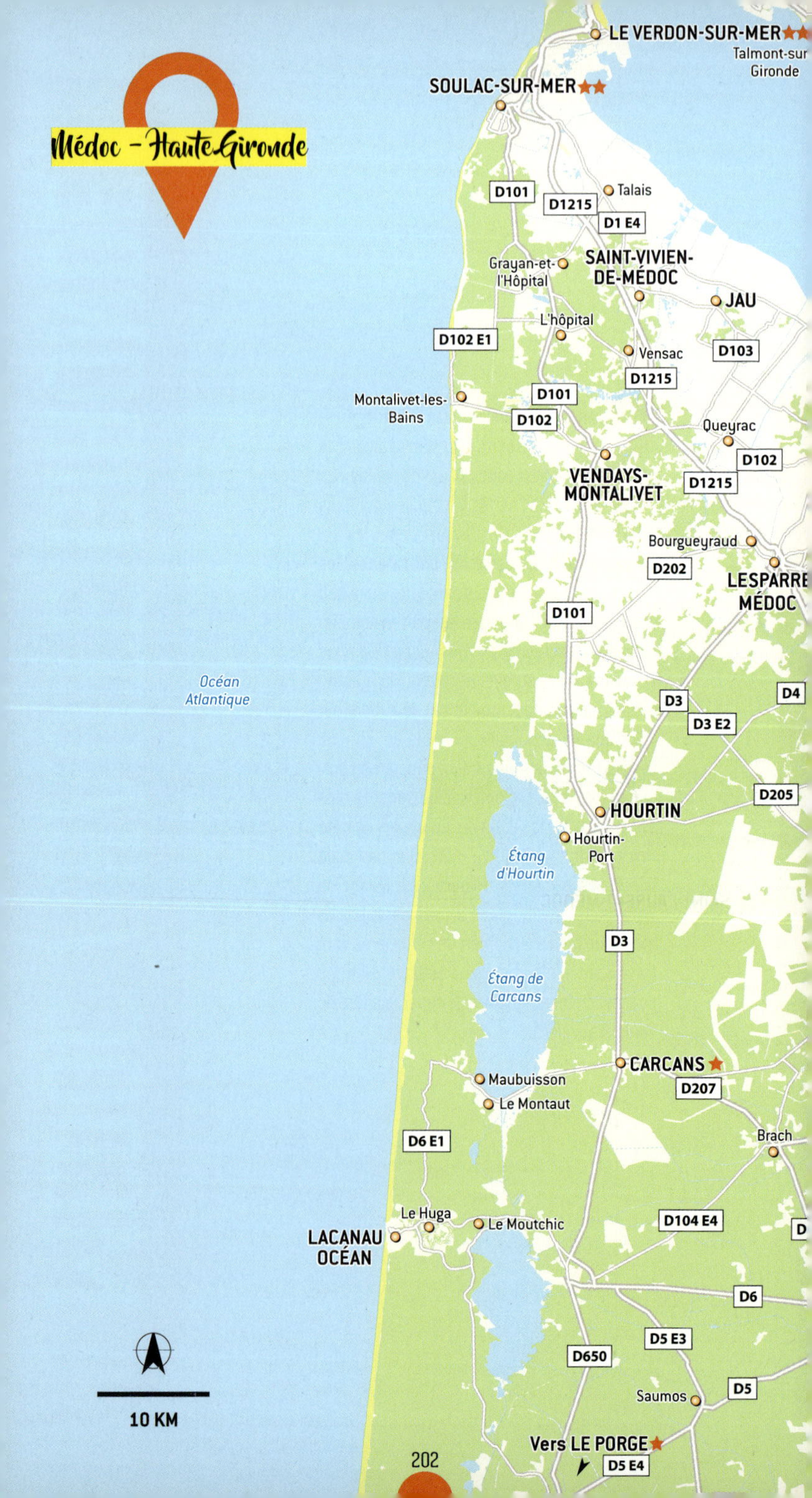
Médoc - Haute-Gironde
LE VERDON-SUR-MER
Talmont-sur Gironde
SOULAC-SUR-MER
D101
D1215
Talais
D1 E4
Grayan-et-l'Hôpital
SAINT-VIVIEN-DE-MÉDOC
JAU
L'hôpital
D102 E1
Vensac
D103
D1215
Montalivet-les-Bains
D101
D102
Queyrac
D102
VENDAYS-MONTALIVET
D1215
Bourgueyraud
D202
LESPARRE MÉDOC
D101
Océan Atlantique
D3
D4
D3 E2
D205
HOURTIN
Hourtin-Port
Étang d'Hourtin
D3
Étang de Carcans
CARCANS
Maubuisson
D207
Le Montaut
D6 E1
Brach
Le Huga
Le Moutchic
D104 E4
LACANAU OCÉAN
D6
D5 E3
D650
D5
Saumos
Vers LE PORGE
D5 E4
10 KM

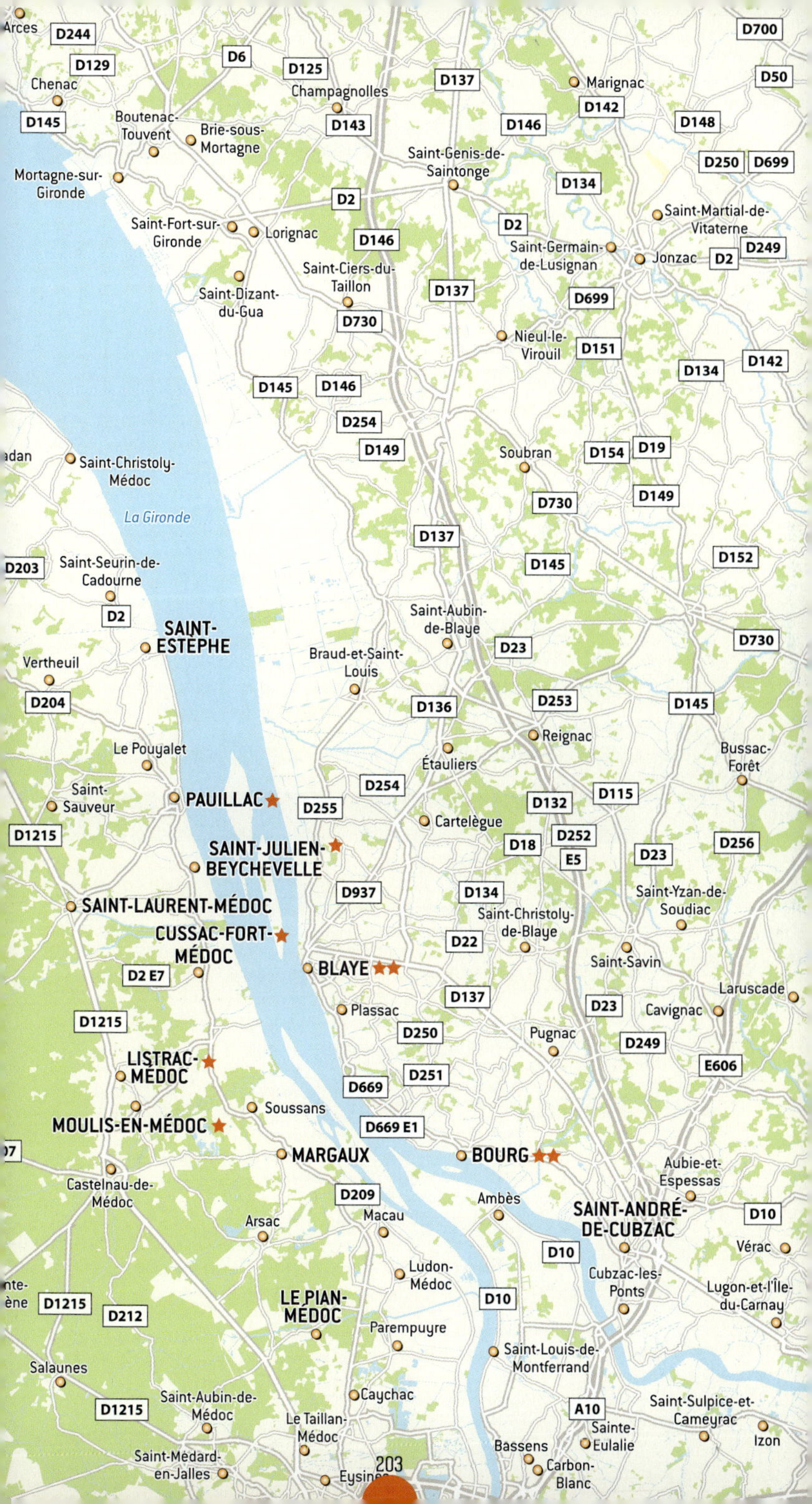
Arces
D244
D129
D6
D125
Champagnolles
D137
Marignac
D700
D50
Chenac
D145
Boutenac-Touvent
Brie-sous-Mortagne
D143
D146
D142
D148
Mortagne-sur-Gironde
Saint-Genis-de-Saintonge
D250
D699
D134
D2
Saint-Fort-sur-Gironde
Lorignac
D146
D2
Saint-Martial-de-Vitaterne
Saint-Germain-de-Lusignan
Jonzac
D2
D249
Saint-Ciers-du-Taillon
D137
D699
Saint-Dizant-du-Gua
D730
Nieul-le-Virouil
D151
D142
D134
D145
D146
D254
D149
Soubran
D154
D19
Saint-Christoly-Médoc
D149
D730
La Gironde
D137
D145
D152
D203
Saint-Seurin-de-Cadourne
D2
SAINT-ESTÈPHE
Saint-Aubin-de-Blaye
D23
D730
Vertheuil
Braud-et-Saint-Louis
D204
D136
D253
D145
Reignac
Le Pouyalet
Étauliers
Bussac-Forêt
Saint-Sauveur
PAUILLAC
D254
D255
D132
D115
Cartelègue
D1215
SAINT-JULIEN-BEYCHEVELLE
D18
D252
E5
D23
D256
D937
D134
Saint-Yzan-de-Soudiac
SAINT-LAURENT-MÉDOC
Saint-Christoly-de-Blaye
CUSSAC-FORT-MÉDOC
D22
Saint-Savin
BLAYE
D2 E7
D137
Laruscade
Plassac
D23
Cavignac
D1215
D250
Pugnac
D249
LISTRAC-MÉDOC
D251
E606
D669
Soussans
MOULIS-EN-MÉDOC
D669 E1
MARGAUX
BOURG
Aubie-et-Espessas
Castelnau-de-Médoc
D209
Ambès
SAINT-ANDRÉ-DE-CUBZAC
D10
Arsac
Macau
Vérac
D10
Ludon-Médoc
Cubzac-les-Ponts
LE PIAN-MÉDOC
D1215
D212
D10
Lugon-et-l'Île-du-Carnay
Parempuyre
Saint-Louis-de-Montferrand
Salaunes
Caychac
A10
Saint-Sulpice-et-Cameyrac
D1215
Saint-Aubin-de-Médoc
Le Taillan-Médoc
Sainte-Eulalie
Izon
Bassens
Carbon-Blanc
Saint-Médard-en-Jalles
Eysines

PAGES

Située sur la rive droite de l'estuaire de la Gironde, la ville de Blaye est un haut lieu du patrimoine. Baladez-vous dans la fameuse citadelle, avec ses ruelles pavées pleines de charme et son couvent des Minimes. Les amoureux d'histoire seront séduits par le musée d'histoire et d'archéologie et par la villa gallo-romaine.

CONSEIL DES VINS DU MÉDOC

✆ 05 56 48 18 62
www.medoc-bordeaux.com
medoc@medoc-bordeaux.com

Une balade dans le Médoc permet de découvrir 8 appellations prestigieuses, dont 2 sous-régionales (Médoc et Haut-Médoc) et 6 communales (Saint-Estèphe, Pauillac, Saint-Julien, Moulis-en-Médoc, Listrac-Médoc, Margaux). 16 000 ha de vignes sont travaillés par près de 600 viticulteurs, 80 millions de bouteilles voyagent dans le monde entier. 60 grands crus classés, 249 crus bourgeois, 36 crus artisans, 6 caves coopératives, sans oublier les nombreuses propriétés indépendantes.

CARCANS ★

Carcans est indissociable de Maubuisson. L'ensemble est composé de Carcans Océan, Maubuisson (Carcans Lac) et Carcans bourg. Tout a été aménagé pour accueillir un tourisme nature et familial, avec une profusion d'activités de loisirs, d'animations l'été et de nombreuses régates à suivre tout au long de l'année notamment à Maubuisson et sur le site de Bombannes où la voile est reine. L'océan a aussi sa place avec les grandes plages sauvages, prisées des surfeurs, tout comme la vaste forêt de pins maritimes, de chênes verts, de chênes-lièges, etc. Quelque 120 km de pistes cyclables sont à la disposition des amateurs de belles balades à vélo.

DOMAINE DE BOMBANNES

✆ 05 57 70 12 13

https://bombannes.ucpa.com

Ouvert toute l'année. Haute saison : tous les jours à partir de 9h. Hors saison : informations sur le site.

Le domaine de Bombannes, au sein de 250 ha de forêt, offre une large palette d'activités pour toute la famille, encadrées par des professionnels : parcours aventure, aquapark, activités nautiques et terrestres, surf, bodyboard, locations de pédalos, canoës, kayaks, vélos, école de voile à Hourtin. L'Origin'all café est idéal avec sa vue panoramique sur le lac et ses animations nocturnes en été. Côté hébergement, un centre de vacances et un camping 3 étoiles la Dune Bleue ombragé avec emplacements, cottages, lodges, de nombreux services et une piscine.

MAISON DES ARTS ET TRADITIONS POPULAIRES

129, avenue de Maubuisson

✆ 05 56 03 41 96

http://musee.matp.carcans.free.fr

Haute saison : ouvert du lundi au vendredi de 15h à 19h. Gratuit jusqu'à 17 ans. Adulte : 3 €.

Créée en 1976 par quelques habitants de la commune, soucieux de sauvegarder et de mettre en valeur le patrimoine local, l'association MATP fait revivre l'homme de la lande médocaine à travers son activité laborieuse. La visite prend environ une heure. Une douzaine d'espaces présente des thèmes de la vie rurale du XVIIIe au XXe siècle, avec des références plus anciennes et son évolution vers la modernité. On y voit des photos d'époque, de vieux outils, un intérieur d'autrefois, etc.

OFFICE DE TOURISME MÉDOC ATLANTIQUE

127, avenue de Maubuisson

✆ 05 56 03 21 01

www.medoc-atlantique.com

Horaires variables en fonction des saisons, informations sur le site : www.medoc-atlantique.com

Paradis des sports de glisse et de plein air, Carcans-Maubuisson offre un accueil privilégié aux familles que ce soit en campings, locations ou villages vacances. L'été, une animation intense au cœur de la station avec une programmation culturelle et sportive très dense : concerts, festivals, excursions, survol du paysage et des plages immenses, visites des châteaux du Médoc, sorties nocturnes, compétitions, balades sur les nombreuses pistes cyclables, randonnées pédestres, etc.

Plage de Carcans.

RÉSERVE NATURELLE DE L'ÉTANG DE COUSSEAU ★

Route de Lacanau
✆ 05 56 03 34 94
Ouvert toute l'année. Touts les jours. Visite libre.

Elle s'étend sur une surface de 830 hectares. Elle est constituée de paysages typiques des Landes de Gascogne, pinède, zone intradunaire humide spécifique des dunes anciennes, recelant une biodiversité exceptionnelle, des étangs et des marais. Sa gestion est assurée par la Sepanso, une fédération régionale d'associations de protection de la nature et de l'environnement. Il est possible de la visiter librement, à vélo ou à pied, depuis le parking de Marmande, mais aussi dans le cadre de visites guidées classiques, ou sur les thèmes des traces de la loutre, de l'observation de la grue cendrée, entre octobre et février, de l'histoire et du rôle des vaches marines landaises, réintroduites sur la Réserve en 1990. Elles font l'objet d'un programme de conservation spécifique. En pâturant, elles conservent le milieu ouvert, alors que l'étang et le marais servent de refuge d'espèces faunistiques et floristiques. Elle comprend un belvédère et deux tours d'observation offrant une vue imprenable sur l'étang et le marais. Le parcours est ponctué de panneaux signalétiques, entre dunes anciennes boisées d'arbousiers, de chênes verts. Le sentier d'interprétation comprend des bornes illustrées en bois, présentant les principales espèces animales et végétales, en fonction des paysages où celles-ci vivent. Les paysages sont différenciés par une couleur spécifique. Vous trouverez également un livret d'accompagnement édité par la Sepanso, en vente à l'office de tourisme.

BICY'COOL

111, avenue de Maubuisson
✆ 05 56 03 43 23
www.location-velo-carcans.com
Ouvert toute l'année. VTC et VTT : 9 € la demi-journée, enfant 7 €. Vélo électrique : 25 € la 1/2 journée,

Chez Bicy'Cool vous avez le choix parmi des centaines de vélos adaptés à tous (sportifs, famille ou « tranquilous ») : VTT, VTC, tandem, vélo électrique, fatbike, trottinette et vélo pour enfant. Tout a été pensé pour faciliter l'accès au vélo au plus grand nombre avec la location de remorque pour enfants et même... pour Médor ! Avec la location, il vous sera fourni une carte des pistes cyclables, un casque, un antivol et un siège bébé. Et pour ceux qui souhaitent découvrir le lac en toute liberté, Bicy'cool vous propose des paddles gonflables à la location !

CAMPING DE MAUBUISSON*** €

81, avenue de Maubuisson
✆ 05 56 03 30 12
www.camping-maubuisson.com
Ouvert de mars à mi-novembre. Emplacement à partir de 13 €. Chalets et mobil-homes à partir de 350 € la semaine.

Dans un vaste parc boisé, le camping de Maubuisson est situé à 150 m d'une plage de sable fin du lac de Carcans. Les emplacements pour tentes et caravanes sont assez vastes. On peut aussi loger en mobil-homes, en Coco Sweet ou en Pendola, une sorte de tente que l'on remonte pour la suspendre dans les arbres à 1 mètre de hauteur. Ce camping est une bonne adresse pour les amateurs de calme, de repos et de nature et pour les familles qui souhaitent profiter pleinement du lac ou des animations en journée. Hormis le bar-restaurant il n'y a pas d'animations le soir.

CAMPING LES MIMOSAS*** €

173, route de la Barrade
✆ 05 56 03 39 05
www.les-mimosas-camping.fr
Ouvert du 15 juin au 15 septembre. Mobil-homes pour 4 à 6 personnes à partir de 450 € la semaine.

Le camping Les Mimosas, familial et tranquille, est le lieu idéal pour se détendre et profiter de vacances nature avec les enfants. Entre lac et océan pour la plage, le surf et la voile, la forêt pour les balades à vélo, la proximité des plus prestigieux châteaux du Médoc et à 45 minutes de Bordeaux, votre séjour promet d'être riche en découvertes. Le camping dispose d'un billard, d'un boulodrome, de jeux pour les enfants et des barbecues. Côté hébergement, des emplacements classiques, des mobil-homes, des caravanes et des grandes tentes.

MÉDOC / HAUTE GIRONDE

HUTTOPIA** €€

Domaine de Bombannes
© 05 56 03 95 02
www.europe.huttopia.com
Fermé d´octobre à avril. Locations : emplacements pour tentes, camping-cars, caravanes, tentes toile et bois.

Huttopia est situé au cœur de la forêt du domaine de Bombannes, dans 250 hectares de pinède, avec des pistes cyclables et des sentiers de promenade, juste à côté du plus grand lac de France, de l'océan et bien sûr de la base de loisirs pour les sportifs. A la location, pour des vacances nature, de jolies tentes Toile & Bois, couleur sable, 100 % confortables et pratiques. Elles sont équipées d'une terrasse, d'un coin cuisine, d'une salle de bains privative, d'un espace nuit avec de vrais lits et même de toilettes pour les plus luxueuses.

PIZZERIA ROUTE 207 €

29, route de Carcans
BRACH
© 05 57 29 21 92
Ouvert toute l'année, tous les jours en haute saison. Pizza à partir de 8,50 €.

Le pizzaïolo de la Pizzeria Route 207 prépare de bonnes pizzas avec base de tomate ou de crème fraîche, de l'océane à l'orientale en passant par la Forestière à la surprenante 207 spéciale à tester si vous êtes curieux, car elle est composée de steak haché, d'escargots, persillade, fromage et olives. Chaque mois de l'année a sa pizza en fonction de la saison et de l'humeur du chef : Raclette en décembre, Périgourdine en janvier, etc. Pour déjeuner sur place ou à emporter il y a aussi des paninis, des sandwiches, des frites, des plats et des boissons fraîches.

L'ATELIER RESTO €€

138, avenue de Maubuisson
© 07 88 51 38 80
Ouvert de Pâques à la Toussaint. Carte : 18 € environ (le soir 27 €). Plat du jour : 18 €.

Il y a la Boutique et l'Atelier Resto, une jolie cabane coloniale en bois, à la déco soignée, montée par Emmanuel Gieze, déjà connu dans la restauration notamment grâce au Café Maritime. C'est un bar à vins/resto où la carte mêle tapas et plats faits maison aux inspirations venues d'ailleurs, comme une parillada de poissons, un pavé de bœuf Rossini sauce aigre-douce aux mangues, ou encore un ceviche de daurade façon tahitienne. En dessert, la salade d'oranges à la menthe, sucre cassonade vanillé et cannelle, est très fraîche et pleine d'exotisme.

ÉPICERIE DU ROND-POINT

25, route de Carcans
BRACH
© 05 56 69 75 89
Ouvert du lundi au samedi de 7h30 à 13h et de 16h à 20h ; le dimanche de 7h30 à 13h.

Les habitants de la petite commune de Brach, sur la route des plages du Médoc océan, sont devenus des adeptes du commerce de proximité avec cette épicerie au premier rond-point (d'où son nom) en venant de Bordeaux ou de Castelnau, là où se cache la boulangerie. Et, comme à l'ancienne, on trouve de tout dans l'épicerie d'Olga, des fruits, des légumes, de la crèmerie... et tout ce qui peut dépanner quand on vit ici avec son sourire en prime. Des habitants du coin aux touristes de passage l'été, tout le monde est ravi ! Le plus : livraison possible de 18h à 22h...

MARCHÉS

Marché à Carcans bourg tous les vendredis matin.

Le marché de Carcans a lieu toute l'année les vendredis matin de 8h à 13h place de l'Eglise. De mi-juin à mi-septembre à Carcans-Maubuisson (grand parking de Carcans Lac) de 8h à 13h les mercredis matin, c'est le grand marché d'été. A Carcans Océan, tous les lundis matin en juillet et en août de 8h à 13h. Foires artisanales et gastronomiques en juillet et août : les vendredis toute la journée à Carcans-Maubuisson et les jeudis soir à Carcans Plage. On remplit le panier de fruits et légumes de la région, d'huîtres du Bassin ou de l'estuaire, etc.

ÉCOLE DE SURF LES LOUBINES

11, rue de la Forêt
© 06 68 64 57 42
www.lesloubines.onlc.fr
Ouvert d'avril à novembre. Tarif adulte : découverte 2 heures à 40 €.

L'école propose des cours de surf et body-board pour les groupes et les individuels. Plusieurs formules sont disponibles comme les forfaits découverte à la journée, à la semaine (cours de deux heures par jour pendant deux, trois, quatre ou cinq jours) ou encore des stages entre avril et octobre. Les tarifs comprennent l'assurance, le prêt du matériel, les cours théoriques et pratiques. Le magasin dispose également d'un grand choix de planches de toutes sortes et de toutes tailles.

ROD'S SURF SHOP

10, avenue de la Plage
✆ 06 03 24 47 90
www.rods-surf.com
Ouvert dès les beaux jours. Haute saison : ouvert tous les jours.

Voici un surf shop digne de ce nom, qui possède son atelier de shape (fabrication artisanale de surf). Shorboards, hybrides, mini malibus et long boards sont faits et décorés mains. Ces pièces uniques au style, à la taille et au poids de chaque surfeur. Le must est d'en avoir plusieurs pour s'adapter aux conditions de vague et aux envies de glisse du jour. On trouve aussi un grand choix d'accessoires et de surfwears de marques. Les planches sont exclusivement Rod's. Les débutants seront fort aises de trouver des planches Bic et du matériel d'occasion.

LES VOILES DU LAC

Ponton du Trou du Facteur
✆ 07 66 06 05 64
www.lesvoilesdulac.com
Ouvert toute l'année. Promenade à partir de 25 €/adulte, 19 €/enfant (4 à 12 ans) et gratuit de 0 à 3 ans.

Envie d'un petit ou d'un grand tour en catamaran sur le lac de Carcans ? Les Voiles du Lac répondent à votre demande que ce soit pour une promenade découverte d'environ 2 heures, une balade apéritive au coucher du soleil avec planteur puis vin moelleux et rouge (boissons sans alcool pour les petits), foie gras, saumon fumé, légumes, cannelés, pain ou pour des balades matinales au lever du soleil. Si le vent fait défaut, deux petits moteurs dernière génération prennent le relais. Pour une liberté totale, il est aussi possible de privatiser le catamaran.

CAFÉ-THÉÂTRE DE CARCANS

10, Place des Combattants ✆ 06 82 72 97 95
www.theatrecarcans.fr
Ouvert toute l'année. Entrée : 18 €. Enfants -12 ans : 12 €, groupe (à partir de 10 personnes) : 16 €.

Au nord de Lacanau, au sud d'Hourtin, à Carcans plus précisément, on entend souvent résonner les rires et les applaudissements venant tout droit du petit café-théâtre. Eh oui ! Le Médoc océan a son café-théâtre, face à l'église à Carcans bourg. Une belle initiative qui a vu le jour grâce à Nathalie et Xavier. Les spectacles sont pour tout public ou pour plus particulièrement pour le jeune public sans oublier les soirées spéciales Nouvel An ou Saint-Valentin. Ce petit café théâtre a une bonne réputation et on se déplace de partout pour une soirée rire et détente.

CUSSAC-FORT-MÉDOC ★

Entre vignes et estuaire, la ville de Cussac Fort Médoc a eu un port très actif sur la Gironde jusqu'au XVIIe siècle. Ce fort bâti par Vauban – comme la citadelle de Blaye – pour fermer le verrou de l'estuaire est inscrit au patrimoine mondial de l'UNESCO. Un livre *Fort Médoc* écrit par Michel Faure est en vente au Fort Médoc et à la mairie de Cussac Fort Médoc. Il raconte l'histoire tourmentée du fort qui participe aujourd'hui à la beauté du territoire. Le fort mérite la visite tout comme les châteaux du vignoble de Cussac, classé Haut Médoc. Il représente plus de la moitié de la surface agricole de la commune. Ici, on produit le saint-julien...

FORT MÉDOC ★★

Route du Fort-Médoc
✆ 05 56 58 98 40
www.cussac-fort-medoc.fr
Horaires sur le site internet. Gratuit jusqu'à 5 ans et personnes handicapées. Adulte : 4 €, enfant de 5 à 12 ans : 1 €.

© PACKSHOT - FOTOLIA

Cette fortification défensive fut construite par Vauban dès 1691 pour protéger Bordeaux afin de fermer l'estuaire avec le fort Pâté et la citadelle de Blaye : cet ensemble, inscrit au patrimoine mondial par l'UNESCO, constitue le verrou de l'estuaire. Certains bâtiments sont encore debout comme la poudrière fortifiée, le corps de garde, la chapelle, la citerne, une partie des casernes ou la porte royale de l'entrée avec son fronton ouvragé orné du soleil royal. Belle vue sur la Gironde, la citadelle de Blaye et ses coteaux depuis les remparts gazonnés.

CHATEAU LAMOTHE-BERGERON

49, chemin des Graves ✆ 05 56 58 94 77
www.lamothebergeron.fr
Haute saison : visite tous les jours de 10h à 18h sur rendez-vous. Hors saison : pas le WE. A partir de 6 €/personne.

Le premier château fut une forteresse, mais il ne reste rien. La culture de la vigne est attestée depuis le XVIIe siècle et des écrits font déjà mention du vin. Au XIXe siècle un nouveau château sort de terre. Il reste entre les mains de la famille Bergeron jusque dans les années 70. Aujourd'hui il se visite. On apprend bien sûr l'histoire du château, mais surtout on déguste des vins autour de différents thèmes que l'on soit non initié ou amateur plus éclairé. Certaines visites se terminent par un pique-nique champêtre à partager dans le parc du château.

CHÂTEAU MICALET €€

10, rue Jeanne-d'Arc
✆ 05 56 58 95 48
www.chateaumicalet.fr
Ouvert toute l'année. Pour 6 personnes (120 m², 3 chambres). A partir de 480 € la semaine.

La famille Fedieu a créé un gîte indépendant au premier étage d'une belle maison de caractère du XIXe siècle en pierres de taille avec cour et jardinet, au cœur d'une exploitation viticole en agriculture biologique. La maison peut accueillir jusqu'à 6 personnes qui trouveront là tout confort ainsi qu'une agréable proximité avec les chemins de randonnées, les vignobles, le Fort Médoc, l'estuaire de la Gironde. Le propriétaire propose de vous faire découvrir le Médoc viticole sans oublier la dégustation des vins de la propriété.

LA PAILLOTE DE STEPH €€

20, route du Port
LAMARQUE
✆ 05 56 58 97 25
Haute saison : ouvert tous les jours le midi et le soir. Carte : 30 € environ. Formule du midi : 20 € et 21,90 €.

La Paillote de Stéph (Stéphane Fernadez) est posée dans la végétation, au bord de l'estuaire, à deux pas de l'embarcadère. En revanche, l'établissement n'a de paillote que le nom car le restaurant est installé dans un bâtiment en dur. Dès les beaux jours, la terrasse est prise d'assaut pour bénéficier de la superbe vue sur la Gironde. La cuisine est simple mais les produits sont très frais, la préparation soignée et les portions plus que généreuses. Le patron Steph a des origines corse, calabraise et espagnole, il en tire sa force mais aussi sa convivialité…

LE BONTEMPS €€

5, place des Commerces
✆ 09 83 02 14 16
Fermé en août et de fin décembre à début janvier. Ouvert du lundi au vendredi le midi. Formule : 20 € à 34 €.

Le nom de ce restaurant est un clin d'œil au monde vinicole. Le Bontemps est en effet du bol en bois utilisé pour battre les blancs d'œuf afin de clarifier le vin. Au Bontemps, la cuisine fait la part belle aux saveurs : Damien et Ryoko Moquais, les propriétaires de cette bonne adresse ont écumé les plus grands établissements de France, et même du Japon. Le chef réalise une cuisine diversifiée et revisitée selon son inspiration. Les produits frais et locaux sont bio dans une démarche responsable. La décoration a été revue cette année. Le plus : la belle terrasse.

HOURTIN ★

Hourtin se distingue par ses grands espaces, sa nature généreuse et partage avec Carcans le plus grand lac naturel d'eau douce de France où l'on pratique de multiples activités : stand up paddle, voile, bateau à pédalier, kitesurf, balades en bateau. A Hourtin Plage, vous pourrez profiter de l'océan Atlantique et des sports de glisse comme le surf ou le kite surf. Les amoureux de la flore et de la faune autant que des randonnées. Pour les enfants, faites un tour à l'île aux enfants à Hourtin Port où ils pourront jouer aux aventuriers dans un château en bois grandeur nature. Hourtin est le lieu idéal pour les vacances famille et nature.

L'ÎLE AUX ENFANTS

Le Port ✆ 05 56 09 19 00
Ouvert toute l'année. Accès libre et gratuit. Animations pour enfants en juillet et en août.

C'est une île entourée d'un canal d'eau peu profond, une plaine de jeux dédiée aux jeunes visiteurs. A Hourtin Port, les enfants trouveront leur bonheur et satisferont leur soif d'aventure, avec comme attractions vedettes un fort en bois que les jeunes chevaliers se font un plaisir d'attaquer, ou la pyramide de cordes, gigantesque toile d'araignée pour les petits grimpeurs. Dans les locaux de la Grange aux Jeux, les animateurs attendent les petits pour des ateliers d'arts plastiques, de bricolage et des initiations à la découverte de la nature.

La plage de Hourtin.

LAGUNE DE CONTAUT

Route de Contaut ✆ 05 56 03 21 01
www.medoc-atlantique.com
Accès libre toute l'année. Visite guidée gratuite du 15 juin au 15 septembre sur rendez-vous à l'office de tourisme.

Au cœur de la réserve naturelle d'Hourtin, la lagune de Contaut est une zone humide prospère à l'abri du cordon des dunes du littoral. Une passerelle en bois serpente au milieu de ce mystérieux marais et offre au visiteur une plongée dans l'écosystème particulier des milieux humides. Ce réservoir biologique permet de découvrir différentes espèces de bouleau, de fougères géantes (l'osmonde royale), des animaux en tout genre (chevreuil, écureuils, hérons cendrés, tortues ou libellules). Prévoir des jumelles pour profiter au mieux de cette biodiversité unique.

PHARE D'HOURTIN

Route des Phares
Ne se visite pas sauf dans le cadre des Journées du Patrimoine avec l'association Demain Hourtin Mon Village.

Les phares d'Hourtin, Monuments historiques, sont constitués de deux tours, construites en brique avec des pierres de taille aux angles, de 27 mètres de hauteur. Ils ont été construits en 1863 pour signaler l'intervalle d'ombre entre Cordouan et Arcachon, dépourvu de feu à l'époque. Les phares étaient habités par cinq gardiens ainsi que leurs familles. Le phare, qui est toujours en activité, est équipé d'une lampe halogène de 650 W et a une portée d'une quarantaine de kilomètres. On y accède, entre autres, par un réseau de pistes cyclables.

OFFICE DE TOURISME MÉDOC ATLANTIQUE - HOURTIN

1, route de Lacanau
✆ 05 56 03 21 01
www.medoc-atlantique.com
Haute saison tous les jours de 10h à 13h et de 15h à 19h. Hors saison tous les jours de 9h30 à 12h30 et de 14h à 17h.

Hourtin se situe au cœur d'une forêt de pins, la station est à la fois bordée par le plus grand lac d'eau douce naturelle de France et bercée par les vagues de l'océan Atlantique. La pratique du surf y est bien développée. L'Office de tourisme est très riche en documents et informations nécessaires pour vos activités nautiques et terrestres, les balades nature, le patrimoine, mais aussi les hébergements, les restaurants, les marchés, les sorties et les plages surveillées.

DUNES ET MARAIS D'HOURTIN

✆ 05 56 03 21 01
www.gironde.fr/nature
Calendrier des visites sur le site ou Offices de tourisme. Gratuit. Inscription obligatoire.

La réserve naturelle des dunes et marais d'Hourtin s'étend de l'océan jusqu'aux lacs arrière-dunaires, aux milieux lacustres et marécageux des territoires périphériques. La flore compte 9 espèces protégées. Les feuillus se développent abondamment dans les bois du cordon dunaire littoral. Côté faune, on trouve un ensemble relativement complet de reptiles, d'amphibiens et de mammifères de la région. Le soir, les visites sont parfois agrémentées de concerts et de contes en musique.

LA CÔTE D ARGENT••••• €€

Route de Contaut ✆ 05 56 09 10 25
www.camping-cote-dargent.com
Fermé du 17 septembre au 5 mai. Forfait emplacement à partir de 24 €. Mobil-homes à partir de 224 € la semaine.

A 300 mètres de l'océan, au cœur d'une forêt de pins, ce camping 5 étoiles vous accueille pour des vacances idylliques : 20 hectares de nature, de calme et de loisirs. Plusieurs hébergements vous sont proposés parmi une large gamme de locations : mobil-home façon cottage, emplacement de camping pour tente, caravane ou camping-car. Sur place, un complexe aquatique de 5 000 m² (Aqua'Pirates de 1 000 m², pataugeoire, 4 bassins, 9 toboggans, bain bouillonnant et île aux enfants), un bar-restaurant, des plats à emporter et même un magasin d'alimentation.

HÔTEL BAR RESTAURANT D'HOURTIN €€

17, place de l'Eglise ✆ 05 56 09 11 15
http://hbr-hourtin.fr
Ouvert toute l'année sauf 3 semaines en fin d'année. Chambre double à partir de 53 €. Petit déjeuner buffet : 8 €.

L'établissement est à 2 kilomètres du lac d'Hourtin et à 12 kilomètres de l'océan. Il s'est niché dans une ancienne maison construite dans les années 1800. Les propriétaires ont façonné et modelé cette vieille bâtisse. La plupart des chambres ont été refaites entièrement, notamment celles qui ont des lits jumeaux. Actuellement, ils sont 4 à la tête et le font vivre en le modernisant et en offrant une cuisine traditionnelle. Possibilité de louer des salles pour organiser des réunions.

LES DOUCEURS DE VALERIE €

41, rue des Écoles
✆ 05 56 73 09 92
Haute saison : ouvert tous les jours de 8h à 19h. Formule : 8 € à 10 €. Formule brunch tous les samedis de 10h à 15h.

Pour cette pause gourmande vous avez le choix entre le coin salon, l'îlot central, la grande table familiale et pourquoi pas le jardin, si le temps le permet, afin de déguster des préparations, biscuits et boissons élaborés chaque jour sur place à partir de produits frais et souvent locaux. Le samedi un brunch alléchant et copieux est idéal pour démarrer le week-end. Dans la boutique des biscuits, des thés, des arts de la table, de la vaisselle, du linge de maison et des jouets originaux. Le plus : des ateliers gourmands pour petits et grands.

LE NAUTIQUE €€

19, avenue de la Marine
✆ 06 83 17 74 60
Fermé de septembre à mai. Haute saison : ouvert tous les jours le midi et le soir. Carte : 35 € environ.

Le Nautique est très fréquenté pendant la haute saison car il donne sur la plage du lac d'Hourtin. On sort de l'eau et il n'y a que la rue à traverser pour aller boire un verre ou se restaurer. La terrasse couverte, à l'abri du soleil, est bien sûr prise d'assaut. La carte se partage entre mer et campagne et le choix est vaste entre le canard, le bœuf, les moules, les chipirons ou les poissons. Les enfants ne sont pas oubliés et, comme les grands, ils ont le choix entre poissons ou viandes. Les desserts sont classiques avec une belle carte de glaces ou de crêpes.

LE SURF €€

25, avenue Jean-Lafitte
✆ 05 56 09 11 39
www.restaurant-hourtin-plage.fr
Ouvert tous les jours et les jours fériés le midi et le soir. Carte : 25 € environ.

Un œil sur la carte, l'autre sur la plage océane : les clients du Surf sont gâtés ! Le restaurant se fond dans le décor avec une terrasse en bois exotique ornée de plantes vertes et un intérieur lambrissé. Le service est assuré par une équipe jeune et efficace même quand les déjeuners estivaux battent leur plein. Côté assiette de bons petits plats et des pizzas fabriquées sur place. Au dîner l'ambiance se fait plus tamisée avant que le feu ne s'empare de la piste de danse lors des concerts ou soirées qui attirent une clientèle festive.

LIBRAIRIE LULUBERLUE

14, place de l'Église
✆ 05 56 41 30 71
Ouvert le lundi, jeudi et dimanche matin ; le mardi, mercredi, le vendredi et samedi de 8h à 12h30 et de 16h à 19h30.

La librairie Luluberlue, créée à la fin des années 60, est une institution locale. La belle vitrine attire l'œil et on a qu'une seule envie : pousser la porte. 100 m² sont dédiés à la littérature, aux beaux livres et aux magazines. Mais la force de Luluberlue est son ancrage dans la vie locale. Delphine, Eric et Sylvie entretiennent un rapport étroit avec les acteurs du livre de la région : maisons d'édition, auteurs ou encore photographes du Médoc et plus globalement de la Gironde. Autre point fort : rencontres avec les auteurs, atelier écriture, lectures…

SPA OCEAN

14, avenue du Lac
✆ 05 56 09 23 85
www.spa-ocean.fr
Du lundi au vendredi 10h-13h/15h-18h30 ; le samedi 9h-13h/14h-17h. Spa : 17 € (30 min).

Cet espace bien-être à la décoration épurée est un 3-en-1 : un spa (spa de nage avec des canons à eau, un hammam, un sauna, un seau à bascule), une salle de fitness (Pilates, aquagym, aquabike) encadré par des éducateurs sportifs, et un institut de beauté avec des formules détente (zen, cocooning avec massage, bien-être) et des soins esthétiques (visage et corps) aussi bien pour les femmes que pour les hommes et qui peuvent être effectués en duo. A l'extérieur un bain à remous avec terrasse, un espace de détente tisanerie et un jardin l'été.

JAU-DIGNAC-ET-LOIRAC

La commune se compose de trois paroisses distinctes, réunies vers 1840 : Saint-Pierre-de-Jau, Saint-Pierre-de-Dignac et Saint-Romain-de-Loirac. Elles forment les extrémités d'un triangle dont le centre de gravité se nomme : Jau-Dignac et Loirac ou Le Centre. La commune conserve une âme d'antan basée sur le respect de la nature et des traditions et allie le modernisme et l'esprit de la France rurale. Son territoire est caractérisé par des digues et des polders de Hollande construits au XVIIe siècle sur la rive gauche, le Phare de Richard, site La Chapelle, port de Richard, bâtiment du XIXe siècle, calvaires, lavoir, puits, entre autres.

PHARE DE RICHARD

Passe de Richard
✆ 05 56 09 52 39
www.phare-richard.com
Horaires sur le site. Gratuit jusqu'à 10 ans. Adulte : 2,50 €.

En bordure des polders de Hollande (les mattes) aménagés au XVIIe siècle, un arbre guidait la navigation sur l'estuaire de la Gironde, le plus vaste d'Europe : l'Arbre de Richard. Au début du XIXe siècle, cet arbre fut abattu par la tempête et remplacé en 1843 par un phare de 18 mètres. Géré par une association, le phare de Richard offre une magnifique vue panoramique sur l'estuaire. Son musée décrit la vie de l'estuaire, de la navigation locale, du XIXe siècle à nos jours. Le site est accessible par voies terrestre et maritime à marée haute.

O'FIL DE L'AIR

45, route de Valeyrac ✆ 06 35 50 81 82
hwww.ofildelair.fr
Envolée captive de 7 à 10 min à partir de 40 €/personne. Vol de 20 min initiation à 285 €/personne.

Voler en ballon au gré des vents et au-dessus des beaux paysages du Médoc est assez fabuleux. Philéas (le fondateur de O'Fil de l'Air) et son équipe – tous des pros de la montgolfière – ont imaginé différentes envolées : l'Envolée captive dans un ballon arrimé à environ 50 mètres du sol, le vol de 20 minutes, pliage et débriefing arrosé, la Médocaine de 3h30 avec un vol d'une heure sur l'estuaire ou l'envolée romantique pour une aventure de 4h en couple. Enfin l'Envolée insolite pour 6 heures d'aventure avec une traversée de l'estuaire tout simplement grandiose.

LES BARONNES DE LA GOULÉE €€

1, route de Valeyrac
✆ 05 57 75 46 36
Fermé en décembre. Haute saison : ouvert tous les jours le midi et le soir. Carte : 25 € environ.

Le restaurant est situé le long de l'estuaire, au Port de Goulée. La devanture ne paie pas de mine, c'est plutôt celle d'une auberge de campagne des années 60. Quelques tables en terrasse et à l'intérieur une décoration toute simple avec deux salles, ce qui permet de recevoir des petits groupes. L'accueil de Lisa et de Luna est très chaleureux et très professionnel. A la carte des plats bistrot traditionnels revisités avec brio par le chef et tout est fait maison, même les frites.

BALADE DES POLDERS

Toute l'année.

Les polders, les « mattes » selon le terme local, sont des terres gagnées sur la mer et asséchées selon une méthode bien particulière. Des ingénieurs hollandais sont venus exercer leur art à la demande de Louis XIV. Les mattes s'étendent de Valeyrac jusqu'au Verdon. Ces grandes étendues traversent des haies de tamaris et des fossés drainants. Pour la balade, partez du phare de Richard. Puis longez le littoral de l'estuaire vers les terres au niveau du port Richard. Continuez jusqu'à la route D2 et prenez l'un des sentiers qui repart vers le phare.

LACANAU-OCÉAN ★★

Son nom est issu de '-canau' qui vient de '-canal', et ce n'est pas du tout un passage du singulier au pluriel. La-canau signifie bien le-canal, en l'occurrence celui qui reliait autrefois, naturellement l'étang de Lacanau à l'océan atlantique. Vers 1810, l'ingénieur Nicolas Brémontier pense fixer les dunes avec des pins, mais ce n'est qu'après l'assèchement des marais que les sols deviennent propices à la végétation forestière vers 1855. En 1884, Pierre Ortal, propriétaire à Lacanau-ville et chef de service aux Chemins de fer des Landes, fait connaître son intention de créer une station balnéaire sur les dunes littorales de la commune.

OFFICE DE TOURISME MÉDOC ATLANTIQUE

Place de l'Europe
✆ 05 56 03 21 01
www.medoc-atlantique.com
Horaires sur le site.

L'Office de Tourisme Médoc Atlantique est chargé du développement touristique de 14 communes. Il regroupe toutes les informations nécessaires à un séjour touristique (expériences thématiques, balades, à voir, à faire, où dormir ? etc.) que ce soit dans les stations balnéaires ou à l'intérieur. Médoc Atlantique ce sont des plages à perte de vue, des forêts de pins, des vignobles renommés, des lacs, des richesses patrimoniales et gastronomiques avec les huîtres et gambas de l'estuaire.

LE CHALAND

72, avenue de la Plage ✆ 06 61 97 29 56
www.lechaland.com
Ouvert tous les jours. Sur réservation. A partir de 210 € la balade de 3h, 450 € pour 4h et 600 € la journée.

La plate ou chaland est un bateau à fond plat de 9,50 mètres, très stable et silencieux, permettant aux ostréiculteurs de transporter les cargaisons d'huîtres entre leurs parcs et leurs cabanes. Ce bateau permet d'accéder à des coins sauvages et des plages secrètes du lac. Le Chaland s'est spécialisé dans la location ou les balades à bord d'une authentique plate ostréicole pour découvrir le superbe Lac de Lacanau tout en dégustant des huîtres, un moment inoubliable lors du coucher de soleil. Pour les groupes : anniversaire, enterrement de vie de célibataire, etc.

LE ROBINSON

22, allées Pierre Ortal
Horaires sur le site. Gratuit jusqu'à 4 ans. Adulte : 30 €. Enfant de 4 à 12 ans : 15 €.

Embarquement immédiat à bord de deux magnifiques pinasses, des bateaux traditionnels typiques du littoral gascon, pour des excursions inoubliables sur le lac de Lacanau et ses couchers de soleil, l'Ile aux Oiseaux ou encore des balades personnalisées. Sur l'eau, on part à la découverte du lac, de son histoire, de ses coins secrets et de ses paysages de carte postale. Imaginez-vous au coucher du soleil en train de déguster un verre de vin ou célébrer de manière originale un évènement festif tel qu'un enterrement de vie de célibataire ou un anniversaire !

Plage de Lacanau.

BICY'COOL LACANAU

15, avenue Poincaré
✆ 05 47 43 02 10
https://location-velo-lacanau.com/

Haute saison : ouvert tous les jours de 9h à 19h30. Tarif de base : 9 € - VTC/VTT/Beach la 1/2 journée.

Elise et Guilhem ont un large choix de vélos adaptés à toutes vos envies de balades : VTT, VTC, tandems, vélos électriques, Fatbikes, fatbikes électriques, VTT électriques, vélos enfants, remorques, suiveurs, draisiennes ou encore des beach cruisers, parfaits pour des virées sur la plage. L'Atelier Bicy'cool répare et révise aussi les vélos et propose un grand nombre d'accessoires et de pièces détachées à la vente. Bicy'Cool se charge de livrer, gratuitement mais sous certaines conditions, vos vélos chez vous et de venir les récupérer à la fin de votre séjour.

NOMADE

4, avenue Plantey - **LACANAU**
✆ 05 56 03 06 99
www.location-velo.org

Ouvert de Pâques à la Toussaint. Location vélo : 9 € la demi-journée et 11,50 € la journée - Enfant : 8 € la journée.

La commune de Lacanau est aujourd'hui reconnue comme l'un des territoires les mieux dotés de pistes cyclables et Nomade est le meilleur ami de vos vacances. Dans cette jolie boutique aux couleurs vives qui vous accueille à votre arrivée à Lacanau-Océan, on vous propose des locations de Vélos Surfer Californie, de VTC, de VTT, de vélos enfants, de tandem, d'accessoires et également la vente de vélos d'occasion.. Une fois que vous avez posé vos valises, faites un saut chez Nomade où Thierry vous préparera un programme sportif ou détente.

SLOW VILLAGE LACANAU*** €

Route de Longarisse - **LACANAU** ✆ 05 56 03 00 15
www.slow-village.fr

Ouvert du 10 mai au 31 octobre. Emplacements à partir de 22 €. Mobil-homes à partir de 360 € la semaine.

Entouré par la forêt, le lac de Lacanau et ses dunes boisées, ce camping très nature est un petit coin de rêve. Son isolement est un véritable enchantement si vous recherchez la tranquillité et la vie à un rythme plus doux que le quotidien. Véritable paradis pour les amateurs de voile, de vélo ou encore de pêche, la situation exceptionnelle plaira aux petits et aux grands ! Les emplacements, avec ou sans électricité, sont vastes. Les hébergements répondent à toutes les attentes : cottages, *tiny house*, tente lodge, lodges premium.

HÔTEL CÔTE D'ARGENT €€

3, boulevard de la Plage
✆ 05 56 03 21 58
www.hotel-lacanau.fr

Ouvert toute l'année. 7 jours sur 7. 22 chambres. Chambre double à partir de 60 €. Petit déjeuner : 7 €.

Face à l'océan, sur le front de mer, cet hôtel domine les vagues et la station balnéaire de Lacanau. Vous n'avez qu'une rue à traverser et vous êtes sur la plage ou à quelques mètres de l'animation de l'allée Pierre-Ortal. Les chambres décorées simplement, sont équipées d'un écran plat, de salles d'eau avec douches à l'italienne. Certaines – les moins chères – ont les w.c. sur le palier, d'autres ont un balcon, idéal pour un apéro ou petit déjeuner face à l'océan. A noter que l'hôtel possède un billard, un écran géant et une cheminée pour les soirées d'hiver.

LODGING LE LAC €€

30, avenue de la Plage - **LACANAU**
✆ 05 56 03 00 26
www.lodginglelac.com

Fermé du 31 octobre au 1er avril. Emplacement de 25 € à 29 €. Bungalodge de 2 à 6 personnes à partir de 90 € la nuit.

Le Lodging Le Lac à Lacanau côté lac, au Moutchic plus précisément, a tout pour plaire en matière de nature. Ce camping brille par ses grands espaces, entre lac, forêt et océan. Son autre point fort : ses hébergements. Le choix est vaste : emplacement libre, tipi, cabane perchée, sur pilotis, dans une bulle, dans un mobile suspendu encore dans un superbe lodge de toile et de bois de style colonial. L'équipe peut aussi vous concocter un séjour VIP avec des prestations haut de gamme à la carte (linge fourni, champagne, douceurs sucrées, accès au sauna, massage…).

YELLOH ! VILLAGE LES GRANDS PINS••••• €€

Avenue des Grands-Pins ✆ 05 56 03 20 77
www.lesgrandspins.com

Ouvert de mi-avril à mi-septembre. Emplacement de 24 € à 69 €. Cottages à partir de 357 € la semaine.

Le Village propose 2 secteurs d'emplacements, un secteur sans circulation automobile pour plus de calme et un secteur avec circulation automobile. Tous les emplacements ont une superficie de 80 m² et plus. Pour les locations, les amoureux de l'hébergement nature pourront opter pour la tente lodge meublée de 27 m² prévue pour 4 personnes, au style élégant et dépaysant ; vous pouvez aussi opter pour les cottages contemporains et de standing, de styles et de catégories différents.

MAISON MOUTCHIC €€

23, allée Pierre Jean Rozié
✆ 06 07 77 81 82
www.lamaisonmoutchic.fr

Chambre double à partir de 135 € ; studio / appartement à partir de 162 €. Petit déjeuner inclus.

Une belle et grande maison en bois, au bord du lac et en lisière d'une forêt de pins, c'est la Maison Moutchic. Le cadre, vraiment enchanteur, est totalement propice à la détente, loin de la foule et du bruit. On se croirait un peu au bout du monde. Les chambres disposent d'une décoration de charme réalisée dans de beaux matériaux. Le style, authentique et chaleureux, offre une jolie parenthèse à tous les hôtes. Le studio est équipé d'une kitchenette et d'une terrasse privative qui donne sur le lac. Chaque hébergement a un accès direct à la piscine chauffée.

Ô LAC €€

20, allée Pierre-Jean Rozié - **LACANAU**
✆ 06 10 20 36 31
www.olaclacanau.fr

Ouvert toute l'année. Chambre double à partir de 100 €. Petit déjeuner inclus. Enfant de moins de 2 ans : gratuit.

Cinq chambres d'hôtes dans une ambiance « total bois », au cœur de la forêt, face au lac du Moutchic. La décoration varie d'une Cabane au Canada au Lodge Thaï en passant par le Wind Surf ou le Sweet Coco. Elle est soignée, avec bois flotté, rondins, couleurs douces et chaudes, beaux linges, vasques en pierre et autres petits détails de décoration typiquement bord de mer dont Alexandra, la maîtresse de maison, est très fière. Possibilité de privatiser les lieux. Le petit déjeuner est personnalisé : produits frais, jus de fruits pressés et yaourts maison.

LA VARANGUE €€

Chemin de Ceinture de Talaris
LACANAU
✆ 06 68 34 36 96
www.lavarangue.com
Chambre double à partir de 100 €. Petit déjeuner inclus. Piscine extérieure.

Après 15 ans passés en région parisienne, Christine – une Médocaine d'origine –, Bernard et leur fils Txabi sont tombés sous le charme de La Varangue, située au milieu de la pinède, à proximité du lac, des golfs, de l'Océan et des pistes cyclables. D'inspiration réunionnaise, style paillote, cette maison est agrémentée d'un jardin tropical. Elle accueille 5 chambres d'hôtes à la décoration personnalisée, réalisée dans des bois exotiques. Le petit déjeuner, composé de produits faits maison, est servi près de la piscine. Sur place : salle de fitness, sauna et spa.

VILLA ZENITH €€

16, avenue Adjudant-Guittard
✆ 05 56 26 36 49
www.lacanau-zenith.com
Ouvert d'avril à fin octobre. Chambre double à partir de 59 € ; dortoir à partir de 26 €.

A 200 mètres de la plage, la Villa Zénith est aménagée dans une bâtisse du début du siècle. L'ambiance est très « surf », mais ouverte à tous et fondée sur le respect des règles de la vie en commun (pas trop de bruit après 22h, jardin accessible jusqu'à minuit). La villa propose deux sortes d'hébergements : La Surf House & l'Annexe, logement en chambres collectives de 2, 4 ou 6 personnes avec armoires à clés ou La Maison est une partie de la villa plus cosy avec des chambres pour couple joliment décorées avec salle d'eau privative.

CAMPING & SPA AIROTEL L'OCÉAN***** €€€

24, rue du Repos
✆ 05 56 03 24 45
www.airotel-ocean.com
Ouvert toute l'année. Emplacement de 27 € à 189 €. Mobil-homes à partir de 882 € la semaine.

5 000 m² d'espace aquatique intérieur et extérieur pour le plaisir de toute la famille et surtout des enfants, un spa de 450 m² : hammam sec, humide, sauna, douche sensorielle et fontaine à glace pilée ! Soins du corps, du visage, en solo ou à deux. Sous la tente, en caravane ou dans l'un des mobil-homes, votre séjour à Airotel l'Océan, à 600 m des plages de Lacanau ne peut être que réussi. A vous les grands espaces, la nature, le surf, les balades à vélo, le confort et le luxe...

VILLACANAU €€€

17, chemin de la Craste
LACANAU
✆ 06 62 47 27 35
www.villacanau.fr
Chèques non acceptés. Wifi gratuit. Bain bouillonnant.

Au cœur de Lacanau, Villacanau vous accueille à partir du printemps 2022 pour un séjour en gîte et chambres d'hôtes. Sylvain et Christophe ont fait bâtir une maison tout en bois avec de grandes baies vitrées pour laisser entrer la lumière. Villacanau peut accueillir jusqu'à 15 personnes dans la maison indépendante avec ses annexes. Sur place, les résidents pourront profiter du bassin de nage de 11 m et de la grande terrasse végétalisée. Le lieu est chaleureux, design et luxueux. Au programme : confort et charme. Table d'hôtes sur réservation.

LA CANTINE DU COIN €

3, rue Jules-Ferry
✆ 05 56 82 30 90
www.lacanausurfinfo.com
Ouvert en haute saison du jeudi au mardi le midi et le soir. Formule du midi de 10 € à 16 €.

© LA CANTINE DU COIN

Tout près de la plage, cette Cantine du coin est en fait un vrai restaurant. A sa tête Quentin et sa femme Loan, un couple de restaurateurs canaulais. Quentin, alias chef Rafiky, met tout son cœur pour concocter de bons petits plats qui ne manquent ni d'originalité ni d'exotisme. Tout est fait maison, même les desserts, avec des produits bien frais et on se régale vraiment d'une cuisine autour du monde, inspirée de ses voyages, alliant saveurs et couleurs. Si on souhaite pique-niquer, on peut commander des pizzas, des salades ou quelques plats copieux pas chers.

LA ROULOTTE DU MOUTCHIC €

62, avenue de la Plage - **LACANAU**

✆ 06 03 83 10 16

Ouvert du 1er mai jusqu'à fin septembre. Haute saison en continu, le midi en basse saison. Carte : 15,50 € environ.

Florence et Antoine, deux Grenoblois sensibles à l'écologie, ont conservé l'ambiance décontractée de la Roulotte créée par leur prédécesseur. Ici, on commande, on s'installe à la terrasse autour d'une table en bois ou sur des sofas et on attend d'être appelé ; des couverts en carton sont à disposition et à la fin du repas, des bacs de tri sont là. Le midi c'est plutôt salades et sandwichs frais et le soir c'est planches apéro et wok. Antoine s'approvisionne en légumes et aromates, cueillis du matin, dans le jardin aménagé juste derrière le restaurant.

BLONDIE ET COMPAGNIE €€

7, rue Charles Chaumet

✆ 05 56 60 44 16

Ouvert tous les jours le midi et le soir. Basse saison du vendredi au dimanche le midi et le soir. Carte : 22 € environ.

Blondie et Compagnie c'est la décontraction avant tout, que ce soit dans l'ambiance plutôt zen ou dans la décoration faite de meubles de récup avec des plantes vertes posées un peu partout. Surfeurs affamés, familles et couples se côtoient autour d'assiettes bien garnies. Ici pas de bistronomie ni de gastronomie, c'est plutôt le royaume des burgers et des poké bowls mais attention on soigne les plats et surtout on met en avant la qualité et les saveurs qui nous font voyager à travers le monde. Les jus de fruits sont faits maison à partir de fruits frais.

THE BEACH HOUSE €

9, boulevard de la Plage

✆ 07 60 53 86 00

Haute saison : ouvert tous les jours de 9h à 22h30. Carte : 15 € environ.

Le Café Maritime de Lacanau est un restaurant sur deux niveaux, un bar panoramique avec vue sur l'océan et The Beach House, une paillote les pieds dans l'eau… On se croirait à l'autre bout du monde, confortablement installé sur des transats en train de siroter un smoothie, un cocktail maison dans une ambiance Ibiza. Pour une petite ou une grosse faim des salades, wraps ou burgers faits sur place. À partir de 18h, concert live acoustique, apéritifs et tapas pour finir la journée devant un coucher de soleil entre amis ou en famille. Elle est pas belle, la vie ?

LE BOUCANTIER €€

64, avenue de la Plage

✆ 05 57 18 99 40

www.leboucantier.eatbu.com

Haute saison : ouvert du mercredi au lundi de 9h30 à 23h ; le mardi de 9h30 à 16h. Carte : 25 € environ.

Le Boucantier a de nombreux atouts : il offre une belle vue sur le lac du Moutchic, aussi les habitués comme les touristes se précipitent pour manger une cuisine faite maison, à base de produits frais. La carte varie très régulièrement. Les enfants adorent le fish & chips, mais les parents ne sont pas les derniers à s'en régaler… La salle de style bistrot comporte un coin pour siroter un verre, installé sur de confortables canapés. Les tables en terrasse sont très demandées, il est prudent de réserver. Le service est soigné et rapide, l'ambiance décontractée.

AVE GIULIA €

2, rue du Docteur Darrigan

✆ 06 59 84 85 63

Fermé de novembre à mars. Pizzas de 9 € à 17 €, dessert de 6 € à 14 €.

Installée sur la place Thiers, vous ne pouvez pas louper la pizzeria Ave Giulia. Une devanture et une terrasse en noir et blanc donne ce côté chic pour déguster des pizzas avec une pâte étalée à la main (après avoir levée pendant 3 jours) réalisée avec des farines italiennes, de l'huile d'olives et du sel de Guérande. Jolie promesse de tradition italienne qui nous met l'eau à la bouche. On retrouve sur la carte les pizzas bien connues avec en plus quelques spécialités de la maison. Ave Giulia propose également sa sélection de vins et de bières d'Italie.

LA BRASSERIE CANAULAISE €€

6, boulevard de la Plage

✆ 05 57 17 23 68

Haute saison : ouvert tous les jours et les jours fériés le midi et le soir. Carte : 28 € environ.

Cette Brasserie possède de nombreux atouts : elle est super bien placée sur le boulevard de la Plage avec une très belle vue sur l'Océan et le coucher de soleil. Une fois installé, on s'intéresse aux assiettes et à leur contenu. Et là c'est comme pour la vue : aucune déception. Le menu du marché est court : une entrée et un plat. C'est la garantie d'une cuisine réalisée au jour le jour en fonction des produits du moment et de la saison. En plus de la qualité, de l'originalité et des saveurs, on apprécie la jolie présentation des plats et le service attentionné.

LA CABANE €€

19, avenue du Général-Leclerc
✆ 05 56 03 19 15
Fermé de novembre à février. Ouvert tous les jours le midi et le soir ; le week-end le midi. Carte : 30 € environ.

Un peu à l'écart du centre, dépaysement total dans ce restaurant au décor d'inspiration indonésienne avec une cabane installée dans le jardin. Au son d'une musique aux accents reggae, « lounge » ou soul, dans une ambiance paisible, on détaille la déco : un magistral totem, mais aussi le jardin intérieur exotique, avec des sculptures indonésiennes, des plantes vertes… Installé sur les chaises en rotin, devant les belles tables en teck, on est paré pour bruncher, déjeuner ou dîner. Dans de massives assiettes en bois, on découvre des plat exotiques et surprenants.

CAFÉ MARITIME - LACANAU €€

9, boulevard de la Plage
✆ 05 56 03 70 98
www.cafemaritime.com
Ouvert toute l'année. Carte : 40 € environ.

Avec une vue imprenable sur l'océan et les pieds dans le sable, le cadre est enchanteur. La décoration contemporaine fait la part belle aux bois précieux et à l'esprit surf. La cuisine est à la fois terre et mer. Les produits sont frais et les saveurs originales. Deux autres atouts de taille : la petite tour qui domine la salle du rez-de-chaussée accueille les clients qui souhaitent apprécier un beau coucher de soleil sur l'océan… Et The Beach House est une paillote sur la plage, créée par le Café Maritime pour petit-déjeuner, déjeuner, encas, apéro, etc.

LA CASEMATE €€

23, rue du Maréchal Leclerc
LACANAU
✆ 05 56 60 63 15
Ouvert toute l'année. Du mardi au samedi le midi ; le vendredi et le samedi le soir. Carte : 32 € environ.

Au cœur de Lacanau ville, juste derrière l'église, la Casemate est un bar à vin et à tapas très chaleureux. On apprécie l'été la grande terrasse en bois, la déco « vintage » et la cuisine. Le midi le menu est d'un bon rapport qualité-prix avec par exemple salade landaise, grillade de porc marinée et assiette gourmande. A la carte, salade composée, cuisses de grenouilles, huîtres, côte de bœuf ou encore friture de chipirons. Le week-end, l'établissement ouvre en soirée et l'on peut se retrouver entre amis autour d'un apéro ou d'une soirée à thème.

DAR ASMAA €€

18 bis, avenue de la Plage - **LACANAU**
✆ 05 56 26 23 84
www.asmaatraiteur.com
Fermé du 10 octobre au 31 mai. Ouvert tous les jours de 11h à 15h. Carte : 30 € environ.

Dar Asmaa, c'est toutes les odeurs et les saveurs du Maroc avec l'accueil chaleureux et bienveillant légendaire des Orientaux. Mais attention ! Dar Asmaa n'est pas un restaurant mais une table d'hôtes, il faut donc réserver à l'avance afin que la maîtresse de maison fasse les courses en conséquence, car elle fait son marché et sa délicieuse cuisine chaque jour, sur commande, pour ses hôtes. Le charme opère tout de suite quand on s'installe dans le petit salon marocain, sur la terrasse couverte, pour se régaler d'un délicieux couscous, de tajines ou de pastillas.

LA CONCHE €€

24, allée du Club de Voile
✆ 06 67 34 61 23
https://la-conche-lacanau.eatbu.com/
Fermé d´octobre à mai. Haute saison : ouvert tous les jours le midi et le soir. Carte : 40 € environ.

Ce restaurant posé au bord du lac, dans un quartier résidentiel, est loin du tumulte de Lacanau Océan. L'endroit est reposant et idyllique. Le patron, Stéphen Escola, et tout son personnel sont très accueillants, le service est professionnel et efficace. La carte se partage entre mer, avec des spécialités à base de poissons, et terre où les produits du terroir sont frais, de grande qualité et travaillés à merveille par le chef. Les plats réservent toujours de belles surprises… Et ne ratez pas à la saison estivale les Apéros canaulais, tout en musique.

GIGI BY AVE GIULIA €€

12, avenue du lieutenant Pinceteau
✆ 09 86 67 60 62
Haute saison : ouvert tous les jours le midi et le soir. Carte : 32 € environ.

Gigi by Ave Giulia c'est l'Italie pour des envies de pizzas bien fraîches et de qualité mais aussi d'antipasti, de charcuterie et de fromages italiens ou d'un tiramisu classique, toujours au top sur le podium des desserts. Parmi les plats on vous recommande sans hésiter le thon rouge à la sauce Giovanni, butternut et courgettes rôtis à la cannelle. Les serveurs sont efficaces et accueillants. Côté déco c'est tendance : graffitis en façade, néons très colorés, murs en briquettes toutes blanches, sièges plutôt vintage et ne pas oublier la terrasse.

LE KAYOC €€

2, allée Pierre-Ortal
✆ 05 56 03 20 75
www.restaurant-lacanau.com
Ouvert toute l'année. 7j/7. Service en continu. Menu unique à 36 €. Carte : 40 € environ. Formule du midi : 21 €.

Le Kayoc trône face à la mer et contre la dune… Tout en hauteur, on apprécie sa splendide terrasse panoramique. Confortablement assis, on se prend à rêvasser, sous un parasol de paille de bruyère en dominant les caprices de l'océan. Le soir l'endroit est idyllique pour prendre un verre en tête-à-tête ou entre amis, devant le coucher du soleil, ou pour déguster de bons petits plats. Le Kayoc c'est aussi la Bodega de Marcel où l'on boit un verre accompagné de tapas, de salades, de frites maison et toute une panoplie de desserts classiques.

LA MARINIERE €€

7, boulevard de la Plage
✆ 06 45 40 07 83
Haute saison : ouvert tous les jours et les jours fériés le midi et le soir. Carte : 20 € environ.

Belle vue sur l'océan, couchers de soleil remarquables, accueil agréable et carte marine, tout ce que l'on cherche lorsque l'on est sur la côte atlantique. Les moules (marinières, à la crème, au curry, au roquefort, etc.) sont bien sûr les petites reines de la maison avec les frites et la bonne bière qui va avec… mais on adore également les huîtres, les brochettes de gambas, de poisson ou de poulet. La plupart des desserts sont faits maison, comme la crème catalane ou le crumble aux pommes. Le service en continu est un atout supplémentaire.

VILLA COSTES €€

11, avenue Sylvain Marian
LACANAU
✆ 05 56 60 80 25
Fermé de décembre à février. Ouvert tous les jours le midi et le soir. Carte : 34 € environ.

Laurent Costes, ancien chef étoilé, a su capter une clientèle aussi bien de touristes que d'habitués. La décoration à l'atmosphère ethnique apporte une ambiance chaleureuse et un cachet très personnalisé. Deux terrasses, l'une devant et l'autre à l'arrière, sont au calme et ombragées. Les produits du terroir sont mis en avant d'une façon originale. Le menu ne comprend que 3 entrées, 3 plats et 3 desserts ; la carte est, elle aussi, est courte mais tout donne envie. Une adresse gastronomique à des prix très raisonnables avec un personnel souriant et efficace.

LE MULLIGAN

6, boulevard de la Plage
LACANAU
✆ 06 77 85 01 63
Haute saison : ouvert tous les jours de 10h à 2h. Environ 25 €.

The place to be à Lacanau Océan ! Le Mulligan a d'abord un super emplacement avec vue sur l'Océan. Ensuite c'est un endroit où il fait bon se retrouver entre amis toute la journée. Dans un décor boisé, on vient prendre un petit déjeuner typiquement anglais, bruncher, partager des planches, tester quelques tapas ou des tartines avec une sangria, une bière brassée dans la région ou des cocktails. On peut aussi regarder un match de rugby, jouer aux fléchettes ou se détendre. Le patron Dimitri est toujours de bonne humeur, l'équipe très attentive et souriante.

PINOCCHIO

20, allées Pierre Ortal
✆ 05 57 70 23 81
Haute saison : ouvert tous les jours. Basse saison : ouvert le week-end et les vacances scolaires.

Pinocchio est une véritable institution. Avec plus de 60 parfums permanents, vous trouverez votre bonheur sur l'allée principale qui mène au front de mer. A côté des crèmes glacées et des sorbets traditionnels fabriqués par un maître-artisan glacier sans aucun arôme artificiel, laissez-vous tenter par des barres glacées de marques connues, de succulentes crêpes maison ainsi que des gaufres que l'on peut marier avec du caramel au beurre salé, la spécialité et du chocolat fait maison. Une terrasse aux couleurs acidulées permet de déguster en toute tranquillité.

RAINBOW CAFÉ

11, rue des Écureuils
✆ 06 18 00 49 04
http://alexandramuller.fr
Tous les jours de beau temps en saison.

Avez-vous remarqué la nouvelle cabane en bois située sur la Plage des écureuils ? Elle porte le nom de Rainbow Café. Dans cette petite bicoque la carte est adaptée à tous les moments de la journée : boissons fraîches, jus détox, smoothies, et des plats tendance : buddha bowl, veggie bowl, avocado toast, hot dog végétarien. Côté sucré vous craquerez pour le chia pudding, le smoothie bowl, l'açaï bowl ou la salade de fruits dans un demi-melon. Les plats sont colorés et très frais. Le Rainbow est l'endroit idéal pour une pause entre deux séances de surf.

LA CABANE NUMERO 1

Promenade Pech Lèbre
LACANAU
✆ 06 14 62 05 90
Fermé du 31 octobre au 1er avril. Ouvert en été tous les jours et les jours fériés de 11h à 0h. Carte 22 € environ.

La Cabane Numéro 1 ce sont de bons produits du terroir à déguster, des huîtres du bassin d'Arcachon, de la charcuterie, des fromages, des vins et des bières sans oublier les animations et les concerts, le sourire de Frédérique et Babeth et surtout le partage. Seul, à deux, en famille, entre amis, sur la terrasse ou dans un transat les pieds dans le sable face au petit port de plaisance, il n'y a rien de plus agréable que de déguster un vin de producteur accompagné de quelques huîtres et de s'émerveiller devant le coucher de soleil sur le lac.

LA ROMA PIZZERIA €€

2, rue Gabriel Dupuy
✆ 05 56 03 21 32
www.laromalacanau.com
Ouvert toute l'année. Tous les jours le midi et le soir. Carte : 22 € environ.

© LA ROMA

La Roma est idéale pour un repas en famille ou entre copains. Déco intérieure rouge et bois avec de jolies petites nappes à carreau rouge et blanc, un immense comptoir derrière lequel on aperçoit les fours et le pizzaiolo. A l'entrée, une grande terrasse en partie couverte et chauffée où trônent fièrement deux splendides oliviers. Des tables et mange-debout accueillent une cinquantaine de personnes ce qui est très agréable en arrière-saison. La carte propose quelques salades, des antipasti, des tapas italiennes, des pastas et une grosse vingtaine de pizzas.

CAVE CHEZ KIKI

7, avenue du Maréchal des Logis Garnung
✆ 05 56 26 37 00
Ouvert toute l'année.

A Lacanau Océan, il y a les grandes plages, les vagues, le surf... et la cave Chez Kiki. N'oubliez pas, nous sommes dans le Médoc, côté océan certes mais Médoc, et le Médoc c'est le vin. Chez Kiki, la passion du vin est une tradition familiale. Annick vous conseille sur le choix de votre bouteille suivant vos goûts et vos envies. Elle vous fera même avec plaisir une dégustation gratuite. Sur les étagères une sélection de vins de la petite réserve aux grands crus, d'apéritifs, de liqueurs, de produits gastronomiques, de terroir et de spécialités de la région.

CAVES LASCAUX

Square Elie Souleyreau ✆ 05 56 60 57 78
www.vignobles-lascaux.fr
Basse saison : ouvert du lundi au samedi de 9h30 à 13h et de 16h à 19h30. Haute saison : tous les jours de 9h30 à 20h30.

Producteurs récoltant depuis 1920 en appellation Bordeaux et Fronsac, les Vignobles Lascaux ont implanté leur cave à Lacanau-Océan. L'équipe a sélectionné une large gamme de vins, grands crus, bières, et spiritueux pour leur qualité, des produits du terroir et des idées cadeaux. A la cave on découvre leurs millésimes de Fronsac, des Bordeaux rouge, blanc, rosé, des Bordeaux Supérieur en rouge, des Bordeaux Clairet, du Crémant de Bordeaux mais aussi d'autres appellations et grands crus français réputés comme Margaux, Saint-Emilion, Saint Estèphe, Sauternes.

FILLES DE L'OCÉAN

1, avenue de la Libération
LACANAU
✆ 07 83 60 84 96

Haute saison : ouvert du lundi au samedi de 10h à 12h30 et de 15h à 19h.

Les Filles de l'océan c'est le titre d'un film, mais c'est aussi la boutique de Caroline Rostaing. Cette passionnée met tout en œuvre pour dénicher des perles en un ou deux exemplaires pour le plus grand plaisir de ses clientes. A la pointe de la mode (marques italiennes et espagnoles) robes, pulls, manteaux, chaussures, accessoires et petite maroquinerie raviront les *fashion* victimes. Si on ajoute quelques objets de décoration, la panoplie est complète. Et cerise sur le gâteau : les Filles organisent des braderies, des soirées apéro, etc.

PICTURE STORE LACANAU

11, allée Pierre Ortal
✆ 05 47 43 95 13

Ouvert tous les jours de 10h30 à 19h.

La marque Green Picture, créatrice de vêtements et accessoires conçus dans une démarche écoresponsable, labellisée B-Corp, a ouvert une boutique saisonnière à Lacanau pour le plus grand plaisir des amateurs de surf et de nature. Cette marque vise une production « zéro énergie fossile » et se donne pour mission : réutiliser, réparer, recycler, réduire. On y déniche des pièces à la fois très confortables et très stylées, des combinaisons, des maillots pour la glisse et toute une collection très beachwear : tee-shirts, sweat-shirts, robes, combis, etc.

AQUALIDAY

24, rue du Repos
✆ 05 56 03 24 45
www.aqualiday.com

Horaires sur le site. Entrée : 11,50 € et 8,50 € pour les 3 à 10 ans. Accès au spa : 20 €.

L'Aqualiday, au sein du camping Airotel l'Océan, est réparti en 2 espaces plus un spa. L'espace couvert et chauffé à l'ambiance tropicale : lagon à vagues, rivière à contre-courant, cascades, jets massants et banquette anatomique pour les moments de détente, aire de jeux, toboggans et pataugeoire pour les plus jeunes. A l'extérieur : rivière sauvage et cascades pour les aventuriers, bains à bulles et bassin à nage pour la détente, aire de jeux et pataugeoire pour les tout-petits, pentaglisses et toboggans pour les plus grands.

BIG MAMA

4, boulevard du Maréchal Franchet d'Espérey
✆ 05 56 26 33 55
www.ecole-surf-lacanau.com

Fermé de décembre à mars. Surf découverte à partir de 33 € (2h), stand up paddle à partir de 30 € (2h).

Direction plage Nord, au fond du boulevard, pour rencontrer Romain Lhoste et Adrien Valéroque, deux jeunes Canaulais dynamiques et attentionnés, qui dirigent cette école de surf. Ils proposent en toute sécurité et avec une bonne pédagogie des cours de surf pour petits et grands, du stand up paddle, de la voile sur la plage du Moutchic dans la petite cabane familiale Chamoulou d'Antoine Chamoux, mais aussi du conseil pour le matériel, des planches et accessoires dans leur surf shop. On peut même de boire un verre, tranquille, au snack Big Mama.

CHEEKY FAMILY

5, route du Lion
✆ 06 51 36 15 78
www.cheekyfamily.fr

Ouvert de début avril à début novembre. Location de surf à partir de 10 €, cours à partir de 30 €.

La Cheeky Family organise des stages de surf par niveau et par âge. L'encadrement se fait dans l'eau par un moniteur diplômé d'état. Pas d'heure fixe pour les cours de surf, car le choix des vagues est primordial pour donner des cours en fonction des horaires de marée, des conditions de l'océan, et du niveau de chacun. L'apprentissage est différent pour les débutants qui restent au bord de l'eau et pour les plus téméraires qui prennent des vagues au large. La Cheeky Family propose aussi un surf camp qui allie stage de surf et hébergement, unique à Lacanau.

TENGO FRIO SURF SCHOOL

6, boulevard de la Plage
✆ 06 26 45 67 86
www.tengofriosurfschool.com

Cours découverte et perfectionnement : de 30 à 39 € selon la saison.

Enfant du pays, Geoffroy Henno est un ancien sportif de haut niveau et créateur de l'école. Diplômé d'un master sports de glisse option surf, détenteur du brevet professionnel, ancien membre de l'équipe de France et figure emblématique de Lacanau, Geoffroy vous accompagne dans votre apprentissage du surf et vous aide à évoluer grâce à plus de 20 ans d'expérience. Quel que soit votre niveau, votre âge ou votre condition physique, il adapte sa pédagogie afin que les cours et les stages restent avant tout un vrai bonheur avec de bonnes tranches de rigolades !

LES 3 BANDITS

Lieu dit Pitrot - **LACANAU**
✆ 06 64 74 50 51
www.lacanaupaintball.com
Fermé de novembre à mars. Paintball : 30 € 300 billes/personne, laser game : à partir de 7 €/ personne les 15 minutes.

Enfants à partir de 3 ans (suivant les activités), ados et adultes peuvent découvrir le paintball, le paintball découverte en duel ou maxi 10 joueurs, le laser game en salle ou en forêt, l'Archery game – un mix entre tir à l'arc avec embout en caoutchouc et paintball –, le kart à pédales, les jeux gonflables et des trampolines, le bubble foot où l'on se glisse dans une grosse bulle transparente sur un terrain à sol glissant pour jouer au foot. Tenues de combat, casques... les équipements sont fournis et les « 3 bandits » se chargent des scénarios.

CASINO DE LACANAU

Route du Baganais
✆ 05 57 17 03 80
www.casinolacanau.com
Horaires sur le site.

Ce lieu de fête et de rêve est niché dans la forêt de pins entre lac et océan. La grande salle de jeux se compose de 75 machines à sous, de tables de Black Jack, Hold'em Poker et d'une roulette anglaise électronique. Le restaurant Le Win est ouvert tous les jours midi et soir. A la carte des menus du jour, des formules, des plats bistrots, des plats végétariens, des planches, des pizzas. Les animations sont nombreuses : concerts, spectacles, sets DJ, écran géant pour vivre en direct tous les grands événements sportifs nationaux et internationaux.

SUNSET CAFÉ

2, promenade Emile Lacaze
www.sunsetcafelacanau.com
Ouvert tous les jours de 10h à 23h.

Le Sunset Café a tout pour nous plaire : on s'installe les pieds dans le sable, face à l'Océan, du matin jusqu'au soir. On peut boire un café, déjeuner, prendre l'apéro, dîner, etc. A la carte des cocktails avec ou sans alcool, des cocktails de fruits frais, des bières, des spiritueux, des vins de différentes régions venus de France et d'ailleurs. Pour les accompagner de copieuses planches à partager, des tapas – notamment des anchois marinés –, et une carte plutôt brasserie où les recettes traditionnelles sont revisitées. Un menu est même prévu pour les enfants.

TETE CHERCHEUSE

8, avenue de la Forge
✆ 06 49 76 57 93
www.tete-chercheuse.com
Du lundi au jeudi de 10h à 20h et du vendredi au dimanche de 10h à 22h. Tarif selon le nombre de joueurs et la salle.

Des équipes de 2 à 6 joueurs doivent résoudre des énigmes dans le but de retrouver leur liberté et d'échapper ainsi à un destin terrible. Pour rentrer dans le jeu, il suffit de passer la porte de Tête Chercheuse. Dans la Salle Pixel 1 et 2 vous êtes des voyageurs missionnés par l'Ordre de l'Harmonie Mondiale afin de dérober la pierre philosophale qui permet d'obtenir entre autres la vie éternelle... Dans le Testament vous serez missionnés par les héritiers d'un vieil excentrique, qui n'ont aucune confiance les uns envers les autres, pour rechercher le testament.

LESPARRE-MÉDOC ★

Sous-préfecture de la Gironde peuplée de 5 699 habitants, Lesparre est au milieu des terres, à égale distance des façades fluviales et océaniques, à 60 kilomètres au nord-ouest de Bordeaux, 20 kilomètres au nord-ouest de Pauillac et à une trentaine de kilomètres au sud-est du Verdon-sur-Mer. Cependant, grâce à sa position centrale, la ville constitue une bonne base arrière pour partir à la découverte de l'arrière-pays du Médoc, de ses vignobles ou de ses monuments. Si vous souhaitez approfondir la découverte de la cité, ne manquez pas les marchés mensuels en plein air ni la célèbre foire aux vins durant la première semaine du mois d'août.

CASA PILLET

Place de la Mairie
SAINT-CHRISTOLY-MÉDOC
✆ 05 56 41 39 45
Des visites guidées, réalisées par Véronique Auriol, sa biographe, sont organisées à la demande.

La Casa Pillet regroupe trois entités différentes : une galerie Côté Gironde, le Café d'Edgard et les collections d'Edgard Pillet, un artiste né à Saint-Christoly-Médoc dont les œuvres ont été exposées, entre autres, au Centre Pompidou. Il était à la fois un sculpteur, un architecte et un peintre considéré comme le leader de l'abstraction géométrique. L'Association des amis d'Edgar Pillet a créer ce lieu est dédié à l'art, à la culture, aux rencontres, aux découvertes picturales, musicales, théâtrales ou à la lecture en mémoire à ce Saint-Christolyen.

PALAIS DU COSTUME - MAZARIN

20, rue du Palais de Justice ✆ 06 86 02 59 99
www.palaisducostume.com
Fermé d'octobre à mars. Ouvert du mercredi au samedi de 14h à 18h. Gratuit jusqu'à 15 ans. Adulte : 5 €.

Dans ce Palais, situé au-dessus du cinéma Jean Dujardin, c'est toute l'histoire avec grand H qui est racontée à travers les costumes depuis la préhistoire jusqu'à nos jours. Mazarin, un célèbre couturier parisien aujourd'hui lesparrain, a habillé de nombreuses célébrités du cinéma, du théâtre et de la télévision. L'un de ses derniers clients était Dany Boon pour sa première à l'Olympia en 2000... Plus de 130 mannequins, grandeur nature, nous font voyager à travers les siècles.

PLAGE DU PIN SEC

NAUJAC-SUR-MER
✆ 05 56 73 00 55

La plage du Pin Sec, perdue au milieu d'une forêt de pins, à 10 km du bourg de Naujac-sur-Mer, est magnifique. Elle convient aux amoureux des plages nature et c'est aussi le royaume des surfeurs. Une route unique permet d'y accéder. Sur place un grand parking pour les vélos et les voitures, un camping, l'école de surf, quelques bungalows servant de « village » et offrant de la restauration rapide et les fameux blockhaus de la Seconde Guerre mondiale. L'accès se fait par un chemin aménagé au-dessus de la dune. La baignade est surveillée en saison estivale.

CHAI PAULETTE €€

1, impasse de la Mairie - **SAINT-CHRISTOLY-MÉDOC** ✆ 06 81 07 94 29
Ouvert toute l'année. Chambre double à partir de 93 €, chambre triple à partir de 206 €. Petit déjeuner : 8 €.

Chai Paulette... Chai pour le château Saint-Christoly attenant à la maison et Paulette pour la maison d'habitation de la grand-mère de Cathy, l'actuelle propriétaire du château. Un loft pour 6 à 10 personnes et 3 chambres d'hôtes pour 2 à 4 personnes ont été aménagés avec tout le confort nécessaire. Elles ont toutes une salle de bains privative pourvue d'une douche et d'un sèche-cheveux. Le loft est un appartement de 100 m² avec quatre chambres, cuisine aménagée, lave-linge et sèche-linge. Un petit déjeuner à la carte est servi tous les matins sur place.

TOUR DE L'HONNEUR

17 bis, rue Pierre-Curie
✆ 06 25 77 60 14
www.tour-de-lhonneur.jimdo.com
Horaires sur le site de la mairie. Gratuit jusqu'à 8 ans. Adulte : 3,50 €. Enfant de 8 à 12 ans : 2 €.

Dès le Ve siècle, les Francs, les Arabes et les Normands pénètrent en Médoc. Pour contenir les assauts de ces envahissants visiteurs, le château fort de Sparra est construit, probablement à partir du IXe siècle, entouré du ruisseau l'Hervaut. Aujourd'hui, seul le donjon de l'angle sud-ouest est encore debout. Remaniée au cours des siècles suivants, la tour de l'Honneur est un vestige grandiose : 30 mètres de hauteur et 12 mètres de côté, témoignant de l'importance de la cité au Moyen Âge. La tour abrite un petit musée d'histoire locale.

MÉDOC VIGNOBLE TOURISME

7 bis, place du Maréchal Foch
✆ 05 56 41 21 96
www.medocvignoble.com
Horaires variables en fonction des saisons, informations sur le site.

Ce bureau d'information touristique permet de trouver tous les éléments nécessaires afin d'agrémenter votre séjour dans le Médoc. Il vous conseille sur toutes les possibilités d'hébergement et de restauration sur le territoire, mais également sur les animations et les sites touristiques culturels et patrimoniaux incontournables. Vous trouverez les possibilités de visite des nombreux châteaux de l'appellation Médoc ainsi que des sentiers de randonnée. Sur le site, des châteaux viticoles sont regroupés dans une boutique en ligne, bien pratique pour commander du vin.

CHÂTEAU GADET-TERREFORT

7, route de Vendays - **GAILLAN-EN-MÉDOC**
✆ 06 08 17 97 51
www.gadet-terrefort.com
Ouvert toute l'année. Juillet et août, 7j/7 de 10h à 15h et de 17h à 19h. Hors saison, du lundi au vendredi de 9h à 18h.

Guillaume Bernard achète l'exploitation viticole de 4 hectares en 1921, elle est ensuite reprise par son fils et aujourd'hui par sa petite-fille Anaïs. Ce sont 36 hectares de vigne qui composent le domaine du château Gadet-Terrefort. Désireuse de partager sa passion du vin, Anaïs ouvre le château Calmeyrac (propriété de son oncle qu'elle gère désormais) aux touristes en créant une salle de dégustation, une épicerie fine, un gîte ou chambres d'hôtes à 800 mètres de la propriété, au cœur du vignoble et d'une partie du troupeau de vaches.

TOUR HÔTEL** €€

14, rue des Rémouleurs
✆ 05 56 73 39 20
www.tourhotelmedoc.fr
Ouvert toute l'année. Chambre double à partir de 59 €. Petit déjeuner buffet de 7 € à 9 €.

Situé à proximité du centre commercial dans la ZAC de Belloc, cet hôtel rénové est particulièrement adapté pour une halte sans mauvaise surprise en famille, ou en amoureux, idéal pour une étape VRP. Fer à repasser, sèche-cheveux, bouilloire, oreiller supplémentaire sont à disposition de la clientèle dans un ensemble confortable et très net. Chaque chambre est aménagée d'un grand lit de 160 ou 140 ou de 2 lits de 90. Pour les personnes arrivant après 21h il est possible de se faire servir un plateau-repas dans la chambre. Services et confort, tout simplement !

LES CYGNES €€

1, route de Luc-Blanc - **GAILLAN-EN-MÉDOC**
✆ 05 56 09 62 15
Chambre simple 57 € ; chambre double 72 € la nuit, 432 € la semaine ; chambre triple 97 €. Petit déjeuner inclus.

Cette chambre et table d'hôtes bio est nichée au cœur d'un parc magnifique, au sein duquel on peut admirer un couple de cygnes. Les chambres sont déclinées selon diverses inspirations : l'océane, l'exotique, la romantique, l'orientale, la zen. Toutes les chambres sont d'environ 20 m² ou plus, donnent toutes sur le parc par une terrasse ou un balcon, ont une salle de bain et des w.c. privatifs, et sont équipées d'une literie de luxe. Le salon possède une belle cheminée pour les soirées fraîches. La terrasse est immense, et le soleil est partout dans la maison.

HÔTEL ROLLAN DE BY €€

3, route Haut-Condissas
BÉGADAN
✆ 05 56 41 27 75
www.domaines-rollandeby.com/l-hotel/
Ouvert toute l'année. Chambre double à partir de 120 €. Petit déjeuner : 12 €.

Tout près de l'estuaire de la Gironde et dans le décor reposant du vignoble Rollan de By, l'hôtel vous ouvre les portes d'une élégante chartreuse de pierres blondes à l'architecture harmonieuse, typique des vignobles bordelais. Dans un lieu unique où tout est reflet de charme, vous découvrirez six suites spacieuses et confortables, dévoilant chacune un univers subtil dans une ambiance feutrée invitant au voyage : lits à baldaquin, meubles anciens, tableaux du XVIIIe, statuettes d'Orient, tapis colorés et objets contemporains. Un endroit précieux et magique.

CHÂTEAU SIPIAN

28, route du Port-de-Goulée
VALEYRAC
✆ 05 56 41 56 05
www.vignobles-mehaye.net
Visite et dégustation le week-end sur rendez-vous.

Le Château Sipian est situé sur une croupe de graves, en bordure de Gironde, rive gauche. De magnifiques palmiers bordent cette propriété viticole de 22 hectares. Frédéric Meyahe, passionné très tôt par la vigne, se consacre depuis plus de 30 ans au vignoble, secondé aujourd'hui par son fils et sa fille. Il a replanté des cépages historiques du Bordelais pour produire des vins de garde ou de plaisir immédiat en rouges, blancs et rosés mono-cépages ou d'assemblages, classiques ou revisités, vinifiés sur le fruit. Ce sont des vins d'exception, festifs et originaux.

© QUENTIN CHÂTEAU SIPIAN

© QUENTIN CHÂTEAU SIPIAN

LES NOISETTINES DU MÉDOC

1, route de la Landette - **BLAIGNAN**
✆ 05 56 09 03 09
www.noisettines.fr
Horaires variables en fonction des saisons, informations sur le site. Visite gratuite.

© NOISETTINES DU MÉDOC

Amateurs de douceurs, ne ratez pas cette visite et surtout la dégustation. L'histoire de sa création est passionnante. Edith, couturière, et Michel Noyez, cuisinier, ont créé dans les années 70, la Noisettine du Médoc dans un vieux chai de 200 ans, à l'époque en ruines, dont ils sont tombés amoureux. Tout le monde craque pour cette gourmandise dont la recette daterait de 1649. La noisette est cuite dans un sirop maison puis enrobée d'un caramel soufflé. Aujourd'hui, cette fabrique familiale est devenue un petit musée qui accueille près de 40 000 visiteurs par an.

THE FRENCH HOME COOKING €€

6, rue du Maréchal Ferrant
SAINT-CHRISTOLY-MÉDOC ✆ 06 62 27 59 53
Ouvert toute l'année. Chambre double à partir de 85 € ; chambre triple à partir de 115 €. Petit déjeuner inclus.

Nathalie et Etienne proposent des chambres d'hôte, aussi belles les unes que les autres, donnant toutes sur le jardin. Seuls les thèmes changent : la « tendance » et sa décoration épurée, la « tradition » et ses lits qui proviennent du château Lafite-Rothschild, la « Médoc » décorée dans l'esprit château et « l'exotique », surtout pensée pour les amoureux et les amateurs de voyages. Vous aurez accès à une salle commune avec cuisine, à un jardin avec des terrasses et un spa extérieur. Des vélos sont à disposition. Le petit déjeuner français est inclus.

L'ATTABLÉE €

5, rue du Bourg
GAILLAN-EN-MÉDOC
✆ 09 54 60 92 98
Haute saison : ouvert du lundi au samedi le midi et le soir. Carte : 25 € environ

Christelle et Philippe ont ouvert leur restaurant pour offrir aux clients une cuisine simple mais faite maison avec des produits toujours frais. Le menu du midi (2 entrées, 2 plats, 2 desserts) change tous les jours et il s'adapte aux saisons : potage en hiver ou poireaux vinaigrette, tartiflette ou faux-filet et fromage de brebis ou île flottante. La salle de restaurant est vaste et la terrasse très vite prise d'assaut. L'accueil agréable, le service efficace et l'excellent rapport qualité-prix du menu font de ce restaurant une très bonne adresse à Gaillan.

CHOUCHOU & CO €€

13, rue des Forgerons
✆ 05 57 75 26 12
Ouvert du lundi au samedi le midi et le soir. Carte : 30 € environ. Formule du midi : 14 €.

Chouchou & Co est situé dans la ZAC de Belloc, on peut se garer très facilement juste devant le restaurant. C'est un établissement vraiment sans prétention et pourtant les gens de Lesparre, ou des environs, en font souvent leur cantine car rien à dire au niveau qualité-prix. Murs rouges, chaises rouges et tables blanches pour la décoration. Pour la cuisine, le chef Eric Van Nieuwenhoven s'applique à travailler des produits simples mais frais, un peu comme à la maison. Les amateurs de viande se feront plaisir avec une entrecôte de 350 grammes...

LE GAILLANAI €€

4, route de Soulac
GAILLAN-EN-MÉDOC
✆ 05 56 09 31 48
Haute saison : du mardi au samedi le midi et le soir et le dimanche midi. Carte : 35 € environ.

Le Gaillanai c'est une maison toute blanche, aux volets bleus, ornée d'une tour et entourée de verdure. On l'aperçoit depuis la route de Soulac et on y vient un peu par hasard car ce restaurant n'a pas fait trop de bruit depuis son ouverture, Covid oblige. La salle est joliment décorée dans un style de bistrot qui mêle mobilier contemporain et mobilier plus ancien. Les tables sont bien espacées et l'été on profite de la terrasse qui donne sur un jardin. La cuisine fait la part belle aux spécialités de la région comme les fricandilles artisanales du Médoc...

© CHATEAU SAINT CHRISTOLY

© CHATEAU SAINT CHRISTOLY

© CHATEAU SAINT CHRISTOLY

CHÂTEAU SAINT-CHRISTOLY

1 bis, impasse de la Mairie
SAINT-CHRISTOLY-MÉDOC
✆ 05 56 41 82 01
www.chateausaintchristoly.com
Ouvert tous les jours de 9h à 12h et de 14h à 17h. Visite gratuite sur rendez-vous.

Cathy prend la relève de 7 générations de viticulteurs sur ce domaine créé en 1850 par un forgeron du village. Elle s'évertue à donner à son vin une note féminine et très personnelle et c'est le seul cuvier de la région peint en rose. Le travail passionné, à la vigne et au chai, permet millésime après millésime d'exprimer magnifiquement les saveurs et les valeurs de ce terroir d'exception. Le château a ouvert au cœur de la propriété ses propres chambres d'hôtes pour 2 à 4 personnes et un loft « Chai Paulette » pour 6 à 10 personnes.

© CHATEAU SAINT CHRISTOLY

© CHATEAU SAINT CHRISTOLY

LA MAISON DU DOUANIER €€

2, route de By
SAINT-CHRISTOLY-MÉDOC
✆ 05 56 41 35 25
www.maisondudouanier.com
Fermé du 1er janvier au 15 mars. Menus de 37 € à 75 €. Menu enfant : 20 €. Formule du midi : 25 €.

Cet ancien bureau de douane, transformé en restaurant depuis des années, est tenu aujourd'hui par une équipe jeune et expérimentée aux CV bien remplis. Cette maison de caractère est merveilleusement bien placée. La salle, décorée dans un esprit de bistrot chic contemporain, est agrémentée de grandes baies vitrées et la terrasse offre une vue superbe sur l'estuaire de la Gironde. La cuisine est à la hauteur des lieux. Le chef travaille de façon inventive des produits frais et de qualité, issus pour certains du potager de la Maison.

LE SAINT ROCH €€

20, place du 11 novembre 1918
QUEYRAC
✆ 05 56 09 86 47
Haute saison : ouvert du lundi au samedi le midi et le soir. Carte : 38 € environ.

Le Saint Roch est installé dans une jolie maison de ville et Myriam et Benoît Brossard ont su se tailler une sacrée réputation dans la région. Il faut dire que ce sont deux professionnels de la restauration, elle en salle et lui derrière les fourneaux. La cuisine traditionnelle est basée sur des produits frais et des plats faits maison jusqu'aux pain, terrines, sauces, etc. Tout est savoureux. L'ardoise varie régulièrement et chacun trouve de quoi se régaler que ce soit de poissons ou de viandes. La carte des vins privilégie notamment les bons crus Médoc.

CHÂTEAU L'ARGENTEYRE

43, route de Courbian
BÉGADAN
✆ 05 56 41 52 34
Ouvert tous les jours sur rendez-vous sauf le samedi et le dimanche.

Ce domaine de la famille Reich est avant tout guidé par la passion. Sur 50 hectares d'exploitation, 25 sont sur le cru bourgeois de L'Argenteyre. Les terres bénéficient d'un climat océanique, ce qui donne des vins de caractère. Les cépages sont composés de 40 % cabernet sauvignon, 40 % merlot, 15 % petit verdot, 5 % carménère. La vinification est réalisée dans des cuves en béton et en inox à une température constante entre 24 et 26°. Après 5 semaines de macération, les raisins sont pressés dans un pressoir hydraulique vertical pour conserver le meilleur du fruit.

CHÂTEAU MOULIN DE L'ABBAYE

6, route de l'Abbaye
ORDONNAC
✆ 05 56 09 00 55
Ouvert du lundi au samedi de 9h à 19h. Sur rendez-vous. Vin bio.

Vignerons depuis 1984, Sylviane et Jean-Pierre Cavanihac sont les heureux propriétaires du Moulin de l'Abbaye depuis 1999. Son nom vient de l'abbaye cistercienne voisine. Le domaine, une petite exploitation familiale, fait 5 hectares. Aux cépages d'origine, cabernet sauvignon et merlot, est venu s'ajouter le malbec, pour enrichir les arômes de ce vin et les diversifier. Ici, tout est bio, aucun produit chimique. Accueil est chaleureux et convivial.

CHÂTEAU TOUR CASTILLON

3, route du Fort Castillon
SAINT-CHRISTOLY-MÉDOC ✆ 05 56 41 54 98
www.vignoblespeyruse.com
Ouvert le mercredi et le vendredi à partir de 10h30. Balade commentée : 20 €/pers et 17 € pour les 6–14 ans.

La famille Peyruse a bien compris ce qu'est l'œnotourisme. Toute l'année elle organise visites et balades commentées dans le vignoble suivies d'une dégustation et d'un casse-croûte médocain mais aussi des « apéros estuaire ». Les visiteurs découvrent les différentes AOC, les étapes du cycle de la vigne, les tâches manuelles et mécaniques du viticulteur. Sur les bords de l'estuaire, la visite continue par les carrelets de pêche et les tonnes à canards. Les participants sont ensuite invités dans le chai rose et gris où trônent deux amphores de sept hectolitres.

L'ECHOPPE

18, rue des Forgerons
✆ 05 57 75 22 09
Haute saison : ouvert du mardi au samedi de 9h30 à 13h et de 14h30 à 19h.

Nathalie Clemenceau a eu la bonne idée d'ouvrir cette épicerie fine. Elle réalise un rêve après avoir connu la grande distribution, l'hôtellerie et le vin. Son Echoppe regorge de bons produits, très souvent artisanaux, dénichés çà et là et pas toujours très connus. Sur les étagères du salé, du sucré, des vins et spiritueux. Parmi les produits frais, les magrets de la Maison Lafitte, le yaourt au lait de brebis en provenance de la laiterie Baskalia d'Espelette, des saucissons à la noisette, au Picodon, au Roquefort, au piment d'Espelette...

L'ENTREPOT

1, rue Vigneau
GAILLAN-EN-MÉDOC
© 05 57 75 00 94
https://lentrepot-cissac-medoc.fr
Ouvert du mardi au samedi de 9h30 à 13h et de 14h à 19h.

Sébastien Coularis a ouvert cet Entrepôt sur la route de Soulac, au nord de Lesparre. Il s'adresse aussi bien aux professionnels qu'aux particuliers pour les conseiller dans leurs choix de vins et, pourquoi pas, leur faire découvrir des petites pépites qu'il déniche régulièrement. Il privilégie bien sûr les médoc et toute la gamme des vins de Bordeaux mais il a également des vins d'autres régions, voire même de l'étranger. A côté, il a une importante palette de bières de producteurs, de rhums arrangés, de whiskies et de cidres sans oublier des produits régionaux.

LA MAISON D'ARTÉMIS

68, rue Jean-Jacques-Rousseau
© 05 56 73 75 84
http://maison-artemis.fr
Ouvert du lundi au samedi de 9h à 19h.

Forte de son expérience bordelaise, Florence Guillot, Strasbourgeoise tombée amoureuse d'un Gascon, officie dans le Médoc en grande prêtresse : torréfactions maison, mélanges pures origines, matés, thés, infusions et plantes médicinales, confiseries, épices, machines à café, théières, bouilloires, tasses et accessoires, etc. La Maison d'Artémis propose même une petite restauration à déguster au pied levé (réservation recommandée, attention !) ainsi que des formules déjeuners végétariennes et des brunches le samedi jusqu'au 15 décembre.

ESCAPE GAME LESPARRE

4, chemin du Pas des sauts
© 05 56 59 27 59
www.escape-game-lesparre.com
Ouvert 7j/7 de 9h à 21h30. Soirs et WE : 3 joueurs 29 €, 4 joueurs 23 €, 5 joueurs 19 €.

On connaît tous le principe de l'escape game : une équipe, un escape room et une heure pour en sortir en résolvant une série d'énigmes, de puzzles et d'épreuves logiques dans des décors originaux. Ce qui les différencie les uns des autres ce sont les thèmes abordés. Ici deux missions : le Chesscape où vous entrez dans l'univers mystérieux et énigmatique du jeu d'échecs même sans savoir jouer aux échecs, ou le Trésor de la buse où vous devrez faire preuve de perspicacité, adresse et rapidité pour être admis dans l'univers impitoyable des pirates et de leur butin.

LISTRAC-MÉDOC ★

Le nom de Listrac vient du latin « lista » ou « listra » qui signifie « lisière, limite ». La commune est à cheval sur la ligne de partage des eaux de la Gironde et des lacs du bord de l'Atlantique. Son histoire a toujours été liée à celle du vin comme en témoignent les liens privilégiés qu'elle entretenait dès l'Antiquité avec les ports de Lamarque et de Cussac, situés sur l'estuaire. L'église aux influences romanes et gothiques a su conserver un cachet intact, l'importance de l'art ne s'arrête pas là. Le peintre Odilon Redon a maintes fois puisé l'inspiration pour ses toiles dans les abords de Listrac, immortalisant même sa maison à Peyrelebade.

VIGNERONS ASSOCIÉS BOUTIQUE GRAND LISTRAC

21, avenue de Soulac
© 05 56 58 03 19
www.vigneronsassocies.com
Ouvert du lundi au samedi de 8h30 à 12h et de 14h à 18h, le dimanche de 10h à 12h30 et de 14h à 18h30.

La cave coopérative Vignerons associés Moulis - Listrac et Cussac Fort Médoc regroupe 42 viticulteurs. Elle distribue du vin en vrac (bib de 10 litres) et les crus de cette mosaïque de terroirs. On trouve également des vieux outils de chais et une sélection de vins blancs d'Alsace, ce qui s'explique par le jumelage de la commune de Cussac avec le village de Sigolsheim. Les vignerons organisent des visites des chais, des installations techniques et des dégustations.

WINE TRUCK AOP MÉDOC ET HAUT-MÉDOC

L'Organisme de Défense et de Gestion qui représente plus de 220 vignerons répartis dans 5 coopératives et 350 chais particuliers, lance un Wine Truck destiné à faire connaître les vins de l'AOC Médoc et Haut-Médoc. Ce camion est une sorte de bar-dégustation itinérant. Il est présent dans différentes manifestations culturelles et sportives, mais il est aussi à la disposition des vignerons souhaitant exposer leurs vins lors de foires, salons et autres rencontres.

MARGAUX ★

Le nom même de ce petit village médocain de 2932 habitants est presque connu sur toute la terre pour ses vignobles et ses châteaux. Ils composent la Route des vins et se distinguent parmi les meilleurs grands crus classés du monde. Un tiers réunis sur cette langue de terre ne représentent qu'un dixième du vignoble médocain. Fleuron des vins de cette appellation : le Château Margaux, premier grand cru classé en 1855. Il ne faut pas oublier l'autre richesse naturelle : l'estuaire où les carrelets esquissent leurs silhouettes élégantes. Margaux est aussi un cadre de rêve pour les sportifs : boucles cyclistes, greens de golf, attelage équestres, etc.

LE PAVILLON DE MARGAUX €€

3, rue Georges-Mandel ✆ 05 57 88 77 54
www.le-pavillon-de-margaux.fr

Ouvert toute l'année. Chambre double à partir de 75 €, suite à partir de 109 €. Petit déjeuner : 12 €.

En plein cœur de Margaux, l'hôtel-restaurant Le Pavillon de Margaux est installé dans un bâtiment du XIXe siècle. C'est un havre de paix qui offre une vue panoramique sur les vignes. Il dispose de 14 chambres décorées en partenariat avec certains châteaux. Le service réceptif organise des animations sur demande : visites et dégustations dans les châteaux du Médoc, balades en VTT, en quads, promenades en calèches, etc. Dans le restaurant, vous découvrirez une cuisine soignée, préparée avec des produits régionaux tout en respectant les saisons.

CHÂTEAU MEYRE*** €€

16, route Castelnau
AVENSAN
✆ 05 56 58 22 84
www.chateaumeyre.com

Chambre double à partir de 120 €, suite à partir de 150 €. Petit déjeuner buffet : 15 €.

Situé en plein cœur du Médoc, le château de Meyre est une belle bâtisse du XVIIe siècle entourée d'un magnifique parc. Les chambres ont un style unique alliant le charme de l'ancien et la modernité. Elles portent toutes le nom d'une déesse grecque, romaine ou celte. Le petit déjeuner est servi en salle ou sur la terrasse. Le Château de Meyre invite également à parcourir son vignoble, visiter ses chais et déguster ses vins. Des salles sont à la disposition des entreprises pour l'organisation de séminaires, d'événements familiaux ou professionnels.

RELAIS DE MARGAUX**** €€

5, route de l'Ile-Vincent
✆ 05 57 88 38 30
www.relais-margaux.fr

Ouvert toute l'année. Chambre double à partir de 117 €, suite à partir de 195 €. Petit déjeuner : 16 €.

Le Relais de Margaux est un ancien château viticole de la fin du XIXe siècle situé dans le Parc Naturel régional du Médoc, au bord de l'estuaire de la Gironde. Les chambres, spacieuses et calmes, sont personnalisées en fonction de leur catégorie. Certaines offrent une belle vue sur le lac ou sur le golf. La décoration reste classique mais les équipements sont totalement modernes. Le restaurant abrité dans un ancien chai, la Brasserie du golf et sa vue imprenable, le spa et le golf complètent l'offre hôtelière pour un séjour de détente dans un lieu hors du commun.

PARENTHESE MARGAUX**** €€

4, cours Pey Berlan ✆ 06 12 19 03 58
www.parentheseamargaux.com

Ouvert toute l'année. Chambre double à partir de 109 €. Petit déjeuner inclus.

Cette grande maison d'hôtes est une parenthèse de calme et de sérénité au cœur des domaines réputés du Médoc. Elle a été entièrement rénovée avec beaucoup de soin et de goût dans un esprit de maison de famille. Elle est composée de trois chambres d'hôtes dont une suite. La véranda, qui abrite un barbecue en pierre, donne sur un jardin de 100 m² équipé d'une grande table d'extérieur, d'une table de ping-pong à l'abri, d'une piscine en bois de 3,50 m sur 2 m ainsi que d'un terrain de pétanque. L'ambiance est conviviale et chaleureuse.

LE CHALET DE SIRAN €€€

13, avenue du comte J.-B. de Lynch - **LABARDE**
✆ 05 57 88 34 04
www.chateausiran.com

Ouvert toute l'année. Pour 6 personnes (3 chambres) : week-end 3 nuits à partir de 650 €, semaine à partir de 1250 €

Situé au cœur du vignoble de Margaux, dans l'enceinte du château de Siran, le Chalet de Siran est un charmant gîte pouvant accueillir jusqu'à 6 personnes. Elégant et confortable, il dispose d'un grand salon avec cheminée, d'une salle à manger, d'une cuisine équipée et de trois grandes chambres contemporaines aux couleurs douces (2 chambres doubles, 1 chambre avec 2 lits simples), une avec salle de bains avec douche à l'italienne attenant à une des chambre doubles, une salle de bains supplémentaire avec baignoire et des toilettes séparées avec lave-mains.

L'INDIGO €

1, rue Georges Mandel
✆ 05 57 88 30 54
Ouvert le lundi et le mardi le midi et du mercredi au vendredi le midi et le soir. Carte : 25 € environ.

Sur la route des vins, cette brasserie-pizzeria est le bon plan pour les familles qui veulent faire un stop juste à côté du château Margaux. Les pizzas sont excellentes, les salades et les burgers copieux. Des plats classiques de brasserie s'affichent tous les jours à la carte et au menu du marché, tout est fait maison, même le tiramisu du chef. On peut aussi juste prendre une tartine, partager une planche de fromages ou de charcuterie si on est plus pressé. La salle de restaurant est lumineuse et la grande terrasse ensoleillée donne sur les vignes.

RESTAURANT L'ILE VINCENT €

5, route de l'Ile-Vincent
✆ 05 57 88 38 30
www.relais-margaux.fr
Chambres à partir de 149 €. Jardin. Terrasse. Piscine extérieur et intérieur, 2 bars.

L'Ile Vincent – le restaurant gastronomique du Relais de Margaux – est installé dans les anciens chais. L'endroit a un charme fou avec ses pierres apparentes et sa terrasse panoramique qui offre une superbe vue sur la nature environnante. Côté table, la magie s'opère grâce à Pascal Dezutter, un chef issu de grandes maisons étoilées (et de l'école Lenôtre). Sa cuisine du terroir est savoureuse, les plats très bien présentés et le service très pro. La carte change régulièrement et ce ne sont pas forcément les mêmes menus le soir. Que du bonheur...

BRASSERIE DES CHÂTEAUX €€

32, avenue de la Ve République
MARGAUX-CANTENAC
✆ 05 57 10 43 72
www.brasseriedeschateaux.com
Ouvert du lundi au samedi le midi et du mercredi au samedi le soir. Carte : 42 € environ.

La Brasserie des Châteaux est situé entre Macau et Margaux, à côté de la très belle église de Cantenac. Le décor est celui d'un bistrot contemporain, l'accueil y est chaleureux et le chef nous invite à voyager en terre médocaine en proposant de traditionnelles recettes du Sud-Ouest. Le menu du midi est d'un bon rapport qualité-prix, proposant une entrée, un plat, un dessert et un quart de vin. L'adresse est fréquentée par les gens du coin, donc si vous êtes dans un périple de découverte des châteaux dans la région, n'hésitez pas une seule seconde et arrêtez vous,

LE CHAPON FIN €€

2, place Aristide Briand
CASTELNAU-DE-MÉDOC
✆ 05 56 58 44 43
Le bar est ouvert dès 7h du matin. Carte : 32 € environ. Formule du midi : 13,80 €.

Ce bar-restaurant ne fait pas de bruit et pourtant les gens du coin comme les touristes qui s'y sont attablés n'en font que des éloges pour l'accueil et la bonne humeur de Diego et pour les talents du chef. Il prépare une cuisine de bistrot, qu'il revisite à sa façon, avec des produits de qualité à des prix très très abordables. Par exemple, les canelés façon profiteroles sont à tomber. La salle style bistrot moderne est claire et rehaussée de rouge. On s'installe en terrasse pour profiter du soleil et du spectacle de la place.

LE HAMEAU DE MARQUIS €€

7, rue de la Trémoille ✆ 05 57 81 13 20
www.marquisdalesme.wine/fr
Fermé de novembre à avril. Ouvert du lundi au vendredi de 12h à 19h. Sur réservation. Planche à partir de 20 €.

C'est au Hameau du Marquis que commence la visite du domaine viticole Marquis d'Alesme Becker. Ce château onirique est marqué par une architecture d'inspiration française et asiatique ce qui en a fait sa renommée autant que son vin, grand cru classé. Le restaurant est le point de départ indispensable à la découverte du domaine, car on y fait la première rencontre avec l'âme de ce lieu d'exception. Dès les beaux jours, on s'attable facilement pour une dégustation des vins accompagnés de planches « carnivores », « planche berger », « veggie » et « desserts ».

LE LION D'OR €€

11, route de Pauillac
ARCINS
✆ 05 56 58 96 79
www.leliondor-arcins.fr
Ouvert du mardi au samedi et les jours fériés le midi et le soir. Carte : 48 € environ.

Michaël Lemonnier, qui a travaillé avec les plus grands comme Thierry Marx par exemple, conserve l'esprit convivial et terroir de cet établissement, tout en ajoutant sa touche très personnelle et en essayant de conserver des prix attractifs. Sa cuisine de marché est simple avec des produits de qualité, frais et de saison. Il exprime son savoir-faire et sa personnalité dans des spécialités maison comme la tête de veau. La décoration est celle d'un joli bistrot de campagne avec de belles boiseries, de grandes glaces et des tables bien nappées.

NOMADE RESTAURANT €€

3, route des Châteaux - **LABARDE**
✆ 05 56 35 92 38
www.restaurant-nomade.fr
Ouvert du mardi au samedi midi et soir. Formule du midi : 35 €. Menu dégustation le soir à 70 € : 6 à 8 séquences.

A la tête de Nomade un jeune couple médocain : Manon à l'accueil et Thibault, le chef, passé, entre autres, par les fourneaux de Thierry Marx à Pauillac. Cette formation lui a inculqué de belles sources d'inspirations. La cuisine est inventive, recherchée et gastronomique. Elle est réalisée à partir de produits frais, issus autant que possible de cultures raisonnées, voire bio, et sublimée par les mariages de saveurs toujours très justes du chef. Côté déco, même si l'endroit n'a rien conservé de son passé ferroviaire il reste atypique, sobre et rénové avec goût.

RATATOUILLE €€

1, place du Général Leclerc
CASTELNAU-DE-MÉDOC
✆ 05 56 90 10 47
Ouvert du mardi au jeudi le midi, le vendredi et le samedi le midi et le soir. Carte : 40 € environ.

Ratatouille... tout le monde connaît le fameux personnage du dessin animé. Ici Ratatouille c'est aussi Rémy... sauf que celui-là a fait ses premières armes au restaurant de l'Institut Culinaire Américain de Paul Bocuse à New York et qu'il a beaucoup appris en voyageant. Sa cuisine, inspirée en grande partie des produits du terroir, varie régulièrement. Tout est fait maison à base de produits locaux et bio. Le menu du midi est d'un excellent rapport qualité-prix. La salle, lumineuse et vaste, est prolongée par une véranda qui ouvre en été sur la terrasse.

WINE BAR MARGAUX

12bis, rue Georges Mandel ✆ 09 67 68 32 90
www.winebarmargaux.com
Ouvert le lundi, mardi, jeudi uniquement le midi, le vendredi et samedi midi et soir. Carte environ 34 €.

Le Wine Bar Margaux est implanté en plein cœur du village de Margaux. La carte des vins offre plus d'une centaine de références de vins de cette exceptionnelle appellation, mais également des haut-médoc, des saint-estèphe, des saint-julien, des pessac-léognan, des pauillac, des saint-émilion grands crus, des pomerols et des vins du monde issus des plus grands vignobles. Pour accompagner ces doux nectars, des formules et une carte où l'on peut se régaler de quelques huîtres, des plats bien préparés, de bons desserts maison ou partager des planches.

CHÂTEAU BRANE-CANTENAC

✆ 05 57 88 83 33
www.brane-cantenac.com
Ouvert du lundi au vendredi de 9h30 à 12h30 et de 14h à 17h. Visite sur rendez-vous.

Château Brane Cantenac est un second cru classé du Médoc en 1855, le domaine est la propriété de la famille Lurton depuis 1925, aujourd'hui, Henri Lurton perpétue les valeurs traditionnelles. Les visites « De la création de la barrique à la naissance d'un vin » permettent de parcourir toutes les étapes d'élaboration d'un grand vin : visite de la Tonnellerie Nadalié, dégustation d'un vin puis déjeuner à La Brasserie le 1902. Ensuite visite du Château Brane-Cantenac et dégustation de 4 vins à différents stades du processus d'élaboration et de 2 vins prêts à boire.

CHATEAU CITRAN

Chemin de Citran - **AVENSAN**
✆ 05 56 58 21 01
www.citran.com
Entrée : 10 €. Gratuit pour les moins de 3 ans. Réservation : https://aliceaupaysdespaons.fr ou 07 60 26 17 52.

Le Château de Citran est un domaine chargé d'histoire. Son cadre est un écrin de verdure, au bord de l'eau, propice aux humains, plantes et animaux. Les paons sont les emblèmes des lieux. Ils incarnent la noblesse de la famille ayant vécu sur ces terres. Les vignes font également partie de ce paysage exceptionnel. Les parcours sont axés sur l'histoire de la propriété mais d'autres circuits sont construits sur des thèmes inédits. C'est une expérience ludique et familiale de 1h30 qui se termine par une dégustation gratuite de vin ou de jus de raisin.

CHÂTEAU GISCOURS

10, route de Giscours - **LABARDE** ✆ 05 57 97 09 09
www.chateau-giscours.fr
7 jours sur 7 entre avril et octobre inclus. Sur rendez-vous. Visite classique-dégustation à partir de 12 €.

Le château Giscours, un des grands noms du vin à Margaux (3e grand cru classé), est un classique de l'art de vivre en Médoc, entre pierres de taille blondes et jardin émeraude. Les 83 ha du vignoble sont entourés de 300 ha de prairies et de forêts. Des visites-dégustation, des pique-niques, ou des déjeuners wine & jazz sont organisés dans les chais et dans le parc. Pour profiter pleinement du cadre somptueux du château, un restaurant gastronomique La Table de Giscours pour des repas privés, trois chambres d'hôtes haut de gamme avec vue imprenable sur les vignes.

CHATEAU KIRWAN

MARGAUX-CANTENAC ✆ 05 57 88 71 00
www.chateau-kirwan.com
Haute saison : ouvert du lundi au samedi. Particuliers sans rendez-vous. Visite à partir de 15 € par personne.

Tout l'esprit de margaux s'exprime dans le château Kirwan, un domaine qui depuis quelques années s'est de nouveau hissé à la hauteur de sa réputation (3e grand cru classé). La contribution de l'œnologue réputé Michel Rolland, puis de Jacques Boissenot a permis de réorienter la vinification de Kirwan pour l'adapter aux goûts d'aujourd'hui. La structure tannique promet de belles années de garde... Le domaine, extrêmement accueillant, vaut le détour pour une visite et dégustation à thèmes ou des pauses gourmandes : brunch, pique-nique ou apéro gourmand.

CHÂTEAU MARQUIS DE TERME

3, route de Rauzan
✆ 05 57 88 30 01
www.chateau-marquis-de-terme.com
Sur réservation. Dégustation (2 vins) à 10 €, visite dégustation à 15 €.

Propriété de la famille Séneclauze depuis 1935, ce 4e grand cru classé de Margaux allie à la fois tradition et modernité. Avec 40 hectares le Château Marquis de Terme élabore des vins envoûtants, charnus et avec des tanins de velours. Découvrez le Château le temps d'une visite guidée suivie d'une dégustation, mais aussi au cours de balades ou d'ateliers très originaux. Le château et le chef Grégory Coutanceau ont ouvert, au cœur du vignoble, un restaurant Au marquis de Terme. Privatisation possible pour des événements professionnels ou des réceptions.

MADEMOISELLE DE MARGAUX

37, rue de la Tremoille ✆ 05 57 88 55 26
www.mademoiselledemargaux.com
Ouvert du lundi au vendredi de 10h à 13h et de 14h à 18h30. Le samedi pour les fêtes de Pâques et de Noël.

La Guinette à l'Armagnac et la griotte au kirsch sont les plus anciennes productions de Mademoiselle de Margaux. Elles combinent fruit frais et liqueur sélectionnée dans un enrobage de chocolat noir. Clin d'œil bien sûr au vin avec les Sarments du Médoc, brindilles de chocolat fin rehaussées de sept différentes notes craquantes et fondantes à la fois ou les Perles du Médoc composées d'un grain de raisin macéré dans un sirop de pêche et d'abricots et enrobées de chocolat noir intense. Les tablettes de chocolat pur ou fourrées conjuguent plaisir et raffinement.

CHÂTEAU LA GALIANE

14, rue Alfred de Luze à Soussans
✆ 05 57 88 35 27
www.scea-rene-renon.com
Visite sur rendez-vous.

Situé sur les terres de Margaux, entre mer et estuaire, le château La Galiane est une propriété familiale depuis cinq générations. Le vignoble de 5 ha est morcelé parmi les grands crus de l'appellation. La famille Renon, qui gère également Château Charmant, fait découvrir avec passion tous les aspects du vignoble, travaillé dans les traditions et le savoir-faire familial. Il est labouré et le désherbage n'est pas chimique, les vendanges se font manuellement, l'élevage est effectué en barrique de chêne, les vins sont collés au blanc d'œuf.

© SOPHIE T

© CHÂTEAU LA GALIANE

MÉDOC / HAUTE GIRONDE

MAISON DU VIN DE MARGAUX

7, place de la Trémoille
✆ 05 57 88 70 82
www.maisonduvindemargaux.com

Ouvert du mardi au vendredi de 10h à 17h30. Vins disponibles à la vente.

La Maison du vin de Margaux dispose d'une très belle cave, tous les vins de l'appellation y sont représentés au prix de la propriété, les 21 grands crus classés en 1855, les crus exceptionnels, les crus bourgeois et les crus artisans, ou prestigieuses appellations. Vous pourrez trouver la carte des châteaux à visiter, des parcours balisés dans les vignobles pour des balades en VTT ou à pied, de nombreux articles liés à l'univers du vin comme les gelées de cépages, les sarments du Médoc, les guinettes ou encore les « demoiselle de Margaux ».

MOULIS-EN-MÉDOC ★

Contrairement à ce que l'on pourrait penser, Moulis ne vient pas du latin « molinis » qui signifie « moulin » mais de « moles », signifiant « ouvrage de terrassement ou de maçonnerie ». Peut-être parce que Moulis est un site habité depuis fort longtemps, comme l'atteste la découverte des vestiges d'une villa du Ier siècle et d'une chapelle paléochrétienne. Si son église romane fortifiée mérite le coup d'œil, rares bénitiers et pierre tumulaire de la mère de Pey Berland, c'est aussi pour les vins qu'on s'arrêtera ici. Moulis est la plus petite appellation Médoc par sa surface – 610 ha sur un bandeau de 8 km – soit 4 % de la totalité du vignoble médocain.

MAISON DU VIN DE MOULIS EN MÉDOC

423, avenue de la Gironde ✆ 05 56 58 32 74
http://moulis.com/la-maison-du-vin

Basse saison : du lundi au vendredi de 9h à 12h30 et de 14h à 18h. Haute saison : du mardi au samedi de 10h à 18h.

Sur la place ombragée du hameau de Grand Poujeaux, la Maison du Vin de Moulis-en-Médoc met en avant cette terre d'histoire et de légende, composée de 600 hectares de vignes en production réparties chez 49 viticulteurs. L'AOC Moulis en Médoc date de 1938. Elle constitue la plus confidentielle et la plus ancienne des appellations viticoles du Médoc. La Maison commercialise des vins et des objets autour du vin. Elle donne également des informations sur l'œnotourisme.

LA BOULE D'OR €€

212, avenue de la Gironde
✆ 05 56 58 09 03
www.labouledor.eu

Ouvert toute l'année. Du mardi au samedi le midi et le soir. Carte : 40 € environ. Vin au verre.

Niché au cœur de la plus petite appellation du Médoc, le restaurant La Boule d'Or mérite vraiment que l'on s'y arrête pour déjeuner en famille ou dîner à deux. Une belle et grande terrasse l'été, une salle avec cheminée et feu de bois l'hiver, des tables bien nappées et surtout un bon chef ! La cuisine est simple et traditionnelle : salade et Saint-Jacques fraîches poêlées au vinaigre de framboise, côtes d'agneau grillées (4 pièces) et profiteroles au chocolat maison. Les viandes sont grillées dans la cheminée et tout est fait maison, même les frites...

CHÂTEAU BISTON-BRILLETTE

91, route de Tiquetorte
✆ 05 56 58 22 86
www.chateaubistonbrillette.fr

Ouvert du lundi au vendredi de 9h à 12h et de 14h à 18h, le samedi de 10h à 12h. Visites sur rendez-vous.

Serge et Jean-Paul Barbarin produisent sur les 26 hectares de vigne une appellation Moulis qui se partagent entre des terroirs de graves qui apportent finesse et élégance et des terroirs argilo-calcaires plus forts et plus colorés. Lors des visites, on découvre l'élevage traditionnel du vin en se promenant parmi les installations, le chai et le cuvier. La visite s'achève par une dégustation où vous pourrez apprécier le château Biston-Brillette ou le château Biston, second vin du domaine, qui sont tous deux à des prix très abordables.

CHÂTEAU MAUVESIN-BARTON

✆ 05 56 58 41 81
www.mauvesin-barton.com

Visites sur rendez-vous, du lundi au vendredi sauf pendant les vendanges. Visite à partir de 7 € par personne.

Le château Mauvesin date du XVe siècle. Il appartient aujourd'hui à la famille Barton-Sartorius, également propriétaire des châteaux Léoville Barton et Langoa Barton, deuxième et troisième grands crus classés à Saint-Julien. L'endroit est absolument magique avec son étang et son magnifique grand parc. Au cours des trois visites différentes, vous foulerez le sol du moderne et des chais à barriques. Vous serez surpris par la salle de dégustation qui le surplombe. Quant au vin, juste excellent, et ne demande qu'à être dégusté...

RANDONNÉE

Fontaine et table de pique-nique à mi-parcours. Parking devant l'église.

Pour parfaire la visite de Moulis-en-Médoc, il vous faut parcourir pendant 3 heures un chemin pédestre avec moins de 10 % de routes goudronnées. Plus de 12 kilomètres s'étendent sur une partie de la commune à travers les vignobles, menant au musée de la Vigne et du Vin, à la fontaine de la Raze, au moulin de Tiquetorte datant du Xe siècle et à l'église Saint-Saturnin. Il est possible de faire une halte dans les nombreux châteaux et pourquoi pas déguster un ou plusieurs crus. Ce chemin fait partie de la route de Saint-Jacques-de-Compostelle.

PAUILLAC ★

A mi-chemin entre Bordeaux et la pointe de Grave cette petite ville se partage entre le vignoble et le fleuve. Posée sur l'estuaire de la Gironde, la commune abrite 100 propriétés viticoles, dont 18 grands crus classés, incluant les trois premiers mondialement connus : château Lafite-Rothschild, Latour et Mouton-Rothschild. Pauillac. Une longue tradition de navigation se perpétue dans son port de pêche et de plaisance. Depuis la superbe façade des XVIIIe et XIXe siècles des quais de la ville, on aperçoit les carrelets – les typiques cabanes de pêcheurs –, les bateaux « libellules » partant à la pêche et les îles disséminées au milieu de l'estuaire.

CHÂTEAU PICHON BARON

✆ 05 56 73 17 17

www.pichonbaron.com

Ouvert toute l'année. Visites sur réservation. Adulte : 25 €.

Situé au sud de la commune de Pauillac, le Château Pichon Baron, aux deux tourelles emblématiques, est un grand cru classé depuis 1855. La création du domaine remonte à la fin du XVIIe siècle, mais il a été remanié au XIXe siècle. A ses pieds un miroir d'eau et sous ses reflets argentés se cache un chai à barriques enterré digne du Nautilus, en raison de ses ouvertures vers l'eau et le ciel. Ce chai produit des vins d'excellence. Le domaine est ouvert à la visite : découverte d'une bâtisse exceptionnelle, des vignes, des chais et dégustation.

LA GROTTE D'ARTIGUES

✆ 05 56 73 30 50

www.pauillac-medoc.com

Gratuit. Petit patrimoine rural.

La grotte d'Artigues est surplombée par une statue de la Vierge, réplique de la célèbre grotte miraculeuse de Lourdes... Ce clone médocain aurait été construit en 1897 par Anne-Françoise Averous, propriétaire d'un vignoble à Pauillac. La légende dit que les demoiselles Averous échangeaient chaque année un tonneau de leur vin contre un tonneau d'eau bénite de Lourdes afin d'en arroser la vigne. On peut pique-niquer à l'ombre de grands arbres et surtout ne vous privez pas d'un petit rafraîchissement à la fontaine, son eau est peut-être miraculeuse !

Vignes - Pauillac - Médoc.

ÎLE DE PATIRAS

Face au n° 2 quai des Chartrons
✆ 05 56 39 27 66
https://croisiere-bordeaux.com
Horaires sur le site. Départ à partir de 20 personnes. 28 € pour l'escale à Patiras et visite guidée du phare.

On embarque à Blaye ou Cussac-Fort-Médoc. Après une navigation commentée sur l'estuaire, un passage entre les îles de la Gironde, les châteaux des grands crus classés du Médoc et une escale sur l'île Margaux avec pique-nique et dégustation de vins, la balade se termine sur l'île de Patiras. Après avoir gravi les nombreuses marches du phare, vous accéderez à un belvédère et à une vue magnifique par beau temps. Autre version : déjeuner de mai à octobre sur la terrasse du Refuge. Vous reprendrez ensuite la navigation jusqu'au port de départ.

OFFICE DE TOURISME DE MÉDOC VIGNOBLE

La Verrerie
✆ 05 56 59 03 08
www.medocvignoble.com
Horaires sur le site.

La Maison du Tourisme et du Vin est incontournable pour l'organisation de circuits de découverte, la visite des châteaux, trouver un hébergement ou un restaurant. Elle propose des projections sur le Médoc et l'Estuaire et dispose d'une véritable boutique-vinothèque, avec près de 300 vins issus des 8 appellations Médoc, vendus à l'unité et à prix châteaux ! On peut déguster quelques médocs lors des rencontres avec les viticulteurs ou acheter quelques cadeaux en lien avec le vin.

L'ATELIER VÉLO BY FUNBIKE

6, place du Sauvignon
✆ 05 56 09 76 62
www.funbike.fr
Ouvert de Pâques à fin octobre (jours et horaires variables). De 14 € à 21 €/adulte ; de 10 € à 17 €/enfant.

Visiter les vignobles du Médoc en vélo, à deux, entre amis ou en famille ? C'est une bonne idée. Pour un après-midi dans les vignes ou pour la journée ou plus, rien de plus simple ! Rendez-vous au village de Bages, louez, pédalez et vibrez ! C'est d'ailleurs la devise de l'atelier du vélo by Fun Bike (le spécialiste de vélo de Carcans-Maubuisson). Ici, on loue, vélos classiques ou électriques, tandems et vélos enfants. On vend également des accessoires et on répare.

LES GABARREYS**** €

Route de la Rivière
✆ 05 56 59 10 03
www.campinglesgabarreys.com/
Fermé d'octobre à mars. Emplacement à 16,50 €. Mobil-homes pour 4 personnes à partir de 280 € la semaine.

Ce camping est idéal pour les amoureux de la nature à la recherche de calme et d'air pur. Il est doté d'un spa extérieur et d'un sauna sec vitré (accessible aux personnes à mobilité réduite), bénéficiant tous deux d'une superbe vue sur l'Estuaire. Les emplacements pour tentes et caravanes de plus de 100 m² sont délimités dans un environnement arboré et fleuri. Côté hébergement des mobil-homes avec terrasse en bois couverte. Ce camping situé au cœur du prestigieux vignoble médocain est dans un site exceptionnel, à deux pas des grands châteaux.

LE CŒUR DES VIGNES €€

19, chemin des Marronniers
✆ 06 26 90 36 40
www.coeurdesvignes.com
Chambre double à partir de 122 €, chambre triple à partir de 165 €. Petit déjeuner inclus.

N'avez vous jamais songé à prendre quelques jours de repos au cœur des vignes ? C'est faute de connaître Le Cœur des Vignes, situé entre Pauillac et Saint-Julien Beychevelle, avec ses cinq chambres d'hôte de charme aménagées dans une belle demeure de maître, cossue, donnant sur un sublime jardin. Toutes ont une décoration différente, mais la chambre Cépages Noir et Blanc est vraiment très originale et très chic. Les maîtres des lieux, Pascale et Alex, vous feront partager leur amour du terroir et des produits de région en vous invitant à leur table d'hôte...

HÔTEL DE FRANCE ET D'ANGLETERRE*** €€

3, quai Albert-Pichon
✆ 05 56 59 01 20
www.hoteldefrance-angleterre.com
Chambre double à partir de 95 €. Petit déjeuner buffet ou en chambre : 11 €.

L'hôtel de France et d'Angleterre est superbement bien placé, face au quai de Pauillac. Les terrasses en façade permettent de profiter des rayons du soleil et d'une vue imprenable sur l'estuaire de la Gironde. Les chambres sont réparties en deux catégories : Standard avec vue sur le jardin ou sur le port, et Confort dotées en plus d'un balcon ou d'une terrasse privative. Leur décoration est moderne et épurée. La qualité des services et l'attention du personnel sont excellentes.

CHÂTEAU CORDEILLAN-BAGES**** €€€

Route des Châteaux ✆ 05 56 59 24 24
www.cordeillanbages.com

Ouvert de mi-mars à mi-novembre. Chambre double à partir de 250 €. Petit déjeuner buffet ou en chambre : 27 €.

Cette ravissante chartreuse du XVIIe siècle abrite un hôtel de charme composé de 5 catégories de chambres au style moderne, les meubles et les luminaires sont signés par de grands designers. Des œuvres d'artistes reconnus tels, entre autres, que Pierre Alechinsky ou Antoni Tapiès ornent les murs. Au Café Lavinal, on apprécie une table gourmande et généreuse. La carte des vins, riche de plus de 1 800 références, rassemble des grands crus du Bordelais et des vins d'ailleurs.

LES FERMIERS TOQUÉS €

Zac les Beauchênes
CISSAC-MÉDOC
✆ 09 87 30 30 67

Ouvert du mardi au jeudi le midi et le vendredi et le samedi le midi et le soir. Formule : 16 €.

La Maison des producteurs du Médoc réunit une vingtaine d'associés ou adhérents actionnaires, auxquels s'ajoutent 20 à 30 producteurs qui les approvisionnent régulièrement de fruits et légumes, viande et volaille, fromages, pâtes, farine, œufs, produits laitiers, huîtres, miel et confitures, jus de fruits, vins et alcools... Elle accueille aussi un restaurant où la cuisine est réalisée sur place et uniquement avec les produits locaux. Les producteurs-associés se sont entourés de professionnels de la restauration pour mener à bien ce concept unique en France.

LA TOQUE FERMIÈRE €

Chemin de Beauchêne
CISSAC-MÉDOC
✆ 05 57 75 38 81

Ouvert du mardi au samedi le midi. Formule du midi : 17 €.

La Toque Fermière est jumelée avec le Magasin de Producteurs, du coup le chef n'a pas à aller très loin pour faire son marché et il est sûr que les produits des exploitations fermières du coin sont ultra frais. Un gage de qualité pour celles et ceux qui choisissent de s'attabler ici, car tout est fait maison. Le menu du jour dépend bien sûr des arrivages. L'espace de restauration est clair, agréable et décoré de façon soignée dans un esprit de bistrot contemporain avec quelques tables et chaises hautes. Rapport qualité prix il n'y a rien à dire.

CAFÉ LAVINAL €€

Place Desquet
✆ 05 57 75 00 09
www.jmcazes.com/en/cafe-lavinal

Fermé du 20 décembre jusqu'à mi-février environ. Ouvert tous les jours le midi et le soir. Carte : 44 € environ.

Le Café Lavinal tient son nom de Berthe Lavinal, la grand-mère de Jean-Michel Cazes, le propriétaire du Château Lynch-Bages, situé juste à côté, et grande figure du vignoble bordelais. Gabriel Gette, a pris en main ce bistrot chaleureux et convivial. La cuisine bistronomique est élaborée avec des produits frais de la région. La carte des vins comporte plus de 120 références de vins de Bordeaux et d'ailleurs. Le service de vins au verre permet de découvrir jusqu'à 8 vins rouges... La terrasse ensoleillée est appréciée pour sa vue.

© CAFÉ LAVINAL @JEROME MONDIERE

© CAFÉ LAVINAL

LA CAMBUSE €€

2, quai Léon-Perrier
✆ 05 56 59 28 90
Ouvert du mardi au samedi le midi et le soir et le dimanche midi. Carte : 30 € environ.

Le cadre de La Cambuse, dans une ancienne cave voûtée en pierre, est original et apprécié les jours de canicule. Chaises et tables bistrot se répondent de chaque côté de la petite allée centrale. La terrasse, très agréable, n'est pas immense aussi est-il prudent de réserver. Le chef fait son marché chez les producteurs du coin pour dénicher des produits de qualité et de saison. Un menu du jour, des suggestions à l'ardoise traditionnelles et une courte carte où la tendance bistronomique s'affirme. Les vins soigneusement choisis permettent de belles découvertes.

BRASSEURS & FRERES

1, chemin de Radet
✆ 07 84 97 37 95
www.brasseursetfreres.com
Ouvert le jeudi de 13h à 17h30. Tous les jours sur rendez-vous.

Patrick et William Ludger sont deux frères natifs de Pauillac. Après des carrières différentes et bien remplies, ils décident de créer leur brasserie artisanale au cœur du Médoc, comme une sorte de retour à la terre qui les a vus naître. Ils travaillent avec des produits de qualité, issus de l'agriculture biologique française tout en privilégiant aussi le local. La gamme Premium est régionale avec des références locales, dont les animaux bien connus des Médocains : la Tourterelle est blonde, la Biche ambrée et la Civelle (autre nom de la pibale) blanche.

CHÂTEAU LAFITE-ROTHSCHILD ★

17, rue Rolland
✆ 05 56 59 26 83
www.lafite.com
Ouvert du lundi au vendredi de 14h à 15h30. Visites sur rendez-vous. 15 personnes maximum.

Les vins de la noble maison Lafite ont certainement pris leur essor lorsqu'un médecin bordelais prescrit au roi Louis XV ce vin comme étant le meilleur et le plus agréable des toniques. Cette bâtisse du XVIIIe siècle est ornée d'un riche mobilier Napoléon III mais la principale curiosité c'est le chai circulaire réalisé par l'architecte Ricardo Bofill. Alliant esthétique et fonctionnalité, les bâtiments de travail font la renommée mondiale de ce premier grand cru classé.

CHÂTEAU LATOUR

Saint-Lambert
✆ 05 56 73 19 80
www.chateau-latour.com
Ouvert du lundi au vendredi de 9h à 12h30 et de 14h à 17h. Visite sur rendez-vous en priorité pour les professionnels.

Château Latour, créé en 1680, fait partie des plus anciens vignobles du Médoc. Depuis les limites de la plantation n'ont pas changé, un fait plutôt rare pour une propriété viticole. Même pérennité quant à sa prestigieuse notoriété acquise dès le début du XVIIIe siècle grâce à l'action de son propriétaire le marquis de Ségur est confirmée en 1855 lorsqu'il fut classé premier grand cru. Au centre des 47 ha de l'enclos, la tour, ronde et blanche, construite au XVIIIe siècle, veille fièrement sur le domaine, à quelques dizaines de mètres de l'estuaire seulement.

CHÂTEAU PICHON LONGUEVILLE COMTESSE DE LALANDE

Route des châteaux
✆ 05 56 59 19 40
www.pichon-lalande.com
Ouvert tous les jours de 9h à 12h30 et de 14h à 18h30. Visite et dégustation sur rendez-vous.

Créé dans les années 1690, ce domaine familial est un Grand Cru classé de 1855. La demeure, construite en 1840 par l'architecte Duphot à la demande de la Comtesse de Lalande, est d'un style restauration de grande pureté. Son parc à bosquet de lauriers et sa roseraie sont représentatifs de la période romantique. Ne pas manquer de visiter ses cuviers, ses chais et sa magnifique collection de verres anciens et contemporains. Les vins sont faits d'élégance, de complexité et de charme.

CHÂTEAU PONTET-CANET

Château Pontet-Canet
✆ 05 56 59 04 04
www.pontet-canet.com
Ouvert du lundi au vendredi. Visite sur rendez-vous uniquement.

Les vignobles du château Pontet Canet se situent au cœur de l'appellation Pauillac, au sud des terres de Moutons Rothschild. En visitant le château, vous pourrez peut être apercevoir les chevaux arrivés pour cultiver la vigne. La méthode ancestrale homme-animal permet le respect des ceps de vigne et du terroir. Les vendanges manuelles sont réalisées avec des cagettes et non des paniers, ainsi, le transfert du raisin se fait directement du pied de vigne à la table de tri. Ce grand cru classé en 1855 a le label agriculture bio et biodynamie.

LA FERME D'HORTÉLIE

12, route de la Garosse
SAINT-SAUVEUR
✆ 06 33 88 65 43
http://fermehortelie.fr
Ouvert toute l'année.

La Ferme d'Hortélie produit des plantes aromatiques et médicinales sur environ 1,5 hectare. Elles sont transformées en tisanes, hydrolats, baumes de soins, savons, huiles infusées, mélanges culinaires, sels et sucres aromatiques, vinaigres aromatiques, pickles sauvages. Tout est fait à la main dans le respect de la saisonnalité des plantes et en favorisant une démarche de qualité. La Ferme organise en Dordogne des week-ends sur des thèmes variés : les plantes du printemps, Litha, célébrer la lumière de l'été, les plantes de l'été, de l'automne, etc.

LE PIAN-MÉDOC

La commune de Pian Médoc, au centre de l'appellation Haut Médoc, est mitoyenne de l'appellation Margaux. Sur ses terres viticoles les châteaux Sénéjac, Malleret et Bellegrave du Poujeau, fleurons du patrimoine. Entre vignes et forêts, tout aussi prestigieux, son golf classé parmi les 15 premiers parcours d'Europe. Son patrimoine religieux n'est pas en reste avec une belle église du XIIe siècle restaurée aux XIXe et XXe siècles. A voir également, l'ermitage Lamouroux fondé en 1774 par la famille du même nom. Durant la Révolution, elle offre un abri aux des prêtres réfractaire. La congrégation religieuse de la miséricorde en est propriétaire aujourd'hui.

CHÂTEAU MALLERET

470, chemin de Malleret
✆ 05 56 35 05 36
www.chateau-malleret.fr
Ouvert du lundi au vendredi de 9h à 12h et de 14h à 17h. Visites sur rendez-vous.

Le Château Mailleret, classé Cru Bourgeois Exceptionnel, est aux mains de la même famille depuis plus de 160 ans. Sa construction remonte au XVIe siècle, mais il devient une propriété viticole au XVIIIe siècle. Il est entouré du plus bel arboretum de la région. D'autre part, il fut longtemps un haras de renommée européenne. Le chai a été rénové et on admire la magnifique charpente en chêne en forme de coque de bateau renversée, mettant en évidence l'alignement des barriques. Le Château a planté des oliviers et se lance dans la production d'huile d'olive...

GOLF DU MÉDOC RESORT €€

Chemin de Courmateau
✆ 05 56 70 31 31
https://golfdumedocresort.com/
Ouvert tous les jours le midi et le soir. Carte : 45 € environ. Chambres doubles à partir de 139 €.

Le restaurant est situé dans l'enceinte du Golf du Médoc Resort. Tous les golfeurs ont besoin de se restaurer et Le Club est là pour répondre à leurs attentes mais aussi à celles des non-golfeurs. La salle est un espace clair où l'on respire d'autant mieux qu'on apprécie la vue sur la terrasse qui donne sur le parcours des Châteaux. Le menu du marché n'est servi que les soirs. Le restaurant a sa propre cave Millésimes qui renferme de grands crus classés mais aussi des bouteilles à des prix beaucoup plus abordables. On peut dormir sur place à l'hôtel spa du golf.

L'OREPOL €€

516, route de Pauillac
✆ 05 56 45 61 13
www.lorepol.eatbu.com
Ouvert du lundi au jeudi le midi, le vendredi midi et soir et le samedi soir. Menu-carte 25 € à 31 €.

Pas vraiment engageant de s'arrêter déjeuner dans un restaurant qui jouxte une station-service… Il faut pourtant laisser tomber les a priori, car l'Orepol est loin d'être un routier. C'est un véritable restaurant où les plats sont préparés à base de produits frais. Derrière les fourneaux, Fabian cuisine avec passion et originalité que ce soit les poissons ou les viandes. Il apporte aussi beaucoup de soin à la présentation des assiettes. Le menu-carte, assez court, change en fonction des saisons. En salle Aurélie accueille toujours les clients avec un large sourire.

GOLF DU MEDOC

Chemin de Courmateau ✆ 05 56 70 11 90
www.golfdumedocresort.com
Ouvert toute l'année. Tous les jours de 8h à 19h. Tarifs 18 trous à partir de 64 €. 2 seaux à 7 €. Restauration. Hôtel.

Niché au cœur de 200 hectares de nature, le Golf du Médoc Resort comporte 2 parcours de 18 trous. Le parcours des Châteaux dans un paysage de bruyères, d'ajoncs et de genêts, oblige les joueurs à se surpasser. Le parcours des Vignes, en terrain plat typique des Landes avec ses pins maritimes, reste accessible aux joueurs de tout niveau. Classé parmi les 100 meilleurs golfs d'Europe, ses 2 parcours accueillent régulièrement des Championnats internationaux. Le complexe hôtelier dispose d'un hôtel 4 étoiles, d'un restaurant gastronomique et d'un espace spa.

LE PORGE ★

Si le village du Porge en lui-même n'a pas la vie trépidante de ses voisins (Lacanau pour n'en citer qu'un), il constitue un havre de paix agréable et reposant, même au cours de la saison estivale. Le littoral, préservé des constructions sauvages, s'ouvre sur les emblématiques plages océanes dont l'immense plage naturiste La Jenny. Il existe deux pistes cyclables, des sentiers de randonnée pour tous les niveaux. Au rayon des curiosités, on peut aussi séjourner dans la forêt. Et puis il y a la petite allée commerçante (l'avenue du Gressier) qui mène jusqu'à la plage centrale. C'est une sorte de grand-rue sortie digne des villages de westerns...

PARENTHESE NATURE FERME PEDAGOGIQUE

52, route de la Jenny
✆ 06 40 94 73 76
Ouvert du samedi au jeudi de 10h à 13h30 et de 15h30 à 18h30. Adulte : 7,90 €. Enfant : 6,90 €.

Que vous soyez en famille ou en groupes, venez voir les animaux de la ferme installés dans leurs grands enclos. Curieux de nature, ils s'approcheront pour collecter caresses et maïs que vous trouverez à l'accueil. L'animatrice donnera toutes les explications, n'hésitez pas à la questionner. Les plus jeunes pourront câliner les cochons d'Inde et les lapins. Faire des balades à poney autour des enclos. A disposition aussi glaces et boissons fraîches. Aires de jeux et de pique-nique.

OFFICE DE TOURISME MEDOC PLEIN SUD

Avenue du Gressier
✆ 05 64 31 07 77
www.medocpleinsud.com
Horaires d'ouverture sur le site.

Le Porge, différent par nature. Plus tout à fait Médoc Atlantique, et pas encore Bassin d'Arcachon, Le Porge vit dans une perpétuelle dualité, évolue tout en préservant les richesses naturelles de son territoire, tourné vers l'océan et vers la forêt, avec des activités de surf, des balades, des pistes cyclables, des randonnées, de l'aqua-détente... L'office de tourisme du Médoc Plein Sud vous accueille et reste à votre service pour vous renseigner sur les vacances nature.

LA DUNE €€

26, route du Porge
LE TEMPLE
✆ 05 57 18 79 38
https://ladune-resto.fr
Ouvert tous les jours le midi et le soir. Carte : 25 € environ.

La Dune est un restaurant multi-activités. Il offre une parenthèse aux familles en quête de relâche car tout est prévu : bac à sable et coin jeu pour les enfants. Pour les parents : des animations et des ateliers à thème. Côté resto, on s'attable dans une ambiance de guinguette chaleureuse, gourmande et festive à la fois. Le concept est simple et convivial : vous passez commande en salle, sur la terrasse ou carrément les pieds dans le sable pour découvrir les plats et tapas de Fabian Florin. Ce chef ne travaille que les produits frais, locaux et de saison.

SAINT-ESTÈPHE

Cette commune est mondialement connue pour ses monuments de délectation que sont les vins de l'appellation saint-estèphe. On considère que les premières vignes ont été plantées à l'époque romaine, mais c'est à partir du XVIIe siècle que le domaine s'est agrandi grâce au drainage des terres marécageuses. Le vignoble stéphanois occupe environ 1 230 ha. Les cépages principaux qui rentrent dans la composition du vin Saint-Estèphe sont le merlot, le cot, le petit verdot, le cabernet-franc, le cabernet-sauvignon, le carmenère. Au milieu des vignes le bourg est dominé par son église du XVIIe siècle. De l'ancien port on admire le vaste panorama sur la Gironde.

CHÂTEAU SOCIANDO-MALLET

Route de Mapon - **SAINT-SEURIN-DE-CADOURNE** ✆ 05 56 73 38 80
www.sociandomallet.com
Horaires variables en fonction des saisons, informations sur le site. Visites uniquement sur rendez-vous.

Jean Gautreau, totalement étranger au monde de Sociando, a consacré plus de 50 ans à réunir amoureusement 85 hectares de vignes leur offrant pour sol des graves profondes. Suite à sa disparition, sa fille Sylvie prend les rênes en 2015, avec son équipe. Sur place une boutique, des visites gratuites avec dégustation et un parcours de 4 km à la découverte de 5 cabanes de vignerons rénovées. Un gîte de charme, à 3 km du domaine, peut loger quatre personnes.

INTERVIEW

CHATEAU SOCIANDO-MALLET

L'AMOUR DE SOCIANDO DE PÈRE EN FILLE

Derrière le château Sociando-Mallet se cachait Jean Gautreau, ancien professionnel du tennis, né à Lesparre et amoureux du vin. Il a acheté le domaine en 1969 et l'a agrandi au fil des ans. Sa fille Sylvie prend les rênes en 2015.

Le château produit trois vins d'appellation Haut Médoc dont une cuvée un peu particulière nommée Jean Gautreau ?

C'est un hommage à Jean Gautreau qui a consacré plus de 50 ans de sa vie au vin et à cette propriété viticole. C'est un vin de grande garde, à la maturité plus tardive et plus riche en cabernet sauvignon. On ne produit que 4 500 bouteilles par an sur 450 000.

Sa fille Sylvie a-t-elle changé les méthodes ?

Elle a grandi à Sociando et elle pratique une viticulture proche de la nature, se rapprochant de la philosophie de son père avec, peut-être, une touche plus féminine. Elle participe à toutes les étapes de la vinification.

Comment se déroulent les visites gratuites du domaine ?

Après un rappel historique la visite se poursuit dans les vignes, le cuvier, les chais avec des explications sur le travail de la vigne et du vin. Elle se termine par la dégustation de deux vins dans une salle ouverte sur une terrasse qui domine le vignoble et le fleuve.

Vous proposez également un parcours original ?

Cinq cabanes qui servaient d'abri aux vignerons ont été restaurées. Un circuit pédestre et libre de 4 kilomètres a été balisé à travers le vignoble pour les découvrir. On termine la balade par un carrelet de pêche.

Le domaine possède aussi un gîte ?

C'est une belle maison girondine en pierre, entièrement rénovée. Elle est située au bord du fleuve au Port de la Maréchale et c'est un véritable havre de paix.

CHÂTEAU SOCIANDO-MALLET
Route de Mapon
SAINT-SEURIN-DE-CADOURNE
✆ 05 56 73 38 80 / 05 56 73 38 30
www.sociandomallet.com

© SOCIANDO MALLET

© SOCIANDO MALLET

© SOCIANDO MALLET

CAVE LA PAROISSE

2, rue Clément-Lemaignan
SAINT-SEURIN-DE-CADOURNE
✆ 05 56 59 31 28
Horaires variables en fonction de saisons.

© LA PAROISSE

Créée en 1935, la cave coopérative de vinification La Paroisse produit du Haut-Médoc sur 55 hectares et 200 000 bouteilles par an. Les vignobles bordent au sud la grande appellation de Saint-Estèphe et s'étendent à l'est sur les croupes graveleuses. Vous trouverez dans cette cave les vins La Paroisse, Le Grand Paroissien, le Petit Paroissien, la Petite Paroisse, l'Elite de la Paroisse et le rosé de la Paroisse. Ce sont des vins rouges amples aux tanins bien fondus avec une bonne persistance en final. Ils sont conditionnés en bouteille et en outre de 5 litres.

CHÂTEAU LA HAYE

1, route de Saint-Afrique-Leyssac
✆ 05 56 59 32 18
www.chateaulahaye.com
Ouvert d'avril à septembre de 10h à 17h sauf le dimanche. Adulte : 15 €.

C'est une propriété pleine de romance : les initiales de Diane de Poitiers et de Henri II sont gravées dans la pierre du château ce qui laisse supposer que la demeure était le lieu privilégié de leurs rendez-vous... La visite guidée est très enrichissante. Pour finir, vous irez dans une salle élégante dédiée à la dégustation, où certains produits sont proposés à la vente, estampillés Château La Haye, comme des sets de table, des tabliers, des cartes postales. Le château est aussi un lieu d'animations : il participe aussi tous les ans au Marathon du Médoc.

CHÂTEAU ORMES DE PEZ

29, route des Ormes de Pez
✆ 05 56 59 30 05
www.jmcazes.com
Ouvert du lundi au vendredi de 9h30 à 13h et de 14h à 18h30. Visite guidée.

Le vignoble du Château Ormes de Pez s'étend sur 37 hectares et il est entouré d'un très beau parc où l'on aperçoit un noyer qui semble couché sur l'herbe. Cet arbre centenaire a résisté à la tempête de la fin du siècle dernier, en revanche ne cherchez pas les ormes ils ont disparu depuis bien longtemps. La visite dure une heure et elle est suivie par la dégustation d'un Grand Cru Classé. Le Château Ormes de Pez propose une maison d'hôtes de cinq chambres élégantes avec une superbe vue sur la propriété ou le vignoble. La maison peut être entièrement privatisée.

CHÂTEAU TOUR SAINT FORT €€

1, route de la Villotte ✆ 05 56 59 38 19
https://chateautoursaintfort.com/
Ouvert toute l'année. Chambre double à partir de 140 €. Petit déjeuner inclus.

Le Château Tour Saint-Fort est entouré de son propre vignoble de 10 hectares. Ce bâtiment historique du XVIIIe siècle a été entièrement rénové en 2017 et il marie parfaitement histoire et modernisme. A l'étage 5 chambres, spacieuses et confortables, dévoilent tout un univers différent invitant au voyage dans une ambiance plutôt cocooning. Le petit déjeuner continental est composé d'un assortiment de produits bio. Lors de votre séjour, vous aurez la possibilité de visiter les chais et de déguster des vins de la propriété issus d'une viticulture raisonnée.

GÎTE LE THÉÂTRE €€

4, rue de la Fontaine
SAINT-SEURIN-DE-CADOURNE
✆ 06 63 73 37 27
www.le-theatre-du-medoc.com/
Ouvert 15 janvier au 15 décembre. Gîte à partir de 2 100 € la semaine.

Gina et Agnès ont investi l'ancien théâtre de la commune pour ouvrir un gîte pouvant accueillir 10 personnes et composé de 5 chambres. Elles sont joliment décorées et les salles de bains sont contemporaines avec leur douche à jets. Vous aurez le choix entre le gris de la chambre Galet, le vert de la Bambou, le rouge de la Piment, le beige et marron de l'Ebène ou le mauve et violet de la Lilas... Les résidents profitent des parties communes, de la piscine, du jardin ou du verger où une palombière surplombe les vignes pour un grand moment de détente.

VILLA SOCIANDO €€

Château Sociando Mallet

SAINT-SEURIN-DE-CADOURNE ✆ 05 56 73 38 83

www.sociandomallet.com

Gîte pour 4 personnes (2 chambres), de 700 € à 950 € la semaine selon la saison. Week-end : 350 €. Ouvert toute l'année.

Le gîte la Villa Sociando de 120 m² est une maison girondine en pierres blondes. Le salon-salle à manger vous ravira, avec une jolie vue sur le jardin et la terrasse. A l'étage, deux chambres et un coin lecture décorés avec goût. De quoi passer des moments inoubliables au bord de l'estuaire ! Et pour vous simplifier la vie, les petits déjeuners et le linge sont fournis. Un trompe-l'œil, reprenant certains détails de la façade principale, a été dessiné sur le mur du gîte côté jardin, lui donnant une petite touche encore plus chaleureuse.

CHÂTEAU BEAU SITE HAUT VIGNOBLE

✆ 05 56 59 30 40

Visite sur rendez-vous uniquement.

La création du domaine remonte à 1861. Situées au cœur du Médoc à Saint-Estèphe, les vignes du château Beau-Site Haut-Vignoble s'étendent sur 19 hectares divisés en plus d'une vingtaine de parcelles dispersées sur l'ensemble de la commune de Saint-Estèphe ce qui rend le vignoble très représentatif de l'appellation. C'est un vin de garde, il lui faut selon les millésimes deux à cinq ans pour que la structure tannique devienne harmonieuse et que les arômes s'exaltent.

CHÂTEAU COS D'ESTOURNEL

✆ 05 56 73 15 50

www.estournel.com

Ouvert du lundi au vendredi de 9h à 12h et de 14h à 17h. A partir de 20 € par personne la visite et dégustation.

Grand cru classé de Saint-Estèphe en 1855, le château Cos d'Estournel, qui s'étend sur 100 ha est remarquable par son architecture originale. Elle fut inspirée par Louis-Gaspard d'Estournel qui ayant hérité de vignes près du village de Cos, décida de les vinifier. Le vin s'exporta jusqu'aux Indes ce qui fit de Louis « le Maharadjah de Saint-Estèphe ». Il fit même surmonter ses chais de pagodes exotiques et de symboles. On peut même dormir dans la chambre Pagode... Les vieilles vignes signent l'identité des vins de Cos d'Estournel.

CHÂTEAU HAUT-MARBUZET

✆ 05 56 59 30 54

Ouvert du lundi au samedi de 9h à 12h et de 14h à 18h.

Château Haut-Marbuzet, implanté sur les terres de Saint-Estèphe, est situé entre le château Cos d'Estournel et le château Montrose. Il bénéficie d'une superficie de 65 hectares. Il appartient à la famille Duboscq de père en fils depuis 1952. Le terroir est composé de graves avec 50 % de merlot, 40 % de cabernet-sauvignon et 10 % de cabernet-franc. Château Haut-Marbuzet est un vin velours, profond, au fruit généreux. Son caractère séducteur fait la grande fierté de son propriétaire, Henri Duboscq un poète vigneron. Il parle de son vin comme d'une femme sublime.

CHÂTEAU ROSE BRANA

21, rue des Tilleuls

✆ 05 56 59 32 70

www.rosebrana.com

Visite sur rendez-vous.

Château Rose Brana (*brana* pour petite clairière ou endroit où il fait bon vivre) et rose pour les rosiers qui bordent les vignes. Depuis 5 générations, il appartient à la famille Ollier. Aujourd'hui, Christian le dirige avec sa fille Coralie. Ils vous accueillent avec plaisir pour vous faire découvrir les secrets du chai. Les méthodes de travail mêlent savoir-faire ancestral, tradition et modernité. Les vins produits, sur 32 hectares de vignes dont 25 d'un seul tenant, sont charpentés, tanniques, souples et fruités. On peut les laisser vieillir jusqu'à 25 ans.

SAINT-JULIEN-BEYCHEVELLE ★

Saint-Julien et de Beychevelle se situe dans le canton de Pauillac, au bord de l'estuaire de la Gironde, sur la route des châteaux, à 42 km au nord de Bordeaux. C'est le village qui donne son nom à l'appellation saint-julien, qui n'est peut-être pas la plus connue du Médoc, mais dont les vignes couvrent néanmoins 920 hectares. Les ports de Saint-Julien et de Beychevelle sont charmants. A noter que cette petite commune de moins de 1 000 habitants, compte parmi les enfants du pays Jean-Louis Triaud, qui dirige le château Gloria et fut président des Girondins de Bordeaux. Depuis 1979, elle est jumelée avec Gaiole, une commune italienne de Toscane.

CHÂTEAU BEYCHEVELLE ★

✆ 05 56 73 20 70

www.beychevelle.com

Horaires et jours d'ouverture sur le site. Visites à partir de 18 € par personnes sur rendez-vous au 05 56 73 38 01.

Si le Château Beychevelle est surnommé le « Petit Versailles du Médoc », ce n'est pas pour rien. L'élégance de l'architecture classique du bâtiment et son jardin à la française sont l'un des joyaux du Médoc. Les chais anciens ont été conservés, mais un chai très contemporain a été construit juste à côté de la propriété historique. Et, fait assez exceptionnel en Médoc, le château possède une cave de vieillissement souterraine... Ce vignoble exceptionnel de 90 ha est un prestigieux Grand Cru Classé, à l'âme forgée par trois siècles d'histoire et connu mondialement.

CHEZ MÉMÉ €€

30, rue de Saint-Julien

✆ 05 56 73 85 32

Ouvert du mardi au samedi le midi. Carte : 35 € environ. Formule du midi : 17 €. Vin au verre.

Nappes à carreaux, chaises de bistrot et plats traditionnels : pas de doute, on est bien Chez Mémé ! Deux salles vous accueillent les midis pour un déjeuner comme chez grand-mère. On apprécie le charme de ce petit restaurant : vaisselle en porcelaine aux motifs à fleurs, fers à repasser d'autrefois et gamelles en cuivre... sans oublier le portrait de Mémé qui veille à ce qu'on termine nos assiettes. Concernant la cuisine, le menu du jour est simple, mais il a du goût sans oublier les belles suggestions à la carte, accompagnées d'un vin d'ici.

LE SAINT-JULIEN €€

11, rue du Saint-Julien

✆ 05 56 59 63 87

http://restaurant-le-saint-julien.com

Ouvert toute l'année. Tous les jours et les jours fériés le midi et le soir. Menus de 35 € à 45 €.

Après avoir été une boulangerie dans les années 1860, puis une habitation, cette bâtisse de fin du XIXe siècle est devenue un restaurant d'une élégance rare. Le décor, le service de table, la belle terrasse abritée, la carte des vins et les plats y apportent le raffinement qui donne à ce lieu tout son caractère d'exception. En n'utilisant que des produits frais, nobles et uniquement de saison, dont une partie vient du potager, le chef, Claude Broussard, compose des plats à la hauteur de la maison. C'est un enchantement du début à la fin du repas.

SAINT-LAURENT-MÉDOC

Les vestiges encore présents témoignent de la place stratégique de Saint-Laurent-du-Médoc dans l'histoire de France. C'est au bord d'une voie romaine, construite sous César (56 ans avant J.-C.) pour relier Castelnau à Lesparre, qu'est bâtie la commune, le nom venant de Laurentus, martyr chrétien. Puis ce fut autour de l'ordre de Saint-Jean, célèbre pour sa participation aux croisades, de s'y établir. Les Anglais prirent ensuite le relais pendant près de 300 ans : les édifices religieux gardent gravées dans leurs pierres les traces de cette occupation. Autre atout de ce territoire : les cultures de cette appellation Haut-Médoc représentent 500 ha.

CHÂTEAU DE SEMIGNAN

Ouvert toute l'année.

Cette maison forte a probablement été édifiée au début du XIVe siècle par les Seigneurs Albret de Vertheuil. Au XVIIIe siècle, le corps de logis est modernisé. Des ouvertures ont été agrandies pour améliorer le confort du château. Son architecture est toute aussi passionnante qu'intrigante, du fait que nous manquons d'éléments sur le début de son histoire. Elle se compose entre autres d'une grande tour carrée, de douves, d'un pont. L'association « La Croisade Sémignanaise » œuvre à sa rénovation lors de chantiers d'été et tente de percer son mystère.

LA CABANE DE L'ÉMOTION DE LA TOUR CARNET €€€

Darrous

✆ 05 57 26 38 34

220 € la nuit.

La Cabane de l'émotion du Château La Tour Carnet, grand cru classé du Médoc, a été réalisée dans un superbe platane. Son architecture a été inspirée de la façade de ce grand cru classé médiéval, héros, notamment de la guerre de Cent Ans. L'endroit est totalement apaisant. Le petit déjeuner est pris au milieu du feuillage, avec en fond sonore le chant des oiseaux et pour spectacle le paon qui fait roue. Une nuit dans cette cabane est un moment inoubliable de communion avec la nature.

SAINT-VIVIEN-DE-MÉDOC

Saint-Vivien est à égale distance de l'Estuaire et de l'Océan, à mi-chemin de Lesparre et de la fin des terres et à la limite de la vigne et des céréales. De nombreuses découvertes archéologiques attestent un très ancien peuplement et, au VIe siècle, une chapelle chrétienne y est érigée en hommage à Saint Vivien. Il n'en reste aujourd'hui plus rien, mais le très récent clocher de l'église – 1957 – ne doit pas faire oublier sa très belle abside du XIIe siècle de style saintongeais. Après une visite au marché, renommé dans tout le Médoc, le petit port intérieur de Saint-Vivien est à ne pas manquer avec ses embarcations multicolores et ses guinguettes.

OFFICE DE TOURISME MÉDOC ATLANTIQUE

1, place Brigade-Carnot
✆ 05 56 09 86 61
www.medoc-atlantique.com
Horaires sur le site.

Entre vignobles et océan, cet Office de tourisme, qui est un bureau de l'Office de tourisme Médoc-Atlantique, répond à toutes les questions que l'on se pose lorsque l'on arrive à Saint-Vivien : recherche d'hébergements, bonnes adresses de produits gourmands et de vignobles, activités de plein air pour petits et grands, visites touristiques, etc. que ce soit dans la commune ou dans cette partie nord du Médoc, car il est en relation avec les autres bureaux.

CAMPING TASTESOULE****

2, route des Grigots
VENSAC
✆ 06 70 27 73 05
www.campingtastesoule.fr
Fermé de novembre à mars. Mobil-homes pour 4 à 8 personnes de 280 € à 1 014 € la semaine.

Dans une ambiance conviviale et familiale, le camping Tastesoule est situé tout près de l'océan sur un site calme et verdoyant. C'est dans un endroit préservé et sauvage, à 2 pas des plages de Montalivet et de Soulac-sur-Mer, que vous pourrez installer votre toile de tente, votre caravane ou louer un mobil-home. De nombreuses activités sportives vous attendent (char à voile, kayak, surf, bodyboard, etc.). Profitez du parcours aventure en forêt, des 40 km de pistes cyclables, des sentiers pédestres, et visitez les phares et les ports alentours.

LE RELAIS DE SOPHIE €€

10, route du Bourg
TALAIS
✆ 05 57 75 17 23
www.lerelaisdesophie.fr
Haute saison : ouvert tous les jours le midi et le soir. Menu unique à 25 €. Formule du midi : 15 €.

Le Relais de Sophie est un concept surfant sur deux lieux dans le Médoc. Le restaurant/bar est situé dans le bourg de Talais et La Guinguette est au bord de l'eau, sur le chenal de Talais. Au restaurant, des plats élaborés simplement dans la tradition culinaire du Médoc où les produits de la mer et les viandes de qualité, comme l'agneau de Pauillac, sont mis en avant. A La Guinguette on boit un verre, on mange, on participe à des soirées thématiques, on assiste à des concerts les pieds dans l'eau tout en admirant de magnifiques couchers de soleil.

LA FLEUR AU FUSIL €€

8, cours Georges Mandel
✆ 05 56 09 98 11
Fermé de décembre à mars. Ouvert du mardi au samedi le midi et le soir et le dimanche midi. Carte : 40 € environ.

Marion Méténier et Théo Barazer forment un jeune couple. Ils ont déjà fait leur classe à Fish la Boissonerie à Paris, avant de débarquer en plein Médoc, dans un ancien bistrot Le rendez-vous des chasseurs, tenu par Bernard, le papa de Marion, pendant plus de 20 ans. Ils sont venus la fleur au fusil à la conquête de ce rade vintage, meublé à la chine. Et c'est parti pour une cuisine réalisée avec passion afin de séduire les gens du coin et pas seulement. La carte est courte, tout comme les circuits empruntés pour s'approvisionner de beaux produits très frais.

LE KAYAK CAFÉ €€

16 bis, route du Port
✆ 07 70 18 89 60
www.kayak-et-decouvertes.blogspot.fr
Fermé de novembre à avril. Haute saison : ouvert tous les jours le midi et le soir. Carte : 25 € environ.

Le Kayak Café allie la location de kayak pour une balade facile et agréable sur le chenal du Gua et un restaurant où tous les produits frais sont achetés chez des producteurs locaux : les huîtres du Médoc, les gambas bio de La Petite Canau, les saucisses artisanales du charcutier du village voisin. La spécialité du chef, Sébastien, ce sont les moules à la plancha, un délice. Tous les plats sont faits maison et réalisés à la demande. Le service se fait dans la « cabane » bien aménagée ou à l'extérieur en terrasse ou sur le ponton, les pieds dans l'eau.

SOULAC-SUR-MER ★★ ...

Soulac est une ville qui mérite le détour, car elle détonne dans la succession des stations balnéaires de la côte médocaine. Une particularité qui tient d'abord à son histoire. La commune est une des premières à avoir bénéficié du boom de la mode des bains de mer au XIXe et son architecture s'en ressent. C'est d'ailleurs une des premières villes où l'on commence à se baigner en mer. En quelques décennies a surgi de terre la nouvelle agglomération avec sa gare, le casino, le marché couvert, les hôtels, les établissements de bains et les villas. Le circuit organisé par l'Office de Tourisme vous emmènera à la découverte de ces maisons.

BASILIQUE NOTRE-DAME-DE-LA-FIN-DES-TERRES ✝ ★

Route de Bordeaux

✆ 05 56 09 86 61

Ouvert toute l'année. Tous les jours de 9h à 19h. Visite guidée (réservation à l'office de tourisme).

C'est en 1859 que la basilique est littéralement relevée de plusieurs mètres pour l'extraire des dunes dévoreuses. On peut encore apercevoir au sommet du clocher gothique du XIVe siècle des anneaux qui servaient à attacher des chevaux. L'édifice est toujours à demi enfoui dans le sol afin de ne pas fragiliser ses murs, il faut descendre plusieurs marches pour pénétrer dans la nef à trois travées du XIe siècle. La basilique est inscrite au Patrimoine mondial de l'humanité par l'Unesco.

BALADES INSOLITES EN PRESQU'ÎLE

GRAYAN-ET-L'HÔPITAL ✆ 06 28 30 12 97

www.caruso33.net/balades-insolites.php

Les horaires varient en fonction des balades. Réservation indispensable. A partir de 29,50 € par personne.

Découvrir la pointe du Médoc autrement, c'est ce que vous propose Caroline à l'occasion de différentes balades adaptées à toute la famille. Chaque jour, une nouvelle destination, une nouvelle histoire. Pour la pause déjeuner, soit vous amenez votre pique-nique soit Caroline vous prépare une assiette de produits régionaux (à réserver en même temps que la balade). Quoi qu'il en soit, la pause se fait dans un endroit magique, chez l'habitant, au bord de mer ou dans un jardin ombragé.

LA FORTERESSE DU NORD MÉDOC

Avenue Brigade Carnot

✆ 06 99 59 24 08

www.medoc-atlantique.com

Horaires sur le site. Adulte : 5 €. Enfant de 12 à 16 ans : 2 €. Groupe (10 personnes) : 4 €.

L'Association *Le mémorial de la forteresse du Nord-Médoc* a ouvert un musée composé de 41 panneaux thématiques de vitrines comportant des objets d'époque et une rétrospective audiovisuelle des combats de la libération de la poche du Médoc. L'association organise aussi des visites guidées. On découvre l'architecture militaire et la vie des hommes à travers le récit de la construction et des combats pour la libération d'une des 37 positions allemandes.

La plage de Soulac-sur-Mer.

LE MUR DE L'ATLANTIQUE

Gare du Petit train, parking des Arros
http://ahpnm.blogspot.com/
Ouvert en juillet et août le mardi et le vendredi de 9h30 à 12h30. Adulte : 5 €. Enfant jusqu'à 16 ans : 2 €.

L'Association Historique de la Poche du Nord-Médoc organise des visites guidées de la batterie des Arros, bâtie sur l'emplacement d'une batterie française d'avant-guerre. Dégagée et entretenue par l'association, c'est la mieux conservée du secteur. On apprend l'histoire du lieu et des hommes (construction, combats, etc.) avant de découvrir les différents modèles de bunkers avec leurs aménagements, de connaître leurs usages, leurs équipements, leur armement et de comprendre les techniques de construction. Prévoir des chaussures fermées et lampe torche.

MAIRIE DE SOULAC-SUR-MER

2, rue Hôtel de Ville – B.P. 25
✆ 05 56 73 29 29
www.mairie-soulac.fr

Le front de mer de Soulac-sur-Mer avait besoin de s'adapter à l'évolution de la station balnéaire. Un projet de réhabilitation a été mis en place afin d'offrir aux résidents et aux touristes un espace multifonction : promenades, piste cyclable à double sens, accueil de manifestations, lieu de détente, etc. tout en prenant en compte les importantes contraintes liées à ce site notamment la stratégie de gestion du trait de côte tout comme les contraintes financières et environnementales… La fin des travaux est prévue pour le deuxième trimestre 2022.

CAMPING MUNICIPAL LES OYATS**** €€

101 bis, boulevard Albospeyre
✆ 05 56 09 78 54
www.soulac-campinglesoyats.com
Fermé du 1er octobre au 1er avril. Emplacement à partir de 18,50 €. Bungalows à partir de 241 €.

A 4 km de la station et 800 mètres de la plage, Les Oyats, est le lieu idéal pour se ressourcer en famille. Le camping loue des emplacements pour tentes, des bungalows toile équipés d'une cuisine complète, frigo, vaisselle, terrasse, salon de jardin, couvertures, oreillers et des chalets équipés en eau courante chaude et froide, chauffage, douche, WC, lavabo, cuisine équipée, frigo, micro-ondes, vaisselle, terrasse, salon de jardin, couvertures, oreillers (draps et taies non fournis).

CENTRE NATURISTE EURONAT**** €€

GRAYAN-ET-L'HÔPITAL ✆ 05 56 09 33 33
www.euronat.fr
Ouvert 1er avril au 29 novembre. Emplacement avec électricité à partir de 19 €. Mobil-homes à partir de 378 €.

Vivre à son rythme, respirer un air, lézarder sur la plage, se retrouver en famille ou entre amis adeptes du naturisme... ce sont les vacances qu'Euronat propose sur 335 ha de pinède avec accès direct à la plage. La formule d'hébergement est large : tente, tente prête à vivre, cabane, lodge, mobil-home). Vous profiterez des piscines intérieures et extérieures mais également du centre de thalassothérapie. Le soir, le restaurant et le programme d'animation termineront vos journées.

DOMAINE DES CARRELETS €€

126, route des Lacs ✆ 05 56 09 76 63
www.domainelescarrelets.com/
Fermé d´octobre à juin. Mobil-homes pour 2 à 8 personnes et cabanes de luxe à partir de 257,40 €.

Le Domaine Les Carrelets de Soulac fait partie du réseau « Campings Maeva Respire » et il est engagé dans une démarche de transition écologique sur 3 ans. Il s'engage sur des hébergements made in France, un parc éco-géré, du tri sélectif, des équipements sobres en énergie… Les mobil-homes et les cabanes de luxe ont été conçus pour se fondre dans un décor préservé et sont disséminés en pleine nature. Certains ont des spas privatifs et des capacités d'accueil jusqu'à 10 personnes. Sur la carte du restaurant des plats à base de produits locaux, majoritairement bio.

L'ECUME DES JOURS** €

4, rue Périer de Larsan
✆ 05 56 09 81 34
www.hotelecumedesjours.fr
Fermé de novembre à février. Chambre simple à partir de 69 € et double à partir de 80 €. Petit déjeuner : 7 € et 9 €.

Cet hôtel est situé à 5 minutes à pied de la plage sur le rond-point en contrebas de la basilique de Soulac-sur-Mer, et à 10 minutes de marche de la gare. Il est idéal pour passer un séjour en couple, en famille ou en voyage d'affaires dans cette station balnéaire réputée du Médoc et plus que centenaire. Les chambres sont toutes décorées de façon différente et personnalisée, certaines s'ouvrent sur un balcon. Tous les matins les petits déjeuners sont servis dans la salle à manger ou, aux beaux jours, sur l'agréable terrasse donnant sur un petit jardin.

FLOWER CAMPING DES PINS**** €€

213, passage de Formose
✆ 05 56 09 82 52
www.flowercampings.com

Fermé d´octobre à avril. Emplacement à partir de 18 €. Mobil-homes à partir de 202 € la semaine.

Ce beau camping familial propose, au cœur d'une forêt de pins, des emplacements bien espacés. L'endroit est très calme, très reposant et convivial. La nature a été bien préservée, le relief apporte du caractère, aucune allée n'est goudronnée et aucune voiture ne peut circuler. On peut loger en louant un emplacement de tente mais aussi en écolodges, cabanes et mobil-homes tout confort. Ce camping offre aussi une piscine chauffée, animations, jeux pour les enfants, bar, restaurant, etc.

HÔTEL DES PINS*** €€

92, boulevard de l'Amélie
✆ 05 56 73 27 27
www.hotel-des-pins.com

Fermé du 1er janvier au 31 mars. Chambre double à partir de 82 €. Petit déjeuner : 13 €.

L'hôtel des Pins est situé à 100 mètres de la plage de sable fin de l'Amélie. Trois bâtiments constituent l'hôtel : le principal a des chambres avec de belles terrasses et des balcons qui donnent sur l'océan, l'annexe à la déco plus récente et enfin, le troisième qui donne sur un grand jardin. Les chambres et salles de bains sont contemporaines, les couleurs et les tissus ont été choisis avec goût dans les tons doux et pastel, la décoration est unique dans chacune d'elle. Le chef et son équipe travaillent des produits frais de saison avec beaucoup d'originalité.

OCÉAN HÔTEL AMÉLIE*** €€

Boulevard Guy Albospeyre
✆ 05 56 09 78 05
www.oceanhotelamelie.com

Fermé du 16 octobre au 14 mars. Chambre double à partir de 98 €. Petit déjeuner buffet : 11 €.

En plein cœur de la forêt et à seulement 900 mètres de l'immense plage de sable fin, l'Océan Hôtel Amélie est en parfaite communion avec les éléments. Idéal pour les visiteurs qui souhaitent profiter de vacances « nature ». Mais l'Océan Hôtel Amélie a voulu offrir davantage, et en plus de l'élégante sobriété des bâtiments, de la douceur de la décoration, du confort général – chambres calmes et spacieuses – et du grand jardin entouré de pins. En plein cœur de la forêt, l'établissement propose une aire de jeux pour les enfants et une piscine avec bain bouillonnant.

BISTROT TARTINES & COMPAGNIE €

3, place Georges-Mandel
✆ 06 32 56 89 63

Haute saison ouvert tous les jours le midi et le soir. Carte : 20 € environ.

Eric et Aurélie, deux Strasbourgeois, ont apporté dans leurs bagages quelques idées gourmandes de leur région : des tartines toastées. C'est du pain croustillant garni de saumon, fromage frais ou miel, chèvre et amandes grillées, le tout accompagné d'une belle salade verte bien assaisonnée (c'est tellement rare !). En terrasse, à l'abri du vent, ou à l'intérieur on apprécie aussi l'une des spécialités, la flammekueche, puis hors saison c'est la choucroute ou le baeckeoffe.

L'ETOILE DE MER €

5, rue du 8 mai 1945
✆ 06 15 54 80 24

Fermé d´octobre à avril. Haute saison : ouvert tous les jours le midi et le soir. Carte : 20 € environ.

Ce restaurant a un emplacement exceptionnel à l'Amélie Plage. On s'installe sur la terrasse, face à l'Océan, et on se laisse bercer par le bruit des vagues. Mais l'Etoile de Mer à d'autres points forts : l'accueil de toute l'équipe, l'ambiance à la fois familiale, décontractée et festive, la décoration dominée par le bois sans oublier ce que l'on vous propose dans l'assiette. Ce sont des plats simples, mais bien préparés, souvent à base de produits de la mer. Le plateau de fruits de mer est à déguster sans modération tout comme les moules marinières ou les gambas.

LA TABLE MÉDOCAINE €€

10, rue Brémontier
✆ 05 56 73 69 87

Fermé de décembre à avril. Haute saison : ouvert tous les jours le midi et le soir. Carte : 20 € environ.

La Table Médocaine n'est pas un restaurant gastronomique mais il fait partie des belles surprises de Soulac-sur-Mer. L'équipe est agréable, accueillante même en haute saison et elle prend le temps d'écouter les clients. Le service, en général, est parfaitement au point. La cuisine est simple mais les produits sont tous très frais. On vous recommande particulièrement les burgers ou l'entrecôte médocaine qui est toujours cuite à la perfection, selon la demande du client. Les amateurs de bières ne seront pas déçus, car la carte est impressionnante.

LES 6 MAGRETS €€

Port de Talais
TALAIS
✆ 07 81 75 87 00
Fermé du 1er octobre au 15 avril. Menus de 16,50 € à 19,90 €.

Dans un port on s'attend à manger des fruits de mer ou du poisson. Ce restaurant, pourtant installé dans une cabane ostréicole garnie de grandes tables et de bancs en bois, prouve le contraire, car il ne propose quasiment que des magrets de canard qui bénéficient d'une IGP Sud-Ouest. La carte est très restreinte. Suivant la formule choisie, c'est demi-magret ou magret entier, toujours servis avec des frites et une sauce maison. L'autre viande c'est l'entrecôte de 300 grammes, sauce marchand de vin ou échalotes. L'été des animations musicales rythment les dîners.

LES CHIENS FOUS €€

Esplanade des Girondins
✆ 05 56 09 73 01
Fermé d´octobre à mars. Carte : 32 € environ.

Le restaurant Les Chiens Fous à l'avantage d'être situé en front de mer avec vue sur la belle plage de Soulac et l'océan. L'équipe est accueillante, joyeuse et toujours avec votre écoute. Dans l'assiette c'est quantité et qualité. Les produits sont frais et bien sûr très marins : huîtres de Marennes, assiettes de crevettes roses ou de bulots, moules marinières, espagnoles ou au roquefort, poêlée de chipirons à l'andalouse ou parmentier de Saint-Jacques aux deux purées. La plupart des desserts sont faits maison comme le Chocomousse à la Noisettine du Médoc.

L B €€

6-7, rue Ferdinand-Lafarge
✆ 05 56 09 92 60
Ouvert toute l'année. Carte : 48 € environ. Formule du midi : 15 €.

A deux pas de l'océan, au cœur de la petite station balnéaire, il existe une belle adresse : le LB qui s'est longtemps appelé La Bolée car on y venait surtout pour manger des crêpes. Aujourd'hui une nouvelle déco, une ambiance bar à vin, toujours des crêpes bien sûr, mais aussi une cuisine du marché, qui se renouvelle chaque jour, et élaborée uniquement avec des produits frais. Les plats sont simples, bons et très joliment dressés. A l'ardoise les propositions Mets et Vins sont très appréciés. L'accueil est sympathique et la terrasse fleurie en été.

LES FRÈRES NICOLL'S €€

3, chemin Ampère
✆ 05 56 41 85 94
https://lesfreresnicolls.com/
Haute saison : ouvert tous les jours de 11h à 0h. Carte : 30 € environ. Pizza à partir de 10 €, plat à partir de 11 €.

Nicolas et Ollivier Maridat ont pris la suite de leurs parents. Nicolas, un passionné de vins, est un créatif, son frère est un sportif qui aime les nouveaux challenges. Ils ont misé sur le camping en écolodge, familial et à taille humaine en pleine nature. Et ils ont créé Les Frères Nicoll's. C'est à la fois un restaurant, un bar, un espace de co-working, un lieu d'exposition, un concept store, une salle privatisable. Les Frères Nicoll's privilégient les circuits courts, les produits sont pour la plupart régionaux et le bœuf vient de Galice.

CHEZ PEP'S €€

6, rue Brémontier
✆ 05 56 09 81 19
www.lapizza-soulac.fr
Ouvert toute l'année. Haute saison : tous les jours le midi et le soir. Carte : 28 € environ.

Chez Pep's est une institution. Des Napolitains pure souche, ont monté l'affaire en 1955, depuis les enfants perdurent la tradition. Le restaurant comporte quatre salles, joliment décorées et agrémentées de murs en briquettes, et une belle terrasse. Quelle que soit l'ambiance de votre déjeuner ou dîner, en amoureux, entre amis ou en famille, vous vous régalerez d'une cuisine d'inspiration italienne et inventive. Pour les férus de pizzas artisanales (20 au choix), c'est le bonheur. Les pâtes peuvent être classiques ou plus osées au poulet/curry et raisins secs.

L'INSTANT M €€

8, rue Fernand Lafargue
✆ 05 57 75 47 81
Fermé de mi-novembre à mi-février. Carte : 35 € environ.

A l'Instant m on adore la grande terrasse, la déco contemporaine style bistrot avec quelques notes industrielles et la cuisine entre terre et mer. Ici tout est frais et fait maison. Les huîtres du Médoc sont toujours une belle découverte, mais comment ne pas résister aux crevettes ou aux encornets à la plancha et au foie gras au jurançon et chutney de fraise ? Les poissons frétillent sur la carte, les « viandards » pourront toujours jeter leur dévolu, entre autres, sur le classique tartare de bœuf ou le magret au miel et vinaigre de framboise.

QUATRE ELEMENTS €€

1, rue el Burgo de Osma
✆ 09 85 08 65 84

Ouvert toute l'année. Tous les jours le midi et le soir. Carte : 50 € environ. Formule : 25 € et 29 €.

Le restaurant Quatre Eléments est situé dans le casino de Soulac-sur-Mer. La salle, joliment décorée de belles tables et chaises en bois, donne sur l'Océan ainsi que la terrasse. C'est un véritable plaisir de s'attabler dans cette ambiance cosy et raffinée. L'accueil est chaleureux, convivial et l'équipe est à l'écoute des clients. La cuisine est parfois basée sur des recettes d'inspiration russe comme le saumon gravlax et caviar sur pancake maison, sauce au raifort, ou nous conduit vers de belles découvertes comme un chou-fleur aux cèpes et fleurs sauvages.

LA STATION 1900 €€

6, rue André-Leroux
✆ 05 56 73 62 15

Ouvert toute l'année. Haute saison : tous les jours le midi et le soir. Menus de 20 € à 26 €. Carte : 42 € environ.

La Station 1900 rappelle par son nom que Soulac-sur-Mer était une station balnéaire très prisée dès le début du XXe siècle. A l'intérieur de ce restaurant des tables et des chaises style bistrot qui rappellent la Belle Epoque. A l'extérieur une petit terrasse avec quelques tables. Comme indiqué sur la carte, on y mange des spécialités « Terre et Mer » et des desserts divins. L'accueil est très chaleureux et avenant pour un service rapide et une ambiance calme et agréable ; on croirait presque entendre le murmure de l'océan tellement on se sent bien et tranquille.

LA VILLA €€

5, rue Brémontier
✆ 05 56 59 96 71

Ouvert toute l'année. Haute saison : tous les jours le midi et le soir. Carte : 35 € environ. Formule du midi : 19 €.

La Villa est au cœur de la ville, proche d'une rue piétonne et à seulement quelques minutes de l'océan. Sous cette enseigne, nichée dans une véritable villa soulacaise, un bar-restaurant au cadre raffiné. La salle, vaste et aérée, est équipée de banquettes et de fauteuils confortables posés sur un parquet. On y vient pour passer une soirée dans une ambiance musicale et conviviale, pour boire des rhums arrangés et des cocktails originaux mais aussi pour s'attabler. La cuisine traditionnelle, revisitée et savoureuse, est élaborée avec les produits du marché.

BAR CAVE DES AMIS

35, rue Tronche
✆ 05 56 41 45 60

Haute saison tous les jours de 8h à 14h30 et de 17h30 à 1h.

Si vous cherchez un bar à ambiance, c'est la bonne adresse. Ici, personne ne se prend le chou et les soirées sont plutôt *caliente* dans le bon sens du terme. On vient pour faire la fête, écouter de la musique, taper un bœuf, s'essayer au karaoké, danser, regarder un match de foot à la télé, boire un verre de bon petit vin, une bière ou un spritz et grignoter ce que la maison a en magasin : huîtres, moules, gambas et tapas. Au Bar des Amis il y a toujours un événement à ne pas manquer, quel que soit le temps, et l'ambiance est assurée, quel que soit le moment.

GLACIER JUDICI

15, rue de la Plage
✆ 05 56 09 81 48

Fermé du 1er novembre à début avril. Haute saison : ouvert tous les jours de 9h à 22h.

Depuis 1927 la maison est présente de génération en génération et elle s'est fait plus qu'un nom. Elle est réputée pour servir les meilleures glaces de la pointe du Médoc, offrant un panel de saveurs impressionnant ! Les plus : un vaste salon de thé à l'intérieur et une terrasse ensoleillée l'été pour déguster glaces, gaufres et crêpes tout en observant le mouvement de la rue. Alors, jus d'ici ou d'ailleurs, Judici est une adresse judicieuse et incontournable pour les gourmands qui souhaitent déguster une bonne glace en se baladant sur le front de mer.

CHEZ JACKOUIL

12, rue André Leroux
✆ 06 27 84 88 85

Ouvert du 1er avril au 15 novembre. Restauration. Soirées à thème.

Quel drôle de nom pour un bar... Rassurez-vous, « Les Visiteurs » ne vont pas débarquer ! Jackouil, c'est tout simplement le surnom du patron ! C'est un bar où il fait bon passer une soirée entre amis et s'installer, quand le temps le permet, autour d'une table sur la terrasse pour boire un verre autour de quelques tapas ou assiettes bien garnies. Tout l'été des concerts et des soirées à thème sont organisés : basque, vintage, mexicaine, etc. L'ambiance est agréable, le service sympathique et la déco est conviviale. C'est l'adresse préférée des amateurs de mojito.

ERICYCLES

5, rue du Cardinal-Donnet
✆ 05 56 73 62 89

Ouvert toute l'année. Du lundi au samedi de 10h à 19h ; le dimanche de 10h à 13h et de 16h à 19h en haute saison.

On est accueilli par le grand sourire d'Eric, homme à tout faire, réparateur, loueur et guide à ses heures... Il monte des vélos (de course et VTT) sur mesure grâce à un logiciel spécifique qui prend en compte la morphologie et c'est aussi un spécialiste des vieux modèles. Il est capable d'effectuer les réparations les plus ardues. Outre la vente (tous modèles), Eric a également développé une activité de location : VTT, VTC, électrique, Fat Bike, trottinette électrique... Vous trouverez par ailleurs toutes les informations utiles sur les pistes cyclables du coin.

FOIRE GASTRONOMIQUE

Autour du 14 juillet et du 15 août. De 11h à 19h, place de la Basilique.

C'est du 14 au 17 juillet et du 12 au 15 août qu'a lieu chaque année la grande Foire Gastronomique de Soulac, place de la Basilique. De 11h à 19h et dans une ambiance bon enfant et familiale se regroupent des artisans, vignerons et producteurs pour proposer aux visiteurs tous les produits du terroir du Médoc ainsi que les spécialités d'Aquitaine : vins, spiritueux, liqueurs, foies gras, charcuteries et autres produits régionaux... Et de belles découvertes. Couleurs, saveurs et dégustations au programme, de quoi réjouir nos papilles !

LES JARDINS DE LA POINTE

8, rue Fernand Lafargue
✆ 05 56 41 83 41
www.les-jardins-de-la-pointe.com

Ouvert du mercredi au samedi de 10h30 à 12h30 et de 15h30 à 19h ; le dimanche de 10h30 à 13h. Congés scolaires : 7j/7.

Cette boutique regorge d'idées de décoration très originales dans l'esprit bord de mer et vacances à des prix plus que raisonnables. Delphine, qui chine sur les salons en France et à l'étranger, conseille et vend des objets la plupart du temps français, adaptés aussi bien à l'intérieur qu'à l'extérieur : transats en pin nordique, mobilier, linge de maison, objets décoratifs, artisanat, arts de la table, tapis, luminaires, photophore, etc. Ce Jardin est un peu une affaire de famille car la fille de Delphine est parfois en boutique et son mari fournit les plantes.

LA FORÊT DE ROBIN

26, boulevard Guy Albospeyre
✆ 06 13 06 40 82

Haute saison : ouvert tous les jours de 10h à 20h. Entrée : 20 €.

La Forêt de Robin ouvre ses espaces de tir à l'arc en plein air sur les communes de Soulac, Lacanau et Montalivet. Son initiateur, Gregory Pigneguy, n'est pas n'importe quel archer puisqu'il a participé à de nombreuses compétitions nationales et internationales. Il a mis en place des séances de 2 heures pour un groupe de 6 archers sous la houlette d'un moniteur. Tout le monde part en forêt pour tirer sur des cibles d'animaux (faux bien sûr). Le maniement de l'arc se fait en toute sécurité, d'ailleurs les enfants sont admis à partir de 7 ans.

SOULAC SURF SCHOOL

68, rue de la Plage
✆ 06 06 42 44 43
www.ecoledesurf-soulac.com

Ouvert toute l'année. A partir de 30 € le cours d'initiation d'une heure.

Labellisée par la Fédération Française de Surf, cette école propose diverses formules de stages et cours tous niveaux à partir de 6 ans. La Formule initiation est recommandée pour une première expérience du surf, également pour les enfants de 5 à 8 ans et plus, et les élèves privilégiant découverte loisirs dans les vagues. C'est la formule idéale pour découvrir les fondamentaux du surf de vague, en toute sécurité. La Formule technique est accessible, dès 10 ans, pour un cours ou un séjour sportif, une méthode idéale pour devenir un surfeur techniquement complet.

TERRA AVENTURA

68, rue de la Plage
✆ 05 56 09 86 61
www.terra-aventura.fr

Ouvert tous les jours et les jours fériés.

Tèrra Aventura c'est une chasse aux trésors qui permet de découvrir le territoire, le patrimoine local et des anecdotes, tout en jouant. Il suffit de télécharger l'application gratuite « Terra Aventura » sur un smartphone. Avec des indices à relever, des énigmes à résoudre et un trésor à chercher, les petits et les grands choisissent d'explorer le terrain de jeu qu'ils veulent. A Soulac-sur-Mer, on se lance à l'aventure « Jusqu'à la Fin-des-Terres », grâce à un parcours de 3 kilomètres (accessible aux poussettes) et la station lèvera bientôt tous ses secrets !

XLR PARACHUTISME

1, passe des Arcouins ✆ 07 67 27 95 16
www.xlrparachutisme.com
Fermé du 15 novembre au 15 avril. Haute saison : ouvert tous les jours et les jours fériés. A partir de 270 € en tandem.

Si vous avez plus de 15 ans et que vous avez envie de voler à 4 000 mètres au-dessus des vagues de l'Atlantique, une équipe de parachutistes confirmés et hautement qualifiés vous attend pour vivre une expérience unique, en tandem, avec atterrissage les pieds dans le sable. Entre paysage de dunes, estuaire et océan au coucher du soleil le mélange des couleurs est magnifique ! Pour immortaliser votre saut, une option vidéo avec caméra embarquée est possible moyennant un supplément. Le centre est ouvert aux pratiquants parachutistes titulaires du brevet BPA.

CASINO DE LA PLAGE

1, avenue El Burgo de Osma
✆ 05 56 09 51 00
www.casinodesoulac.com
Ouvert toute l'année. Tous les jours. De 10h à 4h30 suivant les jours.

Face à l'océan, Le Casino de la Plage vous accueille pour déjeuner, dîner, danser, assister à des soirées à thème (fluo, célibataire, cocktail dînatoire...), jouer, car tout est réuni pour passer un moment convivial. L'établissement a plus d'un atout dans sa manche puisqu'il intègre un casino avec 50 machines à sous rouleaux, des jeux traditionnels tels que le black jack et la dernière nouveauté une roulette électronique. Le Cosy, un bar lounge doté d'une magnifique cheminée Louis XV avec un grand espace, peut être loué à des professionnels ou à des particuliers.

ICOMBAT

ZA Palu de Bert
✆ 09 72 55 09 03
www.icombatsoulac.com
Fermé d´octobre à mars. Horaires sur le site. Entrée : 25 €. Age minimum : 13 ans.

Icombat est une aire de jeu composée d'un espace extérieur d'environ 500 m² et d'un espace intérieur sonorisé de près de 300 m². Mieux qu'un jeu vidéo, ce laser game séduit les jeunes comme les moins jeunes et même les femmes parfois réticentes au départ... On évolue dans différents environnements et différentes ambiances musicales, de superbes décors, des armes à effets réels, des jeux de lumière, des fumées, bref tout est fait pour une immersion totale. Les statistiques seront enregistrées durant la partie qui dure 1h30. Aucun projectile n'est utilisé.

LE ZINC

1, avenue El Burgo de Osma
✆ 05 56 09 51 00
Ouvert toute l'année.

Ce night-club, situé dans le Casino de la Plage, est le seul endroit dans cette partie du Médoc ouvert toute l'année pour faire la fête et cela depuis des lustres. Il a toujours attiré une clientèle éclectique car la musique est plutôt généraliste. Le service d'accueil et de sécurité sont très efficaces pour le plus grand confort de la clientèle. En pleine saison le Snack du Chalet propose midi et soir (et surtout tard dans la nuit pour les fringales post night-club) des sandwiches américains, hamburgers et kebabs à manger sur place ou à emporter.

LE VERDON-SUR-MER ★★

Le Verdon symbolise la fin des terres et le début de l'Aquitaine. La Pointe de Grave est un lieu unique où les eaux de la Gironde et de l'Océan se mêlent, face aux côtes charentaises. Dominée par le clocher de 38 mètres de Notre-Dame-de-Bon-Secours, la commune vaut la visite ses longues plages de sable fin dont une naturiste, ses 4 ports : Port Bloc d'où partent les bacs Le Verdon-Royan; Port Médoc, un port de plaisance moderne et écologique; le Vieux Port aux Huîtres au cœur du village, ancien port ostréicole pittoresque qui revit chaque été avec ses guinguettes et expositions diverses et le grand Port Maritime de Bordeaux, port de commerce et d'escale de paquebots. Le Verdon possède aussi trois phares : Cordouan en pleine mer, le phare de Grave et son musée à l'embouchure de la Gironde et le phare Saint-Nicolas qui marque l'entrée de la plage St Nicolas. L'été un train touristique relie La Pointe de Grave et Soulac-sur-Mer. La grande nouveauté pour cet été c'est l'ouverture d'une passerelle en bois pédestre et cyclable de 900 mètres qui part de port Médoc pour relier Le Verdon par la plage de la Chambrette. Cet aménagement touristique a aussi pour but essentiel de protéger la dune qui est grignotée par l'eau à chaque gros coefficient. Des palplanches ont été installées perpendiculairement à la dune de manière à la stabiliser. Un circuit découverte de 6,7 km, appelé La Verdonnaise, emprunte des rues en centre-ville, une piste cyclable, une route forestière et un chemin forestier en calcaire.

PHARE DE CORDOUAN ET DES PHARES ET BALISES

2, allée du Sémaphore
✆ 05 56 09 00 25
www.asso-cordouan.fr
Ouvert de mi-avril à fin octobre. Horaires sur le site. Plein tarif : 2 €.

Le Musée présente dans cinq salles, le phare de Cordouan, les phares de la Gironde, le matériel utilisé par le service des phares et balises ancien et actuel et une animation en 3D du phare de Cordouan à travers les âges de 1611 à nos jours. 108 marches du phare mènent à une table d'orientation d'où la vue panoramique sur l'estuaire est impressionnante. Dans le jardin, présentation de la vedette « Matelier » ayant assuré les relèves du phare de Cordouan de 1962 à 2006.

LE RAS D'EAU

Cabanes 81 et 82
https://lerasdeau.fr/
Ouvert toute l'année.

Au Ras d'Eau, un jeu de mots entre le radeau de la Méduse et au ras de l'eau, a été imaginé par Sébastien Rideau, un Soulacais, un artiste plasticien passionné par la nature et l'océan et fasciné par les méduses. Il a élu domicile dans une ancienne cabane ostréicole de pêcheur dont il a conservé les cordages, filets, bouées, etc. Ici on entre dans le monde merveilleux des méduses, oursins, pieuvres, etc. réalisés en résine, plexiglas ou polyester. Ces sculptures lumineuses et colorées, placées dans des écrins de verre, semblent flotter dans des fonds abyssaux.

O GRAIN DE SEL €€

3, avenue du Phare de Cordouan
✆ 0556731638
Ouvert le lundi et du jeudi au samedi le midi et le soir ; le mardi et le dimanche le midi. Formule du midi : 17 €.

© O GRAIN DE SEL

Suzon et Jérémy ont ouvert l'été dernier et très rapidement ils ont su conquérir leur clientèle. La décoration est du genre cabane-guinguette dans un esprit bord de mer, les luminaires ont été réalisés par les maîtres des lieux avec du bois flotté de la plage, un poêle à bois en fonte réchauffe l'atmosphère de la salle et la terrasse en bois, très agréable, est ornée de palmiers et d'oliviers. Côté cuisine, que des produits frais de saison, bien présentés et savoureux avec toujours des pointes d'originalité. Le menu du midi avec entrée, plat et dessert est top.

OFFICE DE TOURISME MÉDOC ATLANTIQUE

Port Médoc
✆ 05 56 09 86 61
www.medoc-atlantique.com
Horaires sur le site. Wifi gratuit.

L'office de tourisme vous accueille et vous informe sur tout ce qu'il vous faut savoir pour découvrir les environs, à l'image du Rocher de Saint-Nicolas, des traversées entre Le Verdon et Royan, du GR8 (sentier le long du littoral), ou encore la découverte de l'estuaire en vedette, les marais, le port et le fort du Verdon, les horaires de visite du phare de Cordouan, le trajet touristique en petit train de la Pointe de Grave à Soulac. La vue sur le port est très belle.

LA GALANTAISE DE CROISIÈRES

Anse de la Chambrette, port Médoc
✆ 06 33 58 78 01
www.galantaise-de-croisieres.fr
Phare de Cordouan : 90 € par adulte et 40 € par enfant.

Eric Bousquet propose différentes croisières à la découverte de l'estuaire de la Gironde. On embarque à bord du voilier le Capesterre. Au programme des sorties thématiques au rythme des marées : visites guidées et privées du phare de Cordouan, falaises troglodytes de Meschers et église de Talmont avec visite guidée de l'église, apéritifs musicaux organisés tous les soirs en juillet et août pour admirer le coucher de soleil sur l'estuaire depuis le voilier.

VEDETTE LA BOHEME II ET LA BOHEME III

7, anse de la Chambrette ✆ 05 56 09 62 93
vedette-laboheme.com

D'avril à octobre. Réservation conseillée et obligatoire pour certains trajets. Phare de Cordouan : 47 €/adulte.

La *Bohème II* et *La Bohème III* vous conduiront jusqu'au phare de Cordouan et ce sont les seules à assurer cette liaison depuis le port du Verdon. Jean-François Teillac et son équipe, des passionnés de mer, proposent également des mini-croisières avec escales, des promenades de 1h30 à 4h en mer ou sur l'estuaire (tour de l'estuaire, tour du phare, tour de la Côte de Beauté). Ils vous feront même découvrir les plaisirs de la pêche en mer. Sur demande : bateaux taxi ou sorties privatisées.

LA GAM'GUETTE €€

15, route de Soulac ✆ 05 56 09 67 55
www.jmbertet-aquaculture.fr/contact/

Fermé du 16 septembre au 14 juin. Haute saison : ouvert tous les jours de 19h30 à 23h. Carte : 30 € environ.

Jean-Marie Bertert est éleveur de gambas et d'huîtres appelées Claires du Médoc depuis 1997 dans les claires du Conseiller au Verdon-sur-Mer. L'alliance de l'ostréiculture et de la pénéiculture qui sont en fait complémentaires, se fait sur 18 hectares de marais. Les gambas restent au fond des bassins. Elles remettent en suspension les nutriments qui nourrissent les huîtres grâce à leurs actions de filtration, plus en surface. Jean-Marie Berthet a ouvert une guinguette afin que chacun puisse déguster sur place ses produits dans un lieu convivial et familial.

LES TERRASSES €€

66, cours de la République
✆ 05 56 09 65 59
hotel-des-terrasses.com

Ouvert toute l'année. Chambre double à partir de 69 €. Petit déjeuner : 7 €.

Yasmina et Frédéric Brun ont choisi de s'établir un peu au bout du monde, plus précisément au Verdon pour la douceur de vivre et le côté sauvage des immenses plages de sable fin. L'hôtel est à leur image : simple, mais accueillant. Chez eux tout est prévu pour un séjour en famille avec des chambres triple ou quadruple. Elles sont toutes parfaitement insonorisées et équipées de salles de bains privatives. Le petit déjeuner est servi à l'intérieur ou en terrasse sous un bel érable centenaire. C'est un havre de paix près de la plage de la Chambrette et du Port Médoc.

LA PÊCHERIE €€

2, allée Louis-de-Foix
✆ 05 56 09 60 32
www.lapecherie-leverdon.fr

Ouvert toute l'année. Menus de 19 € à 33 €. Carte : 35 € environ.

La maison a été créée par un couple d'anciens poissonniers, autant dire que les produits de la mer sont à l'honneur. A la carte c'est une valse de lotte, sole, crabe, homard bleu, soupe de poisson, persillade d'anguilles… Ne cherchez pas la haute gastronomie, c'est de la bonne cuisine réalisée à base de produits frais et l'on n'est jamais déçu. Le service est de très bonne qualité et toujours avec le sourire ! Vous trouverez également un bar, pour les gens de passage, qui n'ont que le temps de prendre un verre avant d'embarquer vers Royan.

LE FACE A FACE €€

5, avenue du Phare de Cordouan
✆ 05 56 09 60 45

Haute saison : ouvert tous les jours le midi et le soir. Menus de 25 € à 30 €. Formule du midi : 15 €.

A quelques pas de l'embarcadère du ferry pour Royan, le Face à Face de Christophe Dellac a su prendre sa place dans cette pointe du Médoc. Une grande salle très claire et une très grande terrasse donnent envie de se poser. A l'affichage des menus suggestifs : Menu coquin et Menu des initiés qui rappellent certains clubs… En fait, dans leur contenu, des recettes traditionnelles où le chef ajoute malgré tout sa petite touche personnelle. Les plats sont élaborés à partir de produits frais, issus de la terre ou de la mer. Pour les amateurs : des pizzas bien garnies.

LE VESTIAIRE €€

Place du Vieux Port aux Huîtres
✆ 06 63 08 63 96

En saison ouvert tous les jours le soir ; le week-end le midi sinon sur réservation. Carte : 25 € environ.

Du côté du Vieux Port aux Huîtres, un alignement d'anciens garages en bois investis par des artistes est très typique. Au milieu de ces bâtisses Le Vestiaire, un restaurant accueillant avec une belle terrasse au bord de l'eau. La patronne, passionnée de rugby et ancienne dirigeante de club, a su rendre cet endroit très chaleureux. On s'y retrouve entre amis pour partager viandes, poissons, crustacés, plateau de charcuterie, le tout accompagné de légumes. Au programme également des soirées à thèmes organisées autour d'un dîner : jazz, flamenco, moules, etc.

© CAMPING ROYANNAIS

© CAMPING ROYANNAIS

© CAMPING ROYANNAIS

LE ROYANNAIS*** €€

88, route de Soulac ✆ 05 56 09 61 12
www.royannais.com

Fermé du 1er octobre au 31 mars. Emplacement à partir de 26 €. Mobil-home à partir de 240 € la semaine.

Le Royannais est un camping 3 étoiles qui a une démarche écolo humaniste. Il se distingue par son engagement environnemental sincère et son ambiance zen. Il est situé à 400 m de l'Océan, à 2 km du bourg du Verdon et à 200 m de la piste cyclable. Tous types d'hébergements sont proposés : des locatifs bon marché et sans sanitaires (Coco Sweet, tipi sur pilotis) ou des locatifs grand confort (chalets, mobil-homes) ainsi que des emplacements nus pour tentes, caravanes et camping-cars. L'été, des stages de yoga sont organisés sur la plage ou dans une yourte.

© CAMPING ROYANNAIS

© CAMPING ROYANNAIS

SPA LA POINTE DU MEDOC

18, rue Ausone
✆ 05 56 73 39 99
Haute saison : ouvert tous les jours et les jours fériés de 10h à 13h et de 17h à 21h.

Un espace Beauté et Spa de 120 m² pour se ressourcer et s'évader grâce un espace accueil, une tisanerie, 3 cabines simples et 1 cabine double avec baignoire balnéo. Ce centre est équipé également d'un hammam et d'un Jacuzzi extérieur sur une terrasse privative avec transats à disposition pour la clientèle du Spa. Différentes formules de soins du visage et du corps sont proposées ainsi que des massages du monde avec la gamme de produits originaux La Sultane de Saba qui a pour vocation de voyager à la découverte d'horizons lointains, vers les pays du soleil.

ESCALE DE LA PLAGE €€

33, avenue de la plage
✆ 05 56 09 65 65
Ouvert de mai à septembre, en mai ouvert uniquement le week-end de 10h à 23h. Plats à partir de 12 €.

Une petite touche antillaise avec ses 2 paillotes et petits palmiers, voici une adresse pour boire un cocktail les pieds dans le sable ! Situé sur la plage de la Chambrette, cette charmante brasserie d'été vous propose des snacks, des glaces et des gaufres, mais aussi des petits plats variés. Faux-filet, salades copieuses et poissons frais au menu. En juillet et août on organise aussi une fois par semaine des soirées thématiques où un plat est mis en avant et servi en formule avec un verre de vin, c'est les cas par exemple pour les moules frites.

VENDAYS-MONTALIVET

Vendays-Montalivet est réputé pour son camping naturiste CHM Montalivet, l'un des plus anciens et des plus grands d'Europe. La commune a aussi une activité commerçante et artisanale de tout premier plan avec son marché couvert et son marché extérieur, en période estivale, qui offre un déballage de plus de 200 stands. Côté patrimoine, les curiosités ne manquent pas notamment la pittoresque gendarmerie installée dans une maison typique avec son toit symétrique en pente, son balcon et ses jolies découpes en bois. Son bleu tirant sur le vert émeraude ne fait pas très réglementaire... Montalivet est enfin un paradis avec ses très grandes plages surveillées.

PLAGE DE VENDAYS-MONTALIVET

✆ 05 56 73 32 02
3 plages : plage sud, plage centrale et plage nord.

Les grandes plages de sable blond de Montalivet, station balnéaire tranquille et familiale, s'étendent sur douze kilomètres. Elles bénéficient du label Pavillon Bleu. Les plages sud et centre sont les plus populaires et proposent un grand nombre d'activités comme le char à voile, le bodyboard, le kayak, le flysurf et le surf, bien sûr ! Certains espaces sont plutôt réservés aux naturistes, notamment la plage qui jouxte le camping naturiste CHM Montalivet.

OFFICE DE TOURISME DE VENDAYS-MONTALIVET

62, avenue de l'Océan
✆ 05 56 09 30 12
www.medoc-atlantique.com
Horaires sur le site.

Si vous séjournez à la pointe du Médoc, vous vous devez de passer par l'Office de tourisme. Il propose de nombreux renseignements pour tout séjour seul, avec des amis ou en famille, vous indique les lieux à visiter, les événements à ne pas rater et les meilleures activités : randonnées pédestres, journées balade à vélo, dégustation de vin avec visite des châteaux, excursions sur l'estuaire, activités sportives, séances de cinéma, concerts et pièces de théâtre, etc.

CAMPING LA CHESNAYS**** €€

8, route de Mayan ✆ 05 56 41 72 74
www.camping-montalivet.com
Ouvert de 1er avril au 14 octobre. Emplacement de 17 € à 27,50 €. Mobil-homes à partir de 225 € la semaine.

Pour des vacances nature entre mer et estuaire, forêt et vigne, le camping 4 étoiles propose des emplacements (tente, camping-car, caravane) et des locations (chalets, mobil-homes, lodges, Tithomes, bungalows toilés et Glamping en Coco Sweet). Le Coco Sweet possède une chambre pour 2 personnes, idéal pour des vacances en couple, de 11 m², un concept à la fois fonctionnel, joli, cosy et tout équipé. Les emplacements sont spacieux, les locations de qualité, l'endroit idéal pour des séjours en famille à la conquête du Médoc Atlantique.

BALADE NORD MÉDOC

Les marais du Nord Médoc présentent une vaste étendue de zones humides où plus de 250 espèces sauvages colonisent les lieux : différents insectes, amphibiens, mammifères et oiseaux. Les nombreux marais et le chenal du Gua permettent l'écoulement de l'eau du Nord Médoc.

A Vensac on parcourt à pied le sentier du marais du Gua, jalonné de bornes explicatives.

Le chenal du Gua et son écosystème complexe très riche se découvrent en canoë ou kayak depuis le port de Saint-Vivien dans une ambiance calme et sereine. Sur place il est possible de se restaurer au Kayak Café.

Sur les bords de l'estuaire, les carrelets tirent leur nom du filet de pêche de forme carrée du XVIIIe siècle. Ils servent aujourd'hui de lieu de détente et d'observation. Depuis le port du Verdon, on aperçoit le phare de Cordouan qui se dresse majestueusement à l'entrée de l'estuaire. C'est le plus ancien phare d'Europe (1611). Pour le visiter, on prend un bateau sur réservation. En repartant vers Vendays-Montalivet, il faut s'arrêter à Soulac-sur-Mer pour admirer les villas classées qui constituent le « village ancien » avec son style colonial du début du XXe siècle et la basilique Notre-Dame-de-la-fin-des-Terres. Engloutie presque intégralement par le sable au XVIIIe siècle, elle fut sauvée au milieu du XIXe siècle.

CAMPING TOHAPI - ATLANTIC CLUB MONTALIVET***** €€

Avenue de l'Europe
✆ 04 30 05 15 19

Fermé de novembre à mars. Mobil-homes pour 4 à 6 personnes à partir de 260 € la semaine. Lodge à partir de 130 €.

Ce camping est situé au milieu des pins avec un accès direct sur les plages de l'océan. Dans un parc de 36 hectares, les mobil-homes, dont certains avec bain à remous privé, sont parfaitement équipés. Ce lieu de vacances familial est doté d'un espace aquatique splendide (trois toboggans, piscine chauffée, bassin couvert, pataugeoire, pistes pentagliss, solarium, etc.), d'une Oasis bien-être, d'un club pour enfants et adolescents. Tous les soirs en haute saison : spectacles de qualité.

HÔTEL DES ACACIAS €€

64, route Montalivet
✆ 05 56 41 73 23
www.acaciashotel.fr

Ouvert de fin juin à mi-septembre. Chambre double à partir de 70 €. Petit déjeuner buffet : 8 €.

A cinq minutes de l'océan et des vignobles, l'hôtel se situe au milieu d'un parc boisé et fleuri de 5 000 m². Vous avez le choix entre les chambres-bungalows avec salle de bains, toilettes, double vitrage, terrasse couverte privée et vue sur le parc, les chambres avec balcon, avec douche, toilettes et donc un grand balcon donnant sur le parc et les chambres standards avec douche et toilettes. Les moins chères sont sans TV... Les gîtes offrent dans un espace de 40 m² chambre, salon, kitchenette séparée, deux salles de bains et deux terrasses couvertes privées.

LE SOLEIL D'OR*** €€

32, boulevard du Front de mer
✆ 05 56 09 31 37
www.campinglesoleildor.com

Fermé du 20 octobre au 6 avril. Emplacement de 18 € à 35 €. Mobil-homes à partir de 272 € la semaine.

Proches des services et commerces, le camping Le Soleil d'Or est idéal pour passer des vacances nature et familiales. Sa situation est exceptionnelle, placé en front de mer et proche du centre-ville, il permet d'aller à la plage ou au marché à pied ! Pas besoin de voiture, une paire de tongs ou le vélo, ça suffit.. Vous avez le choix entre un emplacement unique, plus traditionnel, 4 types de mobil-homes ou des lodges avec vue sur l'océan. Ce camping offre tout un panel de services : bar, restaurant, barbecues à disposition, jeux, Wi-Fi gratuit et laverie.

BAR RESTAURANT DU VIEUX MOULIN €€

17, route du Moulin
VENSAC
✆ 06 49 92 40 69

Haute saison : ouvert tous les jours le midi et le soir. Carte : 35 € environ. Formule du midi : 15 € et 18 €.

A Vensac, la vedette c'est le moulin à farine du XVIIIe siècle, initialement situé à 2 kilomètres. Il a été démonté pierre par pierre et reconstruit sur son site actuel. Il est donc logique que le camping voisin s'appelle le Camping du Vieux Moulin tout comme le bar-restaurant. Tout est bien cuisiné, sur place, avec des produits frais. La carte est volontairement courte et on vous recommande, entre autres, les moules/frites et les fish and chips.

BODEGA L'ESTRAGON €€

24, rue Bremontier
✆ 06 37 71 69 17

Ouvert de juin à octobre tous les jours et les jours fériés le midi et le soir. Carte : 28 € environ.

Romain Pons s'est fait connaître à Sauternes, car il tenait le Saprien et il avait même obtenu un Bib Gourmand en 2015. A Montalivet il a transformé une cabane thaïe en bodega. Avec son épouse, ils ont un slogan : « Le rendez-vous des épicuriens ». On vit un moment de partage dans une ambiance de bons vivants. A la carte, des tapas 100 % maison à base de produits frais, car ils sont autant que possible achetés en circuit court. Le chef a quelques plats « signature » comme la côte à l'os découpée sur place ou la pluma de cochon marinée à la bière façon Tim.

LES CINQ SENS €€

31, avenue de l'Océan
✆ 09 67 46 02 60
www.les-cinq-sens.eatbu.com

Fermé de novembre à janvier. Ouvert tous les jours et les jours fériés le midi et le soir. Carte : 42 € environ.

Les Cinq Sens est une jolie table en plein cœur de la station balnéaire de Montalivet. A l'extérieur une grande terrasse et à l'intérieur une ambiance bistrot-brasserie. David, chef et propriétaire, est médocain, Natasha, sa compagne est québécoise. A eux deux, ils vous font vivre une belle expérience. La cuisine est recherchée et originale avec des inspirations exotiques ou du Sud bien maîtrisées, mais aussi des produits fumés, spécialités de la maison. Le restaurant porte bien son nom, car tous nos sens sont en éveil, même notre ouïe à l'énoncé des plats.

LA VILLA ARBOUSIER €€

29, avenue de l'Océan
✆ 05 56 73 40 7

Ouvert tous les jours le midi et le soir. Menus de 22,50 € à 36 €. Carte : 38 € environ.

La Villa Arbousier est un peu comme une maison d'hôtes avec sa terrasse qui donne sur l'avenue de l'Océan, son jardin à l'arrière plus au calme et son intérieur chaleureux. Certains pourraient penser que ce restaurant, situé en plein cœur de Montalivet, est un piège à touristes. Pas du tout. Le chef prend plaisir à préparer avec soin des produits de saison. A une cuisine traditionnelle, il ajoute quelques petites notes personnelles et des saveurs d'ailleurs. A la carte par exemple les sushis et nems côtoient la terrine de foie gras et les noix de saint-jacques.

EL LOCO

38, avenue de l'Océan
✆ 06 29 75 50 17

Ouvert toute l'année. Haute saison : tous les jours de 11h à 15h et de 18h à 2h.

El Loco c'est vraiment l'endroit où l'on fait la fête. C'est à la fois un bar à cocktails et à tapas, un bar à ambiance (concerts, retransmission de matches), une cave à cigares, le tout regroupé sur une double terrasse. Tous les jeunes – et parfois moins jeunes – s'y retrouvent pour boire un verre entre copains et découvrir des cocktails originaux, préparés à la demande, autour de grandes assiettes de tapas chaudes ou froides. En saison on peut aussi venir le midi pour s'attabler devant des brochettes de poulet pané aux cornflakes ou d'un *egg muffin*.

MARCHÉ DE VENDAYS-MONTALIVET

Tous les matins. Marché en plein air le dimanche matin place de l'église.

En 1957, la construction du marché couvert de la commune donne le point de départ d'une nouvelle ère. A l'extérieur, les marchands non sédentaires viennent déballer eux aussi leurs marchandises. Pendant la saison estivale, le marché de Montalivet est incontournable. Il offre de plus de 200 stands dans une débauche de couleurs et de produits, dont notamment de l'artisanat, des spécialités régionales et des stands de vin. Seule fausse note : les huîtres sont très chères...

CAMPING CLUB DE FRANCE DE MAYAN €

3, route de Mayan
✆ 05 56 41 76 51
www.campingclub.asso.fr

Fermé du 2 novembre au 1er avril. Mobil-homes pour 4 personnes de 160 € à 450 € la semaine.

© CAMPING DE MAYAN

Ce camping est à 5 kilomètres d'une magnifique plage. Il séduit les amoureux de la nature et de la tranquillité. Son charme est typiquement girondin et on aime la prairie bordée de haies vives, les chênes séculaires et la pinède reboisée. Les mobil-homes sont simples, mais confortables. Les tarifs proposés sont généralement plus bas que ceux du marché et, en plus, ils accordent souvent une réduction sur la redevance principale aux adhérents CCDF et des clubs affiliés.

BATTLE ARCHERY

Rue André Goulée
✆ 06 72 02 16 80
http://paintball-montalivet.com/

Haute saison : ouvert tous les jours de 9h à 20h. Entrée : 12 € dès 12 ans.

Au sein du paintball de Montalivet, on peut vivre, dans un hectare de forêt aménagé, une expérience unique en Gironde c'est la Battle Archery. Cette activité de tir à l'arc, réputée sans risque (embouts en mousse) et ne demandant pas d'encadrement spécifique, ravit toujours petits et grands, qu'ils soient des archers confirmés ou des débutants. On commence par une cible classique ensuite on part en forêt : un joueur touché par une flèche devient prisonnier. Pour se libérer, il doit toucher un adversaire, certaines cibles ou une flèche en vol...

BLAYE ★★

Les origines de Blaye remontent à la période romaine, mais c'est au Moyen Age que la ville est reconnue grâce aux Mérovingiens qui s'y installent par intermittence. C'est d'ailleurs au cœur de la basilique Saint-Romain de Blaye que le neveu de Charlemagne sera enterré, le fameux Roland de la chanson ! Les vestiges sont toujours visibles et de nombreux trésors d'histoire sont exposés au musée archéologique de la ville. Pendant la guerre de Cent Ans, Blaye est une ville stratégique, perdue puis finalement récupérée par les Français en 1451. C'est au XVIIe siècle que la citadelle, renommée de la cité, est construite par Vauban, sous le règne de Louis XIV.

MUSÉE ARCHÉOLOGIQUE ET VILLA GALLO-ROMAINE

5, allée de la Mairie - **PLASSAC**

✆ 05 57 42 84 80

www.villagalloromaine-plassac.fr

Ouvert tous les jours d'avril à octobre, horaires selon saison. Adulte : 5 €. Enfant (8-16 ans) et groupes : 3 €.

Classé Monument historique, le site de Plassac détient les vestiges d'une villa gallo-romaine construite dans les premiers siècles apr. J.-C. Le musée archéologique est géré par l'association des amis du vieux Plassac et met en valeur le patrimoine historique de la région. Sur deux étages sont présentés le mobilier archéologique issu des fouilles : décors muraux, éléments architecturaux, mobilier, outillage... ainsi qu'une reconstitution virtuelle en 3D de la villa.

CITADELLE DE BLAYE ★★

Rue des Minimes

✆ 05 57 42 12 09

www.bbte.fr

Parking gratuit. Visite guidée de la citadelle et ses souterrains : adulte 7,50 € ; enfants de 5 à 12 ans 5,50 €.

Située sur l'estuaire de la Gironde, cette citadelle surnommée le bijou de Vauban a été édifiée au XVIIe siècle sous le règne de Louis XIV. L'édifice fait partie du « Verrou Vauban » avec le Fort Pâté et le Fort Médoc et témoigne de l'art militaire de Vauban, ingénieur militaire de l'époque. Depuis 2008, elle est classée au Patrimoine de l'Unesco. La citadelle se visite à pieds par les souterrains, ou moins classique, en calèche ou en bike board. Et pour les plus aventureux, des escape games sont organisés dans les cachots !

MUSÉE D'HISTOIRE

Rue de la Manutention

✆ 06 82 34 72 66

www.tourisme-blaye.com

Ouvert toute l'année, horaires sur le site internet. Adulte : 5 €. Enfant (5-12 ans) : 4 €. Visite guidée.

Prison civile et militaire à sa construction en 1677, étonnamment devenue boulangerie au début du XIXe siècle, c'est bien dans cet endroit, au cœur de la citadelle de Blaye, que vous trouverez le musée d'Histoire et d'Archéologie. A travers les cachots et les fournils, découvrez plus de sept mille ans d'histoire illustrés par le mobilier archéologique découvert dans l'enceinte de la citadelle Vauban mais également dans l'ancienne abbaye Saint-Romain. La maquette du château médiéval et les différents plans d'évolution de la forteresse complètent la visite.

La citadelle de Blaye.

PHARE DE PATIRAS

Ile de Patiras
SAINT-ANDRONY
✆ 05 56 39 27 66
Croisières déjeuners. Horaires selon la saison.

Connaissez-vous le phare de Patiras ? Aussi nommé Phare Saint-Paul, il se situe sur la pointe nord de l'île de Patiras, au milieu de l'estuaire de la Gironde, en face de Pauillac. Affecté au Conservatoire du Littoral, il se visite au départ de Blaye en croisières organisées par le Refuge de Patiras. On peut également le louer pour des réceptions : l'ancienne maison du gardien a été rénovée et transformée dans ce but par le propriétaire. Au pied du phare, le refuge sur pilotis accueille aussi les visiteurs pour une halte de restauration gourmande !

PORT DES CALLONGES

SAINT-CIERS-SUR-GIRONDE
www.estuaire-tourisme.fr
Ouvert toute l'année. Port de plaisance. Gratuit. Jeux pour enfant. Animaux acceptés.

Tombez sous le charme de ce petit port de pêche typique et de ses carrelets, fameuses petites cabanes de pêcheurs en bois sur pilotis. Le port des Callonges est situé dans une réserve naturelle proche du site ornithologique « Terres d'Oiseaux ». Un ponton a été mis en place pour accueillir les bateaux à passagers. En été, participez aux manifestations maritimes ainsi qu'à des journées voiliers et kayaks. Pour se restaurer et se détendre, un restaurant panoramique avec vue sur l'Estuaire et une guinguette vous accueille dans une joyeuse ambiance familiale.

TERRES D'OISEAUX

2, les Nouvelles Possessions
BRAUD-ET-SAINT-LOUIS ✆ 05 57 32 88 80
www.terresdoiseaux.fr
Haute saison ouvert tous les jours de 10h à 20h. Adulte : 6 €. Enfant de 6 à 14 ans : 5 €.

La tour panoramique située à l'entrée du site donne une idée de ce qui vous attend. Balade en toute liberté ou visite commentée par un guide naturaliste, à vous de choisir. Quatre boucles vous sont proposées, et un sentier est spécialement aménagé pour les familles avec enfants en bas âge et pour les personnes à mobilité réduite. De novembre à mars, vous croiserez plutôt des limicoles ou hérons cendrés, tandis que dès avril les petits oisillons seront visibles. La Métairie, maison d'accueil, comprend un espace de détente, des expositions temporaires, une boutique.

OFFICE DE TOURISME DE BLAYE

1, place de La Citadelle
✆ 05 57 42 12 09
www.bbte.fr
Qualité Tourisme. Ouvert tous les jours de 10h à 12h30 et de 14h à 17h ou 17h30 ou 18h (selon la saison).

Installée dans la citadelle, l'Office de Tourisme de Blaye est le lieu incontournable pour préparer votre séjour. L'équipe vous conseille dans vos choix d'hébergement (aires de camping, chambres d'hôtes, hôtels...), de restauration et bien sûr d'activités touristiques (randonnées pédestres, balades équestres, découverte du verrou Vauban, croisières sur la Dordogne, visites de châteaux...). Des guides PDF sont d'ailleurs disponibles en ligne sur leur site internet.

BACS GIRONDE (FERRIES)

6, cours du Général de Gaulle
✆ 05 57 42 04 49
Tarifs aller-simple haute saison : adulte : 3,10 € ; enfant : 1,50 €. Gratuit jusqu'à 4 ans. Vélo : gratuit.

Pratiques et rapides, les bacs girondins traversent l'estuaire de la Gironde et vous conduisent d'une rive à l'autre. Tous les jours de l'année, plusieurs départs de 7h15 le matin à 20h30 le soir. Les horaires et tarifs des traversées, qui varient selon les saisons et les jours de la semaine, sont affichés sur le site. Vous pouvez prendre le bac quel que soit votre moyen de transport et la traversée dure 30 minutes. Il est recommandé d'arriver 30 minutes avant le départ. À bord, service bar et snacking ou distributeur de boissons et friandises.

LA BASILIQUE SAINT-ROMAIN DE BLAYE

✆ 0682347266
www.tourisme-blaye.com

La basilique Saint-Romain de Blaye, érigée au IVe siècle, est une ancienne nécropole qui a abrité les rois mérovingiens. Le plus célèbre personnage enterré ici est le seigneur de Blaye Roland, bien connu pour sa fameuse chanson ! Mise à mal durant les guerres de Religion, la basilique fut finalement détruite entre le XVIIe et le XVIIIe siècle lors de la construction de la citadelle. Elle ne laisse aujourd'hui que quelques ruines, découvertes lors de fouilles archéologiques vers 1969.

MÉDOC / HAUTE GIRONDE

LE CLOS DE L'ECHAUGUETTE

✆ 05 57 42 94 20

Visites, événements.

La Citadelle de Blaye offre aux visiteurs un superbe panorama sur le plus vaste estuaire d'Europe. Niché en son cœur, un petit vignoble mérite qu'on s'y intéresse. Accessible par un tunnel creusé sous le rempart de terre, le Clos de l'Echauguette est un lieu chargé d'histoire. Conduit en agriculture biologique, le vignoble est un modèle en matière de biodiversité : labour à cheval, vendanges manuelles, jachère fleurie... Pour ce millésime en appellation Blaye Côtes de Bordeaux et élevé en fût de chêne, 737 bouteilles sont produites, soit une par pied de vigne.

L'AUBERGE DU PORCHE*** €€

5, rue Ernest Regnier ✆ 05 57 42 22 69

www.auberge-du-porche.com/

8 chambres de 110 € à 130 €. Petit déjeuner dès 9 €. Location d'espaces pour événements professionnels et privés.

À quelques minutes du centre-ville et de la Citadelle de Vauban, l'Auberge du Porche a élu domicile il y a 20 ans dans une magnifique bâtisse de 1830. Cet hôtel de charme*** propose 8 chambres spacieuses avec literie neuve de 160, dont deux chambres Twin et deux chambres familiales. Des espaces de détente – en intérieur au salon et en extérieur sur l'une des terrasses – sont à disposition. L'après-midi, le salon-bar de l'Hôtel propose un service boissons ainsi qu'une dégustation de vins pouvant accompagner des assiettes apéritives (sur commande).

CLOS RÉAUD DE LA CITADELLE €€

8, rue des Maçons ✆ 06 99 44 43 34

www.closreaud-citadelle.com

5 chambres à partir de 120 €/nuit. Gîte (4 personnes) à partir de 150 €/nuit. Parking. Espace bien-être.

A 500 mètres de la Citadelle, Helena et Fernando ont transformé cette bâtisse du XVIIe en accueillante maison d'hôtes de 5 chambres spacieuses, dont un ancien pigeonnier. Le lieu possède assurément du caractère ! Le matin, vous profiterez du petit déjeuner devant le feu de cheminée de la salle à manger, ou dans le grand parc de la propriété. Piscine chauffée et espace bien-être sont à disposition pour un séjour tout à fait relaxant. Un gîte pour 4 personnes est également proposé.

LA CLOSERIE DU CHÊNE BLEU €€

761, route de Saint Ciers

SAINT-CAPRAIS-DE-BLAYE ✆ 06 89 64 05 83

www.lacloserieduchenebleu.com

Ouvert toute l'année. 3 chambres, à partir de 60 €. Petit déjeuner inclus. Table d'hôtes (à réserver 24h à l'avance).

Une maison d'hôtes avec beaucoup de charme... En pleine campagne, vous profiterez d'un cadre idyllique et logerez dans de spacieuses chambres familiales. Chacune d'entre elles est décorée avec soin et possède tout le confort. Côté extérieur, le jardin et la piscine raviront particulièrement les enfants. Séverine propose également la table d'hôtes en cuisinant les produits du terroir et les légumes directement cueillis dans son potager, accompagnés de bons vins à déguster.

HÔTEL RESTAURANT DE LA CITADELLE €€

5, Place d'Armes ✆ 05 57 42 17 10

www.hotelcitadelleblaye.com

Chambre double à partir de 105 € ; chambre familiale à partir de 110 €. Demi-pension. Réceptions, séminaires, mariages.

Quel bel endroit que l'hôtel-restaurant de la Citadelle ! Ce monument chargé d'histoire, plein de charme, est l'endroit idéal pour se retrouver en couple dans l'une des petites chambres au style épuré. Vous profiterez d'une vue sur les îles de l'estuaire et de la piscine privée et centrale de l'hôtel. A ceci s'ajoute un restaurant traditionnel qui vous surprendra, des amuse-bouches aux mignardises. Gentillesse du personnel, qualité des prestations... Une excellente adresse à tester !

MAISON SAINT ROMAIN**** €€

28, rue St Romain ✆ 06 13 13 23 90

Gîte pour 10 personnes, à partir de 1 200 €/semaine et 480 €/w-e. Possibilité de louer à la journée ou à la chambre.

Au cœur de la ville de Blaye, à quelques mètres du port et des commerces de la citadelle, Claire vous accueille dans une grande maison bourgeoise entièrement restaurée. Dans cette demeure pouvant accueillir jusqu'à 10 convives, chacune des quatre chambres spacieuses possède sa propre salle de douche ou salle de bain. Tout confort, la demeure offre également un confortable salon, une salle à manger, un patio et bien sûr une cuisine équipée qui ne manque pas de cachet grâce à son ancien poêle. Une bâtisse de charme dans un lieu idéal pour les vacances !

CHEZ OLGA €€

15, route de Saintes - **CARTELÈGUE**
© 05 57 64 71 18
www.chez-olga.com
Chambres doubles à partir de 55 €. Demi-pension. Wifi gratuit. Restaurant ouvert du lundi au vendredi jusqu'à 21h.

Située au bord de la départementale, cette adresse est bien connue des habitants de Haute-Gironde. Plus qu'un simple hôtel-restaurant, c'est un lieu de convivialité et de partage incontournable. C'est en 1947 qu'Olga, grand-mère du propriétaire actuel, a ouvert cet établissement : le premier routier de Gironde ! Ici, on se régale avec des plats simples et faits maison. Les chambres d'hôtes, fraîchement rénovées, disposent de tout le confort nécessaire. Le charme opère et l'accueil est parfait. Idéal pour une étape dans le département.

LA SAUVAGEONNE €€

2, les Mauvillains - **SAINT-PALAIS**
© 05 57 32 92 15
lasauvageonne.com
Chambre double à partir de 95 €. Gîte à partir de 540 € (3 pers.) et 725 € (5 pers.) la semaine. Table d'hôtes : 35 €.

La Sauvageonne est un très bel établissement. Sur leur grand terrain, les propriétaires vous accueillent dans ce manoir dont le vestibule date du XVIe siècle, et prennent plaisir à échanger avec les visiteurs et à partager un bon dîner autour de leur table d'hôtes. Outre les jardins, le parc, la piscine et le Spa, les chambres sont très agréables. Les gîtes Tournesols et Clématites s'adressent aux familles et groupes et sont tout confort. Pour les groupes de 10 à 20 personnes, il est possible de louer le domaine pour le week-end ou la semaine.

LA VILLA DE PLASSAC €€

44, route de l'Estuaire
PLASSAC
© 09 67 49 76 38
www.lavilladeplassac.fr
Chambre double 75 €. Petit déjeuner inclus. Table d'hôtes 25 €.

Ce charmant établissement est un véritable havre de paix dans le petit village de Plassac, au cœur de l'appellation de Blaye Côtes de Bordeaux. Dans cette belle demeure du début du XIXe siècle, la décoration est soignée et le confort appréciable. Il est possible de dîner sur place, sur demande, et une table d'hôtes vous sera proposée avec un repas à base de produits frais et régionaux. Aux beaux jours, vous pourrez prendre votre petit déjeuner dans le jardin... A l'intérieur comme à l'extérieur, le lieu ne manque certainement pas de cachet !

RELAIS DE L'ESTUAIRE €

79, rue Principale - **ETAULIERS**
© 05 57 64 70 36
www.hotel-de-lestuaire.fr
Ouvert du mardi au dimanche midi et soir ; lundi le soir. Menus : 18 € à 24 €. Menu enfant : 9 €. Formule midi : 14 €.

C'est en pleine nature que le Relais de l'Estuaire vous accueille, à deux pas des vignobles de Blaye. Ouvert à tous, le restaurant propose une cuisine traditionnelle mettant en avant les produits du terroir : omelette aux cèpes, salade landaise, magret de canard sauce foie gras... Si le cadre et l'accueil vous plaisent, vous pourrez prolonger votre escale et passer quelques nuits à l'hôtel. Pour vos séminaires, événements familiaux ou réceptions, une salle équipée et indépendante pouvant accueillir jusqu'à 100 personnes est disponible à la location.

FROMAGERIE DE L'EMBARCADERE

3, rue Saint-Simon
© 05 24 21 20 21
Ouvert du mardi au samedi de 9h à 12h30 et de 15h à 19h, sauf jeudi : fermeture à 12h30. Plateaux sur commande.

Après plusieurs années dans ce domaine, Sylvie a ouvert sa propre fromagerie près du port. Elle y propose une belle sélection de fromages fermiers et artisanaux de France et d'ailleurs, mais aussi des produits d'épicerie fine et du vin. Idéal pour les apéros entre amis ou les déjeuners d'entreprise : les superbes plateaux à commander, composés de fromages frais ou affinés. Vous serez accueillis à l'entrée par l'énorme vache Marguerite, entièrement réalisée par le mari de Sylvie !

LE GAVROCHE €€

10-12, rue Neuve
✆ 05 57 58 21 03

Ouvert du mardi au dimanche. Menu : à partir de 14,80 €. Menu gourmand : 26,50 €. Terrasse.

Le Gavroche est un restaurant traditionnel niché dans une rue piétonne du centre-ville de Blaye. Depuis la reprise en 2019, il est géré par David et Thomas, en cuisine. Le midi, un menu de deux ou trois plats est proposé à prix correct : le choix est au rendez-vous et fait la part belle aux produits régionaux. A la carte, les propositions sont gourmandes : œuf cocotte crème munster, cheesecake revisité au magret fumé, entrecôte poêlée sauce vin rouge, et fameuse « babelaine » du Gavroche au rhum ambré... Le lieu est tout à fait élégant et l'accueil très agréable.

HÔTEL RESTAURANT DE LA CITADELLE €€

5, Place d'Armes
✆ 05 57 42 17 10
www.hotelcitadelleblaye.com

Ouvert tous les jours midi et soir en haute saison. Réservation recommandée. Menu du jour : 25 €.

L'agréable hôtel de la Citadelle dispose d'un sublime restaurant panoramique avec vue sur les îles de l'estuaire. Dans ce cadre des plus agréables, une cuisine du Sud-Ouest inventive et savoureuse est proposée. A la carte, tapas, viandes et poissons frais, sélection de fromages affinés et desserts gourmands... Pour accompagner le repas, l'équipe propose une très jolie carte de vins, avec notamment une sélection de Blaye-côtes de bordeaux. Une excellente adresse à tester !

LE P'TIT CANON €€

3, place d'Armes
✆ 05 57 64 23 86
www.petit-canon.com

Ouvert 7j/7 le midi, samedi et dimanche le soir. Menu du jour : 19,90 €. Animations.

Le Petit Canon ne manque pas de charme ! Au cœur de la Citadelle de Blaye, classée au patrimoine mondial de l'Unesco, ce charmant restaurant et bar à vin offre une vue splendide sur l'estuaire de la Gironde. L'été, profitez d'une belle terrasse et l'hiver, d'un bon feu de cheminée réconfortant. Dans l'assiette, que du fait-maison : velouté de potiron, terrine de foie gras IGP mi-cuit, véritable bœuf bourguignon, *fish & chips*, moelleux au chocolat, déclinaisons de profiteroles... Les parts sont généreuses et les recettes gourmandes.

MON BEL ESTUAIRE

6/8, av. du 144ème Régiment de l'Infanterie
✆ 06 35 57 28 45

Jours et horaires variables selon saison (ouvert 7j/7 en haute saison). Dégustation le vendredi soir (haute saison).

Julie a installé sa charmante boutique en plein cœur de la Citadelle où elle propose produits du terroir, objets et décorations portant fièrement les saveurs et les couleurs de la région. Foie gras, confitures, biscuits, bières locales, mais aussi mugs, bougies, affiches, tee-shirts, couteaux à huîtres... Les Blayais fiers de leur ville ou les gens de passage désireux de rapporter un souvenir dans leurs bagages trouveront forcément leur bonheur ! En saison, on peut découvrir ces bonnes et jolies choses tous les vendredis autour d'un apéritif dégustation.

LA CAVE DE L'ESTUAIRE

1, bis cours vauban ✆ 05 57 33 04 18
https://cavedelestuaire.com/accueil/

Ouvert du mardi au samedi soir. Terrasse couverte. Réservation conseillée en saison. Planches : à partir de 15 €.

A la fois caviste et bar à vins, la Cave de l'Estuaire (anciennement situé face au restaurant le Gavroche) est incontournable pour tous les amateurs de bon vin et de bonne ambiance ! On y va entre amis pour boire un verre de vin directement choisi sur place parmi plus de 250 références, et partager quelques planches apéritives gourmandes (charcuteries espagnoles, burrata truffée, frites maison...), voire très gourmandes (foie gras, caviar...). Le samedi midi, c'est ambiance marché avec tapas, crevettes et huîtres. Accueil chaleureux et conseils de grande qualité.

CHÂTEAU DES MATARDS - VIGNOBLES TERRIGEOL

27, avenue du Pont de la Grâce
SAINT-CIERS-SUR-GIRONDE
✆ 05 57 32 61 96
www.vignobles-terrigeol.com

Ouvert du lundi au vendredi de 8h à 12h30 et de 14h à 18h. Samedi et dimanche sur rendez-vous.

Les vignobles Terrigeol, c'est une histoire de famille ! Ayant su renouveler l'exploitation au fil de temps, trois générations travaillent aujourd'hui ensemble pour cultiver les vignes à Saint-Ciers-sur-Gironde et produire des vins Blaye Côtes de Bordeaux, plusieurs fois médaillés. Les 88 hectares de vignobles sont répartis sur 3 appellations. D'un côté, le vin « Château des Matards », et de l'autre, le Cognac et le Pineau des Charentes « Domaine de la Margotterie ».

CHÂTEAU FREDIGNAC

7, rue Emile Frouard - **SAINT-MARTIN-LACAUSSADE**
✆ 05 57 42 24 93
www.chateau-fredignac.fr
Visite et dégustation toute l'année sur rdv. Chambre d'hôtes (2 à 4 personnes) : 61 € à 66 €, petit déjeuner inclus.

Ludivine et Vincent gèrent le Château Frédignac dans le respect de la tradition familiale, tout en faisant évoluer l'exploitation avec son temps. Engagé depuis 2010 dans l'agriculture biologique, le vignoble est aussi depuis 2019 certifié par le label Nature et Progrès. Un mode de production respectueux de l'environnement, des sols et de la biodiversité du terroir jouant directement sur le potentiel aromatique des vins... Côté chambres d'hôtes, le domaine en propose trois tout à fait charmantes, à des tarifs très corrects. Idéal pour une escapade familiale !

CHÂTEAU LACAUSSADE SAINT-MARTIN

8, route de Labrousse
SAINT-MARTIN-LACAUSSADE
✆ 05 57 32 51 61
Visite et dégustation du lundi au samedi (sur rdv).

Le vignoble du château Lacaussade Saint-Martin est situé le long de l'Estuaire de la Gironde, juste en face des Grands Crus Classés du Médoc. Jacques et Sabrina vous y accueillent pour vous parler de leur passion, de leur château et de leur terroir. Méthodes traditionnelles, modernité et respect de l'environnement, sont les valeurs qu'ils défendent pour produire leur gamme d'AOC blaye-côtes-de-bordeaux. La visite de la propriété et notamment des chais est des plus agréables.

CHÂTEAU MONCONSEIL - GAZIN

15, route de Compostelle
PLASSAC
✆ 05 57 42 16 63
www.monconseilgazin.com
Ouvert du lundi au vendredi. Dégustation, vente directe, visite commentée, ateliers.

Situé sur le chemin de Compostelle, le château Monconseil est l'un des plus anciens domaines viticoles de la région. La propriété est exploitée depuis 5 générations par la famille Baudet qui produit des vins élevés en barriques de chêne français durant 12 à 18 mois. Plusieurs activités sont proposées, comme la visite des chais et du domaine, l'atelier assemblage ou l'atelier vins et fromages, l'escape game œnologique ou les œnopiades en équipe, et bien sûr... la dégustation !

CHÂTEAUX SOLIDAIRES

9, Le Piquet
✆ 05 57 42 13 15
www.chateaux-solidaires.com
Ouvert du lundi au vendredi de 9h à 12h et de 14h à 18h.

Châteaux Solidaires est une coopérative agricole regroupant une dizaine de vignerons, qui dans un esprit de cohésion et de solidarité, utilisent un même chai pour chacun produire leurs propres vins. Cette cave est également un outil de commercialisation commun. Après avoir découvert les installations dédiées à la vinification, installez-vous sur l'un des sièges hauts de la salle de dégustation et utilisez votre vue, votre odorat et votre goût pour apprécier comme il se doit ces vins du Blayais, qui sont ici tous vendus au prix de la propriété.

LA SAVONNERIE DE BLAYE

6, bis Cours du Port
✆ 05 24 21 61 80
Ouvert du mardi au samedi de 9h30 à 12h30 et de 14h30 à 19h. Vente en vrac. Recharge de contenant.

© LA SAVONNERIE DE BLAYE

Dans sa charmante savonnerie en face du port, Florence propose une large gamme de produits bio ou naturels et made in France ! La gamme écologique se décline jusque dans les sels de bain, les dentifrices et les shampoings solides. Dans ce lieu accueillant, décoré dans des tons de bois naturel, vous trouverez également des objets de décoration pour la maison, des accessoires pour enfants et bébés et des affiches et accessoires estampillés Blaye. Gage de qualité des produits proposés, c'est ici que se fournissent les hôtels et maisons d'hôtes du coin...

AU COMPTOIR DES MODES

4, place de la Citadelle
✆ 05 57 33 08 69
Ouvert du mardi au samedi : 10h-12h30 et 14h-18h30 ; lundi : 10-12h et 14h-18h30.

Au Comptoir des modes est une boutique de prêt-à-porter agréable, grâce au dynamisme et à la générosité de Joe qui transforme une séance de shopping à Blaye en un vrai moment de convivialité ! Cette passionnée déniche ses pièces chics et tendance à Bordeaux et Paris pour proposer dans son Comptoir des Modes des vêtements et accessoires pour tous : hommes, femmes et enfants. Joe anime plusieurs fois dans l'année des événements en after work, où les clients sont invités à découvrir la nouvelle collection autour d'un apéritif partagé. Super idée !

DOMAINE DE TOUT L'Y FAUT

5, lieu-dit Lardière - **MARCILLAC**
✆ 05 57 32 48 30
www.blaye-asperges-vins.com
Asperges, vignes et confitures. Visite de la ferme. Label Tourisme & Handicap. Label Bienvenue à la Ferme.

Voilà un bon plan pour confectionner un beau et bon panier garni de la région du Blayais. Comment ? Avec les produits de la ferme du Domaine de Tout l'y faut. L'asperge, produit phare, est présentée fraîche lorsque c'est la saison ou en conserve ! Vous avez des envies sucrées ? Véronique et Jean-Marie Camus ravivent les gourmands avec leurs confitures maison. Le Domaine produit également un blanc 100 % sauvignon et un rouge de tradition AOC côte-de-blaye. En famille, initiez-vous à la culture de l'asperge et de la vigne et réservez votre sac pique-nique !

LA MAISON DU VIN DE BLAYE

12, cours Vauban
✆ 05 57 42 94 20
www.vin-blaye.com/la-maison-du-vin
Ouvert du lundi au samedi de 9h à 12h30 et de 14h à 19h. Dégustation sur place.

Vitrine des vins de l'appellation, la Maison du Vin de Blaye propose 300 références de vins : des cépages classiques aux assemblages les plus audacieux. De nombreux objets « autour du vin » sont disponibles : carafes, tonnelets, stop goutte, tire-bouchons, jeux autour du vin... Chaque été, la boutique « le cellier des vignerons » nichée au cœur de la citadelle de Blaye propose quelque 90 références de vins de Blaye côtes-de-bordeaux rouges et blancs vendues à prix château !

SECRET DES ROCHES

1, Le Thil
CARS
✆ 05 57 42 31 02
https://secretdesroches.com/
Boutique en ligne. Livraison.

Issue d'une famille de vignerons, Valérie a géré durant 25 ans un domaine viticole. Elle a transmis sa passion à Sébastien. Ensemble, ils ont créé Secret des Roches, leur propre marque de vins uniques issus des meilleurs terroirs du territoire blayais. Leurs différentes cuvées (Secret des Roches Rouge, Secret des Roches Blanc, Secret des Roches Vieilles Vignes et Secret des Roches Acacia) sont à découvrir et à commander directement sur le site, ou à retrouver et déguster à La Cave de l'Estuaire à Blaye, cave et bar à vins convivial tenu par le couple.

LE SOUBOCK

15, rue des Cabernets
CARS
Ouvert lundi et mardi : 15h-20h ; du mercredi au vendredi : 10h-13h et 15h-21h ; samedi : 10h-13 et 15h-20h.

Anciennement sous franchise, cette Cervoiserie a pris son indépendance à l'été 2021 pour devenir le Soubock. Mais la sélection des centaines de bières présentées est toujours aussi pointue, et l'équipe toujours aussi chaleureuse et sympathique ! Installée dans la zone commerciale de Blaye et disposant d'un grand parking, cette cave et bar à bières est le lieu de rassemblement de tous les amateurs de houblon, à la fois lieu de rencontres et de dégustations. Bon à savoir : pour vos événements, l'établissement propose la location de tireuses à bières.

VIGNERONS DE TUTIAC

1, La Cafourche - **MARCILLAC**
✆ 05 57 32 48 33
www.tutiac.com
Ouvert du lundi au samedi de 9h à 12h30 et de 14h à 18h30. Visite, vente et dégustation.

Les Vignerons de Tutiac vous ouvrent leurs portes et partagent leur savoir-faire et leur passion, entre valeurs traditionnelles et tendances contemporaines. Cette coopérative créée en 1974 est absolument incontournable pour tous ceux qui souhaitent connaître les côtes-de-bordeaux. Notez que les 520 vignerons de Tutiac s'inscrivent dans la démarche Agriconfiance pour une exploitation respectueuse de l'environnement. On retrouve leur gamme de vins dans leurs six boutiques en Gironde, ainsi qu'au Tutiac Wine Bar, bar à vin dans le centre-ville de Bordeaux.

VIGNOBLES HUBERT

CARS

✆ 05 57 42 11 95

www.hubert-vigneron.com

Visite sur rendez-vous. Vente en ligne.

Bienvenue au Château Peybonhomme-les-Tours ! Ici, le vin est une affaire de famille. Vignerons depuis six générations, les Hubert se sont installés à Cars en 1895, sur un vignoble de l'appellation blaye côtes de bordeaux. Aujourd'hui, Catherine, Jean-Luc, Rachel et Guillaume, tous passionnés de vin et de biodynamie, sont à la tête du domaine. Les soins et l'attention portés à la vinification naturelle permettent à ces vins d'atteindre complexité et pureté. La gamme fruitée et minérale du Château Peybonhomme est disponible à la vente via le site internet.

THE ROOM BLAYE

Rue du Bastion Saint Romain

✆ 05 57 43 72 10

www.the-room.fr

À partir de 22 €/joueur. Dès 8 ans. Pas de CB sur place.

Au cœur de la Citadelle de Blaye, percez le secret des cachots dans une expédition pleine de surprises... Forte de son succès à Saint-André-de-Cubzac, l'équipe de The Room a ouvert une nouvelle mission dans ce magnifique monument historique classé par l'Unesco. The Room est un escape game beaucoup plus immersif que d'autres jeux d'évasion : c'est une expérience à part à savourer entre amis, en famille ou avec des collègues. Mais mieux vaut ne pas trop dévoiler les surprises qui vous attendent lors de cette aventure pour ne pas gâcher le plaisir à venir...

BOURG ★★

Située au niveau de l'estuaire de la Gironde, la ville de Bourg a connu de multiples péripéties ! Son histoire mouvementée nous ramène au IVe siècle, lorsqu'elle était une ville fortifiée. Cela n'a pas empêché les Wisigoths de s'installer lors de leur invasion de l'Aquitaine. Au fil des décennies, batailles et sièges furent quotidiens, jusqu'en 1653 : Bourg est livré aux Espagnols ! C'est fort de ce patrimoine historique et culturel que la ville accueille aujourd'hui des touristes du monde entier, charmés par son château, ses remparts, ses ruelles pittoresques et ses nombreuses marches : près de 500 marches séparent la ville haute et la ville basse.

CHÂTEAU DE THAU

46, route de la Gabare

GAURIAC

✆ 05 57 64 80 79

www.schweitzer-albert.com

Ouvert du lundi au vendredi, de 9h à 17h.

Le château de Thau, sur les Côtes de Bourg, est un édifice ancien datant du Moyen Age largement remanié au fil des siècles. Autrefois forteresse médiévale dominant les rives de l'estuaire, il est désormais la propriété de la famille Schweitzer qui en a fait une propriété viticole. Attachés au savoir-faire français et familial, les propriétaires exploitent, toujours dans le respect de la terre, ces 41 hectares de vignes. Le domaine produit des vins de l'appellation AOC Côtes-de-bourg : Château de Thau, Château Poyanne, Château les Violettes et Puy de Lignac.

GROTTE DE PAIR-NON-PAIR ★★★

2, chemin de Pair-non-Pair

PRIGNAC-ET-MARCAMPS ✆ 05 57 68 33 40

www.pair-non-pair.fr

Ouvert du mardi au dimanche. Horaires selon la saison. Adulte : 8 €. Tarif réduit : 6,50 €. Visite à partir de 7 ans.

Au nord de Bordeaux, près de la Dordogne et de l'estuaire de la Gironde, la grotte de Pair-non-Pair est un lieu absolument unique au monde puisqu'elle est l'une des rares grottes ornées de la période du Paléolithique supérieur ancien, présentant un bestiaire gravé daté de plus de 30 000 ans ! Sur les parois, on découvre donc, non sans émerveillement et avec une certaine émotion, plusieurs de ces toutes premières gravures rupestres (46 au total), figurant des chevaux, des mammouths, des bouquetins et autres bovinés, et même la représentation d'un cerf mégacéros ! Impressionnant...

Découverte par hasard en 1881 par le Bourquais François Daleau, préhistorien et paléontologue autodidacte, plusieurs années de fouilles et d'études de la grotte permirent ensuite d'établir, notamment grâce à la découverte de 15 000 objets et 6 000 ossements d'animaux, que c'est l'homme de Néandertal qui en fut le premier occupant. La grotte de Pair-non-Pair fut également la première à être classée au titre des Monuments historiques, dès 1900. Un voyage au cœur de l'Histoire, qui vaut clairement la visite : mais attention, afin de préserver au mieux ce trésor historique et la qualité de ses peintures murales, la grotte ne se visite que sur réservation. Pensez-y pour éviter toute déception, car il serait vraiment dommage de passer à côté... En prime, cette visite s'adresse à tous et intéressera tout autant petits et grands : voilà donc une excellente idée de sortie, riche en découvertes, pour un mémorable moment en famille !

LA MAISON MAURESQUE

rue de la Fontaine

La Maison Mauresque fat partie des curiosités de la ville de Bourg-sur-Gironde. Etonnante et pittoresque de par son architecture, elle date du XIXe siècle du côté Dordogne et du XVIIIe siècle du côté rue. Quelle surprise de découvrir cet édifice au style oriental au milieu de la petite ville girondine ! La villa serait l'œuvre d'un homme vivant dans les colonies, qui, de retour à Bourg, aurait décidé de modifier la façade de sa maison pour perpétuer son rêve d'exotisme. Il en existe une seconde dans la ville, saurez-vous la trouver ? Défi lancé !

PARC DE LA CITADELLE

© 05 57 68 23 57

www.bbte.fr

Gratuit.

Le parc de la Citadelle de Bourg est un lieu très agréable, avec son musée de la calèche et son joli domaine. On y vient avec plaisir le temps d'un pique-nique ou pour profiter du panorama sur l'estuaire de la Gironde et le petit port de Bourg. Pensé comme un jardin à la française, il est plaisant de se balader parmi les allées bordées d'arbustes, les anciennes serres encore visibles et les nombreuses variétés de fleurs. Dans ce prestigieux cadre, vous pourrez visiter le musée et sa large collection de voitures à cheval du XIXe siècle.

MUSÉE DE LA CITADELLE

Place d'Armes

© 05 57 68 23 57

www.bbte.fr

Ouvert tlj de juin à septembre ; le w-e de mars à octobre. Adulte : 6 €. Enfant (10-15ans) : 2 €. Groupe : dès 3 €.

Dans le prestigieux cadre du parc de la citadelle de Bourg se tient ce remarquable musée. Lors de ce voyage dans le passé, vous découvrirez une collection unique en Aquitaine de voitures à cheval datées du XIXe siècle. Vous pourrez contempler landaus, sociables, coupés, cabriolets, attelage, charrettes, ainsi que de nombreux accessoires. La visite se poursuit par le souterrain qui conduit à l'entrée des immenses cuves à pétrole souterraines édifiées lors de la Seconde Guerre mondiale à 12 mètres sous terre. Ici, on traverse l'histoire en une visite !

LE PORT

© 05 57 68 40 04

www.bourg-gironde.fr/tourisme/le-port/

Tarif pour les plaisanciers de passage : forfait de 10 € par jour donnant droit à l'utilisation de la halte nautique.

Le quartier du port au pied des remparts de la cité offre des activités variées. Les plaisanciers peuvent faire une escale de plusieurs jours, admirer ainsi le fleuve et profiter d'un instant de détente. Le club nautique Bourquais propose de naviguer et ainsi de découvrir l'estuaire de la Gironde. Des promenades fluviales sont proposées : une façon originale de découvrir la ville de Bourg, vue de l'eau, petit bijou accroché aux remparts. Vous pouvez choisir votre embarcation : voile, kayak, aviron, régate… pour vivre l'estuaire à votre façon !

Village de Bourg.

OFFICE DE TOURISME DE BOURG CUBZAGUAIS

4, Place de la Libération
✆ 05 57 68 31 76
www.bbte.fr
Ouvert du mardi au dimanche, horaires variables selon saison.

Pour découvrir toute la richesse du joli petit village médiéval de Bourg, pensez à passer à l'office de tourisme pour être sûr de ne rien rater. A pied ou en voiture, de nombreuses activités et circuits de découverte insolites vous seront ici proposés. Découvrez les plus belles randonnées pédestres ou encore les fenêtres sur l'Estuaire, des installations architecturales installées le long de la route de la corniche et qui offrent une superbe vue sur l'estuaire de la Gironde

FENÊTRES SUR L'ESTUAIRE

Place de la Libération
✆ 05 57 68 31 76
www.bourg-cubzaguais-tourisme.fr

Les fenêtres sur l'Estuaire sont des fenêtres paysagères situées sur la route de la Corniche, entre Bourg et Roque-de-Thau. Ces installations architecturales présentent des contenus ludiques et instructifs, pour découvrir en détails le territoire à travers son histoire, sa géographie, son environnement, son patrimoine et sa culture. Elles sont placées dans plusieurs sites : Bourg, terrasse d'Eyquem, Vitescale, Furt, Roque-de-Thau, La Grave, Puybarbe ou encore le site naturel du Moron, et prennent différentes formes. A découvrir lors de vos explorations !

ROUTE DE LA CORNICHE

✆ 05 57 42 12 09
www.tourisme-blaye.com

La route de la Corniche est une petite route étroite et pittoresque qui longe la Dordogne jusqu'à la formation de l'estuaire de la Gironde. Sur le chemin, vous découvrirez de magnifiques jardins fleuris, des habitations troglodytiques du XIXe (dont certaines sont encore habitées !) nichées au cœur des falaises calcaires, et bien sûr, les surprenants carrelets, ces curieuses installations de pêcheurs perchées au-dessus des eaux. Cette promenade est ponctuée par les Fenêtres sur l'estuaire, des aménagements paysagers ludiques pour en apprendre davantage.

WINE ODYSSEY BORDEAUX

26, route des Astéries
GAURIAC
✆ 05 57 64 88 65
Formules découverte à partir de 100 € par personne

Wine Odyssey est une agence œnotouristique créée en 2015 par Sophie et Eric, deux passionnés à la tête du Domaine des Deux Cèdres. Leur expérience tant en hébergement touristique (chambres et table d'hôtes) qu'en organisation événementielle ainsi que leur implantation en plein vignoble des Côtes de Bourg leur ont permis de tisser des liens avec de nombreux châteaux du vignoble bordelais. En plus d'une série de formules déjà établies, Sophie et Eric sont également à votre disposition pour vous tailler des séjours « sur mesure » dans notre belle région.

CLOS MARCAMPS €€

2, chemin des Carrières
PRIGNAC-ET-MARCAMPS
✆ 05 57 58 57 09
www.closmarcamps.fr
5 chambres. Chambre double et suite de 95 € à 135 €. Restauration. Soins.

C'est au cœur du vignoble bordelais que le Clos Marcamps propose le gîte dans une chartreuse du XIXe siècle. Si le l'extérieur regorge de charme – un parc arboré d'arbres centenaires, un bassin de nage de 14 mètres chauffé en saison… –, l'intérieur n'est pas en reste avec deux chambres doubles (dont une avec spa privatif extérieur) et trois suites luxueuses. Si vous avez une envie gourmande, faites venir par le room service, une planche apéritive de produits frais et locaux. Des soins sont également proposés dans ce lieu d'exception !

DOMAINE DES HUGONS €€

5, Chemin des Neufs Ponts
PRIGNAC-ET-MARCAMPS ✆ 0677906849
Deux gîtes pour 4 personnes et 6 personnes : à partir de 95 €. Piscine. Spa. Brunch le dimanche (en haute saison).

En annexe de leur superbe bâtisse du XIXe qui fut à l'époque napoléonienne un logement pour officiers, ce jeune couple vous propose deux agréables gîtes spacieux et tout équipés : les Hugons et les Grands Hugons, pour un séjour tout confort dans un cadre champêtre des plus ressourçants. Grande piscine de 11 mètres de longueur, chevaux, et en guise de toile de fond, un beau moulin ancien... Dépaysant et parfaitement adapté à des vacances au vert et au calme en famille ou entre amis ! En perpétuelle évolution, le domaine vous offrira bientôt d'autres hébergements.

DOMAINE DES DEUX CÈDRES €€€

26, route des Astéries - **GAURIAC** ✆ 05 57 64 88 65
www.domainedesdeuxcedres.com
Chambre à partir de 112 € (double). Petit déjeuner inclus. Table d'hôtes sur réservation.

Niché au milieu des vignobles de Gauriac, le Domaine des Deux Cèdres est un lieu charmant. À l'intérieur, les chambres doubles ou la suite sont tout confort. À l'extérieur, la jolie terrasse vous attend pour de longues soirées d'été ou les petits déjeuners gourmands. La grande piscine sécurisée et le spa vous offriront un moment de détente apprécié. Quant à la table d'hôtes, elle est à l'image de Sophie et Eric : accueillante et généreuse ! Les amateurs d'œnotourisme seront ravis de découvrir les propriétés viticoles voisines pour des visites et des dégustations.

LES 4 BAIGNEURS €

7, cours du Port
✆ 05 57 32 30 54
www.les4baigneurs.fr
Ouvert du mardi au dimanche midi et/ou soir. Menus (le midi en semaine) : 21 € à 26 €.

Situé sur le port du joli village médiéval de Bourg, ce restaurant vous accueille pour vous régaler de sa délicieuse cuisine maison. Derrière ce drôle de nom se cachent en réalité deux chefs qui ont à cœur de proposer une carte gourmande et authentique. Tout est élaboré à base de produits frais régionaux : œuf mystère bio à la crème de lard, porc noir confit au cognac et ses légumes de saison, magret de canard entier à la sauce du chef... A déguster avec un bon verre de vin parmi la sélection de productions vinicoles locales !

LE PLAISANCE €€

4, place Eugène Marchal ✆ 05 57 68 45 34
www.restaurant-le-plaisance.com
Ouvert mardi et mercredi midi, du jeudi au dimanche midi et soir. Formules : 19 à 24 € en semaine. Menu enfant : 10 €.

C'est fin 2019 qu'un nouveau chef a pris possession de la cuisine du Plaisance. Dans le même temps, le restaurant s'est refait une beauté : nouvelle déco, nouveau départ ! Tous les jours, le chef propose 5 entrées, 5 plats et 5 desserts de saison, ainsi que ses incontournables : émincé de magret de canard, burger sauce comté, entrecôte grillée... Le soir, le restaurant permet de découvrir un concept unique en France : un bar à vins au verre, avec 48 références ! En fin de semaine, des animations et soirées musicales sont proposées. Bonne ambiance assurée !

ALLIANCE BOURG

42, route de la Cave - **PUGNAC**
✆ 05 57 68 81 01
www.alliancebourg.com
Ouvert 7j/7. Du lundi au samedi : 9h-12h30 et 14h-18h30 ; dimanche et jour fériés : 9h-12h30 et 14h30-18h.

Alliance Bourg (l'union des caves de Pugnac, Bourg Tauriac et Lansac) est le fruit de la collaboration de 81 artisans-vignerons travaillant sur plus de 605 hectares, et réunis autour de 3 Appellations d'Origine Contrôlée : AOC Côtes de Bourg, AOC Blaye Côtes de Bordeaux et AOC Bordeaux. Derrière chaque bouteille est identifié un terroir. Deux des vins de la coopérative ont été récompensés en 2017 lors du Concours Général Agricole de Paris. Deux magasins ont ouvert et proposent cette large gamme de vins généreux et authentiques.

CHÂTEAU MERCIER

SAINT-TROJAN
✆ 05 57 42 66 99
www.chateau-mercier.fr
Ouvert du lundi au vendredi de 8h30 à 12h et de 13h30 à 17h30. Visites des chais et dégustation sur rendez-vous.

Le château Mercier est un domaine viticole traditionnel et familial situé sur la rive droite de la Gironde, au nord-ouest de l'appellation côtes-de-bourg. Aujourd'hui tenu par la fratrie Philippe, Martine et Christophe Chéty, il est entre les mains de la famille depuis 1698, soit treize générations. Les 23 hectares de vignes y sont travaillés dans la tradition. Rouge, blanc et Clairet sont issus des vignes poussant sur un sol argilo-graveleux. Le Château Mercier propose également des chambres d'hôte et un gîte pour des séjours « œnotourisme ».

SAINT-ANDRÉ-DE-CUBZAC

La ville de Saint-André-de-Cubzac se distingue par sa sublime église romane, plus ancien édifice de la commune, construite par les bénédictins de la Grande-Sauve au XIIe siècle. Dans la commune, au hasard de la promenade, vous tomberez devant la maison natale du commandant Cousteau ou encore devant l'ancien cloître des Cordeliers construit en 1626 sur les ordres de François de Sourdis, archevêque de Bordeaux, qui abrite aujourd'hui la bibliothèque dans un cadre architectural exceptionnel. L'ancien port de pêche de Plagne a fait place à un petit port de Plaisance où l'on peut encore croiser des pêcheurs cubzenais d'aloses et de lamproies.

LE CHÂTEAU DES QUATRE FILS AYMON

CUBZAC-LES-PONTS
✆ 05 57 43 64 80

Les ruines du château des Quatre Fils Aymon sont inscrites à l'inventaire des Monuments historiques. Assiégé par Charlemagne, le château surplombant la Dordogne est reconstruit par le comte de Leicester pour le Roi d'Angleterre lors de la guerre de Cent Ans. En 1453, pendant la bataille de Castillon, le château est démantelé. Aujourd'hui en ruine, il ne reste que la porte d'entrée. Amateurs de vieilles pierres et de légendes médiévales, ces ruines valent le coup d'œil !

OFFICE DE TOURISME DU CUBZAGUAIS

9, allée du Champ de Foire
✆ 05 57 43 64 80
https://www.grand-cubzaguais.fr
Ouvert lundi de 14h à 18h ; du mardi au vendredi de 9h30 à 12h30 et de 14h à 18h ; samedi de 9h30 à 12h30.

Le Cubzaguais est une région qui présente des paysages intéressants, notamment avec son vignoble mondialement réputé situé sur la rive droite de la Dordogne, à environ 25 minutes de Bordeaux. L'office de tourisme du Cubzaguais vous présentera les différentes facettes et possibilités de ce territoire, afin de vous permettre de mieux les découvrir. Partez à la découverte des traditions de ce lieu et des 10 communes qui le composent. Laissez-vous guider !

DOMAINE DE LA VERNERIE

725, chemin du Plantier
✆ 06 10 81 86 41
www.lavernerie.com
Ouvert au public sur rendez-vous les week-end de mai à fin juin. Visite guidée.

Avec ses châteaux, ses ports, ses églises et son platane Robillard tricentenaire, la commune de Saint-André-de-Cubzac possède de nombreux atouts. C'est ici que le domaine de la Vernerie déploie son jardin à l'anglaise, arboré d'une grande variété d'essences européennes et américaines, très bien mises en valeur. Près d'un bois de feuillus et de pins, deux bassins sont le théâtre de scènes changeant au fil des saisons. Ce parc a reçu « une feuille » dans la catégorie « Beaux jardins », distinction décernée par la Société d'horticulture de la Gironde. À découvrir !

LE MOULIN DE CHARLOT €€

12, Charlot-Nord - **MARCENAIS**
✆ 05 57 68 76 77
www.moulindecharlot.fr
Ouvert de mai à septembre, du mercredi au dimanche midi et soir. Repas-concerts (réservation conseillée).

© MOULIN DE CHARLOT

Voilà un petit restaurant bucolique totalement insolite ! Inspiré par les Biergarten munichois, ces brasseries allemandes en plein air, cet ancien moulin familial réaménagé en restaurant saisonnier propose, durant les mois d'été, une cuisine traditionnelle faite de bons plats fait maison (burger, magret, anguilles en persillades, profiteroles...) et de tapas à partager. Des repas concerts sont organisés tout au long de la saison, ainsi que des soirées bavaroises une fois par mois. L'endroit idéal pour une soirée originale et dépaysante en famille ou entre amis !

LES MOULINS DE MONTALON ET LE 45ÈME PARALLÈLE

Rue des Moulins
✆ 05 57 43 64 80
Le moulin est ouvert toute l'année, sur rendez-vous pour les groupes.

Les Moulins de Montalon s'élèvent sur le coteau du même nom, point culminant à 73 mètres, au milieu des vignes. Ces moulins, loin d'être isolés dans la région, sont dotés d'une particularité : une stèle à proximité signale le passage du 45e degré latitude Nord (à distance égale du pôle Nord et de l'Équateur). Le panorama qui s'étend depuis ce point de vue est superbe et permet de voir du tertre de Fronsac aux Côtes de Blaye, en passant même par Bordeaux.

LE PONT EIFFEL

CUBZAC-LES-PONTS

© NICOLAS ROCHETTE - FOTOLIA

L'année 2018 a marqué l'inauguration du pont Eiffel : il aura fallu 20 mois de travaux et près de 25 millions d'euros pour renforcer les deux viaducs reliant les rives de la Dordogne à celles de la Garonne. Il est désormais possible de relier Cubzac-les-Ponts (à ne pas confondre avec Saint-André-de-Cubzac !) à Saint-Vincent-de-Paul. Et si vous vous questionnez sur l'origine de ce pont, sachez qu'il fut construit en 1839 puis emporté par une tempête en 1869. L'ingénieur Gustave Eiffel fut appelé pour le reconstruire, donnant ainsi son célèbre nom à l'édifice !

CHÂTEAU SAINCRIT

555, chemin du Peuy
✆ 06 07 16 47 53
www.chateau-saincrit.com
Visite et dégustation sur rendez-vous. Boutique en ligne.

Passionnée par le terroir et ses vignes, Florence Prud'homme cultive ici sa passion depuis 2003. En conversion vers l'agriculture biologique et certifiée HVE, elle produit plusieurs vins qui se caractérisent par leur fraîcheur et leur note acidulée. Envie d'une dégustation ? Cette vigneronne indépendante propose des séances de deux heures (à réserver sur son site internet). La dégustation « L'intégrale de la Licorne » donne ainsi l'occasion de découvrir l'ensemble de la gamme, soit 2 blancs, 1 rosé et 5 rouges, et de visiter le château et ses installations.

MARCHÉ

Place du Champ de Foire
Le jeudi et le samedi de 7h à 13h.

Deux fois par semaine, la commune de Saint-André-de-Cubzac accueille un agréable marché traditionnel sur la place du Champ de Foire, au cœur de la cité. C'est le lieu idéal pour un moment partagé de convivialité, à la découverte des meilleures saveurs du terroir. Chaque samedi et jeudi en matinée, commerçants et producteurs vous feront apprécier des produits authentiques et des plats cuisinés sur place. Le marché du week-end est le plus grand avec environ 130 exposants, tandis que celui du jeudi fait la part belle aux produits alimentaires.

CHÂTEAU DES ARRAS

1, Les Arrats - **SAINT-GERVAIS**
✆ 05 57 43 00 35
www.chateaudesarras.fr
Jour et horaires d'ouverture variables selon la saison. Boutique en ligne. Chambre d'hôtes et œnotourisme.

Derrière le Château des Arras se cachent deux sœurs à la tête de cette propriété familiale datant de 1560 : Marie-Caroline et Anne-Cécile Rozier. Les vignes, quant à elles, ont été plantées dans les années 50 par leur grand-père. Ici, au cœur d'un vignoble de 27 hectares, elles ont créé leurs vins, qui couvrent toutes les couleurs du Bordeaux. Citons notamment le Rosé des Arras, un vin fruité 100 % Merlot. La famille fait également chambres d'hôtes, et propose des visites du domaine et des vignobles dans le cadre de l'œnotourisme.

THE ROOM

240, avenue de Boucicaut
✆ 05 57 43 72 10
www.the-room.fr
Ouvert du mardi au dimanche de 10h à 23h30 sur réservation. À partir de 22 €/ joueur.

The Room est un concept original et créatif mêlant science-fiction et high-tech. Dans ce jeu d'évasion grandeur nature, deux missions vous sont proposées. La première vous entraîne dans un monde apocalyptique dans lequel un virus a transformé la population en zombies... Enfermé pendant une heure à résoudre des énigmes, la pression monte crescendo. La mission Space Pirates se déroule quant à elle dans un vaisseau de surveillance satellitaire. Pour les cachots de la Citadelle, rendez-vous à Blaye où, paraît-il, des phénomènes paranormaux s'y produisent...

MÉDOC / HAUTE GIRONDE

LIBOURNAIS

Surfer le fleuve à 100 km de l'océan, se balader à vélo sur l'eau ou sur les rails, remonter le temps à bord d'un train touristique, embarquer pour une croisière, pique-niquer dans un château, faire une chasse aux trésors connectée, sillonner la vallée de l'Isle à vélo électrique, tester le plus grand téléski nautique du monde, s'envoler au-dessus des vignes, déguster des vins d'exception... Autour de la ville de Libourne et le long de la rive droite de la Dordogne et de son affluent l'Isle, le Libournais est un territoire aussi étonnant que détonnant. Parmi ses trésors, l'UNESCO reconnaît le bassin de la Dordogne, de sa source du Sancy dans le Puy-de-Dôme à son embouchure en Gironde, comme réserve mondiale biosphère depuis 2012. Et Saint-Emilion, le premier vignoble inscrit au Patrimoine mondial de l'Humanité. La Juridiction de Saint-Émilion foisonne de monuments religieux, de moulins et de pigeonniers.

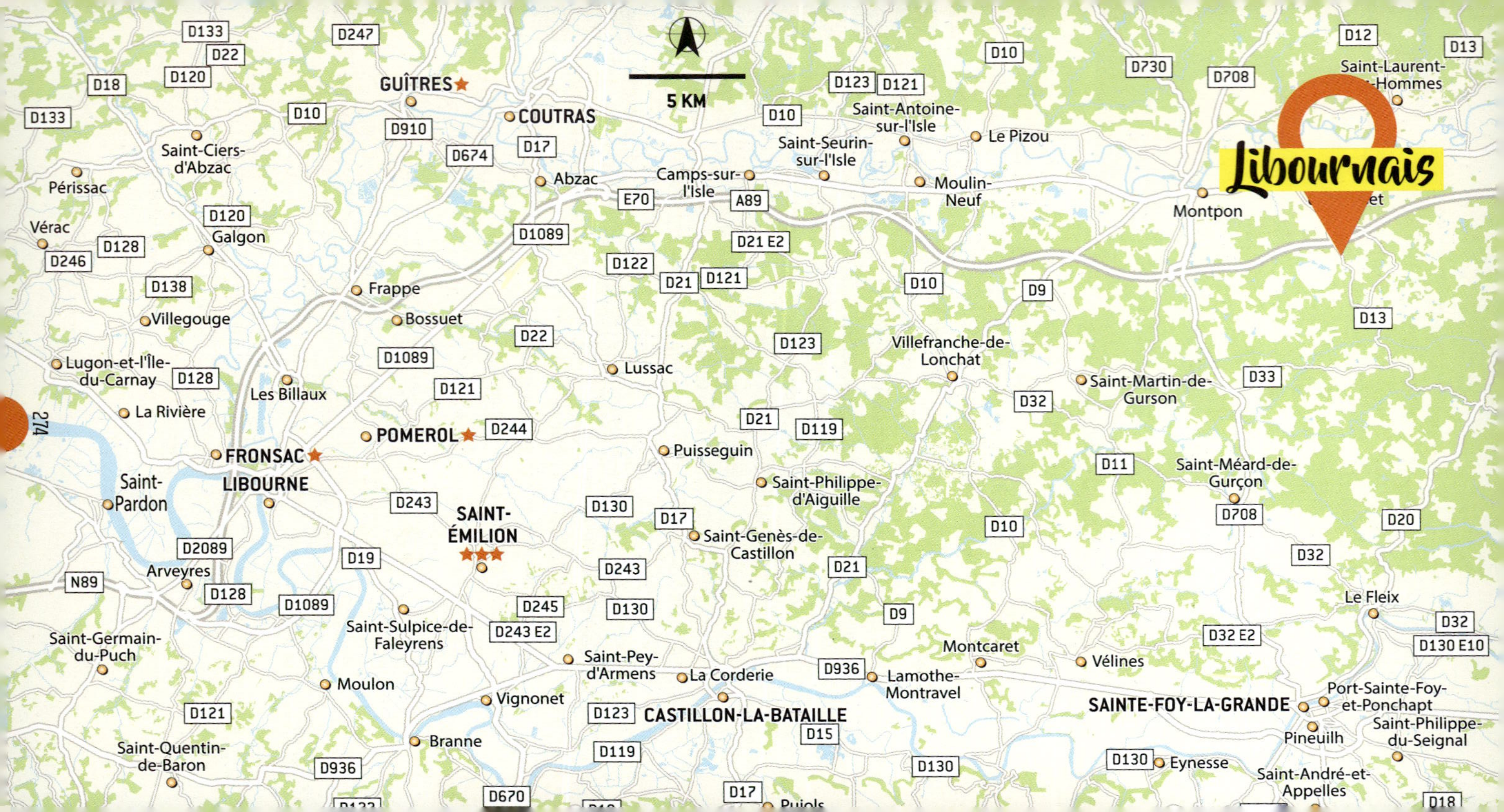
Libournais
5 KM
GUÎTRES
COUTRAS
Saint-Ciers-d'Abzac
Périssac
Vérac
Galgon
Abzac
Camps-sur-l'Isle
Saint-Seurin-sur-l'Isle
Saint-Antoine-sur-l'Isle
Le Pizou
Moulin-Neuf
Montpon
Saint-Laurent-
-Hommes
Frappe
Bossuet
Villegouge
Lugon-et-l'Île-du-Carnay
Les Billaux
La Rivière
Lussac
Villefranche-de-Lonchat
Saint-Martin-de-Gurson
POMEROL
FRONSAC
LIBOURNE
Saint-Pardon
Puisseguin
Saint-Philippe-d'Aiguille
Saint-Méard-de-Gurçon
SAINT-ÉMILION
Saint-Genès-de-Castillon
Arveyres
Saint-Sulpice-de-Faleyrens
Saint-Germain-du-Puch
Saint-Pey-d'Armens
La Corderie
Montcaret
Vélines
Le Fleix
Lamothe-Montravel
Moulon
Vignonet
CASTILLON-LA-BATAILLE
SAINTE-FOY-LA-GRANDE
Port-Sainte-Foy-et-Ponchapt
Pineuilh
Saint-Philippe-du-Seignal
Branne
Saint-Quentin-de-Baron
Eynesse
Saint-André-et-Appelles
Pujols

PAGES

●● LIBOURNAIS

© ALKS - FOTOLIA

Porte de la Cadène à Saint-Émilion.

CASTILLON-LA-BATAILLE ★

Pendant longtemps, le village permettait de voir l'unique point de passage pour traverser la Dordogne : le gué du Pas de Rauzan. La bataille du 17 juillet 1453 qui a fait rage aux pieds de la cité marqua la fin de la guerre de Cent Ans entre les Français et les Anglais. Malgré les siècles qui se sont écoulés, cette bataille reste dans les mémoires grâce à la très célèbre reconstitution historique costumée, près du château de Castegens. Castillon-la-Bataille possède également un patrimoine exceptionnel : église et mairie du XVIIIe, porte du Midi, chapelle Sainte-Marguerite du XIIe siècle... La Dordogne ajoute à la commune un charme fou.

ÉGLISE SAINT-ALEXIS

SAINTE-TERRE

De la terre de Palestine fut répandue au point le plus haut de la commune et l'église Sancta-Terra y fut bâtie au retour de la première croisade. Au fil des ans, elle prit les noms de Notre-Dame-de-Sainte-Terre, Sainte-Marie-de-Sainte-Terre puis Saint-Alexis au XVIIe siècle. De style roman à la base, le monument inscrit à l'inventaire supplémentaire des Monuments historiques, subit de nombreux remaniements au fil des siècles comme son porche au XVe siècle, refait dans un style gothique. A l'intérieur, on admire notamment des peintures de Tomaso Tessa.

LES DÉJEUNERS CRÉATEURS D'ACCORDS

✆ 05 57 40 00 88
www.castillon-cotesdebordeaux.com

Toute l'année, le 3ème dimanche de chaque mois sur réservation. A partir de 33 €/pers. De 4 à 20 personnes dès 12 ans.

Tous les mois, dans un château de l'appellation Castillon Côtes de Bordeaux, découvrez d'excellents accords mets et vins raffinés et originaux. De l'entrée au dessert, vous serez guidé par le chef Jean-Christophe Loste qui propose un thème différent lors de chaque repas. Tentez l'expérience et explorez l'appellation autrement avec une visite personnalisée et un repas en compagnie du vigneron. Renseignements auprès de la Maison du Vin de Castillon.

LE JARDIN DE LA LAMPROIE

20, rue Charles de Gaulle - **SAINTE-TERRE**
✆ 05 57 55 28 28
www.saint-emilion-tourisme.com

Ouvert toute l'année. Jardin en accès libre. Visite guidée en juillet/août. Adulte (+ 18 ans) : 4 €. Écomusée. Parking.

Lors d'une visite guidée de 30 minutes, un guide vous entraînera métaphoriquement au bord de la Dordogne. En visite libre, les panneaux explicatifs vous aideront à apprécier la végétation de ce jardin atypique élaboré autour des thèmes de la rivière et la mystérieuse lamproie. La salle d'exposition propose un film documentaire et des films d'animation sur ce curieux animal. D'avril à septembre, le Bureau d'Informations Touristiques avec sa boutique de produits de la région, ouvre ses portes au cœur du jardin. Demandez le programme des animations !

Vue sur Castillon-la-Bataille.

RENDEZ-VOUS AU CHÂTEAU

SAINT-MAGNE-DE-CASTILLON ✆ 06 28 35 00 95
www.rendezvousauchateau.com
Tarifs à la journée : 440 € pour 2/3 personnes ; 490 € pour 4/5 personnes ; 540 € pour 6/7 personnes : 540 €.

Frédéric Borliachon vous emmène à la rencontre des hommes du vin pour vivre en leur compagnie un moment inoubliable. De Saint-Emilion à Margaux en passant par le Bassin d'Arcachon, *Rendez-vous au Château* vous propose 8 circuits de visite à la journée, mais aussi et surtout des virées sur mesure. Histoire, gastronomie, rencontres, secrets de fabrication... La journée s'annonce très riche. A choisir parmi : Arcachon & Margaux, Saint-Emilion, Médoc 1855, Graves Sauternes, Vignobles de coteaux, Bio, Chais de Bordeaux ou Assemblage & déjeuner au château.

LE MELCHIOR** €

5, route du Grand Jeannot - **SAINTE-TERRE**
✆ 05 57 40 53 39
www.le-melchior.fr
Ouvert toute l'année. Chambre double de 80 € à 100 €. Petit déjeuner : 12 €. Restauration. Bain bouillonnant : 10 €.

A 8 km du village de Saint-Emilion, l'hôtel-restaurant *Le Melchior* a l'allure d'une jolie demeure girondine. Au cœur d'un grand parc arboré, l'établissement qui a été entièrement rénové que 2020, vous propose 6 chambres confortables et climatisées qui permettent d'accueillir de 1 à 2 personnes. La chambre double PMR se trouve au rez-de-chaussée. Chaque chambre profite d'une vue agréable sur le parc ou la piscine chauffée. Côté restaurant, tout est maison (sauf le pain). Ne repartez pas d'ici sans avoir acheté une conserve gourmande à l'épicerie.

COUP 2 FOUDRES €€

Château de Bonhoste - **SAINT-JEAN-DE-BLAIGNAC**
✆ 05 57 84 12 18
www.coup2foudres.com
Une nuit pour 2 pers. + petit déjeuner + visite guidée et dégustation du Château de Bonhoste : 145 €.

Après les bulles, les cabanes sur l'eau ou dans les arbres, dormez dans un véritable tonneau à vin ! Au milieu des vignes bien sûr, sur la propriété du château Bonhoste, vous pourrez séjourner dans un des deux foudres conçus par Seguin Moreau ; un expert en tonnellerie. Les foudres qui servent habituellement à l'élevage et à la vinification des vins ont été aménagés en parfait cocon. Dans un décor moderne, chaque hébergement offre une belle chambre, mais aussi une salle de bains avec douche à l'italienne, une kitchenette et un coin salon. Très atypique !

LES GÎTES DES VIGNOBLES MOUTY €€

19, route de Merlande - **SAINTE-TERRE**
✆ 06 11 74 51 05
www.vignobles-mouty.com
Ouvert toute l'année (2 nuits min.). Gîtes de 8 à 12 pers. à partir de 100 et 200 € ; Duplex 2 pers. à partir de 50 €.

Les gîtes des vignobles Mouty s'adressent à tous les voyageurs souhaitant s'offrir un coin de nature au cœur du terroir. Avec sa belle et haute façade en pierre, *La Villa* en impose par son style. Avec ses 4 grandes chambres, elle peut accueillir jusqu'à 12 voyageurs. C'est notre coup de cœur. Les deux autres maisons (avec piscine privée également) et le grand duplex accueillent respectivement 8, voire 10 et 2 voyageurs. Et toujours avec des extérieurs très agréables et ensoleillés.

MAISON LE SÈPE €€

1, Le Sèpe - **SAINTE-RADEGONDE**
✆ 06 86 90 88 18
www.maisonlesepe.com
Vignobles & Découvertes. Ouvert toute l'année sur réservation. Chambre double : 170 €. Petit déjeuner inclus.

Maison noble classée avec ses 5 oculus et ses fenêtres en ogives, le château Le Sèpe est comme un trait d'union entre le monde ancestral de la vigne et la vie moderne des viticulteurs. Avec son magnifique escalier du XVIIIe siècle, son salon de billard et sa piscine chauffée, la Maison le Sèpe est une belle adresse où séjourner. Deux des trois chambres sont aménagées dans l'ancienne maison du régisseur, la troisième se situe dans le bâtiment principal. Le mobilier contemporain côtoie les meubles de famille et donne du relief à la pierre ou au bricou.

CAFFE CUISINE €€

7 et 9, place du Marché
BRANNE
✆ 05 57 24 19 67
Ouvert du mardi au samedi le midi et le soir ; le dimanche midi. Réservation conseillée. Menu du midi : 18 €. Terrasse.

De l'extérieur, rien ne laisse deviner la superbe salle de ce restaurant qui cache aussi une belle terrasse sur les bords de la Dordogne. Le midi en semaine, Le Caffe Cuisine affiche souvent complet ! Sous la houlette du chef Stéphane Casset, Jonathan Gerthofer et Loïc Roux proposent chaque jour une entrée, un plat et plusieurs desserts à choisir parmi de grands classiques. On vient également au Caffé Cuisine à tout moment de la soirée pour déguster un cocktail, un verre de vin parmi les 300 références de la Maison et quelques entrées façon tapas à partager.

L'EFFERVÉSANSE €€

1, Lieu-dit Sanse - **SAINTE-RADEGONDE**
© 05 57 56 41 10
www.chateaudesanse.com
Ouvert en saison du vendredi au mardi le soir ; le dimanche midi. Réservation recommandée. Menu carte : 39 €. Terrasse.

Ancien château du XVIIIe, le château de Sanse est aujourd'hui un très beau joyau de pierres blondes au milieu d'un écrin de verdure et de vignes. C'est à la fois un hôtel*** de charme avec piscine et un restaurant réputé pour sa cuisine maison qui allie tradition, modernité et gourmandise. En terrasse ou sous la véranda, laissez-vous convaincre par le menu-carte concocté par le chef Eric Berthelot. Du côté des vins, on relève quelques références du château. Les jours et horaires d'ouverture sont susceptibles d'évoluer en haute saison.

LE GLASS HOUSE

Château Carbonneau - **PESSAC-SUR-DORDOGNE**
© 06 83 30 14 35
www.chateau-carbonneau.com
Ouvert de 12h à 21h. En avril, mai et octobre du jeudi au lundi ; de juin à septembre tous les jours sauf le mercredi.

Quelques mois auront suffi après l'ouverture du Glass House pour que le château Carbonneau soit récompensé par un Best of Wine Tourism 2019 dans la catégorie « Restauration à la propriété ». À la fois salon de thé et vin, Le Glass House est l'adresse parfaite pour l'afternoon tea. Au menu : une large sélection de boissons (jus de fruits, thés du monde, cafés, etc.), des scones et de délicieux gâteaux. Toutes les pâtisseries sont maison. Plutôt branché salé ? Dans ce cas, optez pour les planches apéritives à accompagner d'un verre de vin de la propriété.

CHÂTEAU LESCANEAUT

13, route de Mansy
SAINT-MAGNE-DE-CASTILLON
© 06 10 22 11 11
www.chateau-lescaneaut.com
Visites et dégustations sur rendez-vous. Boutique en ligne.

Lescaneaut, c'est d'abord le nom de la maison familiale du XVIIIe siècle qui surplombe joliment la Dordogne. C'est aussi et surtout, le vignoble, la terre et le nom des vins qui y naissent. Sixième génération de vignerons à reprendre le flambeau du domaine de 8,8 hectares, Malika et Pascal se convertissent à la culture biologique à partir de 2008. Les millésimes sont certifiés bio (écocert) en 2012. Depuis 2017, Lescaneaut a reçu la certification de « Haute Valeur Environnementale ». Les vins de Lescaneaut sont des vins de garde, gourmands, typiques du terroir.

LA BATAILLE DE CASTILLON

Chemin de La Brande - **BELVÈS-DE-CASTILLON**
© 05 57 40 14 53
www.batailledecastillon.com
En juillet 2022 : les 21/22/23 et 28/29/30. En août 2022 : les 4/5/6 et 11/12/14 et 18/19/20. Animations. Restaurations.

Le plus grand spectacle en Nouvelle-Aquitaine ! La reconstitution évoque l'un des événements majeurs de l'histoire de France : la victoire française qui mit fin à la guerre de Cent Ans, le 17 juillet 1453. Sur une aire scénique grandiose de 7 hectares, plus de 600 bénévoles parmi lesquels des comédiens et une cinquantaine de cavaliers entraînent chaque soir de l'été, près de 3 000 spectateurs en plein Moyen Age, au cœur de cette grande bataille. Pendant 1h30 relevée de cascades et d'effets pyrotechniques, le public vit, sous le regard de la Duchesse-Reine Aliénor, les événements marquants de la guerre de Cent Ans et la victoire de Charles VII qui rendit l'Aquitaine au royaume de France. A ne pas manquer ! Dégustations avec les viticulteurs, artisans médiévaux, animations, jeux... N'hésitez pas à prendre le pouls du village d'Aliénor avant de rejoindre les tribunes pour vous laisser emporter par la magie d'un spectacle de grande ampleur. Pensez à réserver pour dîner à l'Auberge d'Aliénor, car les petits prix attirent les foules. L'ambiance y sera joyeuse et conviviale. Croyez-nous, vous passerez une très bonne soirée. Les petits comme les plus grands en prendront plein les yeux ! La mise en scène de la Bataille de la Castillon est signée Eric Le Collen et les costumes sont de Hervé Poeydomenge. Notez que les réservations se font par internet, par téléphone ou directement au bureau de la Bataille (5-7 allée de la République à Castillon-la-Bataille). Le village médiéval ouvre à 18h30 et le spectacle commence à 22h30.

LA MAISON DU VIN

6, allée de la République © 05 57 40 00 88
www.castillon-cotesdebordeaux.com
Vignobles et Découvertes. Du lundi au vendredi de 8h à 12h30 et de 14h à 17h ; le samedi de 10h à 17h. Boutique.

Les coteaux de Castillon-Côtes de Bordeaux sont dans le prolongement de ceux de Saint-Emilion. Créée en 1989, l'appellation regroupe près de 230 familles de vignerons, dont 25 % en agriculture biologique. Castillon-Côtes de Bordeaux a été la 1ère appellation bordelaise à mettre en place une station de traitement des effluents vinicoles. Visites, balades dans les vignes, chambres d'hôtes... L'équipe de la Maison du Vin est à votre disposition pour vous faire découvrir quelque 60 références à prix château et vous présenter ses nombreuses activités œnotouristiques.

MARCHÉ DE CASTILLON-LA-BATAILLE

Le lundi matin de 7h30 à 12h30.

Dès l'aube, les commerçants investissent les rues et les places de la ville. Parmi les 80 exposants, jusqu'à 100 en été, de nombreux producteurs sont au rendez-vous. Très animé, le marché de Castillon-la-Bataille fait la part belle aux produits de bouche de qualité : des légumes de saison bien sûr, de la viande et de la charcuterie, du poisson, des fromages… Au rendez-vous également, un traiteur qui propose, selon l'humeur, de quoi vous régaler avec des spécialités de la région.

VIGNOBLES DANIEL MOUTY

19, route de Merlande - **SAINTE-TERRE**
✆ 05 57 84 55 88
www.vignobles-mouty.com

Ouvert du lundi au samedi de 8h30 à 12h30 et de 14h à 18h. Visite et dégustation. Boutique (livraison possible).

En 1973, Daniel Mouty et son épouse Françoise apportent un nouveau souffle ! La gamme des vins de Saint-Emilion Grand Cru s'agrandit avec le Château Rambaud et l'Extrait de Rambaud en appellation Bordeaux, puis avec le Château Grand Beauséjour et la cuvée Saint-André ; des vins confidentiels (appellation Pomerol). Leurs enfants, Sabine et Bertrand, décident alors de convertir l'ensemble du vignoble en bio. On leur doit l'ouverture de plusieurs gîtes au cœur des vignes, la cuvée « Nouvelle Terre » en blanc 100 % Chardonnay et bien d'autres innovations encore.

CANOË CASTILLONNAIS

Promenade de Dubourdieu
✆ 07 84 20 50 52

Ouvert tous les jours de mai à septembre de 9h à 18h. En mai, juin et septembre uniquement sur réservation.

Une balade en canoë sur la Dordogne, ça vous tente ? Dans ce cas, n'hésitez pas à prendre rendez-vous avec Canoë Castillonnais par téléphone ou sur Facebook. Ce prestataire vous propose deux parcours de 6 à 12 km au départ de Lamothe-Montravel et Pessac-sur-Dordogne. Comptez environ 1h30 pour le premier parcours et 3h pour le second parcours. Rendez-vous au camping Les Batailleurs ! Les départs se font aussi bien le matin que l'après-midi. Voilà une activité bien agréable à faire à deux, en famille ou entre amis. Réservation conseillée.

COUTRAS

Coutras n'est pas dépourvue d'histoire. Un camp fortifié romain était installé sur le point culminant de la Motte-de-Mont. La ville garde également le souvenir d'une importante bataille de l'Histoire de France, le 20 octobre 1587, dans le contexte des guerres de Religion. Au confluent de l'Isle et de la Dronne, la ville profite d'un riche patrimoine historique et naturel ainsi que de nombreux sites qui méritent le détour : le puits Henri IV datant de 1551 ou encore l'église qui abrite des sarcophages mérovingiens. Sans oublier le site panoramique des Jourdennes pour admirer la vue sur la vallée, l'hôtel de ville et la passe à poissons près du barrage.

BASE DE LOISIRS DE LA CHARBONNIÈRE

Rue Henry de Monfred
SAINT-SEURIN-SUR-L'ISLE

Halte nautique. Aire de pique-nique.

Il n'y a pas que l'océan ou le bassin d'Arcachon en Gironde ! Véritable lieu de détente avec 3 hectares d'eau, de sable blanc et de pelouses ombragées, cette base de loisirs est un agréable lieu de promenade. Les activités y sont multiples : jeux pour enfants, étang de pêche, balade, navigation (canoë, paddle, etc.), baignade (surveillée en juillet et août)… Avec ses nombreux sentiers et ses aires de pique-nique, c'est l'endroit idéal pour une belle journée en famille ou entre amis.

LA FORÊT DE LA DOUBLE

Gigantesque massif forestier qui s'enfonce dans le Périgord, la forêt de la Double est parsemée de nombreux étangs construits de main d'homme, il y a fort longtemps. Le brouillard aime à s'y maintenir longtemps rendant l'atmosphère lourde et mystérieuse. Ses étangs lui permettent de disposer d'une richesse importante de flore et de faune. La forêt est délimitée par la rivière Isle au sud et par la Dronne au nord. Au programme : promenades à pied, à vélo ou encore à cheval sur les nombreux chemins balisés et baignade au Grand Etang de la Jemaye.

LIBOURNAIS

EGLISE SAINT-JEAN-BAPTISTE

Rue Saint Jean

Ouvert toute l'année. Visites guidées en juillet et août.

Eglise d'origine très ancienne du XIIIe siècle, Saint-Jean-Baptiste de Coutras est le témoin privilégié de tous les grands événements historiques qui ont marqué la ville depuis les temps mérovingiens (VIe siècle) jusqu'aux guerres de Religion, notamment la célèbre bataille de Coutras qui a eu lieu le 20 octobre 1587, opposant l'armée protestante d'Henri de Navarre, futur Henri IV, à l'armée catholique du duc de Joyeuse. Les entrailles du duc de Joyeuse, mort sur le champ de bataille, y seraient enterrées. Largement remanié au XIXe siècle, l'édifice est remarquable pour de nombreux aspects. D'abord, parce qu'il a conservé sa coupole du XIIIe siècle, des tableaux, une belle chaire de style Louis XVI provenant de l'église Saint-Jean de Libourne et un grand Christ en bois ayant appartenu à l'abbaye de Faise. L'ensemble de ce mobilier, le chemin de croix qui date de 1920 et l'église en elle-même sont inscrits aux Monuments historiques depuis 2011. Découverts en 1981 le long de l'église, des sarcophages mérovingiens ont permis d'affirmer qu'à cette époque, Coutras était un bourg riche et relativement important. Une vingtaine de sépultures ont été mises à jour. Les sarcophages, datés entre le Ve et le VIIe siècle, sont toujours visibles à l'intérieur de l'église Saint-Jean-Baptiste. Les bijoux précieux qu'ils ont révélés sont conservés au musée d'Aquitaine à Bordeaux. Bon à savoir : un plan de visite est disponible au bureau d'information de Coutras.

PARCOURS BOTANIQUE DU CHÂTEAU VILATTE

5, Lieu-dit Vilatte - **PUYNORMAND**

✆ 05 57 49 77 60

www.chateauvilatte.com

Ouvert toute l'année. Parcours libre au départ du Château Vilatte. Musée de la vigne et du vin.

Le château Vilatte est le point de départ d'une promenade botanique et didactique au cœur des vignes, des prés et des forêts. Le chemin fléché offre à chacun le moyen de découvrir la végétation de la campagne Puynormande, mais aussi son environnement et sa diversité paysagère. Une trentaine de variétés végétales sont présentées et expliquées tout au long du parcours. Le Château abrite également un musée où vous pourrez voir des outils et des véhicules liés à la culture de la vigne.

PUITS HENRI IV

2, place du Château

Emblème de la ville, le puits Henri IV est directement associé au souvenir de la bataille de Coutras de 1587. Ce puits est aujourd'hui le seul vestige du château détruit en 1731. Construit pendant la Renaissance, librement inspiré de l'architecture antique, cet édifice est l'un des ornements du parc réalisés pour le maréchal de Saint-André pour agrémenter le château. Le puits est une sorte de petit temple orné de colonnes doriques qui soutiennent un entablement dont la frise porte des roses et un glaive tranchant. Un dôme à écailles de pierre surmonte le tout.

LE MOULIN DE PORCHÈRES

Le Barrage - **PORCHÈRES**

✆ 05 57 40 86 60

https://moulindeporcheres.jimdo.com/

Ouvert de fin mars à début novembre, du mardi au dim. (10h-19h) ; toute l'année sur rdv pour les groupes. Animations.

Bâtiment d'exception en Nouvelle-Aquitaine inscrit Monument historique, le moulin de Porchères a été transformé en minoterie à cylindres dans les années 30. Plutôt rares, les machines demeurent intactes. Au fil de la visite, on vous présentera les savoirs, les traditions et les machines de meunerie pour la transformation du blé en farine. Possibilité de faire un atelier de fabrication du pain. Au cœur de la Réserve Mondiale de Biosphère du bassin de la Dordogne, le Moulin est un excellent point de départ pour une promenade en bord de rivière ou sur la rivière.

LE VILLAGE DU LIVRE

Laubardemont - **SABLONS**

✆ 05 57 41 14 11

www.levillagedulivre.com

Ouvert du mardi au samedi (10h à 18h). Gratuit jusqu'à 14 ans. Adulte : 8 €. Visite guidée pour les groupes. Animations.

Plus qu'une librairie ou un cabinet de curiosités, c'est une odyssée culturelle ! Dans un ensemble architectural chargé de 5 siècles d'histoire, une équipe de passionnés vous délivre les clés de 6 univers thématiques ; fil d'Ariane de ce labyrinthe d'inépuisables ouvrages et objets hétéroclites. Sans oublier l'exposition permanente ! Partez à la rencontre de ces hommes et de ces femmes artisans de l'Histoire et redevenez l'enfant émerveillé, chargé de trésors, sources d'inspiration et de créativité. Un voyage à travers le temps, l'art, l'histoire et la culture.

ZONE NATURELLE DE L'AUBARÈDE

SAINT-SEURIN-SUR-L'ISLE

Une nature foisonnante, bordée par l'Isle ! Espace préservé de toute urbanisation, la zone naturelle de l'Aubarède s'étend sur près de 47 hectares. Le site présente de nombreuses espèces animales et végétales que les promeneurs, s'ils sont un peu patients, se feront un plaisir de découvrir. La rivière, reliée à un plan d'eau, est notamment le terrain de jeu de quelques ragondins. Des sentiers de randonnée ceinturent cette belle zone naturelle et offre jusqu'à 1h30 de promenade.

RESTAURANT LE 89 €

59, grand champs de Sorillon
ABZAC
✆ 05 57 69 77 78

Du mardi au samedi le midi et le soir. Réservation recommandée. Formules du midi de 15,50 à 21 € ; le soir : 32 €.

Depuis l'autoroute, Le 89 est comme un « routier », mais dès que l'on arrive sur le parking, on découvre une très belle bâtisse. Et sur la terrasse ? Des barriques en guise de tables pour les apéritifs. Alain Paillé et sa fille Séverine sont aux commandes. D'ailleurs, ils ont séduit tout le monde ici avec leurs menus attractifs et leurs portions généreuses. Il faut dire qu'Alain n'en est pas à son coup d'essai. Ancien boucher-charcutier, on peut lui faire confiance pour sélectionner uniquement des produits de qualité. Côté cave, il n'y a que des vins du coin !

CHÂTEAU VILATTE €€

5, Lieu-dit Vilatte - **PUYNORMAND**
✆ 05 57 49 77 60
www.chateauvilatte.com

Ouvert toute l'année. Petit gîte 75 m² (4 pers.) et grand gîte 115 m² (4 à 6 pers.) de 420 € à 500 €/semaine.

Dans l'enceinte de la propriété viticole, la famille Massart vous accueille chaleureusement dans l'un de leurs deux gîtes avec jardin partagé. Avec une vue imprenable sur les vignes et la campagne du pays de Coutras, ces gîtes ruraux sont aménagés dans une belle bâtisse datant du XVIIIe siècle. Proche l'un de l'autre, il est possible de louer un gîte seul ou de coupler les deux si vous êtes nombreux. Les gîtes sont loués à la semaine (ménage de fin de séjour possible). On se fait dire qu'une excellente boulangerie-épicerie se trouve seulement à 10 minutes à pied.

FRONSAC ★

La ville de Fronsac a été occupée par plusieurs personnages hauts en couleur. Charlemagne édifia sur le tertre, en 769, une forteresse pour lutter contre les ducs d'Aquitaine (détruite par Louis XIII en 1623). Quelques années plus tard, en 1634, le duché devint propriété de la famille Richelieu. Le duc de Richelieu et de Fronsac fit construire à ce même emplacement une magnifique demeure à l'architecture italienne. On raconte que les nombreuses fêtes galantes auraient servi à faire connaître les vins de Fronsac jusqu'à la cour de Versailles. Il paraît même que c'est ici qu'est apparue pour la première fois en Libournais, la notion de « cru ».

HÔTEL HENRI-IV*** €€

Place du 8 Mai
✆ 05 57 49 34 34
www.hotelcoutras.com

Ouvert toute l'année. Chambre double à partir de 74 €. Petit déjeuner buffet : 11 €. Plateau repas pour le dîner (20 €).

A l'angle de la rue d'Orléans, l'Hôtel Henri IV a pris ses quartiers dans une belle maison traditionnelle du début du XIXe siècle. En pierre de taille, la bâtisse est entourée de deux jardins. Certaines chambres sont conçues pour recevoir une personne, d'autres 3 ou 4 invités. Accueillant avec de confortables fauteuils en cuir modernes, le salon a conservé ses belles boiseries et ses portes anciennes. Le petit déjeuner est servi sous la véranda. L'équipe vous renseignera sur les incontournables et les bonnes tables de Saint-Emilion. La gare SNCF est toute proche.

CHÂTEAU DE LA DAUPHINE

Rue Poitevine
✆ 05 57 74 06 61
www.chateau-dauphine.com

Ouvert du lundi au samedi. Visites et dégustations de 7 à 23 €. Visite patrimoine en 2CV : 50 €/pers. Boutique en ligne.

Chartreuse du XVIIIe dont le charme est accentué par les allées méridionales de cyprès et pins parasols, ainsi qu'un beau jardin à la française, le château de la Dauphine a été récompensé par quatre Best Of d'Or dans les catégories Architecture & Paysage, Restauration, Valorisation Œnotouristique des Pratiques Environnementales et Découverte & Innovation. Certifié Agriculture Biologique depuis 2015 et HVE (Haute Valeur Environnementale) depuis 2018, le vignoble, production en Fronsac et en Canon-Fronsac, se trouve sur les meilleurs terroirs du Fronsadais.

DOMAINE DE LA CHATAIGNIÈRE

1, les Grandes Terres - **PÉRISSAC**
✆ 06 85 52 26 88
www.domaine-chataigniere.fr

Visite du moulin et du musée uniquement sur rendez-vous. Adulte : 7,50 € ; enfant (de 6 à 12 ans) : 5 €.

Dominant le vignoble de Périssac, le Moulin à Vent des Grandes Vignes a la particularité d'avoir été construit en 1984 par la famille Français, dans le respect des données anciennes (toiture pivotante, ailes munies de toiles de lin, engrenages). A défaut d'être historique, c'est encore l'un des rares à être capable de moudre du blé. Non loin de là, le Musée de la Vigne et du Vin présente le matériel des vendanges et de la vinification autrefois utilisé par nos ancêtres.

ÉGLISE SAINT-MARTIN DE FRONSAC

Rue du Général d'Amade

Selon la légende, l'église Saint-Martin aurait été fondée par Charlemagne en 781. Inspirée de la structure basilicale, elle avait probablement à l'origine, une destination monastique. Cette église classée au rand des Monuments historiques est certainement l'une des plus anciennes fondations de Gironde. L'église conserve une chaire à prêcher en bois richement ornée, datant du XVIIe ; seul mobilier à avoir échappé aux destructions causées par l'effondrement de la voûte.

LE BASSIN DU TERTRE** €€

19, chemin de Richelieu ✆ 06 99 72 65 48
https://lebassindutertre.fr/

Chalets (2 à 4 pers.) à partir de 149 €. Petit déjeuner inclus. Table d'hôtes. TV satellite. Bain bouillonnant, sauna.

L'endroit à lui seul est un véritable enchantement. Au cœur des vignes, dans un jardin extraordinairement fleuri où se prélassent des carpes Koï dans un joli bassin, trois chambres d'hôtes insolites, lovées dans des chalets 100 % bois, vous invitent à vous évader le temps d'un week-end. Bain à remous privé, terrasse très agréable pour les petits déjeuners, plateaux (chaud ou froid) préparés par la maîtresse de maison et servis avec une bouteille de vin, ambiance cocooning... Vous vous sentirez très bien. Le soir, on admire le coucher de soleil sur la Dordogne.

PETIT GARROS €€

3, Lieut-dit Garros
✆ 06 07 03 79 53
http://petitgarros.fr/

Fermé en janvier. 5 chambres dont une suite familiale pour 4/5 pers. de 129 € à 210 €. Table d'hôtes sur réservation.

Petit Garros est une des deux maisons du lieu-dit planté de vignes qui porte son nom. En bordure de Dordogne, la maison Petit Garros, dont les plus anciennes traces retrouvées datent de 1749, vous reçoit dans l'une de ses 5 chambres. La plus grande d'entre elles s'appelle Blanche. Il y a également Parme, Rouge, Bleue pour 4 personnes, et enfin, la Chambre aux Tulipes. Pierre apparente sur les murs, parquet ancien, mobilier ancien... Le charme opère. La maison, le parc et sa piscine sont superbes. Petit Garros offre la promesse d'un séjour au calme.

CHÂTEAU DE LA RIVIÈRE €€€

Rue Goffre - **LA RIVIÈRE** ✆ 05 57 55 56 56
www.chateau-de-la-riviere.com

Vignobles et Découvertes. 5 chambres à partir de 140 €. Petit déjeuner inclus. Activités œnotouristiques.

Avec ses 5 chambres d'hôte haut de gamme situées dans l'aile Renaissance et la tour carrée, le château de La Rivière est une vraie merveille. Les chambres sont décorées avec élégance et raffinement. Deux d'entre elles, conçues pour communiquer, permettent de créer une belle suite. Le matin, vous apprécierez très certainement le copieux et savoureux petit déjeuner servi dans les salons privés ou sur la terrasse surplombant le vignoble. Salons, tisanerie, piscine extérieure... Mais aussi : visites de cave, dégustation des vins de la propriété, escape game...

LA MAISON DE RICHELIEU €€€

4, chemin de Richelieu
✆ 05 57 51 13 94
www.chateau-richelieu.com

Ouvert d'avril à fin octobre. 5 chambres. Chambre double 110 €. Petit déjeuner inclus. Plateau-repas sur réservation.

La vie de château, vous en rêvez ? Le château Richelieu, dans sa belle bâtisse XVIIe et XVIIIe, met à votre disposition 5 chambres d'hôtes, toutes aussi luxueuses les unes que les autres. D'un grand confort, les chambres Athos, Porthos, Aramis, D'Artagnan, Richelieu sont équipées d'une salle de bains indépendante. La chambre, répondant au nom évocateur *Porthos*, conviendra parfaitement à une famille, puisqu'elle ouvre sur une seconde chambre avec un canapé convertible et une kitchenette. Moment précieux de la journée, le petit déjeuner est servi dans les salons.

LE BORD D'EAU €€

4, Poinsonnet

✆ 05 57 51 99 91

Ouvert du mercredi au samedi le midi et le soir ; le dimanche midi. Menu à 22 €. Plats de 20 € à 24 €. Terrasse.

Perché sur pilotis sur les bords de la Dordogne, le Bord d'eau offre un superbe panorama, aussi sur la porte du port de Libourne. La cuisine du marché élaborée par le chef Laurent Lecomte, – maître Restaurateur –, et son équipe, ne manque pas non plus d'arguments. Viandes, gibiers et poissons sauvages sont les spécialités de la maison. Tout est fait maison. La cave fait la part belle aux vins de Fronsac, sans oublier les voisins bordelais et les autres vignobles plus lointains. Le cadre est assez rétro, mais la cuisine est raffinée et le service est agréable.

CHEZ CARLES €€

1, avenue Charles de Gaulle

SAINT-GERMAIN-DE-LA-RIVIÈRE

✆ 05 57 84 44 50

Du mardi au dimanche le midi ; du mercredi au samedi le soir. Menus de 21 à 28 €. Formule du midi : 15 €. Traiteur.

Plus qu'un restaurant, une institution ! Chez ce Maître Restaurateur, on peut déguster des produits de la chasse. Tout à fait ! Sauté de sanglier, faisan en cocotte et palombe ont la part belle. Côté rôtisserie et grillades, le restaurant est dominé par une immense cheminée dans laquelle cuisent de délicieux poissons et viandes saisis aux ceps de vigne ou aux sarments. Les plats sont agrémentés de très bonnes préparations de légumes de saison. Terrasse, jardin, air de jeux... Le cadre est charmant en bordure d'eau, au milieu des collines vallonnées de vignes.

L'ESCAPADE DU FRONSADAIS €€

Queyreau Est - **SAINT-MICHEL-DE-FRONSAC**

✆ 05 57 74 19 91

Ouvert du mardi au samedi le midi ; le vendredi et le samedi le soir. Carte : 32 € environ. Formule du midi : 14,80 €.

L'Escapade du Fronsadais est un restaurant à l'ambiance cosy et moderne. Que vous soyez installé dans la jolie salle ou en terrasse, vous passerez un bon et délicieux moment. Les produits sont frais et tout est fait maison. La formule du midi laisse le choix entre trois entrées, trois plats, dont au moins un poisson, et deux desserts. La spécialité qui fonctionne très bien ici, ce sont les plateaux complets avec salades, frites, viandes ou burgers et fromages. A la saison, les fruits de mer et les crustacés s'invitent tout naturellement à la carte.

LE FACE A L'EAU €€

8, Port de Tressac

LA RIVIÈRE

✆ 05 57 24 97 10

Ouvert en saison du mercredi au lundi de 11h45 à 15h et de 19h45 à 23h. Plats de 12 € à 26 €. Terrasse. Animations.

Entre Libourne et Saint-André de Cubzac, la petite commune de La Rivière abrite au pied de son Château et au bord de l'eau, une guinguette très conviviale. Ici, pas de chichi ! La carte du *Face à l'Eau* fait la part belle aux poissons et aux fruits de mer. Rassurez-vous, quelques plats ont été ajoutés pour les amoureux de viande. Ambiance guinguette oblige, des groupes de musique viennent régulièrement se produire pour animer les plus belles soirées. Pour suivre les actualités du Face à l'Eau, tout se passe sur leur page Facebook.

CHÂTEAU DE RICHELIEU

4, chemin de Richelieu

✆ 05 57 51 13 94

www.chateau-richelieu.com

Ouvert du lundi au samedi. Visite et dégustation sur rendez-vous.

© CHÂTEAU RICHELIEU

Au confluent de l'Isle et la Dordogne, Fronsac est un terroir viticole de qualité. Le vignoble serait même le premier vignoble historique du Bordelais. Le cardinal de Richelieu y jeta son dévolu en 1632. À peine un siècle plus tard, son arrière-petit-neveu et filleul de Louis XIV vécut au château. Emprisonné à la Bastille pour ses galanteries libertines, il fit découvrir le vin de Fronsac à la cour de Versailles. On lui attribuait des vertus médicinales qui lui valurent le nom de « tisane de Richelieu ». L'histoire vous sera contée au château lors d'une visite.

LIBOURNAIS

LA GUINGUETTE DE LA VIEILLE TOUR €€

Port d'Anguieux
✆ 05 57 25 13 70
www.guinguettedelavieilletour.fr
Ouvert de mai à fin septembre (service tardif). Tapas, plats et pizzas. Jardin. Animations.

Lieu de vie et de convivialité, la Guinguette de la Vieille Tour vous transporte à la belle saison, dans cet endroit magique où le temps ralentit au rythme de l'eau. Située sur les bords de berge de l'Isle à Fronsac, cette guinguette a tout ce qu'il faut : des tables de jardin dispersées dans l'herbe, et d'autres sous la terrasse couverte, des guirlandes lumineuses accrochées dans les arbres, des tapas à partager et des plats à savourer, des concerts et des animations...

OSTERIA BAZ'ART €€

11, route de Loiseau
✆ 09 88 35 31 13
Du mardi au dimanche le midi et le soir. Pizza de 10 € à 20 €. Formule du midi : 20 €. Plat du jour : 10 €. A emporter.

L'Osteria Baz'Art, c'est pour manger et boire un verre, car l'endroit reste accessible en journée et jusqu'à 23h. Et ça parle italien, en salle, en cuisine... Ce n'est pas pour rien qu'on y déguste d'excellentes pizzas à base de tomate ou de crème. Les plats de pâtes mettent également l'eau à la bouche tant les assiettes sont bien dressées et copieuses. Il faut avouer que nous n'en attendions pas autant. Les desserts aussi ont bon goût. Autres atouts : une équipe fort sympathique, la terrasse surélevée et le jardin. Deux services les soirs de spectacle.

CHÂTEAU BARRABAQUE

✆ 05 57 55 09 09
www.chateaubarrabaque.com
Visites et dégustations gratuites sur rendez-vous. Boutique en ligne.

© CHATEAU BARRABAQUE

De 1747, cette propriété de 10 hectares appartient à la même famille depuis 1936. À dominante merlot, les vins rouges et rosé du Château Barrabaque comptent parmi les plus réputés des appellations Fronsac et Canon-Fronsac. Soucieuse du respect de l'environnement, Caroline Noël-Barraux, la propriétaire depuis 2004, pratique une culture raisonnée de la vigne. Les méthodes de culture et de vinification allient à la fois la tradition et les techniques modernes. Les vignes sont notamment travaillées en fonction du terroir. Une belle adresse sur votre route des vins.

CHÂTEAU CASSAGNE HAUT-CANON

SAINT-MICHEL-DE-FRONSAC ✆ 05 57 25 05 55
www.chateau-cassagne.com
Initiation à la dégustation : 25 €. Atelier assemblage : 55 €. Autres tarifs et prestations œnotouristiques.

Situé sur un des plus hauts points culminants de Fronsac, le Château bénéficie d'une des meilleures expositions dans l'appellation et d'une vue imprenable sur le fleuve. Le Cru (La Truffière) doit son nom à la présence de chênes truffiers. Ce vin est un subtil assemblage de cabernet-sauvignon, merlot et cabernet franc. Zita et Jean-Jacques Dubois, assurent un accueil chaleureux pour développer leur offre œnotouristique (visites, initiation à la dégustation, atelier d'assemblage...).

CHÂTEAU GEORGE 7

1, Le Bergey - **SAILLANS** ✆ 06 81 52 24 80
https://fr.chateaugeorge7.com/
D'avril à octobre pour les visites de groupe (8 €) et les visites privées (16 €). Déjeuner. Sunset apéro. Ateliers.

Vous êtes plutôt visite classique, déjeuner au vignoble ou sunset apéro ? Qu'importe votre choix, tous les visiteurs sont accueillis par Sally, la propriétaire, qui partagera avec vous sa passion pour le vignoble et la viticulture. Tutrice accréditée de l'École du Vin de Bordeaux, elle anime aussi les ateliers *Initiation à la dégustation* ou *Développement durable*. Château George 7 a été distingué par un Best of Wine Tourism 2022 (or) dans la catégorie *Architecture & Paysages*, grâce à sa salle de dégustation entièrement rénovée avec terrasse et vues panoramiques.

DOMAINE JEAN-YVES MILLAIRE

La Marché ✆ 05 57 24 94 99
www.vins-millaire.fr

Du lundi au samedi (9h à 12h et 14h à 18h). Dégustation gratuite sans rdv. Visites sur rdv : 10 €. Boutique en ligne.

L'histoire commence en 1950 avec 6 hectares de vignes achetés sur les communes de Saint-Michel-de-Fronsac et Fronsac... Aujourd'hui certifié Agriculture Biologique (biodynamie), le Domaine Jean-Yves Millaire s'étend sur 45 hectares de vignes en appellations Fronsac, Canon Fronsac et Bordeaux. Depuis 1998, le vignoble a connu différentes évolutions, notamment la plantation de nouveaux cépages atypiques comme le jurançon noir, le petit manseng, le colombard ou le riesling.

MAISON DES VINS DE FRONSAC

3A, chemin de Richelieu ✆ 05 57 51 80 51
www.vins-fronsac.com

Ouvert toute l'année. Du lundi au samedi de 10h à 12h30 et de 14h à 18h. Boutique en ligne. Animations.

La Maison des Vins est le meilleur point de départ pour découvrir les vins et les châteaux des grands terroirs des appellations Fronsac et Canon Fronsac. Avec plus de 100 références au prix-propriété, la boutique vous offre déjà un beau tour d'horizon en présentant au moins, un millésime par château. Tous les jours ou presque, un vin est proposé en dégustation. Des portes ouvertes dans une trentaine de vignobles sont organisées chaque année en octobre. Pensez-y !

LE BAZ'ART

11, route de Loiseau
✆ 05 57 74 70 69
www.le-bazart.com

Billetterie sur place. Restauration. Bar. Location de salles.

A l'initiative de Gilles Troulet, un Parisien venu s'installer en Aquitaine avec sa compagne Constance Malaquin, le Baz'Art a élu domicile dans un hangar à bateaux de l'ancienne base nautique d'aviron. Ils imaginent alors un lieu multiculturel, attractif pour petits et grands, et adapté à toutes les bourses. Le Baz'Art regroupe ainsi un théâtre de 100 places, un lieu d'exposition, un salon, un bar et un restaurant italien. On trouve encore des ateliers de théâtre organisés pour les adultes, les ados et les enfants. Les spectacles sont plutôt pour tous les publics.

RTL2 BORDEAUX

9, rue Louis Maydieu
BORDEAUX
✆ 05 40 25 33 11
www.rtl2.fr/sujet/bordeaux

RTL2 est la première radio musicale adulte à Bordeaux ! La station diffuse du son pop rock comme on l'aime ! Les matins, entre 6h30 et 9h, réveillez-vous avec les infos en Gironde données par le journaliste Mattis Weber. L'après-midi, Lorraine est aux commandes de 12h à 16h avec du son pop rock non-stop. Des jeux-concours sont organisés pour gagner de nombreux lots : séances de cinéma, entrées pour la Cité du Vin ou le zoo de Pessac, et bien sûr des places pour les meilleurs concerts de la région. *RTL2* diffuse également des sessions live privées en acoustique.

GUÎTRES ★

Terre d'accueil entre pays d'oc et pays d'oïl, on trouve à Guîtres, des coteaux boisés, des vignes et de nombreux cours d'eau et « au milieu coule une rivière » : l'Isle. Cette rivière et ses affluents, la Dronne et le Lary, foisonnent de poissons blancs, migrateurs et carnassiers. Située à moins d'un quart d'heure en voiture des prestigieux vignobles de Saint-Émilion, Pomerol ou Fronsac, la ville se prête volontiers à une escapade culturelle et touristique. Profitez-en pour visiter son église abbatiale, bénéficier de sa programmation musicale pendant l'été et embarquer à bord d'une des voitures 1900 du train touristique pour un voyage dans le temps.

ABBATIALE NOTRE-DAME DE GUÎTRES ★

Place des Tilleuils
www.abbatialedeguitres.fr

Ouvert toute l'année. Visite libre de 14h à 18h de fin juin à début septembre. Concerts. Exposition.

De style roman, cette église abbatiale a accueilli les pèlerins de Saint-Jacques-de-Compostelle. Elle abrite un orgue majestueux. Assistez à l'un des concerts donnés en période estivale pour l'entendre. Les billets sont disponibles sur place ou auprès des offices de tourisme de Libournais (Libourne ou Coutras). Classée Monument historique en 1901, l'abbatiale de Guîtres est l'une des plus grandes églises romanes de la Gironde. Sa charpente est particulièrement remarquable.

VÉLORAIL DU PAYS GABAY

13, avenue de la Gare
✆ 05 57 69 10 69
https://trainguitres.fr/
Ouvert en saison (voir le calendrier de circulation en ligne). Location vélorail 5 places : 30 €.

Réservez un vélorail et partez à l'aventure en famille ou entre amis ! Au départ de la gare de Guîtres, à 9h30 ou 14h30 selon les jours, le trajet vous mènera sans trop de difficulté jusqu'à la gare de Lapouyade. Comptez 3h pour parcourir les 16 kilomètres aller-retour ! Bien que l'effort soit minimum, il est nécessaire d'être au moins deux adultes (+ de 16 ans) pour pédaler l'engin. Tout au long de cette balade atypique, vous découvrirez la campagne, les forêts et les ruisseaux du pays Gabay. Les vélorails sont conçus pour 5 personnes. Pensez à réserver !

TRAIN TOURISTIQUE GUÎTRES-MARCENAIS

13, avenue de la Gare ✆ 05 57 51 15 04
www.trainguitres.fr
Ouvert en saison. Adulte de 12 € à 14 € ; enfant (de 4 à 12 ans) : 7,50 € à 8 €. Billetterie sur place. Musée.

Embarquez jusqu'à Marcenais pour une escapade inoubliable ! Avant la montée ou à votre retour, pensez aussi à faire le tour de la gare pour admirer les magnifiques locomotives, car certaines de leurs voitures, entièrement restaurées, sont classées Monuments historiques. Le musée finira de satisfaire les passionnés d'histoires et les curieux. En plus d'y découvrir les origines du train de chemin de fer de Guîtres et des wagons d'époque, vous pourrez admirer de nombreux objets anciens.

LIBOURNE ★★

Confluence de rivières, de terres et d'hommes, Libourne est une bastide royale née en 1270 sous l'impulsion du roi d'Angleterre Henri III. Située au confluent de l'Isle et la Dordogne, la cité a longtemps occupé une place stratégique. Tantôt alliée, tantôt rivale, la filleule de Bordeaux a connu de belles périodes de développement. Fondée en 1268 par Edouard Ier, la ville est dotée d'un port, débouché naturel des vins de la vallée de la Dordogne. Leyburn est l'une des bastides les plus prospères d'Aquitaine. À moins d'une demi-heure de Bordeaux, une heure des plages océanes et desservie par le TGV, Libourne est une destination touristique de choix.

CHÂTEAU DE VAYRES

63, avenue de Libourne - **VAYRES**
✆ 05 57 84 96 58
www.chateaudevayres.com
Ouvert tous les après-midi de juillet à mi-septembre. Visite guidée + énigmes : 10 € et 15 €. Gratuit jusqu'à 5 ans.

Cet ancien château fort du XIIIe siècle, ex-propriété d'Henri IV, a été remanié à plusieurs occasions, d'où sa partie Renaissance bâtie vers 1600, sa façade à l'italienne et son escalier monumental. Ses superbes jardins à la française mènent directement aux rives de la Dordogne et méritent presque à eux seuls le détour. Meublé d'époque, le château a toujours été habité. Classé Monument historique et Jardin remarquable, Vayres a reçu le Prix de l'animation du Patrimoine et la médaille 2013 du Tourisme. De nombreux événements s'y déroulent.

Libourne.

SEGWAY & E-VÉLOS TOUR SAINT-ÉMILION

Le Maine - **SAINT-LAURENT-DES-COMBES**
✆ 05 57 50 57 59
www.chateaularenommee.com
Vignobles et Découvertes. Initiation de 15 € à 23 € ; balades de 25 € à 59 €.

Faire une balade en Segway ou en E-vélos pour découvrir les paysages de Saint-Emilion lors d'une activité 100 % écologique et plaisir, ça vous tente ? Trois balades guidées vous sont proposées en français et en anglais : petite balade dans les vignes (15/20 min environ), découverte du vignoble et de la rivière Dordogne (1h) ou visite Grands Vignobles (2h). Chaque balade est suivie de la visite du chai et d'une dégustation au Château La Renommée ! Balade/initiation privative possible.

LA CALI

62, avenue Gallieni
✆ 05 57 51 00 24
www.calibus.fr
Gratuit pour tous les usagers.

Grâce au réseau de transport en commun de La Cali, la totalité du territoire de la Communauté d'Agglomération du Libournais est reliée. En ville comme à la campagne, les 45 communes de l'agglomération sont toutes desservies. Les habitants et tous les autres usagers peuvent ainsi se déplacer plus facilement et surtout gratuitement. La Bastidette – la navette électrique du cœur de Libourne – circule tous les jours sauf le dimanche. Pour l'utiliser, il suffit de se poster aux arrêts définis ou de l'arrêter à la demande sur son trajet dessiné par une ligne violette.

CHÂTEAU LA MOTHE DU BARRY €€

490, route du Pont de Riveau - **MOULON**
✆ 05 57 74 93 98
http://vignoblesjoelduffau.fr/
Ouvert de fin avril à fin septembre. Chambre double de 125 € à 145 €/nuit. Petit déjeuner inclus. Visite et dégustation.

Transformer une ancienne cuve à vin en béton en chambre d'hôtes, il fallait y penser ! La rendre confortable et raffinée, les propriétaires du château la Mothe du Barry (qui ont vinifié leur vin dans cette cuve pendant quelques années) y sont arrivés ! *La Cuve à mon loup* compte parmi les hébergements insolites de la région. Les deux autres chambres à la décoration très originale ont été aménagées dans les anciens bâtiments du vignoble. Verre de vin offert à votre arrivée.

RIPIANO LIBOURNE €

45, cours Tourny
✆ 05 57 25 07 05
https://ripianolibourne.wixsite.com/
Le lundi, le mardi et du jeudi au samedi le soir ; du lundi au vendredi le midi. Pizza de 9,90 à 16,50 €. A emporter.

Restaurant italien avec un grand choix de pizzas à la pâte fine et croustillante, risotto et plats traditionnels (spaghetti à l'arrabiata, lasagnes à la bolognaise, escalope à la Milanaise, etc.), le Ripiano est un incontournable. Toutes les viandes proviennent du marché couvert de Libourne. Les vins italiens et même une bière italienne sont à la carte. Et ici, tous les desserts sont faits maison. Le café gourmand est d'ailleurs très gourmand avec ses 5 mignardises. La grande terrasse est chauffée l'hiver. Envie d'y aller en groupe ? Pensez donc à réserver !

© RIPIANO LIBOURNE

© RIPIANO LIBOURNE

LIBOURNAIS

CHÂTEAU LA PONTETE €€

8, Lieu-dit Montifaut - **VAYRES**
✆ 06 84 16 85 34
2 chambres d'hôtes à partir de 80 €/nuit (petit déjeuner inclus) ou gîte (6 pers.). Gîtes (10 pers.). Table d'hôtes.

Yannick et Christian vous accueillent pour séjourner au Château la Pontête, au bord de la Dordogne. Pour cela, trois possibilités : occuper l'une des quatre chambres d'hôtes ou profiter des lieux en toute indépendance si vous êtes 6. Le petit gîte vous offre ses jolies chambres avec salles de bains et w.c. privatifs ainsi qu'un salon avec coin cuisine partagé. Il en sera de même pour la terrasse. Et si vous êtes jusqu'à 10, nos amis viticulteurs ouvriront les portes du grand gîte. On peut vous recevoir ici pour une nuit, un week-end, une semaine ou plus.

LE BISTROT MARITIME €€

12, quai Souchet
✆ 05 57 51 66 77
Ouvert tous les jours le midi et le soir. Formule du midi : 16 €. Plat du jour : 11 €. A emporter (sur réservation).

© LE BISTROT MARITIME

Grâce à d'immenses baies vitrées, la grande salle de cette brasserie contemporaine ouvre sur la rivière. Tous les jours, le chef nous fait ses suggestions. Par exemple : filet mignon de porc basse température aux saveurs d'ailleurs, croustillant de lieu noir au chorizo et aneth, gratins de fruits et sabayon au Lillet. Dans les assiettes, c'est généreux et gourmand. Concernant les plats de la carte, ils sont renouvelés deux fois par an. Nous aimons particulièrement, les dressages et les couleurs dans les assiettes. Par ailleurs, le service est agréable.

CHATEAU PRIEURÉ MARQUET €€€

Lieu dit « Marquette » - **SAINT-MARTIN-DU-BOIS**
✆ 05 57 49 41 70
www.prieure-marquet.com
Chambre prestige : 290 €. Chambre d'Exception : 390 €. Petit-déjeuner continental : 20 €. Parking sécurisé. Héliport.

Il y a des endroits hors du temps. De ceux que l'on ne soupçonne pas. Au cœur dans la nature, ils révèlent soudainement leur beauté, leur élégance au détour d'un chemin que l'on n'aurait peut-être pas pris. Demeure d'hôtes de prestige, le Château est un havre de luxe et de raffinement. Préservée et mise en valeur, l'âme du château s'incarne dans un écrin chaleureux où chaque hôte peut savourer une véritable douceur de vivre à la française.

HÔTEL DE LA TOUR** €€

23, quai Souchet ✆ 05 57 25 75 56
www.latourduvieuxport.com
Ouvert toute l'année. Chambre double à partir de 74 €. Chambre (3 à 5 pers.) à partir de 94 €. Petit déjeuner : 11 €.

Adossé à la porte du grand port en cœur de ville, cet Hôtel de la Tour et son restaurant (MA) sont vraiment très bien situés sur les quais de Libourne. La jolie demeure offre tout le confort nécessaire pour de paisibles nuits. L'établissement qui a été repris par Manon et Alexis Valette en novembre 2021, devrait subir quelques transformations au fil du temps. Notez que l'une des 15 chambres est conçue pour recevoir les personnes à mobilité réduite. Certaines s'ouvrent sur un balcon et donc, sur la Dordogne. Bien à savoir également, les chambres sont climatisées.

LA PETITE MADELEINE €€

6, Lieu-dit Saint-Jean-de-Béard
SAINT-LAURENT-DES-COMBES ✆ 06 67 68 23 52
www.la-petite-madeleine.com
Ouvert toute l'année. Chambres à partir de 85 € (pdj inclus). Location de la maison (10 pers.). Table d'hôtes le soir.

Le cadre, la vue sur les vignes, l'accueil, le calme... tout est vraiment agréable. Point de départ de jolies randonnées pédestres, cette maison girondine, entièrement rénovée, compte cinq chambres d'hôtes sympathiquement décorées et très confortables. Elles portent toutes des noms en rapport avec la vigne. Au 1er étage de la maison, la suite est spacieuse. Elle possède une chambre double, une chambre individuelle, un dressing et une grande salle de bains avec baignoire, douche et double vasque. La table d'hôtes est ouverte le soir sur réservation.

L'EMBARCADERE €

Esplanade de la République
✆ 06 11 09 83 85
Ouvert d'avril à fin septembre, tous les jours de 12h à 23h (selon la météo). Formule du midi : 15 €. Tapas. Terrasse.

A mi-chemin entre un food-truck et une guinguette, ce charmant container occupe les quais de Libourne face à l'embarcadère. Ce bar-restaurant éphémère vous accueille aux beaux jours sur sa terrasse où se trouve une quinzaine de tables ainsi que des transats pour une pause détente et gourmande. Passé l'heure du déjeuner, on sert des crêpes et autres douceurs à déguster face à la Garonne. A la sortie des bureaux, le lieu se transforme en place conviviale où l'on se retrouve entre collègues ou entre amis pour partager un verre et quelques tapas.

MARCELLINÔ €

3, place de la croix rouge
✆ 05 47 11 34 53
www.marcellino.net
Ouvert du mardi au dimanche le soir. Réservation recommandée. Pizza de 10,90 € à 15,90 €. Vente à emporter.

Sous nos yeux, coupée à la minute et en tranches fines s'il vous plaît, la charcuterie italienne donne déjà très envie. Pour vous mettre l'eau à la bouche, imaginez un peu le plaisir de déguster une pizza (levée de la pâte de 36 à 72h) dont la sauce tomate est exclusivement composée de tomates San Marzano DOP infusées au basilic frais… Alors ? Direct producteur, le balsamique a quant à lui le bon goût d'un héritage familial remontant à 1860... Voilà qui en dit long sur les exigences et la qualité des produits ! Les pizzas à pâte fine sont bien garnies.

LE 127 €€

127, avenue de Verdun
✆ 07 49 28 14 04
https://le127.fr/
Du mardi au dimanche le midi ; du mardi au samedi le soir. Formule midi : 16 €. Choucroute complète : 30 €. A emporter.

Bienvenue en Alsace-Lorraine ! Escargots à l'Alsacienne ou salade vosgienne en entrée, pâté lorrain ou mignon de porc farci à la Montbéliarde en plat... La carte fait aussi la part belle aux incontournables de ce coin de France : la choucroute (chou, échine fumée, mini-saucisse d'alsace, saucisse viennoise, saucisse de Morteau, lard fumé, saucisson à l'ail fumé, pomme de terre), le jarret de porc confit à la bière ou encore les flammekueches. Un conseil ? Pensez à réserver ! Boutique sur place, service traiteur et soirées karaoké le vendredi (voir Facebook).

LUNE €€

56, avenue de Libourne
VAYRES
✆ 05 47 84 90 98
https://restaurantlune.com
Du mardi au vendredi le midi ; du mercredi au samedi le soir. Menu du déjeuner : 19 € ; Menus du dîner : 55 € et 70 €.

A Vayres, Pierre Rigothier et son épouse sont tombés amoureux d'une ancienne auberge qu'ils ont entièrement rénovée avec goût ! Du goût, mais du style, que l'on retrouve aussi dans les assiettes. De la cuisine de sa maman à celles du Ritz, du Laurent, du Vernet ou encore de La Scène Thélème, le chef aux étoiles signe un retour aux sources. Le soir, il concocte un menu surprise en 4 ou 6 services. Une belle cave à vins sépare la salle de restaurant. L'été, on apprécie tout autant le patio à l'intérieur. Une belle adresse au creux des vignes et en bord de Dordogne.

© RESTAURANT LUNE

© RESTAURANT LUNE

LIBOURNAIS

AL'AUTHENTIQUE €€

8, route de Bordeaux - **ARVEYRES**
✆ 05 57 84 95 98
www.restaurant-al-authentique.fr/
Du lundi au samedi le midi ; du mercredi au samedi le soir. Menu carte le week-end : 25,90 €. Formule du midi : 14 €.

Viande, poissons, salades et pizzas composent la carte de ce restaurant de cuisine traditionnelle. Le menu du jour, servi uniquement le midi en semaine, est à un très bon rapport qualité-prix. En plus, le service est rapide ! L'accueil est toujours chaleureux et attentif. A l'ombre de ses tonnelles, une jolie terrasse se cache à l'arrière de l'établissement sur la route entre Bordeaux et Libourne. Une fois par mois, des soirées à thème y sont organisées : karaoké, barbecue, paella, mojito… Les jours de match, le chef propose son « Menu Match » à 18,90 euros.

LA FONTANA €€

53, avenue Galliéni
✆ 05 57 51 81 97
Ouvert du lundi au samedi le midi et le soir ; le dimanche soir. Service tardif. Pizzas à partir de 9 €. Terrasse.

© LA FONTANA LIBOURNE

Plutôt originale, la décoration donne à La Fontana un air festif. L'ambiance est à cette image, chaleureuse et conviviale. Quant au personnel, il n'y a rien à dire : aimable et professionnel. Et l'Italie est dans l'assiette ! Pâtes, mais aussi pizzas (bien sûr) sont au rendez-vous. Tout est bien cuisiné et de nombreuses suggestions viennent agrémenter la carte selon les arrivages et la saison. Surtout, gardez une place pour un dessert, car ils ont fait la réputation de la maison. Les profiteroles au chocolat sont délicieuses. Sur place ou à emporter !

L'ATELIER DE CANDALE €€

1, Grandes Plantes
SAINT-LAURENT-DES-COMBES ✆ 05 57 24 15 45
https://atelierdecandale.com/
Ouvert toute l'année. Menu bistronomique : 38 €. Formule du midi : 28 €. Terrasse. Privatisation. Traiteur.

A la sortie de la cité de Saint-Emilion, venez profiter d'un emplacement unique et d'une magnifique terrasse à la vue imprenable sur les vignes d'un grand cru et sur la vallée de la Dordogne. La salle est superbe, très lumineuse et élégante. En cuisine, le chef travaille les produits en fonction des saisons et des arrivages sur le marché. Il ajoute ensuite toute son inventivité, ce qui confère à nos papilles de belles surprises. Imaginez une Tatin d'échalotes, crème de carotte et tahin ou un foie gras au whisky tourbé, chutney de poire et pickles de radis noir.

BRASSERIE L'ORIENT €€

6, esplanade François Mitterand
✆ 05 57 51 17 59
Ouvert du mardi au samedi de 11h à 23h. Menus de 25 € à 32 €. Formule du midi : 17 €. Terrasse. Animations.

Eté comme hiver, la terrasse est dressée. Impeccable ! Les serveurs portent la traditionnelle chemise blanche et certains l'agrémentent d'un nœud papillon. Pas de doute, c'est une vraie brasserie. A l'intérieur, l'ancien se mêle au contemporain. Jetez un coup d'œil au plafond. A la carte, du côté des menus ou des suggestions, on retrouve les grands classiques de la bistronomie, saupoudrés toutefois de quelques petites surprises comme ce crémeux à la pistache, ananas et coriandre. De temps en temps, les soirées sont animées par des concerts de jazz par exemple.

CAFÉ DE LA MARNE €€

101, rue de la Marne
✆ 05 57 74 36 96
Ouvert du lundi au samedi de 6h à 20h. Restauration le midi uniquement. Plat du jour : 11 €. Formule du midi : 17 €.

L'été, on adore investir la terrasse du Café de la Marne avec ses voiles rouges, ses coussins colorés et ses palmiers qui donnent un petit air de plage. L'hiver, on aime aussi la salle où les tables ne sont pas à touche-touche. La décoration est simple, mais contemporaine. En fonction du marché et des saisons, le menu du midi – car on ne vient ici que pour le déjeuner – laisse généralement le choix entre trois entrées, quatre plats et trois desserts à des prix corrects. Attendez-vous à une cuisine esprit bistrot de terroir sans prétention. Sur place ou à emporter.

CHEZ OLIV' €€

34, allée Robert Boulin
✆ 09 83 93 79 43
www.chez-oliv.com
Ouvert tous les soirs sauf le samedi. Livraison et à emporter. Réservation recommandée. Pizzas de 7 € à 16 €. Terrasse.

Dans cette petite pizzeria où l'accueil est agréable, les quelques tables à l'intérieur sont vite occupées. Proposées en trois tailles (26, 30 et 36 cm), les pizzas conviennent à tous les appétits et se déclinent en base tomate ou crème. La maison a bien compris qu'il en fallait pour tous les gourmands. Les petits prix pratiqués comptent aussi parmi les arguments. Pizzas, plats de pâtes, salades, desserts... la carte est fournie sans trop l'être, car le tout est fait maison ! En commande ou en livraison gratuite sur Libourne, Fronsac et Les Billauds.

LA RENAISSANCE €€

1 bis, place Joffre ✆ 05 57 51 01 38
www.larenaissance-libourne.fr
Ouvert du lundi au samedi de 11h à 1h. Formule du midi : 15,50 €. Retransmission d'événements sportifs. Terrasse.

La Renaissance n'a de trop classique que ces lettres. En réalité, c'est une belle et grande brasserie moderne où l'on mange très bien. L'effervescence de ses grands espaces à l'heure du déjeuner ajoute un charme supplémentaire. Dans la salle, les tables occupent l'espace devant le bar jusqu'aux grandes portes-fenêtres ; lesquelles sont ouvertes sur la terrasse couverte dès les premiers rayons de soleil. Là encore, les baies vitrées pourront s'ouvrir sur une terrasse d'été. L'établissement est baigné de lumière et la carte n'affiche que des plats de bistrot.

MA RESTAURANT €€

23, Quai Souchet
✆ 05 57 25 75 56
https://latourduvieuxport.com/
Ouvert du lundi au vendredi le midi ; du lundi au samedi le soir. Menus de 18,90 à 25 €. Accueil des groupes. Terrasse.

Après être revenus de Suède où ils exerçaient dans un hôtel, Manon et Alexis Valette ont repris l'Hôtel de la Tour en novembre 2021. Si vous n'y séjournez pas, nous vous conseillons de pousser les portes à l'heure du déjeuner ou du dîner. Vous serez peut-être surpris par la décoration, très dans l'air du temps, mais plus encore par la terrasse qui se cache à l'arrière de cette jolie bâtisse. De l'amuse-bouche au dessert, le chef Alexandre Lobera Adell fait le pari du 100 % fait maison. Les menus et la carte sont abordables, y compris le soir. Les futés adorent !

HANGAR 4 €€

51, rue du Chaperon grangère
✆ 05 57 51 50 73
https://hangar-4.eatbu.com
Du mardi au dimanche le midi ; du mardi au samedi le soir. Plats de 13 € à 26 € ; Terrasse. Bar. Accueil des groupes.

Restaurant, salon de thé et bar ! Le Hangar 4 a pris ses quartiers dans l'ancienne gare marchande, devenant ainsi un endroit très à la mode dans un décor industriel, mais chic aux couleurs de feu et sous l'œil d'une belle girafe au centre de la salle. L'endroit est très lumineux. Dans les assiettes, une cuisine des quatre coins du monde : saumon gravlax, gambas snackées à la Jamaïcaine, poke bowl, mignon de porc basse température au curry... La carte change trois fois par an. Le tout est fait maison. Chouette ambiance dès l'afterwork avec cocktails et soirées.

© HANGAR 4

© HANGAR 4

LE CARRÉ D'AS €€

168, avenue du Général De Gaulle
✆ 05 57 51 71 06
Ouvert du lundi au vendredi de 6h30 à 20h. Restauration le midi uniquement. Menus de 12 € à 14 €. Terrasse. Bar.

© SOPHIET

Le Carré d'As est une brasserie 100 % authentique, véritable lieu de rendez-vous des travailleurs libournais. Qu'on y vienne boire son café, tenter sa chance à un jeu ou tout simplement faire une pause du midi bien méritée, tout le monde passe forcément par ce bar-brasserie. La carte est simple, mais efficace avec des suggestions et un menu du midi fort attractif ! Les assiettes sont copieuses, on se régale. Les plus pressés pourront se ravir des croque-monsieur. Pour qui veut se plonger dans le cœur de la vie libournaise, le Carré d'As est l'adresse à souhait.

LA VILLA VIETNAM €€

141, avenue du Général de Gaulle
✆ 05 57 51 61 93
https://lavillavietnam.fr/
Ouvert du lundi au samedi le soir ; du mardi au samedi le midi. Menus de 15 € à 23 €. terrasse. A emporter. Parking.

Le décor, l'accueil réservé par Annie et Thanh Hai Bach, le service de qualité et les menus Au Marché de Bangkok, Au Marché de Hong Kong… Vous voilà en Asie orientale. La Villa Vietnam est bien loin des traiteurs asiatiques et des buffets à volonté. Ici, les nems sont faits maison, le porc au caramel est un délice et la banane au lait de coco une tuerie. Optez pour le menu Villa Vietnam ou découverte ! La Villa affichant souvent complet, nous vous conseillons de réserver votre table. Aux beaux jours, on peut manger en terrasse. Autre atout : le grand parking.

LE ZINC AUTHENTIQUE €€

42, rue Fonneuve ✆ 05 57 25 34 84
www.lezinc-bar.com
Mardi et mercredi de 17h30 à 0h ; vendredi de 17h30 à 1h ; samedi de 18h à 1h. Plats de 10 à 25 €. Formule midi : 20 €.

Le Zinc Authentique est une adresse où il est permis de boire un verre dans la joie et la bonne humeur. Avec des amis et quelques petites choses à grignoter, c'est encore mieux ! A se mettre sous la dent (en plus des suggestions) : de délicieuses grillades (mais pas que !). La carte présente, un large choix de vins de France, d'ailleurs et des champagnes. Dès les beaux jours, on s'installe sur l'une des deux terrasses ; à l'arrière dans un charmant jardin intérieur. Très sympa et bonne ambiance, des soirées à thème et des concerts sont régulièrement programmés.

A TABLE ! €€

1, place Coquilleau Gabriel - **ARVEYRES**
✆ 09 83 91 09 30
https://a-table-restaurant.eatbu.com
Ouvert tous les jours le midi ; le vendredi et le samedi le soir. Pizza de 8,50 € à 13,50 €. Formule du midi : 13,90 €.

Proche de la RN 89, A Table ! est le genre d'établissement où l'on peut vraiment s'accorder une pause. De l'extérieur, la pizzeria ne paye pas de mine, mais vous y serez bien accueilli. Bien sûr, les pizzas sont à l'honneur. Base tomate ou crème, le choix est grand. Bonne nouvelle, elles sont plutôt copieuses. Curieusement, les pizzas ne composent ni la formule déjeuner ni le menu Prestige où l'on retrouve plutôt un plat de viande et de poisson. Mais si c'est l'envie, alors vous trouverez d'autres plats à la carte ainsi que des pâtes. Sur place ou à emporter !

LES BELLES PERDRIX €€€

Château Troplong Mondot - **SAINT-EMILION**
✆ 05 57 55 38 28
www.troplong-mondot.com
Ouvert du mercredi au samedi le midi et le soir. Réservation recommandée. Menus de 82 € à 145 €. Formule du midi : 48 €.

Après trois ans de travaux, la Table de Troplong Mondot a rouvert ses portes le 9 juin 2021. Grâce à une immense baie vitrée, *Les Belles Perdrix* s'ouvrent sur les vignes et offrent un cadre magique à Saint-Emilion. Il faut saluer le travail de l'architecte d'intérieur Bruno Moinard. De son côté, le chef David Charrier en a profité pour insuffler la création d'un potager en permaculture au sein de la propriété. Sa cuisine d'exception, délicate et savoureuse, titille les palais les plus exigeants. Mais c'est le chef pâtissier Adrien Salavert qui joue la note finale.

LE CARTEL

52, rue Fonneuve

Le mercredi de 18h à 23h ; le jeudi et le vendredi de 18h à 1h ; le samedi de 17h à 0h ; le dimanche de 11h à 15h.

Murphy's, *India Pale Ale*, *Ciney*, *Judas*, l'*Hitachino Hest*... Il y en a pour tous les goûts ! Dans l'ambiance rétro du Cartel, on trouve encore des apéritifs « vintage » comme la *Suze*, la *Salers Gentiane*, le *Cap Mattei* ou le *Cinzano*. On pourra également vous faire découvrir des liqueurs digestives d'antan. *Le Cartel* est ouvert dès le mercredi soir et le dimanche en mode « Retour de marché » de 11h à 15h. Le principe ? Prendre un verre et s'attabler pour déguster ses victuailles. *Happy hour,* retransmissions de match, dégustations...

LA GALERIE DES QUAIS

2, quai du Général d'Amade

© 05 57 79 36 77

Mardi et mercredi de 10h30 à 14h ; jeudi au samedi de 10h30 à 14h et de 18h30 à 21h30 ; dimanche de 10h à 15h (brunch).

D'un ancien garage privé, Sandra Moreau a donné vie à un lieu convivial à la fois restaurant, salon de thé, bar à vins... La Galerie des Quais s'impose dans le paysage. Profitant de l'aménagement des quais en espace de promenade, la jeune femme a su tirer profit d'une belle opportunité. En plus de sa grande salle lumineuse, dont la décoration murale varie au gré des expositions, et sa magnifique cave à vins taillée dans la pierre, l'établissement profite d'une terrasse bien exposée. Le dimanche, les Libournais s'y retrouvent bien volontiers pour le brunch.

LA CERVOISERIE LIBOURNE

51, rue du Chaperon Grangère

© 05 57 84 01 97

Ouvert tous les jours (horaires variables). Petite restauration. Location de tireuses à bière. Boutique en ligne.

Benjamin Franklin disait « *La bière est la preuve que Dieu nous aime et veut que nous soyons heureux* ». C'est pourquoi dans les Cervoiseries, vous trouverez plus de 600 références de bières du monde entier, mais aussi une soixantaine de spiritueux et de nombreux coffrets pour offrir. Ne pensez pas que ce bar à bière – ou plutôt cette cave à bière – ne s'anime qu'à l'heure de l'apéritif ! Doublée d'un comptoir de dégustation, la Cervoiserie de Libourne vous propose de découvrir leurs dernières trouvailles. Petite restauration sur place (pizzas, planches, etc.).

LE RIAD €€

11/13, rue des Treilles

© 05 57 51 54 91

Ouvert du jeudi au lundi le midi et le soir. Menus de 16 € à 28 €. Couscous et tajines à partir de 16 €. Animations.

Le Riad vous invite à découvrir les spécialités du Maroc : méchouia, zaalouk, briouates... Djilali Batouz n'en est pas à son coup d'essai. Il a fait ses preuves dans l'un des restaurants gastronomiques les plus réputés de Saint-Émilion. Libourne, sa ville de naissance, signe un retour aux sources et Le Riad, un retour à ses origines. Avec sa femme Jihane, en salle, le chef réinvente aussi les spécialités du sud-ouest qu'il agrémente à la sauce marocaine. Aux beaux jours, le patio ensoleillé est très agréable. Danseuses orientales les vendredis et samedis.

© SOPHIET

© LE RIAD

CHATEAU DU PETIT PUCH

3, chemin du Petit-Puch
SAINT-GERMAIN-DU-PUCH © 05 57 24 52 36
www.chateaupetitpuch.com
Vignobles et Découvertes. Visite et dégustation toute l'année sur rdv (5 €/pers.). Vente directe. Chambres d'hôtes.

C'est en 2004 que la famille Le Proux de la Rivière acquiert cette magnifique maison noble dont la tradition viticole remonte au XVIe siècle. Après avoir découvert cette ancienne place forte anglaise du XIVe ainsi que l'histoire atypique du domaine, vous pourrez déguster leur vin dans une salle de dégustation alliant architecture XIVe et Street Art. Et puisqu'il est question d'Art... sachez que les propriétaires sont particulièrement sensibles aux œuvres de Gino Ruggieri ; un artiste libournais. La maison dispose également de quatre chambres d'hôtes.

CHÂTEAU L'HOSANNE

124, avenue de Libourne
VAYRES
© 05 57 74 70 55
Visite et dégustation gratuite sur rendez-vous.

Ce petit vignoble de 6,5 hectares est dorloté avec amour par le couple Chastel depuis 1988. Ici, on produit 30 000 bouteilles chaque année, en rouge, blanc et rosé : 100 % merlot et 100 % sémillon. De plus, le vin de la propriété est issu de l'agriculture biologique, avec une première récolte en 2011. Une suite logique pour ce propriétaire qui produisait déjà en culture raisonnée ! Et vous n'oublierez pas de jeter un coup d'œil aux petites images amusantes sur les cuves en inox... Alors, qui a dit que les vignerons n'avaient pas le sens de l'humour ?

CHÂTEAU DU TAILHAS

195, route de Saint-Emilion
© 05 57 51 26 02
www.tailhas.com
Visites et dégustations du lundi au vendredi de 9h à 17h ; le week-end sur rendez-vous.

Acquise en 1932 par Philippe Nebout, la propriété est exploitée depuis 1981 par ses descendants. Jouxtant les Grands Crus de l'Appellation Saint-Emilion, le vignoble du Château du Tailhas s'étend d'un seul tenant sur le versant sud du plateau de Pomerol. L'encépagement traditionnel est composé de Merlot, Cabernet Sauvignon et Cabernet Franc. Les vins sont élevés en cuves avant d'être coulés pour plusieurs mois, dans des barriques de chêne afin de souligner la finesse de leurs tanins et développer ce goût si particulier de fruits mûrs et de sous-bois.

LA FABRIQUE À DESSERTS

8, rue Jean Jaurès
© 05 57 55 11 23
Ouvert le mardi et du jeudi au samedi de 8h30 à 19h.

La Fabrique à desserts vous régale avec une vingtaine de pâtisseries. Aux côtés de David Julien, Susie Smal laisse libre cours à son imagination. Avec beaucoup de fraîcheur et un dosage en sucre parfaitement maîtrisé, les pâtisseries de Susie valent le détour. L'Oscar, ce macaron emblématique de la Maison Darnajou, est toujours là, mais revisité par la nouvelle équipe, bien sûr. Piou-Piou, Madeleine, Chou'Quai... le plus difficile est de choisir ! Vous trouverez encore des confiseries, plateaux de mignardises et des gâteaux à partager. Sur place ou à emporter !

CHÂTEAU LA CROIZILLE

Lieu-dit Baladoz - **SAINT-LAURENT-DES-COMBES** © 05 57 74 55 86
www.chateaulacroizille.com
Dégustation : 8 €/pers. Visite & dégustation de 14 à 40 €/pers. (sur réservation). Boutique en ligne. Location de salle.

Saint-Emilion Grand Cru acquis par la famille De Schepper - De Mour en 1996, le Château La Croizille s'étend sur 5 hectares de vignes d'une grande diversité d'orientations et de terroirs. Poussez les portes du domaine : visite du chai authentique du Château Tour Baladoz et du chai moderne du Château La Croizille puis dégustation de 3 vins avec la formule « dégustation & visite découverte », visite avec pique-nique ou mettant l'accent sur les accords mets/vins. L'espace de dégustation offre une vue unique à 360° sur le vignoble. Réservation en ligne.

JEUX BARJO

62, rue Fonneuve
© 05 47 11 27 47
https://jeux-barjo.fr/
Mercredi et jeudi de 10h à 22h ; vendredi et samedi de 10h à 0h ; dimanche de 14h à 20h. Forfait : 3 €/joueur. Boutique.

Que vous veniez dans ce café-jeux en famille ou entre amis, pour un verre ou une partie endiablée, le mot d'ordre est la bonne humeur. Ici, on vient pour partager un bon moment tout en découvrant ou redécouvrant les plaisirs des petits chevaux, mais pas seulement... Des plus classiques aux plus stratégiques, en passant par les plus rigolos, de très bonnes surprises vous attendent parmi les 300 références disponibles. Laissez-vous guider et faites confiance à l'équipe, car pour les règles, ils les connaissent sur le bout des doigts ! Boutique et animations.

INTERVIEW

DEUX VISITES EN UNE !

RENCONTRE AVEC HÉLÈNE DE SCHEPPER

Acquis par les De Schepper en 1950, le Château Tour Baladoz repose sur le roc du plateau argilo-calcaire de Saint-Émilion. En 1996, la famille rachète les vignes de la propriété voisine du Château La Croizille, établies sur les coteaux du plateau. Les propriétés sont certifiées Haute Valeur Environnementale (niveau 3) depuis 2017 et portent le label Tourisme & Handicap.

Le château La Croizille fait partie des propriétés de la famille De Schepper ?

Oui, nous sommes propriétaires de 5 vignobles en Gironde. Il y a aussi le Château Haut-Breton « Larigaudière », le Château Tayet et le Château Lacombe Cadiot. Sans oublier la maison de négoce De Mour fondée à Soussans en 1975.

Vous arrivez à Saint-Émilion en 2013 ?

J'ai rejoint l'aventure familiale au moment de la finalisation du nouveau chai du Château La Croizille. Une belle occasion d'ouvrir nos propriétés aux visiteurs ! D'autant que la salle de réception offre un superbe point de vue sur le vignoble et sur la Dordogne. On y organise des événements privés ou professionnels et les dégustations de nos vins.

Justement, comment se déroulent les visites ?

Elles commencent au Château Tour Baladoz. Les visiteurs découvrent alors le chai traditionnel, puis le chai moderne du Château La Croizille. Portes ouvertes, journées thématiques avec animations pour les familles, paniers pique-nique… et le bar à vins !

La propriété a été primée à l'international ?

Nous avons été récompensés par un *Best Of d'Or* dans la catégorie Services en Œnotourisme ainsi que par l'*International Best Of Wine Tourism Award 2015.*

CHÂTEAU LA CROIZILLE

Lieu-dit Baladoz
33 330 **SAINT-LAURENT-DES-COMBES**
✆ 05 57 74 55 86
www.chateaulacroizille.com

© CHÂTEAU LA CROIZILLE

© CHÂTEAU LA CROIZILLE

© CHÂTEAU LA CROIZILLE

CHÂTEAU PENIN

39, impasse de Couponne
GÉNISSAC
✆ 05 57 24 46 98
www.chateaupenin.com
Ouvert du lundi au vendredi de 9h à 12h et de 14h à 17h30, le samedi sur rdv. Boutique en ligne.

© PATRICK CARTEYRON

Domaine familial depuis 1854, le Château Penin est issu d'un terroir de graves très localisé, obligeant la vigne à aller chercher profondément ses ressources. Le résultat ? Un raisin très concentré d'une grande maturité. Parmi les références : la cuvée « Natur », vinifiée et conservée sans ajout de soufre. Les vins de la propriété sont récompensés par de nombreuses médailles. Au sujet du Château La Fleur Penin 2015, Saint-Emilion Grand Cru, l'Union de la Sommellerie Internationale parle de « grand art » et de « haute couture ». Visite-dégustation gratuite sur rdv.

MAISON DU VIN DES GRAVES DE VAYRES

Place du Général de Gaulle - **VAYRES**
✆ 05 57 74 86 42
www.gravesdevayres.com
Ouvert toute l'année. Du mardi au samedi de 10h à 12h30 et de 14h à 18h ou 19h selon la saison.

Deuxième plus ancienne appellation du Bordelais, l'appellation des Graves de Vayres a officiellement vu le jour en janvier 1926. Nichée entre Bordeaux et Saint-Emilion, cette région viticole forme une enclave sur la commune de Vayres et la partie haute d'Arveyres. Aujourd'hui, une trentaine de domaines se partagent le terroir. La maison du vin des Graves de Vayres est un lieu de dégustation. Ici, les vins sont disponibles à la vente au prix de la propriété (expédition possible).

MARCHÉ DE LIBOURNE

Le mardi, le vendredi et le dimanche de 8h à 12h30.

Le mardi, le vendredi ainsi que le dimanche, la bastide de Libourne s'anime au rythme du marché de plein air. De 8h à 12h30, les commerçants s'emparent de la jolie place Abel Surchamp et des rues adjacentes. Prisé notamment par les Bordelais, le marché du dimanche reste le plus important et le plus vivant. De son côté, le marché couvert situé rue Montesquieu est ouvert toute l'année, le mardi et du jeudi au dimanche de 6h à 13h. Il réunit 16 commerçants de bouche. Au fil des saisons, d'autres marchés et événements se déroulent au cœur de Libourne.

MEUBLES RUSTICAM

33, route du Stade - **SAINT-GERMAIN-DU-PUCH**
✆ 05 57 24 54 98
www.rusticam.com
Ouvert du lundi au samedi de 9h à 12h et de 14h à 19h.

Artisan ébéniste depuis 1983, Gérard Gajac reproduit le savoir-faire ancestral. Avec son fils Olivier, ils proposent le relooking de vos meubles. Un vrai savoir-faire qui lui permet de créer ou restaurer la cuisine de vos rêves sur mesure avec des agencements personnalisés. Envie d'un dressing, d'une bibliothèque, d'une salle de bain sur mesure… Faites appel à eux ! Si vous leur rendez visite, vous découvrirez un espace où vous pourrez admirer de très beaux meubles, lampes, tableaux et miroirs... Vous plongerez dans un univers entre brocante et collection.

LA CALINÉSIE

11, rue de Logroño
✆ 05 24 24 02 80
https://www.la-calinesie.fr/
Ouvert tous les jours. Entrée à partir de 3,50 €/enfant et à partir de 4,90 €/adulte. Lagon détente à partir de 10 €.

Si les premiers ploufs furent pour les scolaires, La Calinésie a ouvert ses portes au grand public une quinzaine de jours plus tard pour le plaisir de tous les habitants du Libournais et au-delà, y compris des touristes ! Il faut dire qu'avec ses toboggans vertigineux, ce nouvel espace aquatique a de quoi satisfaire les plus exigeants. Lagon détente, lagon sportif, lagon ludique, lagon d'été... En plus, il y en a pour tous les goûts. On y fait aussi de nombreuses activités comme de l'aquabike ou de l'aquaboxing. Autre bonne nouvelle, c'est ouvert toute l'année.

LIBOURNE WAKEPARK

Rue de Schandorf
✆ 07 66 19 31 50
http://libournewakepark.fr/

Ouvert de mai à septembre. Session (15 min) de 15 € à 20 €. Cartes de 10 à 50 sessions. Bouée tractée. Privatisation.

A 10 minutes du centre-ville de Libourne, Jérémie Gibon vous accueille pour vous faire découvrir le wakeboard, mais aussi le wakeskate et le wakeski. Sans oublier les bouées tractées qui amusent les plus grands comme les plus petits. Toutes les sessions sont encadrées et coachées par des moniteurs diplômés. Il y en aura donc pour tous les goûts et tous les niveaux. De fin juin à fin août, vous pourrez profiter de la plage surveillée, des terrains de beach-volley, du terrain de pétanque et d'un parc pour enfants en libre accès. Le spot est très sympa.

THÉÂTRE LE LIBURNIA

14, rue Donnet ✆ 05 57 74 13 14
www.theatreleliburnia.fr

Billetterie du lundi au vendredi de 10h30 à 12h30 par téléphone et de 13h30 à 17h sur place. Restauration.

Le Liburnia (544 places) est doté de techniques modernes en termes d'acoustique, lumière et mise en scène. L'espace scénique couvre près de 80 m² et l'accessibilité aux personnes à mobilité réduite est garantie. A l'extérieur, l'ancienne façade en pierre a été conservée et intégrée de manière harmonieuse dans une belle façade en verre, le tout s'insérant parfaitement dans le paysage urbain. Au rythme de sa scène éclectique et pluridisciplinaire, la programmation du Liburnia est très riche et diversifiée. Près d'une quarantaine de spectacles chaque saison !

VERTI'GO PARK

51, Rue de Chaperon Grangère
✆ 05 57 84 01 97
www.vertigo-park.com

Ouvert toute l'année. Jours et horaires d'ouverture variables. Tarifs des activités en ligne. Restauration.

Verti'Go est un centre d'activités pour les petits dès 6 ans comme pour les plus grands, sans limite d'âge. Non loin de la gare de Libourne, Verti'Go s'est installé au cœur des anciennes halles Sernam. Profitant d'un parking de 180 places et d'un vaste espace de 3 800 m², c'est le lieu de rendez-vous idéal pour les familles et les amis qui souhaitent se retrouver pour une bonne dose de fun. Au programme : bowling, billards, trampoline park, laser quest, escape quest et jeux d'arcades. Sans oublier La Cervoiserie pour découvrir l'une des 350 bières.

POMEROL ★

L'appellation Pomerol connaît aujourd'hui une renommée mondiale. Et c'est ici, sur les terres de Pomerol (« pépins de raison » en latin) que l'on produit le Château Pétrus, le vin le plus cher au monde ! Ancienne commanderie de Saint-Jean-de-Jérusalem, le village était une étape importante sur les chemins de Saint-Jacques-de-Compostelle. La donation de la terre de Barbanne par le seigneur Guillaume de Ségur et ses frères constitue l'acte fondateur de la commanderie. A voir : son église romane partiellement démolie au XIXe siècle, reconstruite en 1899 par l'architecte Hosteing, l'ancien presbytère, quelques belles demeures... Et bonne dégustation.

CHATEAU FERRAND

15, chemin de la commanderie
✆ 05 57 51 21 67
www.chateau-ferrand.com

Ouvert toute l'année. Boutique en ligne. Visites et dégustations sur réservation.

© CHTEAU FERARND

Propriété familiale depuis 1934, le Château Ferrand (AOC Pomerol) appartient à la famille Gasparoux depuis 4 générations. La famille produit trois vins : le Château Ferrand, qui représente environ 80 % de la production annuelle totale avec un encépagement Merlot et Cabernet franc ; le Château Haut Ferrand, produit sur le plateau de Pomerol ; la Fleur Ferrand, une cuvée d'excellence 100 % Merlot. Toute l'équipe aura à cœur de vous faire découvrir le savoir-faire et les méthodes de fabrication du vin lors des visites et dégustations.

LA TABLE DE CATUSSEAU €€

86, route de Catusseau ✆ 05 57 84 40 40
www.latabledecatusseau.fr

Le mardi et du jeudi au samedi le midi et le soir ; le mercredi midi. Menus de 38 € à 62 €. Formule du midi : 25 €.

A la Table de Catusseau, le chef Kendji Wongsodikromo imagine des recettes raffinées teintées de soleil et de produits du Sud-Ouest dans un esprit bistronomique. De grands moments pour nos papilles, c'est certain ! Le menu « Catusseau » est une jolie façon de découvrir la cuisine de ce chef néo-calédonien. Vous pourriez également avoir envie de vous laisser surprendre par le menu « inspiration du chef » en 4 services et pour l'ensemble des convives. Expérience gustative garantie, y compris si vous choisissez la formule du midi en semaine. Réservation recommandée.

CHÂTEAU MONCETS

Chemin de Roussillon - **NÉAC**
✆ 05 57 51 19 33
www.moncets-chambrun.com

Visites et dégustations sur réservation de 7 € à 19 €/personne. Boutique.

Le vignoble et le chai subissent une transformation radicale en 2015 pour pérenniser l'exploitation et intégrer, la même année, le Château de Chambrun. Aujourd'hui, les Vignobles Moncets & Chambrun représentent près de 43 parcelles sur 33 hectares. En complément de la lutte raisonnée menée sur le vignoble, l'équipe en a profité pour lancer la conversion du vignoble en Agriculture Biologique. Dans cette démarche, un étang a été créé dans le parc du château pour accroître la biodiversité florale et animale, et ainsi favoriser l'apparition d'un écosystème propre.

CHÂTEAU BELLEGRAVE

Lieu-dit René
✆ 05 57 51 20 47
www.bellegrave-pomerol.com

Ouvert du lundi au vendredi de 9h à 12h et de 14h à 18h30. Le samedi sur rendez-vous. Visite et dégustation : 10 €.

Depuis plus de 70 ans, les vins du Château Bellegrave sont cultivés par la famille Bouldy dans le respect et l'amour des vignes. En 2001, Jean-Marie Bouldy, deuxième génération, amorce la conversion du domaine en bio afin de préserver au mieux les qualités de ce terroir particulier. Toutefois, ce n'est qu'en 2009 que la conversion à l'agriculture biologique contrôlée devient officielle. Pour comprendre comment et pourquoi de tels changements se sont opérés ici, n'hésitez pas à saisir l'opportunité de visiter la propriété. La visite se veut passionnante.

CHÂTEAU SIAURAC

NÉAC ✆ 05 57 51 65 20
www.siaurac.com

Ouvert du lundi au vendredi de 10h à 17h. Visites et dégustations sur réservation. Visite du parc paysager sur rdv.

Propriété historique de l'Appellation Lalande de Pomerol, le Château Siaurac appartient à la même famille depuis 1982. Les origines du vignoble remontent au XVIIe siècle. La famille a voulu construire un véritable château dans le style du XVIIIe siècle. Un parc romantique a été créé à la place des vignes devant la maison et les vignes proches ont été rachetées. Siaurac est aujourd'hui, la plus grande propriété de l'Appellation. Des expositions y sont régulièrement organisées. Le parc paysager porte le label *Jardin Remarquable*. Clairement, une visite s'impose !

CHÂTEAU DES ANNEREAUX

5, rue des Annereaux - **LALANDE-DE-POMEROL**
✆ 05 57 51 03 01
www.annereaux.com

Ouvert du lundi au vendredi de 9h à 12h et 14h à 17h30. Visite et dégustation gratuites sur rdv, y compris le week-end.

C'est une bien belle histoire que nous raconte ce château construit en 1598, appartenant à la famille Annereau présente sur ces terres depuis 1390. Le propriétaire Dominique Hessel n'a eu de cesse de faire perdurer le travail entamé. Il a instauré dès 2005 la démarche d'agriculture raisonnée pour finalement obtenir le label Agriculture Biologique dans les années suivantes (Certification Ecocert). Trois vins sont conçus au château : le Grand Vin le Château des Annereaux, le Second Vin le Château des Biscarrats et le vin de bordeaux l'Ane mort.

L'ESCALE BEAUTÉ

16, route de Périgueux ✆ 05 57 23 11 70
https://lescalebeautelibourne.fr/

Du mardi au vendredi de 9h30 à 19h ; le samedi de 9h30 à 16h. Nocturne le jeudi ou vendredi jusqu'à 20h. Bons cadeaux.

Soins visage bio (hydratant, purifiant, nourrissant, anti-âge, etc.), soins du corps et gommages, soins méthodes LPG 100 % naturel, manucure, maquillage et maquillage semi-permanent (tatouage), épilations (homme et femme), bronzage UV... Isabelle et son équipe vous accueillent à l'Escale Beauté pour une parenthèse bien-être. La gamme de soins est très complète et les tarifs permettent réellement de se faire plaisir. On craque d'ailleurs pour l'escapade sensorielle (1h30) avec gommage, enveloppement et massage corps. Pensez aux bons cadeaux pour faire plaisir.

SYNDICAT VITICOLE ET MAISON DES VINS DE POMEROL

8, rue Tropchaud
✆ 05 57 25 06 88
www.vins-pomerol.fr
Ouvert du lundi au vendredi de 9h30 à 12h et de 14h30 à 17h30.

Conçue et réalisée par l'architecte bordelais Pascal Teisseire, la Maison des Vins, attenante au Syndicat Viticole de Pomerol, est un espace de 100 m² dédié à la vente et à la promotion de l'appellation Pomerol. Vous y trouverez un grand choix de crus de Pomerol vendus au prix château. Le meilleur accueil vous sera réservé. De son côté, le Syndicat viticole regroupe tous les viticulteurs de l'appellation Pomerol et œuvre pour la défense et la promotion de ses vins.

VIGNOBLES BEDRENNE

3, rue du 8 Mai 1945 - **LALANDE-DE-POMEROL**
✆ 05 57 51 46 75
www.vignobles-bedrenne.com
Ouvert tous les jours de 9h à 12h et de 14h à 18h. Visites et dégustations. Initiation à l'œnologie. Boutique en ligne.

Au cœur du village de Lalande-de-Pomerol, près de l'église des anciens hospitaliers de Saint-Jean-de-Jérusalem, les vignobles Bedrenne méritent une visite. Les vignes sont réparties sur trois appellations : AOC Lalande-de-Pomerol, AOC Montagne-Saint-Emilion et AOC Bordeaux Supérieur. Le Château La Croix de la Chenevelle appartient à la famille Bedrenne depuis 5 générations. Monique Bedrenne apporte sa touche féminine tout en respectant le caractère du vin de Lalande-de-Pomerol. Avec son fils Rémi, ils assurent les activités de la culture de la vigne à la vente.

VIGNOBLES CHATONNET

Château Haut-Chaigneau - **NÉAC**
✆ 05 57 51 31 31
www.vignobleschatonnet.com
Ouvert du lundi au vendredi. Visites sur réservation en ligne de 15 à 40 €. Ateliers autour du vin. Boutique en ligne.

Au Château Haut-Chaigneau, là où se font les visites et dégustations, tout a été pensé et réalisé à la gloire du vin. Il est d'ailleurs bon de noter que le site a été récompensé d'un Best Of Wine Tourism dans la catégorie Architecture, Parc et jardin. Passion et tradition animent ce domaine familial qui produit des vins régulièrement médaillés et bien notés par les critiques internationaux. De la sélection du chêne pour les fûts au choix du liège pour les bouchons, de la technique d'embouteillage au maintien d'une température idéale, rien n'est laissé au hasard.

CHÂTEAU LA TOUR DU PIN FIGEAC

41, rue de Catusseau
✆ 05 57 51 06 10
www.giraud-belivier.fr
Visite-dégustation sur rendez-vous (de 10h à 16h en juillet et août). Adulte : 8 €.

Les générations de Giraud-Belivier se succèdent depuis 1923. Le château La Tour du Pin Figeac appartient à la famille Giraud avec le château Le Caillou (AOC Pomerol) et le Domaine du Vieux Manoir (AOC Lalande de Pomerol). Le terroir d'exception de ce château est situé sur la Haute-Terrasse de Figeac-Pomerol, sur 11 hectares, contigu au prestigieux premier cru Cheval Blanc. Le vignoble produit un vin classé Saint-Emilion Grand Cru. L'accueil que l'on vous réserve ici est chaleureux.

© CHÂTEAU LA TOUR DU PIN FIGEAC

© CHÂTEAU LA TOUR DU PIN FIGEAC

SAINT-EMILION ★★★

Cette cité médiévale a été fondée au VIIIe siècle par un moine breton, Émilian. À la fin du XIe siècle, les bénédictins entreprirent de creuser l'église monolithe, une œuvre monumentale qui demanda une dizaine d'années de travail. Au cours des siècles suivants, des religieux d'autres congrégations élevèrent des couvents et des églises dans la ville puis la ceinturèrent de remparts. Jean sans Terre fonda véritablement la ville en 1199 et lui donna une organisation politique sous forme de jurade. Entouré de coteaux calcaires, Saint-Émilion se consacre au vin et commerce avec l'Angleterre pendant la guerre de Cent Ans. La ville se couvrit de maisons bourgeoises et d'hôtels particuliers, tandis que les riches propriétaires entreposèrent leur vin dans 70 hectares de galeries souterraines. De tous les villages de France, Saint-Émilion est certainement l'un des plus riches en nombre de monuments historiques. Il y a notamment l'église troglodytique Saint-Pierre réalisée du IXe au XIIe siècle, les carrières, les catacombes, la chapelle de la Madeleine, la commanderie, le couvent des Cordeliers et celui des Dominicains. Étape rituelle des pèlerins de Saint-Jacques-de-Compostelle, ceux-ci honoraient les reliques de saint Émilion dans l'église souterraine. À voir aussi : l'église collégiale et son cloître. Le portail du couvent des Jacobins est orné d'une sculpture du XVe siècle. Saint-Émilion est aussi le premier vignoble inscrit au patrimoine mondial par l'Unesco. Ses paysages autant que son patrimoine, ses saveurs et le charme de cette cité de caractère vous séduiront à coup sûr.

CHÂTEAU SOUTARD

✆ 05 57 24 71 41

www.chateau-soutard.com

Activités œnotouristiques sur réservation. Parcours nature et location de vélo. Hébergements. Réceptions & séminaires.

Construit au XVIIIe siècle, le Château Soutard se dresse tel un mastodonte au milieu d'un tapis verdoyant. A moins d'un kilomètre du centre de Saint-Émilion, le vignoble situé au cœur du plateau calcaire de l'Appellation s'étend aujourd'hui sur 30 hectares. Le Château Soutard a développé une activité œnotouristique assez complète avec des visites guidées plus ou moins approfondies, un parcours à vélo pour découvrir le vignoble, des pique-niques à la propriété élaborés par un chef… Le Château Soutard est aussi une charmante maison d'hôtes avec trois chambres.

ECOMUSÉE DU LIBOURNAIS

✆ 06 37 64 81 36

www.ecomusee-libournais.com

Visite guidée (toute l'année, sur réservation uniquement). Adulte : 7 € (tarif réduit : 5 €).

L'Ecomusée du Libournais se trouve dans un bel écrin architectural du Grand Saint-Emilionnais : le Château Petit Faurie de Soutard. Attendez-vous à un voyage en terres de vins avec découverte du patrimoine et dégustation. Les visites guidées organisées sur réservation devraient vous permettre de vous approprier l'histoire de ce territoire et ses habitants, mais aussi des savoir-faire, de l'environnement naturel… La période de référence se situe principalement entre la seconde moitié du XIXe siècle et la période contemporaine. Comptez 1h15 sur place.

SAINT-ÉMILION SOUTERRAIN

✆ 05 57 55 28 28

www.saint-emilion-tourisme.com

Ouvert toute l'année. De 9 € à 12 € (gratuit jusqu'à 10 ans). Visite guidée sur réservation. Chèques vacances.

Une immersion au cœur de la pierre calcaire pour une découverte exclusive du patrimoine souterrain de Saint-Emilion, ça vous tente ? De l'histoire du moine fondateur du village au creusement de la surprenante église monolithe, la visite « Saint-Emilion souterrain » vous permettra de découvrir 4 monuments incontournables : l'ermitage d'Emilion, la chapelle de la Trinité et ses peintures médiévales, les catacombes ainsi que l'église souterraine. Seul un guide pourra vous ouvrir les portes de la plus vaste église monolithe d'Europe ! Incontournable !

LA TOUR DU ROY

Rue des Jurats ✆ 05 57 55 28 28

www.saint-emilion-tourisme.com

Ouvert de février à décembre (horaires variables selon la saison). Gratuit jusqu'à 6 ans. Adulte : 2 €.

Le « castel daou rey », autrement dit « la tour du Roy », est le seul donjon encore intact en Gironde. Ce superbe édifice de 32 mètres de haut est donc un incontournable à Saint-Emilion. Envie de partir à l'assaut de ce témoin du passé ? Pour cela, il vous faudra gravir 118 marches, mais l'effort sera très rapidement suivi du réconfort, car la vue panoramique sur la ville est superbe. Construit au cours du XIIIe siècle, le donjon fut utilisé comme citadelle défensive jusqu'à la fin du XVIe siècle. On y proclame le Jugement du Vin Nouveau et le Ban des Vendanges.

CLOÎTRE DES CORDELIERS

2, rue de la Porte Brunet
✆ 05 57 24 42 13
www.lescordeliers.com

Ouvert toute l'année. Jours et horaires d'ouverture variables selon la saison. Bar. Restaurant & snacking. Boutique.

Classé Monument historique et inscrit au Patrimoine mondial de l'Unesco, le cloître des Cordeliers date du XIVe siècle. A cette époque, Les Cordeliers, qui cultivaient déjà la vigne, ont occupé les lieux jusqu'à la Révolution française. A la fin du XIXe siècle, les sous-sols furent transformés en chais et en caves. Après une visite commentée du cloître, des jardins et des caves à 20 mètres sous terre, vous découvrirez et appréhenderez la méthode traditionnelle de production des vins effervescents. Le tuk-tuk tour inclut une visite du village de Saint-Emilion.

YELLOH ! VILLAGE - SAINT-ÉMILION**** €

2, les Combes
✆ 05 57 24 75 80
www.camping-saint-emilion.com

Ouvert de mai à septembre 2022. Cottage (4 pers.) dès 315 €/semaine. Emplacements à partir de 140 €/semaine. Piscines.

Situé au milieu des vignes à 3 km du centre-ville historique de Saint-Emilion, ce superbe camping****, membre de la chaîne « Yelloh ! Village » s'étend sur près de 10 hectares, en bordure d'un vaste lac. On peut venir y planter sa toile de tente, s'installer avec sa caravane ou son camping-car, louer un chalet ou un mobil-home ou encore prendre possession d'un cottage flottant. Le cadre est magnifique ! Bar, snack, épicerie... Tout se concentre autour d'une grande place de village.

© YELLOH ! SAINT-ÉMILION

© YELLOH ! SAINT-ÉMILION

CHÂTEAU LAROQUE

SAINT-CHRISTOPHE-DES-BARDES
✆ 05 57 24 77 28
www.chateau-laroque.com

Boutique ouverte du lundi au vendredi de 9h à 12h30 et de 13h30 à 17h. Visites sur rendez-vous.

Avec sa puissante tour du XIIe siècle, le Château Laroque en impose. Laroque fait effectivement figure de place forte dominant Saint-Emilion. Grand Cru Classé à l'occasion du classement de 1996, le Château Laroque demeure le plus grand domaine viticole de Saint-Emilion avec 61 hectares plantés sur un plateau calcaire. L'encépagement retient les deux grandes variétés de Saint-Emilion : le merlot et le cabernet franc. Profitez d'une visite suivie d'une dégustation pour admirer la superbe architecture et vous promener dans le parc.

UNE NUIT SOUS LA RÉVOLUTION

Place des Créneaux
✆ 05 57 55 28 28
www.saint-emilion-tourisme.com

Tous les jeudis en juillet et août. Gratuit jusqu'à 10 ans. Adulte : 19 €. Enfant (de 10 à 17 ans) : 15 €.

Embarquez pour une visite nocturne et théâtralisée ! Lors de cette visite conseillée aux enfants à partir de 7 ans qui retrace la vie d'un révolutionnaire, Monsieur ou Madame Bouquey vous racontera son quotidien, son village, ses secrets, ses cachettes et son combat. A la lueur des lanternes, vous profiterez des anecdotes de votre guide tout en passant des rues, aux places et aux monuments souterrains de la cité. Une manière originale et ludique de découvrir Saint-Emilion.

RACONTE-MOI SAINT-EMILION

Place des Créneaux
✆ 05 57 55 28 28
www.saint-emilion-tourisme.com

En juillet et août du lundi au vendredi. Gratuit jusqu'à 5 ans. Billet : 6 €. Tarif famille : 18 €.

Que diriez-vous de proposer à vos enfants de 5 à 12 ans, une initiation pédagogique au patrimoine de Saint-Emilion ? Avec *Enquête dans les souterrains*, les enfants vont découvrir, le patrimoine troglodytique de la cité. Avec *Détecteur de mensonges*, ils seront plongés dans la vie d'autrefois pour démêler le vrai du faux. A travers l'histoire de *Pierre, le tailleur de pierre*, le guide racontera la vie d'un enfant au Moyen Age, le rôle des fortifications et, aussi, de la pierre de taille.

LE TRAIN DES GRANDS VIGNOBLES

✆ 05 57 51 30 71
www.train-des-grands-vignobles.com
D'avril à novembre. Adulte : 7 €. Enfant (3 à 12 ans) : 6 €. Train, visite et dégustation : 12 €. Billetterie en ligne.

Attention au départ ! Ce petit train touristique vous guidera à travers le magnifique terroir de Saint-Émilion. Cette excursion de 35 minutes vous invite à découvrir les châteaux les plus prestigieux de l'appellation. Si vous avez plus de temps, nous vous conseillons d'opter pour la balade commentée, qui, à mi-parcours, vous permet de faire une halte au château Rochebelle pour une visite de cave monolithe et une dégustation. Consultez les horaires de départ sur le site internet.

TUK-TUK TOUR

✆ 06 40 83 62 60
Visite du vignoble & dégustation dans un château partenaire de 12 € à 25 €/personne. Autres prestations.

Petits et grands aiment s'aventurer en tuk-tuk 100 % électriques à travers les ruelles et les vignobles de la cité. Du 1er avril au 10 novembre, plusieurs formules s'offrent à vous, y compris une visite commentée avec dégustation dans un château partenaire. Alors, il ne vous reste plus qu'à embarquer à bord d'un de ces engins rutilants et silencieux (6 places) pour une balade atypique. Les billets sont en vente à l'Office de Tourisme, en ligne ou directement chez Tuk-Tour Events à l'Espace Villemaurine. Ceux qui le souhaitent pourront aussi visiter Bordeaux.

AUBERGE DE LA COMMANDERIE €€

2, rue de la Porte Brunet ✆ 05 57 24 70 19
www.aubergedelacommanderie.com
17 chambres dont 3 chambres familiales et 2 chambres triples à partir de 85 €, 110 € et 130 €. Petit déjeuner : 13 €.

L'Auberge de la Commanderie est idéalement située en plein cœur de la cité médiévale avec une vue panoramique sur les monuments et le vignoble de Saint-Emilion. Dans une ancienne maison templière chargée d'histoire, l'auberge respire l'authenticité et offre le charme tranquille d'un hôtel familial. Très agréable, la décoration des chambres est élégante, saupoudrée de matières brutes comme le bois dont les teintes ont été adoucies pour créer les têtes de lit.

PAVILLON DES MILLÉSIMES €€

3, rue de Lincent
LUSSAC
✆ 07 60 56 77 34
https://pavillon-des-millesimes.fr/
Chambre double à partir de 150 €. Petit déjeuner inclus. Séminaires. Réceptions. Table d'hôtes privée.

C'est à Nathalie et David que l'on doit la restauration de ce lieu chargé d'histoire. Ils vous accueillent, vous conseillent et vous feront partager leur coup de cœur pour ce bel hôtel particulier du XIXe siècle situé en plein cœur d'une des plus prestigieuses régions viticoles. Ce n'est pas pour rien que le Pavillon des Millésimes a été lauréat des Trophées de l'Accueil 2021. Dans cet environnement hors du temps, les chambres répondent au nom de Magnum, Impériale, Marie Jeanne (2 adultes + 1 enfant), Balthazar. La Table du Pavillon est une table d'hôtes privée.

© PAVILLON DES MILLÉSIMES

© PAVILLON DES MILLÉSIMES

LIBOURNAIS

CHAMBRES D'HÔTES DU CHÂTEAU FRANC GRÂCE-DIEU €€

Lieu-dit la Grâce Dieu ✆ 06 61 30 48 06
www.chateaufrancgracedieu.com

Chambre double de 100 € à 145 € ; suite de 125 € à 165 €. Petit déjeuner inclus. Lit supplémentaire : 20 €.

Au Château Franc Grâce-Dieu, on profite d'espaces au charme indéniable, tels le salon ou la superbe bibliothèque dans lesquels on a plaisir à passer de nombreuses heures de relaxation au calme. Amateurs d'échecs ? Un échiquier géant vous attend. La pierre, les cheminées et le carrelage ancien sont mariés avec goût aux touches modernes de décoration. Décorées différemment les unes des autres, les chambres offrent des vues sur les vignes, le parc ou le jardin.

CHÂTEAU LA GRANDE CLOTTE €€

Lieu Dit La Clotte - **LUSSAC** ✆ 06 49 77 23 97
http://lagrandeclotte.com/

Ouvert toute l'année. 2 chambres à partir de 130 €. Petit déjeuner et parking inclus. Visite et ateliers de dégustation.

Quand ils se sont rencontrés en 2011 sur les bancs de l'Ecole Nationale Supérieure des Sciences Agronomiques de Bordeaux, Julie et Mathieu ne savaient pas encore qu'ils allaient devenir ingénieurs-œnologues, mari et femme et propriétaires d'un domaine viticole sous l'appellation Lussac-Saint-Emilion. Ils ne savaient pas non plus que le Château La Grande Clotte serait récompensé par un Best of Wine Tourism dans la catégorie *Hébergement à la propriété* pour ses deux chambres d'hôtes de 40 m² (pour 2 personnes) entre leur maison et le chai. Un séjour s'impose !

CHÂTEAU TROPLONG MONDOT €€

1, Lieu-dit Mondot ✆ 05 57 55 38 28
www.troplong-mondot.com

Ouvert toute l'année. De 250 € à 370 € (1 chambre) ; de 415 € à 590 € (2 chambres). Restauration. Visites/dégustations.

Le Château Troplong Mondot domine un terroir unique. A l'abri de la glycine qui grimpe au coin de la maison, la chambre Edouard, accessible aux personnes à mobilité réduite, se pare de bois et d'étoffes carmin. Nichée sous les toits, la seconde chambre double s'offre une vue sur le clocher de l'église monolithe de Saint-Emilion. La Maison des vignes s'adresse à ceux qui rêvent d'indépendance et de charme. Petit-déjeuner, goûter, bouchées raffinées, dîner... Faites confiance au chef David Charrier du restaurant Les Belles Perdrix, pour vous régaler à toute heure.

CONCEPT APPART ST EMILION €€

1, rue de la Cadène ✆ 06 87 02 72 58
www.conceptappartstemilion.fr

Ouvert toute l'année. Appartement 2, 3 ou 4 pers. à partir de 110 €. Parking public gratuit à proximité.

Idéalement situés à deux pas des commerces et des restaurants, les 3 appartements indépendants du *Concept Appart St Emilion* possèdent de belles chambres climatisées et une cuisine équipée où vous trouverez le nécessaire pour cuisiner. Les capsules de café et les sachets de thé sont offerts pendant le séjour. Depuis l'Appartement Studio, au 3e étage sans ascenseur, on peut même voir le clocher de l'église monolithe. Coup de cœur pour la décoration et la pierre de Saint-Émilion.

CONCEPT HOUSE ST EMILION** €€

5, rue du Thau ✆ 06 87 02 72 58
www.concepthousestemilion.fr

Pour 6 personnes (105 m², 3 chambres). 500 € pour 2 nuits minimum (taxe de séjour incluse). Parking gratuit à proximité.

Voilà une maison traditionnelle à étage type vieille pierre dans laquelle on peut séjourner jusqu'à 6 personnes (enfants inclus) pour 2 nuits minimum. Avec ses 3 chambres cosy, ses 2 salles de bains, sa cuisine et son salon-salle à manger, vous y trouverez tout le confort possible. Depuis la maison, on accède directement à la place de l'église Monolithe. Autre atout : une pièce abrite les vélos. Les capsules de café, thé, des chocolats et des macarons de Saint-Émilion sont offerts.

LOGIS DES CORDELIERS €€

7, rue Porte Brunet ✆ 07 82 78 01 55
www.logis-des-cordeliers.com

Fermé de novembre à Pâques. 4 chambres de 125 € à 175 € selon la saison. Petit déjeuner inclus. Wifi gratuit.

Le Logis des Cordeliers est une maison datant du XVIIIe siècle. En pierre, elle est située en plein centre de la ville, avec des vues privilégiées sur les plus beaux monuments. Les deux grandes fenêtres de la chambre du Roy offrent un superbe panorama sur la tour du Roy, le clocher et l'église monolithe. La chambre de Bacchus donne quant à elle, face au Cloître des Cordeliers. Spacieuses et de caractère, les chambres sont décorées avec goût (meubles de style, murs en pierre, parquet au sol, etc.). Un parking gratuit se trouve à moins de 50 mètres de la maison.

AU LOGIS DES REMPARTS*** €€

18, rue Guadet
✆ 05 57 24 70 43
http://logisdesremparts.com
Chambre double à partir de 165 € ; suite à partir de 295 €. Petit déjeuner : 14 €. Parking fermé (selon la chambre).

Bien situé, l'hôtel Au Logis des Remparts vous reçoit dans un cadre absolument magnifique. Avec ses beaux extérieurs, ses terrasses arborées, sa piscine et ses vues imprenables sur les vignes, l'hôtel a les atouts pour vous plaire. Soigneusement décorées dans un style contemporain, les chambres sont parfaitement équipées. Peut-être aurez-vous la chance de séjourner dans l'une des suites de La Maison Gothique, le seul monument historique privé de Saint-Emilion du XVe siècle. L'établissement ne répond pas aux normes d'accessibilités aux personnes handicapées.

TINY HOUSE PARCEL. €€

✆ 01 76 40 29 90
www.parceltinyhouse.com
Ouvert toute l'année. A partir de 129 €/nuit avec petit déjeuner pour deux personnes.

Parcel. a installé sa première Tiny House dans les vignes du Château Champion, chez Véronique et Pascal. L'idée ? Proposer des séjours hors du temps, une initiation au *slow life* et au tourisme écoresponsable. Ici, pas de voisin, pas de wifi, ni de TV, mais l'essentiel pour se retrouver et (re) découvrir la beauté de la région. Fabriquée en France et construite en bois douglas issu de forêts éco-sourcées des Landes, la Tiny House est parfaitement équipée avec un lit double, une cuisine, une douche écologique et des toilettes sèches. C'est une parenthèse agréable.

CHÂTEAU HÔTEL-RESTAURANT GRAND-BARRAIL***** €€€

Route de Libourne - D243
✆ 05 57 55 37 00
www.grand-barrail.com
Ouvert toute l'année. 46 chambres à partir de 200 € et 330 € pour les suites. Petit déjeuner : 27 €. Restauration. Spa.

Entouré d'un parc de sept hectares, le Château Hôtel Grand Barrail est le seul à avoir été édifié au XIXe siècle sur la rive droite bordelaise. Réparties dans le château et ses dépendances, les chambres sont comme des écrins de luxe à l'instar du reste de l'établissement. Ici, tout a été pensé pour le confort et le bien-être : restaurant gastronomique, spa et bien-être, piscine chauffée dans le parc, salle de fitness, hammams, bain bouillonnant face aux vignes, bar à cigare...

LE RELAIS DE FRANC MAYNE €€€

14, la Gomerie ✆ 07 50 55 06 99
www.chateaufrancmayne.com
Ouvert du 2 avril au 15 novembre. 5 chambres de 175 € à 295 €. Petit déjeuner inclus. Visite et dégustation inclus.

Sous le toit de cette maison girondine du XVIIIe siècle, le Relais de Franc Mayne fait figure de halte idéale pour un séjour au cœur du célèbre vignoble. Dans cette charmante maison d'hôtes, les chambres profitent des jolies vues sur le jardin ou sur les vignes. Climatisées et bien équipées, elles sont conçues pour accueillir 2 à 3 hôtes. Les familles avec enfant sont les bienvenues. Pour une expérience insolite, optez pour le « Perchoir de Franc Mayne » avec son accès direct à la piscine naturelle. Adossé aux cèdres centenaires, la vue y est exceptionnelle.

LA TABLE 38 €€

38, rue Guadet
✆ 05 57 74 42 72
https://latable38-restaurant.com/
Ouvert du mardi au dimanche le midi et le soir. Plats de 15,50 € à 24 €. Assiettes de charcuteries et fromages.

© LA TABLE 38

Soraya et le jeune chef Thibault Lamy vous attendent à la Table 38 ; un lieu convivial en plein cœur de la cité. Ce jour-là : filet mignon de porc en gravlax et condiment ail noir, foie gras mi-cuit, confit poire spéculos et pain muesli, risotto de chou-fleur, navet boule d'or rôti et légumes de saison, entremet citron combava, mousse ivoire et crème diplomate au yuzu... La carte change tous les deux ou trois mois. En saison, on retrouve aussi les assiettes de charcuterie et de fromages. Côté budget, vous allez pouvoir vous faire plaisir de l'entrée au dessert.

LE BIS BY BAUD & MILLET €€

49, rue Guadet
✆ 05 57 25 80 80
Ouvert tous les jours midi et soir en haute saison. Raclette à volonté : 25 €. Armoire à fromages : 29 €. Terrasse.

En 1986, G. Baud crée le premier restaurant consacré aux vins et fromages à Bordeaux. En 2009, il passe le relais à X. Brung, un passionné aussi. Comme son aîné, *Le Bis* de Saint-Emilion met à l'honneur les accords Vins et Fromages et les grands classiques de la maison : la raclette traditionnelle, la fondue, le Mont d'Or et une armoire avec 100 fromages... Copieux ! Et aussi : l'entrecôte sur les sarments de vigne. En bas de la rue Gaudet, Le Bis est une adresse intimiste. Les plus chanceux profiteront de la petite terrasse panoramique. Réservation recommandée.

LE BISTROT DES VIGNOBLES €€

20, rue de la Porte-Brouqueyre ✆ 05 57 24 56 33
Ouvert toute l'année. Tous les jours le midi et le soir en haute saison. Menus de 29 € à 35 €. Jardin.

En plein cœur de Saint-Emilion, le Bistrot des vignobles est une adresse au rapport qualité-prix correct. Vous profiterez d'un grand jardin au calme de l'agitation pour déguster vos plats. Au programme : foie gras, magret de canard ou rouget au foie gras… Ici, le Sud-Ouest est dans l'assiette. On relève de nombreuses déceptions sur la qualité de l'entrecôte servie par la maison là où les couteaux en persillade remportent un franc succès. En haute saison, le service peut s'avérer un peu lent, mais attentionné. Une bonne adresse pour profiter d'un jardin tranquille.

CHAI PASCAL €€

37, rue Guadet
✆ 05 57 24 52 45
www.chai-pascal.com
Ouvert toute l'année. Tous les jours le midi et le soir. Plat du jour en semaine : 13,50 € ; le week-end : 15,50 €.

Catherine Papon-Nouvel, viticultrice en agriculture bio à Saint-Emilion continue l'histoire de ce restaurant. Ici, la carte fait la part belle aux crus de Saint-Emilion et sa région, sans oublier de valoriser la France toute entière avec plus de 90 références. Arrêtez-vous faire le plein de délices, partager un plateau et un verre de vin entre amis. A table, on déguste les grands classiques de la cuisine du Sud-Ouest. C'est simple, mais avec du goût, des produits frais et artisanaux de qualité. Le vin a sa place autant que la musique, le théâtre et le cinéma.

L'HUITRIER PIE €€

11, rue de la Porte Bouqueyre
✆ 05 57 24 69 71
www.lhuitrier-pie.com
Maître Restaurateur. Collège Culinaire de France. Ouvert du jeudi au lundi midi et soir. Menus de 36 à 110 €. Jardin.

Courant 2018, L'Huitrier Pie a été repris par un jeune couple ; Camille Brouillard et Soufiane Assarrar ; un chef qui a fait ses armes auprès d'étoilés (le Castellas à Collias, Le Pavillon au Touquet ou La Réserve de Beaulieu à Beaulieu-sur-Mer). L'Huitrier Pie est une table gastronomique inventive où les menus se déclinent en plusieurs plaisirs pour finir en apothéose avec le Concerto de Saveurs en 8 services. Le menu du midi, que l'on entame avec des amuse-bouche, est une bonne approche de l'inspiration quotidienne du chef. Belle carte des vins de France.

LE JARDIN €€

3, rue Petit Faurie de Soutard
✆ 05 57 51 12 78
Ouvert toute l'année. Du mardi au samedi le midi et le soir. Plats de 25 € et 30 €. Formule du midi : 29 €.

Dans le Jardin du château Petit Faurie de Soutard, ou plutôt en cuisine, secondé par le jeune Max Féret, nous retrouvons le chef Stéphane Casset du Caffé Cuisine de Brannes. On aime particulièrement la décoration cosy de l'entrée de cette jolie bâtisse dans les vignes. Au menu de ce jour-là : lieu jaune poché au bouillon d'algues et sa julienne de légumes acidulés, puis des ballotins de poulet au pesto servis avec un risotto persillé et enfin une glace banane et un sablé aux quatre épices, caramel et vanille. Les plats sont gourmands et riches de saveurs.

L'ABSOLU €€

7, place du Marché au Bois
✆ 05 57 51 76 41
Tous les jours de 10h30 à 19h30. Formule du midi : 17,50 € (plat du jour ou confit de canard et verre de vin : 16,50 €).

L'Absolu est un bar à vins et restaurant plutôt agréable pour passer un bon moment en terrasse ou dans l'intimité de la salle aux pierres apparentes. A la carte, s'affiche la liste des salades et des plats de brasserie comme le confit de canard. Mais aussi les desserts : crêpes, glaces, mais aussi l'Ardoise de Saint-Emilion composée de macarons et macarons glacés. Bref, il y a de quoi trouver quelque chose pour accompagner les grands crus et les petits vins d'appellation exposés au bar et présentés sur les bons conseils des serveurs. Service continu.

© LA CÔTE BRAISÉE

LA CÔTE BRAISÉE €€

3, rue du Tertre de la Tente
✆ 05 57 24 79 65
www.cotebraisee.fr

Ouvert du jeudi au mardi le midi ; le lundi et du jeudi au samedi le soir. Menu : 19,50 €. Formule du midi : 15,90 €.

La Côte Braisée est un restaurant incontournable. On vous promet notamment de découvrir les nombreuses spécialités gastronomiques du Sud-Ouest cuisinées par Mika Pineau, et de déguster les fleurons de la viticulture française. Le plat signature de la maison est le fameux foie gras de canard mi-cuit. L'accueil est charmant et l'intérieur très agréable. Deux salles climatisées permettent de vous accueillir ; la première dans une cave voûtée creusée en pierre de taille et la seconde, plus traditionnelle, dans la partie haute du restaurant donnant sur une terrasse.

© LA CÔTE BRAISÉE

© LA CÔTE BRAISÉE

© LA CÔTE BRAISÉE

L'ENVERS DU DECOR €€

9, rue du Clocher
✆ 05 57 74 48 31
www.envers-dudecor.com

Ouvert tous les jours le midi et le soir. Réservation recommandée. Plats de 24 à 36 €. Formule du midi : 32 €. Terrasse.

Premier bar à vin historique de Saint-Emilion, L'Envers du Décor a ouvert en 1987 et transmis aux propriétaires du château Pavie en 2017. Lauréat de la meilleure carte des vins en France au Grand Prix de la Presse du Vin, L'Envers du Décor ne nous déçoit jamais. Si la carte des vins est à se damner, la cuisine du marché n'a pas à rougir. Les pâtisseries et le pain sont faits maison. Le tout est signé par le chef Bertrand Bordenave ! La cave creusée dans le rocher ainsi que la cheminée rend l'endroit très agréable et chaleureux en hiver. Réservation conseillée.

LA RÉSERVE DU PRESBYTÈRE €€

22, Grand Rue - **MONTAGNE** ✆ 05 57 79 03 43
www.lareservedupresbytere.fr

Du mardi au samedi midi et soir ; le dimanche midi. Menus de 19 à 46 € ; le dimanche de 29 à 35 €. A emporter. Traiteur.

Au milieu des vignes, La Réserve du Presbytère est un lieu d'exception. Sur la place de l'église, le restaurant profite d'une jolie terrasse. A la carte, une proposition bistronomique s'ajoute au menu gastronomique. Le chef Jean-François Robert vous régale avec ses assiettes maîtrisées, colorées et gourmandes à base de produits frais du terroir : feuille à feuille de haddock aux coings, Saint-Florent à la noix de coco, ananas rôti au beurre demi-sel flambé au rhum et sorbet mangue passion... L'endroit accueille vos réceptions, séminaires, repas d'affaires.

LARD ET BOUCHON €€

22, rue Guadet ✆ 05 57 24 28 53
www.lardetbouchon.fr

Ouvert du mardi au samedi le midi ; du mardi au dimanche le soir. Menu à 29 €. Formule du midi : 21 €. Vente de vins.

Dans cette charmante table, Sylvain et Marie-Ange conjuguent avec justesse et harmonie, leurs nombreuses années d'expérience en restauration et bar à vins. L'ancien chai d'une maison gothique du XIVe siècle, où les précieux breuvages sont entreposés dans une cave naturellement climatisée, fait office de salle de restaurant. Dans les assiettes, vous pourrez déguster des plats faits maison préparés avec des produits de qualité. A la carte des vins, ce sont plus de 300 références – des petits et des grands crus –, dont près d'une vingtaine sont servies au verre.

LA TERRASSE ROUGE €€

1, château La Dominique
✆ 05 57 24 47 05
www.laterrasserouge.com

Ouvert du mercredi au lundi le midi ; du mercredi au samedi le soir. Menu gourmand : 45 €. Menu du marché : 28 €.

Jean Nouvel a réalisé là un bel ensemble architectural avec sur la terrasse panoramique, une piscine de galets rouges dont les reflets varient selon la lumière. Dans cette table gastronomique ouverte par Nicolas Lascombes, les vins sont associés à l'art de vivre et à la cuisine du Sud-Ouest. Le chef Rémi Joly prépare des plats à base de produits du terroir de très grande qualité à l'image. Les desserts sont également exceptionnels. Le menu du jour est une jolie façon de découvrir la cuisine de la Terrasse Rouge. Avec vue ! Le service est très agréable.

LE RELAIS DE GASCOGNE €€

3, Lieu-dit Peyrouquet
✆ 05 57 47 15 02

Ouvert du lundi au vendredi de 7h à 17h. Menus de 14 € (le midi) à 25 €. Terrasse.

Non loin de Saint-Emilion, le Relais de Gascogne est entre les mains de Ludovic et Elisabeth. Et les habitués de ce routier vous le diront, tout est comme avant, mais en mieux ! Seuls l'équipe au service et les prix – imbattables – n'ont pas changé. Ici, on vous propose désormais une cuisine maison et généreuse dans une formule entrée/plat/fromage ou dessert et boisson ou café à 14 euros ! Ont-ils réussi leur pari ? Oui, et haut la main avec de belles suggestions ! Profitez des belles terrasses aux beaux jours et pensez à cette adresse pour vos événements.

LE TERTRE €€

5, rue du Tertre de la Tente
✆ 05 57 74 46 33
https://restaurantletertre.com/

Du vendredi au mardi le midi et le soir. Menus de 32 € (le midi du lundi au vendredi) à 59 €. Menu dégustation à 89 €.

Là où ils se sont rencontrés, Catherine et Julien Elles n'ont pas hésité à saisir l'opportunité d'y revenir après une belle expérience gastronomique au Luxembourg. Chose rare, l'équipe est presque toujours la même. A la réouverture en février 2020, Le Tertre est à l'image des ambitions du couple. Avec sa cave à vins où l'on peut avoir le privilège de s'installer pour le repas et ses matériaux chers au cœur des nouveaux propriétaires, Le Tertre s'impose comme une table élégante et intimiste. La cuisine du chef est surprenante, à la fois élaborée et très lisible.

LES BELLES PERDRIX €€€

Château Troplong Mondot
✆ 05 57 55 38 28
www.troplong-mondot.com
Ouvert du mercredi au samedi le midi et le soir. Réservation recommandée. Menus de 82 € à 145 €. Formule du midi : 48 €.

Après trois ans de travaux, la Table de Troplong Mondot a rouvert ses portes le 9 juin 2021. Grâce à une immense baie vitrée, *Les Belles Perdrix* s'ouvrent sur les vignes et offrent un cadre magique à Saint-Emilion. Il faut saluer le travail de l'architecte d'intérieur Bruno Moinard. De son côté, le chef David Charrier en a profité pour insuffler la création d'un potager en permaculture au sein de la propriété. Sa cuisine d'exception, délicate et savoureuse, titille les palais les plus exigeants. Mais c'est le chef pâtissier Adrien Salavert qui joue la note finale.

LA TABLE DE PAVIE €€€

5, place du Clocher
✆ 05 57 55 07 55
https://hoteldepavie.com/
Collège Culinaire de France. Relais & Châteaux. Fermé le jeudi au déjeuner et le dimanche et le lundi toute la journée.

Plusieurs fois récompensé de 3 étoiles, le chef Yannick Alléno s'exprime et sublime les produits locaux. Sa cuisine raffinée et moderne s'accorde avec les cépages Saint-Emilionnais et Bordelais. Huîtres Belon pimentées au chorizo, consommé pris et melba de lard, sole au plat à la farce fine et embeurrée de chou à la truffe blanche, civet blanc de homard bleu à la bordelaise et arroche pourpre, pailles feuilletées au chocolat cuites sur un pavé du village, délicate gelée au cognac et glace à l'orge… Tenue correcte exigée et réservation recommandée.

BOULANGERIE MIE ET MERLOT

6, bis place Bouqueyre
✆ 05 57 24 56 69
Ouvert tous les jours sauf le dimanche en basse saison.

© MIE ET MERLOT

Après plusieurs années derrière les fourneaux de restaurants, Jean Cerlier est passé derrière celui du boulanger il y a de ça 15 ans. Ici, tout est fait maison : sandwiches, pizzas, quiches, burgers… Et les desserts. Une petite salle avec mange-debout vous accueille pour le déjeuner avec des formules très intéressantes. Chaque jour, un nouveau plat est proposé, à retrouver sur leurs réseaux sociaux. Idéal, entre deux visites et une dégustation : une adresse futée à se faire passer !

LE BOUCHON

3, place du Marché
✆ 05 57 24 62 81
Ouvert toute l'année. Tous les jours de 10h à 18h et jusqu'à 23h du 1er avril au 30 octobre. Terrasse. Restauration.

En face des arcades en plein cintre et moulures gothiques de la halle du marché, Le Bouchon déploie sa terrasse sur la très pittoresque place de l'église monolithe (ou place du Marché). Si le soleil pointe le bout de son nez, on s'y installe même en hiver pour manger quasiment à toute heure, mais surtout pour boire un verre sous l'imposante garde du clocher de l'église monolithe. S'il faut s'armer de patience pour trouver une table, c'est surtout parce qu'il est agréable de se trouver là au cœur de la cité médiévale pour un rafraîchissement bien mérité.

CHOCOLATERIE MAËLIG

5, rue de la petite Fontaine
✆ 09 86 66 52 06
www.chocolateriemaelig.com
Ouvert tous les jours sauf le mardi, de 10h à 19h.

Passionnée par l'histoire et les arts, Maëlig s'oriente d'abord vers l'archéologie avant de tomber en gourmandise pour l'artisanat du chocolat. De la Maison Cochet à Saint-Raphaël à la Maison Saunion à Bordeaux, la jeune femme obtient un CAP Pâtisserie (mention complémentaire Pâtisserie, Chocolaterie, Confiserie, Glacerie). Aujourd'hui, elle est Artisan Chocolatier et c'est à Saint-Emilion qu'elle a décidé d'ouvrir sa chocolaterie pour exprimer toute sa créativité. Fabriqués en France, ses packagings sont même à base de cosse de cacao. Tout un programme !

LIBOURNAIS

CHÂTEAU FONRAZADE

8, lieu-dit Fonrazade
✆ 05 57 24 71 58
www.chateau-fonrazade.com
Visites et dégustations, du lundi au vendredi (8h à 18h) ; le week-end et les jours fériés sur rdv. Boutique en ligne.

Le château Fonrazade se trouve à deux pas du village médiéval de Saint-Emilion, au cœur d'un terroir millénaire prestigieux classé au Patrimoine mondial de l'Humanité par l'Unesco. Ouverte aux visites et à la dégustation, cette belle propriété contiguë au Premier Grand Cru Classé Château Angélus produit notamment un Saint-Emilion grand cru 2015. Nos œnologues l'ont dégusté. *« Le nez est éclatant de fruits rouges frais et d'épices orientales qui amènent de la chaleur. En bouche, l'attaque est soutenue avec des tanins croquants et fruités. Beaucoup de fraîcheur ».*

© CHÂTEAU FONRAZADE

© CHÂTEAU FONRAZADE

MACARONS DE SAINT-EMILION PAR NADIA FERMIGIER

9, rue Guadet
✆ 05 57 24 72 33
www.macarons-saint-emilion.fr
Ouvert tous les jours l'année. Boutique en ligne. Salon de thé.

Au XIXe siècle, dit-on, ces macarons étaient servis en dessert d'un repas où figurait le vin de Saint-Emilion. Les macarons fabriqués par la veuve Goudichaud ont même régalé les membres du Jury de dégustation et les visiteurs de l'Exposition Universelle de 1867. Copiée, mais jamais égalée, la recette des macarons, élaborée en 1620, est encore aujourd'hui tenue secrète. Nadia Fermigier est la seule à détenir le droit de fabriquer ces véritables. Le salon de thé se trouve à 200 mètres.

OENANIM

Château Pas de l'Âne
✆ 06 31 82 43 66
www.oenanim.fr
Ouvert du dimanche au vendredi de 10h à 18h ; le samedi de 10h à 19h.

Récompensé par un Best Of Wine Tourism 2022, *Oenanim* est une idée de Mélissa Bodereau. Fille de viticulteur, elle a toujours été passionnée par le vin. Oenanim est sa façon à elle de décomplexer la relation au vin. Cours d'œnologie, escape game œnologique, expériences dans le noir, activité avec les enfants... Toutes ces activités sont organisées au Château Pas de l'Ane grâce à un partenariat qui dure depuis 2017. Mais Oenanim se déplace aussi partout pour vos événements en famille ou en entreprise. Pour les enfants : jeux de piste, anniversaires à Bordeaux...

ATELIER PAYTRA FOUQUET

42, rue Guadet
✆ 07 86 56 11 81
www.latelierpaytrafouquet.fr
Ouvert du mardi au samedi de 12h à 17h30 ; le dimanche de 13h à 17h30. Boutique en ligne.

En collaboration avec Patrick Fouquet, maître confiturier, champion du monde 2018, Janick Paytra se lance à son tour dans la confection de confitures artisanales. Il participe pour la première fois en 2019 aux Confituriades ; après quelques mois d'exercice et fut médaillé d'or de l'Ordre des Maîtres confituriers. Janick confectionne ses confitures dans son atelier/boutique et s'approvisionne au maximum en circuit court : mirabelles de son village, fraises de Dordogne, abricots du Roussillon, kiwis du Lot-et-Garonne... Un joli souvenir à rapporter de Saint-Emilion.

LA BOUTIQUE & LA CAVE À VIN DES CORDELIERS

2 bis, rue de la Porte Brunet © 05 57 24 42 13
www.lescordeliers.com
Ouvert toute l'année. Jours et horaires d'ouverture variables. Boutique en ligne. Bar. Restauration. Visites guidées.

Cette incroyable boutique se trouve dans une ancienne église du XVe siècle. Si ce n'est pour une virée shopping, les lieux méritent vraiment le coup d'œil. Vous y trouverez aussi de très nombreux produits et souvenirs à rapporter : produits d'épicerie fine, cosmétiques, pièces déclinées autour des arts de la table, du plaisir de cuisiner et décorer... Sans oublier l'art de servir le vin ! Et toute la gamme de vins effervescents millésimés, des vins rouges, rosés et blancs de la maison.

CHÂTEAU AMBE TOUR POURRET

D243, Secteur Pourret
© 06 84 71 02 13
Ouvert le week-end de 10h à 18h. Visites et dégustations de 12 € à 18 €. Cours de cuisine à partir de 120 €/pers.

Celene Bordeaux est né du regroupement de la maison élaboratrice historique de crémant de Bordeaux et des vignobles Lannoye avec trois domaines sur la rive droite de la Garonne en appellation Castillon Côtes-de-Bordeaux (château Moulin de Clotte), Puisseguin Saint-Emilion (château Lanbersac) et Saint-Emilion grand cru (château Ambe Tour Pourret). Dégustations, cours de cuisine... En matière d'œnotourisme, les idées ne manquent pas. Le mieux, c'est encore de réserver.

CHÂTEAU BEAURANG

1, Beaurang
© 05 57 24 73 31
www.chateau-beaurang.com
Visite & dégustation du lundi au vendredi sur réservation : 5 €. Boutique en ligne. Label Tourisme & Handicap.

Depuis quatre générations, la famille Puyol élabore un vin de Saint-Emilion de belle qualité. Propriété de presque 9 hectares, le Château Beaurang profite de sa situation au sud de l'appellation, sur des sables et des graves à maturation précoce. Conséquence favorable, les vins du Château sont très fruités et aromatiques. En famille, entre amis ou en couple, n'hésitez pas à partir à la découverte de ce domaine viticole et apprenez les secrets de ce vignoble agrémentés d'anecdotes familiales, par Delphine (4e génération) ou Claude (son papa et 3e génération).

CHÂTEAU PIPEAU

12, Barbeyron
© 05 57 24 72 95
www.chateaupipeau.com
Ouvert du lundi au vendredi de 9h à 12h et de 14h à 18h. Visite et dégustation (de préférence sur rdv) à partir de 8 €.

Château Pipeau est un vin rouge d'Appellation Saint-Emilion Grand Cru. Le domaine viticole de 25 hectares est exploité depuis 1929 par la même famille. Les quatre générations qui se sont succédé ont transmis un savoir-faire qui permet de rendre ce vin unique. Aujourd'hui, c'est Richard, Brigitte et Jean – des amoureux du terroir –, qui dirigent la propriété viticole. La famille est également propriétaire du Château Joinin. Un coup de cœur pour nos œnologues lors de la dégustation à l'aveugle ! Un drôle de nom d'accord, mais un grand vin, c'est sûr.

© CHÂTEAU PIPEAU

© CHÂTEAU PIPEAU

CHÂTEAU CALON

1, lieu-dit Calon
MONTAGNE
✆ 05 57 51 64 88
www.boidron.info
Visite sur rendez-vous.

Rassemblé autour du coteau de Calon dominant le vignoble Saint-Emilionnais, le Château Calon produit un Montagne Saint-Emilion plusieurs fois médaillé. S'y rajoutent d'autres crus, le Saint-Georges Saint-Emilion, un Saint-Emilion grand cru classé ainsi qu'un Pomerol. Divers millésimes sont à disposition depuis l'année 1988. A proximité, n'oubliez pas de contempler les deux moulins à vent du XVe siècle entièrement restaurés, d'où l'on bénéficie d'une magnifique vue panoramique. Le site d'une rare beauté est aussi un lieu de décollage de montgolfières.

CHÂTEAU CHAMPION

Prendre la D122 en direction de Montagne. C'est la 2e route à droite au carrefour et la 2e à gauche.
✆ 05 57 74 43 98 - www.chateau-champion.com
Vignobles et Découvertes. Ouvert tous les jours. Activités œnotouristiques sur réservation. Hébergement insolite.

Ici, la famille Bourrigaud élabore des vins très typés, riches et francs, mettant avantageusement l'accent sur les typicités du terroir de l'appellation. Et pour en faire découvrir toutes les subtilités, ces authentiques vignerons ne manquent pas d'idées ! De la traditionnelle visite & dégustation à l'escape game pour les groupes de 15 à 25 personnes, vous pourrez encore pique-niquer au château et participer à l'un des ateliers (sensoriel, nature & vins, insectes & vins...). Depuis 2010, un Sentier des Vignes permet également de visiter le vignoble en autonomie.

CHATEAU FLEUR CARDINALE

Le Thibaud - **SAINT-ETIENNE-DE-LISSE**
✆ 05 57 56 03 36
https://fleurcardinale.com/
Du mardi au vendredi de 9h à 13h et de 14h à 17h ; le samedi jusqu'à 18h. Parcours découverte à partir de 25 €/adulte.

En mai 2001, Dominique et son épouse Florence rachètent le Château Fleur Cardinale à la famille Asséo, propriétaire des lieux depuis 1982. Ils sont rejoints dans cette aventure par leurs trois enfants, Ludovic, Matthieu et Lucie. Grâce à leurs efforts, le Château Fleur Cardinale est promu au rang de Grand Cru Classé de Saint-Emilion en 2006. Ils imaginent encore un parcours découverte sur mesure, ponctué d'œuvres d'artistes, mais aussi d'installations originales et uniques. Le Château Fleur Cardinale est ainsi récompensé par un Best of Wine Tourism.

CHÂTEAU FONROQUE

✆ 05 57 24 60 02
http://chateaufonroque.net/
Visite et dégustation sur réservation du lundi au vendredi : 15 € (tarif réduit pour les groupes).

Berceau saint-émilionnais de la famille Moueix, le Château Fonroque est la propriété de la famille Guillard depuis juillet 2017. On pratique ici, une culture et des vendanges de grande précision, que l'on pourrait même qualifier de pointillistes. A force de patience et de passion pour la pérennité des sols et la mise en valeur du terroir, la propriété a été récompensée en obtenant le statut de premier Grand Cru Classé certifié en biodynamie. Prenez rendez-vous avec Judith pour la visite des terres et des chais ! La visite sera suivie d'une dégustation.

CHÂTEAU HAUT-PIQUAT

LUSSAC ✆ 06 59 62 01 70
www.chateau-haut-piquat.com
Visite découverte : 8 €. Accords Mets & Vins : 40 €. Déjeuner sur l'herbe : 22 € ; déjeuner vigneron : 35 €. Boutique.

Le Château Haut-Piquat offre une superbe vue sur les collines peignées de vignes et de bois, notamment sur le tertre de Picampeau où se trouve un étonnant mégalithe. La première propriété a été acquise en 1972 dans le cadre de la stratégie de développement des frères Rivière. Un superbe chai de 460 barriques a été construit en 1997. Le vin y vieillit 18 mois dans des fûts de chêne dont un tiers est renouvelé chaque année. Le Château Haut-Piquat offre des vins de belle robe soutenue, au bouquet délicat, alliant finesse et rondeur en bouche. De grands vins de garde.

CHÂTEAU CORBIN MICHOTTE

1, Croque-Michotte
✆ 05 57 25 20 30
Visite et dégustation sur rendez-vous.

Ancienne possession du Prince Noir, le domaine a fait peau neuve en 2010, lorsque les chais furent reconstruits. Ce Grand Cru est la propriété de la famille Boidron qui a commencé l'élaboration du vin en 1760, au rythme de la nature. Ici, pas d'herbicides, on vendange à la main. Seuls les lots de parfaite qualité sont mis en bouteille au Château. Le vin est conservé en cave souterraine. De cette qualité de travail résultent les prix et les médailles obtenus. La famille Boidron est à la pointe des nouvelles technologies. Une visite s'impose !

CHÂTEAU LE CHATELET

✆ 06 08 92 06 80
https://chateau-le-chatelet.com/
Ouvert du 15 avril au 20 décembre 2022. Visite libre et dégustation tous les jours de 11h à 19h (sur rendez-vous).

Coup de cœur des grands crus classés, le Château le Chatelet se trouve à 300 mètres de l'église collégiale et du clocher qui surplombe l'église monolithe, mais aussi à côté de la vieille église de Saint-Martin de Mazerat. La notoriété du cru n'a plus à être confirmée, car déjà dès 1867, le jury international de l'Exposition de Paris lui décerne la Médaille d'Or. Bien que la visite des chais et des caves soit libre, vous devez prendre rendez-vous. Virginie ou Patrick se feront un plaisir de vous faire découvrir les vins du Château Le Chatelet en dégustation.

CHÂTEAU PETIT VAL

2, Petit Val
✆ 05 57 24 70 86
www.chateaupetitval.com
Visite et dégustation sur rendez-vous (à partir de 2 pers.).

Lové dans un vallon au terroir sablonneux/graveleux au nord de la butte de Cadet de Saint-Emilion, Château Petit Val est un grand cru plein de charme. La cuvée tradition s'affirme avec un « V » sur le haut de l'étiquette, tandis que « La Muse du Val » se distingue avec un « M » comme majestueux. Le Château Petit Val est élaboré dans le respect de l'environnement, du terroir et de la vigne. Les principes de l'agriculture raisonnée sont pratiqués : travail au cheval, respect de la biodiversité... Quelques ruches trouvent ainsi refuge à proximité des vignes.

CHÂTEAU PINDEFLEURS

1, Pin de Fleur Est
✆ 05 57 24 78 41
https://pindefleurs.fr/
Ouvert du lundi au vendredi de 9h à 12h et de 14h à 18h ; de 9h30 à 18h30 en juillet et août. Boutique en ligne.

Le vignoble de 18 hectares s'épanouit sur le terroir de Saint-Emilion dont on connaît la richesse et qui mêle aux graves, le sable et l'argile. Il revient aujourd'hui à Audrey et Pierre de reprendre le flambeau afin de conjuguer le savoir-faire aux défis d'aujourd'hui. Ici comme ailleurs, tout est question de mesure pour défendre, millésime après millésime, ce qui fait la personnalité de Pindefleurs. Saint-Emilion Grand Cru, Château Pindefleur (90 % merlot, 10 % cabernet franc) est un savoureux mélange de fleurs et de fruits, relancé par des touches torréfiées.

CLOS DES MENUTS

2, place du Chapitre ✆ 05 57 74 45 77
www.clos-des-menuts.com
Ouvert toute l'année. Jours et horaires d'ouverture variables selon la saison. Visite libre, gratuite et sans rdv.

Le Clos des Menuts, AOC Saint-Emilion Grand Cru, est une propriété viticole incontournable qui possède de superbes caves médiévales monolithes. Un souterrain dans son jus avec ses bouteilles poussiéreuses, ses recoins et murs en pierre sculptés ! En remontant dans la boutique, vous profiterez d'une dégustation et repartirez sans doute avec quelques bouteilles, coffrets ou accessoires. Les promotions et les bons plans d'un excellent rapport qualité-prix sont de belles occasions à saisir. L'hiver et sur réservation, offrez-vous un vrai cours de dégustation (90 min).

FROMAGERIE LA MOINEAUDIÈRE

12, rue de la Cadène
✆ 06 23 56 70 68
Ouvert tous les jours (10h-19h). Plateau de dégustation et pique-nique à emporter. Sandwich chaud. Chèques non acceptés.

Nul doute que l'étal de dégustation, posé sur le rebord de sa fenêtre, vous donnera envie de franchir la porte. C'est dans un ancien silo à grains que Jean Luc Wrobel a installé sa boutique de salaisons et fromages artisanaux. Après une vingtaine d'années en Savoie, ce Polonais d'origine est venu s'installer à Saint-Emilion. Fromages de Savoie, des Pyrénées, d'Auvergne, une dizaine de variétés de saucissons, noix d'épaule de cochon noir... Le plus dur, c'est de choisir.

CHÂTEAU TOUR GRAND FAURIE

7, Grand Faurie
✆ 05 57 74 49 03
www.tourgrandfaurie.com
Visites et dégustations gratuites du lundi au samedi sur réservation. Boutique à Saint-Emilion et boutique en ligne.

© CHÂTEAU TOUR GRAND FAURIE

Un vignoble et des vins à Haute Valeur Environnementale en conversion bio ! Depuis 1949, le Château Tour Grand Faurie appartient à la famille Feytit. Fiers représentants de la quatrième génération, Isabelle et Franck Feytit continuent d'exploiter cette propriété familiale qui se trouve à 2 kilomètres au nord de Saint-Emilion. C'est à eux que l'on doit l'ouverture de la boutique au cœur de la cité médiévale (16 rue Guadet). Passez donc y faire un tour !

VIGNERONS DE PUISSEGUIN LUSSAC SAINT-EMILION

PUISSEGUIN ✆ 05 57 55 50 45
https://boutique.puisseguin-lussac.com
Ouvert du lundi au vendredi de 9h à 18h ; le samedi de 9h à 12h. Visite guidée gratuite. Boutique et boutique en ligne.

Fondée en 1937, cette cave coopérative de 203 adhérents couvre plus de 1 100 hectares de vignes AOC dans le Saint-Emilionnais. Les cuvées Renaissance sont produites à partir de vieilles vignes âgées d'une trentaine d'années. Pour en savoir plus, nous vous conseillons de visiter les chais, mais au-delà de 7 personnes, il est vivement conseillé de réserver. Présents sur 6 appellations, les Vignerons de Puisseguin Lussac Saint-Emilion vous feront partager leur métier et leur passion.

SAINTE-FOY-LA-GRANDE

Le frère de Saint Louis (Alphonse de Poitiers) ordonne l'édification de la nouvelle ville en 1255. Les rues sont tracées en damier et une halle entourée de couverts est érigée Place Centrale. Quelques décennies plus tard, la ville est entourée de murailles flanquées de tours et cinq portes. Au Moyen Âge, la fin de la guerre de Cent Ans amène la prospérité, donnant lieu à la construction de belles demeures. La ville a toujours occupé une position particulière entre le Périgord et l'Agenais, tant sur le plan historique, religieux que géographique et administratif. La cité est aussi, et paradoxalement, l'une des plus petites communes de France.

LA MAISON DU VIN DE SAINT-ÉMILION

Place Pierre Meyrat ✆ 05 57 55 50 55
www.maisonduvinsaintemilion.com
Ouvert toute l'année. Jours/horaires d'ouverture variables. Stages/initiations à la dégustation de 20 à 50 €. Boutique.

Vous êtes à la découverte du vignoble bordelais ? La Maison du vin de Saint-Emilion est une bonne entrée en matière ! A la fois lieu d'expositions et de dégustations, le Maison du vin de Saint-Emilion a aussi une boutique avec plus de 450 références. Dans le salon de dégustation, vous découvrirez les appellations Saint-Emilion, Saint-Emilion Grand Cru, Lussac Saint-Emilion et Puisseguin Saint-Emilion. En compagnie d'un sommelier formateur, on vous délivrera les clés de la dégustation.

OFFICE DE TOURISME DU PAYS FOYEN

102, rue de la République
✆ 05 57 46 03 00
www.tourisme-dordogne-paysfoyen.com
Ouvert toute l'année. Jours et horaires d'ouverture variables selon la saison.

Lors de votre passage, prenez le temps d'observer la maquette de la cité et parcourir l'exposition sur l'histoire de Sainte-Foy-La-Grande (au 1er étage). L'Office de Tourisme propose également des visites commentées de la ville avec la possibilité de déguster des produits régionaux. La région étant aussi le terrain de jeu des randonneurs, des topoguides des sentiers de randonnée sont en vente sur place. Profitez-en, bien sûr, pour vous renseigner sur l'offre touristique locale.

LIBOURNAIS

DOMAINE AUX TROIS FONTAINES €€

360, rue des trois fonds - **EYNESSE**
✆ 07 76 31 52 88
www.domaineauxtroisfontaines.com
Ouvert toute l'année. Pour 15 à 30 personnes (380 m², 10 chambres). De 2 000 € à 3 800 €/semaine ; 1 800 €/week-end.

Le Domaine aux Trois Fontaines se trouve aux portes du Périgord, entre Saint-Emilion et Bergerac. Dans cette ancienne propriété viticole du XIXe siècle, la maison de maître et sa maison attenante offrent 10 chambres, 7 salles d'eau, 7 w.c. et 3 pièces de vie. C'est un endroit idéal pour réunir une grande famille ou des amis le temps d'un week-end, d'une semaine ou plus. Sur un terrain de 2,5 hectares, sans vis-à-vis et au calme, la piscine (sécurisée) est accessible toute la journée.

GRAND HÔTEL DE SAINTE-FOY*** €€

117, rue de la République ✆ 09 74 56 64 96
www.grandhotel-sainte-foy.com
Ouvert toute l'année. 19 chambres (dont 1 chambre triple/PMR) de 61 € à 85 €. Petit déjeuner : 7,50 €. Séminaire.

Fondé il y a plus de 100 ans, le Grand Hôtel*** de Sainte-Foy vous accueille en plein cœur du centre historique de la Bastide. Twin, standard, double supérieure… Vous pourrez séjourner dans l'une des 19 chambres de cette bâtisse de la fin du XIXe siècle. Et peut-être avec une belle vue sur le patio de l'hôtel, dans lequel vous vous empresserez de prendre un verre à l'ombre du magnolia centenaire. Prêt pour un séjour serein à un prix très raisonnable avec des prestations qualitatives ?

LE VICTOR HUGO €€

101, rue Victor Hugo
✆ 05 57 41 35 43
Ouvert toute l'année. 10 chambres à partir de 59 €. Petit déjeuner : 7,90 €. Formule étape de 79 € à 86 €. Restauration.

L'hôtel Le Victor Hugo est situé près de la place Paul Broca, dans une petite rue semi-piétonne portant le même nom. L'établissement offre une prestation d'un bon rapport qualité-prix. Les chambres – 4 standards, 3 twins et 3 supérieures – sont simples, mais confortables avec une bonne literie. Par ailleurs, elles sont équipées d'une télévision et d'un bureau. Chacune possède sa propre salle de bains. Le Victor Hugo, c'est aussi un restaurant de cuisine traditionnelle, maison et goûteuse à prix abordables. L'accueil est chaleureux, l'équipe très serviable.

LE BEAU ZINC €

38, boulevard Charles Garrau
✆ 05 57 46 47 69
www.publebeauzinc.com
Du mardi au jeudi de 9h à 15h et de 18h à 23h ; vendredi et samedi de 9h à 15h et de 18h à 2h. Formule du midi : 15 €.

Le Beau Zinc est à la fois un pub et une brasserie. Ici : burgers, bavette, magret de canard, fish and chips... A accompagner d'une bière par exemple ! Côté pub, les tapas ont fait une entrée fracassante avec quelques cassolettes renouvelées selon les approvisionnements du marché et les envies de l'équipe. Les habitués savent qu'ici on plaisante de moins en moins sur la qualité. Le Beau Zinc est le genre d'adresses où l'on vient accompagné de quelques bons amis ! Au programme : bonne ambiance ; soirées à thème, retransmission de match... Aussi à emporter !

CÔTÉ BASTIDE €€

4, rue de l'abattoir
✆ 05 57 46 14 02
www.cote-bastide.org
Du mardi au samedi le midi et le soir (fermé le mardi soir en basse saison). Réservation conseillée. Menus de 24 à 30 €.

Côté Bastide (BIB Gourmand 2021 Guide Michelin) est sûrement l'une des meilleures tables de Sainte-Foy-la-Grande. En été, on profite de la terrasse installée dans un joli jardin et l'hiver, de la chaleur du poêle dans la cheminée. Ouverte sur l'entrée du restaurant, la cuisine en ébullition se laisse apprécier ! Laurence concocte une cuisine créative et gastronomique très bien maîtrisée, avec une cuisson toujours parfaite des produits frais et de qualité. De son côté, Cédric saura parfaitement vous conseiller sur le vin à choisir pour sublimer les mets.

MARCHÉ DE SAINTE-FOY-LA-GRANDE

Le samedi matin.

Faisant la notoriété de la bastide, le marché hebdomadaire du samedi matin a été élu « Marché préféré des Français » en 2014. Très dynamique et animé, convivial, accueillant et authentique, il compte parmi les 100 Marchés d'Exception de France ! Notez qu'un petit marché de producteurs locaux se tient tous les matins sur la place de la Mairie. En juillet et août, le jeudi, la terrasse François Mitterrand s'anime aux couleurs d'un Marché de Producteur de Pays®.

ENTRE-DEUX-MERS

Avec sa myriade de terroirs viticoles, châteaux, édifices ruraux, belvédères et ces joyaux de l'urbanisme médiéval que sont les bastides, l'Entre-deux-Mers, ou l'arrière-pays bordelais, a su conserver la mémoire des pierres. Sur ces terres, l'homme s'est construit par le travail des champs et de la vigne. On s'y donne en partage. À l'écart des grands axes de circulation, la beauté de l'Entre-deux-Mers rend d'humeur vagabonde. Routes champêtres, voies cyclables, sentiers botaniques ou chemins buissonniers invitent à musarder. Qu'on l'explore en cheminant à vélo sur ses voies vertes ou qu'on l'aborde par le fleuve, qu'on le sillonne en journée ou qu'on s'y fixe en villégiature, cet arrière-pays bordelais se prête à toutes les allures et reste accessible à tous. Au carrefour de deux grands itinéraires vélo : le Canal des 2 Mers à Vélo et la Scandibérique, l'Entre-deux-Mers est une destination vélo par excellence !

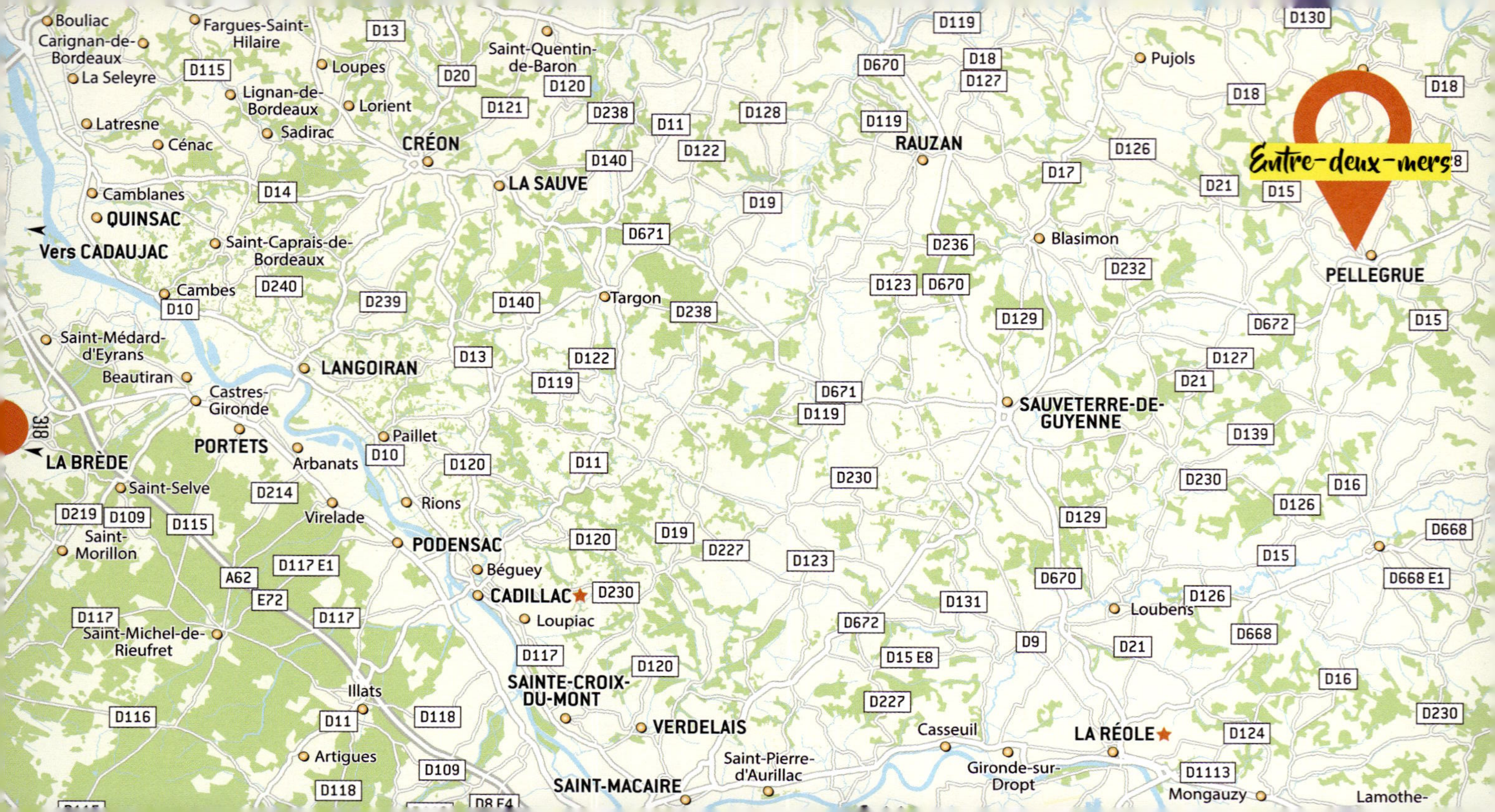
Entre-deux-mers
PELLEGRUE
Pujols
RAUZAN
Blasimon
SAUVETERRE-DE-GUYENNE
Loubens
LA RÉOLE
Mongauzy
Lamothe-
Gironde-sur-Dropt
Casseuil
Saint-Pierre-d'Aurillac
SAINT-MACAIRE
VERDELAIS
SAINTE-CROIX-DU-MONT
Loupiac
CADILLAC
Béguey
PODENSAC
Rions
Paillet
Targon
LA SAUVE
CRÉON
Saint-Quentin-de-Baron
Lorient
Loupes
Sadirac
Lignan-de-Bordeaux
Fargues-Saint-Hilaire
Bouliac
Carignan-de-Bordeaux
La Seleyre
Latresne
Cénac
Camblanes
QUINSAC
Vers CADAUJAC
Saint-Caprais-de-Bordeaux
Cambes
LANGOIRAN
Saint-Médard-d'Eyrans
Beautiran
Castres-Gironde
PORTETS
Arbanats
Virelade
LA BRÈDE
Saint-Selve
Saint-Morillon
Saint-Michel-de-Rieufret
Illats
Artigues
D13
D20
D120
D121
D238
D11
D128
D119
D670
D18
D127
D130
D126
D122
D140
D17
D21
D15
D14
D19
D671
D236
D232
D240
D10
D239
D123
D129
D672
D122
D119
D671
D139
D230
D16
D668
D668 E1
D131
D9
D15 E8
D227
D124
D1113
D117
D117 E1
A62
E72
D214
D115
D219
D109
D116
D118
D8 E4

PAGES

CADILLAC ★

Bastide du XIIIe siècle fortifiée au XIVe siècle, Cadillac borde la rive droite de la Garonne à une trentaine de kilomètres au sud de Bordeaux. La ville fut fondée en 1280 par Jean de Grailly, sénéchal d'Aquitaine, pour le roi d'Angleterre Henri III. De ses fortifications du XIVe siècle, elle conserve de beaux vestiges, ainsi que son plan intra-muros découpé en îlots rectangulaires. Le mieux est encore de laisser sa voiture le long des remparts pour faire le tour de la cité à pied, sans manquer une visite au très beau château des ducs d'Epernon. Par ailleurs, le vignoble de Cadillac produit un vin réputé que vous auriez tort de ne pas découvrir.

LA GROTTE DE CHARLES VII

RIONS

Parce qu'il y avait une source, le seigneur de Rions fit aménager une grotte dans les remparts de la ville au XIVe siècle, sous la place-forte. C'est en tout cas, à cette date, que remonte la voûte en ogive que l'on aperçoit aujourd'hui. Transformée en une élégante fontaine, elle prit le nom de « Grotte aux Dames ». La légende raconte que lors du siège de la bastide de Rions par les armées de Charles VII en 1453, ce dernier s'y serait désaltéré. Voilà d'où vient son nom : la grotte de Charles VII ! Par la suite, elle fut utilisée comme lavoir.

CHÂTEAU DE CADILLAC ★

4, place de la Libération
✆ 05 56 62 69 58
www.chateau-cadillac.fr

Ouvert toute l'année. Jours et horaires d'ouvertures variables selon la saison. Adulte : 6 €. Visite guidée.

L'histoire du château de Cadillac est liée à celle de Jean-Louis de Nogaret de la Valette, premier duc d'Epernon et personnage ambitieux qui fut d'abord mignon à la cour d'Henri III, puis haut personnage sous Henri IV et Louis XIII. Henri III l'avait fait duc et avait arrangé son mariage avec Marguerite de Foix-Candale, fille du seigneur de Cadillac et unique héritière d'une riche famille. Sous l'impulsion d'Henri IV, il fit alors raser l'ancien château médiéval des Foix pour le remplacer par une somptueuse demeure dont le luxe devait rivaliser avec celui des résidences royales. La première pierre fut posée en 1599 et les travaux se poursuivirent durant 30 ans. Endommagé à la Révolution, le château, acquisition de l'État, fut transformé en prison pour femmes durant 130 ans, jusqu'à la fin du XIXe siècle, puis en centre d'éducation surveillée pour jeunes filles jusqu'au milieu du XXe siècle. L'intérieur du château a été restauré pour renouer avec son décor original, témoignant ainsi pleinement de son double héritage. La visite permet de découvrir ses plafonds lambrissés, plusieurs tapisseries et surtout, de magnifiques cheminées monumentales en marbre, richement décorées. C'est l'un des premiers exemples d'architecture à la française. La visite libre dure 1h, mais la visite guidée a tout son intérêt. De nombreux rendez-vous culturels (expositions, visites-découverte, animations en famille, spectacles vivants, événements…) sont organisés toute l'année. Le château est situé à 35 km au sud-est de Bordeaux.

Cadillac.

LA TOUR DE LA CITADELLE

RIONS

Cette tour carrée datée du XIVe siècle est le vestige le plus imposant de l'ancienne citadelle, symbole de l'ancien château médiéval de Rions, qui gardait jadis l'entrée de la cité. La Tour de la Citadelle se dresse aujourd'hui à l'angle nord-ouest de la commune. Elle est érigée sur un piton rocheux et comporte trois étages. La tour est le dernier vestige d'un ensemble défensif très important. Les photographes amateurs, entre autres, ne manqueront certainement pas l'ascension, car la vue sur les coteaux et sur la Garonne est imprenable.

LA TOUR DE LHYAN

RIONS

© F. IREN & C. PINHEIRA - AUTHOR'S IMAGE

L'enceinte de Rions est un ensemble de vestiges de fortification classé au titre des Monuments historiques. Si une grande partie de l'enceinte a disparu, la Tour de Lhyan s'impose encore fièrement et signe l'entrée du village médiéval. Elle a été bâtie en 1330 par le seigneur de Rions, Guillaume Seguin, sur des fortifications rasées en 1295 suite à la bataille avec Charles de Valois (conséquences de rivalités incessantes entre Français et Anglais). Les parties hautes de la Tour de Lhyan ont été restaurées en 1881 par l'architecte Léon Drouyn.

LE CAFÉ DE LA LIBERTÉ €€

11, place Gambetta - **PAILLET**

✆ 05 57 95 46 98 - www.lecafedelaliberte.fr

Ouvert tous les jours le midi ; le vendredi et le samedi le soir. Menus de 24 € à 31 €. Formule du midi : 13,90 €.

© LE CAFÉ DE LA LIBERTÉ

Le Café de la Liberté est un de ces endroits que l'on fréquente par habitude, parce que c'est bon, mais aussi pour le cadre est agréable et l'équipe, vraiment accueillante. N'oubliez pas d'avoir grand-faim en venant ici, car les assiettes sont plutôt copieuses. Brasserie de campagne à la fois chic et tendance, Le Café de la Liberté a l'exigence du fait maison et inscrit sa cuisine dans une démarche qualité en privilégiant les producteurs locaux. On vient aussi pour un café ou un verre. Mathieu cartonne également partout où il va avec son tournebroche ambulant.

LE TOUR DES REMPARTS DE LA BASTIDE

Fondée en 1280 pour le roi d'Angleterre, la Bastide de Cadillac mérite une promenade. Commencez par sa place centrale à arcades avec sa halle et ses maisons anciennes, puis par la tour de l'Oeuille avant d'emprunter le Ruet, un passage insolite aménagé entre les maisons et le rempart qui faisait jadis le tour de la cité. Plus loin, vous pourrez admirer la porte de la Mer avec sa haute tour carrée et son échelle de crue et la porte de l'Horloge du XIVe (transformée au XVIIIe).

OFFICE DE TOURISME DU PAYS DE CADILLAC ET PODENSAC

2, rue du Cros
✆ 05 56 62 12 92
www.destination-garonne.com
Ouvert toute l'année. Jours et horaires d'ouverture variables selon la saison.

Pour tout savoir sur l'histoire, le patrimoine naturel et culturel du Pays de Cadillac et Podensac, pensez à vous rendre à l'Office de Tourisme ! Sur place ou en ligne, on vous renseigne sur les choses à faire et à voir, mais aussi sur les endroits où manger et dormir. Afin de mieux préparer votre séjour, n'hésitez pas à télécharger quelques brochures bien utiles. De cette façon, vous ne passerez à côté d'aucune visite de châteaux ni aucune manifestation !

DOMAINE PASCAUD €€

Lieu-dit Pascaud RD 10
RIONS
✆ 09 81 11 12 26
www.domainepascaud.com
Pour 6 personnes (3 chambres) à partir de 250 €. Piscine extérieure. Parc. Réceptions et mariages.

Jouxtant les anciens chais, le gîte du Domaine Pascaud n'est pas souvent libre le week-end en raison de la privatisation des lieux par les amoureux qui se disent oui. Avec un peu de chance, ou la semaine, le gîte est une belle adresse où se détendre et profiter d'un environnement apaisant. Très lumineuses, les trois belles chambres (dont une suite nuptiale) avec mur en pierres et poutres apparentes ont été redécorées avec goût et sobriété. Dans la maison de maître deux fois centenaire, la cuisine équipée vous permet de préparer et prendre vos repas sur place.

LE COSMOPOLITAIN €€

16, rue du Cros
✆ 09 81 74 00 58
Ouvert toute l'année. Plats de 16 à 22 € ; burgers de 13 à 18 €. Mijoté ou plat du jour : 12 €/14 €. Jardin. Terrasse.

Le Cosmopolitain aurait-il échappé à la vigilance du Petit Futé ? A croire que oui... Ouvert depuis 6 ans, le restaurant attire les gourmands été comme hiver. Aux beaux jours, on s'installe dans un superbe jardin alors que le reste de l'année, on ne boude pas la salle avec sa cheminée où le chef fait précuire ses viandes. Dès l'arrivée, c'est promis, vous vous sentirez très bien accueilli. Et attendez-vous à très bien manger également, car ici, les deux frères, Thomas et Noé en cuisine, font tout maison, y compris le pain des burgers. On s'est vraiment régalé !

MAISON GEORGES €€

4, place Cazeaux Cazalet - **RIONS**
✆ 05 56 27 49 37
https://lamaisongeorges.fr/
Mardi de 9h à 18h ; du jeudi au samedi de 9h à 23h ; le dimanche de 10h à 15h. Formule midi : 18 € Plats de 19 à 23 €.

Nichée dans une belle bâtisse en pierres, Maison Georges est une adresse qui ne manque pas de charme. Bien chauffée en hiver, la salle de restaurant, très lumineuse, est un brin marquée par le passé. Par la fenêtre, on aperçoit la Garonne. Il suffit de jeter un coup d'œil à l'ardoise près de l'imposante cheminée pour comprendre que Georges fait la part belle aux produits locaux. Et ça commence par la carte des boissons... Ce jour-là pour nous : un bouillon thaï au poulet et gingembre et une joue de bœuf braisée, houmous citronné et coriandre... Tout en finesse.

LE PETIT NAPLES €€

7, rue Porte de la Mer
✆ 05 56 27 47 63
www.lepetitnaples-cadillac.fr
Ouvert du mardi au samedi le midi et le soir. Réservation conseillée. Pizzas de 10,80 € à 15,20 €. Terrasse. A emporter.

A l'abri d'une petite ruelle, cette trattoria raconte l'histoire de la vie d'un artisan pizzaïolo depuis plus de 40 ans ; Francesco un vrai Napolitain. Il a voyagé et travaillé en Calabre, à Venise et jusqu'à Paris où il devient l'un des *pizzaïoli* les plus demandés. Ses pizzas à la farine bio semi-complète, étalées à la main et cuites sur la pierre, ont le bon goût de l'Italie. La pâte est croustillante et légère, les garnitures sont savoureuses. Tous les plats étant réalisés sur place à la minute, il faudra parfois s'armer d'un peu de patience.

LA TABLE DE RÉAUT €€

14, Thibeau Ouest - **RIONS**
✆ 06 30 88 13 71
www.chateau-reaut.com
Du mercredi au dimanche le midi ; le vendredi et le samedi le soir (+ le jeudi en été). Plats de 16 à 18 €. Terrasse.

Ce n'est qu'après avoir quitté la route principale que vous l'apercevrez... Le « nouveau » chai du Château Réaut dévoile d'abord sa grande terrasse de 250 m². L'été, une voile d'ombrage vous protégera du soleil. La vue sur le vignoble et par delà les rives de la Garonne est incroyable. Vous en profiterez même si vous vous installez à l'intérieur, car la salle est entièrement vitrée. Et jetez donc un coup d'œil sur le cuvier ! Une planche de charcuterie, une autre de fromages, trois entrées, trois plats, trois desserts... la carte est volontairement courte.

LE VOYAGEUR €€

22, avenue du Pont
✆ 05 56 62 65 38
www.levoyageur-cadillac.fr
Ouvert du lundi au samedi le midi et le soir. Plats de 10 € à 18 €. Formule du midi : 13,90 €. Terrasse. A emporter.

Le Voyageur offre un cadre charmant avec une terrasse dressée en saison estivale. L'accueil est souriant, le service attentionné et les plats bistrots sont bien réalisés. Aux atouts de l'établissement, il est également possible d'ajouter les petits prix. Le menu du jour, servi uniquement le midi, est un sans-faute ! Du côté de la carte, elle est plutôt bien fournie et renouvelée chaque saison. De passage dans le coin ou pour un séjour prolongé ? N'hésitez pas à faire une halte à l'hôtel** dans l'une des 10 chambres dont 2 familiales. Pensez à la formule étape.

LA CABANE DE L'ENTRÉE DU JARDIN

27, avenue du Pont
✆ 05 56 76 96 96
www.restaurant-entree-jardin.com
Ouvert en haute saison, du mardi au samedi à partir de 18h. Bar à tapas.

Vin, tapas, grillades… Serait-ce la recette du bonheur ? Annexe de L'entrée du jardin, la Cabane vous accueille en toute simplicité. Signées par le Chef Didier Berguey, les tapas sont faites maison. La saison est animée par des concerts et autres rendez-vous à ne pas manquer. Les animations varient au gré des envies et des opportunités. Ce sympathique repère estival étant soumis aux caprices de la météo, nous vous conseillons tout de même de garder un œil sur leur page Facebook.

CHÂTEAU FAYAU

✆ 05 57 98 08 08
https://medeville.com/
Vignobles et Découvertes. Ouvert du lundi au vendredi de 9h à 12h30 et de 14h à 17h30 ; le samedi sur rendez-vous.

Saviez-vous que le château Fayau est accessible à pied depuis la bastide de Cadillac ? En 15 minutes seulement ! Ici, les vignerons se succèdent de père en fils depuis 1826 ! Vous vous laisserez bien volontiers guider le temps de l'une des trois dégustations proposées. Comptez environ 1h30 pour la visite qui vous mènera dans le chai et les vignes. Et s'il y a bien un rendez-vous à ne pas manquer, ce sont les Portes Ouvertes Cadillac & Cadillac Côtes de Bordeaux les samedi 4 et dimanche 5 juin 2022 ! Ce jour-là : marché de producteurs et déjeuner (sur réservation).

CHÂTEAU RÉAUT

14, Thibeau Ouest - **RIONS**
www.chateau-reaut.com
Vignobles et Découvertes. Visites et dégustations sur réservation à partir de 8 €/adulte. Service click & collect.

Un concept unique en multipropriété ! L'aventure débute (enfin, presque) en 2012 quand 430 particuliers parmi lesquels Yannick Evenou, sont devenus les heureux copropriétaires du château Réaut. Aujourd'hui, ils sont près de 600. Le nouveau chai à cuves et à barriques voit le jour en 2018. Depuis, ils ont bâti un superbe restaurant avec un toit-terrasse surplombant les vignes et la Garonne. Ils ont aussi développé l'offre œnotouristique : visites, dégustations à l'amphore, balade dans les vignes, découverte des alentours à vélos électriques avec la Bulle Verte…

L'ENTRÉE JARDIN €€

27, avenue du Pont
✆ 05 56 76 96 96
www.restaurant-entree-jardin.com
Collège Culinaire de France. Maître Restaurateur. Du mardi au samedi le midi ; le mardi et du jeudi au samedi le soir.

© L'ENTRÉE JARDIN

Né de la passion d'Hélène et Didier Bergey pour les arts de la table et la gastronomie française, le restaurant profite d'une belle terrasse avec une verrière en fer forgé remarquable. La cadre est splendide et les tables sont dressées avec soin. Dans les assiettes, la cuisine du marché du chef mêle adroitement les saveurs. Inspirées par la gastronomie de notre région et d'ailleurs, les recettes varient au gré des saisons. La carte et les menus recèlent bien des trésors. Tout en sympathie, le service contribue à cet excellent moment de grande cuisine.

CHÂTEAU DU PAYRE

13, Le Vic - **CARDAN** ✆ 05 56 62 60 91
www.chateau-du-payre.fr

Tous les jours sur rdv. Visites et dégustations de 5 à 8 €. Vendanges en famille : 7 €. E-boutique. Chambres d'hôtes.

Au château du Payre, on fait la rencontre de Valérie Labrousse-Marcuzzi, viticultrice de la 5e génération à reprendre le domaine qui se transmet de mère en fille depuis 1881. Deux formules vous permettront de découvrir les merveilles de ce château : la visite *Bacchus* avec explication du mode de culture, passage dans les chais et dégustation de 3 vins et la visite *Verticale* suivie d'une dégustation accompagnée d'un plateau de fromages. Plus insolite : une séance de sophrologie guidée olfactivement par la gamme des vins, récompensée par un Best of Wine Tourism 2019

DOMAINE PASCAUD

Lieu-dit Pascaud RD 10 - **RIONS** ✆ 09 81 11 12 26
www.domainepascaud.com

Visite et dégustation sur rendez-vous. Mariages, réceptions. Séminaires. Hébergement. Boutique de la Brasserie Mascaret.

Le domaine Pascaud est avant tout un lieu de réception. L'ancien chai a été aménagé en salles de réception sous une charpente incroyable d'arbres entiers. Avec vue sur le vignoble, la terrasse couverte se prête idéalement à l'organisation d'un cocktail. Et que dire du parc... Un gîte est proposé au sein de la maison de maître (6 couchages). On peut également venir au domaine pour visiter et déguster les vins du château Maine Pascaud, AOC Côtes-de-Bordeaux. Olivier Metzinger met son talent et sa passion au service d'un grand vin à l'appellation prestigieuse.

MAISON DES VINS

D10, Route de Langon
✆ 05 57 98 19 20
www.maisondesvinsdecadillac.com

Ouvert toute l'année. Jours et horaires d'ouverture variables selon la saison. Visite du musée et dégustation : gratuit.

Aux portes de la bastide de Cadillac, la Maison des Vins est installée au sein d'une chartreuse du XVIIIe siècle. Elle abrite un musée récompensé par un « International Best of Wine Tourism ». Vous découvrirez l'histoire de la vigne, les origines des AOC – Cadillac, Cadillac Côtes de Bordeaux et Premières Côtes de Bordeaux –, les sols, les étapes de fabrication... Un piano olfactif permettra en plus de vous initier aux différents arômes. La Maison des Vins vous propose encore des dégustations et un parcours pédagogique dans les vignes autour des cépages.

MARCHÉ DE CADILLAC

Le samedi de 8h à 13h.

Une visite au marché de Cadillac s'impose ! Perpétuant une tradition de plus de huit siècles, ce marché très animé est le plus important du Sud-Ouest. Tous les samedis matin, près d'une centaine de commerçants investissent la bastide et les remparts de la ville pour vendre leurs produits de qualité. Les fruits, les légumes, les produits locaux, mais également les objets artisanaux font le bonheur des locaux et des touristes. Vous trouverez également de nombreux produits bio dans une allée dédiée. Plaisir des sens et convivialité seront au rendez-vous.

LA BULLE VERTE

www.la-bulle-verte.com

La Bulle Verte est arrivée première ex æquo du concours national Tourisme Innov'2021 lancé par Atout France en partenariat avec le Welcom City Lab. Mais de quoi s'agit-il ? Une Bulle Verte une éco-station de services conçue autour des mobilités douces et proposant des itinéraires de découverte avec de multiples points d'intérêts. Une application digitale vous guidera tout au long de votre parcours. L'idée est bel et bien de développer un tourisme plus responsable autour des mobilités douces. Dans le coin, on découvre le château Réaut et le château Vieille Tour.

CRÉON

Fondée en 1315 par Amaury de Craon, sénéchal du roi d'Angleterre, Créon qui voit ses foires et marchés fleurir devient une véritable ville-campagne et un pôle économique majeur aux portes de Bordeaux. Avec ses arcades, la place centrale de la Prévôté est typique des bastides. Datées de différentes époques (XVIIIe ou XIXe siècle), les façades dont certaines sont ornées d'éléments sculpturaux valent le coup d'œil. Parmi les richesses patrimoniales : son église qui abrite une Vierge à l'Enfant du XIIIe siècle ou encore son clocher massif. Première ville à devenir Point Relais Vélo de France, Créon profite d'un gigantesque réseau de pistes cyclables.

ARBOR ET SENS

Route départementale 121
SAINT-GENÈS-DE-LOMBAUD ✆ 06 99 74 45 67
www.arbor-et-sens.fr
Ouvert d'avril à octobre (jours et horaires variables). Tarifs de 12 à 20 €. Chèque Vacances. Aire de pique-nique.

Ce parc d'aventure propose des circuits pour enfants, débutants ou amateurs de sensations fortes, au cœur d'une forêt naturelle bien respectée (Zone Naturelle d'Intérêt Ecologique Faunistique et Floristique). Sauts de Tarzan, tyroliennes, ponts de singe... A travers ses chênes multicentenaires, évoluez à votre rythme avec une équipe de pro' qui vous encadre en toute sécurité et bonne humeur ! Pour les plus courageux, le parcours extrême vous entraînera à des hauteurs vertigineuses et vous pourrez même effectuer le saut le plus haut de Gironde à 15 mètres du sol.

ÉGLISE NOTRE-DAME

Rue Amaury de Craon

Modifiée de nombreuses fois au fil des ans, sa construction a commencé au début du XIVe siècle. A ce jour, elle est dotée d'une nef gothique voûtée d'ogives, à cinq travées. Le chœur est de style Renaissance. De l'extérieur, vous admirerez surtout le massif clocher à tour carrée, surmonté d'un clocheton. Inscrite au titre des Monuments historiques, l'église abrite quelques objets intéressants, telle la statue de la Vierge à l'Enfant, présentée debout et couronnée. L'orgue, réalisé par Georges Wenner, est également intéressant et rare.

MAISON DE LA POTERIE

Place Fouragnan - **SADIRAC**
✆ 05 56 30 60 03
www.maisonpoteriesadirac.fr
Accueil vélo. Ouvert du mardi au samedi de 14h à 18h. Visite libre : gratuit. Ateliers de création adultes et enfants.

La tradition potière du village remonte à l'Antiquité, avec la grande richesse du sous-sol en argile bleue. Autour des vestiges d'un four potier du XIXe, la Maison de la Poterie valorise ce patrimoine culturel. Elle abrite, notamment, le musée de la céramique et des ateliers de création animés par l'Association des Gens et Amis de la Poterie (AGAP). Les amateurs apprécieront certainement découvrir les 200 pièces archéologiques – vases et céramiques –, de l'exposition permanente. La visite est une façon originale d'effectuer un voyage à travers les âges.

MAISON DU PATRIMOINE NATUREL DU CRÉONAIS

23, route de Créon
SADIRAC
✆ 05 56 30 64 32
Activités pédagogiques et grand public. Aire de pique-nique.

Une multitude d'activités pour découvrir la richesse naturelle, culturelle et géographique du territoire ! Petits et grands pourront ainsi s'émerveiller et approfondir leurs connaissances. La Maison est ouverte gratuitement tous les dimanches après-midi. Au programme à 15h : une grande balade en lien avec la saison. Tous les trois mois, vous allez aussi découvrir une nouvelle exposition, des projections de documentaires, des lectures en nature... Soirées culturelles le jeudi à 18h30.

Cyclotouriste devant l'office de tourisme de Créon.

BUREAU D'INFORMATION TOURISTIQUE

62, boulevard Victor Hugo
05 56 23 23 00
www.entredeuxmers.com
Jours et horaires d'ouverture variables selon la saison.

L'équipe de l'Entre-deux-Mers Tourisme vous aide à organiser votre visite dans la Région. A disposition, vous trouverez par exemple le plan des 220 kilomètres de sentiers de randonnée pédestre balisés dans le canton pour découvrir les richesses naturelles et patrimoniales ou le plan des pistes cyclables, dont celle qui relie Bordeaux à Sauveterre-de-Guyenne (55 kilomètres) et un document indiquant les lieux de visites, hébergements et manifestations de l'Entre-deux-Mers.

LA STATION VÉLO

60, boulevard Victor Hugo
05 57 34 30 95
www.station-velo-creon.fr
D'avril à octobre. Location de la demi-journée à la semaine à partir de 10 € pour un vélo adulte. Tourisme & Handicap.

Pour vos petites et vos grandes expéditions cyclo, la Station Vélo de Créons vous propose plusieurs vélos à la location. Il y a des VTC, des vélos électriques, des tandems, des tricycles et même des vélos cargos électriques pour les adultes ainsi que des handbikes. Pour les sorties en famille, les enfants trouveront des équipements à leur taille et vous aurez même la possibilité d'ajouter un siège bébé ou une remorque. Les cadenas, casques et paniers sont offerts. A louer à la demi-journée (4h), la journée, deux jours ou pour une semaine complète !

HÔTEL ATENA** €

55, avenue de l'Entre-Deux-Mers
05 40 25 15 61
www.hotelatena.fr
Ouvert toute l'année (accueil 24h/24). 46 chambres à partir de 55 €. Petit déjeuner buffet : 9 €. Parking et local vélo.

Confortable et calme, l'hôtel est situé à une vingtaine de minutes de Saint-Emilion, mais aussi de Bordeaux, et à 5 minutes de l'Abbaye de la Sauve-Majeure. Avec une bonne literie, les chambres sont réparties en quatre catégories : double, triple, twin et familiale. Deux chambres doubles du rez-de-chaussée ont été entièrement équipées pour les personnes à mobilité réduite. Une attention particulière est portée sur la qualité du petit déjeuner. Enfourchez un vélo pour découvrir l'une des plus belles voies vertes de France : la piste cyclable Roger Labépie.

CAMPING BEL AIR €€

150, Route Départementale 671 - **SADIRAC**
05 56 23 01 90
www.camping-bel-air.com
Ouvert toute l'année. Emplacement de 21 à 29 €. Mobil-homes (2/6 pers.) de 420 € à 707 €/semaine. Bar-snack. Animations.

Entouré de châteaux, de vignes et de monuments historiques, le Camping Bel Air*** est le lieu idéal pour vos vacances. Et l'atmosphère familiale vous permettra vraiment de décrocher. On apprécie le parc aquatique et son toboggan géant de 3 pistes. Pétanque, mini-golf, terrain multisports, trampoline et espace bien-être raviront les enfants autant que les parents. Vous trouverez tous les renseignements sur place pour vos balades sportives, culturelles et gourmandes. Pour venir en caravane ou toile de tente, le camping est ouvert du 14 février au 30 novembre 2022.

LA CLOSERIE €€

15, chemin de Menusey - **SADIRAC**
06 85 54 81 10
www.lacloserie33.com
Chambre double de 95 € à 125 €/nuit, de 650 € à 800 €/semaine. Petit déjeuner inclus. Wifi. Bain bouillonnant. Piscine.

C'est au cœur d'un grand parc arboré sans vis-à-vis, que Gilles et Stéphan vous accueillent (adultes uniquement) dans cette maison de style californien. Avec sa belle piscine et son spa sur réservation, vous apprécierez les moments de farniente et de calme. La Closerie propose deux chambres décorées avec art et finesse, modernité et raffinement. Le petit déjeuner, copieux et fait maison, peut être servi dans la salle commune, dans votre chambre ou sur la terrasse au bord de la piscine. Pour une balade à vélo, il se peut bien que vos hôtes puissent vous en prêter.

CÔTÉ BORDEAUX €€

20, chemin du Rez au Ruzat - **SADIRAC**
06 85 56 50 61
www.cotebordeaux.com
Clévacances (4 clés). Chambre double de 95 à 130 €/nuit, de 560 à 800 €/semaine. Petit déjeuner inclus.

Nous vous invitons à poser vos bagages dans la maison d'hôtes d'Alain à Sadirac. L'endroit est plutôt contemporain, mais vraiment convivial et vous apprécierez certainement vous y sentir comme chez vous. Trois jolies chambres (lit de 160) au confort irréprochable vous ouvriront ainsi leurs portes, le temps d'un week-end (deux nuitées minimum) ou d'un séjour d'une semaine et plus. A l'exception de la chambre « Côté Vignoble », vous profiterez en plus du superbe parc arboré et de la piscine, d'une terrasse privée rien que pour vous !

LA GRANGE AUX ARBRES*** €€

20, route de Signoret - **BARON**
✆ 06 21 10 78 78
www.lagrangeauxarbres.fr
Ouvert toute l'année. Gîtes (4 et 5 pers.) à partir de 425 €/semaine ; week-end (2 ou 3 nuits) à partir de 170 €.

A la croisée de Bordeaux, du bassin d'Arcachon, de Saint-Emilion et de l'entre-deux-mers, Francine et Pierre-Michel vous reçoivent à la Grange aux arbres, sur des terres de patrimoine, de culture, de gastronomie et d'œnologie. Ici, dans une vieille grange entièrement rénovée, ils ont imaginé deux gîtes indépendants avec terrasse privée pour 4 et 5 personnes. Sous un bardage en bois qui s'intègre parfaitement à la nature, se cachent des logements bien équipés et modernes. Les propriétaires sauront vous conseiller sur les visites incontournables de la région.

LE PRIEURÉ DE MOUQUET €€

6, chemin de Mouquet - **SADIRAC**
✆ 05 56 23 26 57
www.prieure-de-mouquet.com
Gîtes de France. Chambre double de 85 € à 95 €. PDJ inclus. Gîtes (4 pers.) et roulotte (2/5 pers.). CB non acceptée.

La maison d'hôtes du Prieuré de Mouquet est un havre de paix niché au cœur de la campagne sadiracaise, dans un écrin verdoyant de tranquillité. D'emblée, on est frappé par les murs en pierres blondes du logis, sans parler de l'imposante tour crénelée qui s'élève au coin de la maison. Cet ensemble bucolique est en fait une demeure fortifiée du XVIe siècle dans laquelle ont été aménagées deux chambres et trois suites très confortables. Anne Bandelier vous propose encore deux gîtes et une roulotte. Le tout avec piscine s'il vous plaît !

CHÂTEAU DE LOS €€

12, route de Los - **SAINT-GENÈS-DE-LOMBAUD**
✆ 05 56 78 79 16
www.chateau-de-los.fr
Ouvert toute l'année. Tarif sur demande uniquement : 2 gîtes (4 et 7 pers.). Label Tourisme & Handicap. Piscine. Jardin.

Christelle et Alain Arthaud vous accueillent sur les terres du Château de Los où ils vous réservent un séjour au calme et 3 épis. C'est au sein de la dépendance restaurée de ce castel bordelais que vous séjournerez. Agencé pour 7 personnes, le gîte de Montval est labellisé « Tourisme et handicap ». De son côté, le gîte de la Salamandre est conçu pour recevoir 4 personnes et un bébé. Vous profiterez d'un cadre magnifique, et jugerez par vous-même la beauté de l'architecture de la bâtisse plantée au beau milieu d'un paysage verdoyant.

L'ARROSOIR €€

29, avenue de l'Entre-Deux-Mers
FARGUES-SAINT-HILAIRE ✆ 07 65 70 97 90
www.larrosoir-bistrot.com
Du mardi au samedi de 9h à 22h. Service en continu. Formule du midi : 20 €. Brunch. Terrasse. A emporter. Animations.

Un nouveau nom, une nouvelle déco', une équipe qui change… enfin presque ! Papadam… Poussez les portes de L'Arrosoir ! Les habitués retrouveront Florence en salle, mais cette fois, c'est aussi la patronne de ce bistrot guinguette qui flaire bon la gaieté. La décoration y est d'ailleurs pour beaucoup. Et dans les assiettes, ça ne trompe pas non plus. Ce jour-là pour 20 euros ? Œuf en meurette, parmentier de canard et tarte fine aux pommes. Du fait maison ! Assez rare pour le souligner, on trouve aussi des omelettes à la carte. Réservation recommandée.

LE BISTROT DE L'ENTRE DEUX MERS €

15, route de Bergerac - **CAMARSAC**
✆ 05 56 30 18 90
Du lundi au vendredi le midi ; du mardi au samedi le soir (pizzas uniquement). Formule du midi : 15,50 €. A emporter.

Dans les assiettes, le chef Alberto vous propose une cuisine traditionnelle ; « *des plats simples, mais bons* » comme aime à dire Nathalie en salle. Le bistrot est ouvert le midi en semaine et le soir, y compris le samedi, mais uniquement pour les pizzas. La formule déjeuner se compose d'un buffet d'entrées à volonté, puis trois plats au choix et les desserts ! Tout est fait maison. Alors, sur place ou à emporter ? Le chef ouvre le week-end sur réservation pour les groupes.

LE BARON GOURMAND €€

4, route de Montesquieu - **BARON**
✆ 05 57 24 26 40
www.barongourmand.com
Du mercredi au dimanche le midi ; du mercredi au samedi le soir. Formule du midi : 17 €. Terrasse. A emporter. Traiteur.

Un chemin en pente douce, une demeure ancienne en pierres de taille, un magnifique chêne… Une vraie carte postale, mais rien d'un cliché à la Gasconne ! Les grands volumes intérieurs sont agréables et mettent en valeur les toiles d'artistes amateurs. Le Baron Gourmand est à l'image du sourire de Christelle, native de Saint-Denis-de-Pile, et du bon goût du chef Guillaume Calvy, originaire d'Espiet. Rien ne déroge à la règle, ici tout est fait maison ! Les grillades (la spécialité) sont cuites sous vos yeux dans l'imposante cheminée. Réservation recommandée.

LA GRANGE À POULET €€

40, place de la Prévôté
✆ 06 67 48 23 78
Ouvert du mercredi au dimanche le midi et le soir. Livraison le soir. Terrasse. Vente à emporter.

Nuggets, aiguillettes, brochettes, manchons tex-mex, lasagnes, boulettes à l'indienne... Au poulet ! Ici, on décline le poulet fermier Label Rouge IGP sous toutes ses formes. Et si le choix est trop difficile, on opte pour l'assiette de tapas où l'on retrouve quelques-unes des recettes de la maison ainsi que les délicieuses pommes de terre grenailles ; les mêmes qui accompagnent le traditionnel poulet rôti du dimanche. A La Grange à Poulet, c'est tous les jours dimanche ! Pour varier les plaisirs : les délicieux burgers à base de poulet !

CHEZ TITUT €€

22, place de la Prévoté
✆ 05 56 42 98 40
www.cheztitut.fr
Ouvert toute l'année (mardi au samedi le midi et le soir en haute saison). Formule midi : 18,50 €. Menu soir : 29,50 €.

Succédant à Julie et Christophe, Thibault Momeux et Arthur Chevallier rêvaient depuis longtemps d'un restaurant à eux pour exprimer leur créativité. Voilà qui est chose faite Chez Titut. Que les habitués se rassurent, l'adresse s'inscrit dans le prolongement de La Table en proposant une cuisine bistronomique élaborée selon l'humeur du chef. Et comme avant, voire encore plus qu'avant, le grand jardin caché à l'arrière du restaurant accueille de nombreux concerts à la belle saison. Réservation recommandée le midi comme le soir dans ce restaurant et bar à vin.

LE FOURNIL DE CREON

19, avenue de l'Entre-Deux-Mers
✆ 05 56 06 76 57
Ouvert tous les jours.

Au Fournil de Créon, le pain est croustillant à souhait, élaboré dans la pure tradition française. Les pâtisseries sont, elles aussi, sacrément délicieuses. Il y a aussi du chocolat travaillé maison sous toutes ses formes et de multiples couleurs, du pain d'épices, des glaces et des macarons maison à tous les parfums. Ces derniers sont préparés chaque jour pour le bonheur des gourmands qui pourront les savourer sur place. Formule petit déjeuner, formule déjeuner... N'hésitez pas non plus à commander vos pièces montées et vos gâteaux de fêtes.

BOUCHERIE DE L'ENTRE-DEUX-MERS

51, avenue de l'Entre Deux Mers
✆ 05 57 59 49 08
http://boucheries.eleveursgirondins.fr
Ouvert du mardi au samedi de 7h à 12h30 et de 15h à 19h30.

Créé en 1983, le Groupement des Eleveurs Girondins (GEG), seule Coopérative de Production à vocation départementale, regroupe aujourd'hui près de 150 adhérents (120 éleveurs de bovins et 30 éleveurs d'ovins) sur le département de la Gironde. Leur devise ? « *De la fourche à la fourchette* » ! Outre de belles viandes, vous trouverez à Créon des produits de charcuterie faits maison. Le petit plus ? La possibilité d'acheter votre viande en demi-gros avec des caissettes de 5 à 10 kilos.

LES CHAIS DU PRÉVÔT

8, rue du Pout
✆ 05 57 34 43 73
www.portail-artisans.com/chais-prevot
Ouvert toute l'année du lundi au dimanche. Consultez les horaires en ligne. Livraison possible. Epicerie fine.

La boutique est l'occasion d'une halte bien sympathique pour faire le plein de souvenirs. Fondée en 1936, la cave dont la boutique dépend, est l'une des plus anciennes de l'Entre-deux-Mers. A l'intérieur, vous pourrez d'ailleurs admirer les cuves en contrebas. L'équipe est accueillante et vous aidera volontiers dans vos choix. Vous y trouverez du vin et d'autres alcools, des coffrets vins/produits du terroir, de l'épicerie fine et des accessoires. Le vin peut s'acheter en bouteille, en vrac (contenants à apporter ou à acheter sur place) ou bien en Bags In Box.

CHÂTEAU DE CAMARSAC

30, route de Bergerac - **CAMARSAC**
✆ 06 35 46 47 03
http://camarsac.com/
Ouvert du mardi au samedi de 10h à 13h et de 14h à 18h ; tous les jours de 10h à 19h en été. Visite guidée : 12 €.

Venez admirer un site historique d'exception au cœur de l'Entre-deux-Mers, découvrir un terroir et agrémenter ces plaisirs par un voyage gustatif à travers les vins de Thierry Lurton. Ancienne forteresse des XIe et XIIIe remaniée en 1857, le château de Camarsac domine des vallons à l'allure toscane. Les cépages (merlot, cabernet-sauvignon et cabernet-franc) sont cultivés sur 67 hectares d'un terroir argilo-graveleux. Le domaine compte 5 cuvées régulières : l'Entre-deux-Mers, le Rosé, le Prince Noir, le Sélection Vieilles Vignes et le Prestige Rouge.

CHÂTEAU FARIZEAU

21, chemin de Farizeau
SADIRAC
✆ 05 56 30 61 46
https://chateau-farizeau.fr/
Visite et dégustation sur rendez-vous.

Au troisième épisode de sécheresse en 7 ans, un constat s'impose : le travail du sol doit être appréhendé autrement ! Depuis, l'exploitation familiale produit 6 appellations sur une superficie de 12 hectares en agriculture biologique. Ainsi, tous les vins du Château portent l'agrément « Bio » depuis le millésime 2013. Aujourd'hui aux mains d'André, Nicole et leur fils aîné Guillaume, le vignoble propose d'excellentes productions de Bordeaux Clairet, Premières côtes de Bordeaux et Entre-Deux-Mers, maintes fois primées à des concours internationaux.

CHÂTEAU HAUT POUGNAN

Haut Pougnan
SAINT-GENÈS-DE-LOMBAUD
✆ 05 56 23 06 00
http://haut-pougnan.fr
Visite et dégustation du lundi au samedi.

Dans ce village d'à peine 380 âmes, les propriétaires du Château Haut-Pugnan, Jean-Bernard et Jean Guéridon vous invitent à goûter le fruit du travail accompli dans leurs vignes. Les vignobles s'étendent sur les coteaux de la rive droite de la Garonne, sur de superbes terroirs argilo-calcaires et graveleux. Une nature intense qui permet d'obtenir des vins rouges qui reflètent la trilogie des cépages du Bordelais (merlot 50 %, cabernet sauvignon 40 % et cabernet francs 10 %) et des vins blancs (sauvignon 70 %, sémillon 25 % et muscadelle 5 %).

LA TASSE QUI FUME

15, place de la Prévôté
✆ 09 81 26 54 29
www.latassequifume.com
Le mardi, le mercredi et du vendredi au dimanche de 9h à 12h30 et de 15h30 à 19h. Salon de thé. Boutique en ligne.

Torréfaction sur mesure, vente et location de matériel, démonstration… *La tasse qui fume*… fume ! Sous les arcades de la place de la Prévôté, les habitués viennent faire le plein de thé vert, thé noir, thé blanc, thé sombre ou thé rouge. Mais aussi de tisanes, de cafés moulus ou en grains, de capsules format Nespresso et autres petites gourmandises à piocher sur les étals. Et toujours avec les bons conseils de la maison. Il est également possible de profiter de la terrasse et du petit salon climatisé pour déguster les produits de cet artisan torréfacteur.

QUINSAC

Quinsac est la capitale mondiale du Clairet, ce vin légèrement plus coloré que les rosés. Le bourg possède plusieurs maisons nobles des XVIe et XVIIIe siècles : Galeteau, Pranzac, Montaigne au bord du fleuve et surtout Péconnet, caractérisée par son architecture maniériste. L'église néogothique date du XIXe siècle, mais possède une cloche du XVe siècle et plusieurs statues anciennes. Quinsac vit naître et vivre bon nombre d'artistes : le poète André Berry dont le buste se trouve sur la place de l'Eglise, le peintre animalier Rosa Bonheur, le peintre Hélène Dufau et les frères Schnegg, Gaston (peintre et sculpteur) et Lucien (sculpteur).

AUBERGE ROBINSON €€

Lieu-dit Esconac
✆ 05 56 21 31 09
https://lerobinson-quinsac.fr/
Ouvert tous les jours le midi et le soir. Menu à 38 €. Plats de 23,50 € à 39,50 €. Accueil des groupes. Terrasse.

Un ragoût ou une salade de homard, la cassolette d'escargots à la bordelaise, une sole aux girolles ; le homard grillé, la fricassée de ris de veau braisé… Vous êtes ici dans le temple incontournable de la cuisine traditionnelle bordelaise (depuis 1927) et qui, grâce au talent du chef, est perpétuée magnifiquement avec les produits de saison du terroir girondin. N'oubliez pas de tester la célèbre salade Robinson au foie gras et foie poêlé, filets de magret séché, œuf de caille, l'un des nombreux plats « signature » de l'auberge en contemplant Sa Majesté Garonne.

ENTRE 2 VERRES €€

8, place Aristide Briand
✆ 05 56 64 16 24
www.lentredeuxverres.com
Ouvert du jeudi au lundi le midi ; le lundi et du jeudi au samedi le soir. Menus de 30 à 50 €. Formule du midi : 17 €.

Selon l'affluence, vous aurez le choix de manger en terrasse, côté bar sur l'une des tables hautes ou dans la grande salle à l'arrière. La cuisine est gourmande et généreuse, alliant tradition et originalité. Le chef Yoann Gérard-Huet vous réserve de jolies choses. Passionné de cuisine depuis son plus jeune âge, il a exercé auprès des plus grands. C'est le chef François Adamski qui le lancera sur la route des concours. Yoann remportera notamment la « Toque d'or internationale de cuisine », les trophées des Hauts-de-France, les Nérios d'or et quelques autres…

LE ROBINSON €€€

Esconac ✆ 05 56 21 31 09
https://lerobinson-quinsac.fr/
Ouvert du mercredi au dimanche le midi ; du mercredi au samedi le soir ; le dimanche. Menu : 38 €. Terrasse. A emporter.

Un rendez-vous gourmand, à seulement 15 minutes de Bordeaux ! L'idéal est de venir dès les beaux jours pour profiter de la grande terrasse, même s'il n'est pas désagréable de s'installer dans la salle principale qui offre une vue panoramique sur les rives de la Garonne. Aux commandes, le chef Robert Pina vous amène à la rencontre d'une cuisine du Sud-Ouest, plus simple que ce qu'elle a pu être, mais gourmande. Même si c'est une valeur sûre dans le coin, Le Robinson mériterait un coup de neuf. Outre la très belle vue, certains pourraient en ressortir un brin déçus.

CAVE DE QUINSAC

89, Pranzac
✆ 05 56 20 86 09
www.cave-de-quinsac.com
Ouvert tous les jours sauf le dimanche en basse saison (horaires variables). Boutique en ligne.

Créée en 1949, la *cave de Quinsac* a été implantée sur les vignes de l'ancien Château féodal de Pranzac. Elle se trouve en plein cœur de l'appellation contrôlée Côtes de Bordeaux, rive droite de la Garonne. La cave de Quinsac et ses 80 collaborateurs produisent les AOC Bordeaux Blanc, Crémant de Bordeaux, Premières Côtes de Bordeaux Moelleux, Bordeaux Clairet, Côtes de Bordeaux rouge, Bordeaux et Bordeaux Supérieur rouge. Les vins sont vendus en bouteille et en vrac. Vous pourrez compléter votre shopping par l'achat de quelques produits régionaux.

LA SAUVE

Réputée pour son ancienne abbaye dont le nom signifie « la grande forêt », La Sauve mérite aussi qu'on s'intéresse à l'église paroissiale Saint-Pierre, inscrite par l'UNESCO au Patrimoine mondial, au titre des chemins de Saint-Jacques-de-Compostelle. Cette église gothique du XIIIe siècle est entourée d'un cimetière qui offre une belle vue sur l'abbaye. A l'intérieur, le bénitier fait de deux chapiteaux superposés (XIIe - XIIIe siècles) et le gisant d'un archevêque placé au-dessus d'une frise de pierre sculptée, sont surmontés d'une chasse qui contiendrait des reliques, considéré comme étant le tombeau de saint Gérard, fondateur de l'Abbaye.

ABBAYE DE LA SAUVE-MAJEURE

14, rue de l'abbaye ✆ 05 56 23 01 55
www.abbaye-la-sauve-majeure.fr
Ouvert toute l'année. Jours et horaires d'ouverture variables selon la saison. Gratuit jusqu'à 18 ans. Adulte : 6 €.

Cette abbaye fondée en 1079 ainsi que l'église Saint-Pierre sont inscrites sur la liste du patrimoine mondial par l'UNESCO, au titre des Chemins de Saint-Jacques-de-Compostelle. Sculptures remarquables, chapiteaux cachant des créatures exceptionnelles... Ce joyau de l'architecture romane est une visite incontournable de l'Entre-deux-Mers. Vous voyagerez dans le temps en écoutant les palabres de votre guide. Pour monter au clocher, il vous faudra gravir 157 marches !

BUREAU D'INFORMATION TOURISTIQUE

10, Grand Rue - **TARGON**
✆ 05 56 23 63 69
www.entredeuxmers.com
Ouvert le mercredi et le samedi de 9h30 à 13h et de 14h à 17h.

Rattaché à l'Office de Tourisme de l'Entre-Deux-Mers, le bureau d'information touristique de Targon pourra vous proposer de nombreuses animations et idées d'escapade tout au long de l'année comme la pêche sur les lacs de Laubesc à Cessac, la visite du jardin de Lusseau à Soulignac ou encore les vestiges de la commanderie Sallebruneau à Frontebac. On pourra également vous remettre la liste des différents hébergements et viticulteurs recevants à la propriété. Bon séjour.

LES AMANDIELLES €€

2, chemin du Moulin de Poncet - **TARGON**
✆ 06 32 16 88 20
http://lesamandielles.free.fr/
Gîte pour 2 à 3 pers. de 85 à 142 €/nuit selon la saison (7 nuits minimum en juin, juillet et août). Service de ménage.

Aux portes de Bordeaux, le gîte *Les Amandielles* est le lieu idéal pour séjourner en couple ou en famille (un couple et un enfant). Située sur un vaste parc joliment arboré, cette charmante maisonnette en pierres datée du XVIIIe siècle a été restaurée dans la pure tradition girondine. Derrière la porte, vous découvrirez un espace chaleureux et confortable. La décoration oscille entre rusticité et modernité. A l'étage, l'alliance des pierres et du bois donne à cette chambre une ambiance romantique. Le truc en plus ? La piscine à débordement.

CAVE DE SAUVETERRE-BLASIMON-ESPIET

4, lieu-dit Fourcade - **ESPIET**
✆ 05 57 24 24 08
Ouvert toute l'année. Du jeudi au samedi de 9h à 12h et de 14h à 18h. Boutique en ligne. Visite et dégustation sur rdv.

La cave coopérative Baron d'Espiet (une des plus anciennes de Gironde) et la cave Sauveterre-Blasimon ont fusionné en février 2017. S'imposant dans le paysage viticole bordelais, la cave de Sauveterre-Blasimon-Espiet allie savoir-faire et outils de vinification à la pointe du progrès. La cave de Sauveterre-Blasimon-Espiet réunit plus de 165 vignerons adhérents sur un vignoble de 3 200 ha. Des visites des chais sont organisées sur rendez-vous. Deuxième adresse à Sauveterre-de-Guyenne.

CHÂTEAU THIEULEY

Lieu-dit Le Thieuley
✆ 05 56 23 00 01
www.thieuley.com
Ouvert du lundi au vendredi de 9h à 12h et de 13h30 à 17h30 ; le week-end sur rdv. Visites et dégustations : 10 €.

L'histoire des vignobles Famille Courselle commence en 1950 quand André Courselle achète le château et entreprend d'y créer un domaine viticole. En 1972, son fils Francis Courselle, alors jeune ingénieur en agriculture et professeur de viticulture, décide d'accélérer le développement du vignoble. En 30 ans, la surface cultivée passe de 4 à 80 hectares, actuellement répartis sur trois domaines : Château Thieuley, Clos Saint Anne et Château Saint Genès. Sylvie et Marie Courselle, les filles de Francis, ont hérité de la passion familiale. Rendez-vous pour une visite.

CHÂTEAU TURCAUD

1033, route de Bonneau ✆ 05 56 23 04 41
www.chateauturcaud.com
Ouvert du lundi au vendredi de 8h30 à 12h30 et de 14h30 à 18h ; le samedi de 10h30 à 12h30 et de 14h30 à 17h30.

Maurice Robert et son épouse Simone achètent le Château Turcaud en 1973. En 2009, c'est à leur fille Isabelle et à leur gendre Stéphane Le May – un amoureux du vin lui aussi – que le couple transmet sa passion et son savoir-faire. Depuis deux générations maintenant, l'équipe des Vignobles Robert observe, adapte et développe les meilleures techniques de culture, de vinification et d'élevage. Les vins blancs, rouges, rosés et Bordeaux Clairet AOC du Château Turcaud sont récompensés lors de prestigieux concours. Visites et dégustations de préférence sur rendez-vous.

MAISON DES VINS DE L'ENTRE-DEUX-MERS

16, rue de l'Abbaye ✆ 05 57 34 32 12
https://vinsentredeuxmers.com/
Accueil vélo. Ouvert toute l'année (jours et horaires variables selon la saison). Dégustation de 3 vins : 4 €.

La Maison des vins de l'Entre-deux-Mers se trouve à l'intérieur de la remarquable grange abbatiale classée Monument historique, à l'entrée de l'abbaye de La Sauve Majeure. N'oubliez pas d'admirer la superbe charpente datant du XVIe siècle. Le syndicat viticole peut ainsi s'enorgueillir de présenter ses vins de l'AOC Entre-deux-Mers dans un aussi beau lieu. Née en 1937, l'appellation regroupe 250 viticulteurs sur 1 500 hectares. Elle produit exclusivement du vin blanc sec.

LA RÉOLE ★

Fondée en 977, La Réole est un bourg fortifié autour d'un prieuré, avec la Garonne à ses pieds. Le patrimoine historique de la commune est très riche, comme en témoignent le château des Quat'Sos, l'église Saint-Pierre, l'ancien hôtel de ville, l'hôtel de Briet, les ruines des remparts... Cette superbe citée fluviale mérite vraiment une visite commentée. Au hasard des rues, on découvre notamment, des maisons médiévales à colombages, la double porte du Sault, la fontaine et le lavoir de la Marmory du XIIIe siècle, la chapelle du centre hospitalier (XVIIIe siècle), le logis du Parlement ou un hôtel particulier du XVe siècle appelé manoir du Prince Noir.

ANCIEN HÔTEL DE VILLE

4, place Richard Cœur de Lion

C'est le plus ancien Hôtel de Ville de France, donc l'un des plus anciens bâtiments civils. Appelé aussi Vieille halle aux grains, il aurait été construit à la demande de Richard Cœur-de-Lion, duc d'Aquitaine avant d'être roi d'Angleterre, entre le XIIe et le XIIIe. Au cours des siècles, le bâtiment a subi de nombreux remaniements comme le percement d'ouvertures de style Renaissance ou l'ajout d'un balcon de style flamboyant à l'étage, là où se tenaient les réunions de la Jurade jusqu'à la Révolution. Aujourd'hui, la salle permet d'accueillir des expositions.

CHÂTEAU DES QUAT'SOS

7, place Albert Rigoulet

Construit par Louis VIII de France en 1224, le château des Quat'Sos a pris la place d'une tour rudimentaire, dressée 40 ans plus tôt dans l'ancien jardin du prieuré. Quatorze fois assiégé pendant la guerre de Cent Ans, le château fut le premier à subir les tirs de bouches à feu. La tradition rapporte que les défenseurs négocièrent leur reddition à temps pour les vendanges. Aucune raison politique ne pouvait avoir autant de valeur que le vin de l'année. Démantelé sur l'ordre de Richelieu, il a cependant conservé sa double enceinte fortifiée au sud.

PRIEURÉ DES BÉNÉDICTINS

Esplanade Charles de Gaulle

Cet ensemble sobre et massif date pour l'essentiel de la première moitié du XVIIIe siècle. Des ornements de style Louis XV tempèrent son austérité. Réalisées par le Réolais Blaise Charlut en 1748, les ferronneries embellissent également cet édifice monumental. La façade sud rappelle que La Réole fut l'un des quatre points de passage à gué sur la Garonne, sur la route des pèlerins de Saint-Jacques de Compostelle. Occupé par des administrations, il est toutefois possible de vous glisser dans les couloirs du monastère aux heures de bureau.

ÉGLISE SAINT-PIERRE

Bâtie au cours des XIIe et XIIIe, puis démantelée lors des guerres de Religion, l'église Saint-Pierre a été reconstruite en style gothique au XVIIe. Le portail a été dépouillé de toutes ses sculptures en 1795 alors que l'église était devenue Temple de la Raison avant de servir de caserne. Ce n'est qu'en 1821 qu'elle est rendue au culte. Elle devient église paroissiale quelques années plus tard. Le clocher carré fut exhaussé en 1845. L'intérieur impressionne par ses proportions : 54 m de long, 16 m de large et 19 m sous les voûtes.

BUREAU D'INFORMATION TOURISTIQUE

15, rue André Bénac

✆ 05 56 61 13 55

www.entredeuxmers.com

Ouvert toute l'année. Jours et horaires d'ouverture variables selon la saison.

On vous informe sur toutes les richesses de ce territoire. Hébergement, restauration, sports et loisirs, patrimoine, événements… Notez également que l'Office de Tourisme vous propose des séjours clé en main ou sur mesure, sur une journée ou plus. On vous conseillera sans doute d'emprunter les venelles escarpées de la ville, pour remonter le temps et admirer les maisons à colombages aux ferronneries XVIIIe siècle, ou les décors médiévaux et Renaissance de l'ancien Hôtel de Ville.

La Réole.

PALMAGRI

8, rue Partarrieu - **AUROS**
✆ 05 56 65 40 81 - www.palmagri-foiegras.fr
Ouvert le lundi de 9h à 12h30 ; du mardi au samedi de 9h à 12h30 et de 15h à 18h. Vente en ligne sur Internet.

Coopérative agricole spécialisée dans le canard gras, Palmagri regroupe 10 producteurs passionnés, tous éleveurs et gaveurs. Les canards sont élevés en plein air sur les terres girondines, entre les vignobles sud-girondins et les Landes de la Gironde. Privilégiant un savoir-faire artisanal, les recettes, sans conservateurs ni colorants, sont concoctées à Auros, dans l'atelier de fabrication. Le canard est dans tous ses états : confit, tournedos, magret, fricassée de guit, garbure, foie gras de canard entier, pâté, rillettes, cou farcis, saucisse fine, boudin...

LA PARENTHÈSE €€

22, rue Lagrave
✆ 06 85 72 98 29
www.laparenthese-lareole.fr
Petit déjeuner inclus (sans gluten sur demande, salé : 2 €/pers).

Cette belle bâtisse datant de la fin du XIXe siècle, plantée dans les terres de La Réole, propose deux belles chambres doubles et une suite familiale composée de deux chambres communicantes. Très joliment décorées, ces chambres spacieuses sont également d'un grand confort. La Parenthèse a effectivement obtenu le label Vignobles et Découvertes en 2016. Vous profiterez ici de nombreux services en complément, comme le petit déjeuner adapté à vos restrictions alimentaires ou envies, le bain bouillonnant ou les stations de rechargement de vélos.

L'ÉCHOPPE €

14, rue Peysseguin
✆ 05 56 61 06 28
Ouvert toute l'année. Jours/horaires d'ouverture variables (voir page Facebook). Formules complètes de 13 € à 16 €.

Près de l'ancien hôtel de ville, L'échoppe est une petite crêperie sans prétention où la cuisine est faite maison. Bien reçu, on est très vite installé et vite prêt à commander. Affichées sur une ardoise, deux formules sont proposées en plus de la carte. Si les recettes sont plutôt classiques, on hésite toujours entre une ou deux. Les suggestions donnent aussi l'eau à la bouche, sans compter que désormais on peut aussi choisir parmi quelques tartines, soupes, etc. L'échoppe vous propose également quelques planches à partager. Glaces ou crêpes en dessert ?

L'ABSOLU €€

2, rue Patarrieu - **AUROS** ✆ 05 56 65 29 23
restaurant-absolu.com

Maître Restaurateur. Ouvert du jeudi au lundi le midi et le soir. Formule du midi : 19 €. Réservation recommandée.

A une dizaine de kilomètres de Langon, L'Absolu mérite bien des éloges. Déjà, sa façade en pierres donne le ton de l'élégance. Avec sa grande fresque murale, la salle Forest donne l'impression d'être dans un sous-bois. Dans toutes les salles, la décoration est agréable. Côté cuisine, le chef, qui porte fièrement le titre de Maître Restaurateur, vous propose des plats dans la même veine, c'est-à-dire raffinés et accompagnés de sauces savoureuses. Le tout à un excellent rapport qualité-prix. Un espace placé sous vidéosurveillance a été aménagé pour les petits.

LES PERLES À PIMPIN €€

31, rue André Bénac
✆ 05 56 71 29 73

Ouvert toute l'année. Jours et horaires d'ouverture variables selon la saison. Plats de 13,50 € à 17 €. Terrasse.

Les amants de bonne cuisine vont aimer se donner rendez-vous ici où la cuisine est délicieuse, généreuse et vraiment gourmande. Pour ne rien gâcher à cette justesse, l'accueil fait aussi partie des points forts de l'établissement. Compte encore la décoration et la très agréable terrasse depuis laquelle on contemple la vieille ville. La contemplation sera aussi dans les assiettes où les produits frais et de saison sont merveilleusement cuisinés à la sauce bistronomique. Les plats varient selon les arrivages et au gré des envies du chef.

AUX FONTAINES €€€

8, rue de Verdun
✆ 05 56 61 15 25
www.restaurant-aux-fontaines.com

Du mardi au dimanche le midi ; le mardi et du jeudi au samedi le soir. Menu à 37 €. Formule du midi : 19 €. A emporter.

A l'intérieur de cette maison de maître du XIXe, à côté de la grande cheminée ou à l'extérieur, à l'ombre de la pergola arborée, installez-vous pour goûter aux mets d'inspirations régionales. Philippe Labrousse privilégie le circuit court, des viandes exclusivement françaises et des produits de pêche raisonnée. De fait, la carte est régulièrement renouvelée. Si vous êtes curieux, nous vous conseillons de choisir le menu. Pour accompagner votre dégustation, Estelle saura vous proposer des vins de la région ainsi que les meilleurs vins du terroir et des vins bio.

C' DU VIN

1, lieu-dit la Gravaire - **BARIE**
✆ 05 56 61 26 80
https://cduvin.wixsite.com/cduvin

Ouvert de mars à décembre de 18h à 22h (jours variables selon la saison). Terrasse. Animations. Concerts. Catering.

Caviste passionnée, Charlotte Auboin sélectionne des vins non pas parce qu'ils sont techniquement parfaits, mais parce qu'ils sont d'abord créateurs d'émotions. Charlotte s'attache à présenter le travail du vigneron, son univers, mais aussi ses intentions. Issus exclusivement de l'agriculture biologique et biodynamique, les vins doivent toujours avoir une histoire à raconter. C' du Vin, c'est à la fois un bar à vins (avec ou sans tapas maison ?) et une cave (jours et horaires propres). Des dégustations privées avec accords mets-vins peuvent être organisées.

LE COYOTE

7, rue castelnau d'Auros
AUROS
✆ 05 57 03 17 17

Ouvert du mardi au jeudi de 8h à 21h ; le vendredi de 9h à 2h ; le sam. de 14h à 2h. Concerts. Retransmission de match.

Avec sa terrasse, le Coyote est le QG des motards du coin ! Toutefois, balayez vos préjugés d'un revers de la main, car dans ce bar, la tête du client importe peu. Adeptes ou non des deux-roues, des vestes en cuir floqué ou des tatouages, vous serez toujours bien accueillis dans ce lieu un brin rustique où la musique résonne fort et en live. Des concerts ou des « bœufs » y sont régulièrement organisés. L'ambiance est excellente et les bières également, même si elles sont (toujours) à consommer avec modération. Retransmission de matchs (foot, rugby, etc.).

LA PETITE POPULAIRE

33, rue Armand Caduc
✆ 09 63 53 81 23
www.lapetitepopulaire.fr

Bureau et café associatif. Ouverture variable selon la disponibilité des bénévoles.

Véritable lieu de vie, ce charmant petit endroit a vu le jour grâce à la volonté des bénévoles de l'association. Baby-foot et table d'activités pour les enfants, espace de travail pour les parents, espace de ressources pour les associations... La Petite Populaire est bien plus qu'un café ! De nombreux ateliers sont programmés pour les enfants et des concerts sont organisés pour faire vivre cet endroit pas comme les autres. Vide-dressing, théâtre, cafés littéraires sont aussi de la partie ! Et des soirées after-work le vendredi soir.

LA FERME DU MOULINAT

1, le Roquet - **LOUBENS** ✆ 05 56 71 30 84
www.lafermedumoulinat.com
Ouvert du lundi au vendredi de 10h à 12h30 et de 14h à 18h30 ; samedi jusqu'à 17h30. Visite et dégustations. Animations.

Du foie gras, des confits, des cous farcis, des grattons, des rillettes, des pâtés... Rendez-vous à la Ferme du Moulinat ! Cela fait maintenant plusieurs générations que Philippe Fazembat et ses trois enfants élèvent des canards. Ils vous proposent encore quelques spécialités comme le magret fourré ou les cuisses de canard sauce au vin de l'Entre-Deux-Mers flambée à l'armagnac (en conserves, verrines et paniers gourmands). Ils sont aussi producteurs de porc noir. Salle de réception, traiteur, animations, aire d'accueil... La ferme du Moulinat a de nombreux atouts.

HALTE NAUTIQUE

FONTET
Ouvert toute l'année. Bar-snack. Aire de pique-nique. Jeux pour enfants. Site de pêche. Port de plaisance.

Près du musée des Allumettes, la halte nautique de Fontet est une base de loisirs où vous pourrez venir vous rafraîchir à la belle saison, à l'ombre du parc arboré tout en profitant de la baignade surveillée en juillet et août. Des jeux pour enfants sont à disposition ainsi qu'une buvette et un point restauration ouvert en été. Une aire de pique-nique avec barbecue est aménagée sur le site. Canoë ou aviron sur le canal, tir à l'arc, balades le long du chemin de halage, pêche... Le petit port de plaisance avec ses deux pontons d'amarrage a des airs de vacances.

PARASCENDANCE

FLOUDÈS
✆ 06 81 38 89 15
www.parascendance.fr
Vol en ULM Pendulaire ou en Paramoteur de 60 à 100 €. Vol pédagogique avec initiation au pilotage : 140 €.

Parascendance, c'est bien évidemment des baptêmes en paramoteur (le plus petit aéronef) ou en pendulaire pour apprécier de plus haut, les paysages de l'Entre-deux-Mers et ses châteaux entre la Garonne et le canal du Midi. C'est aussi, pour celles et ceux qui rêvent de voler seul(e) s, une école de formation au brevet de pilote ULM classe paramoteur. Olivier Garric votre instructeur, vous propose une formation pour acquérir une autonomie complète en paramoteur avec l'obtention du brevet de pilote ULM. Plus de renseignements en ligne !

LANGOIRAN

De la guerre de Cent Ans aux artisans du fleuve, Langoiran a conservé les vestiges d'une histoire haute en couleur. Dans la ville basse, il faut longer les quais de la Garonne puis remonter la rue Berquin, le long de l'Estey où s'aligne toute une série d'anciennes maisons de pêcheurs. Au bout de cette rue, un pont métallique permet de traverser cette petite rivière pour atteindre Le Tourne. C'est de ce côté de la rive que la vue sur les superbes façades du port est la plus saisissante. Dans la ville haute, le château médiéval de Langoiran (fin XIIIe - début XIVe) et l'église romane Saint-Pierre-ès-Liens sont les deux sites incontournables.

© BERNARD LAMARQUE
Haut - Langoiran.

LES CHANTIERS TRAMASSET

20, esplanade Josselin - **LE TOURNE**
✆ 09 53 65 61 69
www.chantierstramasset.fr/fr
Visites guidées à partir de 9 € (toute l'année sur réservation). Visite libre (parcours avec livret) : 3 €. Animations.

Le chantier naval Tramasset existe depuis 1837. A l'époque, il faisait partie des 6 chantiers du Tourne et de Langoiran qui construisaient des yoles, des filadières, des coureaux, des gabares et des sapines pendant la période où les bateaux en bois assuraient le transport sur la Garonne. Fermés et laissés à l'abandon en 1985, les chantiers Tramasset seront rachetés par la mairie. Sur place : un atelier de charpente navale où sont restaurés à l'ancienne, de nombreux bateaux et un très rare exemplaire de four à étuve. Au programme : des visites, des expositions...

CHÂTEAU MÉDIÉVAL DE LANGOIRAN ★

14, Le Pied du Château
✆ 05 56 67 12 00
www.chateaudelangoiran.com
Ouvert toute l'année. Gratuit jusqu'à 6 ans. Adulte : 4 €. Tarif réduit (3 €) et visite guidée (5 €) pour les groupes.

Le château de Langoiran a été construit au début du XIVe siècle par Etienne d'Escoussans, seigneur de Langoiran et allié des Anglais lors de la guerre de Cent Ans. Dominant la Garonne et offrant une vue bien dégagée sur celle-ci, l'édifice ne jouit pas d'une position très stratégique, mais il contrôle l'accès au fleuve, ce qui lui assure une rentrée de subsides grâce aux droits et aux taxes sur les marchandises transitant par le fleuve. Pour autant, la seigneurie de Langoiran a été l'une des plus prestigieuses et des plus puissantes du duché d'Aquitaine. Au fil des ans, la propriété passe entre les mains de plusieurs hauts personnages girondins jusqu'à devenir la résidence du président du Parlement de Bordeaux au XVIIe siècle. Haut de 19 mètres, le château est assiégé en 1649 lors de la Fronde ; il finira par être abandonné. Acquis par Robert Bibonne en 1972, ce dernier n'a cessé de restaurer le site. Malgré de nombreux remaniements au cours des siècles, il conserve néanmoins une enceinte rappelant son utilité défensive. L'élément le plus remarquable reste le donjon qui est, selon Léo Drouyn, « la plus belle tour du département de la Gironde ». C'est aussi le plus large de France. Bonne nouvelle, le château médiéval de Langoiran se visite toute l'année. A l'intérieur se trouvent encore des fresques où saint Pierre et saint Michel sont représentés. Vous ne serez pas déçu. Pour les groupes de plus de 10 personnes, la visite peut être commentée.

LES LOGIS DE LESTIAC €€

71, route de Bordeaux
LESTIAC-SUR-GARONNE
✆ 09 83 51 17 28
http://leslogisdelestiac.fr/
Ouvert toute l'année. 4 chambres (de 95 à 115 €). Petit déjeuner inclus. Parking inclus.

Claudette et Bruno Colinet sont des passionnés d'histoire de la région. Surtout, ce sont de formidables hôtes qui pensent d'abord à votre confort. Ainsi, en cas d'arrivée tardive, ils peuvent vous servir un repas type apéritif dînatoire et les repas peuvent être pris dans la salle à manger ou dans le jardin si le temps le permet. Pour vos enfants, ils mettent à disposition des brassards, des bouées et des jeux d'eau. Vous trouverez également des serviettes de piscine dans vos chambres. Tout est aussi charmant que leur chartreuse girondine du XVIIIe siècle.

BASILIC PIZZA €€

29, avenue du Général de Gaulle
✆ 05 57 54 57 17
www.basilic-pizza.fr
Du lundi au vendredi le midi et le soir. Grandes pizzas (33 cm) de 9 € à 15 € ; bruschettas de 9 € à 10 €. A emporter.

Sans surprise, Basilic Pizza vous propose un large choix de pizzas à pâte fine. Des plus classiques aux plus gourmandes comme la DeLizloSa (sauce tomate, champignon frais, magret de canard, foie gras, mozzarella et persillade), toutes se déclinent en deux tailles (15 et 33 cm). Garnies avec des produits de qualité d'ici et d'ailleurs, elles sont cuites dans un four à bois traditionnel. Et ça change tout ! Sur place ou à emporter, Basilic Pizza vous offre un vrai moment de gourmandise à l'italienne. Découvrez également les bruschettas.

LE SAINT MARTIN €€

5, place Aimé Gouzy
✆ 05 56 32 70 31
Ouvert en saison à partir de Pâques. Ouvert du mardi au dimanche le midi. Réservation recommandée. Menu à 35 €.

Quelle sensation délicieuse de siroter un cocktail sous la tonnelle de la Brasserie Saint Martin et de se délecter d'un bon repas avec une vue magnifique sur la Garonne ! Particulièrement apprécié des amoureux pour cette terrasse romantique, l'endroit est idéal pour se retrouver dans une ambiance douce et paisible. N'hésitez pas à demander une table au plus près de la rive, car avec un peu de chance, vous pourrez observer le Mascaret et la vitesse avec laquelle il fait monter le niveau de l'eau. En général, la brasserie ouvre le soir à compter du mois de juin.

LES CHAIS SOUTERRAINS DU CHÂTEAU LAMOTHE DE HAUX

295, chemin de l'Eglise - **HAUX** ✆ 05 57 34 53 00
www.chateau-lamothe.com
Visite et dégustation (5 €/pers.) du lundi au vendredi de 9h à 11h30 et de 14h à 17h sur rdv ; le week-end sur demande.

Demeure de charme du XVIe siècle, le Château Lamothe de Haux a la particularité d'avoir aménagé les impressionnantes galeries troglodytes en chais d'élevage. Au XVIIe siècle des carrières d'extraction de pierres de calcaire furent en effet percées pour construire Lamothe, les domaines aux alentours, etc. Aujourd'hui transformées en chais à 30 mètres sous terre, ces galeries offrent une température idéale et constante pour la conservation et la maturation des vins. A visiter !

CHÂTEAU DU COUREAU

380, Route du Bourg - **HAUX**
✆ 05 56 23 05 03
www.chateauducoureau.com
Ouvert du lundi au vendredi de 9h à 12h et de 13h30 à 17h30. Visite et dégustation sur rendez-vous. Boutique en ligne.

Belle propriété familiale de 68 ha exploitée depuis cinq générations, le château du Coureau est entouré d'une partie de son vignoble. Le Blanc des Cabanes (cépages sémillon et sauvignon) est né du mariage de l'ostréiculture et de la viticulture, au cœur du bassin d'Arcachon. Les bouteilles de ce vin ont ainsi la particularité de maturer quelques mois en eaux profondes juste à côté des huîtres. Loin d'être un concept fantaisiste, la famille Labeyrie souhaite surtout prouver les bienfaits de cette technique d'immersion en milieu sous-marin. A découvrir, à déguster.

CHÂTEAU LANGOIRAN

16, route du Lieu-dit
✆ 05 56 67 08 55
www.vignobles-gonfrier.fr
Ouvert toute l'année, du mardi au samedi, de 9h30 à 12h30 et de 14h à 18h. Visite et dégustation.

Ouvrant la voie à la troisième génération, Eric et Philippe Gonfrier ont été rejoints par Thibault, le fils de Philippe. Ensemble, ils s'investissent pour préserver le bon état du vignoble dans le respect de l'environnement. Le château de Marsan reste la référence de l'entreprise familiale. Après avoir étendu et développé le vignoble de ce domaine, ils ont œuvré avec force et envie pour faire de ces vins des incontournables des terres bordelaises. C'est au Château Langoiran qu'il faudra vous rendre pour la visite de sa cave souterraine suivie d'une dégustation.

LE CELLIER DE GRAMAN

25, route de Créon ✆ 05 56 67 09 06
www.berticot.com
Ouvert du lundi au samedi de 9h30 à 12h30 et de 14h à 18h30. Epicerie fine. Boutique en ligne. Livraison possible.

© LE CELLIER DE GRAMMAN

Aux portes de Bordeaux, dans cette adresse incontournable depuis plus de 55 ans, les vignerons de Graman vous proposent de (re) découvrir leur belle et grande boutique avec une très large gamme de leurs appellations en Blanc, Rosé, Clairet, Rouge et Crémants (AOP Bordeaux et AOP Duras.) Vous y trouverez aussi de nombreuses idées cadeaux et des paniers gourmands à composer issus de produits du terroir. Une dégustation vous sera proposée afin de vous faire découvrir la passion des viticulteurs. Pour les groupes de plus de 10 personnes, il faudra prendre rendez-vous.

CHÂTEAU PENEAU

747, Les Faures - **HAUX** ✆ 05 56 23 05 10
www.chateaupeneau.com
Ouvert du lundi au vendredi de 9h à 12h et de 14h à 18h ; le samedi de 8h à 12h. Visite et dégustation gratuites.

Propriété de Dany Douence depuis 1997, fille de viticulteur de plusieurs générations, le vignoble du Château Peneau produit des vins authentiques et équilibrés, souvent récompensés lors de prestigieux concours nationaux et européens. Le Bordeaux blanc sec (60 % Sauvignon blanc et 40 % Sauvignon gris) a obtenu, entre autres récompenses, la Médaille d'Or au Concours général agricole de Paris 2016, pour le millésime 2015. Caveau de vente et dégustation à la salle La Palombière. Accueil camping-cars toute l'année et location de salle pour vos événements.

DOMAINE DE SAINT-AMAND

Lieu-dit Saint-Amand - **CAMBES** ✆ 06 30 49 00 13
www.domainedesaintamand.fr
Visite et dégustation sur rdv toute l'année. Gîte (2 personnes) et studios de standing à Bordeaux. Salle de réception.

Sur ces terres d'Appellation Côtes de Bordeaux, le Domaine se compose de 2,5 hectares de rouge AOC Cadillac Côtes-de-Bordeaux et Bordeaux rosé (80 % de Merlot, 20 % de Malbec), et 0,7 hectare de blanc (70 % Sauvignon, 30 % de Sémillon). Vigneronne investie et attentionnée, engageant sa conversion en bio, Sarah Simon met tout en œuvre pour que chaque visite-dégustation soit un moment de partage. Le Domaine de Saint-Amand, c'est aussi un gîte avec piscine et 5 appartements rénovés à Bordeaux qui respectent le charme de l'ancien et offrent un confort optimal.

PELLEGRUE

Fondée en 1274 par Henri III, roi d'Angleterre, Pellegrue est une bastide juchée sur un éperon rocheux à 112 m d'altitude. Sa situation frontalière avec le Lot-et-Garonne et la Dordogne en fait un site remarquable entre châteaux, églises et paysages variés. Au centre de cette place se trouve actuellement une halle métallique du XIXe siècle qui à l'origine était en bois. On remarquera aussi la mairie avec son beffroi muni d'une cloche qui daterait du XIIe siècle. Pellegrue a la particularité de posséder pas moins de cinq églises. La plus visitée est celle de Saint-André, en forme de croix latine avec une coupole d'inspiration byzantine du XIIIe siècle.

MONSÉGUR

Fondé par Eléonore de Provence en 1265, Monségur a conservé sa place couverte et son plan en damier. L'origine de son nom « mons securus » signifie le mont sûr. La cité est en effet perchée sur une colline et un très joli chemin de ronde fait le tour des remparts, offrant une vue sur la vallée. L'ensemble du bourg est resté pittoresque avec ses anciennes rues, ses maisons à colombages et sa tour du Gouverneur du XVe siècle. Son église Notre-Dame, typique des églises de bastides, date de la fin du XIIIe et présente une harmonie parfaite entre les chapelles gothiques et la nef néogothique du XIXe siècle. A voir aussi la halle de verre et de fonte.

OFFICE DE TOURISME DE PELLEGRUE

21, rue de la République
✆ 05 56 61 37 80
www.tourisme-dordogne-paysfoyen.com
Fermé en janvier. Jours et horaires variables selon la saison.

Antenne de l'Office de Tourisme du Pays Foyen situé à Sainte-Foy-la-Grande, on vous renseignera ici sur les choses à voir et à faire dans la région. Activités de loisirs terrestres, aériennes, aquatiques ou de détente, visites commentées, randonnées, sorties à vélos... Dédié à la promotion du territoire et à l'œnotourisme, n'hésitez pas à aller à l'espace « Tourisme & Vin » au centre commercial Grand Pineuilh, à Pineuilh. Des expositions y sont régulièrement programmées.

MARCHÉ DE PELLEGRUE

Le mercredi de 8h à 13h.

Le marché traditionnel de Pellegrue se tient toute l'année, chaque mercredi matin dans le centre-ville. Toutefois, notez qu'en période estivale, plus précisément en juillet et août, les marchés nocturnes font aussi fleurir la bastide. Vous y trouverez alors des produits locaux, des vins du terroir, de la viande Bazadaise, du canard ou encore du fromage d'élevages proches. Des animations musicales viennent toujours apporter à la fête ! On fait le plein de bons produits et de bonne humeur, et c'est l'occasion d'une petite visite (églises, maisons fortes...).

OFFICE DU TOURISME DE L'ENTRE-DEUX-MERS

3, rue Porte de La Réole
✆ 05 56 61 82 73
www.entredeuxmers.com
Ouvert toute l'année. Jours et horaires d'ouverture variables selon la saison.

Aux portes de Bordeaux, l'Entre-Deux-Mers est un océan de vignes dans lequel vous pouvez vous adonner à de multiples expériences : échappée cyclo touristique au cœur des vignobles, balade le long du canal et de la Garonne, séjour en chambres d'hôtes, rencontre avec des vignerons désireux de transmettre leur savoir-faire et de faire goûter leurs breuvages... L'office du tourisme se charge de mettre à votre disposition les infos nécessaires pour vous concocter une escapade mémorable.

LA BARRIQUE & LA FILLETTE €€

1, place Robert Darniche ✆ 09 53 25 43 02
www.labarriqueetlafillette.fr
Du jeudi au lundi midi en basse saison ; du mercredi soir au lundi midi en été. Restauration le midi ; tapas le soir.

En s'entourant de Laura et Charlotte en cuisine, Constance propose désormais une carte pour le déjeuner avec 3 entrées, 3 plats et 3 desserts. Pour mettre tout le monde d'accord, vous aurez le choix entre un plat végétarien, de viande ou de poisson. Le soir, on fait honneur aux tapas cuisinées. Coques sautées et crème de miso blanc, poulet karaage (friture japonaise) et mayonnaise au wasabi, arancinis au mascarpone, gorgonzola et noix... Les recettes changent tous les trois mois.

LA BARRIQUE & LA FILLETTE

1, place Robert Darniche
✆ 09 53 25 43 02
www.labarriqueetlafillette.fr

Du jeudi au lundi midi en basse saison ; du mercredi soir au lundi midi en été. Restauration le midi ; tapas le soir.

Constance, une œnophile passionnée, vous fera découvrir l'une des 80 références de la maison ; des vins de vignerons exclusivement ! La dégustation s'accompagne souvent de tapas préparées par Laura et Charlotte qui rejoignent l'aventure depuis mai 2021 en tant qu'associées. Au-delà de leurs envies de vous faire connaître des domaines exceptionnels en organisant notamment des ateliers-dégustation, les filles vous proposent une carte pour le déjeuner et des tapas cuisinées pour le soir.

RAUZAN

Longtemps vouée aux Anglais, Rauzan fut reprise par Du Guesclin et redevint définitivement française à la fin de la guerre de Cent Ans. Témoin du passé et de ces guerres médiévales, la forteresse de Rauzan a été bâtie aux XIIIe et XIVe siècles, puis restaurée dans le style gothique après la guerre de Cent Ans. Le château mérite la visite pour son enceinte polygonale, son logis gothique et son haut donjon cylindrique. À voir également : l'église romane bâtie sur un plan templier, ainsi que plusieurs maisons anciennes situées dans le bourg, notamment les maisons fortes de la Salle et de Roquenègre qui datent des XIIIe, XVIe, XIXe siècles.

CHÂTEAU MÉDIÉVAL DE RAUZAN

12, rue de la Chapelle ✆ 05 57 84 03 88
www.chateau-fort-rauzan.fr

Ouvert toute l'année. Jours et horaires d'ouverture variables selon la saison. Adulte : 4 €. Enfant (6 à 14 ans) : 3 €.

Témoin de la guerre de Cent Ans, le Château de Rauzan a été pris par deux fois par les Français, dont Bertrand du Guesclin en 1377. Classé en 1862 par les Monuments historiques, il ne renaît dans les esprits qu'à partir des années 1970 lorsque la commune, propriétaire depuis 1900, et quelques passionnés entreprennent des travaux de débroussaillage et de restauration. Après avoir gravi les 31 mètres du donjon, vous pourrez admirer la magnifique voûte en palmier de sa tour d'honneur.

GROTTE CÉLESTINE

8, rue Lansade ✆ 05 57 84 08 69
www.grotte-celestine.fr

Ouvert toute l'année. Adulte : 8 €. Enfant : 5 €. Visite guidée (uniquement sur réservation par téléphone).

Datant de l'ère quaternaire, la Grotte Célestine a été creusée dans la roche calcaire par une rivière souterraine. Découverte en 1845, elle n'a longtemps été accessible que depuis la chambre d'une honorable rauzanaise qui lui a donné son nom. Désormais ouverte au grand public, cette incroyable grotte sous la ville permet d'observer les splendeurs d'un monde minéral et une foisonnante activité hydrologique souterraine. Equipé d'un casque avec lampe frontale, de bottes et d'une blouse, il ne tient qu'à vous de jouer les aventuriers dans les entrailles de la Terre.

CAMPING DU VIEUX CHÂTEAU*** €

6, Blabot-Bas (rue Peyruc) ✆ 05 57 84 15 38
https://www.vieuxchateau.fr/

Du 1er avril au 15 octobre 2022. Emplacement : 16 à 32 €/nuit. Hébergement locatif (2 à 6 pers.) : 150 à 895 €/semaine.

Labellisé *Camping Qualité* et *Qualité Tourisme*, le camping se trouve au pied du château médiéval, à seulement à 200 mètres du village, accessible à pied par le chemin de ronde. Parmi les hébergements locatifs : des alcôves prêtes à camper, un truck, des bungalows toilés, des tentes perchées, des chalets et des mobil-homes. Les emplacements pour tentes, caravanes ou camping-cars sont ombragés. Le plus ? L'espace aquatique ouvert en saison avec piscine chauffée, pataugeoire et sauna.

L'ÎLOT-VIGNES €€

2, Caboz ✆ 07 70 07 86 93
www.ilot-vignes.com

5 chambres à partir de 90 € (pdj inclus). Gîte (6 pers.) à partir de 500 €/semaine. Table d'hôtes sur réservation.

En chambres d'hôtes ou en gîte à partir de 3 nuits pour 6 personnes, l'Îlot-Vignes est une belle adresse où séjourner. Calèche rénovée, fûts, parterres de fleurs... Les extérieurs sont particulièrement agréables, mis en valeur avec beaucoup d'élégance. Et n'oublions pas la piscine de 14 x 4 m avec ses escaliers progressifs, ses transats et ses espaces ombragés. Pour vous régaler, le matin et le soir à leur table d'hôtes (sur réservation de préférence), Laure et Pierre-Yves servent des produits du terroir issus, autant que possible, des producteurs des environs.

LE MANOIR DE MARIE-LOU €€

34, rue du Petit Versailles ✆ 05 57 84 07 48
www.lemanoirdemarielou.fr

Ouvert toute l'année. Chambre double 100 € ; suite 130 € ; duplex 170 €. Petit déjeuner inclus. Table d'hôtes.

Le Manoir de Marie-Lou est idéalement situé à 10 minutes de la route des vignobles de Saint-Emilion. Cet ancien manoir du XVIIIe siècle en pierres de taille et moellons dispose d'un agréable parc de 600 m² dans lequel vous apprécierez sa roseraie et son pigeonnier. Le Manoir de Marie-Lou vous réserve deux chambres doubles – la « Sébastien » et la « Christel » –, ainsi qu'une suite familiale (3 couchages) et un duplex (4 couchages). Ouverte le soir sur réservation, la table d'hôtes met à l'honneur des produits d'agriculteurs et maraîchers de la région.

LES CAVES DE RAUZAN

1, l'Aiguilley ✆ 05 57 84 13 22
www.cavederauzan.com

Du lundi au samedi de 9h à 12h30 et de 14h à 18h. Vente et dégustation. Visite guidée. Activités œnotouristiques.

Tout commence (ou presque) en 1933 lorsqu'une poignée de vignerons rauzannais décidèrent de bâtir un chai commun qui allait devenir, 70 ans plus tard, la première Cave Coopérative Vinicole de France. Près de 300 adhérents apportent une production moyenne de 160 000 hectolitres de vins AOC. A la pointe de la technologie avec des outils de vinifications très sophistiqués, les caves de Rauzan méritent vraiment le détour. L'accueil et les bons conseils viennent s'ajouter aux nombreux attraits de cette adresse. Et aussi : dégustation, visite guidée de la cave...

CHÂTEAU ROQUEFORT

LUGASSON ✆ 05 56 23 97 48
www.chateau-roquefort.com

Vignobles et Découvertes. Visite et dégustation : 6 €/personne. Autres activités œnotouristiques. Boutique en ligne.

Propriété familiale des vignobles Bellanger, le château Roquefort est situé sur la route des vins de l'Entre-deux-Mers, entre Garonne et Dordogne. Primé dans la catégorie *Architecture et paysage* (Best of Wine Tourism 2019) aux côtés des châteaux Les Carmes Haut-Brion et Lafon-Rochet, le château Roquefort raconte 6 000 ans d'histoire. Des vestiges exceptionnels du néolithique sont d'ailleurs exposés au musée d'Aquitaine et au musée de la Société linnéenne de Bordeaux. De l'époque médiévale, il ne reste que le donjon. Jetez un coup d'œil à l'offre œnotouristique.

SAINT-MACAIRE ★

Saint-Macaire est un splendide site médiéval entouré de remparts. Appelée Ligena durant l'Antiquité, la cité a pris le nom du saint venu l'évangéliser, elle s'est développée autour de son abbaye. Commencez par la porte de Benauge du XIVe siècle, qui synthétise admirablement l'entrée fortifiée du village, puis au centre, la place du Mercadiou, considérée comme la plus belle du département avec ses arcades de pierre blonde, ses façades du XIVe au XVIe et son ancien relais de poste de style Renaissance. Le village renferme de nombreuses maisons anciennes, dont les plus belles sont celles de Tardes, La Roque, Eyquem ou Baritault et Flous.

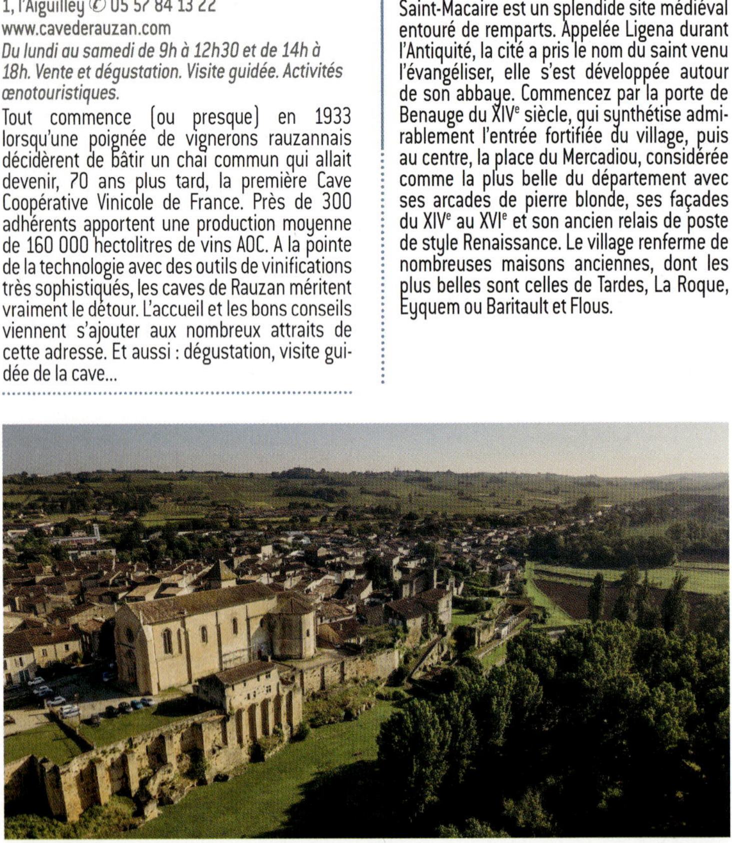

© SPIRITPROD33 - SHUTTERSTOCK.COM

Saint-Macaire.

ENTRE-DEUX-MERS

OFFICE DE TOURISME DE SAINT-MACAIRE

8, rue du Canton
✆ 05 56 63 68 00
www.tourisme-sud-gironde.com
Ouvert toute l'année. Jours et horaires d'ouverture variables selon la saison.

En plus de l'information touristique traditionnelle et d'une billetterie spectacle, l'Office de Tourisme de Saint-Macaire vous propose des visites guidées de la ville. Sur place, la boutique référence plus d'une centaine de vins du canton ainsi que des cartes postales illustrant les sites majeurs de la région, dont certaines peintes par un aquarelliste local. L'Office de Tourisme est situé au cœur du village, dans une ancienne demeure de marchand de 1565.

APPARTHÔTEL LES TILLEULS** €€

16, allée des tilleuls ✆ 05 56 62 28 38
www.tilleul-medieval.com
Ouvert toute l'année. 10 logements de 58 € à 75 €. Petit déjeuner : 8,50 €. Parking inclus. Restauration.

L'appart'hôtel Les Tilleuls et le restaurant sont situés au cœur de la Cité médiévale dans une bâtisse du XVIe siècle. Avec tous les services hôteliers classiques, vous profiterez pour une nuit ou plus, d'un véritable logement avec son espace cuisine. Bien sûr, rien ne vous empêche d'aller manger au Médiéval le midi ou le soir. Le restaurant affiche des tarifs très intéressants, y compris pour les menus. Et aussi : salle de remise en forme, bain bouillonnant et prêt de vélos.

LA BELLE LURETTE €€

2, place de l'Horloge ✆ 05 56 63 02 42
www.bar-labellelurette.com
Ouvert tous les jours le midi (12,50 € à 15,50 €). Tapas le vendredi soir ; tapas et plats à la carte le samedi soir.

© LA BELLE LURETTE

La BL est le café du village tenu par Rubi et Sylvain. C'est avant tout un lieu culturel et de rencontres. A l'intérieur : expo' de photos et peintures, objets chinés, vieux bouquins... Une sacrée bonne atmosphère règne dans ce petit bistro ! On s'y retrouve pour boire un verre en terrasse à toute heure, manger le midi, grignoter quelques tapas et ardoises de charcuterie et/ou fromage le vendredi soir, et aussi le samedi soir (tapas et plats de 10 à 16 euros). Et pour accompagner ? On jette un coup d'œil à la sympathique carte des cocktails (alcools Premium).

L'ABRICOTIER €€

2, rue Bergoeing
✆ 05 56 76 83 63
www.restaurant-labricotier.com
Maître Restaurateur. Ouvert du mercredi au dimanche le midi et le soir. Menu à 36 € ; le dimanche de 23 à 27 €. Jardin.

Michèle et Alain vous accueillent dans leur maison avec piscine comme des amis de passage à qui ils indiqueraient où se trouve la salle à manger. L'Abricotier est un lieu sans prétention où les tables sont bien dressées. Dans l'assiette, Alain Zanette, maître restaurateur, deux fourchettes au *Guide Michelin*, ne met pas les petits plats dans les grands. Il cuisine avec précision, justesse et ne part pas dans des envolées superflues. Le produit pour le produit, et juste ce qu'il faut pour l'accompagner. L'Abricotier est aussi une adresse où séjourner.

LE PAMPAILLET €€

5, rue de l'Eglise ✆ 05 56 62 33 75
https://restaurant-saint-macaire.fr/
Ouvert du mardi au dimanche de 12h à 22h. Carte à partir de 9 €. Terrasse. Cave à manger, épicerie et salon de thé.

Dans la vieille ville de Saint-Macaire, après la porte fortifiée, Le Pampaillet est une cave à manger qui s'inscrit dans une démarche locavore en proposant également une sélection de vins de la région. La carte varie avec les saisons et peut être adaptée à un régime spécial sur demande. Les viandes (confit de canard, pavé de bœuf...) sont d'origine française. Ici, les enfants mangent comme les grands, mais avec des portions ajustées tout comme les prix. L'hiver, jusqu'au mois de mai ou juin, Le Pampaillet prête sa belle adresse sous les arcades à une crêperie.

LA BELLE LURETTE

2, place de l'Horloge
✆ 05 56 63 02 42
www.bar-labellelurette.com
Ouvert tous les jours. Restauration. Concerts. Terrasse.

Au pied de la Porte de l'Horloge, ce bar à vin est aussi un café-concert, un espace culturel et d'expérimentations. En clair, une très bonne adresse ! Chaque semaine, des animations sont proposées : apéros et concerts, soirées dégustation et jeux de société, rencontres et débats, apéros *wines & mixes*, retransmissions sportives… Tout pour animer la vie du petit village. Au-delà, le BL est surtout un vrai lieu de partage. D'ailleurs, on se déplace de loin pour une soirée à la Belle Lurette ! Vous pourrez même venir y déjeuner en semaine et le week-end.

SAINTE-CROIX-DU-MONT

Le village doit son nom à Santa Crux, instrument de la Passion du Christ. Perché sur un coteau entre Cadillac et Saint-Macaire, Sainte-Croix-du-Mont ne manque pas de curiosités : la vue sur la vallée de la Garonne, son église ou encore le château de Tastes aux murailles crénelées du XIVe siècle et fortement remanié au cours des âges. Et le plus spectaculaire : ses falaises de calcaire coquillé avec ses huîtres fossilisées datant de l'ère tertiaire (plusieurs dizaines de millions d'années). La falaise s'étend sur une centaine de mètres et abrite des grottes où l'on a aménagé des caves et une chapelle. La fête du vin a lieu le 1er dimanche de juillet.

GROTTES D'HUÎTRES FOSSILES ★

✆ 05 56 62 01 39
www.sainte-croix-du-mont.fr
Gratuit.

Site géologique unique en France, les grottes d'huîtres fossiles sont datées de 22 millions d'années. Accumulées au fond des mers au cours de l'ère tertiaire, les huîtres se sont trouvées en surplomb de la vallée après les mouvements tectoniques et le retrait des eaux. L'érosion a creusé, dans l'épaisseur du banc, des grottes encore utilisées aujourd'hui pour la conservation du vin blanc liquoreux. En prime : un magnifique panorama sur le Sauternais.

CENTRE FRANCOIS MAURIAC ★★

17, route de Malagar - **SAINT-MAIXANT**
✆ 05 57 98 17 17
http://malagar.fr
Gratuit jusqu'à 12 ans. Tarif réduit : 6 € et 12 €. Tarif individuel : 8 € pour le rdc et 15 € pour la visite complète.

Ouvert au public depuis 1997, le domaine de Malagar était la propriété de la famille de l'écrivain girondin François Mauriac de 1843 à 1985, période pendant laquelle ses descendants en firent don au Conseil Régional d'Aquitaine. Le domaine est resté tel que François Mauriac, prix Nobel de littérature, l'a laissé en 1968. Né à Bordeaux en 1885, François Mauriac séjourna enfant à Saint-Symphorien, où il décida de sa vocation d'écrivain. S'il a des origines langonnaises, c'est vers l'âge de 17 ans qu'il découvrit Malagar, dont il hérita en 1927. Cette propriété viticole – Premières-Côtes-de-Bordeaux – qu'il surnommait sa *querencia* (l'endroit refuge du taureau dans l'arène), l'accueillait à Pâques et pour les vendanges. François Mauriac écrivit ici ses Blocs-notes et Nœud de vipères. Ce roman ainsi que La Chair et le sang et Destins se situent d'ailleurs dans la propriété. Après 2 ans de travaux, Malagar a rouvert ses portes le 1er février 2022. Le Domaine se dévoile au public lors d'une visite fort enrichissante. Mais plus qu'une maison d'écrivain, Malagar en tant que centre culturel est aussi une véritable vitrine de la région Nouvelle-Aquitaine, à travers une saison riche en événements dont l'agenda est à découvrir sur le site internet. Chaque année, le Centre François Mauriac de Malagar organise le concours littéraire Prix François Mauriac. L'ensemble des manifestations proposées par le Centre François Mauriac de Malagar dans le cadre de la saison culturelle sont gratuites (réservation obligatoire, pensez-y).

CHÂTEAU BEL AIR

✆ 05 56 62 01 19
www.chateaubelair.net
Ouvert du lundi au vendredi de 9h à 19h ; le week-end sur rendez-vous.

Les origines de ce château remontant à 1648, c'est l'une des plus anciennes propriétés du vignoble de Sainte-Croix-du-Mont. Jean-Guy Méric veille aux destinées de ce beau vignoble de 18 ha. Les vignes, composées à 100 % de sémillon, ont plus de 30 ans, récoltées par tries successives, afin de sélectionner le meilleur du raisin à sa maturité, quand la pourriture noble a fait son œuvre. Les vins liquoreux sont élevés en fûts de chêne (Château Bel Air et Château Haut-Valentin). Et aussi : un Château Croix de Bern en A.O.C. Cadillac. Visites sans rendez-vous.

CHÂTEAU CRABITAN-BELLEVUE

Crabitan
✆ 05 56 62 01 53
https://crabitanbellevue.fr/

Ouvert du lundi au samedi de 8h à 12h et de 13h30 à 18h30. Visite-dégustation gratuite. Boutique en ligne.

Dans la même famille depuis quatre générations, cette propriété est fréquemment citée en référence et ses différents millésimes ont obtenu une cinquantaine de médailles lors de concours nationaux. Le vignoble s'étend sur 20 ha dans l'appellation Sainte-Croix du Mont. Vendanges manuelles, vinification traditionnelle, vieillissement en fûts de chêne pour les cuvées spéciales... Inutile de préciser qu'une visite s'impose. Au programme : les Bordeaux rouge, rosé et blanc.

CHÂTEAU DAUPHINÉ-RONDILLON

8, rue Jean Faux Ouest
LOUPIAC
✆ 05 56 62 61 75
www.vignoblesdarriet.fr

Visites et dégustations de 5 à 10 €. Ateliers vins et fromages. Déjeuner champêtre. Atelier du petit vigneron (gratuit).

Producteurs de vins fins depuis 1794, Les Darriets ont trouvé le concept pour séduire parents et enfants (dès 4 ans) en proposant une visite guidée gratuite sous forme de jeu de piste avec des énigmes à résoudre en famille. Que les parents se rassurent, la visite s'achève tout de même avec une dégustation des vins de la propriété. Le Château Dauphiné-Rondillon vous reçoit aussi pour des ateliers vins et fromages, pour un déjeuner champêtre ou pour une dégustation de vieux millésimes.

CHÂTEAU DU CROS

94, route de Saint-Macaire - **LOUPIAC**
✆ 05 56 62 99 31
www.chateauducros.com

Visite/dégustation gratuite (6 € pour les groupes de +10 pers.). Accord mets-vins : 40 € (2 pers.). Boutique en ligne.

Cette propriété familiale de 90 hectares regroupe trois vignobles différents : le château Lépine qui produit du bordeaux rouge à Barsac, le château Mayne du Cros à Loupiac dont les vignes s'étendent en Loupiac, bordeaux blanc et bordeaux rouge, et le château du Cros à Cérons où l'on produit des graves blancs et des graves rouges. Ici, vous allez découvrir l'un des rares vignobles à exploiter un hectare de vignes plantées en 1907, qui produisent un Loupiac exceptionnel, et ce depuis 4 générations ! Le week-end, les réservations se font uniquement sur rendez-vous.

CHÂTEAU DU MONT

8, lieu-dit Cazaubon
✆ 06 89 96 54 73
https://chateau-du-mont.com/

Ouvert du lundi au vendredi de 9h à 18h ; le samedi de 14h à 18h. Visite-dégustation gratuite sur rendez-vous.

L'histoire du Château du Mont remonte à la fin de XIXe siècle avec une devise qui se résume en 3 mots : « Passion, Qualités et Plaisirs ». Aujourd'hui, la propriété de 25 hectares répartis sur les Appellations Saintes-Croix-du-Mont, Sauternes et Graves, produit 100 000 bouteilles de vins blancs et rouges récoltés exclusivement à la main. Véritables acteurs de l'œnotourisme, Claire et Hervé Chouvac produisent du vin, mais aussi, partagent avec vous leur passion. Ils vous accueillent volontiers sur le domaine pour des visites et des dégustations.

CHÂTEAU GRAND PEYRUCHET

1, Les Plainiers
LOUPIAC
✆ 05 56 62 62 71
https://peyruchet.com/

Ouvert du lundi au vendredi de 9h à 12h et de 14h à 18h ; le week-end sur rendez-vous.

Dans cette propriété de 25 hectares dominant la Garonne, le savoir-faire de la viticulture est perpétué artisanalement et durablement par la 5e génération. Le domaine a entamé une conversion biologique en 2019. Avec passion et professionnalisme, la visite de la propriété est l'occasion de vous transmettre les techniques et les savoirs de ces grands vins. Après un passage obligé dans le chai, la dégustation de quelques-uns des vins du Château Grand Peyruchet révélera les arômes et les vertus de ces grandes appellations de Bordeaux.

VIGNOBLES LABAT LAPOUGE

3, Les Arroucats
✆ 05 56 62 07 37

Visites et dégustations sur rendez-vous.

Fondés en 1938 par Christian Labat, les vignobles Labat Lapouge sont situés sur les rives droite et gauche de la Garonne. Aux mains de Virginie Barbe, 3e génération, les vignobles s'étendent sur 48 hectares. Depuis les années 90, sont produits ici des AOC Sainte-Croix-du-Mont, des AOC Bordeaux rouge (Château Daubrin) et des AOC Graves rouge (Château Dorléac). Cultivé sur 26 hectares de terre argilocalcaire, le vin blanc liquoreux du Château Les Arroucats (appellation Sainte-Croix-du-Mont) est le fruit d'un travail alliant tradition et modernité.

SAUVETERRE-DE-GUYENNE

D'abord prieuré bénédictin au IXe siècle, la cité construit sa bastide en 1281 sous domination anglaise. Changée dix fois de nationalité, elle redevient française en 1451 à l'approche de la fin de la guerre de Cent Ans. Sauveterre a été construite suivant le plan classique des bastides. La cité était ceinte de remparts, qui furent détruits au XIXe siècle, à l'exception des quatre portes d'accès. Reconstruite au XIXe siècle, l'église a conservé un très beau chœur gothique polygonal. Ne manquez pas les maisons du Moyen Âge restaurées, la cave du XVIe siècle, celle de la maison du Sauveterrois (XIIIe) et la galerie d'art de l'office de tourisme.

BUREAU D'INFORMATION TOURISTIQUE

29, place de la République ✆ 05 56 71 53 45
www.entredeuxmers.com

Ouvert le mardi de 9h30 à 13h ; le mercredi, le vendredi et le samedi de 9h30 à 13h et de 14h à 17h.

Ici, on vous accueille toute l'année pour partir à la découverte de l'Entre-deux-Mers. Avec le service de billetterie, vous pourrez acheter vos entrées pour diverses activités. A proximité, notez la présence d'une halte pour camping-car et le départ de la piste cyclable en voie verte Lapébie qui vous conduira jusqu'à Bordeaux. Pour les visites guidées en collaboration avec les guides de Pays, vous pouvez aussi vous renseigner auprès de l'office Entre-deux-Mers Tourisme de Monségur.

ABBAYE SAINT-MAURICE

BLASIMON
✆ 05 56 71 52 12

Visite libre sur réservation auprès de la Mairie (livrets gratuits à disposition).

Vers 721-724, les moines bénédictins de la congrégation des Exempts venus de l'abbaye de Saint-Jean-d'Angély fondent l'abbaye Saint-Maurice à Blasimon. Classée Monument historique, on remarque notamment sa magnifique façade et son portail roman à six voussures où le travail de sculpture est tout à fait exceptionnel. Les sculptures du portail sont les plus belles de cette période en Gironde. L'ensemble des voussures semblent reproduire le *Sermon des Saintongeais* et se laisse facilement comparer aux plus belles réalisations saintongeaises. A visiter avec un guide.

LES SEQUOIAS €€

9, lieu-dit Les Granges ✆ 06 65 67 48 54
www.les-sequoias.fr

Ouvert toute l'année. Chambre double de 130 à 140 € ; suite de 160 à 180 €. Jeux pour enfants. Local à vélos.

A 200 m de la piste cyclable Roger Lapébie et à 10 minutes du lac de Blasimon, *Les Séquoias* s'imposent comme une adresse de charme. Magalie et Stéphane ne manquent pas d'imagination pour rénover ce château viticole dans le respect de son histoire. Cuisine dans l'ancien chai avec valorisation des portes de cuves, salle à manger dans l'ancienne grange... Et bientôt : une piscine couverte, une salle de cinéma, un espace spa et un gîte indépendant pour 14 personnes, une salle de réception/séminaire... Les hôtes profitent déjà de la piscine extérieure chauffée.

LE DOMAINE DE LOISIRS DE BLASIMON

BLASIMON ✆ 05 56 71 59 62
www.gironde.fr

Ouvert toute l'année. Petite restauration. Baignade surveillée de mai à septembre. Aire de jeux. Escape game. Camping.

Classé Espace Naturel Sensible, le Domaine de Loisirs de Blasimon héberge une faune et une flore remarquables avec de nombreuses espèces protégées. En saison, la baignade surveillée est ouverte en même temps que la guinguette et des animations sportives sont organisées chaque été. Une partie du lac est réservée à la pêche et aux activités nautiques. Le petit camping du lac est ouvert de mi-avril à mi-octobre. Et aussi : escape game en forêt, boulodrome, chalet de lecture...

VÉRANDA DU CHÂTEAU MAISON NOBLE €€

5, Robineau - **CAUMONT** ✆ 06 29 17 12 86
www.maisonnoblesaintmartin.com

Gîtes de France (3 épis). Pour 12 personnes (6 chambres). De 450 € à 750 € pour 3 nuits ; de 990 € à 1 800 €/semaine.

La Véranda du château Maison Noble est une maison d'hôtes permettant de recevoir 12 privilégiés en configuration gîte pour trois nuits ou une semaine. Nichée sur les coteaux de Caumont, cette bâtisse en pierres vous offre un panorama parsemé de vignes qui invite à la contemplation. Au cœur de ce superbe tableau verdoyant et reposant, les chambres sont décorées avec le plus grand soin dans un esprit romanesque. La piscine extérieure en plus, tout est réuni pour vous divertir.

CHÂTEAU BOUTILLON

MESTERRIEUX
✆ 05 56 71 41 47
www.chateau-boutillon.fr
Visite et dégustation sur rendez-vous.

Marchant dans les pas de son grand-père (Louis Filippi) au cœur d'un domaine où s'élève une demeure du XVIIIe siècle, c'est désormais Anne-Sophie qui vous expliquera l'histoire du Château de Boutillon. Un château viticole qui aurait été fournisseur de la cour du Roi ! Sur ce vignoble de 17 hectares planté sur un sol argilo-calcaire entre Garonne et Dordogne, la troisième génération produit un Bordeaux supérieur rouge dont plusieurs millésimes ont été retenus sur les guides Hachette et au concours régional des vins d'Aquitaine. Visite sur rendez-vous.

CHÂTEAU MAISON NOBLE SAINT-MARTIN

1, Maison noble - **SAINT-MARTIN-DU-PUY**
✆ 05 56 71 86 53
www.maisonnoblesaintmartin.com
Visites, dégustations et ateliers sur rdv. Boutique. Réceptions & mariages. Séminaires. Chambres d'hôtes et gîte.

Château Maison Noble Saint-Martin, dont la chartreuse domine la vallée, est un ancien château féodal du XIVe. L'exploitation du vignoble est en agriculture raisonnée. Des récompenses ? Une étoile dans le Guide Hachette (Bordeaux supérieur rouge 2014), médaille d'Or au Concours Général Agricole de Paris (Bordeaux rouge 2015)... La visite se termine par une dégustation de 4 cuvées classiques (2 vins rouges, 1 vin rosé, 1 vin blanc). On peut aussi faire de l'initiation à la dégustation.

FAMILLE D'AMÉCOURT

Château Bellevue
✆ 05 56 71 54 56
www.famille-damecourt.com
Visite et dégustation sur rendez-vous. Boutique en ligne.

La famille d'Amécourt, dont le passé est chargé d'anecdotes historiques, est à la tête d'une propriété grande de cinq Châteaux (Moulin de la Faye, Saint-Germain, Beloeil, Bellevue et Perrou-la-Baragoile). Viticulteurs des appellations bordeaux et bordeaux supérieur, les d'Amécourt ont choisi d'utiliser la culture des vignes larges et hautes. Afin de permettre à ses clients de bénéficier d'un tarif 1/2 de gros en diminuant les frais de logistique et de distribution, ils ont créé une opération qui a lieu deux fois au printemps et à l'automne : « La Mise des Amis ».

VERDELAIS

Au XIe siècle, un chevalier de la région répondant au nom de Géraud de Graves, partit pour une première croisade. Pris dans une embuscade, il fit le vœu de vouer sa vie à la Vierge s'il survivait. Il survécut et se retira à Verdelais où il mena une vie d'ermite. Il fit construire un petit oratoire avec une statue de la Vierge sur le modèle de celle qu'il aurait vue à Bethléem. À sa mort, en 1159, les seigneurs de la région, désireux que le culte survive, firent venir des religieux de Limoges : les Grandmontains. Selon la légende, c'est au XIIe siècle que la comtesse de Foix retrouva la statue qui avait été cachée par les paysans pour échapper à la profanation, sous le pas de sa mule. Datée du XIVe siècle, cette Vierge à l'Enfant en bois polychrome, surnommée la Vierge rouge, a la réputation d'être miraculeuse. Visible dans la basilique, la niche de la Vierge est insérée dans un très beau retable en marbre rouge rehaussé d'or et orné de six colonnes de marbre. Verdelais est ainsi devenu le plus important centre de pèlerinage de la Gironde. Il fut soutenu par les religieux, Grandmontains d'abord, Célestins ensuite, puis Maristes et aujourd'hui Passionistes. Le bourg de la commune a conservé un remarquable alignement de façades du XIXe siècle, notamment les vestiges des établissements hôteliers qui accueillaient les nombreux pèlerins. Le cloître Célestin est aujourd'hui occupé par des administrations. Le peintre Henri de Toulouse-Lautrec, mort à 37 ans dans son château voisin (le château de Malromé à Saint-André-des-bois) repose dans le cimetière de Verdelais.

CHEMIN DE CROIX ET CALVAIRE

Un monumental chemin de croix a été tracé depuis le cimetière communal, à l'endroit où se trouve la chapelle Saint-Agonie jusque sur la colline de Cussol au milieu du XIXe siècle. Aménagé entre 1855 et 1868, ce chemin jalonné de quatorze chapelles de style néogothique représentant les quatorze stations, évoque les scènes de la Passion du Christ. Le parcours se termine par la chapelle du Saint-Sépulcre. Le site a été enregistré au classement des monuments historiques en 2010.

HOSTELLERIE GÉRAUD DE GRAVES ★

1, place des Allées
✆ 05 57 98 34 90
sanctuairedeverdelais.fr
Ouvert tous les jours de 8h30 à 19h30. Hôtel. Séminaires et réunions.

Voisine de la Basilique, l'Hostellerie Géraud de Graves a été aménagée en 2010-2012 dans l'ancien couvent des moines. Si ses fondations datent du XIIe siècle, d'importants travaux ont été effectués au XVIIe siècle sous François de Sourdis, puis au XIXe siècle avec le cardinal Donnet, qui relança le pèlerinage. L'intérieur est richement décoré. Le retable baroque dans lequel est incorporée la statue de Notre-Dame, entreprise au XIVe siècle, a pris son aspect actuel en 1666. La nef et le chœur sont enrichis de peintures naïves du XVIIe et du XVIIIe siècle, ainsi que de nombreux ex-voto (bateaux, cœurs, décorations militaires…). La basilique est le théâtre de pèlerinages réguliers qui ont lieu le 1er dimanche de mars à novembre. Ceux du 15 août et du 8 septembre sont les plus importants. Notez que le Sanctuaire est doté d'un parc de 3 ha. Situé sur les coteaux qui surplombent la ville de Langon, proches des cités médiévales, l'Hostellerie de Graves est aussi un hôtel avec 14 chambres, dont 4 pouvant accueillir des personnes à mobilité réduite. Sans oublier les 3 chambres familiales composées de 4 à 6 lits simples. Et toujours avec vue sur le parc. Véritable établissement atypique, l'Hostellerie Géraud de Graves accueille depuis plus de 900 ans les pèlerins et retraitants du sanctuaire de Notre-Dame de Verdelais, mais aussi tout type de visiteurs désireux d'expérimenter un séjour paisible. Possibilité de restauration pour les groupes sur réservation.

MOULIN DE CUSSOL

✆ 05 56 62 02 06
Ouvert pour la journée européenne des moulins, la fête des moissons anciennes et les Journées du Patrimoine.

Construit au XVIIIe siècle par les moines de l'ordre des Célestins, ce moulin à vent tombé en décrépitude après la Révolution française, devient en 1997, propriété de la commune. On doit sa restauration à « L'association du Moulin de Cussol ». Ces passionnés ont retapé successivement la tour, le toit, les ailes et l'appareillage complet de la meunerie. Outre les grands rendez-vous, il est possible de visiter le moulin toute l'année sur rendez-vous. Depuis le site, un large panorama s'ouvre sur la vallée de la Garonne, et parfois, jusqu'à la chaîne des Pyrénées.

MUSÉE D'ART SACRÉ

1, les Allées ✆ 05 56 62 02 04
sanctuairedeverdelais.fr
Du mardi au dimanche de 14h à 18h30 de juillet à septembre ; le reste de l'année sur rendez-vous. Participation libre.

Inauguré le 22 septembre 1990, ce musée expose divers objets liés au culte religieux témoignant de la ferveur des pèlerins au fil des siècles. Aménagé dans une aile de l'ancien couvent des Célestins, vous pourrez admirer une rare collection d'ex-voto peints dédiés à Notre-Dame de Verdelais dont certains datent du XVIIIe siècle, des maquettes de bateaux, des pièces d'orfèvrerie sacrées, des ornements liturgiques, des vases, des vêtements liturgiques et des manteaux de la Vierge ou encore des tableaux. Le rez-de-chaussée est réservé aux expositions temporaires.

LE NORD SUD €€

30, les allées
✆ 05 56 62 10 45
www.lenordsud.com
Du jeudi au mardi le midi ; le mardi et du jeudi au samedi le soir. Menus de 29,90 € à 59,90 €. Formule du midi : 18 €.

Après l'accueil, c'est le savoir-faire du chef dont le titre de Maître Restaurateur lui a été remis en novembre 2017, qui opère. Christophe Noël sait comment émoustiller les palais les plus fins, et ce, pour une addition tout à fait honorable. *Le Nord-Sud* ne laisse pas de place aux doutes, ni dans le service ni dans la qualité de travail des produits. La spécialité du chef ? Le homard cuit dans sa carapace (sur réservation 48h à l'avance). Installé le long des belles allées de Verdelais, le restaurant est ouvert tous les jours sur réservation pour les groupes.

LES PÈLERINS €€

24, place les Allées
✆ 05 56 62 49 33
lespelerins.e-monsite.com
Ouvert du mardi au dimanche le midi ; le vendredi et le samedi le soir. Plats de 15 € à 22 €. Formule du midi : 14,90 €.

D'origine brésilienne, la cheffe Aurea Lamassonne vous propose de goûter à une cuisine raffinée, saupoudrée d'un brin d'originalité, mais toujours plus ou moins Sud-Ouest. Sans plus de prétention qu'avant, mais avec des dressages qui ont gagné en élégance, le restaurant reste l'adresse conviviale par excellence de ce petit coin de l'Entre-deux-Mers. Après tout, n'oublions pas que vous êtes aussi dans un bar-tabac et que l'on vous accueille ici du matin au soir. Et en terrasse s'il fait beau ! Ce qui n'a pas changé non plus, ce sont les prix très abordables.

SUD GIRONDE

Les paysages ondulent entre vignobles de renom (Sauternes, Graves, Saint-Macaire), forêts de pins (Parc naturel Régional des Landes de Gascogne) et cours d'eau historiques (Garonne, canal de Garonne et Ciron). Ce petit bout de terre est un véritable condensé de nature, de culture, de patrimoine et de gastronomie. Venez découvrir châteaux historiques, maisons des illustres et cités médiévales (Bazas et Saint-Macaire). Partez à la rencontre de celles et ceux qui font le Sud-Gironde et vous accueillent avec sympathie. Les Gascons vous ouvrent leurs portes afin de partager leurs traditions et leur savoir-faire. Pour ne rien rater, le Sud-Gironde se parcourt en itinérance, que ce soit sur le GR6, les chemins de Saint-Jacques-de-Compostelle, les sentiers de randonnées ou les pistes cyclables. Après l'effort, le réconfort : les chefs vous feront découvrir les spécialités : bœuf de Bazas, foie gras, puits d'amour, etc.

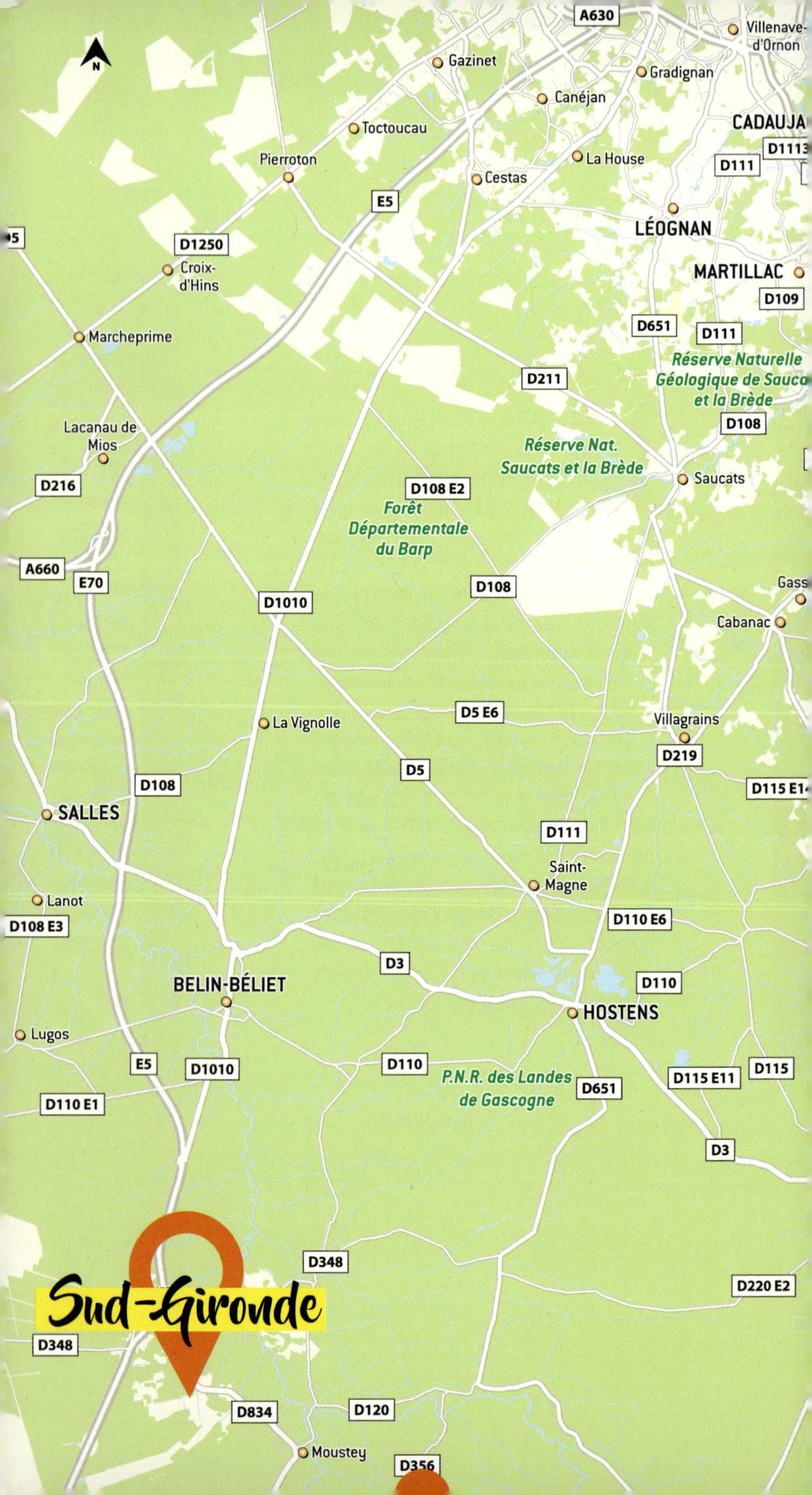

A630
Villenave-d'Ornon
Gazinet
Gradignan
Canéjan
CADAUJA
Toctoucau
D1113
Pierroton
La House
D111
Cestas
E5
LÉOGNAN
D1250
Croix-d'Hins
MARTILLAC
D109
D651
D111
Marcheprime
Réserve Naturelle Géologique de Sauca et la Brède
D211
Lacanau de Mios
D108
Réserve Nat. Saucats et la Brède
Saucats
D216
D108 E2
Forêt Départementale du Barp
A660
E70
D108
D1010
Gass
Cabanac
D5 E6
Villagrains
La Vignolle
D219
D5
D108
D115 E1
SALLES
D111
Saint-Magne
Lanot
D108 E3
D110 E6
D3
D110
BELIN-BÉLIET
HOSTENS
Lugos
E5
D1010
D110
D115
P.N.R. des Landes de Gascogne
D651
D115 E11
D110 E1
D3
D348
D220 E2
Sud-Gironde
D348
D834
D120
Moustey
D356

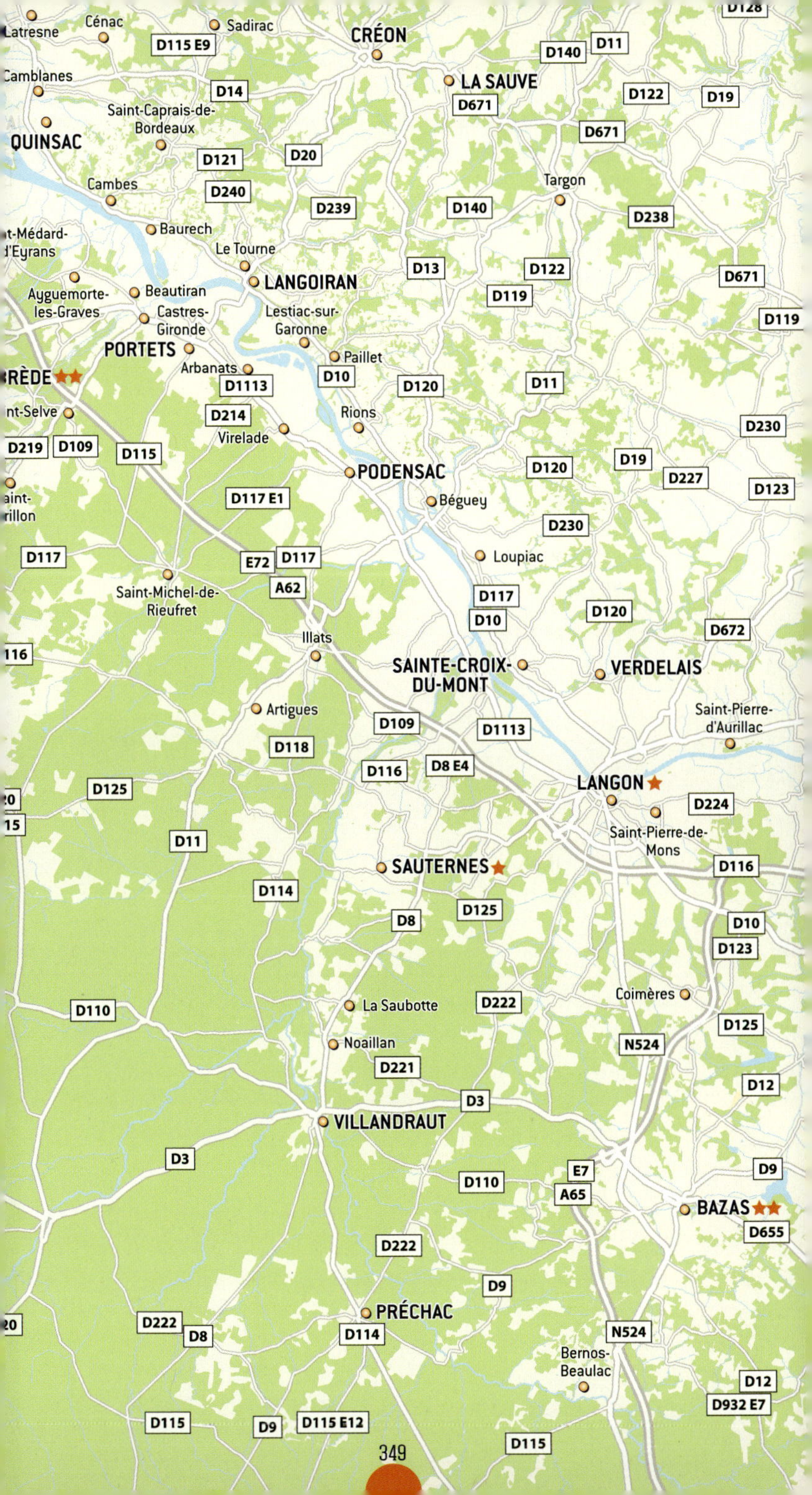
Latresne
Cénac
Sadirac
CRÉON
D115 E9
D140
D11
D128
Camblanes
LA SAUVE
D14
D671
D122
D19
Saint-Caprais-de-Bordeaux
QUINSAC
D671
D121
D20
Cambes
D240
D239
D140
Targon
D238
Baurech
Le Tourne
LANGOIRAN
D13
D122
D671
Ayguemorte-les-Graves
Beautiran
Castres-Gironde
Lestiac-sur-Garonne
D119
D119
PORTETS
Arbanats
Paillet
D10
D1113
D120
D11
D214
Rions
D230
Virelade
D219
D109
D115
PODENSAC
D120
D19
D227
D123
D117 E1
Béguey
D230
D117
E72
D117
Loupiac
A62
Saint-Michel-de-Rieufret
D117
D10
D120
D672
Illats
SAINTE-CROIX-DU-MONT
VERDELAIS
Artigues
Saint-Pierre-d'Aurillac
D109
D1113
D118
D116
D8 E4
D125
LANGON
D224
Saint-Pierre-de-Mons
D11
SAUTERNES
D116
D114
D125
D8
D10
D123
La Saubotte
D222
Coimères
D110
Noaillan
N524
D125
D221
D12
D3
VILLANDRAUT
D3
D9
E7
D110
A65
BAZAS
D655
D222
D9
PRÉCHAC
D222
D8
D114
N524
Bernos-Beaulac
D12
D932 E7
D115
D9
D115 E12
D115

PAGES

SUD GIRONDE

BAZAS ★★

Située sur l'ancienne voie romaine Bordeaux-Toulouse, l'antique Cossium fut la ville natale du père du poète latin Ausone. Place forte dès le IVe siècle et évêché dès le Ve siècle, la ville de Bazas dispose très tôt d'un édifice religieux d'importance. Au XIe siècle, le pape Urbain II vient consacrer un nouveau lieu de culte. Au XIIIe siècle, c'est au tour du puissant évêque Arnaud de Pins de restaurer la cathédrale dans un style gothique. Centre de commerce important, la cité fut au Moyen Age une étape sur les chemins de Saint-Jacques-de-Compostelle, en même temps qu'un enjeu entre Anglais et Français durant la guerre de Cent Ans. Du XVIe au XIXe siècle, la ville était connue pour ses verreries dont de beaux exemples sont visibles dans les collections de l'apothicairerie de l'hôpital Saint-Antoine là où étaient accueillis les pèlerins de passage. Aux XVIIe et XVIIIe siècles, la faïencerie de Saint-Michel bénéficiait de la qualité de l'argile des lieux. Les tanneries ont utilisé durant les mêmes périodes les eaux des sources locales. Ville pleine de charme, riche d'un patrimoine architectural marquant les époques, Bazas est aujourd'hui une étape clé en Sud Gironde. Depuis 1998, la cathédrale St-Jean-Baptiste a été inscrite à l'UNESCO, au titre des biens classés sur les chemins de Saint-Jacques-de-Compostelle et plus précisément la voie de Vézelay. Les amateurs de viande apprécieront aussi Bazas pour son fameux bœuf gras. Une véritable institution du terroir girondin qui donne lieu à la fête traditionnelle des Bœufs Gras chaque jeudi avant Mardi gras.

APOTHICAIRERIE

✆ 05 56 25 25 84

www.tourisme-bazadais.com

Visite guidée ou accompagnée uniquement sur RDV. Visite guidée (le samedi à 14h30, uniquement sur réservation).

Au cœur de l'Hôpital Saint-Antoine, construit pour les pèlerins de Saint-Jacques-de-Compostelle, venez découvrir cette étonnante collection de vieux pots à pharmacie en verre ou en faïence. Datant du début du XVIIIe siècle, ce lieu constitue un ensemble remarquable comme il n'en existe plus que très peu en France... C'est d'ailleurs l'un des grands trésors de la cité de Bazas ! Dans de belles boiseries en chêne sculpté, la collection s'étend de la verrerie locale à divers pots en faïence stannifère, en passant par les pots de Bordeaux et du XVIIIe.

CATHÉDRALE SAINT-JEAN-BAPTISTE ✞ ★★

Place de la Cathédrale

✆ 05 56 25 25 84

Ouvert tous les jours en accès libre en dehors des offices. Visites guidées possibles sur rendez-vous pour les groupes.

Classé Monument historique en 1840 et au patrimoine mondial de l'Unesco en 1998 au titre des chemins de Saint-Jacques-de-Compostelle en France, cet imposant édifice de 83 mètres de long possède trois portails finement sculptés. Le clocher est formé à la base des plus anciennes pierres de l'église, datant du Ve siècle. A l'intérieur, la taille de la nef est impressionnante. Le chœur est composé de cinq absides ainsi que de tableaux qui ornent les chapelles. À découvrir...

COLLÉGIALE NOTRE-DAME D'UZESTE ★

Parvis de la Mairie

UZESTE

✆ 06 09 92 20 23

www.collegiale-uzeste.fr

Ouvert toute l'année. Visite libre de 9h30 à 19h. Visite guidée (sur rdv) : 5 €.

© SPIRITPROD33 - SHUTTERSTOCK.COM

L'église existait avant que Bertrand de Goth ne devienne le premier pape d'Avignon en 1305, mais il choisit à l'époque de l'agrandir et d'en faire son lieu de repos éternel. La collégiale abrite en effet sa sépulture, même si son tombeau fut pillé par les huguenots et son gisant martelé. Cette très belle collégiale d'architecture gothique est classée aux Monuments historiques. C'est un lieu chargé d'histoire à découvrir en famille, en visite libre ou guidée.

LAC DE LA PRADE

✆ 05 56 25 25 84

https://www.tourisme-sud-gironde.com

Cette retenue d'eau de 60 hectares créée dans les années 1980 pour répondre aux besoins de l'agriculture locale abrite une faune et une flore exceptionnelles : oiseaux, poissons et plus de 300 espèces végétales sont répertoriés dans cette réserve ornithologique protégée. Un sentier pédestre balisé et des aménagements pédagogiques facilitent l'observation et la découverte de toutes les espèces recensées. Une brochure est également disponible en téléchargement sur le site de l'office de tourisme Sud-Gironde. Sur place : pontons de pêche et tables de pique-nique.

MUSÉE MUNICIPAL DE BAZAS

2, place de la Cathédrale

✆ 05 56 25 25 84

www.ville-bazas.fr

Gratuit. Visite guidée. Ouvert en juillet/août le mardi et le jeudi de 15h à 18h ; samedi de 10h à 12h et de 15h à 18h.

Occupant le rez-de-chaussée derrière l'hôtel de ville, le musée regroupe des collections historiques, architecturales et d'art sacré, alors que le musée de Villandraut s'est spécialisé dans les arts et traditions populaires. La première salle retrace l'histoire du Bazadais ; dans les deux suivantes, on trouvera tout ce qui concerne l'art religieux et les Beaux-arts, tandis que dans la dernière se trouve tout ce qui a trait à l'archéologie locale. De remarquables objets datés du premier âge du fer sont exposés ainsi que le contenu d'un sarcophage mérovingien.

OFFICE DE TOURISME DU BAZADAIS

1, place de la Cathédrale

✆ 05 56 25 25 84

www.tourisme-sud-gironde.com

Ouvert toute l'année. Jours et horaires d'ouverture variable selon la saison.

A deux pas de la cathédrale Saint Jean-Baptiste, l'équipe de l'Office de Tourisme du Bazadais vous donnera toutes les informations pratiques et touristiques de son secteur, à savoir les communes de Bazas évidemment, mais également de Captieux et Grignols entre autres. Elle assure la billetterie de l'écomusée de Marquèze (tarifs préférentiels) ainsi que de l'apothicairerie de l'hôpital Saint-Antoine, mais aussi de la plupart des spectacles se déroulant en Bazadais.

LES CYCLES DU BAZADAIS

5, allée Saint Sauveur ✆ 05 56 25 48 26

www.les-cycles-du-bazadais.fr

Jours et horaires d'ouverture variables selon saison. Location vélo : à partir de 11 €/adulte et 7 €/enfant.

Au départ d'une ancienne voie ferrée transformée en une piste cyclable, les Cycles du Bazadais vous attendent avec une multitude de vélos (VTC, VTT ou électriques) à louer pour quelques heures ou plusieurs jours, y compris pour les enfants. L'option « GPS avec circuits préchargés » est une bonne idée pour une immersion au cœur du Parc naturel Régional des Landes de Gascogne. Notez qu'il est possible de demander la livraison des vélos à domicile ou sur votre lieu de séjour. Plusieurs circuits sont consultables sur le site internet. N'hésitez pas à prendre conseil !

CAMPING « PARADIS DE BAZAS » €€

Route de Grignols ✆ 05 56 65 13 17

www.camping-paradis-bazas.fr

Fermé de septembre à avril. Locations à partir de 154 €/semaine. Aire pour camping-cars. Club enfants. Animations.

Outre ses locations de mobil-homes, chalets, tentes aménagées et emplacements, ce camping profite d'une belle situation entre les vignobles bordelais et les forêts des Landes. Il offre surtout un des espaces aquatiques les plus attrayants de la région avec son bassin chauffé de 110 m², sa pataugeoire chauffée de 120 m², son bateau de pirate et ses trois toboggans dont le Crazy Cone (une nouveauté !) pour les plus grands, et sa piscine naturelle avec plage de sable blanc de 1 200 m².

DOMAINE TOUTET €€

1, lieu dit Toutet - **BIRAC**

✆ 207 52 63 38 98

https://domainetoutet.com

Tente Lodge : 69 € (Twin) ou 90 € (Family). Chambre d'hôtes à partir de 89 € (double). Gîte week-end ou semaine.

Pour un court séjour relaxant au cœur de la nature, vous êtes au bon endroit ! Élodye vous accueille chaleureusement dans son joli site écotouristique pour une nuit en lodge, en chambre d'hôte ou en gîte. Vous pourrez profiter de la quiétude du lieu, de la proximité avec les chevaux, de la piscine ou du spa, et même opter pour des formules gourmandes avec dégustation de produits locaux. Le matin, un bon petit déjeuner avec boissons chaudes, jus de fruits, viennoiseries et pain frais vous attendra pour démarrer la journée du bon pied !

LES LUZ €€

2, Les Luz-Sud
UZESTE
✆ 06 77 95 33 92
www.les-luz.com

Ouvert toute l'année. 2 chambres doubles de 80 € à 95 €. Petit déjeuner inclus. Parking inclus.

Laure et Guillaume de Colombel vous ouvrent les portes de leur superbe maison familiale du XIXe siècle, au sein d'un parc verdoyant de trois hectares, où une piscine entourée de massifs de fleurs a été creusée pour le plaisir de tous. Dans cette belle demeure de caractère aux allures de manoir, deux chambres d'hôtes confortables et élégantes, qui donnent directement accès sur le grand parc arboré, accueillent les visiteurs qui profiteront au matin du petit déjeuner dans la salle à manger ou sur la terrasse à l'ombre des marronniers.

DOMAINE DE FOMPEYRE*** €€€

Route de Mont-de-Marsan
✆ 05 56 25 98 00
www.domaine-de-fompeyre.com

Logis. Ouvert toute l'année. Chambres : 85 € à 229 €. Petit déjeuner : 11 €. Restauration. Séminaires. Réceptions.

Face aux remparts et à la cathédrale de Bazas, le Domaine de Fompeyre est un petit coin de paradis offrant une qualité de services et un accueil irréprochables. Les chambres s'inscrivent dans un style résolument contemporain, chaleureux et raffiné, avec de magnifiques vues sur le parc, la palmeraie ou la piscine extérieure. Hammam, court de tennis, billard, baby-foot, table de ping-pong... Des massages sont même proposés sur demande. Afin de découvrir les alentours, n'hésitez pas à louer un vélo, de nombreuses pistes cyclables entourent le Domaine.

LE COMPTOIR €

27, place de la Cathédrale
✆ 07 83 10 93 50

Ouvert du mardi au samedi de 12h à 19h (horaires étendus l'été). Panini : 7 € ; plats à partir de 9,50 €. Terrasse.

Après un changement de propriétaire l'année dernière, le Comptoir du Boeuf Pop est tout simplement devenu Le Comptoir. La bonne ambiance, elle, est toujours là ! La nouvelle équipe vous accueille toute la journée pour déjeuner d'une copieuse salade, d'un panini artisanal ou d'un plat du moment, pour grignoter quelques gourmandises sucrées dont une fameuse brioche perdue, ou en fin de journée pour partager un moment convivial autour de quelques pintxos, tapas, planches de charcuteries et fromages, accompagnés de cocktails, vins et bières locales.

LE BŒUF POP €€

30, place de la Cathédrale
✆ 05 56 65 77 56

Du mardi au jeudi le midi, vendredi et samedi midi et soir. Réservation conseillée. Plats à la carte à partir de 15 €.

Situé sur la plus belle place de Bazas, le Bœuf Pop promet un vrai moment de gourmandise et de convivialité. Les amateurs de viande ne seront pas déçus, d'autant que tous les plats sont préparés sur place à base de produits en circuit court : la viande arrive toute fraîche de la boucherie Charrier et le pain burger de la boulangerie Sauboua. La carte évolue sans cesse mais l'établissement propose toujours au moins un plat végétarien. Le tartare et ses frites cuites dans la graisse de canard et le pain perdu sont les spécialités de la maison.

CARO & CO €€

38, place de la Cathédrale
✆ 05 56 65 24 58
www.caroandco.fr

Ouverts tous les jours le midi et du jeudi au samedi le soir. Menus midi de 17,50 € à 19 €. Sur place ou à emporter.

Originaire d'Afrique du Sud, la chef Caroline mêle ses origines aux cuisines française et anglaise pour concocter ses bons petits plats. En plus des assiettes joliment orchestrées autour des produits de saison, vous pourrez déguster d'authentiques recettes emblématiques du Cap, comme le « bobotie ». La viande de Bazas est aussi à l'honneur avec de belles côtes de bœuf directement venues de la boucherie d'à côté ! L'emplacement central plein de charme et le jardin font de ce sympathique restaurant un endroit convoité : n'hésitez pas à réserver.

NOOSA CAFÉ €€

31, place de la Cathédrale
✆ 05 56 25 45 78

Ouvert du mardi au vendredi de 10h à 19h ; le samedi de 9h à 19h. Formule du midi : 14 €. Salon de thé. Epicerie fine.

Dans ce salon de thé qui fait aussi épicerie fine, l'accueil est souriant et l'ambiance agréable. Les tables sont entourées de produits artisanaux en tous genres : chocolats, bonbons, guimauves, thés, cafés, confitures... La carte propose une large sélection de cafés, des chocolats chauds aromatisés, et une cinquantaine de variétés de thés et d'infusions. À l'heure du déjeuner, on opte pour une formule avec tartine ou salade, avant de craquer pour une grosse glace artisanale. La carte est succincte, mais les produits sont frais ! Végétariens bienvenus.

LA TABLE DE FOMPEYRE €€

Route de Mont de Marsan
✆ 05 56 25 98 00
www.latabledefompeyre.com

Ouvert tous les jours le midi et le soir. Menus de 26 € à 39 €. Formule midi : 21 € (en semaine).

A la lisière des vignobles de Sauternes et des Graves, le Domaine de Fompeyre abrite un hôtel 3*** de charme ainsi qu'un restaurant autant apprécié pour sa cuisine que pour la vue qu'il offre sur Bazas et sa cathédrale. Le chef Laurent Vinson et ses équipes y travaillent les saveurs régionales autour d'une carte de saison, pour des plats appétissants et originaux renouvelés tous les mois. Le Menu Sequoia, avec entrée-plat-dessert et disponible tous les jours, offre un excellent rapport qualité-prix. Et pour des accords mets-vins parfaits, laissez-vous conseiller.

BALTORO

7, place de la cathédrale
✆ 06 58 17 61 67
https://baltoro.fr/

Essentiellement ouvert dans l'après-midi et en soirée, sauf le samedi à partir de 10h30. Boutique en ligne.

L'histoire de Baltoro commence par le souvenir d'enfance d'un petit garçon. Glaces, bûches, profiteroles, vacherins, marrons et yaourts glacés, granités, confiseries... Ici, le secret d'une bonne glace répond à trois principes : *une glace doit avoir du goût* ; *les ingrédients de base sont issus de l'agriculture biologique* ; *la glace est proposée à la bonne température et à la texture idéale grâce à la technique de la glace à l'italienne*. Tout est dit ! Envie de découvrir à votre tour ces délices glacés ? Les horaires en temps réel se retrouvent sur google maps.

PÂTISSERIE SAUBOUA

5, Cours du Général de Gaulle ✆ 05 56 25 00 46
https://boulangerie-sauboua.fr

Ouvert tous les jours, fermé le dimanche après-midi. Pâtisseries traditionnelles, glaces artisanales et chocolats.

Si la pâtisserie Sauboua est réputée dans la région, ce n'est pas sans raison ! Fondée en 1935 et désormais aux mains de la quatrième génération, cette boulangerie-pâtisserie artisanale familiale propose toute sorte de pains et viennoiseries, mais aussi et surtout d'excellentes pâtisseries au juste rapport qualité-prix. Parmi les spécialités de la maison, la tarte aux pommes et pruneaux à l'armagnac ou les classiques omelette norvégienne et forêt-noire. Nous, on aime particulièrement leur cake vanille-griottes et son crumble gourmand... Deux adresses à Bazas.

CAFÉ D'OC

13, rue Bragous
✆ 05 56 25 96 08
https://www.cafedoc.fr

Ouvert du mardi au vendredi de 10h à 18h30 et le samedi de 9h à 18h30. Restauration jusqu'à 17h30 (service continu).

Sentez-vous la richesse des arômes de cafés, la douceur des effluves de thés ou encore les parfums sucrés des bonnes crêpes maison ? C'est normal, vous êtes au Café d'Oc, haut lieu bazadais des amateurs de café à la torréfaction artisanale ! Outre le grand choix de cafés, thés, infusions, accessoires de dégustation et paniers gourmands, la boutique propose une offre de restauration servie toute la journée : galettes, omelettes, salades... Du simple mais du bon ! Aux beaux jours, la terrasse est le lieu idéal pour les dégustations en famille ou entre amis.

CONSERVERIE ALAIN LAMIGEON

28, place de la Cathédrale
✆ 05 56 65 58 49
www.lamigeon.fr

Ouvert du mardi au samedi (horaires variables) ; le dimanche en été. Livraison possible.

Fondée en 1945, la conserverie Alain Lamigeon est implantée dans une belle demeure bourgeoise du XVIIe siècle. Pâté de campagne au Sauternes, rillettes de canard gras, grattons de porc, foie gras de canard entier, salmis de palombes, poule confite, cassoulet aux haricots tarbais, langue de bœuf bazadais, confit d'oignons au piment d'Espelette… Il n'y a que des saveurs du Sud-Ouest dans ces conserves artisanales aux recettes traditionnelles. Amis végétariens, passez votre chemin !

FERME PEDAGOGIQUE DE GIPON

Route d'Auros
✆ 05 56 25 15 11

Ouvert tous les jours. Sur rendez-vous, visite de l'exploitation.

Mohair, fromage, savons végétaux et produits fermiers, voilà ce que l'on trouve chez Christine David-Goedert.La visite de l'exploitation présente vidéo à l'appui l'élevage des chèvres angoras, ainsi que les filières « fromage » avec une onctueuse dégustation. Mohair avec démonstration de cardage, filage, tissage, teintures végétales, ainsi qu'une vidéo sur la filière laine. Instructif ! La Ferme accueille groupes scolaires, centres de loisirs et d'instituts d'éducation spécialisés.

MARCHÉ AUX FLEURS

Place de la Cathédrale

Tous les 8 mai.

Tous les 8 mai, la place de la Cathédrale de Bazas se pare de mille et une couleurs pour accueillir un superbe marché aux fleurs. Imaginez cette place de village littéralement envahie par des exposants venus proposer des fleurs, des massifs, des arbustes, des plantes potagères, des aromates... Au-delà du plaisir des yeux, vous y trouverez tout ce dont vous avez besoin pour un jardin ou un balcon magnifique. Des bénévoles seront même là pour vous aider à transporter vos achats en brouette. Au programme : concours de chapeaux fleuris, animations, restauration...

BELIN-BÉLIET

Le village de Beliet au nord et celui de Belin au sud ont fusionné en 1974. De son ancienne disposition, la ville conserve deux bourgs formant actuellement les zones les plus agglomérées. Belin Beliet garde encore quelques édifices du XIXe siècle et au début du XXe siècle. L'ancienne école des filles de Belin accueille la Maison du Parc Naturel Régional des Landes de Gascogne. La surface de la commune est occupée à 80 % par la forêt et est traversée par la Leyre. A voir : l'église de Mons (XIe siècle) et la fontaine miraculeuse Saint-Clair. Situé sur la « voie de Tours », Belin-Beliet est encore aujourd'hui un lieu de passage pour de nombreux pèlerins.

PARC NATUREL RÉGIONAL DES LANDES DE GASCOGNE ★★

33, route de Bayonne ✆ 05 57 71 99 99

www.parc-landes-de-gascogne.fr

Maison du parc ouverte le lundi de 13h30 à 17h ; du mardi au vendredi de 9h à 12h30 et de 13h30 à 17h. Agenda en ligne.

Classée parc naturel régional en 1970, cette vaste réserve de nature préservée s'étend sur plus de 336 000 hectares au cœur de la forêt de pins landaise, et réunit 51 communes des départements de la Gironde et des Landes. Il y a tant de choses à y voir et y faire ! Visite à l'écomusée de Marquèze, balades en canoë ou en kayak le long de la Leyre, observation des migrations depuis la réserve ornithologique du Teich ou découverte des 21 œuvres dans la forêt d'Art contemporain...

LA CABANE €€

42, route de Bordeaux

✆ 09 70 35 77 58

www.hotel-lacabane.com

Ouvert toute l'année. Chambres de 65 à 95 €. Petit déjeuner inclus. Animaux acceptés. Restauration.

L'hôtel La Cabane porte bien son nom. En lattes de bois rosées, l'établissement donne envie de s'y installer pour passer la nuit. Cet hôtel, accessible 24h/24 via un automate, est situé au cœur d'un secteur ultra touristique en Gironde, entre Bordeaux et le Bassin d'Arcachon. Et qui plus est, idéalement situé pour les personnes de passage, qui se dirigeraient vers le Pays basque ou l'Espagne. Vous tomberez sous le charme des lieux et des chambres, sobrement mais joliment décorées, et bien équipées. La chambre quadruple est parfaite pour les familles.

LE RÉSINIER €€

68, avenue Pyrénées - **LE BARP**

✆ 05 56 88 60 07

www.leresinier.com

Ouvert toute l'année. 17 chambres dont 5 suites, à partir de 100 €/nuit. Petit déjeuner buffet : 15 €. Restauration.

En bordure de route, on se laisse d'abord surprendre par le poulailler, puis par l'ensemble du complexe bardé de bois à l'exception de la bâtisse en pierre qui abrite le restaurant. Le tour du propriétaire promet beaucoup de surprises : l'hôtel cache en effet un magnifique jardin et, encore plus à l'abri des regards, une piscine extérieure chauffée. Les chambres et les suites sont réparties entre la Maison Principale, la Bergerie et l'Annexe. Décorées avec beaucoup de goût, toutes sont très confortables. A l'extérieur encore : boulodrome et jardin des saveurs.

L'ATELIER DE CHOCHO €€

24, rue du Stade

✆ 05 56 21 95 91

Ouvert du mardi au jeudi le midi ; vendredi et samedi midi et soir. Formule du midi : 16,50 €. Menu du soir : 31 €.

« Excellent », « très bon »... Les compliments à propos de ce petit restaurant ne manquent pas ! L'Atelier de Chocho (en référence au talentueux chef de ces lieux) vous propose, et ce dans un cadre agréable, une cuisine entièrement de saison et de qualité. Ici vous pouvez oublier les cartes à rallonge et les suggestions à la pelle, car les menus, celui du midi ainsi que du soir, sont renouvelés chaque jour. La cuisine est fine. En bref, c'est une belle adresse à découvrir du côté de Belin-Beliet ! Si vous avez de la chance, il restera de la place en terrasse...

L'EVASION €€

18, allée des Pins
LE BARP
✆ 05 56 94 58 34

Ouvert du mercredi au samedi midi et soir, dimanche le midi. Menus : 17 à 39 €. Pizza : à partir de 9,50 €. A emporter.

C'est parfois à l'occasion d'une halte bien méritée que l'on se décide à pousser les portes de *L'évasion*. Entouré d'habitations, le restaurant se trouve dans une grande maison avec terrasse. Midi, soir ou week-end, à l'exception des jours fériés, vous aurez le choix entre la carte, le menu « détente » ou « évasion ». Sans oublier les deux menus spécialement pensés pour les enfants. Et puis il y a les pizzas à déguster sur place ou à emporter, et les soirées spéciales ! Mention spéciale au « Volcan » ; la signature sucrée de la maison ! Le mieux, c'est de réserver.

LE RÉSINIER €€

68, avenue Pyrénées
LE BARP
✆ 05 56 88 60 07
www.leresinier.com

Ouvert du lundi au samedi midi et soir. Réservation conseillée.

En plein cœur de la forêt des Landes Girondines, Le Résinier sert une vraie cuisine du Sud-Ouest, généreuse et savoureuse. À la carte ou en menus, le terroir est largement mis à l'honneur ! Parmi les plats emblématiques du chef : montgolfière de ris de veau aux cèpes et à l'Armagnac, duo de foie gras mi-cuit et poêlé (avec sauce au Loupiac et fruits de saison), Tatin du Gemmeur (confit de canard cuisiné avec de l'aubergine, des champignons et du lard)... L'accueil est très chaleureux et le service, béret basque vissé sur la tête, toujours impeccable.

LA TOSCANA €€

67, route de Bordeaux
✆ 05 56 88 08 70
www.restaurant-la-toscana.fr

Ouvert du mardi au dimanche, midi et soir. Menus à partir de 18,60 €. Formule du midi : 11,90 €. A emporter.

Pour les habitués, l'adresse sonne comme un rendez-vous amical. Dans un décor traditionnel, les grands classiques de la cuisine italienne sont à l'honneur : pizza, pasta, salades, viandes et gratins gourmands... Les sauces sont délicieuses et les lasagnes à la bolognaise à tomber ! Une chose est sûre, les quantités sont copieuses et vous repartirez le ventre bien rempli. Le très bon rapport qualité-prix des plats aidera à faire oublier un service qui manque parfois de sourires et de chaleur... Possibilité de prendre à emporter pour déguster tout ça à domicile.

HOSTENS

La découverte de lignite, exploitée en surface des années 1930 à 1966, a profondément marqué le paysage hostensois. Quelques traces rappellent encore ce passé minier, notamment la ligne de chemin de fer. Aujourd'hui, c'est une piste cyclable qui relie Belin-Beliet et le bassin d'Arcachon à Saint-Symphorien, et au-delà à Villandraut et Bazas. Certains historiens font remonter l'histoire d'Hostens au XIIIe siècle avec la présence supposée d'un château au lieu-dit Le Castéra. Au cœur de la forêt des Landes, la filière bois constitue la principale activité économique de la commune avec des sylviculteurs, des charpentiers et des menuisiers.

DOMAINE DE LOISIRS D'HOSTENS

✆ 05 56 88 70 29

Ouvert toute l'année. Entrée et parking gratuits. Loisirs, hébergements, séjours gîte. Baignade surveillée (en saison).

A 45 km de Bordeaux, ce domaine de loisirs offre 600 hectares d'espace naturel et 5 lacs. L'été, on loue un canoë, un paddle, ou même un VTT pour dévaler les pistes aménagées. Les amateurs de sensations fortes s'essayent à l'accrobranche. Classé Espace Naturel Sensible et site espace Natura 2000, le domaine héberge une faune et une flore remarquables et protégées et accueille régulièrement des manifestations sportives. Le snack-buvette permet de se restaurer et se rafraîchir.

LAGUNES DU GÂT-MORT

LOUCHATS

Vestiges de la lande originelle, les lagunes du Gât Mort, à Louchats, font partie des éléments forts du patrimoine naturel des Landes de Gascogne. Ces petits plans d'eau circulaires d'origine glaciaire constituent un milieu magique et secret, évoquant les paysages des siècles passés... Jalonné de quelques observatoires, un parcours de 3 km permet d'admirer l'ensemble de la végétation des lieux et de découvrir la faune (libellule bleue, etc.) et la flore (plantes carnivores utriculaires comme le droséra ou le nénuphar) de ce vaste espace naturel sensible.

LE SENTIER DES DEMOISELLES

Ancien site d'extraction de lignite, les carrières d'Hostens ont depuis retrouvé tout leur caractère sauvage et constituent désormais une zone naturelle de première importance. Envahis par la nature (arbres, fougères géantes, plantes de marécages), les anciens trous d'extraction donnent au lieu cet aspect de montagnes russes si particulier et très apprécié des vététistes. Le sentier est balisé de bornes d'interprétation aux formes inspirées de bois fossilisé.

BUREAU D'INFORMATION TOURISTIQUE D'HOSTENS

✆ 05 56 63 68 00
www.tourisme-sud-gironde.com
Ouvert de 11h à 18h de mai à septembre (jours variables selon la période).

Situé au bord des lacs d'Hostens, entre le parking de la base nautique et la plage du lac de Lamothe, le Bureau d'information touristique du Domaine départemental Gérard Lagors vous délivrera tous les renseignements nécessaires pour découvrir la ville d'Hostens et plus largement le sud de la Gironde. Les meilleures tables, les plus beaux châteaux, les activités, le patrimoine, les manifestations, les balades dans la nature... Sur place : quelques articles de plage et des souvenirs.

LES AIRIALES €€

Le Bourg - **ORIGNE** ✆ 05 56 25 33 36
https://lesairiales.com/
Ouvert toute l'année. Chambre simple 45 € ; chambre double 70 €. Petit déjeuner inclus. Lit sup : 15 €. Restauration.

A quelques minutes de Saint-Symphorien, Hostens ou Villandraut, le petit village d'Origne a conservé tout le charme d'autrefois. Entièrement restauré par la commune, l'ancien Cercle du Bourg et plus récemment La Cuillère à Pot, a été rebaptisé Les Airiales par les nouveaux gérants, fort sympathiques au demeurant. En plus du restaurant et du nouveau bistrot, l'établissement conserve ses trois chambres d'hôtes, qui permettent chacune de loger 1 à 3 personnes. Demandez à séjourner dans la chambre double *Sweet Home* et appréciez l'ambiance conviviale du lieu.

LES AIRIALES €€

Le Bourg
ORIGNE
✆ 05 56 25 33 36
https://lesairiales.com/
Ouvert toute l'année, du mardi au dimanche. Carte : 25 € environ. Formule du midi : 15 €.

A la fois chambres d'hôtes et restaurant, Les Airiales font face à l'église et profitent d'une terrasse ouverte sur une aire de jeux et sur la forêt. Plutôt agréable ! Dans les assiettes, le canard et le terroir restent à l'honneur. Le petit plus de l'établissement, c'est sa partie bistrot qui mise sur la convivialité : au programme, en soirée le vendredi et le samedi, une formule apéro « à partager » et des groupes de musique pour l'ambiance... Hors saison, le restaurant est ouvert tous les midis (sauf le lundi), et le soir du jeudi au samedi.

LE MERLE BLANC €€

LOUCHATS
✆ 05 56 31 44 30
https://www.lemerleblanc-louchats.fr
Ouvert du mardi au dimanche le midi et du mercredi au samedi le soir. Service traiteur.

Situé en plein cœur du village de Louchats, ce restaurant accueille les gourmands dans une vaste salle lumineuse et à la décoration agréable. Le chef propose une cuisine traditionnelle, toujours à base de produits frais et locaux. La carte change au fil des saisons mais l'escalope de foie gras aux myrtilles, l'effeuillé de cabillaud au piment d'Espelette et l'assiette d'escargots à la bordelaise font partie des incontournables, sans oublier les desserts du jour maison et les bons vins locaux pour accompagner toutes ces saveurs.

LES ÉCURIES DU LAC D'HOSTENS

11, route de Louchats
✆ 06 70 10 92 38
www.equitation-aquitaine.com
Ouvert toute l'année. Balade cheval : 35 à 50 € ; balade poney : 15 €. Stages durant les vacances. Hébergement.

Nicolas vous emmène en balade à cheval sur les sentiers équestres du Parc naturel des Landes de Gascogne. Ouvertes aux débutants, en journée ou au moment du coucher du soleil, ces balades tranquilles se font au pas et au trot et les enfants dès 3 ans ont aussi droit à leurs balades à poney. Centre de tourisme équestre et école d'équitation, les Ecuries d'Hostens proposent aussi la location de mobil-homes (4 personnes) tout confort pour des séjours courts ou longs.

LA BRÈDE ★★

Terre des Graves en bordure de la forêt girondine, La Brède est située à 18 km au sud de Bordeaux. Berceau et patrie de Charles-Louis de Secondat (dit Montesquieu), La Brède a nourri les pensées du philosophe qui a fait sa renommée et dont il est, depuis lors, le plus fidèle ambassadeur. Avec le château classé aux Monuments historiques et qui a vu naître l'écrivain, l'église Saint-Jean-d'Étampes est un des sites remarquables à voir dans la ville. Dans le cimetière de l'église du bourg, considérablement remaniée au XIXe siècle, on peut d'ailleurs voir plusieurs pierres tombales, dont celle du grand-père de Montesquieu ou Jean de Secondat.

ÉGLISE SAINT-JEAN D'ESTAMPES ✝

✆ 05 24 73 39 90

Visite libre sur rdv.

Dédiée à Saint-Jean d'Etampes, cette église doit son nom à la présence d'une installation templière à l'emplacement de l'une des plus anciennes maisons du Bourg. Le monument a fait l'objet d'une reconstruction de style néo-roman par un disciple de Viollet Le Duc. L'église de La Brède est essentiellement reconnue pour son tétramorphe : représentation romane des quatre évangélistes autour du Christ en majesté de la vision d'Ezéchiel, retranscrite par Saint-Jean dans l'Apocalypse.

CHÂTEAU DE LA BRÈDE ★★

Avenue du Château

✆ 05 56 78 47 72

www.chateaulabrede.com

Jours et horaires d'ouverture variables selon la saison. Adulte de 4 € à 12 €. Enfant (de 7 à 15 ans) : 4 € à 7 €.

Classé Monument historique depuis 1951, le château de La Brède est un édifice exceptionnel et incontournable dans la région. Il est situé au cœur d'un parc classé de 150 hectares (en accès libre). Édifié au début du XIVe siècle, puis rénové et réaménagé à la Renaissance puis au XIXe siècle, ce curieux château étonne par sa forme polygonale. A l'origine, on accédait au château par trois ponts-levis qui ont été remplacés par des passerelles en bois. C'est dans ce château que naît, le 18 janvier 1689, Charles-Louis de Secondat, baron de La Brède et de Montesquieu, plus connu sous le nom de Montesquieu. Ce dernier passe beaucoup de temps entre sa chambre et la bibliothèque, où il a rédigé une grande partie de l'ouvrage *De l'Esprit des lois*. La dernière propriétaire, la comtesse Jacqueline de Chabannes est l'une des descendantes de Denise, la plus jeune fille de Montesquieu. Elle résida au château jusqu'à son décès en 2004. Sans descendant, elle a souhaité que le domaine reste ouvert au public. Pour cela, elle a créé la Fondation Jacqueline de Chabannes afin de préserver et faire découvrir ce patrimoine. Depuis, les vignes du château ont été remises en activité et on retrouve ainsi une ambiance vivante. Des visites guidées sont organisées pour pénétrer dans le château, mais aussi pour en apprendre davantage sur son jardin régulier. Pour obtenir des renseignements et pour réserver, les groupes doivent s'adresser à l'Office de Tourisme de Montesquieu. Notez que les chiens ne sont pas autorisés à entrer sur le domaine.

La Brède.

MAISON DE LA RÉSERVE

17, chemin de l'église - **SAUCATS**
✆ 05 56 72 27 98
www.rngsaucats-fossiles.fr
Ouvert du lundi au vendredi sur réservation ; le samedi à 15h de mai à septembre. Visite guidée de 4 à 5 €. Animations.

Saviez-vous que la forêt de Migelane abrite deux empilements de strates géologiques qui font référence sur le plan mondial – les stratotypes de l'Aquitanien (de 23 à 20,4 millions d'années) et du Burdigalien (de 20,4 à 16 millions d'années) ? Voici ce qu'on apprend en venant ici, avec ou sans enfant. Sous différents formats, vous allez découvrir l'histoire géologique de la Région. Les visites guidées débutent, le plus souvent, par l'exposition de fossiles à la Maison de la Réserve (accessible librement) et se poursuivent par une balade commentée en forêt.

MÉMORIAL DE LA FERME DE RICHEMONT

SAUCATS
Visite libre toute l'année.

Ce Monument aux martyrs de la Résistance du Sud-Ouest a été érigé en 1949 en lieu et place de la ferme de Richemont, en souvenir des 13 jeunes élèves ou anciens élèves du Lycée Montaigne à Bordeaux, tombés pour la majorité sous les balles ennemies le 14 juillet 1944. Ces jeunes avaient pour mission de ralentir la progression des Allemands vers la Normandie. Les faces de cet obélisque de 35 m de hauteur symbolisent : la Foi, le Courage, le Sacrifice et la Victoire.

LA MAISON D'OLIVIER €€

14, Peyon - **SAUCATS**
✆ 05 57 96 95 83
http://lamaisondolivier.blogspot.fr
Maison de 5 chambres pour 10/12 personnes. De 1 000 € à 1 300 € la semaine selon saison. De 350 € à 400 € le week-end.

La Maison d'Olivier est un éco-gîte entre forêt et vignoble. Depuis, la maison familiale a gardé toute sa splendeur d'antan, notamment grâce à une restauration avec des matériaux traditionnels et écologiques. Ici, la vie est douce. Il n'y a pas une seule ombre au tableau, si ce n'est celle des arbres à l'abri desquels on s'accorderait bien une petite sieste. En moyenne saison, selon le calendrier et avec un peu de chance, il est parfois possible de louer la maison pour un week-end. Le rez-de-chaussée est accessible aux personnes à mobilité réduite.

LA BRASSERIE BRÉDOISE €€

80, avenue Charles de Gaulle
✆ 05 56 20 08 38
https://labrasseriebredoise.eatbu.com/
Ouvert du lundi au mercredi le midi, du jeudi au samedi midi et soir. Menus du jour.

Avec sa cinquantaine de couverts en salle et sa vingtaine de places en terrasse, la Brasserie Brédoise a de quoi accueillir tous les midis les travailleurs pressés. En cuisine, Laura Pedaros élabore une délicieuse cuisine maison, simple mais généreuse, avec un menu du jour complet (entrée, plat, dessert, café ou 1/4 de vin) vraiment accessible. La carte est régulièrement renouvelée et les produits sont frais et de qualité. Laura favorisant le circuit court, les viandes et les poissons proviennent directement des commerçants de la commune.

CHEZ LES POTES €€

2, place de Ségur - **CABANAC-ET-VILLAGRAINS**
✆ 05 57 80 44 89
www.chezlespotes.fr
Ouvert du lundi au samedi le midi et du jeudi au samedi le soir. Service traiteur et privatisation de salle.

Particulièrement fréquenté à l'heure du déjeuner, l'endroit n'en reste pas moins convivial. Terrasse, parking, bon accueil et rapidité du service : Chez les Potes a tout pour plaire ! Chaque midi, le chef prépare un menu du jour avec différents choix, mais toujours avec des produits locaux de saison. Les viandes et poissons sont cuits au feu de bois dans la cheminée, juste sous vos yeux ! Le soir, plats à la carte parfaitement cuisinés et sans cesse renouvelés. Vu le succès (mérité !) de ce sympathique restaurant, on vous conseille de réserver.

LE PHILOSOPHE €€

1, avenue de Viana
✆ 05 57 71 32 65
www.restaurant-le-philosophe.com
Du lundi au jeudi midi et soir ; vendredi et samedi le midi. Carte : 28 €. Formule midi : 16,90 €. Accueil des groupes.

Bienvenue au restaurant *Le Philosophe* ! Ici, le choix est large avec pas moins de quatre menus pour les groupes de plus de 20 personnes, une proposition de burgers, de salades, pièce du boucher et poissons de la criée à la carte et une formule express le midi en semaine. Le buffet des entrées et des desserts trône au milieu de la salle. *Le Philosophe* fait partie d'un complexe hôtelier avec le *Relais Akena* et la résidence hôtelière *Alizés*. L'établissement est ouvert le vendredi, le samedi et le dimanche pour les groupes ou les événements spéciaux.

LA TABLE DE MONTESQUIEU €€

9, place Saint-Jean d'Etampes ✆ 05 56 94 25 36
www.tabledemontesquieu.fr

Ouvert du mardi au jeudi le midi ; vendredi et samedi midi et soir ; et le dimanche midi.

Dans l'ancienne école communale du village, La table de Montesquieu est un restaurant élégant où modernité et classicisme se marient avec bonheur autour de la gastronomie. Ici, la carte varie en fonction des saisons et du marché, mais toujours avec des mets de qualité ; parmi les spécialités de la maison : le bar au beurre, les rognons de veau à la sauce porto ou la salade de tricandilles déglacées au vinaigre de vieux vin. Pour accompagner la dégustation, l'établissement propose une sublime carte de vins où le Sud-Ouest est, forcément, à l'honneur !

PÂTISSERIE-CHOCOLATERIE JONATHAN NÈGRE

15, place Montesquieu ✆ 09 50 23 16 94
www.jonathannegre.com

Ouvert du mardi au samedi de 9h à 13h et de 15h30 à 19h30 ; le dimanche et les jours fériés de 9h à 13h.

Jonathan Nègre a commencé dès 13 ans dans les coulisses d'une petite pâtisserie. Il se forme d'abord chez un ancien chef pâtissier de Joël Robuchon à Paris, puis auprès de Michel Guérard, Alain Ducasse, Arnaud l'Ahrer... A seulement 20 ans, c'est à Londres que Jonathan poursuit sa fabuleuse ascension en devenant chef pâtissier aux côtés de Joël Robuchon. De retour dans la région, il va créer sa marque éponyme. Rigoureux et créatif, il cultive ce goût des saveurs d'antan.

LE JARDIN DES MOTS

13, rue Latapie
✆ 05 56 77 49 89
www.librairie-lejardindesmots.fr

Ouvert du mardi au samedi de 10h à 13h et de 15h à 19h. Animations.

Stéphanie Gauthard a choisi le village de Montesquieu pour ouvrir sa librairie indépendante. La littérature est une passion qu'elle entend bien partager. Le Jardin des Mots signe le début d'une reconversion professionnelle réussie. Littérature française et traduite, sciences humaines, vie pratique, romans historiques... Et des bandes dessinées aussi. Les plus jeunes n'ont pas été oubliés. Dans cette librairie de 50 m², ils auront un espace dédié. L'ouverture du *Jardin des Mots* est une bénédiction pour les habitants, pour satisfaire leurs envies de lecture.

LE MOULIN DE LA MOLLE

Avenue du Château
✆ 05 56 20 20 79
www.moulin-de-la-molle.fr

Boutique en ligne.

Fondateur de la conserverie du Moulin de la Molle, Robert Chaffanjon est un orfèvre du foie gras. Depuis plus de 30 ans, il propose aux fins gourmets des foies gras des Landes en oie et en canard. Les oies et les canards sont soigneusement gavés et choisis de telle sorte que leurs foies ne perdent pas de graisse lors de la cuisson. Robert Chaffanjon vend sur place ou expédie ses foies gras à travers le monde. Son conseil de dégustation : un bon pain de mie, grillé et chaud ou tout simplement un excellent pain de campagne avec un vieux Sauternes. On salive déjà !

TRUFFE ALÉNA

✆ 06 16 01 03 74
https://truffe-alena.com/

Aléna, c'est 120 hectares de truffières melanosporum basées en Aquitaine qui produisent chaque année 3 tonnes de truffes noires du Périgord vendues aux plus grands noms de la gastronomie mondiale. Sachez qu'il est possible de vivre l'aventure d'un peu plus près. Comment ? En adoptant un chêne truffier. La souscription du contrat d'adoption génère l'envoi annuel de 50 g de truffes noires du Périgord, deux boîtes de suprêmes de truffe Aléna (une de 15 g de truffe noire et une de 30 g de truffe d'été) ainsi qu'un livret de recettes. Et ce, durant 5 ans.

LANGON ★

Langon a vu son église fondée au IVᵉ siècle par saint Paulin, évêque de Nole, originaire de Bordeaux. S'il ne reste que peu de traces des fortifications qui entouraient la ville au XIIᵉ siècle, on verra toutefois, au cours d'une promenade dans la vieille ville, plusieurs maisons anciennes, notamment dans la rue Maubec, au n° 24 – maison XIXᵉ de style troubadour –, au n° 32 – maison bourgeoise – et au n° 51 – décoration sculptée d'époque Henri IV. Sous-préfecture active, Langon possède une longue rue piétonne menant aux bords de la Garonne où l'on méditera sur les caprices du fleuve devant la surprenante échelle des crues de la rue Laffargue.

CHÂTEAU MALROMÉ

SAINT-ANDRÉ-DU-BOIS
✆ 05 56 76 25 42
www.malrome.com

De mars à fin décembre. Jours et horaires variables selon la saison. Visites de 6 € à 42 €. Animations. Restauration.

Loin de Montmartre, Henri de Toulouse-Lautrec a séjourné à la fin de sa vie dans cette demeure familiale achetée par sa mère, la comtesse Adèle de Toulouse-Lautrec, en 1883. L'édifice remonte quant à lui, pour les parties les plus anciennes, au XVIe siècle. Toulouse-Lautrec est décédé au château en 1901 à l'âge de 37 ans. Passionnés d'art et de patrimoine, les propriétaires proposent une lecture différente de sa vie et de son œuvre, en valorisant la scène artistique contemporaine et en associant aux visites la dégustation des vins de la région.

ÉGLISE SAINT-GERVAIS

2, rue Saint-Gervais

Dominant magnifiquement la Garonne, l'édifice abrite l'*Immaculée Conception* ; une peinture très célèbre du peintre espagnol Zurbaran. Le tableau de 1661, a été entièrement restauré et s'admire désormais derrière une vitrine de protection climatisée. L'église possède également un très bel orgue « Cavaillé Coll » de 1857, qui épouse les lignes arrondies de la rosace. À quelques détails près, son clocher, édifié en 1861, est une reproduction de la tour Sud de la cathédrale de Chartres. L'église est inscrite au titre des Monuments historiques depuis 2006.

OFFICE DE TOURISME DE LANGON

11, allée Jean Jaurès
✆ 05 56 63 68 00
www.tourisme-sud-gironde.com

Ouvert toute l'année. Jours et horaires d'ouverture variable salon la saison.

L'office de tourisme de Sauternes, Graves et Landes Girondines est ouvert toute l'année. Vous y obtiendrez tous les renseignements nécessaires pour découvrir le sud de la Gironde : meilleures tables, beaux châteaux, différentes activités, manifestations culturelles et artistiques... Des visites guidées du vignoble avec dégustation (bien sûr !) y sont proposées. Vous y trouverez également une boutique de souvenirs et des services pratiques comme une billetterie ou la location de vélos.

DOMAINE ECOTELIA €€

5, Lieu-dit Tauzin - **LE NIZAN** ✆ 05 56 65 35 38
www.domaine-ecotelia.com

Ouvert toute l'année. Hébergements insolites (2 à 6 pers.) dès 58 €/nuit (PDJ inclus). Espace bien-être. Cuisine.

Passer une seule et même nuit sur les cinq continents, c'est possible ! Cet hôtel de plein air écologique (gestion des déchets, préservation de l'espace naturel, assainissement par filtres plantés de roseaux, baignade naturelle, etc.) vous propose des hébergements insolites. Et le choix ne manque pas ! Sur ce site de 8 hectares, planté en pleine nature, une vingtaine d'hébergements de dix styles différents ont poussé de terre : cabane palombière, roulotte tzigane, tente Caïdale, cabane de trappeur, yourte... Tous avec une vue imprenable sur la nature !

HÔTEL-RESTAURANT CLAUDE DARROZE*** €€

95, cours du Général Leclerc ✆ 05 56 63 00 48
www.darroze.com

16 chambres à partir de 80 €/nuit. Petit déjeuner : 13 €. Animal de compagnie autorisé : 10 €. Restauration.

Entièrement rénové en 2016, la Maison Darroze propose 16 chambres à la décoration cosy et à l'atmosphère emplie de poésie, qui offrent toutes un confort optimum pour un séjour de courte ou de longue durée au cœur des vignobles de Graves et de Sauternes. Outre la découverte du restaurant et de la délicieuse cuisine du chef réputé Yoann Amado, qu'il serait vraiment dommage de ne pas goûter, nous vous invitons à parcourir les environs, paysages verdoyants et lieux chargés d'histoire...

HÔTEL-RESTAURANT HORUS*** €€

2, rue des Bruyères
✆ 05 56 62 36 37
www.hotel-restaurant-horus-langon.com/

Logis. Ouvert toute l'année. Chambres de 66 € à 90 € (1 à 4 pers.). Petit déjeuner : 9,50 €. Demi-pension. Soirée étape.

Que vous veniez pour déjeuner à la table d'Horus, y séjourner quelques jours ou juste le temps d'une étape, vous profiterez d'un accueil tout en gentillesse. Facile d'accès, cet établissement propose de nombreux services aussi pratiques qu'appréciables (parking fermé et surveillé, wifi, air conditionné, chaînes de télévision par satellite et Canal +, etc.). Les chambres sont conçues pour accueillir de 1 à 4 personnes. La demi-pension est possible.

LOGIS HÔTEL ALIENOR €€

Chemin du Pioc
✆ 05 56 62 15 15
www.logishotels.com

Logis. Ouvert toute l'année. 20 chambres à partir de 69 €. Petit déjeuner buffet à 9 €. Parking inclus. Local à vélo.

Planté au cœur des Graves et du Sauternais, l'hôtel Aliénor** aspire au calme et à l'agréable. Avant d'investir votre chambre, peut-être vous laisserez-vous tenter par un petit tour au bar à vin où le maître des lieux, autrefois viticulteur, vous proposera de déguster des vins de Bordeaux d'appellations locales. Côté chambre, on reste dans le confort. Insonorisées et climatisées, elles sont toutes équipées d'un téléviseur à écran plat, d'une connexion wifi et d'une salle de bains avec douche ou baignoire. Idéal pour un week-end ou un long séjour en Aquitaine.

L'ATELIER F.V. €€

62, cours des Fossés ✆ 05 56 76 25 66
www.restaurant-latelierfv.fr

Ouvert du mardi au dimanche le midi ; du mercredi au samedi le soir. Menus de 38 € à 49 €. Formule du midi : 20 €.

Après avoir fait ses armes dans des établissements de renom comme l'Hôtel Château Grand Barrail, l'Hostellerie de Plaisance (Saint-Emilion), le Belvédère (Porto-Vecchio), le Lagura au Luxembourg ou encore Le Château de La Tour (Cadillac), Flavien Valère a ouvert les portes de son propre restaurant à Langon, dans sa ville natale. Dans un cadre élégant, mais sans extravagance, ce jeune chef propose une cuisine bistronomique teintée à la fois d'une touche de tradition et de modernité. A n'en pas douter, le savoir-faire de Flavien Valère attisera votre gourmandise.

LA BARRIQUE €€

32, rue Maulbec
✆ 05 57 36 78 13
www.labarrique-langon.fr

Ouvert du mardi au samedi de 18h à 0h. Tapas à partir de 5 €.

Comme son nom le laisse deviner, La Barrique a plutôt à voir avec le vin. Dans ce bar à vin et tapas fondé par quatre amis autour d'une passion commune, on découvre donc une très belle sélection de vins, issus de l'agriculture bio ou raisonnée : plus de 300 références sont tout de même proposées ! Laissez-vous conseiller par cette équipe qui s'y connaît. Pour accompagner sa dégustation, on se régale de tapas et autres petits plats gastronomiques salés et sucrés superbement cuisinés à base de produits frais et sourcés, à des prix très corrects.

LA BELLE MAZURE €€

11, Cazebonne
MAZÈRES
✆ 05 57 31 04 15

Ouvert du mercredi au dimanche le midi. Formules à 16 € et 26 € le week-end. Terrasse. Réservation recommandée.

L*a Belle Mazure* ouvrait tout juste ses portes que déjà, les gourmands se bousculaient pour goûter aux plats de Willy Creux, le chef et propriétaire des lieux avec son épouse Virginie. Ici, pas de carte, mais seulement un menu du jour pour le service du midi en semaine et un menu week-end plus élaboré. Sa cuisine du marché, le chef la concocte à partir de produits frais. Pour accompagner votre repas, *La Belle Mazure* vous propose une jolie carte des vins. Une belle terrasse vous accueillera dès l'arrivée des beaux jours. Les enfants mangent comme les grands.

LE COCHON VOLANT €€

7, place du Général de Gaulle
✆ 05 56 63 01 62

Ouvert du lundi au samedi de 8h à 23h (sauf lundi soir en basse saison) ; le dimanche de 9h à 16h. Plats du jour : 11 €.

Le Cochon Volant est l'adresse incontournable des amateurs de cuisine traditionnelle. Murs en pierres, tables et chaises en bois comme on n'en voit plus beaucoup, banquettes rouges et ardoises blanchies à la craie... L'ambiance est conviviale, sans chichi, propice aux échanges. Côté carte, c'est promis, vous allez vous régaler. Les plats font la part belle à la réputation de notre chère cuisine française, et même régionale (andouillette AAAAA, ris de veau, magret de canard entier, côte de porc, lamproie et escargots à la bordelaise, œufs cocotte au foie gras...).

LE GRANGOUSIER €€

2, chemin de Peyrot
✆ 05 57 98 30 68

Ouvert du jeudi au lundi le midi et le soir. Menu à 39 €. Plats de 17 à 27 €. Tapas et planches à partager. A emporter.

Truite du Ciron façon gravlax, crème moutardée et carpaccio de betterave, tarte au poireau et chantilly au Martini, bœuf de Bazas, grillé, en tourte et pommes de terre gratinées à la crème d'ail, vacherin exotique et glace Saint-Germain (liqueur de fleur de Sureau)... Arthur Lecocq, le chef du restaurant *Le Grangousier* a de belles idées pour nous régaler. A la belle saison, *Le Grangousier* fait son afterwork le vendredi et le samedi avant le service. On adore investir la belle terrasse. Les animaux domestiques sont les bienvenus.

LE LONGIN €€

10, rue Paul Langevin
✆ 05 56 63 32 41
www.lelongin.fr

Du mardi au vendredi le midi ; vendredi et samedi le soir. Planche du jour complète : 12 €. Menu : 25 €. Tapas.

Le Longin est un bar-tabac ouvert tous les jours (attention aux horaires bien spécifiques), mais aussi un restaurant. On ne compte plus les concerts ou les soirées qui ont été organisés ici. A vous de choisir à quelle heure de la journée vous avez envie de découvrir les lieux ; le matin pour le café, le midi pour un déjeuner rapide, mais pas trop (la maison n'est pas un fast food !), dans l'après-midi pour une boisson chaude ou rafraîchissante, à la sortie du bureau pour un cocktail ou pour le dîner avec ambiance musicale. Un endroit à fréquenter à Langon !

HÔTEL-RESTAURANT CLAUDE DARROZE €€€

95, cours du Général Leclerc
✆ 05 56 63 00 48
www.darroze.com

Ouvert toute l'année, du mardi au samedi. Menu du midi : 39 €. Menus du soir : 79 € à 129 €.

Depuis 1895, la famille Darroze s'est forgé une belle réputation dans le milieu de l'hôtellerie-restauration. Ouverte en 1974, la Maison Darroze est aujourd'hui aux mains de la quatrième génération avec Jean-Charles et son épouse Annelie. Il se dit que la cuisine de la Maison Darroze est traditionnelle et fièrement régionaliste… Elle est surtout dans l'air du temps grâce au remarquable savoir-faire du chef Yoann Amado, à juste titre récompensé d'une étoile Michelin.

ANTIROUILLE

43, rue Maubec
✆ 05 57 36 79 78

Ouvert du mardi au samedi de 9h30 à 18h. Tarte salée : 9,50 € (+ dessert : 11,50 €). Wifi. Terrasse. Boutique.

Dans cette petite adresse atypique, on trouve toutes sortes de thés : thé noir, thé vert, sans théine… Café, chocolat chaud, tisanes bio et jus de fruits figurent également à la carte des boissons. Confortablement installé dans la salle du fond ou sur la terrasse, on accompagne bien volontiers sa boisson chaude d'une bonne pâtisserie maison. Bien sûr, il est possible de venir acheter son thé en vrac ou différents produits locaux. Côté boutique, des accessoires liés à l'univers du thé sont proposés, ainsi que de nombreux petits objets de déco.

LA BOUCHERIE DU SUD GIRONDE

64, avenue du Huit Mai 1945
TOULENNE
✆ 05 56 62 53 58

Ouvert du mardi au samedi de 7h à 12h30 et de 15h à 19h.

Exposées dans les vitrines, les viandes de bœuf du terroir, le veau de lait élevé de façon traditionnelle au lait de la mère et l'agneau de Pauillac label rouge proviennent tous des producteurs locaux. Les volailles fermières sont également produites localement et les pigeons sont élevés en vallée de Garonne. Un engagement de savoir-faire, de qualité et de transparence des Eleveurs Girondins, dans le cadre d'une démarche de commerce équitable « de la fourche à la fourchette ».

LA CAVE DES CARMES

11 bis, cours des Carmes
✆ 05 56 63 06 89
www.cavedescarmes-langon.fr

Ouvert du mardi au samedi de 9h30 à 12h30 et de 14h30 à 19h30 ; le dimanche de 9h30 à 12h30.

Créée en 2010 par Angèle Warin, la Cave des Carmes a été reprise par Hugo et Rémi. Tous les deux sont sensibles à la terre et au travail de l'homme. Ensemble, ils avaient déjà ouvert un bar à vin en 2018 (La Barrique). Avec Romane, ils guident les connaisseurs comme les moins avertis le long de ses étagères où l'on trouve de nombreuses références de Graves, Sauternes, vins de Bordeaux, de France et du monde. Il y a aussi une fine sélection de whiskies, spiritueux et champagnes. Ils s'appliquent également à vous conseiller également sur les accords mets-vins.

CHÂTEAU LA CROIX D'HOUQUET

Carbouey
SAINT-ANDRÉ-DU-BOIS
✆ 05 56 76 44 38
www.cht-la-croix-dhourquet.com

Ouvert tous les jours et les jours fériés de 8h à 12h et de 14h à 18h (uniquement sur rendez-vous). Visite gratuite.

A 50 kilomètres au sud-est de Bordeaux, sur les coteaux de Saint-Macaire, ce domaine viticole appartenant à la famille d'Izquerdo produit des bordeaux rouges, rosés et blancs. Chacun est composé de différents cépages (merlot, cabernet sauvignon, sémillon, muscadelle…). A l'issue de la visite, qui est gratuite, vous pourrez déguster les vins de la propriété et faire votre choix. Vous pourrez également passer commande et vous faire livrer votre vin.

MARCHÉ DE LANGON

Le vendredi matin, dans le centre-ville.

Le grand marché de Langon, l'un des plus beaux du Sud Gironde, est un incontournable ! Tous les vendredis matin, ses stands se déploient dans le centre-ville, sur les bords de la Garonne et sur le parking de la Glacière. Au total, ce sont près de 130 commerçants et exposants permanents qui sont présents chaque semaine et proposent aussi bien des produits alimentaires que non-alimentaires. Pour faire le plein de produits frais, un autre petit marché (uniquement alimentaire celui-là) se tient le dimanche matin, sous les platanes des allées Jean Jaurès.

LA POISSONNERIE

97, cours du Maréchal de Lattre de Tassigny
✆ 05 56 63 93 81

Ouvert du mardi au dimanche. Menu du jour : 8 € (à emporter).

Située juste à côté du Longin, La Poissonnerie propose ce que la mer a de meilleur : belle sélection de poissons, fruits de mer et crustacés de première fraîcheur, et plats cuisinés maison à emporter avec un menu complet renouvelé chaque jour. Et comment passer à côté des huîtres du bassin, ouvertes sur demande ? Avec cette équipe qui a toujours le sourire et la pêche (sans mauvais jeu de mots !), inutile de préciser que la maison compte depuis l'ouverture une clientèle de fidèles, conquis par la convivialité du lieu et la qualité des produits.

HIPPODROME DE LA BIDANE

39, la Petite Bidane
✆ 05 56 62 25 40
www.hippodromelangon.com

Entrée gratuite. Programme de courses : 2 €. Animations pour les enfants. Parking gratuit. Snack/restaurant.

Créé en 1979, l'hippodrome de la Bidane est devenu en 2012, la Société des courses hippiques de Langon-Libourne. Cet hippodrome pluridisciplinaire (galop et trot) dont la saison de courses démarre toujours le lundi de Pâques accueille sept réunions majeures par an. Mordu de courses ou simple promeneur, les journées de courses sont toujours l'occasion de passer un bon moment. Faites confiance à l'animateur, car c'est lui qui vous emmènera au cœur de l'action. Et si l'envie de parier vous prend, n'hésitez pas à vous faire conseiller au guichet.

WAKELAGOONA / OSMOSIA WAKEPARK

Chemin de Moderis - **VIRELADE** ✆ 06 83 69 56 99
www.wakelagoona.com

Ouvert tous les jours d'avril à novembre. Activités nautiques de 18 à 38 €/séance (sur réservation). Stages. Snack.

Petit frère du snowboard en version aquatique, le wakeboard est apparu à la fin des années 80. Sur l'eau ou dans les airs, vous allez vous régaler ! Encadrée par Laurent Delacroix, capitaine de l'équipe de France de 1998 à 2000 et entraîneur de l'équipe de France espoir, l'école de wakeboard Wakelagoona se trouve dans un spot très sympa. Chez Osmosia Wakepark, Tom Gradt, compétiteur et diplômé du BP Jeps, assure les sessions de wakeskate, wakesurf et du téléski.

LÉOGNAN

Traversé par un affluent gauche de la Garonne, Léognan est situé sur le territoire des Graves (nom de la terre qui recouvre le sol). Le vignoble a ici 2 000 ans, ce qui en fait le plus ancien de Bordeaux. Ses vins rouges et ses vins blancs qui appartiennent à la jeune appellation Pessac-Léognan créée en 1987 ont une belle aptitude au vieillissement. Quelques illustres châteaux méritent une visite : Haut-Brion, Pape Clément V, Carbonnieux – château du tout début du XVIIe siècle construit par Asdrubal de Ferron –, ou encore Olivier – petit castel reconstruit au XVIe siècle, entouré de douves et restauré en 1845 par l'architecte Louis Garros.

BUREAU D'INFORMATION DE LÉOGNAN

Cours du Maréchal de Lattre de Tassigny
✆ 05 24 73 39 90
www.tourisme-montesquieu.com

Ouvert de mi-juin à fin septembre, du mardi au samedi de 9h30 à 12h30 et de 14h à 18h.

Situé à l'entrée du parc de la Mairie, le Bureau d'Information Touristique de Léognan vous ouvre ses portes en saison afin de vous donner tous les renseignements utiles et touristiques pour découvrir la commune et ses alentours. Parmi les immanquables : l'église Saint-Martin et le lac bleu dont on doit sa couleur si particulière à la constitution géologique de son sol calcaire. La visite d'un ou plusieurs domaines viticoles s'impose également lors de votre séjour.

CHÂTEAU LE PAPE €€

25, chemin Le Thil
✆ 05 56 64 75 11
www.haut-bailly.com
5 chambres (dont une suite 4 pers.). Basse saison : 220 à 330 €. Haute saison : 310 à 470 €. Prêt de vélos. Réceptions.

Bâtie par Pierre Bobineau, maître voilier à Bordeaux, la chartreuse du XVIIIe du *Château Le Pape* et ses chambres d'hôtes haut de gamme, vous font la promesse d'une retraite discrète au cœur du vignoble des Graves. Résidence de nombreux artistes au fil des siècles, vous serez d'abord charmé par l'élégance de son architecture. Conçus par le paysagiste Camille Muller, les jardins sont un véritable écrin de verdure, source de relaxation et d'inspiration. Profitez de votre séjour pour visiter les chais et vous inviter à la Table Privée du Château Haut-Bailly.

LES AILES €€

303, avenue de Mont-de-Marsan
✆ 05 56 64 75 57
http://restaurant-lesailes.com
Ouvert tous les jours le midi ; le vendredi et le samedi le soir. Menus de 22,50 à 36 €. Formule du midi : 16,50 €.

Une table qui change d'air ! Non sans jeu de mots, le restaurant a pris un nouvel envol pendant l'été 2016, avec l'arrivée de Cédric Ordax et de son équipe. Quelques travaux plus tard, la salle est beaucoup plus moderne. Mais toujours en bordure des pistes de l'aérodrome et dans la verdure ! A la carte et dans les menus : foie gras de canard poêlé (pommes au gingembre et réduction au Porto), filet de canette (condiment kumquat), lamproie à la bordelaise... Pour accompagner le tout, le restaurant possède une carte des vins avec une trentaine de références.

LA FORGE DE LÉOGNAN €€

67, cours du Maréchal-Leclerc
✆ 05 40 24 63 98
www.laforgedeleognan.fr
Ouvert du mardi au dimanche le midi ; du jeudi au samedi le soir. Menu carte : 34,50 €. Formule midi : 22 €. Terrasse.

La Forge de Léognan est une adresse pour les gastronomes ! Dans cette ancienne forge reconvertie en restaurant, le cadre mêle adroitement le rustique avec les poutres apparentes, le soufflet de forge et la cheminée au plus contemporain avec une vaisselle raffinée. Bien que le restaurant soit désormais aux mains d'une jeune équipe très sympathique dont les ambitions ont été de moderniser la carte, les grands classiques du Sud-Ouest faisant la réputation de la maison demeurent indémodables. La carte des vins fait la part belle aux viticulteurs du coin.

L'ASSIETTE DE L'ÉPICERIE €€

58, chemin de Branon
✆ 05 56 85 83 38
Du mardi au jeudi et le samedi de 8h30 à 15h ; vendredi de 8h30 à 18h. Plats à 16 €. Terrasse. Traiteur. Epicerie fine.

Cette épicerie-trattoria fleure bon l'Italie ! Dans les rayons : pâtes, huile d'olive, vinaigres aux différents arômes, vin, liqueurs, épices... Côté frais, le jambon cru ou cuit est excellent, ainsi que le fromage, lui aussi vendu à la coupe. Le midi, optez pour l'assiette gourmande qui évolue au fil des saisons. Il s'agit d'une assiette-repas composée de préparations exclusivement maison, accompagnées de charcuterie italienne en chiffonnade. Elle se décline aussi en assiette végétarienne. Et chaque jour, un plat de pâtes et un autre plat italien (bien sûr) !

Vignobles aux alentours de Léognan.

LE MANÈGE €€

88, chemin du Barp
✆ 05 57 67 13 84
www.lemanege-leognan.fr

Ouvert tous les jours le midi ; du lundi au samedi le soir. Réservation recommandée. Menu à 39 €. Terrasse.

Le Manège est installé dans les anciennes écuries du Château de Léognan. Le rond de longe est désormais une agréable terrasse couverte. Fidèle à son passé équestre, le restaurant revêt des apparats qui rappellent aussi l'activité viticole. Si une partie de la carte a été confiée à Flora Mikula, c'est à Geoffrey Debrach que l'on doit les saveurs du menu. Chef pâtissier de formation, il s'exprime avec brio et autant de précisions, avec les mets salés dont les textures titillent nos papilles. Les jus corsés et les sauces du Chef rehaussent le dressage et les saveurs.

CHÂTEAU HAUT-BAILLY

103, avenue de Cadaujac
✆ 05 56 64 75 11
www.haut-bailly.com

Ouvert toute l'année, du lundi au vendredi de 9h à 16h30 (sur réservation). Visites et dégustations de 20 € à 110 €.

Aux portes de Bordeaux, le Château Haut-Bailly, Cru Classé de Graves, reçoit pour des visites, réceptions et séminaires, au sommet d'une croupe de graves où s'épanouit la vigne sur 30 hectares depuis plus de quatre siècles. Suivie d'une dégustation, la visite vous invite à découvrir les coulisses d'un Cru Classé, ses secrets de vinification et le terroir des Graves. La « visite du Collectionneur » vous ouvrira les portes du Château pour une dégustation de trois vins, dont deux millésimes du Cru classé. Les vins sont régulièrement félicités pour leur élégance.

CHÂTEAU HAUT-BERGEY

69, cours Gambetta
✆ 05 56 64 05 22
www.haut-bergey.fr

Visite et dégustation du lundi au vendredi sur rendez-vous uniquement. Tarif : 32 €.

Les origines du Château Haut-Bergey remontent au XVe siècle. Il s'agit là de l'une des quatre propriétés des vignobles Garcin. A l'occasion de la visite de la propriété, en présence du propriétaire ou du maître de chai, vous serez amené à en apprendre plus sur les vins du domaine, notamment sur le travail effectué dans les vignes et sur les efforts environnementaux. Pour cela, une bonne partie de la visite se déroule au cœur du vignoble. Comptez 1h30 avec la dégustation. Par ailleurs, notez que des réceptions à partir de 60 personnes peuvent être organisées.

CHÂTEAU LA LOUVIÈRE

149, avenue de Cadaujac
✆ 05 56 64 75 87
www.andrelurton.com

Du lundi au vendredi de 10h à 13h et de 14h à 17h (+ le samedi de mai à septembre). Visite et dégustation sur rdv.

C'est au XIIIe siècle que naquit le vignoble de La Louvière. Il passa entre plusieurs mains : famille parlementaire, moines viticulteurs, puis par le négociant et maire de Bordeaux J.-B. Mareilhac qui fit construire le château actuel. Tombée dans l'oubli au début du XIXe siècle, la propriété fut rachetée en 1965 par André Lurton, qui redonna au site ses lettres de noblesse. Il entreprit de grands travaux dans le vignoble (château classé monument historique en 1991). Cet homme de passion fit renaître l'appellation des Graves avec l'appellation Pessac-Léognan.

CHÂTEAU LARRIVET HAUT-BRION

84, avenue de Cadaujac ✆ 05 56 64 99 87
www.larrivethautbrion.fr

Ouvert toute l'année. Jours et horaires variables selon la saison. Visites et dégustations de 10 à 25 €. Autres tarifs.

Fière représentante d'une nouvelle génération épicurienne et avide de culture viticole, Emilie Gervoson insuffle une touche plus féminine. On lui doit le jardin millésimé. Les visites vous conduiront dans les chais et dans le cuvier avec ses barriques de chêne et ses amphores en terre cuite de Toscane. Sans oublier la magnifique collection de cuves ovoïdes en béton qui a permis au Château Larrivet Haut Brion d'être sacré Best of Wine Tourism 2019 dans la catégorie « Art et Culture » !

CHÂTEAU LEOGNAN

88, chemin du Barp
✆ 05 56 64 14 96
www.chateauleognan.fr

Ouvert toute l'année. Visites et dégustation du lundi au samedi, et le dimanche en haute saison. Sur réservation.

Le Château Léognan s'étend sur un domaine de 6 hectares où la vigne est élevée dans la tradition des Grands Crus de Pessac-Léognan et offre un vin blanc, un vin rosé, ainsi que 3 cuvées de vins rouges d'exception dont un grand Pessac-Léognan. L'établissement propose également toute l'année des formules de visites suivies de dégustation et d'ateliers variés, pour découvrir cette belle propriété en alliant oenotourisme et gastronomie. Au choix : visites Classique, Gourmande ou Insolite, et ateliers Oenoludique ou Vins et Chocolats. Délicieux programme !

CHÂTEAU PONT SAINT-MARTIN

14, avenue de Mont-de-Marsan
✆ 05 56 67 51 51
www.domaines-rodrigues-lalande.fr
Ouvert du mardi au samedi de 10h à 13h et 14h à 18h. Visite et dégustation : 10 € (gratuit pour les -18 ans). Boutique.

La propriété du Château Pont Saint-Martin est unique en son genre dans le Bordelais. Ce château néo-palladien aux couleurs évocatrices et à l'architecture symétrique s'organise de part et d'autre d'un double escalier. Autour, le parc arboré se compose d'arbres multi-centenaires, de bassins, fontaines et colonnes. Le cuvier et le chai à barriques se prolongent en salle de dégustation avec un bar. Les visites de la propriété prennent fin ici, après la dégustation de 3 vins.

CHÂTEAU BOUSCAUT

1477, avenue de Toulouse
✆ 05 57 83 12 20
www.chateau-bouscaut.com
Ouvert du mardi au vendredi de 9h à 12h et de 13h30 à 17h30 ; le samedi de 10h à 13h et 14h à 18h. Visite : 10 €.

Château Bouscaut est l'un des six Grands Crus Classés de Graves blancs et rouges de l'appellation Pessac-Léognan. De la découverte du vignoble et des chais à l'atelier d'assemblage, les visites à thème, récompensées par un Best Of Wine Tourism, permettent à chacun de choisir une approche différente : Accords vins et fromages, Accords mets et vins, Grands crus et chocolats... Il y en a pour tous les goûts ! On peut également s'initier à la dégustation à travers un atelier animé par un œnologue, pour apprendre à reconnaître les saveurs et arômes du vin.

CADAUJAC

Au début du XXe encore, il était plus simple d'aller à Bordeaux en gondole à vapeur que de prendre le train ! Cadaujac, *la ville aux 4 ports*, regorge d'une riche biodiversité grâce à son bocage humide au bord de la Garonne. Commune viticole du vignoble des Graves, entourée par les communes de Camblanes-et-Meynac, Quinsac et Villenave-d'Ornon, Cadaujac appartient à l'arrondissement de Bordeaux et au canton de La Brède. A ne pas manquer : le château de Saige et son parc de 14 ha, construit au XVIIIe par le baron de Beautiran, le port de Grima pour une agréable promenade entre rivière et belles demeures, la Ferme Exotique pour une sortie en famille...

MARTILLAC

Commune située dans l'aire urbaine de Bordeaux, Martillac abrite le château de Rochemorin, lieu de villégiature et propriété viticole de Montesquieu et sa famille. La forteresse qui s'élevait au Moyen Âge à cet endroit défendait Bordeaux contre les attaques des Sarrasins venus d'Espagne. À voir également : l'église romane Sainte-Quitterie construite au XIe siècle dédiée à Notre-Dame. Elle est remarquable pour son chœur roman et ses chapiteaux finement ciselés. Deuxième ville de France productrice de muguet, Martillac est le site de la technopole de Bordeaux et du centre de vinothérapie Caudalie au cœur des vignes du château Smith Haut Lafitte.

CHÂTEAU BARDINS

Chemin de la Matole
✆ 05 56 30 78 01
www.chateaubardins.fr
Visite et dégustation sur rdv. Adulte : 10 € ; enfant : 5 €. Ateliers dégustation. Coffrets de dégustation.

Le château Bardins se dresse fièrement aux portes de Bordeaux. Stella Puel, la propriétaire (5e génération) s'attache à cultiver la vigne et faire vivre la propriété afin de faire découvrir les vins du domaine. Pascale Laroche, passionnée d'œnotourisme, anime les ateliers dégustation, ludiques et accessibles à tous, adulte comme enfant, ainsi que les cours d'œnologie pour les plus aguerris. Elle vous propose aussi de découvrir le vignoble à vélo ou à pied. Bonne idée cadeau : le coffret dégustation « Jeu de Goût » pour s'entraîner à reconnaître 6 vins différents !

Château Smith Haut-Lafitte.

OFFICE DE TOURISME DE MONTESQUIEU

3, place Marcel Vayssière ✆ 05 24 73 39 90
www.tourisme-montesquieu.com

Ouvert toute l'année. Jours et horaires d'ouverture variables selon la saison. Location de vélo. Boutique.

Où dormir ? Où manger ? Que faire ? Que voir ? Toutes les informations très utiles à l'organisation de votre séjour sur le territoire de Montesquieu se trouvent à l'Office de tourisme situé dans le bourg de Martillac, juste en face de l'église. Patrimoine historique, vignobles et châteaux, loisirs, activités de nature, détente… Que de richesses à 20 minutes de Bordeaux ! Et si vous partiez à la découverte du territoire à vélo ? Ils sont en location à la demi-journée et à la journée.

SOURCES DE CAUDALIE***** €€€

Chemin de Smith-Haut-Lafitte
✆ 05 57 83 83 83
www.sources-caudalie.com

43 chambres et suites à partir de 270 €/nuit. Petit déjeuner : 30 €. Parking inclus. Restauration. Institut de soins.

Hôtel, restaurant 2 étoiles, auberge champêtre, épicerie, bar et centre de soins... Voici un véritable palace à la chaleur d'une maison de famille. Un retour aux sources dans un cadre exceptionnel ! Les chambres, d'une beauté sans pareil, sont réparties en 6 maisons, comme des variations régionales : La Bastide des Grands Crus, Le Comptoir des Indes, La Maison du Lièvre, La Grange au Bateau, Le Village des Pêcheurs ou encore L'Ile aux Oiseaux. La plupart possèdent un balcon ou une terrasse dominant les vignes du Château Smith Haut Lafitte ou surplombant le lac.

LE PINTXOAK €€

7, avenue Charles de Gaulle ✆ 05 56 72 07 65
www.lepintxoak.fr

Du mardi au samedi le midi ; du jeudi au samedi le soir. Menus de 29 à 42 €. Formules du midi de 22 à 24,90 € (samedi).

Forts de leurs expériences dans des maisons étoilées, les deux chefs subliment les produits de notre terroir, notamment ceux du Pays basque à partir d'ingrédients bruts et AOP sélectionnés en circuit court auprès des producteurs. Du 100 % fait maison, du soleil, des couleurs et des saveurs, voilà un peu ce qu'il y aura dans vos assiettes. Dans le même esprit, la carte des vins fait la part belle aux productions locales des Pessac-Léognan et des Graves. Sous la houlette de Sébastien Roumegoux, le Pintxoak dispose d'une belle terrasse. Réservation recommandée.

LA TABLE DU LAVOIR €€

Chemin de Smith Haut Lafitte
✆ 05 57 83 83 83
www.sources-caudalie.com

Ouvert tous les jours, midi et soir. Réservation recommandée. Menu du jour : 45 €. Terrasse.

La Table du Lavoir rend hommage au terroir à travers une cuisine bistronomique originale et raffinée, évoluant au rythme des saisons et travaillant les produits en toute simplicité pour les sublimer. En plus de la carte, une entrée, un plat et un dessert du jour sont proposés midi et soir dans un menu unique. On déjeune là sous la magnifique halle de l'hôtel, construite en bois récupéré dans les chais du Médoc. Au centre de ce superbe édifice, on aperçoit le lavoir en pierre où les femmes de vignerons venaient laver leur linge au XIXe siècle.

LA GRAND'VIGNE €€€

Chemin de Smith-Haut-Lafitte
✆ 05 57 83 83 83
www.sources-caudalie.com

Ouvert du mercredi à dimanche le soir et le week-end le midi. Réservation recommandée. Menus : 165 € à 205 €.

Laissez-vous subjuguer par la cuisine créative et gastronomique du restaurant doublement étoilé La Grand'Vigne, au sein du château Smith Haut-Lafitte. Chez le chef Nicolas Masse, l'importance du terroir et des produits se marie à la créativité et au talent, pour une incroyable expérience culinaire. L'établissement, au cœur du vignoble des Graves, figure dans le Top 100 des meilleures cartes des vins de France. Le cadre est élégant et la terrasse qui surplombe le lac offre une vue magique sur les vignes. Une parenthèse enchanteresse hors du temps !

CHÂTEAU HAUT-NOUCHET

3, chemin La Tour ✆ 05 57 12 07 63
www.hautnouchet.com

Ouvert du lundi au samedi. Boutique en ligne. Visites et dégustations sur rendez-vous de 5 € à 30 €/pers. Réceptions.

Ce grand vin des Graves de l'appellation Pessac-Léognan est produit sur un vignoble de 36 ha. Sa qualité est également due aux faibles rendements qui sont imposés aux cépages de cabernet-sauvignon 72 %, merlot 28 % en rouge, sauvignon blanc 78 % et sémillon 22 % en blanc sec. Les propriétaires (depuis 2008) mettent à profit leurs diplômes dans cette belle aventure afin de réaliser de prestigieux millésimes aujourd'hui salués par la presse et les amateurs de bons vins. Visites et activités œnotouristiques (dégustations, quiz chocolaté...) sont au programme.

CHÂTEAU L'ABBAYE

2, l'Abbaye - **PLEINE-SELVE**
✆ 05 57 32 64 63
www.chateau-abbaye.com
Visite et dégustation sur rendez-vous. Gîte (4 personnes) et chambres d'hôtes.

La propriété bénéficie d'une belle exposition et offre des vins d'appellation Blaye Côtes de Bordeaux. La cuvée rouge élevée en fût de chêne, a été plusieurs fois récompensée par les guides de vins, comme le guide Hachette et médaille d'or à Bordeaux et d'Argent à Paris pour le millésime 2000. Plus récemment, le millésime 2016 de la Cuvée Marie Madeleine Blaye Côtes de Bordeaux a remporté deux médailles : l'or au Concours des Grands Vins de France à Mâcon et l'argent au concours de Bordeaux et Vins d'Aquitaine. Les visites sont gratuites (sur rendez-vous).

CHÂTEAU SMITH HAUT-LAFITTE

✆ 05 57 83 11 22
www.smith-haut-lafitte.com
Ouvert tous les jours sur rendez-vous. Activités œnotouristiques. Événements et réceptions. Hébergements.

Ici, une seule philosophie : « *Tout faire pour que chaque millésime, en rouge comme en blanc, soit à la hauteur de notre magnifique terroir.* » La propriété abrite un hôtel 4 étoiles luxe, un spa de vinothérapie et de très belles tables dont l'une arbore fièrement ses deux étoiles Michelin. Plus récemment en 2019, il a été récompensé par le « Best of Wine Tourism d'Or » et le « International Best of Wine Tourism Awards ». L'atelier « Terre de vins et d'art » est un parcours original.

SPA VINOTHÉRAPIE CAUDALIE

Chemin de Smith-Haut-Lafitte
✆ 05 57 83 82 82
Lundi de 9h à 19h ; du mardi au samedi de 8h30 à 19h ; dimanche de 8h30 à 13h. Tarifs des soins en ligne. Boutique.

Le Spa Vinothérapie® propose un programme de soins exclusifs au cœur d'un cadre sublime : la décoration des cabines, faites de matériaux nobles, s'harmonise avec les vignes environnantes pour une parenthèse bien-être sous les mains expertes des vinothérapeutes. Uniques au monde, les soins Caudalie allient les vertus d'une eau de source naturellement chaude et riche en minéraux et oligo-éléments avec celles du raisin, réputé pour ses vertus anti-oxydantes. Une belle expérience.

PODENSAC

Au cœur du Pays des vins de Graves, ce bourg de 3 000 âmes fut occupé dans l'Antiquité. Des vestiges gallo-romains du IIe siècle ont été mis au jour place de la Halle. De l'époque médiévale, il reste une tour et une poterne du château des seigneurs de Podensac. Outre des monuments d'intérêt architectural (le château d'eau de Le Corbusier) ou gustatif (le musée Lillet), Podensac profite d'un très beau chemin de randonnée à suivre jusqu'à Portets, le long de la Garonne. Parmi les grands événements, notez les Rendez-vous aux jardins début juin, le festival « Côté Jardin » le dernier week-end de juin ou encore la foire Saint-Catherine fin novembre.

CHÂTEAU D'EAU LE CORBUSIER

Rue Pierre-Vincent
✆ 05 56 27 17 54
www.chateaudeaulecorbusier.sitew.fr

Avec sa gloriette, une salle panoramique entièrement vitrée de huit portes-fenêtres, cet imposant édifice en béton armé est la première réalisation connue du célèbre architecte Le Corbusier en France. En 1987, le *Groupe des Cinq* (architectes œuvrant pour la préservation du patrimoine architectural du XXe) signe avec la municipalité un bail emphytéotique, lui donnant la jouissance du lieu. Emblématique de la ville de Podensac, il est classé aux Monuments historiques depuis 2006.

CHEZ CHARLOTTE €

20, place Gambetta
✆ 05 56 27 07 24
https://restaurant-chez-charlotte.fr/
Ouvert du mardi au dimanche le midi ; du mardi au samedi le soir. Menu à 31 €. Formule du midi : 18,50 €. Terrasse.

Chez Charlotte, la salle ne désemplit pas. Le midi, le menu est de très bon rapport qualité-prix avec une cuisine concoctée à partir de produits faits et préparés à la minute. Histoire de vous faire saliver, nous vous proposons de découvrir quelques entrées à la carte : velouté de céleri-rave et châtaignes, terrine de canard au pomélo… En plat, que diriez-vous d'une cuisse de canard confit au miel et quatre-épices, un médaillon de cochon Ibérique Bellota ou un tartare de bœuf de Bazas ? C'est un endroit simple et convivial où l'on mange bien. Très bon accueil.

PARC DU DOMAINE DE CHAVAT

2, Rue Pierre Vincent

Jardin remarquable. Gratuit. Ouvert tous les jours et les jours fériés de 8h30 à 18h30. Animations.

Le château, son parc et le château d'eau belvédère sont des œuvres de Le Corbusier édifiées en 1917, sur les bords de la Garonne. Délaissé au cours du dernier quart du XIXe siècle, cet ancien domaine viticole doit sa renaissance à François Thévenot, un industriel bordelais spécialisé dans la construction de barrages hydroélectriques, qui décida d'acquérir la propriété afin de la sauver de la ruine et la transformer en jardin remarquable. Légué à la Ville de Podensac en 1999, le parc du domaine de Chavat mêle des ambiances japonaises et offre un magnifique parcours d'eau de 5.5 hectares ainsi qu'une grande variété végétale. L'ensemble est de style composite. Jugé par les Monuments historiques comme l'un des plus beaux parcs d'Aquitaine, il est inscrit à l'inventaire supplémentaire des Monuments historiques depuis 2006 et labellisé Jardin Remarquable depuis 2012. Au hasard de vos pas, vous y découvrirez de jolies fontaines surmontées de bronzes inspirés de l'Antiquité, une fausse grotte, un beau gladiateur ayant perdu son trident et déclarant *Ave Cesar, morituri te salutant* et un très étrange groupe de statues en marbre – Le mystère de la vie –, placé dans un bassin auquel on peut accéder par des dalles sur l'eau... Un lieu de promenade original, avec une jolie vue sur la Garonne et des bancs pour profiter de la belle saison et contempler le château et ses reflets. Le château est ouvert aux visites uniquement lors des Journées du Patrimoine.

CHÂTEAU DE CÉRONS

1, Latour - **CÉRONS**

✆ 05 56 27 01 13

www.chateaudecerons.com

Tous les jours (10h-18h) de mai à octobre ; lundi au vendredi (10h-17h) de novembre à avril. Réservation conseillée.

Classée aux Monuments historiques, la chartreuse du Château de Cérons accueille les visiteurs toute l'année. Constitué de 26 hectares de vigne sur le plateau de Graves au sous-sol calcaire, le domaine produit des vins de 3 couleurs dans l'une des plus confidentielles appellations du Bordelais. Afin de profiter de ce superbe corps architectural du XVIIe, Caroline et Xavier Perromat vous reçoivent pour vous dévoiler les secrets de leur terroir. Ils vous proposent de prolonger ce moment par un pique-nique dans le parc, un repas dans la rôtisserie ou une sieste...

CHÂTEAU DE CHANTEGRIVE

44, cours Georges Clémenceau

✆ 05 56 27 17 38

www.chantegrive.com

Du lundi au vendredi de 9h à 17h ; le samedi de 10h à 18h (au printemps et en été seulement). Visites et dégustations.

Si autrefois l'exploitation ne comptait que deux hectares, aujourd'hui elle s'étend sur presque 100 hectares exposés plein sud. A force de travail, la famille Lévêque a développé un véritable savoir-faire axé à la fois sur la tradition et l'innovation. En découlent des barriques de chêne des vins AOC Graves rouges et blancs de renommée européenne, voire mondiale. N'hésitez pas à rencontrer cette famille afin de partager sa passion le temps d'une visite et d'une dégustation. Vous découvrirez deux très beaux chais d'élevage, avec toutes les explications techniques.

MAISON DES VINS DE GRAVES

61, cours Maréchal-Foch

✆ 05 56 27 41 16

https://maisondesvinsdegraves.com/

Ouvert toute l'année. Jours et horaires variables. Dégustation jusqu'à 1h avant la fermeture. Boutique en ligne.

Vitrine de la région des Graves, la vinothèque rassemble près de 225 références de vins en AOC Graves et Graves supérieurs, AOC Pessac-Léognan et crus classés de Graves. Vous pourrez découvrir les vins d'environ 120 viticulteurs, vendus à des prix château. La Maison des vins de Graves organisant et répertoriant de nombreuses manifestations toute l'année, pensez à vous renseigner pour organiser votre séjour sur la Route des vins, la seule qui rassemble des crus classés de 3 couleurs.

MAISON LILLET

8, cours Maréchal Foch

✆ 05 56 27 41 41

Magasin ouvert du mardi au samedi (10h-12h30 et 14h-18h). Fermé le samedi en janvier et février. Visite guidée sur rdv.

En blanc et rouge et depuis 2011 en rosé, cet apéritif né en 1887 a su évoluer avec son temps, afin de proposer aux amateurs ses multiples et riches saveurs élaborées à partir de vins sélectionnés et de liqueurs de fruits, qui affichent en bouche une personnalité marquée. C'est que cet apéritif typique de la région, vieilli 8 mois en foudres de chêne, bénéficie du même suivi que les plus grands Bordeaux. Découvrez ses différentes étapes de fabrication lors d'une visite guidée suivie d'une dégustation, et poussez les portes d'une ancienne salle de distillation.

SYNDICAT DES GRANDS VINS DE CERONS

CÉRONS

www.vinsdecerons.com

Présidé par Aurélia Souchale, vigneronne au Domaine du Salut, le Syndicat des producteurs des Grands Vins de Cérons assure depuis 1921, la gestion de l'appellation en veillant au respect de son authenticité. Cette appellation, aussi petite soit-elle, mérite vraiment le détour ! Plusieurs crus sont à découvrir chez les propriétaires. Retrouverez l'ensemble des producteurs sur le site du syndicat et toute l'offre œnotouristique de l'appellation à la Maison des Vins de Cadillac.

GITE D'ICI ET D'AILLEURS*** €€

903, route de castres - **SAINT-MORILLON**

✆ 06 69 28 58 93

www.gite-dici-et-dailleurs.fr

Gîte (2 chambres, 6 personnes) : à partir de 85 €. Chambre d'hôtes familiale (4 personnes) : à partir de 75 €.

Elisabeth a raccroché sa blouse d'infirmière pour ouvrir ce gîte accueillant au cœur du vignoble des Graves. Avec ses deux chambres, le gîte peut accueillir jusqu'à 6 personnes. Idéal pour un séjour en famille ou entre amis ! Une agréable chambre d'hôtes (2 à 4 personnes) avec entrée indépendante est également disponible. Votre hôte se fera un plaisir de vous conseiller sur les visites et activités de la région et vous pourrez profiter du grand jardin et du spa.

PORTETS

Aujourd'hui joliment aménagé, le petit port de Portets était fréquenté dès l'Antiquité. Enraciné dans l'Histoire, l'endroit est une halte idéale pour un pique-nique au bord du fleuve avec ses cabanes de pêcheurs. Un circuit pédestre permet de découvrir la ville dans son ensemble. L'élégante tour du Roy qui se dresse au milieu de la vigne contrôlait jadis, le trafic des gabarres sur la Garonne. Derrière, le château de Portets à l'architecture Renaissance est à ne pas louper. Il domine majestueusement la rivière du haut de sa terrasse en pierre. Faites donc escale à Portets ! La halte nautique est d'ailleurs l'une des plus modernes des bords de Garonne.

HÔTEL-RESTAURANT RAPIN €€

35, route des Graves

✆ 05 56 67 51 31

www.hotelrapin.fr

10 chambres à partir de 50 €. Petit déjeuner : 7 €. Soirées étapes, demi-pension ou pension complète à partir de 69 €.

Sur la route des vins de Bordeaux en Graves et Sauternes, ce petit hôtel dans lequel règne une ambiance familiale vous propose de séjourner dans l'une de ses 10 chambres à la décoration personnalisée. Lumineuses, fonctionnelles et plutôt modernes, toutes sont équipées d'une télévision à écran plat et d'une connexion wifi. Chacune possède sa propre salle de bains avec douche, lavabo et w.c. Contrairement aux chambres de catégorie supérieure qui donnent sur la cour, les chambres standards ne sont pas climatisées. La petite terrasse permet de profiter du beau temps.

CHÂTEAU DE MONGENAN

16, rue de Mongenan

✆ 05 56 67 18 11

www.chateaudemongenan.com

Ouvert toute l'année (jours et horaires d'ouverture variables). Gratuit jusqu'à 12 ans. Adulte : 10 €. Animations.

Superbe demeure d'époque Louis XV, ce château classé aux Monuments historiques fut construit en 1736 par l'architecte Le Herissey. Jean-Jacques Rousseau y séjourna, c'est d'ailleurs à lui que l'on doit l'inspiration de l'actuel jardin botanique qui compte plus de mille variétés de plantes. Autre écrivaine à avoir marqué le lieu, Florence Mothe est la propriétaire du domaine qu'elle a choisi d'ouvrir au public. Autre rareté du lieu : le temple maçonnique de 1738 et son matériel rituel d'époque. La visite se conclut par la dégustation des vins du domaine.

LES LOGIS DE LESTIAC €€

71, route de Bordeaux

LESTIAC-SUR-GARONNE

✆ 09 83 51 17 28

http://leslogisdelestiac.fr/

Ouvert toute l'année. 4 chambres (de 95 à 115 €). Petit déjeuner inclus. Parking inclus.

Claudette et Bruno Colinet sont des passionnés d'histoire de la région. Surtout, ce sont de formidables hôtes qui pensent d'abord à votre confort. Ainsi, en cas d'arrivée tardive, ils peuvent vous servir un repas type apéritif dînatoire et les repas peuvent être pris dans la salle à manger ou dans le jardin si le temps le permet. Pour vos enfants, ils mettent à disposition des brassards, des bouées et des jeux d'eau. Vous trouverez également des serviettes de piscine dans vos chambres. Tout est aussi charmant que leur chartreuse girondine du XVIIIe siècle.

LE LUMA €€

105, cours du Général de Gaulle - **ARBANATS**
✆ 05 56 67 53 55
www.restaurant-leluma.com
Ouvert du mardi au samedi le midi et le soir ; le dimanche midi. Menus de 25 à 37 €. Formules du midi de 15 € à 18,90 €.

En plein cœur des Graves, le Luma vous convie à sa table autour d'une formule déjeuner très attractive, y compris le samedi. Ce jour-là : un tartare de légumes fondants servi avec des rillettes de saumon, un poulet rôti (sauce aux cèpes) et aligot, puis une mousse au chocolat aussi douce qu'un nuage. Le restaurant profite de deux grandes salles lumineuses. L'une s'ouvre sur une terrasse tandis que l'autre projette les matchs de foot, rugby... Goûtez donc ici aux Lumas à la Bordelaise (escargots mijotés avec de la chair à saucisse et une sauce tomate).

CHÂTEAU DE PORTETS

Rue de Mongenan
✆ 05 56 67 12 30
www.chateaudeportets.com
Ouvert toute l'année, jours et horaires d'ouverture variables selon la saison. Visites de 12 € à 35 €.

Portets est le plus ancien vignoble d'une commune viticole au cœur des Graves. Avec son parc en terrasse offrant un incroyable panorama sur la Garonne et les vignes et la façade Renaissance du château, le domaine est superbe et a été récompensé d'un Best Of Wine Tourism dans la catégorie « Architecture et Paysage ». Les visites commencent toujours par la projection d'un film retraçant l'histoire du château, avant de découvrir le chai où il est question de vignes, de vins et de vinifications dans le respect de l'environnement, pour finir sur une dégustation.

PRÉCHAC

Entre le Ciron et la forêt des hautes Landes girondines, Préchac est fortement marqué par le bois comme l'attestent plusieurs scieries en activité aux alentours. L'histoire a également marqué le lieu et il ne faut surtout pas manquer de visiter le château de Cazeneuve, sur la route de Pompéjac. C'est aussi le Pays de Bertrand de Got, avec l'un de ses châteaux dits clémentins : le château de La Trave. Celui-ci fut érigé en 1306 par Arnaud-Bernard de Preyssac, parent du pape Clément V. Cette vaste forteresse était protégée d'un côté par le Ciron et de l'autre par des fossés. Totalement en ruine aujourd'hui, le château est libre d'accès.

CHÂTEAU DE LA TRAVE

Sur la route d'Uzeste, les ruines du *château de La Trave* nous rappellent que nous sommes dans le pays de Bertrand de Goth ; le pape Clément V. Il s'agit en effet d'un château clémentin, érigé en 1306 par Arnaud-Bernard de Preyssac. Cette vaste forteresse était protégée d'un côté par le Ciron, assez encaissé à cet endroit, et de l'autre par des fossés. Le château s'organisait autour de quatre tours carrées et d'un donjon au centre. Bien qu'à l'état de ruines, il est libre d'accès et offre un coin de détente aux promeneurs. Si vous êtes dans le coin, allez-y !

CHÂTEAU ROYAL DE CAZENEUVE

✆ 05 56 25 48 16
www.chateaudecazeneuve.com
De 14h à 18h, tous les jours de juin à fin septembre ; le week-end et les jours fériés de mi-avril à début novembre.

Située sur une ancienne motte féodale du XIe siècle, cette forteresse a été bâtie par la famille d'Albret au XIVe siècle,. Amanieu d'Albret la dote d'une jolie cour d'honneur de forme polygonale à deux niveaux entourée de murailles. Les d'Albret demeurent les propriétaires pendant quatre siècles, le plus célèbre étant Henri IV. Au-dessus de la porte d'entrée, le fameux panache blanc rappelle la présence du roi en la demeure. La reine Margot réside par obligation à Cazeneuve lors de sa séparation avec le roi en attendant l'annulation de son mariage par le pape. Le château ayant subi des dommages pendant les différentes guerres, Henri IV le confie à Raymond de Vicose, qui s'attache à le remanier pour le transformer en une demeure de plaisance et d'apparat. Louis XIII et Louis XIV ont également séjourné à Cazeneuve. Aujourd'hui, la bâtisse se présente telle qu'au XVIIe siècle. Cazeneuve appartient depuis plus de 150 ans à la famille Sabran-Pontavès qui par le jeu des successions et des alliances, descend des d'Albret. Le comte Elzéar de Sabran-Pontavès accompagne parfois les visiteurs pour leur faire découvrir la forteresse depuis les grottes troglodytes, le nymphée romain et les grandes caves médiévales souterraines où vieillissent de prestigieux vins de Bordeaux jusqu'aux prisons gravées de dessins de prisonniers, écuries, boulangerie et appartements royaux. Les salons et les chambres où sont exposés des objets, des tableaux et du mobilier témoignent de l'histoire des lieux.

EGLISE SAINT-MARTIN D'INSOS

Visites guidées toute l'année (sur rendez-vous).

L'église Saint-Martin d'Insos, de style roman et inscrite à l'Inventaire des Monuments historiques depuis 1925, vaut bien un petit coup d'œil. Son haut clocher du XIVe renforcé par deux contreforts se prolonge d'une nef unique qui s'appuie sur un large mur où se trouve l'arc triomphal du XIIIe. L'église se visite toute l'année et l'agenda des manifestations (concerts, journées du patrimoine...) est consultable sur le site internet de l'association Ecrin d'Insos.

MOULIN DE CAUSSARIEU

Entouré de ruines médiévales et datant du XVe siècle, vous accéderez au moulin par un sentier. Le moulin fortifié de Caussarieu – étymologie : le « *chausse rivière* », en référence aux échassiers landais – constitue un site perdu sur les jolies rives du Ciron. Le moulin est donc seulement accessible à pied ou en canoë. Il a d'abord été un moulin à blé puis une minoterie (lieu de préparation des farines étuvées). Si le moulin ne reçoit pas de visiteurs, le lieu qui l'entoure reste très plaisant et pittoresque pour un pique-nique improvisé.

SALLES

Les racines du nom de la commune sont à chercher du côté des Gallo-Romains qui l'avaient baptisée Salomacum (« marché du sel »). La découverte d'un cimetière du premier âge du fer (600 av. J.-C.) a permis de mettre à jour plusieurs vases cinéraires, aujourd'hui conservés au musée d'Aquitaine à Bordeaux et au musée de Belin-Beliet. Autre particularité : la ville est recouverte à 87 % d'espaces boisés. Situé sur L'Eyre (dit aussi la Leyre) en Pays de Buch, le territoire fait partie du parc Naturel Régional des Landes de Gascogne en forêt des Landes. Empruntez un vélo ou un canoë pour partir à la découverte de ce bel espace nature du Sud Gironde.

CAMPING « LE BILOS » €

37, route de Bilos

✆ 05 56 88 36 53

Ouvert toute l'année. Emplacement (2 adultes) + véhicule à partir de 16 €. Caravanes : 300 € à 385 € la semaine.

Pas de mobil-home ni d'animations ou de piscine dans ce camping responsable qui invite les visiteurs à prendre soin des ressources environnantes, mais 85 emplacements idéalement situés au milieu des pins et des chênes, avec accès direct à la forêt... En cours de labellisation par le PNRLG pour obtenir le titre de « *Réserve Internationale de Ciel Etoilé* », le camping Le Bilos, parfaitement tenu depuis 1972 par la famille Dulaurans, vous promet de passer des vacances ressourçantes au plus près de la nature, dans une ambiance simple, mais chaleureuse.

L'EYRE 2 RIEN, LA SUITE €€

35, rue du Château

✆ 05 57 67 63 49

Ouvert du mardi au dimanche le midi, et du jeudi au samedi le soir. Ouvert tous les jours en juillet et août. Traiteur.

© L'EYRE DE RIEN LA SUITE

Après L'eyre 2 Rien (désormais le River's Club) le chef Jérôme Lonlas a ouvert L'Eyre 2 Rien, la suite ! Dans l'assiette, il est question de cuisine traditionnelle accessible mais raffinée. On retrouve le menu du midi, celui du soir et le fameux menu chasseur. Et bien sûr, les plats signatures qui ont fait le succès de la maison (foie gras marbré, gambas flambées...). Les recettes mettent toujours en valeur des produits frais, travaillés et cuisinés sur place. La salle est en outre très agréable, avec son étage pouvant accueillir les groupes et sa terrasse.

© VAL DE L'EYRE

© VAL DE L'EYRE

OFFICE DE TOURISME DU VAL DE L'EYRE

4, allée du Champ de Foire
✆ 05 56 88 30 11
www.rtourisme.com

Accueil vélo. Ouvert toute l'année. Jours et horaires d'ouverture variable salon la saison.

Et si vous donniez du sens à vos vacances ? Pour un week-end, une semaine ou plus, le Val de l'Eyre offre tous types d'activités à pied, à vélo, à cheval, en canoë... Au cœur du Parc naturel régional des Landes de Gascogne, la Leyre, rivière luxuriante surnommée la Petite Amazone, vous séduira par son caractère sauvage et ses silences. Séjourner en Val de l'Eyre, c'est aussi succomber aux plaisirs de la gastronomie locale marquée par l'authentique cuisine du Sud-Ouest.

© VAL DE L'EYRE

© VAL DE L'EYRE

© VAL DE L'EYRE

CAMPING DU VAL DE L'EYRE**** €€

8, route du Minoy ✆ 05 56 88 47 03

https://www.camping-arcachon.com

Ouvert de mars à novembre. Emplacements : à partir de 15 € ; locations (2 à 6 pers.) : 290 € à 980 €/sem. Restaurant.

Situé entre forêt landaise et bassin d'Arcachon, ce camping propose des séjours dépaysants dans une ambiance nature. Au programme : farniente au bord de la piscine, pêche dans le lac ou en rivière, tournoi de foot ou de volley, jeux gonflables, mini-ferme, location de canoë, animations... En pleine saison, les meilleurs danseurs se déhancheront sur la piste du bar et les gourmands s'attableront chez *Les copines d'abord*. Côté hébergement : mobil homes, chalets et roulottes.

DOMAINE DU PONT DE L'EYRE €€

2, route de Minoy ✆ 05 56 88 35 00

www.domainedupontdeleyre.fr

Lundi au samedi midi et soir (sauf samedi midi en basse saison). Menus de 26,50 à 29,50 €. Formule à 14,50 € et 17,50 €.

Ancienne maison de maître, le Domaine du pont de l'Eyre se trouve, comme son nom le laisse deviner, en bordure de l'Eyre. Son restaurant de cuisine traditionnelle française profite d'une grande terrasse extérieure. On peut venir, par exemple, y déguster une terrine de foie gras au sel de Guérande ou une salade de thon tataki en entrée, un magret de canard du Sud-Ouest ou un duo de veau (ris de veau et noix de veau) pour le plat et terminer en fraîcheur par une omelette norvégienne.

LA CAVE DE SALLES

8, place Saint-Pierre

✆ 05 56 88 41 31

http://cave33.canalblog.com

Ouvert du mardi au samedi de 9h à 12h30 et de 16h à 19h30 ; le dimanche de 9h30 à 12h30.

Que vous préfériez le vin blanc, rouge ou rosé, vous y trouverez à coup sûr votre bonheur. La *Cave de Salles* est idéale pour se faire plaisir ou faire plaisir. Eric, œnologue, vous apportera des conseils de qualité. Vous pourrez également découvrir une large gamme de whisky, de liqueurs, de vieux rhum, de cognac et de champagne, mais aussi de thés et cafés. De son côté, le rayon épicerie fine met en avant les produits du terroir. Il y a aussi de très belles boîtes de sardines et de multiples terrines, des paniers gourmands et des coffrets de vins bien sûr.

RIVER'S CLUB

2, place Saint-Pierre

✆ 05 57 67 63 49

Ouvert du mercredi au dimanche de 17h30 à 2h. Happy hour. Soirées DJ et concerts.

© RIVER'S CLUB

Le River's club, nouveau projet du chef Jérôme Lonlas, remplace son premier restaurant (le second, « L'Eyre 2 rien, la suite » ne change pas) sur la jolie place de l'église de Salles. Bien que petit, l'établissement a le mérite d'être le seul bar d'ambiance du coin. Au programme ? Concerts, DJ sets et autres animations jusque tard dans la nuit. Pour prendre des forces avant de danser, on boit des cocktails ou des bières à la pression et on grignote de nombreux tapas (planches de charcuterie, nems et samoussas, nachos sauce cheddar, mini croque-monsieur...).

CANOË PASSION

6, route du Minoy ✆ 05 56 88 22 19

www.canoe-passion.com

Ouvert le week-end en juin et septembre ; tous les jours en juillet/août. Adulte de 14 à 20 € ; enfant 6 à 10 ans : 2 €.

En plein cœur du Parc Naturel Régional des Landes de Gascogne, il est possible de se balader à vélo, à pied, mais aussi en canoë et en kayak. En activité depuis plus de 15 ans, Canoë Passion a toutes les cartes en main pour vous amener à découvrir la Nature sur l'eau et en toute sécurité. La Leyre, peu profonde de juin à septembre et ombragée, permet de faire différents parcours à la journée ou à la demi-journée. Sur les conseils de François (champion de France en 1980) et de son équipe, devenez, vous aussi, le temps d'une balade, le roi du canoë.

H2O AVENTURE CANOË KAYAK

40, rue Haute-Lande ✆ 05 56 88 20 53
www.h2oaventure.com
Ouvert de mai à septembre. Parcours canoë : 18 € ; parcours kayak : 22 €. Sortie kayak sur le Bassin d'Arcachon : 35 €.

Bien que surnommée « La Petite Amazone », la Leyre est une rivière praticable pour les débutants et un super terrain de jeu pour les confirmés. H2O Aventure permet de la découvrir à kayak ou à canoë, pour une descente rafraîchissante. Ces randonnées sur l'eau se font à la 1/2 journée sur 9 km, ou à la journée entière sur 12 à 14 km, avec pause déjeuner sur les rives. Les aventuriers pourront même pagayer 4 jours durant ! Les parcours proposés sont parfaitement adaptés aux sorties en famille, mais pensez au pique-nique, aux chaussures fermées et à la casquette…

SPADIUM

7, chemin de Calvin ✆ 05 56 21 42 42
https://spadium-salles.fr/
Ouvert toute l'année, tous les jours (horaires variables selon la période). Adulte : 5 € ; enfant : 4 €. Espace Détente.

Eté comme hiver, le Spadium vous accueille dans une eau à 30 °C. Bassin sportif de 25 mètres, bassin d'apprentissage ludique, pataugeoire, bains bouillonnants et grand toboggan, rien n'a été oublié ! Il y a même un solarium et un espace extérieur où installer sa serviette. Petit plus et pas des moindres, le Spadium, c'est aussi deux spas, une salle de repos, un sauna et un hammam. De nombreuses activités sont proposées allant de l'aquagym à l'apprentissage enfants et adultes. Le bonnet n'est pas obligatoire. Le centre esthétique est ouvert du lundi au samedi.

SAUTERNES ★

Un grand nom pour un village au cœur des vignes qui mérite le détour ! A 40 km au sud de Bordeaux, le village de Sauternes est réputé pour son vin blanc, – le meilleur liquoreux du monde. Le plus prestigieux de ces vins est produit au château d'Yquem. Inabordable pour le commun des mortels, on peut lui préférer d'autres châteaux dont le rapport qualité-prix sera plus terrestre. Le territoire est parsemé de châteaux et de demeures anciennes. A voir au cœur du village, l'église de Sauternes qui possède une jolie abside romane. La proximité avec le Ciron, affluent de la Garonne, fait de Sauternes un lieu de détente idéal pour les amoureux de la nature.

CHÂTEAU FILHOT

✆ 05 56 76 61 09
www.filhot.com
Ouvert toute l'année. Accès libre. Animations.

© CHÂTEAU FILHOT

Célèbre pour son vin, Filhot est aussi reconnu pour son vaste parc à l'anglaise (35 hectares) dessiné par le jardinier paysagiste Louis-Bernard Fischer en 1845. Le Comte Gabriel de Vaucelles y organise chaque année de grands rendez-vous, notamment le départ de la Raisin d'Or à l'occasion des journées portes ouvertes automnales des appellations Sauternes et Barsac du 11 au 13 novembre 2022. Sans oublier le concert baroque par l'Ensemble de Musiques anciennes de Sauternes le 30 juin 2022 sur la terrasse du Château. Le parc est accessible toute l'année.

CHÂTEAU FORT DE BUDOS

BUDOS

La vue plongeante sur les ruines de ce château fort entouré de vignes et bordé de platanes, est splendide. Cette forteresse fut érigée au XIVe siècle par Raymond Guilhem de Budos, neveu du Pape Clément V. La bâtisse comptait 5 tours et une procession y était autrefois organisée le jour de la Saint-Georges. Les logis étaient vastes, agencés autour de la cour intérieure. Si à l'époque médiévale, services et logements se répartissaient par niveau, les remaniements ont entraîné des redistributions. Les ruines de Budos sont à voir en passant par là.

EGLISE DE LÉOGATS

LÉOGEATS

Bâtie sur un piton rocheux, l'église de Léogeats a la particularité d'avoir un clocher accessible par un escalier depuis l'extérieur. Ainsi, on y grimpera pour voir l'ancienne cloche du village, mais surtout, pour le vaste panorama sur la Lande girondine que l'on admirera à perte de vue depuis ce véritable poste d'observation. Il est encore plus beau à la levée ou à la tombée du jour, par une belle lumière et avec en fond sonore, le chant des oiseaux. En sortant de l'église, après le portail en fer, le petit chemin à droite vous conduira à un ancien lavoir.

HÔTEL LE 23 €€

23, rue Principale ✆ 05 56 27 20 04
www.hotelsauternesle23.fr

8 chambres (dont 2 chambres familiales). De 70 à 105 €. Petit déjeuner : 8 €. Soirée étape. Restauration. Prêt de vélos.

L'hôtel *Le 23* vous propose de séjourner dans l'une de ses huit chambres ; six sont doubles dont l'une est accessible aux personnes à mobilité réduite et deux sont familiales avec deux chambres distinctes. Là encore, dans ces chambres spacieuses et épurées, agrémentées d'un mobilier moderne et design, l'ancien ne s'efface pas. On vous promet un séjour au calme au beau milieu des vignes. Si le cœur vous en dit, vous partirez à la découverte des terres aux alentours, à pied ou à vélo. Pour vous restaurer, l'Auberge des Vignes est ouverte du mardi au dimanche midi.

EGLISE SAINT-VINCENT

rue du Port
PREIGNAC
https://preignac.egliseetorgue.fr

Cours d'orgue, concerts, visites.

Construit au XVIIIe siècle, l'édifice surprend sa magnifique façade de style néoclassique, son clocher octogonal couvert d'un dôme de cuivre de l'architecte bordelais Pierre-Paul Coureau (inscrit au titre des Monuments historiques), et ses décors intérieurs peints. Les vitraux sont l'œuvre d'un autre bordelais, le maître verrier Joseph Villet. L'église abrite également un orgue construit par le facteur d'orgues Georges Wenner et le tuyautier-harmoniste Jean-Jacob Götty. Des cours d'orgue y sont d'ailleurs donnés, ainsi que des concerts et des visites.

LES PALMIERS DU PORT €€

20, Le Port - **BARSAC** ✆ 06 24 72 33 43
www.lespalmiersduport.fr

Ouvert toute l'année. 2 chambres avec bain bouillonnant privatif, de 130 € à 210 €. En-cas sur réservation. Cuisine.

C'est dans une magnifique demeure du XVIIIe siècle en bord de Garonne, que Frédérique et Guillaume Desnos ont choisi d'ouvrir deux chambres d'hôtes, avec bain à remous. Entièrement dédiées à la détente et au bien-être, elles sont décorées avec goût et élégance. La suite profite d'une terrasse où les propriétaires installent un lit à baldaquin aux beaux jours. Sur simple rendez-vous, une praticienne viendra pour des massages. Vos hôtes, dont la discrétion est à souligner, vous proposent quant à eux de parfaire votre séjour grâce à des en-cas romantiques.

Marathon de Sauternes.

LA SAUTERNAISE €€

22, rue principale
✆ 06 78 00 64 18
www.chambres-sauternes.com

Vignobles et Découvertes. 4 chambres à partir de 115 €. Petit déjeuner inclus. Boutique et cave à vins.

Au cœur du village de Sauternes, cette maison d'hôtes à l'atmosphère chaleureuse vous ouvre ses portes pour un week-end magique. Pascale et Didier Galhaud ont rénové cette pittoresque demeure du XVIIIe siècle avec beaucoup de goût, tout en conservant l'authenticité qui en fait le charme et l'élégance. Le tumulte du quotidien paraît alors bien loin… D'autant que les paysages alentour invitent à la contemplation et que les chambres tout confort offrent de superbes services bien-être (baignoire balnéo, hammam, sauna…). Terriblement reposant !

CHÂTEAU LAFAURIE PEYRAGUEY €€€

Lieu-dit Peyraguey - **BOMMES**
✆ 05 24 22 80 11
www.lafauriepeyragueylalique.com

Relais & Châteaux. 13 chambres et suites. Service « haute literie ». Restauration. Boutique. Visite du domaine.

Avec ses cinq étoiles, l'hôtel Lalique s'inscrit dans la grande tradition de l'hôtellerie de prestige. Chaque hôte est accueilli par le maître de maison qui l'accompagne tout au long du séjour. Partout dans le château, les œuvres Lalique sont superbement mises en scène. Les hôtes en quête de luxe à la française apprécieront ce sens du détail et de l'harmonie, ainsi que la literie tout confort, les équipements haut de gamme et le service personnalisé.

LA PETITE GUINGUETTE €

2, chemin de Pasquette
www.lapetiteguinguette.com

Ouvert en saison de fin avril/début mai à septembre (jours et horaires variables). Tapas de 6 € à 25 €. Vin au verre.

Coup de cœur ! La Petite Guinguette est un petit coin de paradis avec une vue imprenable sur les vignes. Créée en juillet 2017 par Marie et Guillaume, l'endroit, qui se donne des allures de brocante chic, a immédiatement remporté un franc succès. Petits et grands aiment s'y retrouver pour déguster quelques tapas, boire un verre ou écouter de la musique. Les assiettes de tapas accompagnent à merveille un cru du coin ou une mousse, ou inversement. La bonne idée : suivre leur page Facebook pour ne pas rater l'ouverture de la saison et le programme estival.

AUBERGE LES VIGNES €€

23, rue Principale ✆ 05 56 76 60 06
www.aubergelesvignes.fr

Ouvert toute l'année. Du mardi au samedi le midi et le soir ; le dimanche midi. Menus de 20 à 60 €. Terrasse. Traiteur.

L'*Auberge les Vignes* vous réserve d'agréables surprises. L'accueil d'Arnaud et de son équipe est très sympathique. Pour le cadre, attendez-vous à un mélange rustique et moderne. Aussi, on apprécie beaucoup l'intimité offerte par la petite taille de la salle, néanmoins très lumineuse. Dans les assiettes, vous goûterez à une cuisine qui oscille savoureusement entre tradition et gourmandise. Eté comme hiver, vous pourrez goûter aux grillades à la cheminée. Une adresse à découvrir au détour d'une promenade entre les châteaux et d'une descente en canoë sur le Ciron.

LA CHAPELLE €€

5, Château Guiraud
✆ 05 40 24 85 45
www.lachapelledeguiraud.com

Ouvert du jeudi au lundi le midi ; le samedi soir. Menu signature à 39 €. Formule du midi : 25 €. Terrasse.

Premier restaurant du 1er Grand Cru Classé de Sauternes en 1855 « Château Guiraud », La Chapelle prolonge et sublime l'expérience Guiraud. Entre vignes, arbres et herbes folles, la jeune architecte Charlotte Allard a réussi à créer une adresse atypique, moderne et intemporelle où chacun est invité à vivre un moment décontracté et convivial. Dans les assiettes, pas d'effet de mode, mais du local et du bio en totale adéquation avec la forte identité terroir de Nicolas Lascombes. Sans oublier les légumes du potager de Château Guiraud. On aime !

LE RELAIS DE BROUQUET €€

3076, route de Sansot - **LÉOGEATS**
✆ 05 56 76 67 25
www.relais-de-brouquet.fr

Ouvert 7j/7 le midi, vendredi et samedi le soir. Formule du midi. Menus de 22 € à 27 €. Terrasse.

Venez goûter la cuisine de terroir de Daniel et Elodie ! Le midi, le chef propose une formule avec entrée, plat, dessert et 1/4 de vin, mais rien n'empêche de choisir l'une des suggestions du moment ou de piocher à la carte. Le soir, les deux menus gourmands inspirés Sud-Ouest sont d'un très bon rapport qualité-prix. On déguste par exemple une salade de tricandilles persillées, un filet mignon au confit d'oignons, ou encore un délicieux foie gras au Sauternes cuit au torchon. La carte des vins est également intéressante et la terrasse est agréable aux beaux jours.

CHÂTEAU LAFAURIE PEYRAGUEY €€€

Lieu-dit Peyraguey - **BOMMES**
✆ 05 24 22 80 11
www.lafauriepeyrague ylalique.com

Relais & Châteaux. Ouvert du jeudi midi au lundi soir. Menus de 95 € à 165 €. Formule du midi : 65 €.

A l'hôtel-restaurant Lalique du château Lafaurie-Peyraguey, vous découvrirez les créations de la célèbre cristallerie et ses partenaires. Récompensée par une étoile Michelin en janvier 2019 (première table étoilée de la région de Sauternes), la cuisine de Jérôme Schilling est travaillée selon les spécificités de chaque millésime, avec des produits rigoureusement sélectionnés. La carte des vins de l'établissement figure parmi les plus belles de France !

CHÂTEAU D'ARMAJAN DES ORMES

PREIGNAC
✆ 05 56 62 35 78
www.mjperromat.com

Ouvert du lundi au vendredi de 9h à 12h et de 14h à 17h. Visite et dégustation : 5 €/pers. Sur rdv le week-end.

Le château est l'un des domaines historiques les plus anciens du Sauternais. La propriété fut anoblie en 1565 par Charles IX, en remerciement d'une visite avec sa mère Catherine de Médicis, mais le vignoble existait déjà. Démantelé durant la Fronde avant d'être reconstruit et divisé en nombreux lots fonciers après la Révolution, le domaine mettra du temps à recouvrer sa splendeur et sa fonction viticole. Aujourd'hui, il propose des visites et dégustations de ses vins.

CHÂTEAU D'YQUEM

✆ 05 57 98 07 07
www.yquem.fr

Ouvert toute l'année. Visites guidées privatives avec dégustation de 84 € à 300 €/pers.

Classé en 1855, le domaine est le seul et l'unique premier cru supérieur de l'appellation. D'architecture simple, la bâtisse datée du XVe siècle se caractérise par ses tours rondes, dont l'une était à l'origine un colombier. Ainsi, une visite au Château d'Yquem est avant tout un voyage à travers 400 ans d'histoire, à la découverte d'une Maison d'exception qui donna naissance à un vin rare. Géré depuis 2004 par Pierre Lurton, le château propose différentes expériences de dégustations, à la découverte de certains de ses délicieux millésimes.

CHÂTEAU DE MYRAT

BARSAC
✆ 05 56 27 09 06
www.chateaudemyrat.fr

Visites et dégustations tous les jours sur rendez-vous. Boutique en ligne.

L'histoire des Pontac a plus de 400 ans et elle se confondrait presque avec celle des vins de Bordeaux. Quand Jacques et Xavier de Pontac ont voulu reprendre le domaine en 1988 afin d'exploiter les 22 ha d'origine, – appellation Sauternes – Barsac –, il a d'abord fallu replanter les 150 000 pieds de vigne. La renaissance d'un grand cru fut saluée par la reconnaissance en 2001, par la revue du Vin de France qui en parle comme de « l'un des meilleurs vins de Bordeaux ». Myrat est, à ce jour, connu et reconnu parmi les plus grands. L'épopée mérite bien une visite !

CHÂTEAU DE RAYNE VIGNEAU

4, Le Vigneau - **BOMMES** ✆ 05 56 76 64 05
www.raynevigneau.fr

Ouvert tous les jours en haute saison. Visites/dégustations/ateliers : 15 à 90 € (réservation conseillée).

© MATHIEU ANGLADA

Le Château de Rayne Vigneau, domaine de prestige inscrit aux Monuments historiques depuis 2004, se dresse fièrement face à ses 84 hectares de vignes. Tout au long de l'année, le Château ouvre ses portes aux visiteurs pour les inviter à découvrir ses vins, lors de rendez-vous parfois insolites à l'image de « La Dégustation Perchée » : accompagné d'un moniteur diplômé, vous vous hisserez tout en haut du cèdre bicentenaire du parc. Assis autour d'une table suspendue à 12 mètres du sol, vous goûterez alors au vin de la propriété, dans un décor verdoyant et magnifique.

CHÂTEAU DOISY-DAËNE

BARSAC ✆ 05 56 62 96 51
www.denisdubourdieu.fr
Visite et dégustation du lundi au vendredi de 9h à 12h30 et de 13h30 à 17h. Le week-end sur rendez-vous.

Second cru classé en 1855, le domaine est tenu de main de maître par la famille Dubourdieu depuis quatre générations. D'appellation Sauternes et vieilles d'une quarantaine d'années, les vignes bénéficient d'un sol unique avec un sous-sol calcaire recouvert d'une fine couche de sables argileux apportant beaucoup de finesse. La proximité de la Garonne et du Ciron donnent davantage d'acidité et moins de sucre résiduel aux raisins. Produit depuis 1949, le vin blanc sec Sauvignon à 100 % est une curiosité et l'un des plus vieux blancs secs de l'appellation.

CHÂTEAU GRAVAS

6, Lieu-dit Gravas - **BARSAC**
✆ 05 56 27 06 91
https://chateau-gravas.fr/
Ouvert tous les jours. Visite et dégustation : 9 € (sur réservation) ; dégustation seule : 6 €. Boutique en ligne.

Entouré de prestigieux crus classés, le Château de Gravas est un irréductible. Depuis 1850, six générations de Claverie et Bernard se sont succédé sur ce modeste domaine. Florence Bernard se fera un plaisir de vous accueillir pour vous faire découvrir le domaine jusqu'à la Trilogie de Gravas. Florence a l'art et la manière de partager sa passion. En parlant d'art justement... Car il est partout : sur les étiquettes des bouteilles (chacune à une histoire) et dans le chai à barriques où les fûts côtoient les œuvres colorées du peintre et sculpteur Paul Flickinger.

CHÂTEAU GUIRAUD

✆ 05 56 76 61 01
www.chateauguiraud.com
Ouvert tous les jours et les jours fériés. Visite et dégustation à partir de 22 €. Restauration. Boutique.

La propriété entame une démarche d'abandon de la viticulture conventionnelle pour se tourner vers la bioviticulture en 1996, sous l'impulsion de Xavier Planty. Ainsi, le domaine a été récompensé à plusieurs reprises par le concours Best Of Wine Tourism dans les catégories Valorisation œnotouristique des pratiques environnementales, mais aussi en Organisation d'événements et Restauration à la propriété. Depuis plus de 30 ans, le public est accueilli à la propriété via l'ancienne voie gallo-romaine ; une majestueuse allée bordée de 181 platanes.

CHÂTEAU HAUT BERGERON

3, Piquey - **PREIGNAC**
✆ 05 56 63 24 76
www.chateauhautbergeron.com
Du lundi au vendredi de 9h à 12h et de 14h à 17h ; le week-end et les jours fériés sur rdv. Boutique en ligne.

Appartenant depuis 1730 à la famille Lamothe, le château Haut Bergeron, avec plus de 50 distinctions, est l'un des plus médaillés de l'appellation Sauternes. Issue d'une centaine de petites parcelles réparties sur l'ensemble de l'aire d'appellation (au total : 26 hectares de vignes anciennes dont certaines ont été greffées en 1903), la récolte achève de se bonifier en fûts de chêne dans trois chais, qui n'ont par exemple pas connu le millésime 1993, pas assez digne pour être mis en bouteille. D'autres millésimes anciens sont encore disponibles.

CHÂTEAU JOUVENTE

93, le Bourg - **ILLATS**
✆ 05 56 62 49 69
www.chateau-jouvente.fr
Ouvert du lundi au vendredi de 10h à 13h et de 14h à 18h. Ouvert le week-end sur rendez-vous. Animations.

Dans la famille Gutmann depuis 2016, le Château Jouvente est situé au cœur de l'appellation des Graves. Au Château Jouvente, on fait un excellent vin, mais on est aussi passionnés d'art. Après un séjour dans les vignes de Jouvente, l'illustratrice Caroline Desnoette a créé l'étiquette de la cuvée 2016. Le domaine propose également des activités œnotouristiques, notamment la visite gratuite « Terra Cognita » suivie d'une dégustation de 3 à 4 vins du domaine. Pour approfondir, optez pour la visite « Transmission de Jouvente » d'une heure trente.

CHÂTEAU LA BOUADE

4, lieu-dit la Bouade
BARSAC
✆ 05 56 27 30 53
www.chateaulabouade.fr
Ouvert du lundi au vendredi de 8h à 12h et de 14h à 17h30. Ouvert le week-end sur rendez-vous.

Le vignoble s'étend pour 16 ha autour du château et 4 ha sur « les hauts de Barsac » : Le clos Mercier. À 40 kilomètres de Bordeaux, Stéphane Wagrez et Olivier Fargues tentent de créer le vin du XXIe siècle, avec la cuvée Coccinelle. Passion, innovation et respect sont les maîtres-mots de ce vignoble qui contribue à remettre le Sauternes à la mode. La cuvée Château la Bouade est plus liquoreuse. Un Sauternes s'apprécie avec du foie gras bien sûr, mais l'avez-vous déjà essayé sur des tapas, du fromage ou des sorbets ? A (re) découvrir !

CHÂTEAU LA TOUR BLANCHE

La Tour Blanche - **BOMMES**
✆ 05 57 98 02 73
www.tour-blanche.com
Ouvert toute l'année (jours et horaires variables selon saison). Visite dégustation : 14 € à 25 €. Autres prestations.

Appartenant à la région Nouvelle Aquitaine depuis 2010, le Château attire les visiteurs grâce à son excellent Premier Grand Cru Classé Sauternes et son cadre idyllique. Les visites guidées permettent de découvrir les vignes et les chais et de découvrir le processus de vinification avant de profiter d'une dégustation. La « Dégustation Verticale » offre le privilège de déguster trois millésimes à travers les âges, afin de mieux apprécier l'évolution d'un Grand Cru Classé. Version « Gourmande », la dégustation mise sur les accords mets et vins. A découvrir !

CHÂTEAU LACLOTTE-CAZALIS

La Clotte - **BARSAC** ✆ 06 87 20 03 34
http://laclotte-cazalis.com/
Visite guidée du domaine et son musée sur rdv : gratuit pour les particuliers ; 6 € pour les groupes. Boutique en ligne.

« *Il était une fois un charron nommé Jean Lacoste qui acheta en 1779 quelques arpents ensoleillés situés le long du Chemin Royal qui va du Port de Barsac à Captieux : le bourdieu de La Clotte*... ». C'est ainsi que commence l'histoire du Château Laclotte-Cazalis ! La suite, Marie-Pierre Lacoste-Duchesne pourra vous la conter de vive voix lors d'une visite. Représentant la 17e génération, cette œnologue et ingénieur agronome sacré « Meilleur espoir du vin 2003 », cultive les vignes du château en agriculture biologique avec son cheval de trait. Le musée est surprenant.

CHÂTEAU LAMOTHE-DESPUJOLS

19, rue Principale
✆ 05 56 76 67 89
www.lamothe-despujols.com
Visites du lundi au vendredi à 15h, week-ends et jours fériés à 10h sur rdv. Livraison possible.

Rendez-vous à la Cave des Lauréats près de l'église, lieu de départ des visites et point de vente du Château Lamothe. Vous trouverez là une minutieuse sélection de divers crus allant du Sauternes au Bordeaux Supérieur, en passant par les Graves, Pomerol, Médoc, Saint-Estèphe,... Joli choix également de Bas-Armagnac (jusqu'en 1928), de bons produits du terroir, d'idées cadeaux et d'accessoires de dégustation. Le bar à vins enchantera les palais des connaisseurs comme des néophytes.

CHÂTEAU SIGALAS-RABAUD

BOMMES
✆ 05 57 31 07 45
www.chateau-sigalas-rabaud.com
Visites de 10 € à 20 €/pers ; Dîner à Sigalas : 55 €/pers. Autres prestations.

Laure de Lambert Compeyrot (6e génération) maintient bien vivant le patrimoine végétal remarquable de Sigalas. Consécration d'un engagement responsable, la propriété a obtenu en 2016 le label le plus élevé de Haute Valeur Environnementale. Bien que le château soit le plus petit des Premiers Grands Crus Classés de Sauternes, l'offre œnotouristique y est bien développée. De la plus classique à la plus gourmande, plusieurs expériences s'offrent à vous, y compris pour les familles avec une des propositions ludiques. Le château fait aussi chambre d'hôtes.

MAISON DU SAUTERNES

14, place de la Mairie
✆ 05 56 76 69 83
www.maisondusauternes.com
Ouvert toute l'année. Jours et horaires d'ouverture variables salon la saison. Dégustation. Boutique en ligne.

© SOPHIE T - LA MAISON DU SAUTERNES

Association loi 1901 regroupant des viticulteurs de Sauternes, La Maison du Sauternes est une belle vitrine de l'appellation. Elle compte un premier cru supérieur (le Château d'Yquem), 11 premiers crus et 14 seconds crus classés. L'appellation regroupe les communes de Barsac, Bommes, Fargues, Preignac et Sauternes, toutes situées sur la rive gauche de la Garonne. Parmi les 58 références, on trouvera ici des sauternes au même tarif qu'à la propriété : à petits prix (moins de 15 euros) ou à prix plus élevés pour les grands crus et les millésimes anciens.

CHÂTEAU SUDUIRAUT

PREIGNAC

✆ 05 56 63 61 92

www.suduiraut.com

Visites et dégustations du lundi au samedi (sur réservation).

A la fin du XVIIe siècle, le comte Blaise de Suduiraut reconstitue le vignoble dévasté pendant les guerres de la Fronde. Quelques années plus tard, de magnifiques jardins dessinés par Le Nôtre viennent habiller l'ensemble. Le domaine s'étend sur 200 hectares, dont 92 hectares de vignes sur un sol de graves sablo-argileuses grâce auquel le château produit un Premier Cru Classé de Sauternes. La visite du domaine comprend la découverte du vignoble, des chais et une dégustation. Plusieurs ateliers dégustations à thème sont également proposés.

MAISON DES VINS DE BARSAC ET SAUTERNES

Place de l'église - **BARSAC**

✆ 05 57 98 72 58

www.maisondesvinsbarsac.fr

Ouvert toute l'année. Jours et horaires d'ouverture variables selon la saison. Boutique en ligne. Livraison possible.

Poussez la porte de la MVB, autrement dit : la Maison des Vins de Barsac et Sauternes. Entièrement rénové, l'établissement vous propose, en plus de sa cave spécialisée dans les vins de Sauternes et de Barsac, un bar à vin et un comptoir de dégustation de tapas à base de produits du terroir. Ainsi, vous trouverez ici, et en ligne, un large choix de bouteilles de vin, mais aussi de liquoreux. Les amateurs pourront demander conseil. Les soirées à thème ne sont pas rares.

CHÂTEAU VENUS

3, Pertigues - **ILLATS** ✆ 06 82 93 40 49

www.chateauvenus.com

Ouvert du lundi au samedi de 8h à 12h et de 14h à 18h. Baptême de l'air de 79 € à 399 €. Visites et dégustations.

Avez-vous déjà pensé à visiter un vignoble par les airs ? Dans ce cas, Bertrand Amart, passionné d'ULM et propriétaire du Château Venus pourra vous faire découvrir la Gironde, les vignobles les plus prestigieux et le bassin d'Arcachon vu du ciel. Le tout, en décollant au milieu de ses vignes ! « Découverte des Graves et Sauternes » – une très bonne approche –, « Monuments historiques », « Saint-Emilion et Pomerol »... En tout, il y a 7 vols différents de 25 minutes à la demi-journée. Un moment formidable couronné par la dégustation des vins de la propriété !

VILLANDRAUT

Situé à 7 km de Sauternes et sur les rives du Ciron, Villandraut (un millier d'habitants), était une étape sur le chemin de Saint-Jacques-de-Compostelle. Seigneurie fondée au début du XIIIe siècle par André Lopez de Villandro, ce fut surtout la ville natale de Bertrand de Got qui deviendra, plus tard, le premier pape d'Avignon sous le nom de Clément V. Ecarté de Rome, il fit bâtir entre 1305 et 1312, le château de Villandraut qui était tout à la fois, une forteresse et un palais. Malgré le large fossé imaginé pour sa défense, l'édifice subira les assauts des Français à la fin de la guerre de Cent Ans, puis des Protestants qui en feront un siège.

ACCRO D'AVENTURES

782, route Saint-Martin - **BALIZAC**

✆ 06 80 61 53 63

www.accro-aventures33.com

Ouvert toute l'année. Stages de grimpe. Chasse aux trésors. Espace game. Jeux en bois. Bivouac dans les arbres.

Manu Obry n'a pas voulu créer un énième parc de loisirs. Bien au contraire, il a imaginé un service de loisirs à la carte en pleine nature. *Accro d'aventures* s'engage ainsi aux côtés du Parc naturel régional et du Pays des Landes de Gascogne dans un tourisme fondé sur des découvertes authentiques, et respectueux des paysages, du patrimoine et des activités du territoire. N'hésitez pas à contacter Manu pour préparer une chasse au trésor ludique, prendre de la hauteur en vous initiant au Tree Climbing, passer la nuit en forêt ou faire un escape game entre amis.

CHÂTEAU DE VILLANDRAUT ★

Rue Lafon Isoré

✆ 05 56 25 87 57

www.chateaudevillandraut.fr

Ouvert tlj de mai à septembre, sur rdv le reste de l'année. Visite libre : 3 €. Visite guidée : 5 €. Animations.

Construit en 1305 sur ordre de Bertrand de Goth devenu le pape Clément V, le château de Villandraut est un palais forteresse qui se caractérise par ses six tours rondes encore sur pied, et son enceinte en très bel état. Ses courtines percées d'archères en croix pattées sur deux étages comptent parmi les plus anciennes de ce type en France. La visite guidée est à ce propos très instructive. L'été, profitez des jeux traditionnels dans la cour du château ou d'une visite à la lueur des flambeaux à la nuit tombée... Impressionnant !

LE ROI KYSMAR €€

✆ 05 56 25 33 91

www.le-roi-kysmar.com

Ouvert toute l'année. 20 chalets (jusqu'à 5 et 7 pers.) de 560 € à 960 €/semaine. Petit déjeuner. Demi-pension.

Aux confins du Parc régional des Landes de Gascogne, le Domaine du Roi Kysmar est un étonnant hôtel-restaurant en pleine nature qui propose des formules à la semaine, au week-end ou à la nuitée. En bordure du Ciron, la vingtaine de chalets de style landais parfaitement équipés accueillent les visiteurs pour des séjours aux multiples activités : promenades à pied ou à bicyclette, baignades dans la piscine chauffée, parenthèse bien-être au spa, tennis, ping-pong et mini-golf, aire de jeux pour les enfants... Reposant et dépaysant !

EGLISE DE SAINT-LÉGER-DE-BALSON ✝

SAINT-LÉGER-DE-BALSON

Cette très belle église du XIIe siècle, remaniée au XVIe, a été restaurée. Une partie de l'édifice date de l'époque romane. L'abside du XIIe siècle est ronde à l'intérieur, polygonale à l'extérieur. Sur la voûte du chœur, de superbes fresques anciennes représentent les travaux saisonniers : un moissonneur, un vendangeur... Les statues en bois du XVIIIe méritent également d'être admirées. L'autel est quant à lui décoré d'un antépendium, une toile peinte datant également du XVIIIe.

AUBERGE LA CRÉMAILLÈRE €€

8, place du Général de Gaulle ✆ 05 56 25 30 67
www.aubergelacremaillere.com

Ouvert toute l'année, jours et horaires variables selon saison. Menus : 25 € à 48 €. Menu midi (en semaine) : 14,50 €.

Au fil d'une succession de salles où l'on apprécie les cheminées, cette auberge distinguée Logis de France propose une cuisine régionale de saison réveillée par des saveurs exotiques. Le chef Ronan Talbot a en effet plus d'un tour dans son sac pour agrémenter ses plats faits maison, avec des mélanges originaux à base de légumes savamment cuisinés et des assiettes joliment présentées. Sa spécialité est sans conteste les ris de veau au sauternes, plat signature de la maison. L'auberge dispose également de 10 chambres aux thématiques variées.

CAP'CABANE €€

Route de Lucmau - **CAPTIEUX**
✆ 06 79 36 29 01
www.capcabane.com

Ouvert de mi-avril à mi-octobre. A partir de 119 € la nuit pour 2 personnes, petit déjeuner inclus.

Dans la mouvance du développement durable et de l'écotourisme, ces cabanes se situent au cœur du Parc naturel régional des Landes de Gascogne. Au milieu des pins, des chênes et des fougères, ces cabanes en pin de 8 m de haut, se fondent dans le paysage et peuvent accueillir jusqu'à 5 personnes. A l'étage, une chambre lumineuse assortie d'une terrasse avec transats. Un bistro-resto bio vous reçoit pour le petit-déjeuner et le dîner, sur réservation. La piscine naturellement filtrée grâce à des plantes oxygénantes et épuratives vous surprendra. Animations en été.

MAISON SEGUIN

4, rue de la Gare - **CAPTIEUX**
✆ 05 56 65 60 40

Ouvert du jeudi au samedi de 7h à 12h30 et de 15h30 à 19h ; le dimanche de 7h à 12h30. Boutique en ligne.

Connaissez-vous le Puits d'amour de Captieux ? Décliné en petites bouchées légères, le Puits d'amour est un grand classique de la pâtisserie. Ceux de la Maison Seguin valent le détour : une fine coque de pâte à choux, une crème vanillée tendrement caramélisée... C'est la même recette depuis 1944 ! Forte de son succès, la Maison Seguin a ouvert quatre points de vente à Bordeaux, un dans le quartier des Chartrons (cours Portal), un à Caudéran (avenue Charles de Gaulle), un rue Fondaudège et l'autre au marché des Capucins. Des Puits d'amour et c'est tout.

LA CORDONNERIE €€

8, rue Jean Lapeyre
✆ 07 81 05 38 55

Gîtes de France (3 épis). De mai à fin octobre. Chambres à partir de 85 €. Petit déjeuner inclus. Bain bouillonnant.

A deux pas des vignobles des Graves et du Sauternais, cette maison du XIXe siècle, pleine de charme et d'authenticité, a tous les arguments pour séduire. Michel et Armelle ont trois chambres à vous proposer : Flora, Emma et Nina. La décoration, soignée et naturelle, est rehaussée par le cachet des parquets anciens. Aménagées à l'étage d'une dépendance de la maison principale, elles sont accessibles par un escalier extérieur et s'ouvrent sur une belle coursive de bois à l'ancienne. Tout n'est que charme et douceur. Le jardin est d'ailleurs un écrin magnifique.

ORGANISER SON SÉJOUR

En voiture, en train, en avion, en bus, à vélo... Il n'a jamais été aussi simple de venir en Gironde ! Surtout, il y a de très nombreuses occasions d'organiser un séjour pour découvrir les stations balnéaires, les spots de surf, les routes des vins ou encore les plus beaux sites classés. Seul, à deux, en famille avec des enfants ou entre amis, le territoire s'offre à vous en toutes saisons, et par tous les temps. Mais comment venir en Gironde ? Comment vous déplacer à Bordeaux, du Bassin d'Arcachon à l'Entre-Deux-Mers et du Médoc au Sud Gironde ? Comment organiser votre séjour et vos circuits en terre girondine ? Quelle radio écouter pour suivre l'actualité ? Tous les Offices de Tourisme de Gironde sont à votre disposition pour vous aider et vous accompagner dans la préparation de votre voyage. Sans oublier, bien sûr, toutes les précieuses informations et les adresses futées présentes dans ce guide !

S'Y RENDRE

À 2h de Paris, Bordeaux relie les grandes villes du Sud-Ouest en TGV depuis la gare Saint-Jean. La gare Saint-Jean est aussi le point de départ et d'arrivée des TER Nouvelle-Aquitaine. En avion ? Avec près de 80 destinations opérées en vols directs, l'aéroport International de Bordeaux-Mérignac voit défiler chaque année plus de 5,3 millions de voyageurs. En voiture, la Gironde est desservie par quatre grands axes : l'autoroute A10 venant de Paris, l'autoroute A62 venant de Toulouse, l'autoroute A89 venant de Clermont-Ferrand et l'autoroute A63 depuis la frontière espagnole. Par ailleurs, le Département assure la traversée de l'estuaire de la Gironde en bacs avec deux lignes : Le Verdon-Royan et Blaye-Lamarque. Les compagnies de bus de la SNCF, BlablaBus et Flixbus sont également particulièrement empruntées. Enfin, il est possible de venir en Gironde à vélo par la Vélodyssée, le Canal des 2 Mers, la Scandibérique et la Vallée de l'Isle.

AÉROPORT DE BORDEAUX

MÉRIGNAC
✆ 05 56 34 50 50
www.bordeaux.aeroport.fr
Commerces et services. Parkings.

Avec près de 8 millions de passagers par an, l'aéroport de Bordeaux s'impose comme le 5e aéroport régional de France. Plus de 110 destinations directes, parmi lesquelles, Barcelone, Faro ou encore Amsterdam, sont desservies par 34 compagnies aériennes. L'aéroport comporte trois terminaux : le Hall A, le Hall B et billi pour les vols low cost. Des boutiques, un espace services (voiturier, bureau de change, distributeur de billets, etc.) et des espaces de restauration sont à la disposition des passagers. Prenez le bus 1 pour rejoindre directement le centre-ville.

GARE SAINT-JEAN

Rue Charles Domercq - **BORDEAUX**
✆ 3635
Du lundi au jeudi de 4h45 à 0h30 ; à 1h le vendredi ; à 0h le samedi ; le dimanche et les jours fériés de 6h à 1h.

A 2h04 de Paris-Montparnasse, la gare Saint-Jean est desservie par des TGV, TGV inOUI, Ouigo, Intercités et TER en provenance de nombreuses villes de France, parmi lesquelles Toulouse, Hendaye, Tarbes, Arcachon, Lille, Tourcoing ou encore Marseille. Sans oublier un Thalys qui effectue un aller-retour direct jusqu'à la gare de Bruxelles-Midi ! Au fil des rénovations, notamment de son emblématique et immense verrière métallique surplombant les voies, la gare a su garder son cachet d'antan, tout en se modernisant avec des commerces et des équipements publics.

SNCF TER NOUVELLE-AQUITAINE

✆ 0800 87 28 72
www.ter.sncf.com/nouvelle-aquitaine
Accueil téléphonique ouvert du lundi au samedi de 6h30 à 19h30, et le dimanche de 14h à 19h.

TER Nouvelle-Aquitaine permet d'adapter sa façon de voyager à son budget grâce à des abonnements à la semaine, au mois ou à l'année à tarifs préférentiels. La carte MODALIS (TER, tram et bus du réseau TBC) offre jusqu'à 75 % de réduction sur un trajet déterminé et des voyages illimités. Le Pass Jeune TER permet de bénéficier pendant un an de 50 % de réduction sur les billets TER les week-ends, les vacances scolaires et les jours fériés. Accueil téléphonique 7j/7.

FLIXBUS

www.flixbus.fr
Réservation en ligne, 7 jours sur 7 toute l'année. Chèque Vacances.

Flixbus est la nouvelle offre du leader de transport longue distance de voyageurs et propose, à des tarifs très attractifs, un service de transport de voyageurs en car avec diverses destinations au départ de Bordeaux, réparties sur tout l'Hexagone. A bord, confort assuré, wifi gratuit, prises électriques, et le transport des bagages est effectué gratuitement. On peut réserver son billet sur le site web en choisissant la date de départ. Au départ de Bordeaux, l'arrêt se situe sur le parking Descas, à environ 5 min à pied de la gare Saint-Jean.

SÉJOURS ET CIRCUITS

Expérience au cœur des grands crus classés, virée gourmande pour découvrir les produits du terroir, escapade bien-être en pleine nature, nuit insolite dans une palombière, découverte du vignoble bordelais en side-car, stage surf, croisière sur le canal de la Garonne, week-end festif au Port de Lune, road trip sur la route des vins... Alors que Bordeaux vous réserve déjà ses meilleures adresses gourmandes et ses plus beaux monuments, le bassin d'Arcachon se pare de mille feux pour les romantiques, les amoureux de nature et de farniente. Dans le Médoc et en Haute-Gironde, la route des châteaux jalouse les plus belles vagues. Sur la rive droite de la Dordogne, les propriétés viticoles du Libournais ne manquent pas d'arguments. Terre d'illustres, le Sud Gironde se démarque tout autant avec son riche patrimoine culturel, naturel et gastronomique. Et que dire de l'Entre-deux-Mers avec ses plus belles bastides.

AQUI'TOURS

61-69, rue Camille-Pelletan - **CENON**

✆ 05 56 77 03 06

www.aquitours.com

Ouvert du lundi au vendredi de 9h à 13h et de 14h à 18h. Accueil possible en dehors de ces horaires sur rendez-vous.

Des incontournables du Bordelais (Bordeaux, Saint-Emilion, Bassin d'Arcachon, Entre-deux-Mers...), aux repas et croisières sur la Garonne en s'éloignant de la Côte Aquitaine pour découvrir les trésors périgourdins à la découverte du Diamant noir, randonnée dans Les Asturies (parc naturel de Redes, parc national des pics d'Europe, etc.), via ferrata, canoë, kayak et escalade en Aragon… *Aqui'Tours* est le spécialiste du voyage de groupe en Nouvelle-Aquitaine et dans le Nord de l'Espagne. Patrimoine, gastronomie et traditions du Sud-Ouest sont au programme !

AQUITAINE TOURISME

3, rue du Moulinat (bât. B)

ARTIGUES-PRÈS-BORDEAUX

✆ 06 03 18 83 83

www.aquitainetourisme.net

Ouvert du lundi au vendredi de 9h30 à 12h30 et de 14h à 17h.

Agence réceptive enregistrée à l'Office de Tourisme de Bordeaux, *Aquitaine Tourisme* vous propose des séjours et excursions clés en main dans la Région et au-delà ! Parcs de loisirs, week-end à la neige, thalasso, voyages culinaires... Le choix est large. Nouveau : les croisières fluviales de 2 à 5 jours sur la Garonne, le Rhin, le Rhône ou la Seine. Très en vogue, les week-ends nature sont aussi à l'honneur. Pour une occasion ou pour recharger les batteries, laissez-vous conseiller par Graziella ! Pour les séminaires et congrès, faites confiance à Aude-Marie.

BERNARD MAGREZ LUXURY WINE TOURISM

216, avenue du Dr Nancel Pénard - **PESSAC**

✆ 05 57 26 38 38

www.luxurywineexperience.com/fr

Expériences d'exception au cœur des Grands Crus Classés Bordelais.

Bernard Magrez Luxury Wine Tourism vous propose des séjours de rêve dans de belles demeures chargées d'histoire dont une escapade romantique au château Pape Clément en suite prestige. Tournés vers l'œnotourisme, quatre séjours d'exception d'une nuit sont proposés. Laissez-vous tenter : visites-dégustations, organisation d'événements, location de magnifiques salles, création de séjours prestigieux avec repas, hébergement, et visites incluses… Ici, tout est possible !

QUOTATRIP

www.quotatrip.com

Voyages sur mesure.

QuotaTrip est une nouvelle plateforme de réservation de voyage en ligne qui met en relation des voyageurs à la recherche d'expériences authentiques et uniques et des agences de voyages locales sélectionnées pour leurs compétences et leur sérieux. Le réseau de QuotaTrip couvre près de 200 destinations dans le monde entier. Le but de ce rapprochement est simple : proposer un séjour entièrement personnalisé aux utilisateurs. QuotaTrip promet ainsi l'assurance d'un voyage serein, sur mesure, sans intermédiaires et sans frais supplémentaires.

Visite de la ville de Bordeaux à vélo.

SE DÉPLACER

Pour se déplacer à Bordeaux, du Bassin d'Arcachon à l'Entre-Deux-Mers et du Médoc au Sud Gironde, rien de plus simple ! D'abord, il y a les transports en commun. À Bordeaux par exemple, on se déplace volontiers en tramway, en bus, à vélo, en trottinette et même en catamaran pour passer d'une rive à l'autre. Les lignes de tramway circulent de 5h du matin à minuit et jusqu'à 1h les jeudis, vendredis et samedis. L'aéroport International de Bordeaux-Mérignac est particulièrement facile d'accès. Les TER Nouvelle-Aquitaine et les cars régionaux permettent de desservir tout le territoire. Oubliez votre voiture et rejoignez les plages girondines et autres grands lieux touristiques sans vous soucier des embouteillages ! Sinon, il reste de nombreuses solutions de location de véhicules (vélos, scooters, etc.) ainsi que la location de voitures en libre-service. Rappelons encore que la Gironde est un territoire vraiment agréable à sillonner à vélo.

TBM

Cours du 30 Juillet
BORDEAUX
www.infotbm.com

Ouvert du lundi au vendredi de 7h à 20h ; le samedi de 9h à 20h. Avec ou sans abonnement.

Vous souhaitez des renseignements pour vous déplacer dans Bordeaux et les communes aux alentours ? Vous avez besoin d'informations sur les titres de transport ? Trajets, horaires, trafic... Bordelais ou voyageur de passage, en venant dans une agence TBM, les tramways, les bus ou les vélos n'auront plus aucun secret pour vous ! Pour éviter de vous déplacer, sachez que le site internet est particulièrement intuitif. En quelques clics, faites la simulation de votre parcours, soyez informé sur l'état de circulation et trouvez tous les tarifs et formules d'abonnement.

TRANSPORTS EN NOUVELLE AQUITAINE

BORDEAUX
✆ 09 70 87 08 70

Ticket valable 2h : 2,30 € ; ticket aller-retour (valable dans la journée) : 4,10 €. Autres tarifs et abonnements.

En Gironde, le réseau est constitué de 48 lignes de cars interurbaines desservant 270 communes, et de 5 lignes touristiques s'organisant en intermodalité avec les réseaux urbains de transport TBM (Bordeaux Métropole), Calibus (Libournais), Baïa (Bassin d'Arcachon) et le réseau TER Nouvelle-Aquitaine. Les voyageurs bénéficient de véhicules confortables et climatisés, d'un service d'information en temps réel, et d'une tarification unique quels que soient le trajet ou la distance.

ADA

37, rue Charles Domercq - **BORDEAUX**
✆ 05 56 31 21 11
www.ada.fr

Du lundi au vendredi de 8h à 12h et de 14h à 18h30 ; samedi de 9h à 12h et de 15h à 18h30. Voiture à partir de 9 €/jour.

L'agence Ada vous propose la location à l'heure, à la journée ou à la semaine de plusieurs types de véhicules, de la simple citadine à l'utilitaire pour vos déménagements. Comme chez les autres loueurs, vous devez certifier avoir plus de 21 ans et au moins 2 ans de permis. Sur leur site internet, la réservation en ligne de votre véhicule est simple et intuitive. Vous pourrez même bénéficier de promotions intéressantes. Bref, un service de location idéal pour vos week-ends prolongés, vos vacances en famille et vos déplacements professionnels !

CITIZ BORDEAUX

16, rue Ausone - **BORDEAUX**
✆ 05 56 31 10 66
www.bordeaux.citiz.coop

Voitures en libre-service. Avec ou sans abonnement. Tarifs à l'heure, journée ou semaine. Dès 2 €/h avec abonnement.

À Bordeaux, mieux vaut privilégier les transports en commun, la marche ou le vélo. Mais une voiture s'avère parfois nécessaire... La solution s'appelle Citiz. Implanté dans plusieurs grandes villes de France, ce service de location en libre-service 24h/24 permet de louer une voiture pour n'importe quelle durée. De la citadine au monospace, 100 voitures sont disponibles, dont une adaptée au transport de personnes à mobilité réduite. Pour en profiter, il faut s'inscrire en ligne ou en agence puis récupérer le véhicule réservé dans l'une des 40 stations de la ville.

BASSIN SCOOT

679, avenue du Parc des Expostions
LA TESTE-DE-BUCH ✆ 05 57 15 30 30
www.bassin-scoot.com
Ouvert du mardi au samedi de 9h à 12h30 et de 14h à 18h30.

Bassin Scoot est le plus grand espace de vente de scooters à Arcachon. Quatre grandes marques (Piaggio, Vespa, Gilera et Aprilia) sont représentées et de nombreux modèles de scooters sont visibles en magasin, qu'ils soient neufs ou d'occasion ainsi que des accessoires, de l'équipement pour le pilote et son passager. Le magasin propose régulièrement des promotions et des possibilités de Location de longue durée (LLD). Un atelier est également dédié à l'entretien des deux-roues. L'équipe compétente et passionnée saura répondre à toutes vos demandes.

COOL BIKE

77, quai des Chartrons - **BORDEAUX**
✆ 05 33 48 13 86
www.cool-bike.fr
Ouvert du mardi au dimanche de 11h à 20h (de 10h à 19h en hiver). Location de vélo à partir de 10 €/jour. Réparations.

Qualifiée comme l'une des villes les plus « vélo friendly » de France, Bordeaux offre de beaux parcours à bicyclette. Pour vos balades en famille, on vous conseille *Cool Bike*, qui propose un large choix de vélos : enfant, adulte, tandem, remorque, vélo suiveur... Magasin de réparation et de personnalisation, *Cool Bike* propose aussi la location de vélos (y compris électriques) pour une journée, un week-end ou une semaine, ainsi que la vente d'accessoires. Côté atelier, vous pourrez bénéficier d'un service express et de différentes prestations à prix correct.

BICY'COOL

111, avenue de Maubuisson - **CARCANS**
✆ 05 56 03 43 23
www.location-velo-carcans.com
Ouvert toute l'année. VTC et VTT : 9 € la demi-journée, enfant 7 €. Vélo électrique : 25 € la 1/2 journée,

Chez Bicy'Cool vous avez le choix parmi des centaines de vélos adaptés à tous (sportifs, famille ou « tranquilous ») : VTT, VTC, tandem, vélo électrique, fatbike, trottinette et vélo pour enfant. Tout a été pensé pour faciliter l'accès au vélo au plus grand nombre avec la location de remorque pour enfants et même... pour Médor ! Avec la location, il vous sera fourni une carte des pistes cyclables, un casque, un antivol et un siège bébé. Et pour ceux qui souhaitent découvrir le lac en toute liberté, Bicy'cool vous propose des paddles gonflables à la location !

ERICYCLES

5, rue du Cardinal-Donnet
SOULAC-SUR-MER
✆ 05 56 73 62 89
Ouvert toute l'année. Du lundi au samedi de 10h à 19h ; le dimanche de 10h à 13h et de 16h à 19h en haute saison.

On est accueilli par le grand sourire d'Eric, homme à tout faire, réparateur, loueur et guide à ses heures... Il monte des vélos (de course et VTT) sur mesure grâce à un logiciel spécifique qui prend en compte la morphologie et c'est aussi un spécialiste des vieux modèles. Il est capable d'effectuer les réparations les plus ardues. Outre la vente (tous modèles), Eric a également développé une activité de location : VTT, VTC, électrique, Fat Bike, trottinette électrique... Vous trouverez par ailleurs toutes les informations utiles sur les pistes cyclables du coin.

BORDEAUX SCOOTERS

47, rue de Tauzia - **BORDEAUX**
✆ 05 57 59 10 18
www.bordeauxscooters.com
Du mardi au samedi de 9h30 à 12h et de 14h à 18h (+ lundi en haute saison). Locations de vélos et scooters. Réparation.

A deux pas de la gare Saint-Jean, vous pouvez louer très facilement un vélo, un scooter/maxi scooter ou une moto pour la journée, un week-end ou une semaine. Chez *Bordeaux Scooters*, les enfants pourront également pédaler sur des vélos adaptés. L'équipe propose même de vous livrer pour vous éviter le déplacement. La bonne initiative : *Bordeaux Scooters* propose encore la location de scooter électrique médical. Voilà une solution idéale pour tous vos déplacements ! Faites aussi appel à eux pour la réparation et la révision de votre vélo (toutes marques).

FUN BIKE

109, avenue de Maubuisson - **CARCANS**
✆ 05 56 82 96 74
www.funbike.fr
Ouvert de Pâques à la Toussaint, le reste de l'année sur réservation. Vélos adultes 10 € la 1/2 journée et enfants 8 €

VTT, VTC, vélos et remorques pour enfant, coques bébé, tandem et vélos électriques, vous allez pouvoir parcourir les pistes cyclables du Médoc-Océan seul, à deux, entre amis ou en famille. Fun Bike a tout prévu, François et Christophe, les deux gérants, ont plus de 800 vélos à louer et tout est compris : antivol, panier et casque. Le magasin peut accueillir des groupes (jusqu'à 500 personnes). L'équipe connaît la forêt des landes girondines et vous guide pour des balades mémorables. Fun Bike fait aussi la vente, la réparation et l'entretien de vos vélos.

L'ATELIER VÉLO BY FUNBIKE

6, place du Sauvignon
PAUILLAC
✆ 05 56 09 76 62
www.funbike.fr
Ouvert de Pâques à fin octobre (jours et horaires variables). De 14 € à 21 €/adulte ; de 10 € à 17 €/enfant.

Visiter les vignobles du Médoc en vélo, à deux, entre amis ou en famille ? C'est une bonne idée. Pour un après-midi dans les vignes ou pour la journée ou plus, rien de plus simple ! Rendez-vous au village de Bages, louez, pédalez et vibrez ! C'est d'ailleurs la devise de l'atelier du vélo by Fun Bike (le spécialiste de vélo de Carcans-Maubuisson). Ici, on loue, vélos classiques ou électriques, tandems et vélos enfants. On vend également des accessoires et on répare.

NOMADE

4, avenue Plantey - **LACANAU**
✆ 05 56 03 06 99
www.location-velo.org
Ouvert de Pâques à la Toussaint. Location vélo : 9 € la demi-journée et 11,50 € la journée - Enfant : 8 € la journée.

La commune de Lacanau est aujourd'hui reconnue comme l'un des territoires les mieux dotés de pistes cyclables et Nomade est le meilleur ami de vos vacances. Dans cette jolie boutique aux couleurs vives qui vous accueille à votre arrivée à Lacanau-Océan, on vous propose des locations de Vélos Surfer Californie, de VTC, de VTT, de vélos enfants, de tandem, d'accessoires et également la vente de vélos d'occasion.. Une fois que vous avez posé vos valises, faites un saut chez Nomade où Thierry vous préparera un programme sportif ou détente.

LA STATION VÉLO

60, boulevard Victor Hugo - **CRÉON**
✆ 05 57 34 30 95
www.station-velo-creon.fr
D'avril à octobre. Location de la demi-journée à la semaine à partir de 10 € pour un vélo adulte. Tourisme & Handicap.

Pour vos petites et vos grandes expéditions cyclo, la Station Vélo de Créons vous propose plusieurs vélos à la location. Il y a des VTC, des vélos électriques, des tandems, des tricycles et même des vélos cargos électriques pour les adultes ainsi que des handbikes. Pour les sorties en famille, les enfants trouveront des équipements à leur taille et vous aurez même la possibilité d'ajouter un siège bébé ou une remorque. Les cadenas, casques et paniers sont offerts. A louer à la demi-journée (4h), la journée, deux jours ou pour une semaine complète !

OWAË CAMPER

485, rue Gustave Eiffel
BIGANOS
✆ 06 52 33 35 12
www.owae-camper.com
Formule à la journée ou à la semaine. Assurance et assistance 24h/24. Devis et réservation en ligne.

OWAË CAMPER est la toute première agence de location de camping-cars du Bassin d'Arcachon. Et quelle chance ! A compter du mois de mars 2022, il est donc possible de louer pour trois jours consécutifs minimum ou plus, un camping-car Capucine avec 7 couchages, un des deux fourgons aménagés (5 places) ou un des trois vans aménagés (4 places). Les véhicules sont récents, avec un équipement moderne, et permettent de partir l'esprit léger sur le Bassin bien sûr, mais aussi ailleurs en France et à l'étranger. Très vite, OWAË CAMPER va proposer des séjours clé en main.

© OWAE CAMPER

© OWAE CAMPER

S'INFORMER

Pour être incollable sur l'actualité locale, ne manquer aucun évènement ou pour connaître la météo des plages, le Petit Futé a la solution. Deuxième quotidien régional français, le journal *Sud-Ouest* est celui qui pourra accompagner votre café et votre chocolatine à l'heure du petit-déjeuner. En réalité, le choix est large : le gratuit *Bordeaux 7*, la *Dépêche du Bassin*, le *Journal du Médoc*... Ou encore Vivre Bordeaux, JunkPage et *SPIRIT*, le journal mensuel de toutes les cultures en Gironde. À la radio, on écoute *France Bleu Gironde, Wit FM, la Clef des Ondes, Enjoy 33* ou *Gold FM*. À la télévision, on regarde *France 3 Aquitaine, NoA* ou encore *TV7*, la chaîne locale généraliste. Parmi les incontournables du web : *Aqui* est un site d'informations régionales incontournable et, proposé par l'Office de tourisme, *Un air de Bordeaux* est un site où l'on retrouve des idées de sorties et d'activités dans la métropole de Bordeaux.

100.8 WIT FM

51, rue des Terres-Neuves
BÈGLES
www.witfm.fr

Depuis plus de 30 ans, *WIT FM* est LA radio n° 1 dans le cœur des Girondins et des Aquitains. Elle propose une programmation musicale variée et des informations locales et régionales toute la journée et toutes les heures, ainsi que des rendez-vous au cœur des préoccupations de ses auditeurs avec *Le grand agenda WIT FM* ou *7 jours en Aquitaine*. Unique dans le Sud-Ouest, *L'Equipe du Matin* propose chaque jour un grand jeu familial *Qui Sera Le Plus Fort ?* et des moments de détente pour bien commencer la journée ainsi que des rubriques qui améliorent le quotidien.

RADIO FG

51, rue de Rivoli - **PARIS** (1er)
✆ 01 40 13 88 00
www.radiofg.com
Fréquence : 98.2 FM.

Radio FG est la radio musicale de référence électro. Elle propose un programme axé sur la deep et la house-music. Acteur unique du paysage radiophonique français, Radio FG est la radio « Feel Good ». FG diffuse son programme dans 28 villes françaises. Radio FG est à l'origine du mouvement French Touch. C'est le découvreur et l'incubateur des nouveaux talents, pionnier dans la diffusion et le rayonnement de l'électro en France et dans le monde depuis 1992. Ecoutez FG en FM, DAB+, sur radioFG.com, Applis, Boxes, Satellite et 4G.

102.4 NRJ BORDEAUX

BORDEAUX
✆ 05 56 51 04 04
www.nrj.fr
NRJ en direct de Bordeaux du lundi au vendredi de 15h à 19h.

NRJ à Bordeaux est animée par Stoy chaque jour de 16h à 20h (concerts, soirées étudiantes, avant-premières ciné, les girondins, l'union Bordeaux-Bègles...) et les infos locales entre 6h et 9h sont présentées par Benjamin Bardel. Chaque année, *NRJ* Bordeaux organise de grands événements publics en plein air. La radio se prolonge aussi sur les réseaux sociaux pour suivre l'actualité à Bordeaux et en Gironde. L'occasion de gagner des places pour de nombreux événements ! Des versions thématiques existent également comme NRJ waze, latino, futurs hits, etc.

COURRIER DE GIRONDE

Rue du Docteur Jean Vincent
BORDEAUX
✆ 05 24 07 39 67
www.courrierdegironde.fr
1,50 €.

Déjà plus de 70 ans que le *Courrier de Gironde*, hebdomadaire départemental, informe les Bordelais et les Girondins. Le journal regroupe toutes les thématiques actuelles : santé, culture, politique... en faisant la part belle aux actualités locales : le Bordelais, le Médoc, le Bassin d'Arcachon, le Sud Gironde ou encore l'Entre-deux-Mers. Les points de vente sont nombreux, notamment dans les bars-tabacs presse et les supermarchés. Bon à savoir : l'abonnement numérique est disponible et les anciens numéros du magazine *Courrier de Gironde* sont consultables en ligne.

FM 106.8

RTL2 BORDEAUX

9, rue Louis Maydieu
BORDEAUX
✆ 05 40 25 33 11
www.rtl2.fr/sujet/bordeaux

RTL2 est la première radio musicale adulte à Bordeaux ! La station diffuse du son pop rock comme on l'aime ! Les matins, entre 6h30 et 9h, réveillez-vous avec les infos en Gironde données par le journaliste Mattis Weber. L'après-midi, Lorraine est aux commandes de 12h à 16h avec du son pop rock non-stop. Des jeux-concours sont organisés pour gagner de nombreux lots : séances de cinéma, entrées pour la Cité du Vin ou le zoo de Pessac, et bien sûr des places pour les meilleurs concerts de la région. *RTL2* diffuse également des sessions live privées en acoustique.

SUD-OUEST

✆ 05 35 31 31 31
www.sudouest.fr
Abonnement à partir de 1 €.

Second quotidien régional en France, *Sud-Ouest* représente 16 éditions dans 7 départements : Charente, Charente-Maritime, Dordogne, Gironde, Landes, Lot-et-Garonne, Pyrénées-Atlantiques, et près de 7 millions de lecteurs ! *Sud-Ouest* est un organe de presse indépendant qui propose à ses lecteurs un journal complet constitué de deux cahiers séparables : un cahier général pour les informations internationales et nationales et un cahier départemental pour les nouvelles locales. *Sud-Ouest Dimanche* traite de l'actu du week-end avec un souffle journalistique différent.

JUNK PAGE

32, place Pey Berlan
BORDEAUX
✆ 05 56 52 25 05
www.junkpage.fr

Promouvoir la culture en Nouvelle-Aquitaine, c'est le défi de la rédaction de *Junk Page*. Depuis 2013, l'équipe de journalistes visite la région à la découverte de festivals, expositions, spectacles, conférences et artistes de tout horizon. Chaque mois, ce journal culturel indépendant basé à Bordeaux met en avant les arts sous toutes ces formes à travers de passionnants reportages et interviews. Vous trouverez également des rubriques autour du patrimoine, de la gastronomie et de l'urbanisme. Une version numérique est également téléchargeable sur leur site internet.

TV7

23, quai des Queyries
BORDEAUX
✆ 05 57 54 77 77
www.tv7.com
Canal 33 de la TNT, canal 30 des opérateurs Free, Orange et Bouygues.

TV7 est la chaîne d'information 100 % bordelaise qui couvre toute l'actualité de la ville, mais aussi de la Gironde et de la région Nouvelle-Aquitaine. Chaque jour de la semaine, deux rendez-vous d'infos sont proposés : la Matinale de 7h à 9h et l'Édition du soir de 18h30 à 19h. Un autre rendez-vous immanquable de la chaîne est le 19h Sport animé par Bastien Lauqué. Le reste de la journée est rythmée par différents programmes, émissions de débats, de culture, de divertissement : le Business Club, l'Hebdo éco, Vie de château, Totalement diva...

© ELLIPSE

© ELLIPSE

© ELLIPSE AFFICHAGE

ELLIPSE AFFICHAGE

70, rue de Bel Orme
BORDEAUX
✆ 05 56 44 52 98
www.ellipse-affichage.com

Depuis 2004, Ellipse Affichage accompagne les entreprises de la région pour leur publicité. Spécialisée en affichage dynamique *indoor* et *outdoor*, cette régie d'espaces publicitaires vous propose une communication visuelle dans les sites les plus stratégiques. Implantée dans tout le Sud-Ouest, elle travaille avec de nombreux clients (le Conseil départemental de Gironde, la Chambre de Commerce et d'Industrie Bordeaux Gironde ou encore le Futuroscope). Supports de qualité, maintenance technique et préventive sur les équipements, création et composition de visuels...

© ELLIPSE AFFICHAGE AQUITAINE

© ELLIPSE AFFICHAGE

106 SUD RADIO

BORDEAUX

www.sudradio.fr

Libourne 106 FM ; Bordeaux 106/DAB+ ; Bassin d'Arcachon 100.4 FM.

Sud Radio est une radio généraliste qui diffuse à Bordeaux. Elle propose des programmes musicaux, des talk-shows, du sport et de l'information locale tout au long de la journée. En matinale, vous entendrez Benjamin Glaise décrypter les actualités avec de nombreux invités et chroniqueurs. Toute la journée, Cécile de Ménibus, Patrick Roger, André Bercoff, Brigitte Lahaie et bien d'autres animateurs divertissent les auditeurs. Le rugby y a une place importante avec la retransmission de tous les matchs de la pro D2 du Top 14 et de l'équipe de France.

FRANCE BLEU GIRONDE

91, rue Nuyens - **BORDEAUX**

✆ 05 57 81 20 20

www.francebleu.fr

Arcachon : 101.8 - Bazas : 101.6 - Belin-Béliet : 101.5 - La Réole : 90.4 - Lacanau : 101.4 - Lesparre-Médoc : 101.6

Depuis quarante ans, *France Bleu Gironde* vit au rythme des Girondins. 10h de programmes locaux de 6h à 20h avec une nouveauté : la matinale diffusée sur France 3 Nouvelle-Aquitaine de 7h à 9h. *France Bleu Gironde* c'est un cocktail d'actualités locales et nationales, de musique, de trafic routier, météo, sports, de jeux et de services. *France Bleu Gironde* se veut toujours plus proche de ses auditeurs ! Ici, ils ont la parole dans toutes les émissions… Depuis 2020, Wandy Bouchard, Willy Rovelli, Sidonie Bonnec et Bixente Lizarazu sont venus compléter l'équipe.

FRANCE 3 NOUVELLE-AQUITAINE

136, rue Ernest Renan

BORDEAUX

✆ 05 56 01 38 38

France 3 Nouvelle-Aquitaine vous permet de rester connecté à l'actualité de votre ville ! Elle est l'une des 24 antennes de *France TV*. Depuis sa création en 1962, elle émet depuis Bordeaux, mais couvre aussi la région Nouvelle-Aquitaine, soit plus de 6 millions d'habitants ! Plusieurs éditions locales sont diffusées selon votre lieu d'habitation : Bordeaux, Périgueux ou encore Bayonne. Certains événements sportifs locaux sont parfois diffusés, à l'instar de certains matchs de L1.

AQUITAINE BOX

✆ 06 72 10 45 12

https://aquitainebox.com/

Location de borne photo. Paiement chèque ou virement.

Voilà la promesse d'une soirée réussie et tout un tas de souvenirs inoubliables ! L'animation se fait autour de Billy the Box, une borne photo à personnaliser ou non. Seul ou en groupe, avec plus ou moins de sérieux, les photos en qualité studio, sont immédiatement imprimées et envoyées par email. Et en nombre illimité ! Elle est donc parfaite pour une soirée sponsorisée, un anniversaire, un mariage... Les sourires et les éclats de rire de vos invités seront ainsi capturés ; une joie de plus pour les mariés ! Un super concept mis sur pied par Philippe !

INDEX

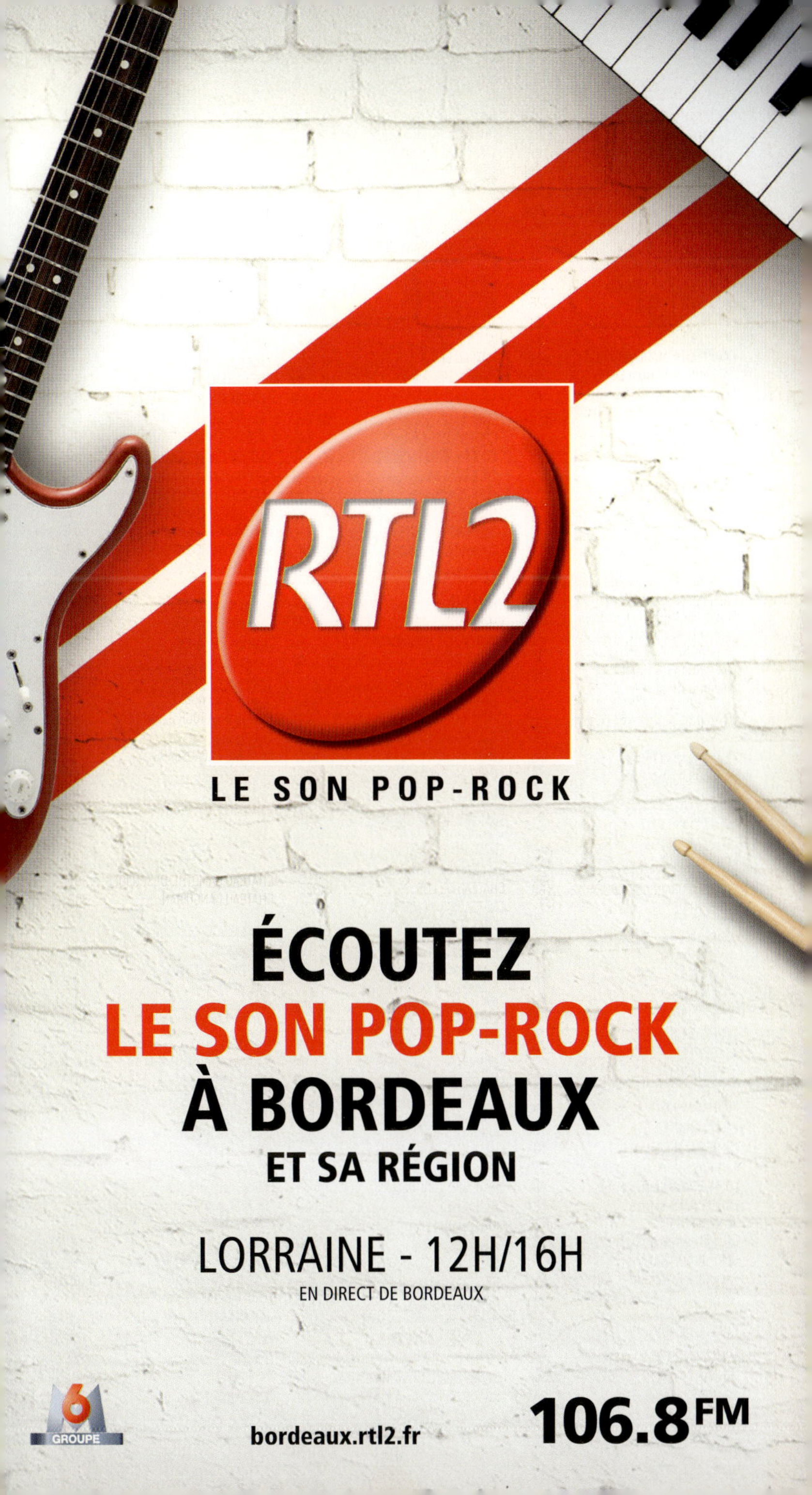
RTL2
LE SON POP-ROCK
ÉCOUTEZ
LE SON POP-ROCK
À BORDEAUX
ET SA RÉGION
LORRAINE - 12H/16H
EN DIRECT DE BORDEAUX
6 GROUPE
bordeaux.rtl2.fr
106.8 FM

D

E

F

M

N

O

P

Q

R

S

T

EDITION

Directeurs de collection et auteurs : Dominique AUZIAS et Jean-Paul LABOURDETTE

Responsable d'édition : Sophie TARDIEU

Avec la collaboration de Nelly BOURLET et Emma ESPIET

Auteurs : Laurène DELION, Claire DELBOS, Camille KOESSLER, Joanne BERTHIER, Stéphanie MARIN, Krystell BONNET, Aude RICHARD, Lucille ROY, Hélène BARRAS, Maureen GATARD, Chloé BAJAS, Jean-Paul LABOURDETTE, Dominique AUZIAS et alter

Directeur Editorial : Stéphan SZEREMETA

Rédaction France : Briséis CREAC'H-MENUT, Mélanie COTTARD, Audrey VEDOVOTTO, Nicolas WODARCZAK

Rédaction Monde : Laure CHATAIGNON, Morgane VESLIN, Pierre-Yves SOUCHET, Natalia COLLIER

FABRICATION

Maquette et Montage : Romain AUDREN, Julie BORDES, Delphine PAGANO

Iconographie et Cartographie : Anne DIOT, Julien DOUCET

WEB ET NUMERIQUE

Directeur Web : Louis GENEAU DE LAMARLIERE

Développeurs : Guillaume BARBET, Adeline CAUX et Roland SPOUTIL

Intégrateur Web : Mickael LATTES, Antoine DION

Webdesigner : Caroline LAFFAITEUR

Community Traffic Manager : Alice BARBIER, Mariana BURLAMAQUI et Noémie LE SAUX

DIRECTION COMMERCIALE

Directeur commercial : Guillaume VORBURGER

Coordinatrice des Régies commerciales : Manon GUERIN assistée de Jonas HESOL

Account Manager Marketplace : Leila ROUGEOT assistée de Lola FAVRE-MOT

Responsable Régies locales : Michel GRANSEIGNE

Responsables Développement régie inter : Jean-Marc FARAGUET et Guillaume LABOUREUR et Camille ESMIEU

Chefs de Publicité Régie nationale : Caroline AUBRY, François BRIANCON-MARJOLLET, Perrine DE CARNE MARCEIN, Jonathan TOUTOUX et Amélie NOEL

DIFFUSION ET PROMOTION

Directrice des Ventes : Bénédicte MOULET assistée d'Aissatou DIOP

Responsable des ventes : Jean-Pierre GHEZ assisté de Nelly BRION

Relations Presse-Partenariats : Jean-Mary MARCHAL

ADMINISTRATION

Président : Jean-Paul LABOURDETTE

Directrice des Ressources Humaines : Dina BOURDEAU assistée de Sandra DOS REIS et Eva BAELEN

Directrice Administrative et Financière : Valérie DECOTTIGNIES

Comptabilité : Guillaume PETIT, Aminata BAGAYOKO, Jeannine DEMIRDJIAN

Recouvrement : Fabien BONNAN assisté de Sandra BRIJLAL

Responsable informatique : Elie NZUZI-LEBA

PETIT FUTÉ GIRONDE

LES NOUVELLES EDITIONS DE L'UNIVERSITE
18, rue des Volontaires - 75015 Paris.
© 01 53 69 70 00 - Fax 01 42 73 15 24
Internet : www.petitfute.com
SAS au capital de 1 000 000 € - RC PARIS B 309 769 966
Couverture : La presqu'île du Cap Ferret © E. S. Cowez
Impression : CORLET IMPRIMEUR - 14110 Condé-en-Normandie
Achevé d'imprimer : avril 2022
Dépôt légal : 04/06/2022
ISBN : 9782305073736

Pour nous contacter par email, indiquez le nom de famille en minuscule suivi de @petitfute.com
Pour le courrier des lecteurs : info@petitfute.com

IMPRIMÉ EN FRANCE

U

V

W

X

Y

Z

COLLABOREZ
À LA PROCHAINE ÉDITION